Knaur

D1917583

Über die Autorin:

Doris Lessing wurde 1919 als Tochter eines Kolonialoffiziers im heutigen Iran geboren, zog mit ihrer Familie 1924 nach Rhodesien und lebt seit 1949 in England. Mit der »Afrikanischen Tragödie« beginnt sie 1950 ein umfangreiches literarisches Werk, zu dem Höhepunkte zählen wie »Das goldene Notizbuch«, der Zyklus »Kinder der Gewalt« und »Die Memoiren einer Überlebenden«.

DORIS LESSING

# Rückkehr nach Afrika

Roman

Aus dem Englischen
von
Anette Grube

Knaur

Die englische Originalausgabe erschien unter dem Titel
*African Laughter. Four Visits to Zimbabwe* bei HarperCollins,
London/New York

Besuchen Sie uns im Internet:
www.droemer-knaur.de

Vollständige Taschenbuchausgabe September 1999
Droemersche Verlagsanstalt Th. Knaur Nachf., München
Dieser Titel erschien bereits unter der Bandnummer 60207.
Copyright © 1992 by Doris Lessing
Copyright © 1992 der deutschsprachigen Ausgabe bei
Hoffmann und Campe Verlag, Hamburg
Alle Rechte vorbehalten. Das Werk darf – auch teilweise –
nur mit Genehmigung des Verlags wiedergegeben werden.
Umschlaggestaltung: Agentur Zero, München
Druck und Bindung: Elsnerdruck, Berlin
Printed in Germany
ISBN 3-426-61435-9

2 4 5 3 1

# INHALT

Aufgrund unseres kurzen Gedächtnisses betrachten wir das gegenwärtige Klima als normal. Es ist, als würde ein Mann, der ein tausendseitiges Buch – das Buch der Erdzeit – in der Hand hält, den letzten Satz auf der letzten Seite vorlesen und ihn zu unserer Geschichte erklären. Ja, es stimmt, das Eis hat sich zurückgezogen, aber das Klima auf der Welt hat sich noch nicht wieder vollständig erholt. Wir befinden uns in der Übergangszeit zwischen Winter und Frühling. Die Temperatur hat sich auf einem mittleren Niveau eingepegelt. Im Windschatten eines sonnenbeschienenen Felsens haben wir ein paar unerhebliche Jahrtausende lang erinnerungslos geschlafen. Der Winter in Lappland, der einst bis nach England reichte, war um zehn Grad Celsius kälter als heute.

Im Weltmaßstab gesehen, traf diese Kälte nicht unangekündigt ein. Irgendwo im Hochland von Afrika und Asien nahm der langsame Temperaturrückgang des Tertiärs seinen Anfang. Das war, im nachhinein betrachtet, die Einleitung der Eiszeit. Die Spuren zeigten sich im Ausbreiten der Grassteppen und in vielen Gegenden im Verschwinden der Tiere, die sich von den jungen Trieben an Bäumen und Büschen ernährten. Die Kontinente erhoben sich. Wir wissen, daß die Geschichte der Menschheit im Pliozän, in dem sich die Spuren des Menschen im Gras verlieren, komplizierter ist als die bisweilen von unseren viktorianischen Vorfahren gehegte Annahme, ein Schimpanse sei einfach von einem Baum heruntergeklettert. Die Komplexität dieses Kapitels unserer Geschichte muß erst noch erforscht werden.

Loren Eiseley, *The Unexpected Universe*

# EIN BLICK IN DIE GESCHICHTE

Geformt wie ein Schild, fand sich Südrhodesien mitten auf der Karte des südlichen Afrika, und es war knallrot, weil Cecil Rhodes verkündet hatte, die afrikanische Karte solle vom Kap bis Kairo rot sein, zum Zeichen seiner glücklichen Zugehörigkeit zum britischen Weltreich. Die Herzen unzähliger Männer und Frauen antworteten auf seinen Schlachtruf mit idealistischer Begeisterung, denn es verstand sich von selbst, daß es für Afrika, wie natürlich auch für jedes andere Land, gut war, britisch zu werden. An dieser Stelle mag es hilfreich sein zu fragen, welche Spielarten des Idealismus, die unsere Herzen heute noch höher schlagen lassen, den Menschen in hundert Jahren wohl fehlgeleitet erscheinen werden.

1890, gut hundert Jahre bevor dieses Buch geschrieben wurde, erreichte die Pionierkolonne eine grasbewachsene Hochebene rund eintausendsechshundert Meter über dem Meeresspiegel. Es war trockenes, kaum bevölkertes Land. Die einhundertachtzig Männer, dazu ein paar Polizisten, hatten eine schwere Zeit hinter sich; sie waren Hunderte von Meilen vom Kap herauf durch Gegenden gezogen, in denen es von wilden Tieren und Eingeborenen, sogenannten Wilden, nur so wimmelte. Sie waren aufgebrochen ins Unbekannte, und bislang hatten noch keine Siedler, Menschen, die auf der Suche nach einer neuen Heimat waren, diesen Weg auf sich genommen, nur Forschungsreisende, Jäger und Missionare. Sie waren Abenteurer zum Wohle des britischen Empire, für Cecil Rhodes, der als großer Mann galt, und die Königin. Sie waren als Pioniere geboren, die ständig neue Horizonte, neue Herausforderungen suchten. Sie blieben, und innerhalb kurzer Zeit entstand eine Stadt mit Banken, Kirchen, Schulen, einem Krankenhaus und natürlich mit Hotels, die über jene Sorte Bar verfügten, die heute wie damals ebenso wichtig ist wie Unterbringung und Verpflegung. Das war Salisbury, eine weiße Stadt von durch und durch britischer Lebensart.

Das Vordringen der Pionierkolonne wurde von Afrikanern beobachtet, die sich verbürgtermaßen schieflachten über den Anblick der in ihrer viel zu dicken Kleidung schwitzenden weißen Männer. Ein Jahr später kam Mutter Patrick mit einer Gruppe Dominikanernonnen in dicken, wallenden schwarzweißen Ordenstrachten. Sofort begannen sie, die Kinder zu unterrichten und sich um die Kranken zu kümmern. Bald darauf trafen auch die Frauen ein. Von Kopf bis Fuß schicklich gekleidet. Ehrbare viktorianische Frauen legten auf Reisen nicht ein Kleidungsstück ab, weder einen Kragen noch einen Unterrock oder gar ein Korsett. Mary Kingsley, jenes Musterexemplar einer Forschungsreisenden, kleidete sich im feuchtheißen Westafrika, als wäre sie unterwegs zu einer Teegesellschaft.

Die Afrikaner wußten nicht, daß sie ihr Land verlieren sollten. Leichten Herzens überschrieben sie es den Siedlern, wenn sie darum gebeten wurden, denn für sie war das Land, die Mutter Erde, nicht etwas, was der einen oder anderen Person gehörte. Zunächst schenkten sie den lächerlichen Eindringlingen nicht viel Beachtung, obwohl ihre Schamanen, Frauen wie Männer, vor schlechten Zeiten warnten. Doch bald mußten sie feststellen, daß alles verloren war. Es hatte auch keinen Zweck, sich in den Busch zurückzuziehen, denn sie wurden verfolgt und gezwungen, sich als Dienstboten und Arbeiter zu verdingen, und wenn sie sich weigerten, wurde ihnen eine sogenannte Kopfsteuer auferlegt, und so sie die nicht zahlten – und das konnten sie nicht, denn Geld war etwas ihnen Unbekanntes –, kamen Soldaten und Polizisten mit Gewehren und bedeuteten ihnen, das Geld für die Steuer zu verdienen. Zudem mußten sie sich Vorträge anhören über die Würde, die man durch Arbeit erlangt. Diese Kopfsteuer, in den Augen der Weißen nur eine kleine Summe, war der wichtigste Grund für die Veränderungen in den alten Stammesgesellschaften.

Bald schon rebellierten die Afrikaner, erlitten jedoch eine Niederlage. Die brutalen Eroberer kannten keine Gnade. Und obwohl es in diesem Kapitel britischer Geschichte nichts gibt, worauf man stolz sein könnte, wurde den weißen Kindern die Niederschlagung der Mashona-Rebellion als ruhmreiche Glanztat geschildert.

Zu allen Zeiten und überall haben Fremde, die über eine höher entwickelte Technologie verfügten, auf der Suche nach Land und Reichtum Völker unterworfen, die Europäer, die Weißen, sind nur das jüngste Beispiel dafür. Nachdem sie das beste Land in ihren Besitz und eine effiziente Unterdrückungsmaschinerie aufgebaut hatten, waren die Briten – wie das unter Eroberern üblich ist – in Südrhodesien in der Lage, sich einzureden, daß das eroberte Volk noch auf einer niederen Entwicklungsstufe stand und daß die weiße Vormundschaft den Schwarzen nur zum Vorteil gereichte, die zweifellos dankbare Empfänger einer überlegenen Zivilisation sein würden. Die Briten waren zum Teil deshalb so zufrieden mit sich, weil sie nie auf Völkermord aus waren und versuchten, die Ureinwohner des von ihnen annektierten Landes auszurotten, wie zum Beispiel die Neuseeländer oder wie es derzeit in Brasilien geschieht, wo ganze Indianerstämme ausgemerzt werden, während alle Welt zusieht und nichts dagegen unternimmt. Sie infizierten die Menschen nicht vorsätzlich mit Krankheiten, noch benutzten sie Alkohol oder andere Drogen als Hilfsmittel der Unterdrückung. Im Gegenteil, es gab Krankenhäuser für die Schwarzen, und der Schnaps für die Weißen wurde illegal gebrannt, denn es war wohlbekannt, welche schädlichen Auswirkungen das Feuerwasser auf die Indianerstämme Nordamerikas gehabt hatte.

Die Frage, wie es diesen Menschen, die weder dümmer noch intelligenter waren, als wir es sind, möglich war, so viele unvereinbare Aspekte in ihren Köpfen in Einklang zu bringen, ist Teil der umfassenderen Frage, wie und warum auch wir heute noch dazu imstande sind, ohne es in vielen Fällen überhaupt zu bemerken? Ich erinnere mich, daß ich als Kind oft gehört habe, wie

Farmer mit der zynischen Gutmütigkeit, die das Kennzeichen eines schlechten Gewissens ist, sagten: »Eines Tages werden sie sich gegen uns erheben und uns ins Meer treiben.« Dieses Eingeständnis gehörte ganz eindeutig nicht in den Teil des Gehirns, in dem die Selbstgefälligkeit des Empires gehegt und gepflegt wurde.

Im Jahr 1900 existierte Südrhodesien, ganz und gar rot, innerhalb sauber gezogener Grenzen: Mosambik oder Portugiesisch-Ostafrika auf der einen Seite und Angola oder Portugiesisch-Westafrika sowie das Protektorat Bechuanaland, ebenfalls rot, auf der anderen und Nordrhodesien, rot, darüber. Der Transvaal, Schauplatz des Burenkriegs, bildete die südliche Grenze.

Dasselbe ordentlich abgegrenzte Land heißt heute Simbabwe. Das Problem ist nur, daß die Grenzziehung den Teil Geschichte außer acht läßt, der hauptsächlich mit dem portugiesischen Einfluß zu tun hat, denn portugiesische Händler, Abenteurer und Forscher bereisten Gebiete – und manchmal ließen sie sich dort auch nieder –, die später rot gefärbt wurden. Damals gab es keine Grenzen, und wenn eine europäische Nation das Territorium für sich hätte beanspruchen können, weil sie eher dagewesen war, dann wäre es Portugal gewesen. Die historischen Unterlagen hierzu finden sich in portugiesischen Archiven, seltener in britischen, und die Schulkinder damals erfuhren nichts über die Portugiesen in Monomotapa oder das Königreich von Lo Magondi. Aber daß die Portugiesen bereits vor ihnen dagewesen waren, konnten die Briten wohl kaum übersehen. Es gibt noch immer ein wunderbar fruchtbares Tal mit den Zitrushainen der Portugiesen, die auch den Mais und andere Getreidesorten einführten.

Die Grenzen lassen zudem die voreuropäische Politik der Shona außer acht, zum Beispiel den Mutapa-Staat, der im 16. Jahrhundert auch einen großen Teil Zentralmosambiks mit umfaßte.

Das Bild Mashonalands, das den Nachkommen des Pioniers Column als verbürgte Geschichte geschildert wurde, sah ungefähr folgendermaßen aus: Als wir Weißen dort ankamen, fanden wir die Matabele vor, eine Nebenlinie der Zulu. Auf der Flucht vor gewalttätigen Zulukönigen waren sie nach Norden gewandert, hatten die Mashona überfallen, sie ausgeplündert und ihnen ihr Land weggenommen. Die Mashona waren Gruppen lose miteinander verbundener, nomadisierender Klans. Sie blieben nur so lange an einem Ort, bis der Boden nichts mehr hergab und alle Tiere vertrieben waren. Wir, die Briten, haben den Mashona Frieden und die weiße Zivilisation gebracht.

Tatsächlich aber waren die Mashona geschickte Bauern und Minenarbeiter, deren Methoden erst jetzt erforscht werden. Für die Briten allerdings war es notwendig, sie als unwissende Wilde zu betrachten, die ihren Eroberern alles verdankten.

Die Briten verwalteten eine zunächst gefügige Bevölkerung, doch sehr bald, Anfang der fünfziger Jahre schon, begannen sich Widerstandsbewegungen zu formieren. Ende der vierziger Jahre konnten Menschen wie ich, die sich für die Möglichkeiten des schwarzen Widerstands interessierten, noch nicht viel davon ausmachen, obwohl es einen »gefährlichen schwarzen Agitator« gab, Joshua Nkomo, der mit seinen Reden die Leute in Bulawayo aufwiegelte, und einen weiteren wichtigen Mann, Benjamin Burombo. Zehn Jahre später aber waren die nationalen Befreiungsbewegungen bereits sehr stark. Auftrieb gegeben hatte ihnen die alberne Idee einer Zentralafrikanischen Föderation, die darauf abzielte, Nordrhodesien, Njassaland und Südrhodesien zu vereinigen. Dieser Föderationsgedanke übte eine unwiderstehliche Anziehungskraft auf eine große Zahl idealistischer Geister aus, die nahezu alle weißer Hautfarbe waren. Es war der Versuch, Unvereinbares miteinander in Einklang zu bringen. Die beiden nördlichen Gebiete waren britische Protektorate, und die Schwarzen dort glaubten tatsächlich den Versprechungen, die Königin Victoria ihnen gemacht hatte, so zum Beispiel, daß ihre – die der Schwarzen – Interessen immer im Vordergrund stehen und alles zum Besten ihrer Länder geschehen würde. Es zahlt sich niemals aus, das explosive Potential solch »naiver« Gefühle zu ignorieren. Südafrika war immer das Vorbild Südrhodesiens gewesen, jedes repressive Gesetz wurde von dort übernommen, und auf diese Weise entstand ein Unterdrückungssystem, das dem Südafrikas in nichts nachstand. Die

Menschen, die daran festhielten, die drei genannten Länder unter ein Dach zu bringen setzten sich über die Wünsche der Schwarzen hinweg, doch die Nationalen Befreiungsbewegungen Nordrhodesiens (dem späteren Sambia) und Njassalands (dem späteren Malawi) bereiteten diesem idiotischen Plan ein schnelles Ende.

In der Zwischenzeit schürten die Befreiungsbewegungen Südrhodesiens, ermutigt durch die Errungenschaften ihrer nördlichen Verbündeten, höchst erfolgreich »Ärger«, und zwar überall. Bereits 1956 traf ich junge Männer, die ihre Namen nicht nennen wollten und Untergrundaktivitäten wie den Schmuggel politischer Literatur beschrieben, die von Polizeischikanen erzählten, von willkürlichen Verhaftungen, Schlägen, Freiheitsberaubung. Über diesen noch begrenzten Untergrundkrieg wurde in den Zeitungen nicht berichtet, obwohl die Leute bereits darüber sprachen. Während der sechziger Jahre dann wurden die Zeichen an der Wand zunehmend deutlich, doch die Weißen, die nichts aus den Erfahrungen in Kenia gelernt hatten, zogen es vor, sie zu ignorieren.

1924 hatte Südrhodesien den Status einer selbstverwalteten Kolonie erhalten, die Verteidigungs- und Einheimischenpolitik blieben jedoch unter britischer Kontrolle. Die Briten protestierten nie, nicht ein einziges Mal, gegen die südrhodesische Politik den Schwarzen gegenüber, die sich an den repressiven Maßnahmen Südafrikas orientierte. Als dann die Zentralafrikanische Föderation aus Südrhodesien, Nordrhodesien und Njassaland unter dem Druck der schwarzen Opposition zusammenbrach, wurde Nordrhodesien unabhängig und 1964 in Sambia umbenannt. Zur selben Zeit forderte auch Südrhodesien die Unabhängigkeit, die ihm von England jedoch verweigert wurde, weil die Weißen den Schwarzen keine volle Regierungsbeteiligung innerhalb eines bestimmten Zeitraums zugestehen wollten. Da die Weißen sich der Forderung nach schwarzer Beteiligung nicht beugen wollten, verhängte England Sanktionen, woraufhin Ian Smith Südrhodesien 1965 in der sogenannten Unilateral Declaration of Independence (UDI) einseitig für unabhängig erklärte. Kleinere Sabotageakte, Aufstände, Proteste waren in Südrhodesien seit Jahren an der Tagesordnung gewesen, aber die UDI

kann als der Wendepunkt hin zur Unabhängigkeit gesehen werden, da sich zu diesem Zeitpunkt die verschiedenen Parteien und dann auch die Armeen formierten und in den Untergrund, das heißt den Busch, gingen. Die wichtigsten Parteien waren die ZANU, die Zimbabwe African National Union unter Robert Mugabe, und die ZAPU, die Zimbabwe African Peole's Union unter Joshua Nkomo, der länger als zehn Jahre in einem Internierungslager festgehalten worden war, in einer abgelegenen, verlassenen Gegend fern jeder Zivilisation. »Es war wie auf der Schattenseite des Monds«, so beschrieb er es später.
Der Unabhängigkeitskrieg in Südrhodesien hätte, wie viele andere Kriege auch, vermieden werden können. Es lebten höchstens 250 000 Weiße im Land. Viele von ihnen wären, wie ich glaube, unter einer anderen Führung Kompromisse eingegangen und hätten die Macht mit den Schwarzen geteilt. Aber eine weiße Minderheit, angeführt von Ian Smith, war entschlossen, für die weiße Vorherrschaft zu kämpfen. Der Beginn des Kriegs, der sich nach und nach zu einem der häßlichsten Konflikte unserer Zeit ausweitete, ist nicht präzise zu bestimmen. Die gegnerischen Armeen waren nicht strikt getrennt nach Weiß und Schwarz. Auf der Seite der Weißen kämpften schwarze Soldaten und Polizisten. Die Weißen, die anfänglich alles andere als einig waren, wurden es durch die Kriegswirren, und den wenigen, die den Krieg für falsch hielten und meinten, er solle beendet und könne nicht gewonnen werden (denn was geschah in Mosambik, wo die Weißen nach einem schrecklichen Krieg außer Landes gejagt wurden?), begegnete man mit hysterischem Haß, sie wurden verfolgt, bestraft, geschmäht. Und auch die Schwarzen waren unendlich zerstritten. Nicht nur gab es verschiedene Armeen mit jeweils eigenen Führern und unterschiedliche Zielen, sondern auch innerhalb der Armeen gab es Differenzen. Robert Mugabes Armee war nur eine von mehreren, aber sie war die extremste, kommunistisch – marxistisch – orientiert, und während der Krieg nicht aufhören wollte, glaubten die meisten Menschen, daß die Mehrheit der Schwarzen sich für Joshua Nkomo oder Bischof Muzorewa entscheiden würde, die moderat und demokratisch gesinnt waren.

Der Krieg wurde von beiden Seiten grausam geführt. Die

Menschen in den Dörfern hatten ein hartes Leben, denn sowohl die Regierungstruppen als auch die Streitkräfte der Schwarzen bestraften sie dafür, daß sie der jeweils anderen Seite halfen, trotzdem blieb ihnen nichts übrig, als jedem beizustehen, der kam und um Hilfe bat. Unzählige Dorfbewohner wurden gewaltsam aus ihren Häusern verschleppt und in Lager gesteckt, die zu Konzentrationslagern wurden – natürlich zu »ihrem eigenen Schutz«. Kaum waren sie alt genug, rannten junge Männer und Mädchen von zu Hause fort, um sich in Sambia, Mosambik oder auch in den Wäldern Südrhodesiens Guerillatruppen anzuschließen. Dort wurden sie wenigstens nicht von Regierungssoldaten schikaniert, gefoltert oder umgebracht. Nahezu eine ganze Generation junger Schwarzer wurde in Guerillaheeren erzogen und bisweilen marxistisch indoktriniert. Was sie vereinte, war der Haß auf ihre Unterdrücker.

Als die Weißen schließlich einsahen, daß sie diesen Krieg nicht gewinnen konnten, handelte England Bedingungen für einen Frieden aus, die unter anderem Wahlen unter Beteiligung der gesamten schwarzen Bevölkerung vorsahen. Die Schwarzen durften zum erstenmal an die Urnen. Die ZANU gewann die Wahlen, und Robert Mugabe wurde Premierminister. Joshua Nkomo wurde das Präsidentenamt angeboten, er lehnte jedoch ab. Damit begann die Zeit, da Nkomo als Feind Mugabes und seiner Regierung galt. Die Ursache für die Unstimmigkeiten zwischen den beiden lag grundsätzlich schlicht darin, daß Mugabe die Shona repräsentierte und Nkomo die Matabele, die sich einst nach ihrer Flucht aus dem Süden im heutigen Südwesten Simbabwes niedergelassen hatten, wo sie selbst ein tyrannisches, militaristisches Regime mit der Hauptstadt Bulawayo errichteten. Bulawayo bedeutet »Der Ort des Tötens«, und zu der Zeit, als ihr König Lobengula von den Weißen um sein Land gebracht wurde, verdiente die Stadt diesen Namen.

Während der Guerillakämpfe im südrhodesischen Busch kämpften auch die Schwarzen in Portugiesisch-Ostafrika gegen ihre Kolonialherren, die Portugiesen. Und sie gewannen, Jahre vor der Unabhängigkeit Simbabwes. Der Krieg wurde von der Frelimo unter ihrem Führer Samora Machel ausgefochten, einem Mann, der alle Eigenschaften eines Volkshelden besaß. Er war klug, tapfer, gutaussehend und geistreich, und er wäre auch, wie es scheint, in der Lage gewesen, aus Mosambik ein Land zu machen, in dem es zu leben gelohnt hätte. Leider jedoch kam er 1986 bei einem Flugzeugunglück ums Leben, das mit großer Sicherheit von der südafrikanischen Geheimpolizei inszeniert worden war. Als auch das weiße Südrhodesien zu existieren aufhörte, wurde die Renamo, eine von weißen Südrhodesiern geschaffene Organisation, die die Frelimo bekämpfte, von Südafrika übernommen. Die Renamo (National Resistance Movement, was im Klartext Widerstand gegen die Frelimo bedeutete) wurde von Südafrika mit Waffen ausgestattet und finanziert, richtete Mosambik zugrunde und trieb Millionen von Flüchtlingen nach Malawi und Simbabwe. Verschiedene Renamo-Banden treiben nach wie vor ihr Unwesen, brennen nieder, plündern, vergewaltigen und morden. Südafrika mag seine Hunde zurückgerufen haben, aber sie gehorchen nicht mehr. Nach dem Tod von Samora Machel übernahm Jaochim Chissano das Präsidentenamt, die möglicherweise am wenigsten beneidenswerte Stellung dieser Welt.

Gleich nach seiner Einsetzung verkündete Robert Mugabe eine vielrassige Gesellschaft und das sofortige Ende des Rassenhasses. Wie man weiß, hatte ihm Samora Machel geraten: »Begeh nicht den gleichen Fehler wie wir, wirf die Weißen nicht hinaus, denn dann werden sie dir eine verwüstete Volkswirtschaft hinterlassen.« Die Verwüstung Mosambiks war nicht allein eine Folge des Kriegs, sondern auch Ergebnis der portugiesischen Haltung, möglichst viel zu verbrennen und zu zerstören, bevor man das Land verließ – erst kürzlich ebenfalls wieder durchexerziert von Saddam Hussein, als er aus Kuwait vertrieben wurde.

1980 entstand die junge Nation Simbabwe. Das heißt, daß von der Ankunft der Pionierkolonne am Fuß des niedrigen Hügels, wo Salisbury seinen Anfang nehmen sollte, bis zur Unabhängigkeit neunzig Jahre vergingen. Neunzig Jahre, das ist nichts. Aber dennoch wurde in dieser Zeit die Kultur eines Gebiets ungefähr so groß wie Spanien zerstört. Die Menschen wurden mit der ganzen Macht moderner Waffen, politischer Maßnahmen und

Propaganda unterdrückt, schließlich jedoch rebellierten sie gegen eine nach dem neuesten Stand ausgerüstete Armee, und sie siegten. Jetzt mußten sie als Gleiche unter Gleichen in einer modernen Welt die Macht übernehmen. Die Hauptschwierigkeit war die gleiche wie in allen jungen schwarzen Staaten. Es gab nicht genügend gut ausgebildete Leute, obwohl es Simbabwe diesbezüglich besser ging als den meisten seiner Nachbarn, besonders im Bereich der Landwirtschaft, in dem es von Anfang an über eine beträchtliche Anzahl gut ausgebildeter schwarzer Fachkräfte verfügte. Das ist einer der Gründe, warum Simbabwe sich im Gegensatz zu seinen schwarzen Nachbarstaaten selbst versorgen kann und einen nicht unerheblichen Überschuß erwirtschaftet, den es voller Stolz an Südafrika verkauft oder Hungerregionen am Horn von Afrika spendet.

Vor der Unabhängigkeit lebten viele Schwarze in Reservaten, in die sie gesteckt worden waren, als die Weißen das fruchtbare Land für sich beanspruchten. Daneben gab es die Native Purchase Areas, in dem auch die Schwarzen Land erwerben konnten – was sie mit Erfolg taten. Nach der Unabhängigkeit wurden die Reservate in die sogenannten Communal Areas umgewandelt. In speziellen Siedlungsgebieten, den Resettlement Areas, können sich Schwarze auf bislang nicht besiedeltem Grund (den es durchaus noch gibt) oder auf ehemals Weißen gehörendem Land niederlassen. Diese Siedlungsgebiete sollten ursprünglich so etwas werden wie die sowjetischen Kolchosen, obwohl bekannt war, daß diese von Anfang an ohne Erfolg waren. Im Augenblick wird über die gesetzliche Grundlage der Neuansiedlungen verhandelt.

Trotz all seiner Mängel und Fehler und obwohl es Mosambik aufgrund der dort herrschenden katastrophalen Situation unterstützen muß, ist Simbabwe ein Erfolg. Mosambik in der Verwaltung zu helfen, die Flüchtlinge von dort zu ernähren, das Öl in der Pipeline aus Beira am Fließen und auch die Bahnverbindung in die Hafenstadt, die noch vom weißen Südrhodesien gebaut wurde, instand zu halten, all das kostet Simbabwe, das ein armes Land ist, eine Million Pfund pro Tag. Ebenso wie einst das in heikler Position befindliche Sambia die gegen die weiße Vorherrschaft in Südrhodesien und Malawi kämpfenden Guerillas unterstützt hat – was bedeutete, daß sein Territorium und bisweilen sogar seine Städte von Südrhodesien aus bombardiert wurden, wird heute Mosambik von Simbabwe am Leben erhalten, während Südafrika alles tut, um es zu zerstören. Selbst wenn Südafrika tatsächlich aufgehört haben sollte, seine schwarzen Nachbarstaaten zu »destabilisieren«, die Schäden, die es angerichtet hat, lassen sich nicht über Nacht reparieren, und die Rebellenbanden, die es mit Waffen ausgestattet und finanziert hat, sind nicht alle gute Staatsbürger geworden; nach wie vor gibt es Sabotageakte und Zerstörungen. Südafrika hat eine Vormachtstellung auf dem südlichen Teil des Kontinents und wird sie auch beibehalten: Bereits 1991 hat die ehedem kommunistische Regierung Mosambiks südafrikanisches Kapital eingeladen, ihr zerstörtes Land wiederaufzubauen und weiterzuentwickeln.

Simbabwe wird wie viele andere junge afrikanische Nationen von einer korrupten Elite regiert. Von einer Räuberbande, die sich ihres Verhaltens alles andere als schämt. Im Gegenteil, man ist stolz auf sich selbst, prahlt und stellt seinen Reichtum zur Schau. Joshua Nkomo, der wie Mugabe der Korruption anfangs entgegenzuarbeiten versuchte, kapitulierte schließlich 1989 vor der Realität: »Wir müssen lernen, reich zu sein, wie wir auch alles andere lernen müssen.«

Das erste Jahrzehnt der Geschichte Simbabwes ist gekennzeichnet von Gewalt und Uneinigkeit, von Widersprüchlichkeit, von Überschwenglichkeit und immer wieder von Überraschungen. Das schlimmste Kapitel war das der Morde und Brandstiftungen der »Dissidenten« aus Matabeleland, die allen Ndebele, der ganzen Provinz, zugeschrieben wurden. Mugabes Armee terrorisierte das Gebiet, rottete gnadenlos ganze Dörfer aus, behandelte Matabeleland als feindliche Provinz. Wie sich herausstellte, waren die »Dissidenten«, von denen man glaubte, sie bildeten eine Guerillaarmee, nicht mehr als ein paar Desperados, die alles andere, nur nicht ihr Volk repräsentierten und denen der Zutritt zu ihren Dörfern verweigert wurde, wann immer sie dorthin zurückkehrten. Für die Zukunft mag es – vielleicht – nicht ohne Bedeutung sein, daß die Mashonatruppen, die in Matabeleland brandschatzten, mordeten und plünderten, behaupteten: »Das ist die Vergeltung für . . .« irgendein Vorkommnis, das mehr als hundert Jahre zurücklag, als die Matabele Vieh stahlen, Ernten und Hütten verbrannten und Frauen verschleppten.

Das Beste an Simbabwe ist die Vitalität, der Optimismus und die Entschlossenheit der Menschen. Wenn man von einem mehrwöchigen Aufenthalt im Lande zurückkehrt und sich in der kraftraubenden Hektik Europas wiederfindet, dann fällt einem auf, daß man Tag und Nacht mit Menschen, Weißen wie Schwarzen, zusammen war, die über nichts anderes gesprochen haben als darüber, wie man Simbabwe richtig in Gang bringen könnte, über neue Ideen, die man übernehmen sollte, mit Menschen, die sich mit der Arbeit von Regierung und Verwaltung identifizieren. Das heißt, daß nichts geschehen kann, was nicht sofort leidenschaftliche Reaktionen dafür oder dagegen provoziert. Leute, die aus Mosambik oder Sambia kommen, wo nichts funktioniert, wo der Zynismus alles vergiftet, sagen, daß in Simbabwe ihr Glauben an Afrika wiederhergestellt wurde und daß, worin auch immer der Grund dafür liegen mag, die schöpferische Energie der simbabwischen Bevölkerung einzigartig ist in Afrika. Die Menschen sind stolz auf sich. So ist es durchaus möglich, daß man einen Schwarzen über Sambia oder Mosambik sagen hört: »Die können dort rein gar nichts, wir werden's denen zeigen müssen.« Diese von Selbstachtung – mancher mag natürlich auch sagen Überheblichkeit – zeugende Einstellung knüpft an die Liebe der weißen Südrhodesier für sich und »ihr« Land an, die nach wie vor besteht, obwohl das Land ihnen nun nicht mehr gehört. Wenn von einem südafrikanischen Erfolg die Rede ist, einem neuen Unternehmen zum Beispiel oder einer neuen Farm, dann hört man oft genug einen Weißen sagen: »Die Rhodies in Südafrika stellen sich zwangsläufig immer als die besten heraus. Wir wissen einfach, wie man die Dinge anpackt.«

Vor der Unabhängigkeit waren die Weißen davon überzeugt, daß Südrhodesien der beste Ort auf Erden und ihre Regierung und Verwaltung besser seien als in jedem anderen von Weißen beherrschten Land. Als ich 1989 nach Simbabwe reiste, hörte ich immer wieder, der oder der (in der Regel Präsident Chissano zu Präsident Mugabe) habe gesagt: »Ihr habt Glück, daß ihr das Land von den Briten übernommen habt. Sie haben euch zumindest eine anständige Infrastruktur hinterlassen.«

# DAMALS – 1982

Früh am nächsten Morgen brachen wir unser Lager am Fluß ab und zogen weiter durch einen ungemein schönen Landstrich – eine malerischere Gegend habe ich nie gesehen. Hügel und Täler, Bäche und Flüsse, Wiesen und Wälder, all das zusammen bot einen hinreißend mannigfaltigen Anblick.

Major Johnson und ich fuhren in einem zweirädrigen Karren ein gutes Stück vor dem anderen Wagen, und als wir auf der Kuppe eines kleinen Hügels ankamen, hielten wir an und warteten auf Mr. Rhodes und Dr. Jameson. Ich war so überwältigt von der Schönheit der Landschaft, daß ich beschloß, das Land am Fuß dieses Hügels für die Farmen zu wählen, die Mr. Venter und ich in Mashonaland aufbauen wollten. Mr. Rhodes erriet meine Gedanken, denn als er neben uns hielt, sagte er, noch bevor ich ein Wort gesprochen hatte:

»Schweigen Sie, De Waal, ich werde Ihnen sagen, warum Sie angehalten und auf mich gewartet haben!«

»Nun, warum?« fragte ich.

»Weil Sie mir mitteilen wollen, daß Venter und Sie die geeignete Gegend für Ihre Farmen gefunden haben.«

»So ist es«, erwiderte ich, »Sie haben richtig geraten.«

»Nun«, sagte er, »ich sprach mit meinen Freunden im Wagen gerade über die Großartigkeit der Landschaft und sagte zu ihnen, ich sei sicher, daß Sie hier nicht durchziehen würden, ohne sich ein Stück davon zu wünschen.«

Mr. Rhodes bat daraufhin Mr. Duncan, den Verwalter von Mashonaland, der sich bei uns befand, das Gebiet für zwei Farmen abzustecken, eine für Mr. Venter und eine für mich. Ich zweifle nicht daran, daß der Grundbesitz in diesem Teil des Landes sehr wertvoll werden wird, insbesondere wenn die Eisenbahn zwischen Beira und Salisbury fährt, was bald der Fall sein wird.

D. C. De Waal,
*With Rhodes in Mashonaland*

Dieses Zitat beschreibt die Gegend in der Nähe von Rusape an der Straße zwischen Salisbury und Umtali. Die Reisen fanden 1890 und 1891 statt, während der Besetzung des Landes, jedoch vor der militärischen Eroberung.

Als ich in das Land zurückkehrte, in das ich als fünfjähriges Mädchen gekommen war und das ich als junge Frau von dreißig Jahren verlassen hatte, war ich länger als fünfundzwanzig Jahre nicht mehr dort gewesen. Was daran lag, daß ich als »unerwünscht« galt. Das ist ein eindeutiger Status, sollte man meinen. Man ist entweder ein guter Staatsbürger oder ein schlechter, erwünscht oder unerwünscht. Aber so einfach war es nicht. Bereits 1956 war ich eine »Unerwünschte Person«, wußte es damals jedoch noch nicht. Ich hatte nie daran gedacht, daß dem so sein könnte: Es widersprach meiner psychologischen Verfaßtheit. Man kann einem nicht das Land verbieten, in dem man aufgewachsen ist, das zumindest sagen die Gefühle, Erinnerungen und Erfahrungen, die einen an eine Gegend binden. 1956 dann wurde ich aufgefordert, das Büro des Premierministers aufzusuchen. Das war zu jener Zeit Garfield Todd, ein kräftiger, gutaussehender Mann von Geschmack. Abraham Lincoln nicht unähnlich, schritt er in seinem Büro auf und ab und kam sich sichtlich eingesperrt vor. »Ich habe meine Hand schützend über dich gehalten, mein Kind«, sagte er. Er war zehn Jahre älter als ich. Seinen gönnerhaften Stil schrieb ich der Tatsache zu, daß er Missionar gewesen war und nicht wirklich hörte, was er sagte. Er hieß mich in Südrhodesien willkommen, weil ich als Journalistin dem Föderationsgedanken förderlich sein konnte: »Ich habe dich ins Land gelassen.« Ich entgegnete, daß ich gegen die Föderation sei. Ein paar Stunden lang stritten wir uns lautstark, allerdings ohne harte Gefühle. Später interviewte ich Lord Malvern, der als Doktor Huggins* unser Hausarzt gewesen war, und

* Doktor Huggins war während vieler Jahre Premierminister Südrhodesiens. Während der Föderation war er als Lord Malvern deren Premierminister, und Garfield Todd war Premierminister Südrhodesiens.

sprach davon, daß ich Nordrhodesien und Njassaland besuchen wollte, die damals von Aufständen, Dissidenten, sozialen Unruhen und anderen Manifestationen der bevorstehenden Unabhängigkeit erschüttert wurden. Er sagte: »Aha, das willst du also!« Im Verlauf unserer Diskussion, die wesentlich härter ausfiel als diejenige mit Garfield Todd, sagte auch er: »Ich werde nicht zulassen, daß du unsere Eingeborenen aufwiegelst.« Ich hörte immer noch nicht, um was es tatsächlich ging. Schließlich gestattete er mir, zwei Wochen lang nach Nordrhodesien und Njassaland zu fahren. »Ich nehme nicht an, daß du in der Zeit viel Schaden anrichten kannst.« Selbstverständlich schmeichelte mir das: Menschen, die sich selbst als Chronisten und Beobachter sehen, sind immer überrascht, wenn man sie für Aktivisten und Weltbeweger hält. (Diese längst vergangenen Ereignisse sind heute nur noch von Interesse, wenn ich versuche, mit meinen damaligen irrationalen Reaktionen zurechtzukommen.) Später kehrte ich nach London zurück und dachte, daß es da auch etwas zu sehen gebe. Daß ich in Nordrhodesien und Njassaland, in Ländern, in denen ich nie gelebt hatte, als unerwünscht galt, machte mir im Grunde nichts aus, was ich jedoch nicht verkraften konnte, war die Möglichkeit, daß ich auch in dem Land unerwünscht sein könnte, in dem ich aufgewachsen war.

Schließlich bat ich einen Rechtsanwalt, mich zum Southern Rhodesia House zu begleiten, wo mir ein Beamter, der schlechtgelaunt war, da er die Haltung, die er einnehmen mußte, eindeutig als falsch empfand, sagte: »Ach, zum Teufel, wenn Sie's unbedingt hören wollen.« So wurde ich schließlich darüber informiert, daß ich als »Prohibited Immigrant«, als »unerwünscht« galt. Premierminister Huggins hatte lange vorher verfügt, daß mir, wollte ich mein altes Zuhause aufsuchen, nicht gestattet sei, seine Eingeborenen aufzuwiegeln.

Ich reagierte, wie es sich gehörte, das heißt, ich war stolz darauf, unerwünscht zu sein. In der Folgezeit habe ich begriffen, daß es nur wenige Länder gibt, deren Toleranzniveau hoch genug ist, um unserem Selbstbild als Weltbürger zu entsprechen.

Ich wollte beileibe nicht in Südrhodesien leben, denn auch wenn das Klima dort nahezu ideal ist, wahrscheinlich das beste der Welt, und die Landschaft großartig, ist das Leben doch provinziell und langweilig. Meine Unerwünschtheit lief allein darauf hinaus, daß ich Freunde und Verwandte nicht besuchen durfte. Natürlich konnten sie nach London kommen. Aber derart rationale Überlegungen drangen nicht bis in jene geheimnisvolle Region tief in mir, die offensichtlich ein unerschöpflicher Quell von Tränen war. Nacht für Nacht weinte ich im Schlaf, aus dem ich mit dem Wissen erwachte, daß man mir ungerechterweise den besten Teil meines Selbst geraubt hatte. Und immer träumte ich das gleiche: Ich war im Busch oder in Salisbury, aber ich war illegal dort, ohne Papiere. »Meine« Leute, das heißt die Weißen, mit denen ich aufgewachsen war, kamen, um mich außer Landes zu bringen, während ich für »meine« anderen Leute, Unmengen freundlich gesinnter Schwarzer, unsichtbar war. So ging es über Monate. Zwar begreifen die meisten Menschen irgendwann, daß unsere Psyche nicht aus einer einheitlichen, gleichmäßig verteilten Substanz besteht wie zum Beispiel eine Kuchenmischung, Kartoffelbrei oder eine *sadza*, jener zähe Maisbrei, sondern daß sie mehrere, einander feindlich gesonnene Einheiten beherbergt. Dennoch dauerte es Monate, bis ich den Mut fand, mir die wesentliche Frage zu stellen: Wie beeinflussen diese einander feindseligen Einheiten unser Verhalten und unsere Entscheidungen? Dieses Meer von Tränen, trat es über die Ufer, versickerte es, leckte es und benetzte heimlich, was ich trocken halten wollte?

Heute betrachte ich die Weigerung, die Unfähigkeit, meinen Ausschluß zu »verkraften«, als Reaktion des Kindes in mir. Und wie mir geht es mehr und mehr Menschen, die aufgrund von Kriegen, Seuchen, Umweltkatastrophen oder auch Hungersnöten das Land, das Tal, die Stadt, die einst ihr Zuhause waren, verlassen müssen oder von dort vertrieben werden. Und wenn sie zurückkehren, gibt es ihre Heimat womöglich nicht mehr, sie wurde zerstört, dem Erdboden gleichgemacht. Auf den ersten Blick mag alles erscheinen, wie es war, und nur langsam nimmt man wahr, was sich verändert hat. Es gibt Klüfte und Gräben, wo keine waren, oder die Substanz ist ausgedünnt, vergleichbar einer versiegten Lichtquelle, die vormals die heimatliche Straße oder das geliebte Tal erhellte. Bald werden die Menschen, die ihr ganzes Leben in einer Stadt oder in einem Tal verbringen, die Ausnahmen sein, ja, mittlerweile wird sogar spekuliert, ob die Menschheit den Planeten Erde eine Zeitlang wird verlassen müssen, um ihm wie einem kranken, vergifteten Organismus die Möglichkeit zu geben, sich zu regenerieren. Aber wenn wir zurückkehren, was werden wir dann vorfinden?

## AIR ZIMBABWE

1982 buchte ich einen Flug bei Air Zimbabwe und traf meine Reisevorbereitungen mit gemischteren Gefühlen als gewöhnlich.

Kaum daß ich im Flugzeug Platz genommen hatte, wurde ich von starken Gefühlen übermannt. Die Stewardessen waren schwarz, was früher unmöglich gewesen wäre, und da nahezu alle Fluggäste weiß waren und die schwarzen Mädchen keinen Grund hatten, von ihnen Höflichkeiten zu erwarten, verhielten sie sich defensiv und sahen niemandem ins Gesicht. Die Stimmung war unangenehm. Ich hatte gehofft, neben einer schwarzen Person zu sitzen, um zu erfahren, was die Menschen beschäftigte, saß jedoch neben einem weißen Züchter von Rennpferden, einem ungefähr vierzig Jahre alten Mann, der während des zehnstündigen Flugs zwanghaft über die neue schwarze Regierung herzog. Sein Ton schlechtgelaunter Bosheit war mir nicht neu. Bei den Unabhängigkeitsfeiern in Sambia hatten Ministerialbeamte, die nichts dazu beigetragen hatten, die Schwarzen auf ihre Verantwortung vorzubereiten, ein Beispiel für Ineffizienz nach dem anderen aufgeführt, wobei sich in ihren Gesichtern triumphierende Boshaftigkeit spiegelte. Es war wieder die alte Leier. Dieser Mann bestand darauf, daß Simbabwe nach wie vor das Paradies sei, in dem er billiger und besser Rennpferde züchten und trainieren könne als irgendwo sonst auf der Welt.

Er und seine Familie führten ein herrliches Leben, und nichts könne ihn dazu bewegen, das Land zu verlassen – außer der schwarzen Regierung. Ich hörte mit halbem Ohr zu und dachte, daß ich die weiße Welt, nachdem ich ihr meine Schuldigkeit erwiesen hatte, schon bald hinter mir lassen konnte. Der Mann war mir unsympathisch, und ich reagierte auf ihn mit der gleichen Ungeduld, wie ich sie zu der Zeit empfunden hatte, als ich in Afrika aufgewachsen war. Kindisch war er, verdorben, verwöhnt, trotzig, alle waren sie so oder zumindest die meisten. Aber was tat das schon? Und warum regte ich mich noch immer so auf?

Während er sich über die schlechte Versorgung mit Lebensmitteln beklagte, wurde das Frühstück serviert: gebratener Speck, Rührei, Würstchen, Toast, eine Mahlzeit, wie sie Landarbeitern oder Totengräbern ansteht.

Der kleine Flughafen hatte sich nicht verändert: Ich nahm ihn kaum wahr. Die Gerüche, die Farben des Erdbodens trafen mich zutiefst, und mein emotionales Gleichgewicht geriet aus den Fugen. Ein schüchterner, unerfahrener junger Mann inspizierte zögerlich meinen Paß und fragte mich, ob ich vorhätte, zu bleiben und hier zu leben. Zu viele »unserer Freunde« hätten das Land wegen der alten Regierung verlassen. Er stellte Fragen zu meinem Paß. Ich bin in Persien geboren, und ich erklärte ihm, daß man Persien und den Iran in etwa mit Südrhodesien und Simbabwe vergleichen könne. Als ich in der Flughafenbank Geld wechselte, fragte mich der Angestellte, ob ich die Schriftstellerin sei, und hieß mich im Namen Simbabwes willkommen. Ich trat hinaus in die trockene, duftende Luft und weinte. Und da stand auch schon der junge Mann, der mir den Mietwagen zum Flughafen gebracht hatte. Ich war so damit beschäftigt, die Tränen zurückzuhalten, daß ich kaum etwas von den Straßen sah. Ich ließ den jungen Mann beim Büro der Autovermietung aussteigen und parkte. Jetzt war ich ganz allein in den Straßen der Stadt, die einst meine Große Stadt gewesen war.

## DIE GROSSE STADT

Selbstverständlich gab es die alte, bescheidene Stadt mit den ausschließlich einstöckigen Gebäuden nicht mehr, obwohl man überall zwischen den neuen Hochhäusern noch Überreste davon fand. Trotzdem, irgend etwas stimmte nicht. Aber was? Die Atmosphäre? Ja, es war Winter und kalt und trocken, und am Himmel stand eine fahle Sonne. Nur wenige Menschen waren zu sehen, und sie bewegten sich langsam und kraftlos. In einem Straßencafé saßen ein paar abweisend wirkende, ausschließlich weiße Gäste. Während ich umherschlenderte und mich dabei zunehmend bedrückt fühlte, gingen mich kriegsversehrte Bettler an. Sie waren aggressiv und wurden ausfällig, streckten mir Arm- und Beinstümpfe entgegen, und wenn ich ihnen etwas Geld gab, schüttelten sie es voller Haß in der Hand, als wollten sie es zurückweisen. Ich betrat Meikles Bar. Das alte Hotel, unverwechselbar und einzigartig, war abgerissen worden, und an seiner Stelle stand ein Neubau, wie man ihn zu Tausenden auf der ganzen Welt findet. Daß »sie« Meikles dem Erdboden gleichgemacht hatten, versetzte mich in einen Zustand hilfloser Wut, in den wir alle geraten, wenn »sie« irgendwo ein schönes Haus abreißen. »Tja, das war ein Fehler«, werden sie vermutlich selbst bald leichthin sagen. An den Wänden der Bar hingen Fotos des alten Hotels. Ich hatte das Gefühl, ein Teil von ihnen zu sein, und am liebsten hätte ich sie verstohlen nach bekannten Gesichtern abgesucht, auch nach meinem eigenen als junge Frau. Voller Trauer verließ ich Meikles und betrat einen Buchladen. Der junge Mann, der auf mich zukam, war so aggressiv, daß ich sofort wußte, wie sich Weiße in diesem Laden benahmen. Ich fragte nach Romanen und Erzählungen von schwarzen Autoren, und er drückte mir verschiedene Bücher in die Hand, ohne mich auch nur einmal anzusehen oder zu lächeln. Ich erzählte ihm, daß ich Schriftstellerin sei und er möglicherweise auch meine Bücher verkaufe, und da er mich nicht nach meinem Namen fragte, nannte ich ihn von mir aus. Er war argwöhnisch, skeptisch, und dann verwandelte er sich in einen Freund. Er sagte, er habe eine meiner Kurzgeschichten gelesen. »Werden Sie wieder hier leben? Alle guten Weißen haben während des Kriegs das Land verlassen.« Ich erwiderte, ich sei nur zu Besuch da.

Und wen besuchte ich? Weiße Hardliner, die sich in diesem Buchladen – sollten sie ihn überhaupt betreten, er war schließlich ein schwarzes Unternehmen – verhalten würden, wie sie es immer getan hatten. Wir verabschiedeten uns mit vorsichtigem Wohlwollen, als drohten beim ersten falschen Wort gleich neben uns Bomben zu explodieren.

Ich beschloß, Harare zu verlassen. Ich war nicht einmal einen ganzen Vormittag in der Stadt gewesen, aber alles in ihr machte mich frösteln und drückte meine Stimmung, und das nicht nur, weil ich mir wie ein trauriges Gespenst vorkam.

Woran das lag, begriff ich weder an diesem Tag noch am nächsten, trotzdem will ich es hier sagen: Die Stadt erholte sich immer noch von einem Krieg, der über zehn Jahre gedauert hatte und erst zwei Jahre zuvor beendet worden war. Es ist nicht möglich, diese Art Krieg, einen Bürgerkrieg, zu führen, ohne daß alles durch und durch vergiftet wird. In Pakistan, bei afghanischen Flüchtlingen und den Mudjaheddin, ist mir die gleiche Atmosphäre begegnet. Irgend etwas in den Menschen war explodiert oder zerrissen, da war eine Wut, die verderbt und bitter geworden war, die Unmöglichkeit zu glauben, daß sich dieses Grauen tatsächlich ereignet hatte. Die Langsamkeit der Bewegungen und Reaktionen brachte Taubheit und Dumpfheit zum Ausdruck.

Um Blumen zu kaufen, ging ich zum früheren Cecil Square, einst nach der Cecil-Familie benannt. Ich wollte mit den Blumenverkäufern reden. Wie vor langer Zeit waren es ausschließlich Männer, aber die Stimmung hatte sich verändert. Sie bedrängten mich, hielten mir die Blumen vors Gesicht, wie es die Bettler mit ihren Wunden getan hatten. Es gab zu viele Blumenhändler, und die Zeiten waren hart, weil kaum mehr Touristen kamen und sie ihre Blumen trotzdem an den Mann bringen mußten. Als ich abwinkte, zwei Sträuße seien genug, wurden die, die leer ausgegangen waren, wütend und legten den gleichen so unverhohlenen wie berechtigten Zorn an den Tag wie die Bettler.

Ich verstaute die Blumen auf dem Rücksitz des Autos und fuhr auf der alten Straße nach Umtali Richtung Osten.

## DER BUSCH

Unsere Familie kam oft nach Marandellas, das jetzt wieder Marondera heißt. Nach Umtali, dessen richtiger Name auch damals schon Mutare gewesen wäre, hätten nicht die Weißen dieses Gebiet überrannt, fuhren wir nicht, weil es für damalige Verhältnisse zu weit entfernt war. Ich war ungefähr fünfzehn, als ich zum erstenmal nach Umtali kam, und von da an war Marandellas nichts weiter als eine Station an der Straße, wo ich befreundete Farmer besuchte, manchmal für mehrere Wochen. In meinen Kindertagen jedoch war Marandellas der Bezugspunkt für unsere Farm, die im Distrikt Banket oder Lomagundi lag, hundertzwanzig Kilometer nordwestlich von Salisbury an der Straße zum Sambesital. Entlang dieser Straße ereignete sich nichts, sieht man von den üblichen Unannehmlichkeiten einmal ab. Dazu gehörten Flüsse, die über die Ufer traten und uns zwangen, vier oder fünf Stunden zu warten, bis das Wasser wieder gesunken war und wir die Weiterfahrt trotz der möglicherweise von der Flut unterspülten Straße wagen konnten. Oder wir blieben im dicken roten Schlamm stecken und mußten uns mit frisch geschlagenen Ästen behelfen, um das Auto frei zu bekommen. Oder wir sahen wilde Tiere. »Schau, eine Duckerantilope!« Oder ein Kudu, eine Drehhornantilope oder eine kleine Herde Elenantilopen. Aber das waren alltägliche Aufregungen, die für uns selbstverständlich waren, und erst auf der anderen Seite von Salisbury setzten der Schock und der Reiz neuer Eindrücke ein, ein Schimmern der Luft wie eine geistige Hitzewelle, von der ich wußte, daß sie zur Straße nach Umtali gehörte. Marandellas lag etwa fünfundachtzig Kilometer südöstlich von Salisbury, doch wenn man fragt, was schon gut zweihundert Kilometer sind, dann fragt man von einem höchst unpoetischen Standpunkt aus. Unser Auto war ein Overland, ein Zeitgenosse der ersten Fords.

Heute holt man sie für Filme, die während der Depression spielen, aus Oldtimermuseen. Unserer war bereits gebraucht, als wir ihn kauften, und fünfzig Stundenkilometer waren eine unerhörte Geschwindigkeit. Stellt man dazu noch den Charakter meiner Eltern in Rechnung, so wurde aus der Reise ein episches Unternehmen, das Wochen im voraus geplant und vorbereitet sein wollte. Der Satz, der in unserem Haushalt am häufigsten fiel, lautete: »Das können wir uns nicht leisten.« Für gewöhnlich sagte ihn mein Vater triumphierend zu meiner Mutter, um nachzuweisen, daß wieder einmal irgend etwas nicht möglich war, in diesem Fall ein einwöchiger Aufenthalt im Marandellas Hotel in der Nähe von Ruzawi. Mein Bruder besuchte die Schule von Ruzawi, eine Grundschule nach englischem Vorbild, und die Reise war so geplant, daß wir ein Sportfest, einen Tag der offenen Tür und ein Kricketmatch miterleben konnten, alles erfolgreiche Veranstaltungen, verglichen mit ähnlichen Ereignissen an englischen Schulen. Unmöglich! Gott sei Dank! Er würde die Farm nicht verlassen müssen, statt seiner Khakikluft keine anständige Kleidung anziehen und sich auch mit anderen Eltern nicht gepflegt unterhalten müssen. Sein »Das können wir uns nicht leisten« war kein Symptom von Mißgunst, sondern Ausdruck seines Bedürfnisses – und es war damals bereits sein stärkstes Bedürfnis –, in Frieden gelassen zu werden, um seinen Träumen nachhängen zu können.

Aber meine Mutter gab nicht nach. Decken, Kisten mit Lebensmitteln, Koffer stapelten sich auf dem Rücksitz des Wagens, der »Boy« und ich quetschten uns dazwischen, und wir brachen auf. Bei der Geschwindigkeit, die mein Vater beharrlich beibehielt, brauchten wir für die Strecke nach Salisbury drei bis vier Stunden. (»Ein Mann, der aufs Bremspedal treten muß, kann nicht Auto fahren.«) Packards und Studebakers schossen in Staubwolken an uns vorbei (die Straßen waren einspurig, und überholt wurde auf dem Erdstreifen daneben). Fords und Overlands waren damals schon ein Anachronismus. (»Warum sollen wir ein Auto aufgeben, das noch völlig in Ordnung ist, nur weil *sie* dir ein neues verkaufen wollen?«) Selbst auf den Straßen damals war es ein Kinderspiel, in einem Tag oder einem Nachmittag von Banket nach Marandellas zu fahren – für alle außer uns. Wir übernachteten im Meikles Hotel, allerdings im Anbau, weil es dort billiger war. Wir aßen in unserem Zimmer, denn das Essen im Speisesaal des Hotels konnten wir uns nicht leisten. Anschließend tranken wir Kaffee in der Lounge, wo eine Kapelle zwischen Palmen und goldfarbenen Säulen spielte.

Am nächsten Morgen, nachdem der Wagen mit noch mehr Lebensmitteln beladen worden war, brachen wir in aller Frühe nach Marandellas auf, so daß genügend Zeit blieb, dort unser Lager aufzuschlagen. Die Fahrt dauerte ewig, die Kilometer zogen sich dahin, weil es soviel zu sehen gab. Die Straße führt durch Sandveld-Land, der Boden ist nicht schwer, rot, braun und rosa wie in Banket, und der Landschaft haftet eine trockene, luftige Leichtigkeit an. Mehr und mehr säumen Berge die Straße, aber in einer Entfernung, die sie blau, mauve und purpurrot schimmern läßt. Direkt neben der Straße häufen sich Granitblöcke, die einmalig auf der Welt sind, zumindest habe ich nirgendwo – auch nicht auf Fotos – etwas Ähnliches gesehen. Die Felsen ragen aus einem blassen Boden auf, scheinen mühelos aufeinander zu balancieren, so daß man glauben möchte, schon ein stärkerer Wind würde sie zum Umfallen bringen. Von den großen Blöcken, die hellgrau und mit Flechten überzogen sind und bei genauerem Hinsehen glitzern, strahlen vor dem intensiven Blau des Himmels Hitzewellen aus. Jeder, der an ihnen vorbeifährt, überlegt, wie lange sie wohl schon auf diese unmögliche Weise dastehen, und unwillkürlich fallen einem Riesen ein, die mit Felsen gespielt haben. Der dort drüben, dachte ich immer und stellte mir seine genaue Form und Position auf meiner flachen Hand vor, wird vielleicht bis nächste Woche, wenn wir wieder vorbeikommen, heruntergefallen sein. Aber dieser Felsblock von der Größe einer Hütte oder eines Baobabbaumes, der mit dem Stein darunter nur auf einer Fläche von zirka zehn Quadratzentimetern Kontakt hatte, hatte den Kampf gegen die Schwerkraft, gegen unzählige Gewitter, gegen Stürme und Blitzschlag gewonnen und war auch 1982 noch da, als ich an ihm auf der Straße nicht nach Marandellas und Umtali, sondern nach Marondera und Mutare vorbeiraste. Er hatte ein halbes Jahrhundert Geschichte überstanden und den Bürgerkrieg. Den Befreiungskrieg. Den Buschkrieg.

Die Fahrt ging bergauf, dann wieder bergab. Das ist an sich nichts Besonderes, aber bei einer Geschwindigkeit von fünfzig Stundenkilometern ist es besonders einprägsam. Unter Aufbietung aller Kräfte arbeitete sich der Wagen eine Anhöhe hinauf, zur Belohnung durfte er dann ins nächste Tal hinunterrollen, um sich anschließend wieder eine Steigung hinaufzuquälen, im zweiten Gang, weil der zweite ein solider, verantwortungsvoller Gang ist und ihm nichts von der Frivolität und Rücksichtslosigkeit des vierten anhaftet. Jede Anhöhe bot eine andere atemberaubende Aussicht, und meine Mutter war entzückt und lenkte unsere Aufmerksamkeit auf die ihr eigene Art, die Bewunderung mit Bedauern verband, so als würde man für solche Schönheit immer mit Leid bestraft. Und ich verleibte meinem Gedächtnis die vermeintlich unwandelbaren Aussichten und Anblicke ein, wie man Fotos in ein Album klebt, doch auf der nächsten Fahrt schon mußte ich feststellen, daß sie sich in der Erinnerung verändert hatten. Ein »Anblick«, von dem ich angenommen hatte, daß er für immer feststünde, war nicht mehr da. Eine Bergkette war niedriger, als ich sie in Erinnerung hatte. Ein Gipfel war näher gerückt und hatte einen weniger hohen Hügel zu sich herangezogen. Ein Fluß hatte seinen Lauf geändert und einen neuen Zufluß erworben, der mir zuvor nicht aufgefallen war. Vielleicht handelte es sich um einen anderen »Anblick«, und ich hatte mich getäuscht? Nein, denn jener Hügel dort nahe der Straße war unverändert, und ihn hatte ich mir als Erinnerungsstütze ausgesucht. Ich hatte mich angestrengt, hatte die Augen weit aufgerissen für den Fall, daß ein Lidschlag die Perspektive wandeln oder meine Aufmerksamkeit ablenken könnte, und mein Geist war voll darauf konzentriert, aufzunehmen und zu behalten. Ich befand mich in einem ständigen Wettlauf mit der Zeit, und ich wußte es. Ich war besessen von der Zeit, war es von Anfang an gewesen. Meine ersten Erinnerungen haben mein Beharren zum Inhalt, mir dieses zu merken und jenes nicht zu vergessen, als wäre ich mit dem Wissen um die Tricks und Täuschungen meines Gedächtnisses geboren. Als ich noch ziemlich klein war, vielleicht zwei oder drei Jahre alt, muß jemand zu mir gesagt haben: »Glaub mir, es ist *so*.« Ich aber wußte, es war anders. Sie sagten: »*Das* ist geschehen, *das* ist die Wahrheit.« Ich aber wußte, daß etwas anderes geschehen, etwas anderes die Wahrheit war. Jemand muß versucht haben, mir etwas auszureden, von dem ich wußte, daß es wahr war, denn ich war ständig damit beschäftigt, Augenblicke festzuhalten und mich zu ermahnen: »Erinnere dich daran. Vergiß nicht, was wirklich geschehen ist. Laß dir nichts ausreden.« Auch heute noch verfüge ich über eine ganze Reihe von Bildern, gestochen scharf wie Fotografien, Teile eines eidetischen Gedächtnisses, und ich greife immer wieder darauf zurück. Wenn ich mich also anstrengte, einen »Anblick«, eine Aussicht von einer Straße aus, zu behalten, dann war diese Anstrengung nur eine von vielen. Wie die Erwachsenen besaß auch die Zeit glitschige Eigenschaften, aber wenn man sich nur genug um ein Ereignis, einen Augenblick bemühte, konnte man einen soliden Gegenstand daraus formen, der sich später erneut aufsuchen ließ. Ist er noch da? Sieht er noch aus wie früher? Und unterdessen trägt die Zeit ab, bricht Stücke heraus, verwischt, läßt blaue, lila und rote Nebel aufsteigen, so wie im Theater Trockeneis aufsteigt. »Halt, warte einen Augenblick, ich kann nichts sehen.«

Die Zeit verging langsam, ganz l-a-n-g-s-a-m, sie kroch und schlich dahin, und ich wußte, daß ich mich in der »Kinder-Zeit« aufhielt. Meine Eltern hatten es mir gesagt. »Wenn du so alt bist wie wir, vergehen die Jahre wie im Flug.« Aber für mich stellte jeder Tag eine Ewigkeit dar, und ich war entschlossen, so schnell wie möglich erwachsen zu werden und den Zustand des Kindseins und der Hilflosigkeit hinter mir zu lassen. Heute frage ich mich, ob die, die nicht gern Kind waren, die darauf drängten, daß alles schneller ging, die Zeit anders erleben, wenn sie älter werden: Vergeht sie für sie schneller als für Menschen, die nicht Jahre damit verbracht haben, den Lauf der Dinge anzutreiben? Die Reisen nach Marandellas, die wir zwei-, dreimal im Jahr unternahmen, waren eine Möglichkeit, das Erreichen bestimmter Stadien zu kennzeichnen: Wieder waren vier Monate vergangen, eine weitere Regenzeit war vorüber und dieses Thema für ein ganzes

Jahr erledigt – und der gleiche Zeitpunkt im letzten Jahr schien längst unendlich weit weg. Die Reisen selbst, die so langsam und mühevoll vonstatten gingen, die von meiner Mutter so viele Anstrengungen erforderten, um alles vorzubereiten, und von meinem Vater, um sich zusammenzureißen und dem Leben gegenüberzutreten und nicht die Kontrolle über das verdammte Auto zu verlieren (»es wäre besser, wenn wir uns nach wie vor auf Pferden und unseren Füßen vorwärtsbewegen würden«), waren ein eigenes kurzes Leben, jede war anders als die vorherige, die schon weit zurücklag, war charakterisiert durch besondere, unverwechselbare Reize, Begebenheiten und Abenteuer.

»Das war die Reise, als uns Mrs. C. in unserem Lager besucht hat. Meiner Ansicht nach ging ihr das leicht gegen den Strich. Nun, ich glaube, wir haben's da besser als sonstwo – im Marandellas Hotel kann man nicht die ganze Nacht den Sternenhimmel sehen.« Oder: »Das war, als unser Boy – wie hieß er doch gleich? Reuben? Diese verdammten Missionare! – einfach für zwei Tage verschwunden ist, weil er im nächsten Dorf einen Bruder getroffen hat, mit dem er unbedingt ein Bier trinken mußte, und dann ist er wieder aufgetaucht, als wäre nichts gewesen, und hat gesagt, er hätte seinen Bruder seit fünf Jahren nicht mehr gesehen gehabt. Bruder! Wer's glaubt, wird selig. Jeder zweite, dem sie begegnen, ist ein Bruder.« »Beruhige dich, altes Haus, und sei fair. Jeder zweite, dem sie begegnen, *ist* ein Bruder. Erinnerst du dich an den Leserbrief im *Rhodesia Herald*? Sie haben ein anderes Verwandtschaftssystem als wir. Und abgesehen davon, sind wir ohne ihn auch ganz gut zurechtgekommen, oder? Ich weiß sowieso nicht, wozu wir ihn mit auf Reisen nehmen.« »Er gehört einfach dazu«, erwiderte meine Mutter mit zusammengebissenen Zähnen. Was sie nicht sagte, nicht sagen konnte und ihre Miene doch immer wieder verriet wie die eines zu Unrecht bestraften kleinen Mädchens, war: »Du machst es dir wirklich leicht! Und wer sorgt für das Essen, packt alles ein und wieder aus, findet den Lagerplatz, richtet die Schlafplätze und kümmert sich um die Kinder? Du nicht, du ganz bestimmt nicht! Du erwartest doch wohl nicht, daß ich immer alles selbst mache?« Und ja, das tat er, und sie verhielt sich danach, immer.

Wenn wir Marandellas erreichten, verließen wir die große Straße nach Umtali, fuhren erst durch das hübsche kleine Schwarzenviertel mit den vielen Gärten, Jakarandas und Flaschenbäumen und dann Richtung Ruzawi. Der Busch dort war voller felsiger *kopjes,* Hügel, und kleiner Flüsse. Der Sandboden glitzerte. In Sichtweite der Straße und nicht weit von der Schule entfernt, fanden wir einen Platz zwischen den Musasabäumen. Der Boy schlug Äste, um eine traditionelle runde Einfriedung, eine *boma,* von knapp sieben Metern Durchmesser zu schaffen. Diese Barriere aus Laub und Geäst sollte Leoparden fernhalten, von denen es noch ein paar in den Höhlen der Hügel gab, obwohl ihre Art bereits damals bedroht war. Wir hätten uns allerdings auch ohne die Einfriedigung unter die Bäume legen können, denn jeder Leopard, der sein Geld wert ist, hätte darüberspringen und einen von uns wegschleppen können. Nein, diese *boma* war Ausdruck von etwas anderem, sie sollte im Grunde nichts von uns fernhalten, sondern vor allem uns, Fremde in einem fremden Land, zusammenhalten. Meine Eltern brauchten dieses Rund aus Ästen. Als mein Bruder etwas älter war, streifte er tagelang allein oder mit dem Sohn des Schwarzen, der bei uns in der Küche arbeitete, durch den Busch und schlief, wie die Schwarzen es taten und bisweilen noch immer tun, in eine Decke gewickelt neben dem Feuer.

Innerhalb unserer *boma* bauten wir fünf niedrige Plattformen aus frischem, grünem, saftigem Gras oder aus gelbem, trockenem Gras, je nach Jahreszeit, und darauf breiteten wir unsere Decken aus. Meinem Bruder wurde gestattet, eine oder zwei Nächte nicht in der Schule, sondern bei uns zu verbringen. Und meine Eltern bestanden darauf, daß auch der schwarze Boy bei uns im sicheren *lager* schlief.

Das ganze Unterfangen war mit allen möglichen unlogischen und inkonsistenten Überlegungen verbunden, aber daran war ich gewöhnt, und ich nahm sie hin, bis ich sehr viel älter war. Reuben (oder Isaiah oder Jacob oder Simon oder Abraham oder Sixpence oder Tickie – sie blieben nie sehr lange) entfachte sein eigenes kleines Lagerfeuer außerhalb der *boma* und kochte dort seinen Maisbrei, zudem aß er, was wir aßen, Schinken, Eier,

Steaks, Kuchen, Brot und Marmelade. Während wir abends um unser großes Feuer saßen und beobachteten, wie die Funken zu den Bäumen und Sternen hinaufflogen, saß er, von uns abgewandt, an einen Baum gelehnt und blickte in sein eigenes Feuer. Später, wenn wir in Schlafanzügen und in unsere Decken gewikkelt dalagen, wurde er hereingerufen, legte sich hin, das Gesicht uns ab- und der Wand aus Laub zugewandt, und deckte sich zu. Früh am Morgen, wenn wir erwachten, war er für gewöhnlich bereits aufgestanden und hockte neben seinem erneut entzündeten Feuer. Über seinen Schultern hing seine Decke, und er hatte an, was er besaß: ein zerrissenes Hemd, kurze Hosen und einen abgelegten Pullover meines Vaters. Morgens konnte es kalt sein, und bisweilen war das Laub in den tieferen Senken von Rauhreif überzogen. Im wesentlich heißeren Teil des Landes, in dem wir lebten, fror es nur selten.

Später habe ich mich gefragt, was dieser Mensch wohl dachte angesichts unserer seltsamen Autofahrt (nur wenige seiner Bekannten hatten jemals in einem Auto gesessen) in einen Landesteil, der eigentlich zu weit entfernt war, um dorthin zu gelangen, angesichts von uns Weißen, die für kurze Zeit so lebten wie sein Volk, ständig beteuerten, wie wunderbar das sei, aber ihre an festen Häusern ausgerichteten Gewohnheiten beibehielten. Zum Schlafen zogen sie besondere Kleidungsstücke an. Dauernd wuschen sie sich in einer weißen Emailleschüssel, die auf einer Kiste unter einem Baum stand. Und sie aßen ununterbrochen, wie alle Weißen. »Sie essen die ganze Zeit«, berichtete er seinen Leuten. »Sobald eine Mahlzeit beendet ist, beginnen sie, die nächste vorzubereiten.«

Heute wundere ich mich am meisten – und verspüre dabei wie etliche andere angesichts des Aussterbens so vieler Tier- und Pflanzenarten eine ohnmächtige Trauer – über das rücksichtslose Abschlagen von Ästen und jungen Bäumen. Wenn wir unser Lager schließlich verließen, vergruben wir sorgfältig unsere Abfälle, der Kreis aus Ästen aber blieb liegen, und Monate später, wenn wir eine neue Einfriedung mit frisch geschlagenen Ästen bauten, gab es ihn noch immer. Über der Stelle, wo unser Feuer geprasselt hatte, hing versengtes, trockenes, graues Laub.

In jenen Tagen schienen der Busch, das Wild, die Vögel unerschöpflich. Kurz bevor ich Südrhodesien verließ, um nach London zurückzukehren, arbeitete ich als Sekretärin für einen parlamentarischen Ausschuß zur Bekämpfung der Schlafkrankheit, tippte Berichte über die Ausrottung der Tsetsefliege und über das Vorgehen von Jägern, die in großen Gebieten Wild zu Hunderttausenden abschossen, Kudus, Litschiwasserböcke, Böckchen, Duckerantilopen, besonders Duckerantilopen, diese leichtfüßigen, eleganten Geschöpfe mit den feuchten dunklen Augen, die einst so zahlreich waren, daß man keine paar Meter gehen konnte, ohne auf eine zu stoßen.

Als ich nach fünfundzwanzigjähriger Abwesenheit nach Simbabwe zurückkehrte, rechnete ich mit allen möglichen Veränderungen, aber nicht damit, daß es kaum mehr Wild gab, daß der Busch nahezu verstummt war. Einst hatte der morgendliche Chor in den Ohren geschmerzt. Wenn wir im Sandveld von Marandellas unter den Bäumen lagen oder im Farmhaus in Banket, war das durchdringende Gezwitscher, Geschrei und Jubeln der Vögel bei Sonnenaufgang so laut, daß sich unsere Ohren einzurollen und zu beklagen schienen, bevor wir – eine andere Möglichkeit gab es nicht – aufsprangen, um Teil des Tumults und der Aktivität zu werden. 1982 hatte dieser morgendliche Chor nur mehr ein dünnes Stimmchen. Überall im Busch hatte man einst Wildschweine, Wildkatzen, Stachelschweine, Ameisenbären, Böckchen und eben jene Duckerantilopen gesehen, Kudus standen auf den Ameisenhaufen und drehten stolz die Köpfe mit den spiralförmigen Hörnern, um jedem Eindringling einen prüfenden Blick zuzuwerfen, bevor sie das Weite suchten. Elenantilopen zogen in Herden durch das Land. Im Busch zu sein hieß, mit Tieren zusammenzusein, zu ihnen zu gehören.

In unserer Einfriedung lagen wir nachts wach und horchten auf Eulen, Ziegenmelker und die seltsamen Schreie der Affen. In den Bäumen über unseren Köpfen glühte manchmal ein Paar kleiner Augen, wenn ein Affe oder eine Wildkatze wie wir am frühen Abend die roten Funken des prasselnden Feuers beobachtete, die Flammen, die bis zu den unteren Ästen hochzüngelten.

Später, wenn das Feuer erloschen war, sah man statt der Funken Sternschnuppen. Der Mond, den das helle Feuer verdunkelt hatte, hing nun groß über den Bäumen und blickte direkt auf uns herab. Manchmal erwachten wir von den Geräuschen irgendeines großen Tieres, das sich über das Hindernis auf seinem alltäglichen Weg wunderte und sich schließlich davonmachte.

Jeden Abend kämpften mein Vater, mein Bruder und ich darum, um das Feuer sitzend aufzubleiben, aber meine Mutter bestand darauf, daß wir früh zu Bett gingen, um uns am Morgen ausgeschlafen dem eigentlichen Zweck der Unternehmung zuwenden zu können, dem Besuch der Schule. Denn unser größtes Vergnügen – der Busch, die Tiere, die Vögel, die Sterne und das Lagerfeuer – war für sie nur Mittel zum Zweck. Und der Zweck der Reise bestand für sie darin, zusammen mit anderen Eltern auf der Tribüne zu sitzen und ihrem Sohn zuzusehen, wie er Bälle schlug, warf oder fing und in seinem frisch gewaschenen weißen Trikot mit den anderen Jungen um die Wette lief. Der Sportplatz, eine große Fläche blasser Erde, lag unter Eukalyptusbäumen. Die Schulgebäude waren im sogenannten kapkolonialistischen oder kapholländischen Stil erbaut; sie waren niedrig, weiß, mit roten Schindeln gedeckt und hatten grüne Fensterläden. Alles war sauber und ordentlich, und es gab grüne englische Rasenflächen. Ich kam mir dort fremd vor, wie mir die ganze englische Mittelklasse fremd war, die bei derartigen Anlässen wie auf einer Bühne ihre Rituale vollführte. Schon damals war mir klar, daß diese Menschen anachronistisch, absurd, aber in ihrer Beharrlichkeit natürlich auch bewundernswert waren. Es waren die »netten Menschen«, nach denen meine Mutter sich sehnte, die in einem roterdigen Distrikt im Exil lebte und – davon war sie überzeugt – von Leuten der falschen Klasse umgeben war. Plötzlich wurden wir zum Mittagessen, zum Tee und zum Abendessen eingeladen, das gemeinsam mit dem Rektor, den Lehrern und Lehrerinnen eingenommen wurde, und entsprechend den strengen Regeln hätten sich die Rituale über Tage hinziehen können. Aber oft genug lag mein Vater unter einem Eukalyptusbaum und ließ sich auch von meiner Mutter nicht von der Stelle bewegen, die empört war, verletzt, weil er – wie gewöhnlich! – ihre Ziele, ihren Ehrgeiz, ihre *raison d'être* so wenig schätzte. Unserer Armut, unseren Kämpfen gegen die schreckliche Depression und seinem Mangel an Interesse zum Trotz waren wir, wo wir eigentlich hingehörten, unter Ebenbürtigen, und ihr Sohn befand sich auf einem Weg, der ihm und uns angemessen war. »Geh allein, meine Gute«, sagte mein Vater, der flach auf dem Rücken lag und hinauf zu den grün gefiederten weißen Ästen der Eukalyptusbäume und in den ewigblauen Himmel starrte. »Dir macht's Spaß, mir nicht.« Er ließ sie im Stich und war sich dessen bewußt. Manchmal stand er deswegen ungeschickt auf, manövrierte das hinderliche Holzbein hin und her und ging mit ihr zum Tee, zum Mittagessen oder zu einer Elternversammlung. Oder er blieb liegen. Bisweilen gesellten sich andere Väter zu ihm, die ihn zufrieden auf den duftenden, bröseligen Eukalyptusblättern liegen sahen und nicht widerstehen konnten. So kam es, daß ab und zu zwei, drei oder gar zehn Väter auf dem Boden lagen und durch das Laub in den blauen Himmel starrten, bis sie von ihren Frauen zur Ordnung gerufen wurden, während ihre entzückten oder schockierten Kinder gespannt darauf warteten, was ihre Mütter wohl sagen würden: »Was machst du denn da? Was sollen denn die Leute von dir denken?«

Dieser Ort war der Ort meines Bruders, nicht meiner. Meine Mutter wollte, daß er in Ruzawi zur Schule ging, was tief blicken ließ, doch wir verstanden sie und nahmen es hin, auch wenn »England« und unser »Zuhause« weit weg waren. Für mich mußte es dann eine Klosterschule sein. Mutter traf auch in meinem Fall eine snobistische Wahl. Für mich allerdings war es ein dunkler, beklemmender Ort voller Frauen, die ihre schwarzweißen Trachten aus Serge auf gebeugten Rücken trugen und nach Schweiß rochen, wenn es heiß war. Ich sah, daß es ein schlechter Ort war, aber wie schlecht er tatsächlich war, habe ich erst als Erwachsene begriffen. Fünf Jahre verbrachte ich dort, und diese Zeit hat mir geschadet. Noch immer muß ich erfahren, wie sehr. Das ungeschriebene Gesetz, jener geheimnisvolle Ukas, der den Kindern verbot, auf die Frage: »Und wie war's in der Schule?« mehr zu antworten als »in Ordnung«, war der Grund, daß es meinen Eltern unmöglich war zu sehen, was dort vor sich ging. Fünf Jahre. Fünf Jahre. Fünf Kinder-Jahre. Was sind schon fünf Jahre, wenn man erwachsen ist? Eingeschlossen in dieser Zeit, Kloster-Zeit, Nonnen-Zeit, Lichtjahre von den nächsten Ferien entfernt, die eine andere, Gott sei Dank ebenso endlos lange Zeit der Freiheit im Busch waren, ertrank ich in Ohnmacht. Und obendrein war ich einsam. Ich hatte so starkes Heimweh, daß es sich in körperlichen Krankheiten äußerte. Ich weiß, warum ich in der Schule immer krank war, meine Eltern wußten es nicht. Wenn ich meinen Bruder nach Ruzawi fragte, erwiderte er, da sei alles in Ordnung. Aber seine Lehrerinnen waren keine Nonnen, die meisten von ihnen frustrierte, ungebildete Frauen, die aus süddeutschen Bauernfamilien stammten. Er wurde von forschen, sachlichen Lehrern unterrichtet, die keine Kruzifixe mit sterbenden, gequälten Männern oder Bilder von fleischigen Herzen, aus denen das Blut tropfte, an die Wände der Zimmer hängten, in denen kleine Kinder schliefen – Kinder, die schlafwandelten, unter Alpträumen litten und zu Bettnässern wurden. Unsere Schulen, seine und meine, gehörten unterschiedlichen Welten an, aber die Ferien verbrachten wir in derselben Welt. Im Busch.

Oder im grünen Kreis der *boma.* Dort erzählte er bisweilen Begebenheiten aus Ruzawi, aber ich merkte sofort, daß die meisten davon erfunden waren, um unsere Eltern zu unterhalten. Die Gepflogenheiten seiner Schule bestimmten, daß Leistungen und Heldentaten auf zugleich bescheidene und prahlerische Weise zu schildern waren. Die Taten selbst – das Erklettern eines gefährlichen Felsens, eines verbotenen Dachs oder Baums oder das Schwimmen in einem Wasserloch, in dem man auch schon Krokodile gesichtet hatte – waren ruhmreich, weil sie tollkühn waren. Aber seine Beschreibungen ließen die Gefahren aus, und das war die Bescheidenheit, die die Schule verlangte. Ich kannte diese Vorschriften aus den Büchern auf der Farm: *Stalky und Co.,* überhaupt Kipling, Buchan, Sapper, Erinnerungen von Soldaten aus dem Ersten Weltkrieg. Man konnte eine Schlucht überqueren auf einem Seil, so dick wie eine Wimper, ins Feuer springen, um einen Kameraden zu retten, oder sich auf einem zwanzig Zentimeter breiten Mauervorsprung im dritten

Stock von einem Fenster zum nächsten hangeln, und man konnte aller Welt davon erzählen, aber nur in einem lässigen, humorvollen Tonfall, dann war es in Ordnung.

Ich beobachtete die Miene meines Bruders, während er seine – zulässigen – Geschichten aus dem Schulleben erzählte. Sie brachte die humoristische Bescheidenheit gut zum Ausdruck, aber dahinter sah ich etwas anderes, eine trotzige, geheime Aufregung, und während er sprach, saß er nicht bei uns am Feuer, sondern durchlebte noch einmal den Augenblick der Gefahr, dessen unwiderstehliche Spannung.

Wir beide hatten einen Pakt geschlossen – ich erinnere mich nicht mehr, wann und wie –, daß wir einander helfen wollten, nicht einzuschlafen, daß wir gemeinsam gegen die Entschlossenheit unserer Mutter ankämpfen wollten, uns möglichst früh zum Schlafen zu zwingen. Das bedeutete, daß unsere zwei süß duftenden Grasbetten dicht beieinander lagen, was wiederum scherzhafte Bemerkungen unserer Eltern zur Folge hatte, denn üblicherweise waren mein Bruder und ich uns nicht so zugetan. Wir legten uns auf den Rücken, um nur ja keinen Augenblick den Mond, die Sterne und die Funken des Feuers zu versäumen.

Ich muß wach bleiben, ich muß, ich muß, ermahnte ich mich und sah, wie die Lider meines Bruders langsam zufielen. Ich legte ihm die Hand auf die Schulter, und er schüttelte sich wieder wach, doch sein Körper nahm bereits die Stellung ein, in der er einschlafen würde. Ein-, zweimal weckte ich ihn, aber dann war er endgültig eingeschlafen, und am nächsten Morgen machte er mir schwere Vorhaltungen, ich hätte als Wächterin gegen den Schlaf versagt. Während er schon schlief, lag ich steif da, und mein Gesicht nahm das Mondlicht auf, das Sternenlicht, als hätte ich mich hingelegt, um ein nächtliches Bad zu nehmen. Ich wußte, diese Nächte ohne ein Dach zwischen mir und dem Himmel waren ein Geschenk, mit dem man nicht leichtsinnig umgehen durfte. Mir war bereits klar, daß die Zeit mit der einen Hand freigebig austeilte, was sie mit der anderen wieder zurückforderte, denn die Klage darüber hörte ich, wann immer meine Eltern über ihr Leben sprachen. Es konnte stets die letzte Nacht unter freiem Himmel sein. Auf einer Veranda zu schlafen war etwas anderes. Ständig schienen sich Moskitonetze und Fliegenfenster zwischen mich und die Nacht zu schieben. Und jene Nacht damals war tatsächlich die letzte unter freiem Himmel, nicht in Europa, aber in Afrika. Und ich tat recht daran, um das Wachbleiben zu kämpfen, dennoch, bald döste ich ein, auch wenn ich mich noch einmal wachschüttelte und meine Mutter sah, die sich im Schlafanzug über das Feuer beugte und Glutnester mit frischem Holz versorgte, mit einer Miene, die dieses eine Mal nicht dazu bestimmt war, betrachtet zu werden, voller Gefühle, die niemals meine eigenen werden sollten, dazu war ich entschlossen. Ich will nicht, ich will nicht. Erinnere dich dein Leben lang an diesen Augenblick, ermahnte ich mich und studierte das vom Feuer erhellte Gesicht dieser mächtigen Frau, die aussah wie ein kleines Mädchen, dem man die Tür vor der Nase zugeschlagen hatte. Dieser Augenblick kam auf die Liste der Momente, die ich nicht vergessen wollte und immer wieder durchging, damit sie mir deutlich im Gedächtnis blieben. Und ich schlief ein und erwachte, als mir die Sonne, nicht mehr der Mond, ins Gesicht schien. Mein Bruder lag neben mir, zusammengerollt wie eine Katze, meine Mutter war bereits auf und legte die Decken zusammen, der Boy schlief womöglich noch, den Rücken uns zugewandt. Oder wir erwachten in einem dichten Nebel, der manchmal am frühen Morgen durch die Bäume zog und über uns hinwegrollte, der sich an Wimpern und Haut heftete und uns vor Kälte zittern ließ, wenn wir um das wiederentfachte Feuer saßen und süßen, heißen Tee tranken. Der Nebel wurde in den östlichen Distriken *guti* genannt, in unserer Gegend gab es ihn nicht, und deswegen gehörte er zu den aufregenden Reiseabenteuern, ein weiterer Bonus, nach dem ich Ausschau hielt und den ich willkommen hieß. Wenn es derart feucht und kalt war und wir darauf warteten, daß die Sonne höher stieg und den Nebel auflöste, drängten wir uns um das Feuer, und meine Mutter forderte Isaiah auf – oder Joshua, Aaron, Matthew, Luke oder John –, sein kleines Feuer zu verlassen und sich an unser größeres zu setzen, wenn auch etwas weiter davon entfernt als wir. »Du wirst dich noch erkälten«, machte sie ihn wie uns verrückt und drückte ihm eine Tasse heißen Tee in die Hand. Und dann, immer ganz plötzlich, so schien es, lichtete sich der Nebel und löste sich auf, und wir saßen im gleißenden Sonnenschein.

## ANHALTER

Ich brauchte zwei Stunden für die kurze Strecke von Harare nach Marondera, aber nicht etwa, weil es ein langsames Auto war – im Gegenteil, es war ein PS-starker Wagen, der nicht gern untertourig fuhr –, sondern weil ich immer wieder stehenblieb, um diese Aussicht oder jene Ansammlung aufeinander balancierender Steinbrocken zu begrüßen, und ich hielt auch an Abzweigungen zu Farmen, die ich als Kind oft besucht hatte. Nein, die Landschaft hatte nichts von ihrer umwerfenden Einzigartigkeit eingebüßt, und sie war auch nicht wie manche andere Dinge geschrumpft, obwohl ich die weit größeren Wüsten Arizonas, Kaliforniens und Australiens gesehen hatte, in verschiedenen Erdteilen in die Leere des Raums eingetaucht war. Noch immer wand sich die Straße in der flimmernden Luft die Anhöhen hinauf, und wenn man oben anlangte, schimmerten in der blauen Ferne einzelne Berge und dahinter ganze Bergketten. Dennoch hatte die Landschaft eine neue Dimension angenommen durch den Krieg, der erst zwei Jahre zuvor beendet worden war, und ich betrachtete ein Land, durch das sich über zehn Jahre lang feindliche Armeen bewegt hatten, oft heimlich, oft nachts. In diesen Entfernungen erkennt man keine Dörfer, es ist ein scheinbar unbesiedeltes Land, aber nur, weil die Hütten mit den Bäumen, den Hügeln und den Tälern verschmelzen.

Weiße Freunde hatten mir geraten, auf keinen Fall schwarze Anhalter mitzunehmen, das sei gefährlich. Das öffentliche Verkehrssystem ist schlecht, und an jedem Parkplatz warteten unzählige Schwarze. Wenn ein Auto eine Fahrt verlangsamte, liefen sie hinter ihm her, schrien und winkten, und als ich an einer Bushaltestelle hielt, war mein Wagen sofort eingekeilt. Solch eine Szene wäre im alten Südrhodesien, wo die Schwarzen ihren Platz zu kennen hatten, unmöglich gewesen. Zu einem alten Mann, der sich heruntergebeugt hatte, um auf den Beifahrersitz zu spähen, sagte ich, er solle einsteigen, und er winkte entschieden zwei Frauen aus der Menge zu sich. Er öffnete ihnen die Tür, damit sie auf dem Rücksitz Platz nehmen konnten, und setzte sich dann neben mich. Den Umstehenden, die laut ihre Unzufriedenheit zum Ausdruck brachten, drohte er mit der Faust. »Fahren Sie«, sagte er zu mir auf seine entschiedene Art. Ich wollte mich mit ihm unterhalten, aber er antwortete nur mit Ja oder Nein oder überhaupt nicht. Als ich mein Glück bei den Frauen versuchen wollte, meinte er nur: »Sie verstehen nicht, was Sie sagen.« Von ihren Gesichtern konnte ich ablesen, daß das nicht stimmte. »Ich bin zum erstenmal seit fünfundzwanzig Jahren wieder im Land. Ich bin in Lomagundi aufgewachsen.« Er erwiderte nichts, und dummerweise war ich enttäuscht. Was hatte ich geglaubt? Mein Verstand hatte mit derartigen Reaktionen gerechnet, meine Gefühle erwarteten etwas anderes. Nach knapp zwanzig Kilometern befahl er mir anzuhalten. Ich stoppte. Ich konnte weder ein Haus noch eine Straße oder einen Weg sehen, nur den Busch. Er stieg aus und ging davon, wobei er den Frauen bedeutete, ihm zu folgen. Sie kamen mit dem Türgriff nicht zurecht, zerrten daran, zeigten deutlich ihre Gereiztheit und ihre Wut. Ich öffnete ihnen. Sie stiegen aus und folgten dem Mann. Ihrem Ehemann? Ihrem Vater? Er trug eine lange khakifarbene Hose und einen guten, dicken Pullover. Sie hatten bunte Kleider an, darüber Strickjacken. In einer ländlichen Gegend wie dieser hätte der Mann noch vor dreißig Jahren ein Tierfell um die Schultern getragen – ein Affen-, Leoparden- oder Antilopenfell – und einen Lendenschurz, und ein Bündel Speere hätte er dabeigehabt. Die in traditionell blaugemustertes Tuch gewickelten Frauen hinter ihm hätten Krüge auf den Köpfen balanciert. Der Mann mußte vorangehen, um sie vor Feinden und wilden Tieren zu schützen. Die Frauen waren noch hinter ihm, als die drei im Busch verschwanden.

Es gab kaum Verkehr. Die Pipeline, in der das Öl von Beira nach Mutare fließt, war in Mosambik wieder einmal von der Renamo, der von Südafrika unterstützten Rebellenarmee, unterbrochen worden, und es war kaum Benzin aufzutreiben. Die Zeitungen waren voller Ermahnungen, sparsam damit umzugehen. Ich hielt nicht noch einmal, um Anhalter mitzunehmen, denn nach all den Jahren würde ich schon bald meinem Bruder gegenüberstehen, und mich darauf vorzubereiten erforderte meine ganze Aufmerksamkeit.

Meinen Bruder wiederzusehen war keinesfalls eine so einfache Angelegenheit, wie sie Menschen erscheinen mag, die normale Familienbeziehungen unterhalten. Normal? Für die Dauer des britischen Weltreichs (ein kurzlebiges Reich, so wie es sich für Reiche gehört) war es allgemein üblich, daß Familien auseinandergerissen wurden, ein Sohn oder Bruder war irgendwo in der Armee, weibliche Verwandte arbeiteten als Missionarinnen (die Schwester der besten Freundin meiner Mutter in Japan) oder waren Kautschukpflanzer in Malaysia (mein Onkel). Während ich im Busch aufwuchs und meine Eltern ihr Exil beklagten, lebte der Rest der Familie größtenteils in England: Stiefgroßmutter, Onkel, Tanten, Cousins und Cousinen. Seit ich in London lebe, hält sich der Großteil der Familie in verschiedenen Regionen des südlichen Afrika auf.

Man kann sagen, daß mein Bruder und ich nie gut miteinander ausgekommen sind oder, was ebenfalls der Wahrheit entspricht, daß wir immer hervorragend miteinander ausgekommen sind. Niemals gab es etwas, worüber wir einer Meinung waren, aber wann immer wir uns treffen (und oft haben wir uns jahrelang nicht gesehen), setzt ein mysteriöses gegenseitiges Verständnis ein. Es liegt an den Genen, das habe ich zumindest gelesen: Einen Teil Gene hat man gemeinsam. Wenn man sich ohne Sinn und Verstand verliebt, sehnt man sich eigentlich nach den eigenen rezessiven Genen, die bei einer anderen Person voll zur Entfaltung kommen. Dabei findet eine Art genetische Verständigung statt, auch wenn wir diese narzißtischste aller möglichen Unterhaltungen nicht mitanhören können.

Als mein Bruder aus der Marine entlassen wurde und bevor er heiratete, sahen wir uns eine Zeitlang relativ häufig. Ein Jahr lang? Nicht viel länger. Auch wenn ich damals schon das Stadium der Strenggläubigkeit hinter mir gelassen hatte, so hielt ich doch noch leidenschaftlich an bestimmten Prinzipien fest, obwohl ich bereits gelernt hatte, daß es Zeitverschwendung war, sich ihretwegen zu streiten. Er war überzeugt, daß alles, was ich dachte, Unsinn war. Immer schon hatten sich Diskussionen, selbst harmlose Unterhaltungen, als schwierig erwiesen. Geschützlärm im Krieg hatte ihn schwerhörig werden lassen, und er begegnete der Welt mit einem einfältigen, langsamen, sympathischen Grinsen, das guten Willen bekundete. Unser Vater war zu der Zeit schwerkrank, und wir trafen im Haus eines langsam Sterbenden aufeinander. Wenn ich zurückblicke, sehe ich alles verlangsamt, wie in Zeitlupe: wir hingen herum, saßen stundenlang am Krankenbett und lächelten viel. Wenn er bei Bewußtsein war, redete mein Vater, redete er noch immer, auch jetzt noch, von »seinem« Krieg, dem Ersten Weltkrieg, voller Trauer und Wut. Mein Bruder sprach nie über seine Kriegserfahrungen.

Seit dem letzten Treffen 1956 hatten wir uns dann fast dreißig Jahre nicht mehr gesehen, hielten aber Kontakt, indem wir in großen Abständen Briefe schrieben, die hauptsächlich Fakten mitteilten. Manchmal schrieb er in seinem väterlichen Stil allerdings auch Polemiken wie folgende: »Wenn Kommunisten wie du und McCleod glauben, daß sie ungeschoren davonkommen, dann muß ich dir leider sagen, daß unsere Affs vernünftige Leute sind und wissen, auf welcher Seite ihr Brot gebuttert ist.« Das war nur zwei Monate vor Ende des Bürgerkriegs und der Wahl Robert Mugabes. (Ian McCleod war ein Tory-Minister.)

Von seinem Standpunkt aus war meine schiere Existenz schon eine Peinlichkeit, und es muß ihn ziemliche Überwindung gekostet haben, mir überhaupt zu schreiben. Schließlich hatten die Kreise, denen er angehörte, nicht viel Gutes über mich zu sagen (um es milde auszudrücken). Und auch mir fiel es schwer, ihm zu schreiben.

Dann tauchten Leute bei ihm auf, die den Bruder der Schriftstellerin interviewen wollten, und so erfuhr er, daß es Menschen gab, die mich schätzten. Soweit ich weiß, waren die Ergebnisse der Interviews nicht zufriedenstellend. Hätte man mich vorher gefragt, hätte ich sagen können: »Verschwendet eure Zeit nicht.«

Zudem war ich verärgert über den Mangel an Höflichkeit. Ich halte an der altmodischen Ansicht fest, daß das Leben eines Schriftstellers ihm oder ihr gehört, zumindest solange wir noch nicht gestorben sind. Diese Einstellung erscheint heutzutage geradezu sonderbar, wenn nicht gar exzentrisch. Ich war noch nicht einmal mittleren Alters, als sich ein Möchtegernbiograph bei mir vorstellte, der zuversichtlich glaubte, ich könnte es kaum erwarten, ihm alles über mich zu erzählen. Angenommen, man gelangt zu dem Schluß, daß man überhaupt keine Biographie über sich geschrieben wissen möchte? Schriftsteller, die ebendies testamentarisch verfügen, werden nicht ernst genommen. So entschied ein britischer Richter tatsächlich, daß Philip Larkins Wunsch, sein Leben nicht vor den Augen der Neugierigen und Geilen ausgebreitet zu sehen, ›zurückzuweisen‹ sei. Die einzig anderen Menschen, deren Wünsche durch die Bank ignoriert werden, sind die Irren. Diese Einstellung, daß Schriftsteller Freiwild sind, kann ihren Verwandten das Leben ziemlich schwermachen. Mein Bruder soll einmal bemerkt haben, die Leute, die ihn aufsuchten, hätten überaus komische Vorstellungen vom Leben, und er fürchte, ich befände mich in schlechter Gesellschaft.

Es war höchst unwahrscheinlich, daß er je ein Wort von mir gelesen hatte. Schließlich wußte er, daß alles, was ich schrieb, kommunistische Propaganda war.

Mein ganzes Leben mußte ihm fehlgeleitet erscheinen. Abgesehen von den Kriegsjahren (sein Krieg, der Zweite Weltkrieg) und ein paar Jahren danach, hatte er immer im Busch gelebt. Er stand um fünf oder halb sechs auf, verbrachte den ganzen Tag im Freien und ging oft stundenlang allein durch den Busch. Um neun Uhr lag er meist bereits im Bett.

Objektiv betrachtet, und ich war gezwungen, ihn objektiv zu betrachten, und aus kulturhistorischer Perspektive war mein Bruder eine interessante Erscheinung. Meine Eltern hatten sich für moderne, aufgeschlossene Menschen gehalten und sich stets über neue Ideen und Schriftsteller informiert. Die Bücher auf der Farm – alles Klassiker – spiegelten nur einen Teil davon wider. Meine Mutter hatte fortschrittliche Ideen in Erziehungsfragen und bewunderte Ruskin und Montessori. Es war durchaus möglich, daß mein Vater, wenn es einmal zum Streit kam, Shaw und Wells zitierte. Die Schläge, die sie auf der Farm einzustecken hatten, schürften diese Schicht Kultur jedoch ab. In den dreißiger Jahren kamen nur noch Zeitungen aus England sowie Stephen King Halls *Newsletter*. Die Politik nahm jetzt ihre ganze Aufmerksamkeit in Anspruch. Der Erste Weltkrieg und seine Folgen quälten sie und machten sie wütend, weil in England nichts mehr funktionierte und sie alles, woran sie geglaubt hatten, verraten sahen. Die Bücher in den Regalen las niemand mehr außer mir. In den Buchclubs, in denen sie Mitglied waren, bestellten sie nur noch Memoiren und Bücher über den Krieg.

Als Kind hat mein Bruder nicht gelesen, und später hat er sein Leben unter Menschen verbracht, die ebenfalls nicht lasen. Was zum Teil daran lag, daß in manchen Büchern neue Ideen entwikkelt werden, und für die meisten Weißen im südrhodesischen Lager war es unvorstellbar, Gedanken in Betracht zu ziehen, die ihr Selbstbild als edle, aber mißverstandene Verteidiger der Zivilisation hätten in Frage stellen können. Später ging mein Bruder dann dazu über, die Gewalt verherrlichenden, halbpornographischen Bücher zu lesen, die man in Flughäfen kaufen kann. Er erzählte mir, daß er überrascht gewesen sei, dort so viele Bücher vorzufinden. Er mochte Harold Robbins und besonders Wilbur Smith. Weil ich Schwierigkeiten hatte, ihn diesbezüglich in der Nachfolge meiner Eltern zu sehen, fragte ich ihn, als er mich später in London besuchte: »Harry, warum liest du nicht mal ein gutes Buch?« Aber er blickte nur verwirrt zu mir auf – wirklich verwirrt –, denn er hatte die Frage nicht verstanden. »Ein gutes Buch? Was meinst du damit?«

Damit reihte sich mein Bruder in die Anhängerschaft zweier fortschrittlicher Kritikerschulen ein: in die eine, die glaubt, einen Schriftsteller besser als einen anderen zu finden, sei elitär, und in die andere, die behauptet, daß es völlig unmöglich sei, einen Unterschied zwischen Goethe, Cervantes, Tolstoi und Barbara Cartland zu machen.

Ich fragte ihn: »Erinnerst du dich an die Bücher, die wir auf der Farm hatten?«

»Aber *du* warst doch immer der Bücherwurm.«

»Nein, ich frage *dich*, ob du dich an die Bücherregale und die Bücher erinnerst?«

»Ja. Aber ich war am liebsten draußen im Busch, das weißt du doch.«

»Erinnerst du dich daran, daß uns Mutter, als wir noch klein waren, abends immer Geschichten erzählt hat?«

»Wirklich? Nein, daran kann ich mich nicht erinnern.«

»Sie hat Geschichten über Tiere und Vögel erfunden. Erinnerst du dich denn nicht an die vielen Folgen der Geschichte von den Mäusen in der Vorratskammer? An die Folge, als eine Maus eine Eierschachtel aus dem Regal geworfen hat und in die aufgeschlagenen Eier gefallen ist und all die anderen Mäuse kamen und sie sauberleckten?«

»Nein, daran erinnere ich mich nicht. Tut mir leid.«

»Jeden Abend haben wir um mehr gebettelt. Mehr, mehr, mehr.«

Er sieht mich an. Ich sehe ihn an.

»Wie auch immer«, sagt er, »wie könnte ein Buch so interessant sein wie das, was man im Busch erlebt? Eine Stunde im Busch, beobachten, was dort vor sich geht – da kann kein Buch mithalten.«

## ERINNERST DU DICH?

Alle Farmhäuser der Weißen waren und sind zum Teil noch von hohen Sicherheitszäunen umgeben – wegen des Kriegs. Ich hielt vor einem solchen Zaun an, der mich an Bilder von Internierungslagern erinnerte. Er war gut dreieinhalb Meter hoch und bestand aus dichtem Maschendraht. Auf der anderen Seite des Zauns bellten zwei riesige Schäferhunde, sie sprangen am Draht hoch und wedelten mit dem Schwanz. Ich stieg aus. In ungefähr hundert Meter Entfernung kam ein stämmiger, grauhaariger Mann auf mich zu, den ich nicht erkannte. Als ich meinen Bruder zum letztenmal gesehen hatte, war er ein junger, gutaussehender

Mann gewesen. Er blieb stehen und musterte mich. Wir sahen einander an. Unsere Gesichter verrieten alles.

»Meine Güte«, sagte er.

»Tja«, sagte ich.

Ich war also zurück, das Leben auf der Veranda hatte mich wieder. Welche Art zu leben, egal wo auf der Welt, wäre angenehmer? Das Haus bestand aus nebeneinanderliegenden Zimmern, die Küche und Vorratsräume befanden sich im hinteren Teil; an einem Ende der Veranda, die sich über die ganze Vorderseite des Hauses erstreckte, stand ein großes, mit Kletterpflanzen bewachsenes Spalier, um den Wind abzuhalten. Mein Bruder hatte das Haus zusammen mit einem schwarzen Maurer gebaut und Räume hinzugefügt, wenn er es sich leisten konnte. Ein großer Garten voller Sträucher zog sich bis zum Zaun. Wir saßen in bequemen tiefen Sesseln, betrachteten den Garten, in dem der Gärtner einen Schlauch hinter sich herzog. Zu unseren Füßen lagen die beiden Hunde. Sofort brachte ein Hausangestellter den Tee. Das Leben auf der Veranda ist ohne Dienstboten unvorstellbar. Zu meiner Zeit, *damals*, hätten in solch einem Haus drei, vier, vielleicht sogar fünf Dienstboten gearbeitet, alle unterbezahlt und unterbeschäftigt. Die gleiche Arbeit wird heute von einem Bediensteten verrichtet, gewöhnlich einem Mann, der kocht, das Haus sauberhält und alles organisiert. Und es gibt Mindestlöhne.

Wir sitzen im hellen Licht des Nachmittags und mustern einander, ohne einen Hehl daraus zu machen.

»Tja«, sagt Harry schließlich. »Es nimmt uns ganz schön mit, nicht wahr, ich meine, das Leben nimmt uns mit.«

»Das kannst du laut sagen«, erwidere ich vorsichtig und denke dabei, daß mein Vater genau das gleiche hätte sagen können, in genau dem gleichen humorvollen, philosophischen Tonfall, aber mit einer tiefen Befriedigung über die unvermeidliche Abnutzung des Guten, die ihm – aus verschiedenen Gründen – recht gab.

»Auf die eine oder andere Art nimmt es uns mit. Und dann sieht man eben mitgenommen aus.«

»Verschleißerscheinungen«, sage ich.

Er nickt. »Verschleißerscheinungen sind eine Sache«, sagt er, und er blickt mir in die Augen, um sich zu versichern, daß ich ihm auch aufmerksam zuhöre. »Ich glaube nicht, daß ich drüber hinwegkommen werde.« Seine Frau ist im Jahr zuvor gestorben, und ihr Tod ist ihm sehr nahegegangen. »Ich muß dich warnen«, sagt Harry, »ich bin nicht mehr der, der ich mal war. Ich komme mir vor, als hätte man mir irgendeinen Körperteil einfach weggeschossen.«

»In Ordnung.«

Unterdessen ist mir etwas Neues aufgefallen. Harry war schon schwerhörig, als er noch nicht einmal zwanzig war. Das Kanonenfeuer im Mittelmeer hatte nur noch verschlimmert, was vorher schon schlimm genug gewesen war. Nach dem Krieg war er, obwohl er von einem hervorragenden Spezialisten operiert worden war, eine Zeitlang fast völlig taub. Man mußte schreien, und konnte ihm alles nur in vereinfachter Form mitteilen. Jetzt trägt er einen Hörapparat. Er spricht mit der ihm angemessenen Geschwindigkeit und hat seinen eigenen Stil: ein bedächtiger Mann, der langsam reagiert, jedoch nicht mehr von allem abgeschnitten ist, was um ihn herum geschieht.

»Wenn man jung ist, glaubt man, daß man mit allem fertig wird, was einem zustößt«, sage ich.

»Hast du das gedacht? Ich glaube nicht, daß ich jemals darüber nachgedacht habe. Na ja, über manches kommt man eben nicht hinweg. Es gibt Dinge . . . und es sind noch nicht mal die, die auf der Hand liegen. Hab ich dir erzählt, daß ich auf der Farm gewesen bin?«

Das ist eine rhetorische Frage, denn wann hätte er mir davon erzählen sollen?

Als er die Farm erwähnt, ergreift ein stummes *Nein* von mir Besitz. 1956 hätte ich hinausfahren, den Hügel besuchen können, auf dessen Kuppe unser Haus gestanden hat, aber ich brachte es nicht über mich, von der Hauptstraße nach Norden auf den Weg abzubiegen, der zu ihm hinführte. Für jeden Schriftsteller gibt es ein mythisches Land. Dabei muß es sich nicht notwendigerweise um die Kindheit handeln. Ich schreibe diesen Ukas, dieses stumme *Nein*, der Angst zu, diesen Mythos anzutasten, den Busch, in dem ich aufgewachsen bin, das alte Haus aus Lehm und Gras, das Land um den Hügel, die Tiere, die Vögel. Ein Mythos ist nichts Unwahres, er ist die Essenz der Wahrheit.

»Hast du vor hinzufahren?« fragt Harry.

»Ja.«

»Tu's nicht. Ich warne dich. In der Gegend wimmelt es nur so von Farmen. Zuerst habe ich nicht einmal den Hügel gefunden.«

»Du hast den Hügel nicht gefunden?«

»Ich bin an der Abzweigung vorbei, weil ich den Hügel nicht gesehen habe. Dann erst ist mir aufgegangen, daß ich erwartet hatte, das alte Haus auf dem Hügel zu sehen. Also bin ich zurück. Um es gleich zu sagen, sie haben die Kuppe unseres Hügels abgetragen.«

»Die Kuppe abgetragen . . .«

»Ja. Dort oben ist jetzt ein Plateau. Weiß Gott, was das gekostet hat, die Erde abzutragen und alles einzuebnen.«

Das zu hören schmerzt mich. Harry wirft mir einen prüfenden Blick zu, zögert.

»Erzähl weiter.«

»Es wird dir aber nicht gefallen.«

»Aber es war doch ein ziemlicher Hügel. Ich weiß, daß für ein Kind alles größer aussieht, als es tatsächlich ist, aber es war doch ein ziemlich großer Hügel, oder? Wie oft habe ich neben der Hintertür gesessen und die Falken beobachtet, die über dem riesigen Feld gekreist sind.«

»Und am Fuß des Hügels mußten wir den zweiten Gang einlegen, um überhaupt hinaufzukommen.«

»Und der Wagen stand so schräg, daß wir spaßeshalber immer gemeint haben, er würde sich rückwärts überschlagen.«

»Und wenn wir mit dem Fahrrad den Hügel hinuntergefahren sind, war es fast wie Fliegen . . .«

»Und wir hatten einen tollen Überblick über die Scheunen, die Krale für das Vieh, die Ayreshire-Bahn.«

»Man kann noch immer hinuntersehen, aber jetzt haben sie Obstbäume angepflanzt, und man kann sich kaum mehr vorstellen, daß dort einmal Wildnis war, Busch.«

Entsetzt blicken wir einander an.

»Obstbäume? Was ist denn mit den riesigen Muwangabäumen passiert? Mit dem Akazienhain? Weißt du noch, daß wir sie Schmetterlingsbäume genannt haben? Der Raupenbaum – er war immer voller Raupen und sah aus, als wäre er mit Filz überzogen, und die Kokons bewegten sich unter dem Filz . . .«

»An die Raupen erinnere ich mich nicht. Aber wie gesagt, fahr nicht hin. Ich weiß nicht, wie ich es erklären soll, aber es hat mich mitgenommen. Als ich wieder hier war, konnte ich nicht schlafen, ich bin einfach nicht drüber weggekommen. Die Tiere sind alle verschwunden. Die Vögel auch. Ich habe oft von dem alten Haus geträumt. Und dann ist Monica gestorben. Es ist, als gäbe es nichts mehr.«

»Machen wir einen Spaziergang«, schlage ich vor.

Und wir spazieren durch den Busch, aber mittlerweile ist der Busch etwas, was das Land zwischen zwei Farmhäusern füllt. Es ist ein Vorortbusch.

»Hast du dir schon mal überlegt, was für ein Glück wir hatten?« fragt er.

»Wir haben im Garten Eden gelebt und es nicht gewußt.«

»Er ist für immer verschwunden.«

»Verschwunden.« Ich höre meine eigene Stimme, klinge wie ein Bote, der eine verlorene Schlacht verkündet.

»Verschwunden. Aber manchmal sehe ich eine Python in den Felsen dort drüben. Die erste seit Jahren. Es gibt hier so viele Hunde, die den Schlangen das Leben schwermachen. Es sind kaum mehr welche da. Aber meine Python gibt es noch. Und auch ein Paar Duckerantilopen. Sie kommen manchmal bei Sonnenuntergang. Und am frühen Morgen grasen sie hier. Eines Nachts habe ich sie bei Mondlicht grasen sehen. Zwei Ducker! Erinnerst du dich? Früher ist uns mindestens ein Dutzend über den Weg gelaufen, wenn wir ein Stück gegangen sind.«

Wir bleiben vor den Felsen stehen, zwischen denen die Python lebt, aber sie hat beschlossen, sich nicht blicken zu lassen.

Untröstlich gehen wir nach Hause, die Hunde springen um uns herum, legen ihre Schnauzen in unsere Hände.

»Zeit für einen Drink«, sagt Harry, als wir wieder auf der Veranda sitzen, doch im Freien ist es mittlerweile zu kalt, und wir gehen ins Haus vor den großen Kamin. Er schenkt sich einen genau bemessenen Brandy mit Soda ein. Seine Lippen sind zusammengekniffen, während er die langsamen, kontrollierten Bewegungen seiner Hände beobachtet. Er ist wie unser Vater. Alles geschieht in Zeitlupe.

Es gibt ein opulentes Essen: Suppe, Fleisch und Gemüse, Pudding, Käse. Während wir uns unterhalten – erinnerst du dich, erinnerst du dich? –, vermeiden wir beide ein Thema, von dem wir fürchten, daß es der guten Stimmung ein Ende setzen würde.

»Erinnerst du dich an deine lächerliche Idee, in einer Bank zu arbeiten?«

»Ich und in einer Bank arbeiten?«

»Kurz nach dem Krieg. Du hattest dir sogar mal in den Kopf gesetzt, Versicherungen zu verkaufen.«

»Ich und Versicherungen verkaufen . . . nie im Leben.«

»Erinnerst du dich nicht mehr daran, wie du einmal zu mir gesagt hast, daß du lieber sterben würdest, als dein ganzes Leben zwischen vier Wänden zu verbringen?«

»Weißt du das bestimmt?«

»Ja.«

»Komisch, ich weiß das alles nicht mehr. Ich glaube, ich hab eine ganze Menge vergessen. Kürzlich hat mich jemand besucht, der sich ziemlich ärgerte, weil ich mich an so vieles nicht mehr erinnere . . . Es war Jeremy. Erinnerst du dich an ihn? Er hat seinen Urlaub auf Madagaskar verbracht. Hat mir erzählt, daß er dort im Busch spazierengegangen ist und angefangen hat zu weinen. Wegen dem Vogelgezwitscher und den Schmetterlingen. Den Insekten. Er sagte: ›Es war wie im alten Südrhodesien, als wir Kinder waren. Überall Tiere.‹ Ihm war bis dahin noch gar nicht aufgefallen, daß sich hier alles zum Schlechten gewendet hat. Und immer schlimmer wird. Plötzlich denkt man: Den und den Vogel habe ich schon lange nicht mehr gesehen, und dann merkt man, daß er verschwunden ist. Wahrscheinlich ausgestorben. Schmetterlinge«, sagt mein Bruder niedergeschlagen. »Bienen. Insekten. Chamäleons. Eidechsen. Wir bringen sie alle um mit unseren Pflanzenschutzmitteln. Wir zerstören alles.«

»Weißt du noch, wie wir als Kinder auf die Jagd gegangen sind? Mit der alten Flinte, Kaliber .22? Sie haben dir die .22er gegeben, und du hast auf alles geschossen, was dir über den Weg lief.«

»So etwas hätte ich nie getan.«

»Als du dein erstes Luftgewehr bekommen hast, bist du zum Flußufer auf Chapells Farm gegangen und mit einem Kopfkissenbezug voller Vögel zurückgekehrt.«

»Das kann ich mir nicht vorstellen . . . Bist du sicher?«

»Wenn wir ein Stachelschwein gesehen haben, haben wir es umgebracht. Wenn wir eine Wildkatze gesehen haben, haben wir sie erschossen. Alles, was uns über den Weg gelaufen ist.« Er ist zutiefst bekümmert. »So haben die Kinder hier das Schießen gelernt. Wir haben alles erschossen.«

»Aber wir sind doch auch durch den Busch marschiert und haben die Vogel- und Wildfallen der Eingeborenen auseinandergenommen.«

»Das war später. Als wir zu geläuterten Kriminellen geworden waren. Als wir nur noch schossen, was wir für den Kochtopf brauchten.«

»Warum haben sie uns nicht davon abgehalten – Mutter und Vater?«

»Weil es eben damals so war – kurz vor der Unabhängigkeit Indiens. Die Oberklasse schoß, was ihr vor die Flinte kam, und die Mittelklasse hat es ihr nachgemacht.«

»Na ja, aber die Affs haben auch Vögel und andere Tiere getötet.«

»Sie töteten, weil sie sich davon ernährten.«

»Sieh dir all die schwarzen Kinder an mit ihren Schleudern. Die bringen alles um.«

»Genau wie wir.«

Sein Blick drückt aus, daß er sehr wohl registriert hat – auch wenn er mich deswegen nicht herausfordert –, daß ich schwarze und weiße Kinder in einen Topf geworfen habe.

»Woran ich mich am besten erinnere, ist, wie ich durch den Busch gegangen bin und fotografiert habe.«

»Aber wie alt bist du damals gewesen?«

»Oh . . . na ja . . . Ich erinnere mich nicht an die Dinge, so wie du dich erinnerst. Zumindest nicht an dieselben Dinge. Weißt du das alles wirklich so genau?«

»Ich verstehe nicht, warum du nichts mehr weißt. Ich erinnere mich noch an alles von *damals*. Ich weiß, ich hab vieles in meinem Leben vergessen, weil die Leute mich nach was fragen und ich weiß es nicht mehr. Dann werden sie meistens wütend.«

»Ja, das werden sie.«

»Aber an damals erinnere ich mich.«

Für eine Weile schweigen wir. Harry trinkt beständig, aber bedächtig. Brandy. Mir würde es keinen Spaß machen, so zu trinken. Ich habe eine Freundin, die Trinkgewohnheiten erforscht. Ob es sie interessiert, von einem Mann zu erfahren, der trinkt, als würde er wohldosiert Medizin einnehmen? Bevor mein Vater Diabetes bekam, pflegte er einen, vielleicht zwei Whiskys zu trinken, als stünde ein unsichtbarer Mentor hinter ihm, der sagte: Bis hierher und nicht weiter.

»Wenn wir wirklich wie Bruder und Schwester miteinander aufgewachsen wären, dann hätten wir so etwas wie . . . eine gemeinsame Landschaft. Du weißt schon, man fragt: Erinnerst du dich? Und der andere erinnert sich, und wenn nicht, dann glaubt er zumindest, sich zu erinnern.«

»Vermutlich waren wir nicht wie Bruder und Schwester, nicht wirklich.«

»Stimmt.«

»Tja«, sagt er bedächtig und belustigt, »in den letzten Jahren war ich nicht unbedingt scharf darauf, dich wiederzusehen.«

»Das gleiche gilt für mich«, erwidere ich. Belustigt.

»Aber vermutlich bist du gar nicht so schlimm. Komisch, wenn man jemanden lange Zeit nicht mehr gesehen hat, dann stellt man sich alle möglichen Dinge vor, und es ist ein richtiger Schock, wenn man ihn dann . . . Ich nehme an, du hast noch immer diese komischen Ideen über – über alles.«

»Man könnte sagen, daß ich komische Ideen habe. Man

könnte auch sagen, daß sie sich letztlich als gar nicht so komisch erwiesen haben.«

Daraufhin wird er rot, wird wirklich wütend. Das ist der Augenblick, in dem wir anfangen könnten zu streiten. Ich sage rasch: »Als ich heute an Marandellas vorbeigekommen bin, ist mir wieder eingefallen, wie wir dort bei der Schule kampiert haben.«

Er lächelt und nickt, was soviel bedeutet wie: Ja, du hast recht, wir wollen nicht streiten. »Wer hat dort kampiert? Wann?«

Jetzt bin ich wirklich erstaunt und fassungslos. »Du weißt nicht mehr, daß wir da kampiert haben? Für eine Woche oder gar zehn Tage? Wenn Sportfest war und so weiter?«

»Wirklich?«

»Wie kannst du das vergessen haben? Das war die beste Zeit meiner Kindheit . . . Wir konnten uns nicht mal für eine Nacht, geschweige denn für eine ganze Woche ein Hotel leisten.«

»Warte, ja, jetzt erinnere ich mich. Ja, du hast recht.«

»Und der Rektor hat dir immer erlaubt, ein oder zwei Nächte bei uns zu verbringen.«

Er reibt sich mit der Hand den Hinterkopf, blickt verwirrt und frustriert drein. Ich erinnere mich an die Bewegung: Vater, Bruder.

»Wir haben immer Äste und junge Bäume geschlagen, um eine Einfriedung zum Schlafen zu bauen.«

»Warum das denn?«

»Um die Leoparden abzuhalten.«

Er legt den Kopf zurück und lacht aus vollem Herzen. Es ist ein junges, unverbrauchtes Lachen aus der Vergangenheit seines Lebens. Dann meint er sachlich: »Das hätten wir nicht tun sollen. Hat dem Busch bestimmt geschadet.«

»Und in dem Kreis toter Äste haben wir eine niedergetrampelte Fläche zurückgelassen, und über der Feuerstelle hing verbranntes Laub.«

»Wie konnten wir nur? Warum haben wir das nur getan?«

»Alle taten das damals.«

»Tja, jetzt müssen wir alle dafür zahlen.« Viele Gespräche mit meinem Bruder enden so: Ich, sie, er, du, wir alle müssen dafür zahlen. Schuld und Sühne. Stets haben meinen Bruder unsichtbare Wände umgeben, an denen Schilder angebracht waren: »Untersagt ist es . . . Nein . . . Verboten. Natürlich haben auch mich Wände umgeben, aber andere, ich hatte andere Orte, deren Betreten verboten war.

»Erinnerst du dich noch daran, daß wir nie einschlafen wollten, weil es so fabelhaft war, im Freien zu übernachten?«

»Nein. Aber es ist tatsächlich fabelhaft, im Freien zu schlafen. Das war das Beste am Buschkrieg. Selbstverständlich war ich schon zu alt, um noch wirklich aktiv daran teilzunehmen, aber während unserer Patrouillen blieben wir oft über Nacht im Busch.«

»Erinnerst du dich noch an die alten Schürfer, die immer auf die Farm kamen? Sie lebten die ganze Zeit draußen im Busch.«

»Natürlich erinnere ich mich. So etwas vergißt man nicht. Vielleicht hätte ich es auch so machen sollen. Ich frage mich oft, ob ich mein Leben richtig gelebt habe. Ich hätte im Busch leben sollen.«

»Aber du hast doch im Busch gelebt.«

»Nein, ich meine, richtig im Busch. Sie hatten nichts als ein Sieb, um Gold zu waschen, ein Gewehr und eine Decke. Sie lebten vom Busch.«

»Und die meisten starben an Malaria oder am Buschfieber.«

»Na und? Wer denkt schon ans Sterben? Ich nicht.«

»Weißt du noch, daß manche von ihnen gar keine richtigen Schürfer waren? Sie hatten während der Depression ihre Arbeit verloren und beschafften ihren Frauen Stellen in der Stadt, wo auch die Kinder unterkommen konnten, meist als Haushälterinnen oder so, und sie selbst lebten im Busch und warteten darauf, daß sich die Lage besserte.«

»Nein. Aber das war sinnvoll. Gut für sie.«

»Sicherlich hätte es auch Vater glücklich gemacht, im Busch zu leben. Wenn er nicht die ganze Zeit so krank gewesen wäre. Erinnerst du dich noch, wie schnell er immer die Nase voll hatte von den gesellschaftlichen Verpflichtungen bei den Sportfesten und sich unter die Eukalyptusbäume legte und in den Himmel hinaufschaute, und Mutter war ganz aus dem Häuschen, weil er sie im Stich ließ. Und dir war das auch peinlich.«

»War es nicht. Ganz unmöglich. Im Busch tue ich das auch. Ich leg mich auf den Rücken und schaue in den Himmel. Nach ein paar Minuten vergessen dich die Vögel und die anderen Tiere, so es sie überhaupt noch gibt. Man könnte genausogut ein Fels oder ein Strauch sein. Einmal ist in eineinhalb Meter Entfernung eine gelbe Kobra an mir vorbeigeschlichen. Ohne sich um mich zu kümmern.«

»Erinnerst du dich noch . . .?«

»Nein. Und erinnerst du dich noch . . .?«

»Nein.«

»Und du erinnerst dich wirklich nicht mehr daran . . .?«

»Nein, leider nicht.«

Um neun Uhr wollte Harry ins Bett. Er hatte ziemlich genau die Menge getrunken, die er brauchte, um schlafen zu können. Wie er sagte, war es für ihn dieser Tage nicht leicht zu schlafen. Er wollte nicht wachliegen und nachdenken müssen . . . Der Arzt hatte ihm ein Schlafmittel verschrieben, aber er weigerte sich, dieses chemische Zeug zu nehmen. Brandy war viel gesünder.

Ich sagte, ich ginge nie vor zwölf oder eins ins Bett. »Hier schon«, erwiderte er. »Wenn du willst, kannst du noch fernsehen . . . Aber die Affs, die stellen nichts auf die Beine, schon gar kein vernünftiges Fernsehprogramm.« Er stand auf der Schwelle, das Glas in der Hand, den Daumen genau über dem Pegelstand des Brandys, als wäre er eine Erinnerungshilfe, und sah mich böse an. Er konnte nicht endgültig wegstecken, was er, genau wie ich, die ganze Zeit über im Hinterkopf gehabt hatte, und jetzt gab er mit erregter, wütender, frustrierter, bitterer Stimme einen Monolog zum besten, der sich in nichts von dem unterschied, was der Rennpferdezüchter erst in der Nacht zuvor im Flugzeug vom Stapel gelassen hatte.

»Deine geliebten Afrikaner, was tun sie als erstes? Sie übernehmen *unser* Regierungsgebäude und installieren dort Präsident Banana, *Banana*, was für ein Name, und er residiert da noch keine Woche, schon laufen Hühner durch die Gartenanlagen, *unsere* Gartenanlagen, und alle seine Freunde und Verwandten kampieren dort wie in einem Kral. Als nächstes wird ein hoher Zaun aufgestellt. Der junge Jack von der Nachbarfarm, er ist mittlerweile *durch die Lücke geschlüpft*, ist hin und hat Hühnerfutter durch den Zaun geworfen und putt, putt, putt gemacht. Die verdammten Bauern, stell dir vor, Bauern im Regierungsgebäude. Und Mugabe, *Genosse* Mugabe, fährt in einem Konvoi mit bewaffneten Leibwächtern herum, und wenn einer nicht schnell genug aus dem Weg springt, wird er erschossen. *Unsere* Premierminister mußten nicht im Konvoi mit bewaffnetem Begleitschutz herumfahren, sie hatten nichts zu befürchten. Und ineffizient ... nichts funktioniert ... Soll ich dir erzählen ... Soll ich dir mal was sagen? Ja, das ist noch nicht alles.« Und so weiter und so fort. Und das Fazit lautet: »Sie sind uns einfach unterlegen, das ist alles.«

»Manche Leute finden es möglicherweise rührend oder gar wundervoll, daß der erste schwarze Präsident beim Einzug ins Regierungsgebäude – immerhin ein Symbol für das alte Regime – deutlich macht, daß er sich nicht über die Menschen stellen will, die er vertritt. Über die Bauern. Jeder soll wissen, daß er Hühner hält und man jederzeit vorbeischauen kann, afrikanischer Stil ...«

»Niemand wird da ›vorbeischauen‹. Er ist umgeben von einem Sicherheitszaun und Wachen mit Kalaschnikows.«

»Glaubst du nicht auch, daß eine Verbindung besteht zwischen dem Aufstellen eines Sicherheitszauns und den weißen Flegeln, die dort auftauchen, herumjohlen und Drohungen hinausschreien? Glaubst du nicht auch, daß Mugabe deswegen in einem Konvoi fährt, weil ihr ihm sofort die Kehle durchschneiden würdet, geriete er euch in die Finger?«

*»Flegel?«*

»Flegel.«

Er starrt mich böse an.

Ich starre böse zurück.

Er ging zu Bett. Ich ging hinaus in den kalten, dunklen Garten und blieb lange Zeit irgendwo in der Hoffnung stehen, im Sternenlicht hinter dem Sicherheitszaun verschwommen eine Duckerantilope zu entdecken. Aber die Hunde saßen ruhig neben mir und blickten geradeaus, was hieß, daß keine Tiere in der Nähe waren.

Um halb sechs standen wir auf, geweckt von einer lang vergessenen Annehmlichkeit, einer frühen Tasse Tee. Um sieben nahmen wir ein altmodisches englisches Frühstück ein, das uns Joseph, ein lächelnder, freundlicher junger Mann servierte, der sich bei mir bereits danach erkundigt hatte, ob es möglich sei, in meinem Londoner Haus als Dienstbote zu arbeiten. Ich erklärte ihm, bis auf einige sehr reiche Leute hätten wir keine Dienstboten. Er sah mich unglücklich an, denn er wollte nun einmal in London leben, wo das Gold auf der Straße lag. Dann fragte er: »Wer macht Ihre Arbeit? Wer putzt Ihr Haus? Wer kocht für Sie?« Als ich ihm schilderte, daß die meisten Leute ihr Haus selber putzten und auch selbst kochten, schüttelte er mißbilligend den Kopf.

Während des Frühstücks war Harry wütend, und ich mußte mir wieder den Monolog anhören. Inzwischen hatte ich begriffen, daß ich ihn auf dieser Reise wieder und wieder zu Ohren bekommen würde. Auch zu jener Zeit sagten Leute mit der gleichen Gesinnung die gleichen Dinge, gebrauchten oft sogar die gleichen Sätze dazu. Das ist der Mechanismus, auf den Journalisten sich verlassen: Befrage zwei oder drei Personen, und du weißt, was alle denken. (Ähnliches gilt, will man erfahren, was die literarische Welt denkt. In London muß man sich lediglich eine halbe Stunde mit einem ihrer Vertreter unterhalten, und schon ist man informiert, welche Autoren in und welche out sind, und immer wieder wird man auch auf den genau gleichen Wortlaut der Verkündung stoßen.)

Harry war wütend, weil es in seinem Unternehmen, in dem Bilder aus Federn und Geschenkartikel wie Knöpfe und Schlüsselringe aus Horn hergestellt wurden, Probleme gab. Vor der Unabhängigkeit war es erfolgreich gewesen, aber jetzt, nachdem so viele Kunden nicht mehr da waren – sie waren ebenfalls durch die Lücke geschlüpft –, ging es ums schiere Überleben. Im Moment arbeiteten schwarze Mädchen aus einem nahen Dorf für ihn, und wie es schien, war eine Unruhestifterin unter ihnen, die die anderen aufwiegelte, obwohl den Mädchen bewilligt worden war, was sie gefordert hatten. Sie brachten ihre Babys und Kleinkinder mit zur Arbeit, sie kamen und gingen, wann ihnen der Sinn danach stand . . . Nein, so nicht. Er war froh, daß auch er durch die Lücke schlüpfen würde.

Woher stammte dieser Ausdruck eigentlich? Weiße, die erst Südrhodesien und jetzt Simbabwe verließen, um in die »Republik« zu gehen, wie Südafrika für gewöhnlich genannt wird, »schlüpften durch die Lücke«.

Mein Bruder war bereit, sein schönes Haus, das er und der schwarze Maurer gebaut hatten – von dem er sagte, er sei ein netter Kerl, es sei ein Vergnügen gewesen, mit ihm zusammenzuarbeiten –, den wunderbaren Garten, den seine verstorbene Frau angelegt hatte, und die Gegend aufzugeben, in der er den größten Teil seines Lebens verbracht hatte, um statt dessen auf einem niedrigeren Standard in der Republik zu leben, nicht nur, weil seine Tochter dort wohnte, sondern vor allem, weil er es nicht ertrug, unter einer schwarzen Regierung in diesem Land zu bleiben.

»Und jetzt muß ich mich mit ihrem verdammten Arbeitsbeauftragten anlegen, der mir Vorschriften machen will. Ich muß mich jeder Entscheidung fügen, die *er* für angemessen hält. *Ich* muß tun, was *er* sagt.«

Gleich nach dem Frühstück traf der Mann ein. Er kam mit dem Fahrrad. Mit kalter Höflichkeit bat mein Bruder ihn, Platz zu nehmen. Das hätte es früher selbstverständlich nicht gegeben. Wir saßen zu dritt auf der Veranda, und Joseph brachte Tee. Er und der Arbeitsbeauftragte begrüßten einander auf Shona-Art.

»Guten Morgen.«

»Guten Morgen.«

»Hast du gut geschlafen?«

»Ich habe gut geschlafen, wenn du gut geschlafen hast.«

»Ich habe gut geschlafen.«

»Dann habe auch ich gut geschlafen.«

Der Arbeitsbeauftragte war ungefähr fünfunddreißig Jahre alt, ein kräftiger, gesunder, wacher Mann. Aufgrund seiner Arbeit, die überwiegend darin bestand, mit schwierigen, unvernünftigen, unfairen und bisweilen unverschämten Weißen umzugehen, trug er eine belustigte Miene zur Schau.

Mein Bruder murrte über die Mädchen, die nichts von der

Verpflichtung hielten, für einen Tageslohn auch die einem Tag entsprechende Leistung zu erbringen, und über die Unruhestifterin, nach deren Pfeife alle anderen tanzten.

Der Mann saß da und hörte zu. Als mein Bruder wegen eines Anrufs ins Haus mußte, befragte ich ihn zu seiner Arbeit. Unter den Weißen hatte er eine landwirtschaftliche Ausbildung bekommen, zusammen mit Hunderten anderer Schwarzer: Die Politik war gewesen, schwarze Experten auszubilden, die in den *Native Purchase Areas*, den schwarzen Siedlungsgebieten, und den Reservaten, den *Reserves* – ja, so wurden sie damals genannt, heute haben sie andere Namen –, eingesetzt werden sollten, was der neuen Regierung nun zum Vorteil gereichte. Er arbeitete bis zum Umfallen. Alle landwirtschaftlichen Berater und Sachverständigen arbeiteten bis zum Umfallen, weil es nie genug von ihnen gab. Es würde noch zwei, drei Jahre dauern, sagte er, um so viele Fachleute auszubilden, wie Simbabwe brauchte. »Sicherlich wird Ihnen niemand Vorwürfe machen, wenn es länger dauert«, entgegnete ich. Mit einemmal sah er mir direkt ins Gesicht, betrachtete mich als Freundin, nicht mehr als Feindin. Er verzog das Gesicht, schüttelte den Kopf und lachte. »Man wird uns in jedem Fall Vorwürfe machen«, sagte er, und das war die eigentliche Antwort auf meine Frage: »Finden Sie Ihre Arbeit schwierig?« Worauf er ursprünglich höflich geantwortet hatte: »Ich tue mein Bestes, Madam.«

Er fuhr mit dem Fahrrad ins Dorf, um mit den Mädchen zu reden. Mein Bruder knurrte vor sich hin, daß dieser Arbeitsbeauftragte, »oder wie immer er sich schimpft«, natürlich für die Mädchen Partei ergreifen werde. Nach ein paar Stunden kam der Mann zurück. Wieder wurde Tee serviert. Er glaubte, die Angelegenheit jetzt klären zu können, aber zuerst wollte er einen Blick in die Bücher mit den Gehaltsabrechnungen werfen. Zähneknirschend brachte Harry ihm die Bücher. Eine halbe Stunde lang versenkte er sich in sie, dann schlug er sie zu und verkündete sein Urteil: »Die Mädchen haben mir gesagt, Sie hätten sie nicht bezahlt, aber wie ich sehe, ist das falsch, Sir. Ich empfehle Ihnen, Mary« – die Unruhestifterin – »zu entlassen. Und Sie sollten auch Sarah entlassen. Sie ist das eigentliche Problem. Sie hatten die Falsche im Verdacht, Sir. Mary tut, was Sarah ihr sagt. Ich habe den beiden bereits zu verstehen gegeben, daß ich auch in Zukunft ein Auge auf sie haben werde.«

Anschließend fuhr er auf seinem Fahrrad zu einer Farm, wo, laut seiner Auskunft, eine Frau einer anderen vorgeworfen hatte, sie habe sie mit dem bösen Blick verhext. Als Folge davon war es unter den Farmarbeitern zu Auseinandersetzungen gekommen.

»Hast du das gehört? Böser Blick! Damit haben wir es jetzt zu tun ... Und diese blöden Mädchen werden nirgendwo anders Arbeit finden, weil es keine Arbeit gibt. Es wird ihnen noch ganz schön leid tun, mich ausgenutzt zu haben. Die Arbeitsstellen werden immer weniger, weil so viele von uns durch die Lücke schlüpfen.«

»Bist du nicht froh, daß sich alles so geklärt hat?« wollte ich wissen.

»Laß uns zu Mittag essen.«

Es gab eine ungeheure Menge Fleisch, Gemüse, Kartoffeln, Salat, Pudding, Käse und Kekse.

»Ich sehe schon, ich werde hier viel zuviel essen«, sagte ich. »In England ißt niemand mehr solche Berge.« Ich beschrieb ihm die neuen Eßgewohnheiten der Briten: Essen zum Mitnehmen, Imbisse, vorgefertigtes Essen, tiefgefrorenes Essen, Mikrowellenessen. Ich erzählte ihm, daß wir indisch und chinesisch essen, italienische Pizza und Pasta, amerikanische Hamburger. »Die alten Eßgepflogenheiten – drei volle Mahlzeiten am Tag und morgens und nachmittags Tee – gibt es nicht mehr.«

»Tut mir leid, das zu hören. Ich bin der Meinung, daß die Standards aufrechterhalten werden sollten.«

Nach dem Mittagessen schlief er exakt eine halbe Stunde, dann tranken wir erneut Tee auf der Veranda. Die zwei Schäferhunde lagen auf dem Boden, einer meinem Bruder zu Füßen, die Hündin Sheba bei mir. Seitdem ihre Herrin gestorben war, litt sie. Sie sehnte sich nach einer anderen Frau, die sie lieben konnte, und hoffte, daß ich das sein würde. Der Hunger nach der Zuneigung einer Frau trieb sie dazu, zur nächsten, zwei Kilometer entfernten Farm hinüberzutrotten, wo sie ihre Schnauze in die Hand der Hausherrin legte, jämmerlich winselte und um Liebe bettelte. Die Frau, die Verständnis hatte für den unglücklichen Hund, setzte sich neben Sheba auf die Veranda oder ins Gras, streichelte sie und redete mit ihr, bis ihr Sheba das Gesicht leckte und zurück nach Hause trottete. Sheba stand im Schatten Spartas, eines großen, kräftigen, intelligenten Hundes, der beim Spielen im Garten immer als erster den Stock zu fassen kriegte, in seinem Maul bis zu vier Stöcke apportieren konnte, sie emporschleuderte und wieder fing und dafür Applaus einsteckte wie ein Jongleur. Sheba konnte nur einen Stock apportieren. Sparta wußte, wie man Befehlen gehorcht – sitz, bei Fuß, hinlegen, hol's, einmal, zweimal, dreimal bellen. Mein Bruder hatte Sparta abgerichtet, Sheba hatte nichts gelernt. Sie wollte unbedingt wie Sparta sein, beobachtete ihn ständig, um herauszufinden, wie etwas ging, und Sparta gab an.

Mein Bruder wirkte hilflos angesichts Shebas Kummer, der seinem so ähnlich war. Später dann, als Sheba schließlich feststellen mußte, daß keine neue Frau ins Haus kam, hing sie sich an meinen Bruder, übertrumpfte Sparta, wenn es darum ging, Zuneigung zu erlangen, denn mit ihrem Bedürfnis, der Hund nur einer Person zu sein, mit ihrer entschlossenen Hingabebereitschaft konnte er nicht mithalten. Sie schlief im Bett meines Bruders, neben ihm, ihr Kopf nahe bei seiner Hand, oder sie lag da, den Blick unverwandt auf sein Gesicht gerichtet. Als mein Bruder durch die Lücke schlüpfte, kamen die Hunde mit. Bald danach verfing Sheba sich am Ende eines Zauns in losem Draht und strangulierte sich, obwohl ein Mann, der weiße Viehverwalter der örtlichen Ranch, mit einer Drahtschere in der Hosentasche danebenstand. Er sagte, er habe nicht riskieren wollen, von einem Schäferhund gebissen zu werden.

Nachmittags rief ein Nachbar an, um mitzuteilen, daß er nach Marondera gefahren sei, die Post zu holen, daß er aber keine Zeitung habe auftreiben können. Sie waren ausverkauft. Auf der Straße von den Victoria-Fällen nach Bulawayo hatte es einen »Zwischenfall« gegeben. Terroristen hatten Touristen als Geiseln genommen. »Natürlich schreiben sie in unseren Zeitungen nicht, was wirklich passiert ist«, sagte der Nachbar. »Bitte deine Schwester, in London anzurufen.« Ich rief an und erfuhr, daß die

Terroristen, vermutlich Männer von Joshua Nkomo, sechs Touristen gefangengenommen, drei Frauen jedoch wieder freigelassen hatten. Die Männer sollten getötet werden, wenn Mugabe nicht ein paar inhaftierte Männer Nkomos freiließ.

»Da hast du's«, sagte Harry, »man muß zu Hause anrufen, um sich über die Fakten zu informieren.«

Die auch in den Fernsehnachrichten gebracht wurden.

»Da hast *du*'s«, sagte ich.

Aber er wandte sich wieder seinem Monolog zu. Mittlerweile hatte ich begriffen, daß sich die Weißen im Lande in einem Schockzustand befanden, wie nach einem Unfall oder einer Katastrophe. Ich ärgerte mich über mich selbst, weil ich nicht früher erkannt hatte, was bereits in London vorherzusehen gewesen wäre.

Nach dem Abendessen stritten wir. Natürlich hätte ich es besser wissen müssen. Er war ein bißchen betrunken und sprach über die angeborene Minderwertigkeit der Schwarzen. Wie ich noch feststellen sollte, tun Weiße das öfter, wenn sie betrunken sind. Selbstverständlich nicht alle. Und es ist durchaus interessant, vorher Mutmaßungen darüber anzustellen, welcher alte Rhodie nach einem oder zwei Drinks rassistische Sprüche zum besten geben wird, denn ebensogut ist es möglich, daß er in Rousseau-ähnliche, sehnsüchtige Bewunderung verfällt: »Sie sind viel bessere Menschen als wir.« Aber einige Weiße definieren sich selbst über die Minderwertigkeit der Schwarzen. Welche tiefsitzende Unsicherheit, welche Unzulänglichkeit verbirgt dieses Beharren auf der Minderwertigkeit anderer Menschen? (1991 saß ich zusammen mit schwarzen Simbabwern in einem Londoner Restaurant, die den indischen Kellnern gegenüber die gleiche kalte, beleidigende Arroganz an den Tag legten, wie sie die schlimmsten Weißen einst den Schwarzen entgegenbrachten.) Ich sagte zu meinem Bruder, er rede, als wären die weißen Südrhodesier sämtlich bemerkenswerte und höchst schätzenswerte Menschen, wo doch tatsächlich viele von ihnen in jeder Hinsicht das genaue Gegenteil verkörperten. Wenn sie gut waren, dann waren sie allerdings wirklich sehr gut, geschickte, anpassungsfähige Fachleute, aber der Rest war beschränkt, ignorant und auf jene Art selbstgefällig, die stets mit Dummheit einhergeht. Andernorts würden sie nicht leicht Arbeit finden, und die Schwarzen konnten von Glück reden, sie loszusein. Harry war verletzt. Er war bitter, machte mir Vorwürfe, konnte nicht glauben, daß ich solche Dinge sagte oder dachte.

Am nächsten Morgen kamen Freunde aus Banket zu Besuch, unter anderem eine alte Frau, die ich schon als Kind gekannt hatte. Damals war es üblich, daß die Kinder befreundeter Erwachsener ebenfalls Freundschaft schlossen. Wenn unsere Eltern einander besuchten, wurden dieses Mädchen und ich zum Spielen weggeschickt. Jetzt begannen wir gleich, das Erinnerst-du-dich-Spiel zu spielen, ein sehr nützliches Spiel, wenn eine normale Unterhaltung schwerfällt. Ich erinnerte mich daran, daß wir an heißen Tagen unter einem Maulbeerbaum in eine Blechbadewanne gesteckt und mit kaltem Wasser übergossen wurden. Schlangen lieben Maulbeerbäume, und wir blickten beständig nach oben in die unschuldigen Äste und hielten Ausschau nach einer versteckten, glitschigen grünen Schlange und einer zischelnden Zunge. Wir wurden »gnadenlos« geneckt, wie es damals üblich war, denn wir waren beide ziemlich mollig. Wir verhielten uns, wie es die Erwachsenen von uns erwarteten, kreischten und spritzten mit dem Wasser. Die Frau erinnerte sich nicht daran. Was sie jedoch noch wußte, war, daß wir auf die Felder geschickt wurden, um »Hexengras« auszureißen, ein Weiderichgewächs, das die Farmer nicht mögen. Für jedes Bündel bekamen wir ein paar Pence. »Daran erinnere ich mich nicht«, sagte ich nun meinerseits, und sie fühlte sich brüskiert. »Aber wann immer ich an dich denke, sehe ich dich mit einem dicken Bündel Hexengras im Mais stehen.« Sie wandte sich von mir ab und setzte sich an den Tisch auf der Veranda. Indem ich ihr diese Erinnerung verweigerte, diesen Teil ihrer selbst, eine »angenehme« Erinnerung, die sie ausgewählt hatte, um ein positives Bild einer ansonsten nicht unbedingt zufriedenstellenden Kindheitsfreundin bewahren zu können, bestärkte ich nur, was sie sowieso von dieser niederträchtigen, verräterischen und vor allem unfairen Zeit hielt, die ihr alles wegnahm. Sie und ihr Bruder, mein Bruder und ein paar Nachbarn tranken Tee, dann

Bier und gaben verschiedene Versionen des »Monologs« zum besten. Ich saß ein bißchen abseits und las eins der Bücher, die ich erst vor zwei Tagen gekauft hatte. Ich las, so wie ich es als Kind getan hatte ... Sie saßen beieinander, etwas nach vorn gebeugt, mit hochgezogenen, abweisenden Schultern, und bisweilen warfen sie mir aus ihrem kleinen *lager* vorwurfsvolle Blicke zu. Ihre Stimmen klangen unglücklich, sorgenvoll, verständnislos und kündeten von Verrat.

Nachdem sie wieder aufgebrochen waren, fragte mich Harry, was ich da las, und ich erzählte ihm von den guten afrikanischen Schriftstellern. Hatte er je daran gedacht, sie zu lesen? Er hatte nicht einmal von ihnen gehört. Wenn er sie lesen würde, könnte er dann nicht vielleicht besser verstehen, wie die Afrikaner dachten? Er erwiderte, er verstehe sehr gut, was und wie die Afrikaner dachten, allerdings könne er nicht behaupten, daß es ihm gefalle. Ermutigt von seinem humorvollen Tonfall, bot ich ihm ein paar Bücher an. Während der nächsten Tage ließ ich sie herumliegen und las ihm ab und zu sogar ein, zwei Absätze vor. Er hörte zu, als handelte es sich um Nachrichten aus einem fremden Land.

In keinem der Haushalte, die ich auf dieser Reise besuchte, hatte ich mehr Glück. Nirgendwo war irgend jemand bereit, einen afrikanischen Roman auch nur aufzuschlagen. Mein Ansinnen stellte eine Bedrohung dar, forderte ein gut verstecktes oder auch völlig unbewußtes Verbot heraus. *Nein*, drückten alle Mienen aus, wenn ich fragte: »Interessieren Sie sich denn nicht für die Bücher, die Ihre schwarzen Landsleute geschrieben haben?«

Am nächsten Tag fuhren wir nach Marondera, um einzukaufen. Die ganze Zeit über murrte mein Bruder, weil die Regale Lücken aufwiesen, wo importierte Lebensmittel hätten stehen sollen. Ich sagte nur, daß es nun wirklich genug zu essen gebe. Keifend fuhren wir am Postamt vorbei, wo eine Gruppe Weißer einen Kreis bildete, die Gesichter verschlossen, die Schultern wehrten unsichtbare Kugeln ab. Gutgelaunte Schwarze schlenderten umher, unterhielten sich, lachten, riefen einander Dinge zu und nahmen keine Notiz von den Weißen.

Auf dem Nachhauseweg hielten wir an einem Stand neben der Straße, um Pilze zu kaufen, und der Verkäufer fragte uns, ob wir seine Frau bis zur nächsten Abzweigung mitnehmen könnten. Widerwillig stimmte mein Bruder zu. Das Mädchen, das schwanger war und ein Baby bei sich hatte, saß neben mir auf dem Beifahrersitz. Als wir sie abgesetzt hatten, sagte Harry mehrmals: »Aber das ist doch keine Strecke.« Diese Feststellung hatte mehrere Bedeutungen. Zum einen wies sie darauf hin, daß die Afrikaner im Gegensatz zu uns noch immer Gebrauch von ihren Beinen machen konnten, was einerseits zu bewundern, andererseits aber ein Symptom ihrer Primitivität war. Zum anderen sah er nicht ein, warum er kostenlos Leute transportieren sollte, die unfairerweise den Krieg gegen die Weißen gewonnen hatten.

Meine selbstgefällige Mißbilligung der Weißen, die keine Anhalter mitnahmen, mußte sechs Jahre später eine empfindliche Niederlage hinnehmen, als ich feststellte, daß niemand mehr, keine »Liberalen« oder »Religiösen«, keine »Fortschrittlichen« oder »Reaktionäre«, irgend jemanden, ob nun schwarz oder weiß, mitnahm, dessen Gesicht er nicht kannte. Es war zu gefährlich, zu viele Überfälle, »Zwischenfälle« jeglicher Art hatten sich ereignet.

Wir tranken den morgendlichen Tee auf einer anderen Veranda, voller Hunde und verwöhnter Katzen, die man von den Sesseln verjagen mußte, um sich hinsetzen zu können, und wieder hörte ich den Monolog, zuerst von der Frau des Hauses, dann beim Mittagessen, das von einem schwarzen Mädchen serviert wurde. Es trug eine schwarze Uniform, der eines edwardianischen Dienstmädchens nicht unähnlich, mit weißen Manschetten und weißer Spitze. Diesmal hielt der Hausherr den Monolog. Anschließend rümpften sie die Nase über Präsident Bananas albernen Namen.

Wir schlenderten durch den Garten. Wieder wässerte ein Boy – das alte Wort wird noch immer benutzt, ohne daß sich jemand deswegen Gedanken machen würde – Rasen und Sträucher, und als seine Arbeitgeber nicht zuhörten, fragte er mich, ob er in Zukunft nicht für mich arbeiten könne, er müsse sich verbessern.

Er war zur Schule gegangen, mit einem mittleren Abschluß, und arbeitete nur als Gärtner, weil er noch keinen besseren Job gefunden hatte. Ich erklärte ihm, daß ich in London lebe. Er fragte mich, ob London in Amerika liege, wenn ja, werde er kommen und für mich arbeiten. Ich entgegnete, daß Schwarze es in Amerika nicht unbedingt leicht hätten. Er meinte, er habe reiche Schwarze im Fernsehen und in Filmen gesehen, und er wolle werden wie sie. Das versetzte mich ungefähr dreißig Jahre zurück, als ich kommunistische Zeitungen in einem »Farbigen«-Vorort (das war damals das politisch korrekte Wort für Mischlinge) des alten Salisbury verkaufte. Während ich einer gut unterrichteten Opposition gegen die weiße Vorherrschaft das Wort redete, wurde ich an jeder Straßenecke von ehrgeizigen jungen Männern angesprochen, die nach Amerika wollten, wo angeblich alle reich waren. Ich hielt ihnen gutgemeinte Vorträge darüber, daß sie zuerst an das Wohl aller und dann erst an das eigene Fortkommen denken sollten. Was für eine Moralistin ich doch war. Was für ein Dummkopf. Ich sehe mich noch vor mir: eine attraktive, vor allem aber selbstsichere junge Frau in einem sauberen, frisch gebügelten Baumwollkleid, das für alle, die mit etlichen anderen zusammengepfercht in schäbigen Zimmern lebten, bereits einen unerhörten Luxus darstellte; unterwegs mit einem modernen, stets sauberen Fahrrad, das sich keiner der »Farbigen« hätte leisten können, auf dem Gepäckträger Zeitungen und Pamphlete, die unterschiedliche Grade sozialer Unzufriedenheit propagierten und als Allheilmittel die Revolution empfahlen.

Am nächsten Tag sagte Harry, er werde mich zum ein paar Kilometer entfernten Club mitnehmen. Ich wußte, daß er eigentlich nicht hinfahren wollte, aber er meinte, es würde ihm guttun. Seit dem Tod seiner Frau hatte er kaum mehr soziale Kontakte. Ich sollte jedoch nicht zuviel erwarten. Weil so viele durch die Lücke geschlüpft waren, war der Club jetzt immer nahezu leer. Einst hatten sich dort an Wochenenden zwei-, dreihundert Menschen gedrängt, und an den Tennisplätzen und der Bar mußte man Schlange stehen. Ja, ja, er werde hinfahren, das sei schon richtig so: Bekannte bestanden darauf, daß er zum Mittag-

oder Abendessen ausging und auch den Club wieder aufsuchte. Sie meinten es gut mit ihm, darüber war er sich im klaren.

Der Club war ein niedriges Ziegelgebäude mitten im Busch, mit Tennisplätzen, einem Squashcourt und einer Freiluft-Kegelbahn. Das Wochenende zuvor waren ganze Wagenladungen Jugendlicher aus Harare gekommen, um eine Party zu feiern, und augenscheinlich waren immer noch ein paar von ihnen da und rekelten sich auf der Veranda. Ein Paar schlief, auf dem Rücken liegend, unter einem Baum, die Arme ausgestreckt, die Gesichter scharlachrot. Auf einem sonnenverbrannten Unterarm saß versonnen ein grüner Grashüpfer. Die winterlich laublosen Musasabäume warfen Schattenflecken auf die beiden. Es wehte ein kalter, staubiger Wind.

»Dumm, sich so zu betrinken«, sagte Harry streng und rief: »Thomas! Thomas!«

Ein Schwarzer in einer weißen Dienstbotenuniform erschien auf der Veranda, sagte gelassen: »Guten Morgen, Sir«, und kam langsam auf uns zu.

»Die sollten hier nicht so herumliegen, die holen sich noch eine Lungenentzündung.«

Thomas betrachtete zuerst das schlafende Paar, dann Harry, und sein Blick verriet deutlich, daß er es nicht als Teil seiner Pflichten ansah, den zwei jungen Weißen zu sagen, wie sie sich zu benehmen hatten.

»Ist denn nirgends eine Decke? Etwas, womit man sie zudekken kann?«

Thomas trollte sich und kehrte mit einem Arm voller karierter Tischtücher zurück, die er und mein Bruder schichtenweise über die Schlafenden legten.

Zwischen den verkaterten Jugendlichen saßen ältere Leute, unverkennbar die wahren Clubmitglieder, überwiegend Farmer. Es waren nicht viele, und sie machten gute Miene zum bösen Spiel. Sie konnten einem leid tun.

Harry und ich kegelten. Alles Körperliche war ihm seit jeher leichtgefallen. Fahrradfahren, Kricketspielen, alles lernte er im Nu. Kaum hatte er als Junge einen Baum gesehen, war er auch schon hinaufgeklettert. Nicht, daß ich darin schlecht gewesen wäre, aber verglichen mit ihm wirkte ich immer schwerfällig, und das prägte meine gesamte Kindheit. Später bemerkte ich, daß ich nichts dergleichen war, aber so ist nun mal das Familienleben.

Nachdem er mich beim Kegeln geschlagen hatte, forderte ihn jemand anders heraus, und ich zog mich auf die Veranda zurück und beobachtete die Leute. Die Clubräume waren halb leer, erfüllt jedoch von den Geistern der ausgewanderten Weißen. Würden die Schwarzen bald davon Besitz ergreifen?

Am Nachbartisch saß eine Gruppe Farmer, alle mittleren Alters, die über den Buschkrieg sprachen. Unter ihnen war ein Mann, der schwieg, als sie sich über die Schandtaten der Schwarzen ausließen und den Monolog herunterspulten. Er war Farmer, ungefähr vierzig und saß wie ich etwas abseits. Aber auch er hatte im Buschkrieg gekämpft. Sein Schweigen fiel auf, und die anderen begannen ihn aufzuziehen, versuchten schließlich wieder nett zu ihm zu sein, klangen aber verärgert, weil er nicht gewillt war, durch die Lücke zu schlüpfen. Er war entschlossen, in Simbabwe zu bleiben und durchzuhalten. Er hatte sich innerlich umgestellt und war nicht mehr vorbehaltlos einer von ihnen. Dabei wirkte er nicht gerade glücklich: Sie waren seine Nachbarn, sein Stamm.

Als der Sonnenuntergang den Himmel feuerrot färbte, nahm mein Bruder eine weitere Herausforderung an. Die erste hatte er für sich entschieden.

Die Gruppe am Nachbartisch löste sich auf. Der Außenseiter betrachtete mich eine Weile, dann kam er zu mir herüber. Er wußte, wer ich war und daß ich komische Ideen hatte.

»Na ja«, sagte er, »ich habe mich gerade gefragt, was Sie von alldem denken.«

Sein Verhalten war bedingt freundlich. Ich beschloß, frei von der Leber weg zu reden. Er lehnte sich in seinem Sessel zurück, hörte mir zu und nickte bisweilen, aber seinen Augen sah ich an, daß er das, was ich sagte, mit Szenen und Ereignissen verglich, die er selbst erlebt hatte, und daß die Worte, die ich gebrauchte, nicht dazu paßten. »Jeder hat ein Recht auf seine eigene Meinung«, faßte er zusammen. Schließlich sagte ich, es gebe Dinge, die ich beispielsweise meinen Bruder gern fragen würde, daß es mir aber nicht gelinge, weil er sich immer sofort verschließe – Fragen über den Buschkrieg zum Beispiel.

»Sie dürfen nicht vergessen, daß zwischen seiner Generation und meiner ein Unterschied besteht.«

»Und wie sieht dieser Unterschied aus?«

Er zuckte die Achseln.

»Sind Sie hier aufgewachsen?«

»Nein, in Kanada.«

»Ah, ich verstehe.«

»Also gut. Was wollen Sie wissen?«

»Zum Beispiel, warum im Buschkrieg die Zahl der Opfer unter der schwarzen Zivilbevölkerung immer so hoch war, wenn von ›Zwischenfällen‹ die Rede war.«

Er dachte eine Weile nach. »Also gut, ich werde Ihnen eine Geschichte erzählen, die wirklich passiert ist. Im *Rhodesia Herald* stand danach zu lesen: ›Ein Mitglied der Sicherheitskräfte, fünf Zivilisten und elf Terroristen getötet.‹«

## DER BUSCHKRIEG*

Mein Gegenüber war mit fünf anderen durch den Busch patrouilliert. Sie legten um die dreißig Kilomter pro Nacht zurück und hielten sich tagsüber versteckt. Er war Patrouillenführer. Jeder hatte Essensvorräte für acht Tage dabei.

»Ich machte mir ein selbst erfundenes Müsli aus Milchpulver, Haferflocken, Weizenkeimen, Rosinen und Salamistückchen. Jeden Tag aß ich ein Pfund davon, dazu eine halbe Zwiebel. Wenn wir keine anständige Wasserstelle fanden, haben wir morgens den Tau vom Gras geleckt. Das Müsli war in einem Plastiksack verpackt und machte keinerlei Geräusche. Blechdo-

* Der Krieg wurde »der Befreiungskrieg« oder volkstümlicher »der Buschkrieg« genannt. Die schwarzen Kämpfer hießen »Freiheitskämpfer« oder die »Boys im Busch« oder »Genossen«. Oder, von einem anderen Standpunkt aus, »Terroristen« oder »Terrs«.

sen klappern und verraten einen. Jeder stellte seine eigenen Rationen zusammen. *Biltong* war mit einemmal wieder unglaublich gefragt, das kann ich Ihnen sagen. Eines Tages dann sahen wir zwei Männer, die sich vor einem Dorf herumtrieben. Wir dachten, die sehen verdächtig aus, sind wahrscheinlich Spione der Terrs. Nach einer Weile hat man Übung und entwickelt einen Instinkt dafür. Wir nahmen sie gefangen. Jetzt waren wir zu acht. Sie hatten nichts dagegen, mit uns zu kommen. Wir mußten ihnen nicht mal die Hände fesseln. Sie wirkten ziemlich bedrückt, diese Kerle. Arme Schweine. Egal, ob sie nun bei den Regierungstruppen oder den Terrs waren, sie kriegten immer eins aufs Dach. Dann hörten wir, wie die Terrs in einem Dorf, von dem wir nicht mal wußten, daß es existierte, ihre Freiheitslieder sangen. Es war ein glücklicher Zufall. Wir wußten, daß sie keine Ahnung hatten, daß wir da waren. Die verschiedenen Gruppen der Terrs teilten einander ihren und unseren Standort durch Buschtrommeln mit. Normalerweise hatten wir einen Aff bei uns, der uns die Trommeln übersetzte, diesmal jedoch nicht. Aber die Terrs hätten sich nicht die Seele aus dem Leib gesungen, wenn sie gewußt hätten, daß wir nicht einmal einen Kilometer entfernt waren. Wir ließen die beiden Gefangenen mit zwei Wachen zurück. Einer schiß sich vor Angst in die Hose. Genau das ist gemeint, wenn man sagt, daß man Angst riechen kann.«

In der Dunkelheit krochen sie zum Dorf. Es war eine mondlose, kalte Nacht. Nicht weit vom Lichtschein des Lagerfeuers lagen sie im Gras. »Es war wie immer. Ein Lied und dann eine Rede.«

Einer der »Terrs« saß auf einer zweirädrigen Karre, deren Räder sich in Reichweite der vier befanden, die sich so still wie möglich verhielten.

»Gott sei Dank war er betrunken. Wir beobachteten, daß die Führer in einer bestimmten Hütte ein und aus gingen, in der sich – dessen waren wir sicher – ein Mädchen befand. Sie amüsierten sich mit ihr. Wir hörten sie lachen. Diejenigen, die am ausdauerndsten und am fanatischsten redeten, durften am längsten in der Hütte bleiben. Ich hatte die Order ausgegeben, daß niemand außer mir das Feuer eröffnen sollte. Ich wußte, daß es ihnen in den Fingern juckte, loszuballern auf die betrunken herumtorkelnden Terrs. Ich wartete, bis das Mädchen mal rausmußte. Dann warfen wir unsere Granaten auf die Hütte. Vom Geschrei erst wurde mir klar, daß auch noch andere Mädchen drin sein mußten. Ungefähr eine Minute lang wurde wild geschossen. Die Terrs rannten in den Busch. Sie hatten keine Ahnung, wie viele Soldaten sich in der Dunkelheit versteckten. Wir hätten ein ganzes Bataillon sein können, nicht nur vier Leute. Einer von uns wurde von einem Querschläger getroffen. Er starb später.«

Die vier blieben weiterhin im Gras liegen und warteten ab. Ohne zu wissen, daß einer von ihnen schwer verletzt war.

»Er spürte, daß er blutete, glaubte aber, es sei nur ein Kratzer. Wir horchten auf das Stöhnen der Verwundeten. Wir hatten keine Ahnung, wie viele es waren. Mehrmals explodierten Granaten. Der übliche Trick. Eine Granate wird unter eine Leiche gelegt, oder ein Verwundeter versteckt sie unter seinem Körper – Kamikazegeschichten. Der Gedanke dahinter ist, daß sie explodiert, wenn man den Körper anhebt. Aber manchmal gingen die Granaten auch im falschen Augenblick los. Als es hell wurde, lagen mehrere Tote, auch Zivilisten, zwischen den Hütten, und in der Hütte, von der ich angenommen hatte, daß nur ein Mädchen drin war, lagen mehrere tote Terrs und drei tote Mädchen. Die, die mal rausgemußt hatte, hatte eine zerschmetterte Hüfte. Wir gaben ihr Morphium und riefen über Funk einen Hubschrauber, der sie zusammen mit unserem verwundeten Kameraden, der allerdings bereits so gut wie tot war, ins Krankenhaus brachte. Ich hab die Genesung des Mädchens verfolgt. Wie sich herausstellte, war sie im dritten Monat schwanger. Sie bekam ein künstliches Hüftgelenk und konnte das Baby behalten. Sie war bereits damals verlobt und hat mittlerweile ein zweites Kind. Als wir zu unseren zwei Gefangenen zurückkehrten, schickten wir sie zum Verhör. Dann setzten wir unseren Patrouillengang fort. Es kam zu keinen weiteren Zwischenfällen. In der nächsten Woche las ich im *Herald*: ›Ein Mitglied der Sicherheitskräfte, fünf Zivilisten, elf Terroristen getötet‹. Beantwortet das Ihre Frage?« Er hatte rasch gesprochen, geschäftsmäßig, emotionslos.

Eine Gruppe von ungefähr fünfzehn Leuten saß um einen Tisch und machte Witze darüber, wie damals während der Zeit vor den Wahlen Sicherheitskräfte losgeschickt wurden, um Beweismaterial dafür zu sammeln, daß die »Terrs« gegen die Lancaster-House-Regeln verstießen, und zwar mit Hilfe von Australiern, »die den Briten ebenso mißtrauen wie wir«. Die Sicherheitskräfte konnten sich bis an den Rand einer Lichtung anschleichen, wo die »Terrs« Treffen abhielten, und ihre Gespräche auf Tonband aufnehmen. »Da hatten wir die Beweise, das sie uns übers Ohr hauten, doch die Briten haben natürlich nichts dagegen unternommen.«

»Aber wir haben sie auch übers Ohr gehauen«, sagte der Farmer, der mir die Geschichte erzählt hatte. »Das wußten alle. Unsere Betrügereien haben ihre wieder ausgeglichen.« Er lachte. Einen Augenblick später stimmten die anderen in sein Lachen ein.

Als Harry und ich zurück zum Wagen gingen, lagen die zwei Jugendlichen aus Harare noch immer unter dem Baum, obwohl es schon dunkel war. Und kalt. Ein anderer Jugendlicher stand über sie gebeugt und versuchte, sie wachzuschütteln. Sie stöhnten und beschwerten sich scherzhaft.

»So etwas hat es früher nicht gegeben«, sagte Harry.

»Wie kannst du das behaupten?« fragte ich ihn.

»Damals haben wir auf die Standards geachtet.«

»Harry, ich war damals auch dabei, hast du das vergessen? Erst in England ist mir aufgefallen, wieviel wir hier alle getrunken haben. Jetzt tu nicht einfach so, als wüßtest du nicht, wovon ich rede.«

Aber er würde nichts Derartiges zugeben. Früher, *damals*, das war das Paradies, ein Shangri-la, eine längst vergessene Vollkommenheit.

Am Sicherheitszaun konnte er die Schlüssel nicht finden. Ich schlug vor, zur Nachbarfarm zu fahren und eine Drahtschere zu holen. Der Gedanke, daß die »Terrs« lediglich mit Hilfe einer Drahtschere bis zu ihm vordringen könnten, gefiel ihm gar nicht.

Nein, er würde über den Zaun klettern. Eine Heldentat. Da war ich wieder, das kleine Mädchen, das seinem Bruder dabei zusah, wie er unvorstellbare körperliche Leistungen vollbrachte, und ich dachte, wobei er mir meinen Gedanken ruhig vom Gesicht ablesen sollte: *Was* soll das?

Es war nicht einfach. Der Zaun war nicht nur hoch, sondern oben mit einem dreifach abgestuften, überhängenden Vorsprung versehen, der ihm den Weg abschnitt. Er kam wieder herunter, ein schwerer, wütender, nach Atem ringender, von seinem Besitz ausgeschlossener Mann. Er hieb gegen das Tor und rief nach dem Dienstboten, der tief und fest schlief, während der schöne Sparta und die elegante Sheba, Verteidiger des *lagers,* jenseits des Zauns bellten, daran hochsprangen und jaulten. Wir wollten schon losfahren, um tatsächlich eine Drahtschere zu besorgen, da fand er die Schlüssel. Auf der Stelle war er wieder gutgelaunt und lachte über sich selbst, als das große Tor aufschwang und die Hunde uns bestürmten. Dann wurde das Tor wieder verschlossen, und wir blickten durch den Zaun aus unserem *lager* hinaus.

Später am Abend fragte er mich, worüber ich mit Hugh gesprochen hätte. Ihm war von unserer langen Unterhaltung berichtet worden. Ich sagte, wir hätten über den Buschkrieg geredet.

»Warum wolltest du mit ihm darüber reden?«

»Weil es so aussieht, als wolltest du nicht darüber sprechen.«

»Unsinn.« Und er begann mit einem wohlüberlegten Statement, das wie eine formelle Einführung klang. »Die Männer meines Alters konnten leider nicht mehr voll an den Kämpfen teilnehmen. Wir übernahmen Polizeiaufgaben. Wir kontrollierten die Farmen, um sicherzustellen, daß alles in Ordnung war. Oder wir überprüften einzelne Dörfer, von denen es hieß, sie würden mit den Terrs sympathisieren. Manchmal fuhren wir auch nur die Straßen in Armeejeeps ab. Um Stärke zu demonstrieren, verstehst du. Wir schliefen oft im Busch. Ja, natürlich hat mir das Spaß gemacht. Leute wie du verstehen einfach nichts davon. Wir haben doch für euch gekämpft, gegen den Kommunismus. Und sieh dir an, was jetzt daraus geworden ist.«

Er schenkte sich – bedächtig wie immer – einen weiteren Brandy ein, dann noch einen, und er sprach über *seinen* Krieg, nicht den Buschkrieg, sondern den Zweiten Weltkrieg. Er erzählte, wie die *Repulse* gesunken war, und von den Kämpfen im Mittelmeer. Sein Ton hatte sich verändert. Was er mir erzählte, war schrecklich, aber er machte deswegen nicht viel Aufhebens. Wie hätte er auch können? Er war in Bescheidenheit geschult worden.

»Habe ich dir je von der *Repulse* erzählt?«

»Du wolltest nie darüber sprechen.«

»Nein? Das ist seltsam. Ich denke viel darüber nach.«

Und dann legte er los, die Affs, die »Terrs«, der Buschkrieg und die schimpflichen Briten waren vergessen. Über *seinen* Krieg, darüber wollte er sprechen.

»Ich war ganz unten im Schiff, als die japanischen Bomben einschlugen. Wir wußten, daß es nur Minuten dauern würde, bis das Schiff gesunken war. Wasser strömte herein ... Wußtest du, daß die *Repulse* ebenso wie die *Prince of Wales* als unsinkbar galt?«

»Ja, wie die *Titanic*.«

»Genau. Komisch, daß wir so was immer noch glauben ... Ich stand unten am Fuß der Kajütentreppe, vor mir stiegen die Männer nach oben ... Die Treppe hing schon fast senkrecht über uns. Ich stand einfach nur da. Irgend jemand sagte schließlich zu mir: ›Willst du nicht rauf, Taylor? Na los, komm schon.‹ Wie ein Affe bin ich die Treppe hinauf und über das schrägliegende Deck direkt ins Wasser, und dann bin ich geschwommen, so schnell ich konnte. Zum Glück bin ich ein guter Schwimmer. Ein paar von uns waren nicht schnell genug. Wir waren stundenlang im Wasser. Überall schwammen Öl und Abfall vom Schiff und tote Männer. Ich lag ganz still im Wasser, verbrauchte möglichst wenig Energie und hielt Nase und Mund über den Ölfilm. Dann holten sie uns heraus, sagten, daß sich Haie in der Gegend herumtrieben, aber ich hatte keinen gesehen. Wahrscheinlich wollten die nichts mit dem Öl zu tun haben. In dem Saustall hätte auch ich kein Hai sein wollen.«

»Tja, das war nicht sehr lustig, oder?« sagte ich. Aus alter Gewohnheit schlug ich diesen Ton an.

»Nein«, erwiderte er und blickte mich prüfend an, um zu sehen, was ich damit sagen wollte. »Nein. Eine Menge meiner Freunde sind dabei ertrunken.«

»Ja.«

»Ich hatte einfach Glück. Wenn der Kerl nicht gesagt hätte: ›Na los, komm schon, Taylor‹ . . .«

»Ja. Und dann?«

»Ja, und dann haben sie mich hochgepäppelt und auf Erholung geschickt. Nach Ceylon. Ceylon war eine gute Zeit. Glaube ich zumindest. Es ist noch gar nicht lange her, da hab ich jemanden getroffen, der sagte: ›Ceylon war eine gute Zeit.‹ Ich gab vor, mich zu erinnern, was allerdings nicht stimmte. Ceylon ist für mich wie ein weißes Blatt. Ich war wochenlang dort und weiß wirklich nichts mehr. Es ist schon komisch, an was man sich so erinnert . . . Du erzählst Dinge . . . Die letzten Tage habe ich oft darüber nachgedacht . . . Und nach Ceylon kam ich ins Mittelmeer.«

»Dort warst du doch ziemlich lange?«

»Ja, auf der *Aurora.* Das war ein prima Schiff. Und nette Kameraden.«

»Und vom Geschützfeuer bist du fast taub geworden.«

»Das war nicht so schlimm. Taub zu sein, meine ich. Ich wurde operiert, und jetzt habe ich dieses Hörgerät. Ein Wunderwerk. Manchmal vergesse ich völlig, daß ich mal fast taub war . . .«

Lange herrschte Schweigen. Im Kamin brannte das Feuer und warf bewegliche Schatten auf das weiche Fell der Hunde, die ausgestreckt am Boden lagen.

»Nein«, sagte Harry. »Aber darum ging es nicht, weißt du . . .« Er machte eine Pause. »Erst im Buschkrieg habe ich begriffen, ganz plötzlich, daß ich jahrelang wie betäubt gewesen war. Erst neulich noch habe ich zu mir selbst gesagt, daß ich die besten Jahre meines Lebens in einem Zustand der Betäubung verbracht habe. Erstarrt . . .« Pause. »Es war nicht sehr angenehm, das plötzlich zu erkennen.«

»Wie kam das? Ist im Buschkrieg etwas passiert, wodurch du es begriffen hast?«

»So ungefähr, ja. Der Buschkrieg war kein Honigschlecken.«

»Das denke ich mir.«

»Ich habe die jüngeren Männer beobachtet, die, die richtig gekämpft haben, verstehst du. Ich wußte gleich, wann sie abschalteten – ich sah es ihnen an. Ich erkannte es sofort, weil ich es selbst getan habe. Ich wollte ihnen immer sagen: Nein, tut es nicht, schaltet nicht ab, ihr wollt doch euer Leben nicht so verbringen wie ich meins. Es ist, als ob man in einem Einmachglas lebt. Aber sie mußten abschalten. Man kann nicht mit ansehen, wie die besten Freunde in Stücke gerissen werden, und weitermachen, als sei nichts geschehen. Wenn ich jetzt jemandem begegne, sehe ich es sofort – ich denke: Du hast abgeschaltet. Sollte mich nicht wundern, wenn es vielen Terrs genauso ergangen ist.«

»Harry, kommt es dir nicht seltsam vor, daß du erst jetzt zugibst, daß der Krieg eine schreckliche Zeit für dich war?«

»Das habe ich nicht gesagt«, protestierte er sofort. »Vielen Leuten ist es viel schlechter ergangen als mir.«

»Ich glaube, niemand wird behaupten, du übertreibst, wenn du zugibst, daß der Krieg schrecklich war.«

Er schwieg, sah belustigt drein, bekümmert, tadelnd.

»Deine Halt-die-Ohren-steif-Haltung kostet dich einen ganz schön hohen Preis.«

Jetzt sah er wirklich überrascht aus. »Ich weiß nicht, ich glaube nicht, daß man so ein Theater darum machen sollte.«

»Warum nicht? Ist dir klar, daß du nach dem Krieg, wenn ich dich fragte, wie es war, als die *Repulse* versenkt wurde, immer geantwortet hast: ›Ach, das war gar nicht so schlimm.‹?«

Er schwieg und fing dann an, von seinem Sohn zu reden. Der Sohn meines Bruders, den ich seit seinem siebten Lebensjahr nicht mehr gesehen habe, war bei den Selous Scouts. Für diejenigen, denen das nichts sagt, kann man es so ausdrücken: Die Weißen im neuen Simbabwe sprechen nicht so wie die Schwarzen über die Selous Scouts oder wie man in britischen Zeitungen über sie geschrieben hat: Wer für die einen ein Räuber und Mörder ist, ist für die anderen ein Held.

Dieser junge Mann, der sich bei den Selous Scouts ausgezeichnet hatte, durchlebte später einen plötzlichen Wandel zum fundamentalen Christentum und setzte sich nach Texas ab, wo er zum Prediger ausgebildet wurde. Mittlerweile predigte er Weißen wie Schwarzen in Südafrika.

»Ziemlich heiße Sache«, sagte Harry und sah mich komisch an.

»Ah, du meinst, du kannst was damit anfangen?«

»Ich war bei ein paar Gottesdiensten. Die sind ziemlich anders als die der alten Church of England. Das haut einen ziemlich von den Füßen.«

»Im wahrsten Sinn des Wortes, wie ich gehört habe. Habt ihr auch getanzt?«

»Na ja, so in etwa.«

»Seltsam diese Bekehrung nach all den Kämpfen. Würdest du mir zustimmen, daß das, was er getan hat, keine sehr angenehme Sache war?«

»Ja, so könnte man sagen.« Eine Pause. »Bekehrung nennst du das?« fragte er beiläufig, schenkte sich einen weiteren Brandy ein und bot mir ebenfalls einen an.

»Ja. Es geschieht ganz plötzlich. Das ist ziemlich weit verbreitet. Menschen in Lebensgefahr oder Todesangst werden bekehrt. Zu Gott. Die Psychologen kennen dieses Phänomen.«

»Interessant, nicht wahr?«

»Astronauten passiert es auch.«

»Klingt plausibel.«

»Oder Leuten, die beinahe von einem Berggipfel stürzen oder in einem kleinen Boot mitten auf dem Ozean treiben.«

»Wie auch immer, ich wurde nie bekehrt. Ich bin mein ganzes Leben lang in die Kirche gegangen.«

Er trank, Schluck für Schluck, aber trotzdem bedächtig. Es war, als horche er dabei in sich hinein. Plötzlich begriff ich etwas, was ich bereits früher hätte wissen können. Nichts ist ärgerlicher, als in einem Nebel herumzustochern, und dann, mit einemmal, ist alles klar. Was meinem Bruder und meinem Vater gemeinsam war, waren nicht die Gene, zumindest lag es nicht an den Genen, daß sie beide langsame, zaudernde, vorsichtige, verträumte Männer waren, die ständig auf eine schicksalhafte Stimme horchten, die nur sie hören konnten. Beide waren sie Männer, die der Krieg versehrt hatte. Das war wie ein Schock und ließ alle möglichen alten Rätsel und Fragen in einem so neuen Licht erscheinen, daß ich für den Augenblick nicht weiter darüber nachdenken durfte. Zudem wollte mir Harry offensichtlich etwas sehr Schwieriges sagen. Seine Lippen formten lautlose Worte, die er jedoch gleich wieder verwarf. Sein Blick war nach innen gerichtet. Schließlich hob er den Kopf und zwang sich, mich anzusehen.

»Du sagst, daß wir viel Zeit zusammen im Busch verbracht haben?«

»Ja, alle Schulferien, manchmal den ganzen Tag. Wir haben eine Flasche mit kaltem Tee und Sandwiches mitgenommen und sind von Sonnenaufgang bis nach Sonnenuntergang draußen geblieben.«

»Nachdem dieser Japaner hier war – ein komischer Kauz war das –, habe ich eine deiner Kurzgeschichten gelesen.«

»Und was hältst du davon?«

»Sie handelte von dir und mir im Busch. Und von den Hunden. Sie hat mich ganz schön fertiggemacht, diese Geschichte. Ich konnte sie nicht zu Ende lesen. Ich habe mich an nichts erinnert, verstehst du?«

»Was, an gar nichts?«

»Nein. Damals ist mir aufgefallen, daß ich mich an kaum etwas erinnere, das passiert ist, bevor ich elf oder zwölf war. An die Schule habe ich noch ein paar Erinnerungen, gut, aber nicht an die Farm.«

»Gar keine?«

»So kann man sagen.«

»Du erinnerst dich nicht mehr daran, wie wir zwischen den Felsen auf Koodoo Hill gelegen und den Wildschweinen zugesehen haben, die nur ein paar Schritte von uns entfernt waren. Oder wie wir uns bei Sonnenuntergang im hohen Gras versteckt und auf die Ducker gewartet haben? Wie wir auf Bäume gestiegen sind, um heimlich zu beobachten, was im Busch los war?«

»Nein, ich fürchte, nicht.«

»Du weißt nicht mehr, wie uns das Wildschwein, das Junge hatte, auf den Baum gejagt hat und wir Rinde und Blätter hinuntergeworfen haben, um es zu vertreiben? Aber es hat doch tatsächlich versucht, auch auf den Baum zu klettern . . . Hat sich am Stamm aufgerichtet und uns angegrunzt. Und wir mußten so lachen, daß wir beinahe runtergefallen wären.«

Ein langes Schweigen.

»Ich habe das alles verdrängt, nicht wahr?«

»Sieht so aus.«

»Dann muß es auch einen Grund geben, warum ich das alles verdrängt habe.«

»Ja, bestimmt.«

»Aber du hast es nicht verdrängt, du erinnerst dich daran.«

»Vielleicht haben wir unterschiedliche Überlebensstrategien.«

»Das ist ein hartes Wort«, sagte er und blickte mir fest in die Augen.

»Es ist das Wort, das ich dafür gebrauche.«

Er saß da, dachte nach und trank bedächtig. Schließlich meinte er: »Wie gesagt, ich weiß ein paar Dinge übers Verdrängen . . .« Er sah mich an, um sicherzustellen, daß ich keine Betreten-verboten-Schilder mißachten würde. »Ich will dir was sagen. Wenn man Dinge verdrängt, gibt es einen Grund dafür. Und wenn man ein bißchen Verstand hat, dann weckt man keine schlafenden Hunde. Genau an diesem Punkt machen die Psychologen einen Fehler. Im Buschkrieg sind mir immer wieder Begebenheiten aus dem Zweiten Weltkrieg eingefallen, aber ich verstand nicht, warum sie mich so durcheinanderbrachten. Warum hatte ich sie verdrängt? Mit Sicherheit konnte ich sagen, daß da was sehr Schlimmes vergraben lag, denn warum sonst hätten sie mich so mitnehmen sollen? Wie auch immer, ich habe dir nicht alles erzählt, und ich werde es auch nicht tun. Es gibt Dinge, von denen man nicht sprechen sollte. Und ich bedauere den Buschkrieg nicht . . . Ich habe nichts dagegen, ins Gras zu beißen, wenn meine Zeit gekommen ist. Immerhin habe ich in eine Decke gewickelt im Busch gelegen, hinauf zu den Sternen geschaut und den Eulen und Ziegenmelkern zugehört – nicht, daß es noch viele von ihnen gäbe. Nein, ich bin froh, daß ich durch die Lücke schlüpfen werde.« Er wandte sich ab, die Augen voller Tränen. Er schenkte sich noch einen Brandy ein und sah mich dann wieder an. »Ich habe mir angeschaut, wohin ich gehen werde. In den Transvaal. Wir glauben, daß es hier, im Busch, ziemlich schlimm werden wird, aber dort unten gibt es riesige Ranchen, umgeben von Meilen über Meilen niedergetrampelten, schmutzigen, abgeweideten Grases. *Es gibt dort keinen Busch.*«

»Klingt einleuchtend, daß du dorthingehst, denn der Busch scheint dir mehr als alles andere am Herzen zu liegen.«

»Zumindest werde ich nicht zusehen müssen, wie er hier zerstört wird. Genau das wird nämlich geschehen.«

»Es ist tragisch«, sagte ich, noch bevor ich wußte, daß ich es sagen würde. »Ist dir eigentlich klar, wer deine Liebe zum Busch in diesem Land am besten verstehen würde? Die Afrikaner, mit denen du nicht gewillt bist zu sprechen.«

»Was meinst du damit? Daß ich nicht gewillt bin, mit ihnen zu sprechen? Als ich als Junge mit dem Sohn des Kochs im Busch war, was meinst du, was wir da getan haben? Was war mit dem Maurer in der Schule? Solomon hieß er. Stundenlang haben wir dagesessen und über das Leben und alles mögliche geredet. Was ist mit dem Mann, mit dem zusammen ich das Haus gebaut habe?«

Er wartete darauf, daß ich ihn mit einer meiner dogmatischen Ansichten herausforderte, und sagte: »Abgesehen davon, stimmt es nicht, daß mich nur die Affs verstehen würden. Ein alter Rhodie täte es auch.«

»Unsinn. Die Hälfte der Rhodies versteht so viel vom Busch wie ein armes schwarzes Kind in Brixton von der englischen Kulturlandschaft.«

»Ich meine natürlich die richtige Art Rhodie.«

»Leute wie dich.«

»Von mir aus. Neun Uhr. Zeit, ins Bett zu gehen.« Er stand auf, ging zur Tür, drehte sich um und sah, wie ich nach meinem Notizbuch griff. »Schreibst du auf, was ich sage, um es als Beweismaterial gegen mich zu benutzen? Das ist mir völlig egal, vorausgesetzt, du schreibst auch die verdammten Dummheiten auf, die du verzapfst.«

Am Morgen fuhren wir zu einer Straße, die an einer Plantage blauer Eukalyptusbäume vorbeiführte. Als mein Bruder in seiner alten Schule arbeitete – er war als Verwalter dorthin zurückgekehrt, weil er sich dabei den ganzen Tag im Freien aufhalten konnte –, hatte er die Bäume angepflanzt. Wir ließen den Wagen gut verschlossen zurück, obwohl er unglücklich darüber war. »Man kann sein Auto nicht fünf Minuten stehen lassen, ohne daß ein *skellum* es klaut. Alles muß man absperren. Alles muß verriegelt werden. Es ist, als ob man in einem Käfig lebt.«

Wir gingen zwischen den riesigen, süß duftenden Eukalyptusbäumen spazieren.

»Ich komme oft hierher. Besonders, wenn mich mal wieder alles bedrückt. Zumindest habe ich diese Bäume hier gepflanzt. Allerdings habe ich erst vor kurzem noch gedacht, was für ein Jammer es ist, daß ich keine Musasabäume gepflanzt habe. Einheimische Bäume. Wer hätte damals geglaubt, daß die Musasabäume jemals vom Aussterben bedroht sein würden? Hast du mal eine von diesen Fernsehsendungen gesehen, die sie über Tiere machen? Alle enden sie mit der Feststellung, daß der Lebensraum einer weiteren Tierart bedroht ist. Ich kann mir das nicht mehr ansehen, ich halte es nicht mehr aus. Wenn ich Musasabäume gepflanzt hätte, wären sie mittlerweile fast ausgewachsen. Das wäre was – wir könnten jetzt zwischen Musasabäumen spazierengehen. Eine geschützte Plantage.« Er lachte. »Manchmal treffen wir falsche Entscheidungen«, sagte er und legte eine Hand auf den weichen, cremefarbenen Stamm eines blauen Eukalyptusbaums. Es war eine diagnostizierende, liebevolle Hand, die den Baum tätschelte. Sparta und Sheba rannten in der Nähe herum, die Nasen auf der Suche nach interessanten Gerüchen in die Blätter am Boden gesteckt. Harry streichelte den Baum. »Trotzdem, es ist schön hier.«

Er führte mich an eine Stelle, wo ein Schild zwischen den Felsen mahnte: »Abfälle bitte vergraben.« Wir brachen gleichzeitig in Lachen aus. »Das ist der Lagerplatz der Pfadfinder«, sagte er. »Hier bauen sie ihre Zelte auf. Und dort ist die Feuerstelle. Dort drüben sitzen sie reihenweise und essen. Das dahinten ist der Müllplatz. Und hier halten die Lieferwagen, die Cornflakes, vorgeschnittenes Brot und Orangensaft aus dem Supermarkt bringen.«

Wir lachen und gehen schwankend durch das trockene Laub und den Staub, während die Hunde an uns hochspringen und uns das Gesicht lecken.

## NOCH EINMAL ANHALTER

In ein paar Meilen Entfernung vom Haus meines Bruders fuhr ich – ohne die leiseste Vorahnung – über die Stelle, an der wenige Tage später vier andere Personen und ich in einen so schlimmen Unfall verwickelt werden sollten, daß die einzig mögliche Erklärung für unser aller Überleben in fünf Schutzengeln besteht, die über uns wachten.

Ich hatte geplant, zwei Wochen bei verschiedenen Mitgliedern der Familie zu verbringen und mich anschließend auf den Weg durch das neue Simbabwe zu begeben und zu sehen, was ich erleben würde. Das ist meiner Meinung nach die einzige Art zu reisen. Ich wollte unbedingt mit Afrikanern sprechen, um herauszufinden, was hinter all den Kriegsreden steckte. Der schwarze Koch meines Bruders war eine Seele von einem Menschen, aber es war unwahrscheinlich, daß er mit der Schwester seines Arbeitgebers ohne jeden Vorbehalt reden würde. Er hatte einen aussichtslosen Kandidaten unterstützt, Bischof Muzorewa, mehr wußte ich nicht.

Ich hatte angehalten, um einen besonders schönen Landstrich zu bewundern. Wenn ich mir als Kind während der langsamen Fahrten nach Marandellas jede Biegung und Kurve der Straße, jede Ansammlung von Felsen eingeprägt hatte, dann saß ich als junge Frau auf den rüttelnden Fahrten nach Macheke stets in einem Wagen voller Leute, die sich tief miteinander verbunden fühlten und für alles, was sich außerhalb des Wagens befand, keine Augen hatten. An diese Aussicht erinnerte ich mich nicht. Ein zerbeulter Lkw kam in ein paar Metern Entfernung schlitternd zum Stehen, ein junger Schwarzer stieg aus, und der Lkw fuhr auf einer Nebenstraße davon. Der Junge stand da und blickte ihm lange nach. Dann wandte er sich um und sah mich in meinem Auto sitzen. Langsam kam er auf mich zu, einen flehentlichen Ausdruck im Gesicht. Hier gab es kein lästiges Geschrei wie an den Bushaltestellen. Ich öffnete die Tür, und er setzte sich neben mich. Sofort neigte er sich von mir weg, machte eine untröstliche Figur, und seine Hände hingen baumelnd zwischen seinen dünnen Knien hinunter. Er zitterte krampfartig, so wie jemand, der seit einer Weile schon friert. Es war ein scharfer, glitzernder Highveld-Morgen. Er trug einen Anzug, ein weißes Hemd, eine Krawatte, alles sauber und tadellos gebügelt, aber aus billigem Material. Ich fragte, wohin er wollte. Nach Macheke.

Ich hatte gehofft, er würde sich noch vor Macheke absetzen lassen wollen, das zu Zeiten des *Goldenen Notizbuchs* noch Mashopi hieß, weil ich vorhatte anzuhalten, herumzuschlendern und meine Erinnerungen zu sortieren.

Ich fragte: »Warum bist du so traurig?« Woraufhin sich sein ganzer Körper verkrampfte, als trüge er unsichtbare Fesseln, von denen er sich befreien wollte. Glitzernde Tränen tropften aus seinen fest zugekniffenen Augen. Er schüttelte den Kopf, es war zu schrecklich, als daß er darüber hätte sprechen können. Wir fuhren weiter, während ich versuchte, mich an Aussichten und Kennzeichen zu erinnern, die zur Straße nach Macheke gehörten, aber wir waren zu schnell. Es gibt nicht nur eine eigene Straße für diejenigen, die zu Fuß gehen oder mit dem Fahrrad unterwegs sind, sondern auch jeweils eine für die, deren Wagen es nur auf fünfzig, achtzig Stundenkilometer bringen. Die Autos, mit denen wir früher nach Macheke gefahren waren, hatten alle auf dem letzten Loch gepfiffen. Während des Krieges haben wir genommen, was wir kriegen konnten.

Der junge Mann begann, völlig trübselig und hoffnungslos zu schluchzen. Es war klar, daß er schon sehr viel geweint hatte.

»Bitte erzähl mir doch, was los ist. Vielleicht kann ich dir helfen?«

»Niemand kann mir helfen. Ich habe diese Woche meine Arbeit verloren. Sie sagen, ich bin nicht gut genug. Ich habe ein Zeugnis, aber sie sagen, ich bin nicht gut.«

»Wer sagt das?«

»Meine Abteilung. Mr. Soundso . . .« Er nannte den Namen eines Schwarzen. »Mr. Smith mochte mich und hat gesagt, daß ich meine Arbeit gut mache, aber Mr. Soundso . . .« Immer noch weinte er.

Wie überall auf der Welt, ist es auch in Simbabwe das Ziel eines jeden jungen Menschen, einen Job in der großen Stadt zu finden. Zwar werden Loblieder über die Freuden und Vorzüge des Landlebens gesungen, die Leute selbst aber können es nicht erwarten, aus den Dörfern fortzukommen. Hier saß ein junger Mann, der dazu verurteilt war, in sein Dorf zurückzukehren. Für ihn war die große Stadt noch nicht einmal die Metropolis Harare gewesen, sondern Marondera. Für eine Zeitlang war er ein Städter gewesen, und jetzt war er in seinem rührenden, fadenscheinigen Anzug und mit seinem Zeugnis unterwegs in sein Dorf, wo beides in Plastiktüten eingepackt und hoch oben auf ein Regal gelegt werden würde, so daß Hunde und Hühner nicht daran konnten, oder noch besser, sie würden an einen Nagel gehängt, so daß auch Ameisen und Insekten ihnen nichts anhaben konnten. Er würde ein Arbeitsloser sein, der ab und zu, wenn die Frauen genug an ihm herumgenörgelt hatten, Gelegenheitsarbeiten übernahm. Die Höhepunkte seines Lebens, das er hauptsächlich damit verbringen würde, von den Annehmlichkeiten des Zentrums Marondera zu träumen, würden darin bestehen, zur Hauptstraße zu gehen und sich von jemandem mitnehmen zu lassen – wenn er Glück hatte –, so daß er einen Nachmittag lang in der Kleinstadt frühere Kollegen besuchen konnte, für die er jetzt der Cousin vom Land war. Sie waren in der Lage gewesen, sich an der Erfolgsleiter festzuklammern. Vielleicht gestatteten sie ihm, sie auf ein Bier oder ins Kino zu begleiten.

»Das alles ist nur, weil die Weißen weggehen. Sie nehmen auch die Arbeitsplätze mit.«

»Aber das wird sich ändern. Seit der Unabhängigkeit sind schließlich erst zwei Jahre vergangen. Es wird alle möglichen neuen Jobs geben.«

»Wo sind die neuen Jobs? Ich sehe keine neuen Jobs.«

Das erschien mir unvernünftig. Wie ich bereits zu meinem Bruder gesagt hatte: »Was kann man in zwei Jahren schon erwarten?« Aber auf diese beeindruckende Ungeduld sollte ich immer wieder stoßen, was ich damals, zu Beginn meiner Reise, jedoch noch nicht wußte, und auch heute noch erstaunt sie mich ständig neu. Zwei Jahre zuvor, 1980, war ein brutaler Krieg beendet worden, der das ganze Land in Mitleidenschaft gezogen hatte. Als Führer der stärksten von vielen Gruppen, die im Busch gegen Smith und Co. gekämpft hatten, hatte Genosse Mugabe die Macht übernommen, was hieß, daß es eine Menge Leute geben mußte, die enttäuscht über seinen Sieg waren und nach Gründen suchten, ihn abzulehnen. Diejenigen, die er in Regierungsämter berief, hatten sich als zuverlässige Guerillakämpfer erwiesen, aber jetzt mußten sie ein modernes Land in einer modernen Welt regieren. Ohne die entsprechende Ausbildung. Ohne genügend ausgebildete Fachleute. Ohne den Erfahrungshintergrund, den in entwickelten Ländern jedes Kind, und sei es noch so arm, als selbstverständlich erachtet – das heißt, daß jeder weiß, was Telefone sind, Schreiben von Regierungsstellen, Elektrizität, Briefkästen, Busse, Züge, Flugzeuge, Schwurgerichte, Sozialversicherung und Krankenhäuser. Ohne diesen praxisbezogenen kulturellen Hintergrund mußten diese Menschen von heute auf morgen die Aufgabe übernehmen, ein Land so groß wie Spanien zu verwalten. Ein Land, das vom Krieg verwüstet war. Man sollte annehmen, daß man ihnen ein paar Jahre Zeit lassen würde, um sich an ihre Aufgabe zu gewöhnen. Aber nichts dergleichen. In jeder Zeitung, in jeder Fernsehsendung, in jedem internationalen Gremium war von Simbabwe die Rede, als handle es sich um ein seit langem bestehendes Land, das nach den höchsten Maßstäben zu beurteilen war. Sollte irgendeine maßgebliche Stelle tatsächlich verlautbart haben: Dies ist eine junge Nation, die schier unlösbare Probleme zu bewältigen hat, man muß ihr Zeit geben, auf die Beine zu kommen, so hatte ich diese wohlmeinende Empfehlung überhört. Warum wurde von der Regierung Mugabe erwartet, sich wie ein etabliertes Mitglied der Völkerfamilie zu verhalten? Zum Teil, glaube ich, weil Genosse Mugabe behauptete, Marxist zu sein, und man ging automatisch davon aus, daß der Marxismus gute Noten »wert« sei. Ähnlich erging es einem zweiundzwanzigjährigen Mann aus Devon, einem Freund von mir, der sich im alten Nordrhodesien wiederfand, wo er einen Distrikt von der Größe Yorkshires verwalten und Gerichtsverfahren vorsitzen sollte. Er wurde nicht als Zweiundzwanzigjähriger betrachtet, sondern als Repräsentant des britischen Empires. Und dann hatte es natürlich während der Kriegsjahre ständig diese zuversichtlichen, lauten Reden gegeben, die Prahlereien und Versprechungen. Aber aus welchem Grund auch immer, es wurde nie in Rechnung gestellt, daß Simbabwe gerade erst einen Krieg hinter sich hatte. Die Kriegswirklichkeit – das Leiden, die Grausamkeit, der Terror – wird immer gleich verdrängt, weil sie unerträglich ist, und der Schmerz (und das Entsetzen angesichts der Tatsache, wie sich alle verhalten haben) wird in martialische Kriegsdenkmäler, patriotische Reden, Kriegsrhetorik und Sentimentalität gepreßt.

»Wie alt bist du?«

»Ich bin zweiundzwanzig, Madam.«

»*Bitte,* sag nicht Madam zu mir.«

Wenn er jetzt zweiundzwanzig war, dann war er zu Kriegsbeginn elf, zwölf Jahre alt gewesen.

»Wo warst du während des Krieges?«

»In der Schule, Madam. Mein Vater wollte, daß ich einen Abschluß machte.« Und er weinte noch herzzerreißender. »Ich werde nie mehr Arbeit finden, jetzt, wo die Weißen gehen. Mugabe hat keine Ahnung. Die Weißen sind schlauer als wir. Wir brauchen sie hier, damit sie uns Jobs geben.«

Wochen später, kurz bevor ich das Land wieder verließ, schilderte ich diese Begegnung einem schwarzen Intellektuellen, der daraufhin bekümmert fragte: »Wer hat das gesagt? Sind Sie sicher?« Ich erwiderte: »Warum überrascht Sie das? Ich verstehe Sie einfach nicht. Warum erwarten Sie soviel von sich? Warum tun alle so, als existierte Simbabwe bereits seit fünfzig Jahren? *Der Krieg wurde erst vor zwei Jahren beendet.* Während des Kriegs hat es alle möglichen unterschiedlichen Standpunkte gegeben, und viele Schwarze haben für die weiße Regierung gekämpft. Warum sollte sich das alles plötzlich über Nacht ändern?« Aber was ich sagte, war so konträr zur damals herrschenden allgemeinen Auffassung, daß ich es genausogut hätte bleibenlassen können. Die Menschen waren wie betäubt. Sie waren »abgeschaltet«, hatten sich selbst abgeschaltet. Sie brauchten dringend eine griffige Formel: das vereinte, schwarze, marxistische Simbabwe.

Wir fuhren weiter Richtung Südosten durch endlose Kilometer wintertrockenen Grases, in das der Wind Flüsse von Licht zeichnete; Gruppen von Musasabäumen standen im luftigen Grün, und am Horizont schimmerten blaue Berge – und irgendwo hier lag sein Dorf, in das er für immer verdammt war. Das mußte er zumindest mit zweiundzwanzig glauben, wenn alles, was geschieht, unabänderlich erscheint.

»Sieh mal«, sagte ich, von Vernunft durchdrungen. »Die Weißen sind auch nicht schlauer als ihr. Du glaubst nur, was sie dir seit Lebzeiten eingetrichtert haben. Wußtest du, daß die Europäer, das heißt die Weißen, bei den Arabern jahrhundertelang als rückständig und primitiv galten? Als die Römer in Britannien einfielen, so wie die Weißen hier eingefallen sind, nannten sie uns dumme, rückständige Wilde. Und das waren wir auch.« Während ich sprach, kam ich mir zunehmend lächerlich vor.

»Jemand anders wollte meinen Job«, sagte er. »Das ist schrecklich.«

Ich hätte den soziologischen Ansatz zur Anwendung bringen können: »Na ja, weißt du, um die auf der Welt verfügbaren Jobs streiten sich zu viele Menschen. Und diese Situation wird sich eher noch verschlimmern, statt sich zu verbessern.« Aber statt dessen fragte ich: »War der Krieg schlimm für dich?«

Er ließ seinem Ärger freien Lauf. »Es war entsetzlich. Sie haben ja keine Ahnung, keiner weiß . . .« Mit dem Ärmel seines wertvollen Jacketts wischte er sich übers Gesicht. »In unser Dorf kamen als erstes die Sicherheitskräfte, dann die Genossen . . . Wir mußten alle freundlich behandeln, verstehen Sie? Wir mußten so tun, als ob . . . Egal, was wir taten, wir konnten uns nie sicher fühlen.«

Ich gab ihm ein Papiertaschentuch, und er trocknete sich das Gesicht. »Wir haben nur in den Zeitungen davon gelesen und es im Fernsehen verfolgt«, sagte ich und wünschte, daß er fragte, woher ich komme.

Aber er sagte: »Waren Sie während des Krieges in Harare?«

»Ich war in England. Ich bin gerade erst aus London gekommen.«

Er zuckte die Achseln, lachte schluchzend: »Ja, natürlich, aus England. Sie sind eine Weiße aus England. Jetzt verstehe ich.«

»Auch in England gibt es Arbeitslosigkeit.« Noch während ich das sagte, fiel mir ein, daß er keine Arbeitslosenunterstützung erhalten, sondern auf Kosten seiner Familie leben würde.

Ein schwarzer Simbabwer sagte einmal zu mir: »Die Großfamilie ersetzt hier den Wohlfahrtsstaat. Wir brauchen keine Altersheime, Irrenanstalten und auch keine Arbeitslosenunterstützung. Ich habe ein Stück Land, ungefähr fünfzig Morgen, zwanzig Meilen von Harare entfernt. Zwanzig bis dreißig Menschen leben davon. Großeltern, Tanten, Neffen, Krüppel, Irre, Arbeitslose. Für so etwas habt ihr Weißen nur Verachtung übrig. ›Die Existenz fristen‹, nennt ihr das, als ob das nichts wäre. Dabei bedeutet es, daß die Leute sich selbst versorgen. Sie fallen keinen Institutionen zur Last, die der Steuerzahler finanzieren muß. Ihr bewundert nur riesige Farmen, die einen Überschuß erwirtschaften.«

»Warum sind Sie nach Simbabwe gekommen? Werden Sie hier leben? Haben Sie Arbeit für mich? Egal, was, ich brauch einen Job.«

»Nein, ich bin nur zu Besuch hier.« An dieser Stelle hätte ich einflechten können, daß ich im alten Südrhodesien aufgewachsen war, das Land dann verlassen hatte und so weiter, aber all das war geschehen, bevor er, möglicherweise auch seine Eltern geboren waren. In grauen Vorzeiten hatte diese weiße Frau hier gelebt ...

»Warum bleiben Sie nicht hier?« jammerte er, weil er seinen Job schon wieder verschwinden sah. »Vielleicht komme ich eines Tages nach England. Dort hat jeder eine Menge Geld und ein Haus.«

Wir fuhren eine Steigung hinauf und dann hinunter in ein Tal, die nächste Anhöhe hinauf und wieder hinunter; währenddessen weinte er leise und zitterte, trocknete sich das Gesicht und erbebte und schluchzte von neuem. Ich erinnerte mich an Wochenendfahrten nach Macheke fünfunddreißig Jahre früher. Kommunisten nannten wir uns damals. Mit diesem Etikett beschrieben wir uns, und es war so brauchbar, wie es die meisten Etiketten sind. Tatsächlich allerdings widmeten wir den damaligen kommunistischen Vorschriften für eine bessere Welt nur wenig Zeit, zum Teil, weil die von der Kommunistischen Partei Südafrikas, das heißt, die von Moskau, festgelegte »Linie« besagte, daß das schwarze Proletariat die Macht übernehmen und für Gerechtigkeit im ganzen Land sorgen würde. Es gab zu der Zeit jedoch nur wenige Afrikaner, die in dieses Bild paßten. Wir beschäftigten uns überwiegend mit dem, was andernorts geschah: in England, dem besetzten Europa, in Japan, dem Fernen Osten und Amerika. Der Zweite Weltkrieg hatte uns dazu erzogen, die Welt als ein Ganzes zu sehen. Diesbezüglich war er eine Art Wasserscheide gewesen. Angefangen hatte es mit dem Ersten Weltkrieg. Mein Vater hat mir einmal erzählt, daß es ihm in seiner Jugend, die er am Rand von Colchester (einer römischen Siedlung) verbracht hatte, nie in den Sinn gekommen sei, über Dinge nachzudenken, die sich in Amerika, China oder auch nur in London ereigneten. Nein, was ihn interessierte, war, daß die Stute von Bills Vater (Bill war sein bester Freund) das Rennen um fünfzehn Uhr dreißig gewonnen hatte und daß die Kirche ein Picknick veranstaltete. Aber der Krieg setzte dem ein Ende. Sogar auf der Farm las er Zeitungen aus London und hörte sich die krächzenden Radiosendungen der BBC an. Von nun an fühlte er sich mitverantwortlich für eine Hungersnot in China oder Indien. Die Ermahnung aufzuessen, was immer wir auf unseren Tellern übriglassen wollten, erfolgte stets mit einer ungläubigen, leidenschaftlichen, vorwurfsvollen Wut.

Wegen des Zweiten Weltkriegs habe ich so lebhafte Erinnerungen an Macheke. Heute glaube ich, daß wir damals verrückt waren, überall auf der Welt, gleichgültig, ob wir an den Kämpfen teilnahmen oder nicht. Vielleicht kann die Welt keine solche Schlächterei inszenieren, ohne dabei verrückt zu werden? Ist das ein tröstlicher Gedanke? Stimmt er? Ist gegenseitiges Abschlachten ein für die Menschheit normaler Zustand? Damals war dieser schreckliche Krieg für uns selbstverständlich und zweifellos der Krieg, der alle weiteren Kriege unmöglich machen würde, eben weil er so schrecklich war. (Das hatten meine Eltern auch vom Ersten Weltkrieg gedacht.) Wir glaubten bedingungslos an eine friedliche Zukunft der Welt ... Ich war Mitte zwanzig und Mitglied einer »Gruppe«. *Damals* mußten Gruppen politisch sein. Per definitionem hatten wir in allem recht, waren dazu bestimmt, die Welt und die Menschen zu verändern, und unsere Gegner waren entweder fehlgeleitet oder bösartig. Wir waren alle gerade verliebt oder nicht verliebt oder wünschten uns, es zu sein; oder wünschten, sie oder er wäre in uns verliebt, oder wir waren unglücklich verliebt gewesen, was zu einer bedauernswerten Heirat geführt hatte (aber zum Glück waren Scheidungen ja so einfach), und weil viele Mitglieder der Gruppe Piloten in der Ausbildung waren, wurden sie in weit entfernte, gefährliche Gebiete geschickt, wo sie getötet werden konnten und viele auch tatsächlich getötet wurden. Trennungen waren an der Tagesordnung und schmerzhaft, wir ertrugen sie, weil wir ständig gehobener Stimmung waren und zuviel tranken. Alkohol, Sex und Politik: Endemische Rauschzustände hatten von uns Besitz ergriffen. Erschöpft vom Leben in Salisbury, der großen Stadt, fuhren wir an den Wochenenden nach Macheke, nicht jedes Wochenende, aber oft, ganze Gruppen von uns, im eigenen oder geliehenen Wagen. Was in Macheke geschah, habe ich im *Goldenen Notizbuch* beschrieben, vieles aus literarischen Gründen jedoch verändert. Aber wieviel hatte ich verändert? Alle Schriftsteller kennen den Zustand, in dem man versucht, sich daran zu erinnern, was tatsächlich passiert und was erfunden oder halb erfunden, eine Mischung aus Wahrheit und Fiktion ist. Es ist möglich, sich zu erinnern, aber nur, wenn man ganz still dasitzt, stunden-, manchmal tagelang, und die Fakten Stück für Stück aus dem Gedächtnis zieht. Es bedeutet, daß man sich zurückversetzen muß in eine bestimmte Szene, in ein Auto, in ein Schlafzimmer. So erschafft man parallele Wahrheiten: Was wirklich geschah, was nicht geschah. Aber bald beginnt man sich zu fragen: Wozu die ganze Anstrengung? Das Gedächtnis ist in jedem Fall ein Archiv voller Lücken: Wir ziehen es vor, uns an das eine zu erinnern und das andere zu vergessen.

»Erinnerst du dich daran, Doris, als wir . . .?«

»Nein. Überhaupt nicht. Aber erinnerst du dich . . .?«

»Nein. Bist du sicher, daß wir das getan haben?«

Mashopi war damals eine schillernde Stadt, darüber habe ich mich im *Goldenen Notizbuch* ebenfalls schon beklagt. Wenn wir uns an einzelne Szenen erinnern, sie zu sehen versuchen wie ein unbeteiligter Beobachter, dann umhüllt uns der goldene Nebel der Sentimentalität. Und meist erinnern wir uns nur an äußerliche Aspekte von Begebenheiten: Funken, die zu Ästen hinaufstieben, die wiederum vom Mond- oder Sternenlicht erhellt und von Flammen rötlich gefärbt werden, ein Gesicht neigt sich zum Feuer, weiß nicht, daß es beobachtet und erinnert werden wird. Aber was habe ich damals empfunden?

Ich erinnere mich an vieles, was ich in Macheke empfunden habe. Warum sind die Eindrücke aus jener Zeit so stark? Schließlich dauerte der Krieg viele Jahre, und ich lebte an verschiedenen Orten mit unterschiedlichen Menschen. Ich selbst war ein anderer Mensch. Zwischen der effizienten Hausfrau während meiner ersten Ehe und der vergnügungssüchtigen »Revolutionärin« von 1943, '44 und '45 scheint kaum eine Verbindung zu bestehen. Noch weniger jedoch zwischen diesen beiden und der jungen Frau – noch immer ständig von einer Menge wechselnder Leute aus aller Welt umgeben –, die die Gewohnheit entwickelte, allein zu sein, wann immer möglich zu schreiben, die zunehmend eigene Gedanken dachte, zunehmend selbstkritisch wurde. Und doch wissen wir, worin die Verbindung besteht: Es ist die Empfindung des eigenen Selbst, die immer gleich bleibt – was tröstlich ist und Kraft gibt, egal, ob man zweieinhalb, zwanzig oder neunundsechzig ist. Diese Empfindung ist die gleiche im Körper eines kleinen Kindes, eines jungen Mädchens und einer alten Frau.

Erinnerungen an Macheke entstammen verschiedenen Schichten der Vergangenheit, die früheste meiner Kindheit. Als junges Mädchen sah ich vom Autofenster aus die staubig-blauen Eukalyptusbäume neben den Bahngleisen. Unter einem Baum saßen zwei traurige Paviane mit Ketten um den Bauch. Die Ketten waren mit Seilen verbunden, die ihrerseits an einem Baumstamm befestigt waren. Warum war das so ein quälender Anblick? Weil er mich an etwas anderes erinnerte, in London, nach der Rückkehr aus Persien und bevor wir nach Südrhodesien gingen. Ich war fünf Jahre alt und besuchte den Zoo. Gleich hinter dem Eingang stand ein schwarzer Eisenkäfig, und darin befand sich ein Gorilla oder ein Schimpanse, ich weiß es nicht mehr. Ich erinnere mich nur noch an das Entsetzen angesichts dieser großen Kreatur in einem Käfig, in den sie gerade eben hineinpaßte. Die Hände klammerten sich an die Gitterstangen, kleine rote Augen starrten mich haßerfüllt und gepeinigt an. Auf der festgetretenen braunen Erde unter den Eukalyptusbäumen verbrachten die Paviane ein (hoffentlich) kurzes Leben, malträtiert von Flegeln jeden Alters, die kamen, um sie anzupöbeln.

Später, während des Kriegs, saßen wir, die Gruppe aus Salisbury, unter ebendiesen Eukalyptusbäumen und tranken Weißwein aus Portugiesisch-Ostafrika, ein paar Schritte entfernt nur von den Bahngleisen auf der einen und der Hauptstraße, der Straße von Salisbury nach Umtali, auf der anderen Seite.

Als der traurige junge Schwarze und ich uns Macheke näherten, sagte ich, daß ich mich gern eine Weile im Ort aufhalten würde, weil ich während des Kriegs dort gewesen sei. Sofort war mir klar, daß er denken mußte, ich spräche von »seinem« Krieg, dem Buschkrieg. Die Nebel der Geschichte begannen zu sieden und zu brodeln wie kochende Milch, trotzdem versuchte ich nicht, ihm die Sache zu erklären.

»Wie lange?« wollte er gleich mißtrauisch wissen. Ich kannte den Tonfall. Er glaubte, ich wollte ihn mit einer Lüge abfertigen, um ihn loszuwerden. Hier war die nächste weiße Grausamkeit, und ich gab mein wahres Ich zu erkennen.

Ich hatte gehofft, im Macheke Hotel vielleicht eine Tasse Tee trinken zu können, um der alten Zeiten willen, aber mir wurde schnell klar, daß das nicht ging. Die Zeiten hatten sich geändert, und so hätten wir – schwarz und weiß – zwar durchaus zusammen etwas trinken können, aber das war der Punkt: Ich wollte in der Vergangenheit versinken, und das drückende Elend des

Jungen machte das unmöglich. Ich sagte: »Nur für ein paar Minuten, nicht länger.«

»Ich kann auch zu Fuß gehen«, sagte er voller Bitterkeit.

»Nein, nein. Ich werde nur ein bißchen langsamer fahren.«

Aber plötzlich sah ich zwei unterschiedliche Landschaften, und was ich sah, ergab keinen Sinn. Die Hauptstraße war verlegt worden. Ja, dort war die Werkstatt, das Postamt, der Laden, eine Bar . . . und ein Hotel. An dieser Stelle ein Hotel? Ich fragte ihn: »Weißt du, ob die Hauptstraße verlegt wurde?«

»Die Hauptstraße war schon immer hier.« Sein ganzes Leben lang war die Hauptstraße hier verlaufen.

Ich bog nach links ab, wo die Gleise sein mußten, und dort standen sie, die staubigen, trübseligen blauen Eukalyptusbäume, und dahinter war auch die Bahn. Ich hielt an. Wo war das Hotel? Das konnte doch nicht sein . . . Es stand leer, war verlassen. Ein niedriges Ziegelgebäude, wie eine langgezogene Hütte mit ein paar Türen, die in offensichtlich sehr kleine Zimmer führten, und einer weiteren Tür, hinter der sich die Bar verbarg. Ja, seitdem ich in Macheke oder Mashopi gewesen war, hatte ich die Wunder der großen Welt gesehen, trotzdem, das konnte nicht das Macheke Hotel sein, in dem wir an all den Wochenenden getanzt, geflirtet und politisiert hatten? Wie viele Paare hatten tatsächlich in dem kleinen Raum tanzen können, den ich durch schmutzige Fensterscheiben sah? Und war das der Speisesaal, in dem wir unsere langen, geselligen Mahlzeiten eingenommen und Mrs. Boothby mütterlich über uns gewacht hatte? (Ich dachte hart nach, um mich an ihren richtigen Namen zu erinnern.) Wie viele Tische hatten darin gestanden? Und die Bar? Sie war brechendvoll gewesen mit Männern in Air-Force-Uniform und Farmern aus dem Ort, doch ich sah nur ein winziges Stübchen. Dabei war ich als Erwachsene, nicht als Kind hiergewesen, das hier war keine Stätte meiner Kindheit . . . Die Veranda zog sich über die gesamte Länge des Gebäudes und war gerade breit genug für ein paar kleine Tische. Es war eher ein schmaler Gang als eine Veranda. Aber genau hier hatten wir gesessen und getrunken . . . Ja, natürlich, wir hatten an der niedrigen Wand gesessen, die auf die Straße von Salisbury nach

Umtali hinausging, und Teil unseres Vergnügens war es gewesen, den wenigen Autos zuzusehen, die in einer blassen Staubwolke (Sandveldstaub, nicht der schwere rote Staub von Lomagundi) vorbeifuhren und manchmal auch anhielten – und aus stieg ... ein Fremder oder jemand aus Salisbury oder Umtali, den wir kannten und der wußte, daß wir hier waren. Ein Fremder wurde sofort aufgenommen, hineingezogen in unsere gehobene, lebhafte Stimmung, denn wir waren eine anregende und – wie mir erst später bewußt wurde – auch eine erstaunliche Gesellschaft, eine sehr gemischte Gruppe, die in England angesichts der Klassenunterschiede so nie zusammengetroffen wäre, aber hier lachten Cockneys, Leute aus Birmingham und Schotten mit jungen Männern, die ihr Studium in Oxford oder Cambridge abgebrochen hatten, um Piloten zu werden und sich über Europa, Birma oder auch Indien vom Himmel schießen zu lassen. Und die Mädchen waren aus Mashopi, aus England oder Südafrika oder waren Flüchtlinge von irgendwoher. Und wir alle hatten uns auf diese Veranda gequetscht? Nein, eben weil sie so eng war, verbrachten wir soviel Zeit unter den blauen Eukalyptusbäumen, neben den Bahngleisen, wo genug Platz war, um sich auszubreiten.

Und jetzt die Schlafzimmer ... Sie bildeten meine nachhaltigste, verwirrendste Erinnerung an das alte Macheke. Der Schlafzimmerblock befand sich hinter dem Hotel. Es waren zehn, zwölf Zimmer gewesen, in zwei Reihen angeordnet, Rücken an Rükken, auf der Vorderseite jeweils eine schmale Veranda. Ich entschuldigte mich bei dem jungen Mann – der sich mittlerweile ganz zur Seite gelehnt und einen Arm vor das Gesicht gelegt hatte, um die grausame, enttäuschende Welt auszuschließen, um mich auszuschließen, die ich aus einem unerfindlichen Grund bei diesem Gebäude angehalten hatte, das man nur noch niederreißen konnte –, entschuldigte mich, stieg aus und ging zur Rückseite des alten Hotels, wo ich nur noch Schutt vorfand, wuchernde, riesige Büsche und Bäume. Ich blickte nach oben und hielt nach dem Schlafzimmerblock Ausschau, der höher als das Hotel gelegen hatte. Wenn ich aus meinem Zimmer getreten war (einem Doppelzimmer, ich war damals verheiratet), sah ich über eine Treppe hinunter zu den Küchen- und Speisesaalfenstern. Wie oft habe ich abends auf der Steintreppe gestanden und zu einem Mond emporgeblickt, der so hell und groß war, wie ich ihn nirgendwo sonst je gesehen hatte. Und das obwohl ich viele Abende auf der Farm vor dem Haus sitzend und in den Himmel starrend verbracht hatte. In der Luft von Macheke mußte irgend etwas sein, was den Mond vergrößerte, ihn aufblies – vermutlich hat es an meinem fiebrigen, hypnoseähnlichen Zustand gelegen. Ja, in Macheke war der Mond an jedem Wochenende voll oder fast voll, und wenn tatsächlich einmal Halbmond war, dann hatte er die Form einer Pistazie und schimmerte silbrig vor einem dunstigen Blauschwarz. Jedesmal wieder blieb ich vor dem Zimmer stehen und sagte mir: Sieh dir diesen Mond an, nie wieder wird es so einen Mond geben, das ist unmöglich, während die Stimmen meiner Freunde und Genossen aus der Bar oder dem Speisesaal zu mir heraufdrangen. Und es gab wirklich nie wieder so einen Mond ... weil auch die Luft über Afrika mittlerweile verschmutzt ist, so wie überall. Man vergißt, wie der Himmel früher war. Vor nicht allzulanger Zeit, im Nordwesten Argentiniens, bin ich einmal in die Nacht hinausgetreten und habe gedacht: Mein Gott, da ist er, der Nachthimmel – wie ein Weihnachtsbaum oder die Auslage eines Juweliergeschäfts, die Sterne so funkelnd und so nah, daß man hinauflangen und sie einen nach dem anderen aus der Dunkelheit herunterholen möchte.

Im Mondlicht schwebend und hundertfach trunken schritt ich dann die Steintreppe hinunter, neben der Mrs. Boothbys (Mrs. *Wer?*) geliebte, süß duftende Pflanzen wuchsen, die sie in jede noch so schmale Spalte preßte, und dann ... Aber es war unmöglich, in diesem Durcheinander von Holzbrettern, Unrat, zerbrochenen Ziegelsteinen und wild wuchernden Büschen irgend etwas zu erkennen. Vielleicht war es doch nicht das Hotel, und es gab ein anderes ... Nein, Unsinn, es war das Hotel, und hier standen die Bar und dort ... Wenn ich auseinanderklauben wollte, was hier tatsächlich gestanden und was ich daraus gemacht hatte, würde es ... wie lange dauern? Wochen? Nein, das war albern, sinnlos, wozu das Ganze, ich mußte jetzt unbedingt weiterfahren wegen dieses jungen Mannes neben mir, der sich zwischen seinen dürren, vor Kälte zitternden Knien die Hände rieb, während beständig Tränen auf seinen bereits zerknitterten Anzug tropften.

Ich wünschte, es wäre etwas zu essen im Auto. Vielleicht sollte ich zu einem Lebensmittelladen fahren und ihm etwas kaufen . . . Mir kam der Gedanke, daß er neuerlich weinte, weil er bald auch Macheke, diese letzte Stätte mondäner Vergnügungen vor seinem endgültigen Exil, verlassen mußte.

Ich fuhr zurück auf die neue Hauptstraße und entdeckte zwischen schicken Neubauten jämmerliche Überbleibsel aus den ersten Tagen der Kolonie. Ich versuchte, den schmalen, sandigen Pfad auszumachen, auf dem unsere Gruppe zu den *kopjes* und *vleis* hinausgewandert war, wo es Unmengen von Schmetterlingen, Vögeln und Heuschrecken gab, und in der Erinnerung hörte ich das Gezwitscher der Vögel, die schläfrigen Schreie der Tauben und das Zirpen der Heuschrecken. Und die Düfte, die Gerüche, die trockenen, warmen Düfte der Kräuter . . .

Knapp zehn Kilometer hinter Macheke sagte der bedauernswerte junge Mann: »Hier ist es.« Ich hielt an. Wir waren nirgendwo. Wir standen auf der Straße in der weiten Graslandschaft, hier und da ragten Baumgruppen auf, und am Horizont schimmerten die blauen Berge. Er stieg nicht sofort aus, sondern blieb noch eine Weile trübselig vor sich hinstarrend sitzen.

Dann sagte er heftig: »Ich werde meine Freunde nie wiedersehen. Ich werde Sie nie wiedersehen. Ich werde nie wieder . . .« Er stürzte aus dem Wagen und stapfte durch das hohe Gras davon, den kleinen Koffer fest an sich gepreßt. Wenig später sah ich nur noch seinen Kopf und seine Schultern, die sich im hohen Gras von mir entfernten, dann war er verschwunden.

1991 gab es nach amtlichen Schätzungen eine Million Arbeitslose in Simbabwe.

Ich hielt nach weiteren Anhaltern am Straßenrand Ausschau. Weit weg von der großen Stadt Harare und in noch einiger Entfernung zur kleineren großen Stadt Mutare warteten weit weniger Menschen an den Bushaltestellen, an Plätzen neben der Straße, wo womöglich ein Getränkekiosk stand oder auch gar nichts war, nicht einmal eine Abzweigung nach irgendwo. Wenn ich die Fahrt verlangsamte, stürzten die Leute auf mich zu, aber ich fuhr weiter, bis ich drei freundlich aussehende Männer sah. Sie wollten nach Mutare und würden mich für die restliche Fahrt begleiten. Alle drei waren mittleren Alters, zumindest aber nicht mehr jung. Sie wirkten armselig. Trotzdem waren sie nett, und ich wußte, daß ich gefunden hatte, was ich mir wünschte, Leute vom Land, Schwarze, mit denen ich reden konnte. Das heißt, reden, ohne daß uns jemand zuhörte – weder andersdenkende Weiße noch ideologisch rigide Schwarze.

Die zwei Männer auf dem Rücksitz sprachen etwas Englisch, der Mann neben mir ziemlich gut. Ich erzählte sofort, daß ich aus England sei, ohne mich auf komplizierte Geschichten einzulassen, und der Mann neben mir hieß mich willkommen und gab der Hoffnung Ausdruck, daß ich bleiben würde, weil doch alle Weißen das Land verließen. Ich fragte ihn, ob er Mugabe möge. Ja, er mochte Robert Mugabe sehr, aber die »Genossen« konnte er nicht ausstehen. Wenn Mugabe wüßte, was die Genossen taten, würde er sie dafür bestrafen, aber vielleicht wurde es ihm ja auch verschwiegen. Ich habe das in zu vielen Ländern gehört oder gelesen, als daß ich es nicht entmutigend finden konnte. Ich fragte ihn nach dem Buschkrieg. Und für den Rest der Fahrt sprachen wir darüber. Die ersten Kriegsjahre hatte er in seinem Dorf verbracht, das in der Gegend lag, durch die wir gerade fuhren, einem Distrikt, durch den ständig sowohl Regierungstruppen als auch Guerillas gekommen waren. Die einen wie die anderen verhörten die Dorfbewohner, schlugen sogar Kinder und Mädchen. Die Frauen trauten sich nicht mehr, in den Gärten zu arbeiten, also herrschte Mangel an Lebensmitteln. Wenn in den Hütten Vorräte lagerten, wurden sie oft genug von den Männern beider Seiten mitgenommen. Kühe und Ziegen verschwanden. Schließlich wurde es so schlimm, daß mein Gesprächspartner mit seiner Familie das Dorf verließ und zu Verwandten nach Mutare zog. Der Krieg war schrecklich. Jemand, der ihn nicht miterlebt hatte, konnte das gar nicht beurteilen.

Der Mann neben mir – er hieß Gore – wandte sich beständig an die Männer auf dem Rücksitz, und sie sagten ja, ja, seufzten, schüttelten den Kopf und schnalzten mit der Zunge, und wenn wir an einem Rinnsal, einem *kopje* oder einem scheinbar friedlichen Gebüsch vorbeifuhren, sagte einer, und die anderen stimmten ihm zu: »Dort ... dort haben sie drei Menschen umgebracht ... Dieses Dorf haben sie niedergebrannt ... Auf dem Hügel da fand ein furchtbarer Kampf statt ... Von dort kamen die Hubschrauber und schossen in den Busch, und danach lagen überall Tote.«

Die Hubschrauber gehörten auf jeden Fall zu Smiths Armee, aber ansonsten konnte man nie wissen, wer »sie« waren.

Ich sagte, daß wir in England in den Zeitungen über den Krieg gelesen hätten und im Fernsehen darüber berichtet worden sei, aber Gore schüttelte den Kopf und meinte: »Nein, aus Zeitungen kann man nicht erfahren, wie ein Krieg ist. In den Zeitungen steht nur, daß dies oder jenes passiert ist. Aber es steht nicht drin, wie es in den Herzen der Menschen aussieht. Wir lebten in ständiger Angst, Tag und Nacht. Wir hatten Angst zu schlafen. Wenn man schlief, wachte man womöglich auf und das Strohdach über einem stand in Flammen. Und wer hatte es in Brand gesteckt? Vielleicht jemand aus der Nachbarhütte. Wenn jemand plötzlich verschwand, wußten wir, daß er ein Spion für die Regierung oder eine der Armeen gewesen war. Jemand, den man seit seiner Kindheit kannte, konnte dafür bezahlt werden, dich zu töten. Kinder verschwanden, und dann erfuhr man, daß sie im Busch bei den Soldaten waren. Sie konnten jederzeit mit einem Gewehr in der Hand wieder auftauchen. Weil sie sich im Dorf auskannten und die anderen hinführen konnten. Der Krieg hat aus Zehnjährigen Soldaten gemacht. Und was wird jetzt aus ihnen? Sie sind nie in eine Schule gegangen.«

»Die Genossen hatten Schulen für die Kinder«, sagte einer auf dem Rücksitz, um fair zu sein.

»Ja, aber was haben sie dort schon gelernt?«

»Die Genossen haben ihnen Lesen und Schreiben beigebracht.«

»Einige können etwas lesen und schreiben. Aber gelernt haben sie hauptsächlich andere Dinge. Und werden sie die je wieder vergessen?«

Sie seufzten, schüttelten den Kopf, lächelten, während wir diese Straße entlangfuhren, die für mich jahrzehntealte Erinnerungen barg, sie jedoch nur an den Krieg zurückdenken ließ. Hinterhalte, Bomben, Minen, gepanzerte Fahrzeuge, Flugzeuge und Hubschrauber, die sie als Landeplatz benutzt hatten, um Truppen abzusetzen, die sich in den Busch schlugen und den Tod mit sich brachten.

Gore erkundigte sich nach England, und seine beiden Freunde beugten sich vor, um zu hören, was ich sagte. Ich erzählte. Die Bilder, die meine Worte schufen, hatten wenig mit dem wirklichen England zu tun. Gore hatte sein ganzes Leben mit Frau und Kindern in seinem Dorf verbracht, bevor sie nach Mutare gezogen waren, wo sie in einem kleinen Township außerhalb der Stadt in einer Einzimmerhütte wohnten. Er arbeitete in einer Autowerkstatt. Einer der Männer auf dem Rücksitz reparierte Armbanduhren und war nie wirklich aus Mutare herausgekommen. Er war noch nie in Harare gewesen. Der dritte arbeitete als Wachmann in einem Hotel in Mutares Hauptstraße. »Im großen Hotel«, sagte er stolz und lachte, mokierte sich mit diesem Lachen gleichzeitig über die Prätentionen des Hotels und seinen Stolz darauf. »Dort steigen Leute ab, die in allen Ländern der Welt gewesen sind!« Er selbst hatte vor dem Krieg einmal Verwandte in Portugiesisch-Ostafrika besucht. »Mosambik«, korrigierte ihn Gore. Lachend und kopfschüttelnd bekam er zur Antwort: »Es ist nicht leicht, sich die ganzen neuen Namen zu merken. Manchmal sage ich noch Salisbury, und dann sagt jemand: ›Paß auf, oder du wirst den Genossen gemeldet.‹«

»Bald wird sich niemand mehr an sie erinnern«, sagte Gore. »Nur noch alte Leute wie ich werden wissen, daß Mutare früher Umtali hieß.« Und er schüttelte sich vor Lachen, jenem großartigen afrikanischen Lachen, das irgendwo im Bauch entsteht und dann den ganzen Körper ergreift. Es ist das Lachen der armen Leute. Wenn sie nicht gerade mit finsteren Mienen vom Krieg erzählten, dann lachten sie.

Sie wollten wissen, welche Veränderungen mir aufgefallen waren, seit ich vor so vielen Jahren das Land verlassen hatte.

Ich wollte über den lichter werdenden Busch sprechen, über das Verschwinden von Tieren, Vögeln und Insekten, über das für den Wasserhaushalt, den Boden, das Laub das Klima wesentliche ökologische Gleichgewicht, das überall in Mitleidenschaft gezogen wurde. Bereits damals begann ich zu vermuten, daß diese Veränderungen noch wichtiger waren als der Krieg, als das Ende der weißen Vorherrschaft und die Übernahme der Macht durch die Schwarzen. Jetzt, Jahre später, bin ich davon überzeugt. Aber zu jener Zeit konnte ich zu diesen Menschen nicht davon sprechen. Für sie wäre es eine Nebensächlichkeit gewesen, bestenfalls eine der Exzentritäten, die die Weißen so schätzten.

Es ist, glaube ich, so etwas wie ein Naturgesetz, daß sich das, was man nicht aussprechen will, weil die Stimmung der Zeit dafür nicht geeignet scheint, ein paar Jahre später als das wichtigste Thema überhaupt herausstellt.

Also behielt ich meine Gedanken für mich. Statt dessen sagte ich, daß es 1949, als ich das Land verlassen hatte, eine Viertelmillion Weiße und eineinhalb Millionen Schwarze gegeben habe. 1982, so behaupteten die Experten, waren es acht Millionen. Acht Millionen größtenteils sehr junge Menschen: Nach einer weiteren Generation würden es fünfundzwanzig Millionen sein.

»Acht Millionen«, sagte Gore, lachte und schüttelte den Kopf. Wegen des Worts *Million,* einer Größe, die sich weder er noch ich vorstellen konnten. In Mutare, seiner großen Stadt, hatten nie mehr als ein paar tausend gelebt.

»Wir sind arm«, sagte er ernst, als er aufgehört hatte zu lachen. Damit kommentierte er nicht nur die acht Millionen, die ernährt und gekleidet werden mußten, sondern auch das, was ich über England gesagt hatte.

Dinge, die ihn besonders interessierten, übersetzte er sofort auch seinen Freunden, zum Beispiel, was ich von der englischen Arbeitslosenunterstützung erzählte, wovon sie noch nie gehört hatten, vom U-Bahnnetz in London, vom Erziehungssystem, das alle Kinder zwingt, bis zu ihrem sechzehnten Lebensjahr zur Schule zu gehen, von den gut gefüllten Regalen in den Läden und davon, daß es nie Engpässe irgendwelcher Art gebe. Er schwieg, als ich über unser Regierungssystem reden wollte, von politischen Parteien, Wahlen, Stadtverwaltungen und so weiter.

Die zwei Stunden, die es dauerte, bis wir in Mutare ankamen, war ich mit Männern zusammen, die wußten, was sie von anderen gehört hatten, was Reisende erzählten, was womöglich in der Zeitung gestanden hatte, worüber im Fernsehen berichtet worden war – allerdings sahen sie kaum fern oder gingen ins Kino. Sie sahen Flugzeuge am Himmel und wurden gelegentlich von jemandem im Auto mitgenommen, aber sie würden nie mit einem Flugzeug fliegen oder ein eigenes Auto besitzen. Sie waren von den Wundern des modernen Lebens ausgeschlossen, abgesehen davon, daß sie zehn Jahre lang in vorderster Linie in einem Krieg gekämpft hatten, der mit modernsten Waffen ausgetragen worden war. Über die sprachen sie mit großer Fachkenntnis. Kurz gesagt, sie waren wie die meisten Menschen in der Welt.

Ihr eigenes Leben beschrieben sie auf eine ruhige, ironische Weise, mit Geschichten, in denen die Armut wie eine Figur aus einer volkstümlichen Erzählung auftrat.

In Mutare setzte ich sie ab, und es tat mir leid, als sie davongingen, sich noch einmal umdrehten und mir zum Abschied zuwinkten. Ich stellte das Auto ab und ging in das neue Hotel.

## VON VÄTERN UND SÖHNEN UND MÜTTERN UND TÖCHTERN

Ich saß im Freizeitbereich. Ich verstehe nicht, wie man so etwas als Salon oder gar als Gesellschaftsraum bezeichnen kann. Kurz zuvor erst hatte ich in einem der teuersten Hotels dieser Welt, dem Vier Jahreszeiten in Hamburg, in einem Speisesaal gefrühstückt, wie man ihn einst in jedem Hotel vorfand: einem langen, hohen Raum mit Chintzvorhängen an den großen Fenstern, weißen Damasttischtüchern, schwerem Tafelsilber und – das ist ein wesentlicher Unterschied zu jedem beliebigen modernen Hotel – Marmelade in Töpfchen mit einem Löffel. Altmodischer Charme, das ist es, wofür reiche Leute zu zahlen bereit sind.

Zweifellos werden bald schon Abertausende charakterloser, moderner Hotels abgerissen und durch liebenswerte Nachahmungen alter Hotelpaläste ersetzt werden. In der Zwischenzeit jedoch beeilen sich junge Nationen noch, moderne Neubauten hochzuziehen, um international ihren Wert unter Beweis zu stellen.

Am Nachbartisch saßen zwei weiße Farmer mittleren Alters, und wieder einmal drang der Monolog an meine Ohren – Präsident Banana und die Hühner, Mugabes bewaffneter Begleitschutz, wütende Wortwechsel über Landbesetzer, die sich unrechtmäßig irgendwo niederließen, und die Unzulänglichkeiten des Landwirtschaftsministers. Mit dem anderen Ohr hörte ich zwei Schweden zu, einem Mann und einer Frau, die an einem Projekt zur Wiedereingliederung und Ansiedlung von Freiheitskämpfern arbeiteten. Sie unterhielten sich über die Weißen, die in der Nähe ihres Siedlungsprojektes lebten und ihnen die Arbeit erschwerten, wo sie nur konnten. Sie senkten die Stimmen, als sie sagten, daß sich die neue Verwaltung unmöglich verhalte, ebenso hinderlich sei wie die rückschrittlichen Weißen. Sie beschlossen, nach Harare zu fahren und einen schwarzen Minister aufzusuchen, zuerst jedoch dafür zu sorgen, daß sein weißer Assistent ihn vorab schon auf die richtige Bahn brachte. »Natürlich kann man nicht erwarten, daß von heute auf morgen alles richtig funktioniert«, meinten diese nachsichtigen Seelen. Ich blieb zwischen den Farmern und den beiden Schweden sitzen und sah den Leuten zu, wie sie kamen und gingen. Schwarze, Weiße, ganze Gruppen, Familien, unter ihnen nicht wenige Exemplare dieses ganz neuen Schlages, den internationalen Entwicklungshelfern. Die Kellner waren ausnahmslos schwarz und munter, und sie legten eine Zuversicht und eine Zwanglosigkeit an den Tag, die überaus angenehm auffielen.

Bald gesellte sich ein junges weißes Paar zu den Schweden, Kinder der sechziger Jahre und als solche augenblicklich erkennbar, von diesem Jahrzehnt geprägt, auch wenn die beiden wohl kaum aktiv an irgendwelchen Aktionen teilgenommen hatten, weil sie damals sicher noch zu jung gewesen waren. Dieser Typus ist stets freundlich und bestrebt, sich aller Welt als willig zu präsentieren, als aufgeschlossen für neue Ideen, gleichgültig, ob sie nun vernünftig sind oder nicht, vom Pazifismus über Vegetarismus bis zur Aromatherapie und zu Ufos, und sie wissen, daß, auch wenn in der Welt nicht alles zum besten steht, das ein auf mysteriöse Weise vorübergehender Zustand ist. Die beiden waren Ende zwanzig, Simbabwer und stammten aus der Gegend. Sie wollten sich dem Siedlungsprojekt der Schweden anschließen. Die junge Frau war Physiotherapeutin, der junge Mann durchdrungen vom Wunsch zu helfen, ohne dafür jedoch speziell ausgebildet zu sein.

An dieser Stelle will ich die Chronologie verlassen und einen späteren Besuch bei einem Paar beschreiben, das ich in den alten Tagen sehr gut gekannt hatte. Überall jammert die Mittelklasse über Geldsorgen, aus welchem Grund auch immer, gleichgültig wieviel da ist, nie reicht es aus oder ist gar so viel, wie einem eigentlich zusteht. Das ist keine sehr originelle Beobachtung, aber auf dieser Reise fanden sich erstaunliche Belege dafür. Das Paar, das ich besuchte, kam wie ich finanziell gut zurecht. Beide waren über sechzig, gesund, tatkräftig, hatten früher im öffentlichen Dienst gearbeitet und waren mittlerweile pensioniert. So gut es ihnen ging, so viel gab es, um sich darüber zu beklagen. Die beiden wohnten in einem riesigen Bungalow mit einer rundum verlaufenden Veranda, der auf zwei Morgen Land voller Obstbäume, Gemüse und Blumen stand. Alles im Haus strahlte einen Glanz aus, wie man ihn in England nur selten findet, wo die Frauen womöglich berufstätig sind, auf jeden Fall aber kaum die Zeit haben, sich auf diesem Niveau um ihre Wohnungen zu kümmern. So sieht nur ein Haushalt aus, der sich Personal leisten kann. Das Paar hatte zwei Dienstboten männlichen Geschlechts. »Aber leider muß Anne mittlerweile oft selbst kochen.« »Ja, das ist schon eine Belastung für mich.« Die Dienstboten hielten das Haus sauber, kümmerten sich um den Gemüsegarten und die Obstbäume, deckten den Tisch und servierten das Essen. Nach dem Essen räumten sie ab, kochten Kaffee und spülten. Wieder einmal mußte ich mir den Monolog anhören. Im nörgelnden Tonfall verdorbener Kinder jammerten meine Gastgeber über ihre Armut und all das, was sie im Vergleich zu früher meinten verloren zu haben.

Gegen Mitternacht, nachdem ich stundenlang »oje« und »wie furchtbar« gesagt hatte, platzte mir der Kragen, und ich fragte, was sie denn glaubten, wie viele Menschen weltweit auf dem gleichen Standard lebten wie sie? Diese grausame Frage drang anfänglich nicht zu ihnen durch. Sie saßen blinzelnd da und konnten nicht glauben, daß ich so eine Verräterin war. »In England muß man wirklich reich sein, um wie ihr zu leben. Und auch in Amerika muß man reich sein, um sich zwei Dienstboten leisten zu können. Für neunundneunzigkommaneun Prozent der Menschheit ist euer Lebensstandard unerreichbar.« Schweigen. Was sie nicht fassen konnten, war das Ausmaß meiner Illoyalität gegenüber der weißen Sache. Loyalitäten, besonders wenn sie durch einen Krieg bestärkt werden, haben noch nie etwas mit Vernunft, gesundem Menschenverstand oder ähnlich Langweiligem zu tun gehabt.

Es war bereits spät, als die beiden jungen Leute eintrafen, die ich an meinem ersten Morgen in Mutare im Hotel gesehen hatte. Sohn und Tochter meiner Freunde. Zwei verschiedene Generationen, zwei unterschiedliche Arten von Menschen. Wie brachten sie es fertig, miteinander zu reden? Die Antwort lautet: nur unter Schwierigkeiten. Daß sie jetzt mit den Schweden zusammenarbeiteten, hatten die jungen Leute ihren Eltern bislang erst telefonisch mitgeteilt. Dies war seitdem ihr erster Besuch. Die zwei Alten saßen ordentlich und korrekt gekleidet da, sie mit einer frischen Dauerwelle, er in einem weißen Hemd, das bis obenhin zugeknöpft war, und mit waidwundem Blick musterten sie ihre unbekümmerten, nachlässig gekleideten Nachfahren, die ihren Feinden, den »Terroristen«, halfen. Die jungen Leute waren so spät, um weniger Zeit in dieser Atmosphäre voller unausgesprochener Vorwürfe verbringen zu müssen. »Wir wären früher gekommen, aber wir haben nicht oft frei«, sagte die Tochter, und ihr Vater entgegnete: »Natürlich holen sie aus euch raus, was sie nur können.«

»Sieh mal«, sagte sein Sohn, der bereits ärgerlich war, »das ist eine schwedische Hilfsorganisation. Sie können uns einfach nicht viel zahlen.«

»Selbstverständlich werden sie euch gar nichts zahlen«, sagte die Mutter erregt und in einem Ton, der keinen Widerspruch duldete. »Sie sind nur daran interessiert, soviel wie möglich aus euch rauszuholen.« *Sie*, das waren die Schwarzen, obwohl sie genausogut die Schweden hätte meinen können, die die »Terrs« gegen die Weißen unterstützten.

»Schau mal, Mama«, sagte die junge Frau. »Ich hab schon mehrmals versucht, es dir zu erklären. Wir wollen dem Land helfen. Es ist auch unser Land, und wir wollen . . .«

»Es ist nicht unser Land, es ist *ihr* Land«, lautete die bittere Erwiderung. Die beiden jungen Leute tauschten Blicke aus. Die junge Frau schüttelte kurz den Kopf, ihr Vater sah es und sagte: »Macht nur so weiter, behandelt uns nur wie Idioten. Wir sind verrückt, wir haben von nichts eine Ahnung.«

Die Mutter sagte: »Ach, Paul, streit nicht mit ihnen, sonst kommen sie überhaupt nicht mehr her.«

»Tut mir leid, Mama«, sagte die Tochter. »Aber die Arbeit ist hart, und wir sind praktisch rund um die Uhr beschäftigt. Es ist nun mal kein Acht-Stunden-Tag, aber wir werden euch, wann immer möglich, besuchen.«

»O ja, wir haben schon verstanden. Wir sind zu alt, um noch in die Zeit zu passen, wir sind zu nichts mehr zu gebrauchen.«

»Das habe ich nie gesagt«, erwiderte die Tochter. Der Gedanke war zu rückschrittlich, als daß sie sich ernsthaft mit ihm hätte auseinandersetzen können. »Das seid ihr natürlich nicht. Man ist nie zu alt.«

»Aber deinem Verlobten hat das alles auch nicht gefallen, oder?« fragte die Mutter. Sie kicherte und wurde rot, weil ihr Schlag unter die Gürtellinie gerichtet war.

Auch das Mädchen errötete, aber aus Wut. »So habe ich wenigstens noch rechtzeitig erfahren, wie er wirklich war.«

»Ihrem Verlobten hat nicht gefallen, daß sie mit den Terroristen zusammenleben«, sagte ihr Vater triumphierend.

»Er ist nach Süden gegangen«, erklärte die Tochter, mir zugewandt. »Er ist durch die Lücke geschlüpft. In der Republik ist er gut aufgehoben, oder etwa nicht?«

»Wenn wir unsere Pension mitnehmen könnten, würden wir auch durch die Lücke schlüpfen«, brummte der Vater.

»In der Republik könntet ihr längst nicht so leben wie hier«, sagte der Sohn. »Bob hat mir einen Brief geschrieben, er verdient da unten nur etwa die Hälfte von dem, was er hier hatte, und an Dienstboten ist gar nicht zu denken.«

Das Gespräch ging weiter, und die jungen Leute blieben geduldig, auch wenn sie immer ärgerlicher wurden. Jetzt tauschten die Eltern Blicke aus, die besagten: Es hat keinen Sinn, sei ruhig.

Aber beim Abschied sagten sie: »Jetzt, wo ihr euer Simbabwe habt, gefällt es euch hoffentlich auch.«

## AUF DER VERANDA

Besser kann das Leben auf der Veranda gar nicht sein als in diesem Haus hoch in den Vumba-Bergen mit Blick auf Täler und Hügel, Wälder und Seen und auf die sieben Kilometer entfernte Grenze zu Mosambik. Ein paar Tage werde ich hier verbringen. Manchmal steigen kleine Rauchwolken auf, und in der Ferne ertönen leise Explosionsgeräusche. Die Renamo jagt wieder mal die Pipeline, Eisenbahngleise oder eine Straße in die Luft. Farmer, die jahrelang gegen die »Terrs« gekämpft haben, horchen auf die Geräusche, beobachten Größe und Form der Rauchwolken und diagnostizieren einen Granatwerfer, ein Gewehr Marke Soundso, den oder jenen Sprengstoff. Sie sprechen im nostalgischen Tonfall derjenigen, die Fachkenntnisse erworben haben, die sie nie wieder werden anwenden können. In jedem Gespräch werden die Selous Scouts erwähnt. Ich hatte damit gerechnet, daß die Gewißheiten des »fortschrittlichen« England in Simbabwe weniger gewiß, weniger schablonenhaft schwarzweiß eingefärbt wären (schwarz gleich gut, weiß gleich schlecht), aber am unerträglichsten für mich war die Selbstverständlichkeit, mit der die Selous Scouts durchweg als Helden gefeiert wurden. Ich traf hier auf ebenso viele Menschen, die stolz behaupteten, sie, ihr Onkel, Bruder oder Neffe habe die Selous Scouts gegründet, wie ich in London Leute kenne, die angeblich das Atomkraft-nein-danke-Logo ersonnen haben.

Unter anderem organisierten die Selous Scouts Trainingskurse für Leute, die nicht mehr hauptberuflich als Soldaten dienen konnten, für Farmer zum Beispiel. Ein Kurs hatte zum Ziel, das Überleben im Busch zu lernen. Anfängern wurden ein Strick und ein Messer ausgehändigt, ihnen wurde gesagt, welche Pflanzen eßbar sind und welche Wasser speichern, und dann überließ man sie für eine Woche ihrem Schicksal im Busch. Mir scheint, daß nur wenige Menschen, oder vielleicht sollte ich sagen, wenige Menschen eines bestimmten Typs, darauf nicht mit all der Energie wahrgewordener Träume reagieren würden. Zumindest, wenn sie im Busch oder in seinem Umkreis aufgewachsen sind. Wegen der heldenhaften und romantischen Seiten der Selous Scouts fiel es vielen weißen Rhodesiern leicht, ihre Brutalität und Niederträchtigkeit zu übersehen.

Innerhalb weniger Jahre fanden sich in jedem Buchladen Südafrikas ganze Regale voller Bücher über die Selous Scouts (meist von Ghostwritern verfaßt, weil es Leute, die sich im Befehlen oder in Kampfmethoden von Sondereinsatzkommandos hervortun, selten leichtfällt, auch Bücher zu schreiben), und die Selous Scouts waren für die weiße Rechte zu einem Symbol für Höchstleistungen und den heroischen Krieg geworden, dessen Ziel der Weiterbestand des weißen Rhodesiens gewesen war. Die Scouts trugen zudem nicht unerheblich zu den Grausamkeiten und Ausschreitungen der südafrikanischen Truppen in Angola und Namibia bei.

Wer war dieser Selous? Frederick Courtney Selous war ein berühmter Großwildjäger gewesen. Er lebte von 1851 bis 1917, wurde also Zeuge, wie die Weißen das alte Afrika überrannten, und er schrieb ein Buch mit dem Titel: *Reisen und Abenteuer in Südostafrika*, in dem unter anderem steht:

»Diese Nacht verbrachten wir auf dem Kaffernpfad, nicht weit von den Kralen Lo Magondis. Zwei Stunden nach Sonnenaufgang, als wir schon ziemlich nah am Fuß des Hügels waren, wo die Krale liegen, trafen wir auf einen gutgenährten alten Elenbullen, der aus der entgegengesetzten Richtung auf uns zukam und den wir auf der Stelle erschossen. Da wir ein paar Geschäfte mit Lo Magondi machen wollten, in dessen Obhut wir im vorhergehenden Juli einige Jagdtrophäen gegeben hatten und von dem ich Elfenbein zu kaufen gedachte, kam uns dieser Vorrat an Fleisch so nahe seiner Stadt sehr gelegen. Wir sandten gleich zwei Kaffern los, um ihn von unserer Ankunft zu unterrichten, dann nahmen wir den Pferden die Sättel ab (im Tal unter uns floß ein wunderbarer Fluß) und gingen daran, den Elenbullen zu zerlegen und unser Lager aufzuschlagen.

Am Nachmittag kehrten unsere Boten zurück, begleitet von Lo Magondi und ungefähr zwanzig seiner Leute. Wir überreichten dem alten Knaben sofort eine Hinterhälfte und die Hälfte Herzfett des Elens, während er uns seinerseits einen großen Topf Bier, einen Korb gemahlener Nüsse und etwas Pogomehl mitgebracht hatte. Abends gab es in unserem Lager ein großes, ausgelassenes Festmahl, unsere Jungs, die sich lange Zeit nur von Fleisch ernährt hatten und sich nach pflanzlicher Nahrung sehnten, kauften den fleischhungrigen Mashonas große Vorräte an Mais, Bohnen, Maismehl, Bier und Tabak ab. Lo Magondi hatte die Nashornhörner et cetera mitgebracht, die wir in seiner Obhut gelassen hatten, aber kein Elfenbein. Er sagte jedoch, er würde uns am nächsten Tag zwei Stoßzähne bringen lassen, woraufhin ich ihm meinen Handelsvorrat an Baumwollhemden, Holzperlen, bunten Taschentüchern et cetera zeigte.«

Der Distrikt Lomagundi wurde vermutlich nach Häuptling Lo Magondi benannt. Das ist ein bißchen verwirrend, weil nahe bei Lomagundi, im nördlichen Mosambik bis hinein nach Malawi, ein Stamm* namens Makonde lebt, der bekannt ist für seine von Sammlern geschätzten Figuren aus Holz und Stein. Wunderschöne, rätselhafte Figuren – aber das war lange, bevor

* Wie behauptet wird, ist das Wort »Stamm« nicht tragbar. Man sollte vielmehr »Ethnie« sagen. Aber jeder weiß, was »Stamm« bedeutet. Ich glaube, die meisten würden den Ausdruck »Ethnie« verwirrend finden, zumindest zu der Zeit, da ich dieses Buch schreibe.

die Weißen der afrikanischen Kunst irgendeinen Wert beimaßen. Außerdem sind sie Geschichtenerzähler. Und ihre Frauen sind berühmt für ihr Geschick in Sachen körperlicher Liebe. Wenn man einen schwarzen Mann irgendwo in Zentral- oder Ostafrika fragt: »Was hat es denn mit diesen Makonde-Frauen auf sich?«, dann nimmt sein Gesicht augenblicklich den Ausdruck höchster Anerkennung an. Wenn man jedoch um eine genauere Beschreibung ihres Geschicks bittet – denn schließlich könnte es ja zum Vergnügen und Wohlbefinden der gesamten Menschheit beitragen –, bleibt man ohne Antwort. Ein Mann behauptete, die Frauen würden sich am Bauch verletzen, so daß das Gewebe vernarbt. Eine rauhe Haut – tja, und was weiter? Bislang konnte ich nicht mehr darüber herausfinden.

## POLITIK

Kaum war ich in Simbabwe angekommen, traten als erstes London ... dann England ... dann Europa ... schließlich das restliche Afrika in den Hintergrund, schrumpften zusammen, und statt dessen erhob sich drohend, mächtig und skrupellos der südliche Nachbar, das Vorbild, Südafrika, »die letzte Bastion weißer Vorherrschaft im südlichen Afrika«. 1982 war in nahezu allen Gesprächen irgendwann einmal die Rede von Südafrika, entweder weil man sich von dem mächtigen Nachbar bedroht fühlte oder sich viel von ihm versprach. Nicht nur Zivilisten suchten tagtäglich Zuflucht in dieser Bastion, sondern auch beschäftigungslose Soldaten der aufgelösten weißen Armee sprachen davon, durch die Lücke zu schlüpfen, Guerillagruppen zu bilden und dann zurückzukehren, um gegen die schwarze Regierung zu kämpfen. Tatsächlich war die Renamo bereits zu Zeiten des weißen Rhodesien zu diesem Zweck gegründet worden. Die Südafrikaner nahmen »Rhodies« nicht nur unter Sold, um Männer der Renamo zu trainieren, sondern zu allen möglichen Zwecken, die sich auf subversive Weise gegen Simbabwe richteten. Sie inszenierten »Zwischenfälle«, von denen britische Zeitungen schrieben, sie seien das Werk vereinzelter Abenteurer, von denen man in Simbabwe jedoch glaubte, daß der lange Arm Südafrikas für sie verantwortlich sei. (Britische Zustände lassen sich am besten diagnostizieren, wenn man sich in ein weit von der europäischen Geisteshaltung entferntes Land begibt und herausfindet, worüber in England nicht oder nur unangemessen berichtet wird.) Alle, ob schwarz oder weiß, glaubten, daß die Anti-Mugabe-Terroristen – meist Anhänger Joshua Nkomos, ob ihm ihre Unterstützung nun recht war oder nicht – von Südafrika angeleitet wurden. »In der Nähe von Bulawayo gibt es ganze Gegenden im Busch, in die sich die Regierungstruppen nicht hineinwagen.« Jeder wußte, daß Südafrika Agenten zu internationalen Konferenzen schickte, bei denen über Investitionen und Entwicklungshilfe diskutiert wurde, um dort Gerüchte über die unsichere Lage in Simbabwe zu verbreiten, Errungenschaften herunterzuspielen und Rückschläge zu übertreiben. 1982 trafen Zeitungskorrespondenten auf Schwarze und Weiße, die in vertraulichen Situationen mit hochtrabenden Worten Landesverrat begingen. In Harare und Mutare begegneten mir Weiße, meist ehemalige Soldaten, die wie im Fieberwahn Mugabes Sturz planten. Sie hatten den Verstand verloren, aber das wußten sie nicht. Smith war ihr Held. Smith, »Smithie«, der »gute alte Smithie«, immer wieder, in jeder Unterhaltung. Statt »Smith« hätten sie genausogut »Mama«, »Papa« oder »Nanny« sagen und das Entsetzen beschreiben können, das Kinder befällt, wenn man sie im Dunkeln allein läßt, Kinder, die im Glauben erzogen worden waren, ihnen stünde einfach alles zu, die nichts hergeben konnten von dem, was sie besaßen, denn »Smithie« hatten ihnen Sicherheit versprochen. Aber sie hatten alles verloren: Sie hatten ihre weiße Vorherrschaft verloren und konnten es immer noch nicht glauben. Und ihre Pläne und Intrigen hatten mit Landesverrat nichts zu tun, denn wie konnte es Verrat sein, sich zurückzuholen, was von Rechts wegen ihnen gehörte? Während ich diesen Kleinkindern zuhörte, mußte ich immer an den Schwarzen aus London denken (nach der Unabhängigkeit war er zurückgekehrt, um seinen Platz im neuen Simbabwe einzunehmen), der auf dem Höhepunkt des Kriegs, als die Emotionen hochschlugen, ganz ruhig bemerkt hatte: »Wir können nicht erwarten, daß sich dieser Typ von Weißen jemals ändern wird. Sie sind wie Kinder, und wir werden sie wie Kinder behandeln müssen. Oder wie Kranke.«

Nach einer Woche im neuen Simbabwe verstand ich endlich, daß diese Leute tatsächlich krank waren. Während ich von einer Veranda zur anderen wanderte – Morgentee, Mittagessen, Fünf-Uhr-Tee, Drinks, Abendessen – und den Anblick dieser unvergleichlichen Berge genoß, war ich immer wieder gezwungen, mir den Monolog anzuhören und mich ständig daran zu erinnern, daß es sich um im übrigen ruhige, selbstbewußte, einfallsreiche und humorvolle Menschen handelte. Hier oben klang der Monolog bitter, voller Selbstmitleid, gereizt, er begann um sechs Uhr früh und dauerte, bis es Zeit war, schlafen zu gehen. Mittlerweile waren es nicht mehr nur Präsident Banana und die Hühner, Mugabe und sein bewaffneter Begleitschutz, sondern auch die neue, ineffiziente, willkürlich entscheidende Verwaltung, die in der Regel gegen die Interessen der Weißen votierte. Die Schweden und ihr Projekt wurden mit einem kalten, wütenden Haß verfolgt, den ich mir heute kaum mehr vorstellen kann. Habe ich wirklich stundenlang dagesessen und mir die bösartigen Anekdoten über die Schweden angehört? Ja, das habe ich, meine Notizen beweisen es. Die Schweden waren die erste, die großzügigste und auch die auffälligste Armee internationaler Wohltäter und zogen deshalb besondere Ressentiments auf sich, aber letztlich erging es allen so, die die »Terrs« unterstützt oder bei der Geburt Simbabwes assistiert hatten. Cold Comfort Farm, die Mustersiedlung, in der bereits unter den Weißen, Schwarze und Weiße jahrelang unter einem Dach zusammengelebt und -gearbeitet hatten, war seit jeher kritisiert worden, aber jetzt, da das, wofür sie stand, Triumphe feierte, zirkulierten alle möglichen Klatschgeschichten unter den Weißen, manche davon so unsäglich dumm und banal, daß ich mir immer wieder sagen mußte: Ein politischer Feind ist nicht jemand, der – meist aufgrund von Motiven, die ebenso idealistisch sind wie deine eigenen – anderer Meinung ist, sondern jemand, der verdorben ist, verformt, unmoralisch und inkompetent.

Und zu allem gab es noch die Landbesetzer, die sich widerrechtlich angesiedelt hatten ... Man konnte das ganze Unglück mit den Schwarzen in einem Satz ausdrücken: Sie kamen und stahlen uns unser Land.

Land, Boden, Erde, das war es, was den Schwarzen genommen worden war. Während des Befreiungskriegs, des Buschkriegs, hatte Mugabe immer wieder versprochen, daß jedem Schwarzen Land zugeteilt würde, wenn die Weißen erst einmal besiegt waren. Genosse Mugabe hatte dabei an landwirtschaftliche Kooperativen und Siedlungsprojekte gedacht, aber die Schwarzen wollten wie die Weißen Land besitzen, behalten und vererben. Genosse Mugabe mußte einen harten Krieg durchstehen, und seine Armee war nur eine von mehreren. Er wußte nicht, daß er gewinnen würde. Vielleicht wären Guerillaführer besser beraten, auch zu Zeiten größter Unsicherheit keine übereilten Versprechungen zu machen. Es ist schlichtweg unmöglich, daß jeder Schwarze Land besitzt und auch noch davon lebt. Dafür gibt es einfach nicht genug, vor allem wenn sich die Bevölkerung in kurzen Zeiträumen wieder und wieder verdoppelt. Aber nach Beendigung des Kriegs erwarteten die Schwarzen, die Mugabe aufgrund seiner Versprechen unterstützt hatten – sowie viele, die ihn nicht unterstützt hatten – eigenes Land und den Beginn paradiesischer Zeiten.

Die Vorstellung von diesem Paradies hatte große Ähnlichkeit mit dem Utopia eines Anarchisten. Niemand würde einen Führerschein brauchen, um Auto fahren zu dürfen. Autos mußten nicht angemeldet werden. Niemand mußte Schulprüfungen bestehen, aber alle waren qualifiziert und bekamen Zeugnisse, und jeder nur denkbare Job war sofort verfügbar. Für Busse oder Züge brauchte man keine Fahrkarten. Strom und Wasser waren kostenlos wie die Luft zum Atmen ... Natürlich glaubte nicht jeder Schwarze an jeden Artikel dieses Glaubensbekenntnisses, aber alle glaubten etwas davon; und zumindest der kindlichere Teil der Schwarzen erwartete dieses Fantasia tatsächlich. Und wer kann schon ermessen, unter wieviel Verzagtheit und Verrat der vernünftige, erwachsene Teil eines Menschen leiden muß, der seine kindlichen Fantasien zu Grabe tragen muß?

Als Simbabwe unabhängig wurde, gab es drei Länder, von denen es lernen konnte: Mosambiks Volkswirtschaft war ruiniert, zum Teil, weil die Weißen mit ihrem Fachwissen außer Landes gejagt worden waren. In Tansania verordnete Nyerere die Kollektivierung, obwohl sie in der Sowjetunion und China, seinen Vorbildern, Millionen von Tote gekostet hatte; die Bauern leisteten passiven Widerstand, so daß sich in den Läden dieses fruchtbaren Landes keine oder kaum Lebensmittel fanden. Langfristig erweisen sich die Bauern immer als die Stärkeren. In Sambia war die Lage der Landwirschaft aufgrund von Mißmanagement katastrophal, und der Großteil der Lebensmittel wurde von den wenigen im Land verbliebenen Weißen erzeugt. (Das gilt auch noch für das Jahr 1992.)

Genosse Mugabe lernte aus alldem, und nur zwei Jahre nach der Unabhängigkeit gab es eine umsichtige, wohldurchdachte Politik, weiße Farmen aufzukaufen, sobald sie verfügbar waren, und dort ausgewählte Leute anzusiedeln, nachdem für die elementare Infrastruktur gesorgt war. Die diese Politik begleitenden Reden waren so unsinnig und wortreich wie in jedem kommunistischen Land, aber glücklicherweise bestand (und besteht) kaum ein Zusammenhang zwischen dem, was unternommen wurde, und den Worten, die es beschrieben.

Angestachelt und gerechtfertigt durch die Rethorik vieler Jahre, stürzten sich die Schwarzen auf die neuen Farmen und warteten nicht erst ab, bis sie ordnungsgemäß angesiedelt wurden. Aber wenn sie nicht geeignet waren, wurden sie wieder vertrieben. Wer war geeignet und wer nicht? Tja, das war das Problem. In den Versprechungen, die während des Buschkriegs abgegeben worden waren, war das Wort »geeignet« nicht vorgekommen.

»Die Weißen haben uns unser Land gestohlen, und jetzt wollen wir es zurück.«

»Ja, aber immer mit der Ruhe. Wollt ihr, daß es in Simbabwe so zugeht wie in Mosambik, Sambia oder Tansania?«

»Diese hehren Überlegungen und ›langfristigen Perspektiven‹ interessieren uns nicht. Gebt uns das Land, das ihr uns versprochen habt.«

»Es gibt nicht genug verfügbares Land.«

»Dann werft die Weißen von ihren Farmen und gebt uns ihr Land.«

»Auch dann würde es nicht reichen.«

»Als ihr noch die Boys im Busch wart, habt ihr ganz anders geredet.«

»Ja, aber die Erfordernisse jener Jahre verhinderten eine gründliche Analyse. Jetzt haben wir die Lage aus allen möglichen Perspektiven studiert und die Parameter und relevanten Koordinaten der staatseigenen Infrastruktur in Betracht gezogen. Es liegt auf der Hand, daß ...«

*»Gebt uns unser Land zurück.«*

Die neuen Farmen sind eine Erweiterung bestehender Siedlungsgebiete oder liegen in Gegenden, wo Schwarze auch schon unter der weißen Regierung Land erwerben konnten, wie auch die Master Farmer Certificates, die guten Farmern verliehen werden, als Fortsetzung einer Politik zu sehen sind, die unter den Weißen eingeführt wurde. 1982 war es unmöglich, irgend etwas verdienstvoll zu nennen, was die Weißen initiiert hatten, also gab man derlei Maßnahmen als Ideen des neuen Regimes aus.

Die Landbesetzer waren Thema Nummer eins des Monologs auf den Veranden der Weißen. Und wenn ich gerade nicht auf einer Veranda saß, wurde ich durch Gegenden chauffiert, die verbaut waren mit elenden Buden, Schuppen, Hütten, alle umgeben von ein paar Maisstauden und Kürbispflanzen. Fruchtbarer Boden wurde in Abwassergräben geschwemmt, die Bäume als Brennmaterial abgeholzt. Wer chauffierte mich? Gereizte, gehässige Weiße.

»Schau dir das an, schau dir das mal an, bald wird hier kein bewirtschaftbares Land mehr übrig sein ...«

»Um Himmels willen, beruhige dich!«

»Sie leben ja nicht einmal hier ... Die Männer arbeiten in der Stadt, und sie bringen ihre Frauen und Kinder auf das Land, das sie besetzt haben. Von dem, was sie anpflanzen, können sie nicht leben, und mehr als ein paar Maiskolben für die *sadza* wachsen hier sowieso nicht.«

»Wenn du dich nicht in acht nimmst, kriegst du noch einen Herzinfarkt.«

»Und der Minister wird nichts dagegen unternehmen ... Wenn er zu seinen Getreuen spricht, verspricht er ihnen auch jetzt wieder Land ... Er hat Angst, es nicht zu tun. Uns, den weißen Farmern gegenüber, sagt er: ›Ja, ja, ihr habt recht, nein, natürlich wollen wir nicht, daß der Boden erodiert.‹ Aber er unternimmt nichts dagegen.«

Die Erde wurde weggewaschen, die Gräben immer tiefer. Was auf Land, wo Mais wirklich hätte gedeihen können, schlimm genug gewesen wäre, aber auf den steilen Hängen der Vumba-Berge drängten sich die Hütten, die Maisstauden und die Hühner auf engstem Raum. Der dünne Waldboden war für den Maisanbau völlig ungeeignet und wurde unweigerlich die Hänge hinuntergeschwemmt. *»Sieh dir das bloß an!«* riefen die weißen Farmer, die plötzlich durchweg – Männer, Frauen, Kinder – zu Umweltschützern geworden waren.

Nach einer halbstündigen Fahrt hinunter aus diesem hochgelegenen Tal in den Bergen, wo Kaffee, Kiwis, jede Art Beeren sowie Passionsfrüchte gedeihen, befindet man sich ein paar hundert Meter tiefer und in den Tropen, wo Ananas, Bananen, Mangos und alle möglichen anderen tropischen Früchte wachsen. Was diesen unterschiedlichen Landstrichen gemeinsam war, waren die unrechtmäßigen Siedler. Die Menschen aus der Stadt zogen in der Hoffnung aufs Land, Farmer zu werden, richtige Farmer mit rechtmäßigen Besitzansprüchen. Und von den Farmen wurden sie wieder vertrieben. Es war ein neuer, energisch geführter Guerillakrieg.

Der bisweilen erstaunliche Formen annahm. Nach der Unabhängigkeit rief ein liberaler weißer Farmer (wobei das Wort »liberal« unter Weißen einer Verwünschung gleichkommt) seine Arbeiter zu sich und eröffnete ihnen: »Von heute an werden wir als Gleiche zusammenarbeiten. Auf dieser Farm werden keine Saisonarbeiter mehr beschäftigt. Jeder von euch bekommt zwei Morgen Land, um sich eine feste Unterkunft zu bauen. Das Land wird euch gehören. Der Ertrag, den ihr erwirtschaftet, ebenfalls.«

»Und was, glaubst du, ist passiert?« fragte mich die weiße Frau, die mir haßerfüllt diese Geschichte erzählte. »Was meinst du? Sofort zogen sämtliche Verwandte der Arbeiter zu ihnen, Hunderte. Und dieser Idiot ging zu seinen jetzt festangestellten Männern und sagte: ›Seht ihr denn nicht, daß es in fünf Jahren hier keinen Boden mehr geben wird? Es wird eine Wüste sein. Eure Freunde fällen alle Bäume. Ihr müßt sie wieder wegschikken.‹ Aber natürlich sind sie geblieben. Wenn man ihnen den kleinen Finger reicht, wollen sie gleich die ganze Hand.«

»Und was geschah dann?«

»Der Mann ist nach Australien ausgewandert und hat jetzt eine Farm in der Nähe von Perth. Und die Schwarzen haben ihre verdiente Strafe gekriegt, indem die Regierung die Farm aufgekauft hat.«

Aber auf den Veranden wurde nicht nur über die Landbesetzer gesprochen. Als Mugabe seinen verzweifelten Krieg im Busch führte, hat er Dinge gesagt, die man nicht unbedingt intelligent nennen kann. Zum Beispiel, daß das obligatorische Baden* der Rinder dem finsteren Ziel der Weißen diene, die *mombies* umzubringen. Während des Kriegs war es sowieso höchst schwierig, die Behandlung regelmäßig durchzuführen, nach der Unabhängigkeit dann aber wurde sie völlig ausgesetzt, und infolgedessen gab es alle möglichen Krankheiten. Verständlicherweise fiel es der Regierung alles andere als leicht, die erneute regelmäßige Behandlung des Viehs durchzusetzen. »Aber früher habt ihr doch gesagt . . .«

Ebenso verkündeten die Genossen im Busch, daß sich Begrenzungswälle gegen die Bodenerosion tatsächlich gegen die Schwarzen richteten. Bereits 1982 waren die negativen Resultate dieses Unsinns klar sichtbar. Auf afrikanischen Farmen pflügte man einfach über die Begrenzungswälle hinweg, wodurch sich Gräben bildeten, die zu Sturzbächen wurden, und das Wasser schwemmte die wertvolle Erde fort. »In ein paar Jahren«, sagten schlechtgesinnte oder umweltbewußte Weiße, »wird kein Land mehr übrig sein, aber wie üblich werden sie uns die Schuld in die Schuhe schieben.«

* Die Tiere auf einer Farm müssen in regelmäßigen Abständen durch chemisch behandeltes Wasser schwimmen, um Insekten abzutöten, die Krankheiten verursachen.

Die Sorge um das Land beeindruckte mich. Als ich aufwuchs, waren die Weißen die Landräuber, nicht nur, weil sie sich den Boden einfach aneigneten. Als die Regierung auf den Wällen bestand und Kontrolleure ausschickte, um das Land kartographieren zu lassen, murrten sie. All das war mittlerweile vergessen. So langweilig die verschiedenen Versionen des Monologs waren und sosehr ich mich fortsehnte, wenn er wieder und wieder zum besten gegeben wurde, war es doch etwas völlig anderes, wenn dieselben Leute über landwirtschaftliche Methoden und Techniken sprachen. Diese resozialisierten Räuber und Diebe wußten über Erfindungen und Entdeckungen aus aller Welt Bescheid. Sie experimentierten, führten Neuerungen ein, fragten sich, ob man schottische Aufforstungsprojekte oder die jahrtausendealten Tricks, mit denen die Israelis der Wüste Wasser abringen, auf Simbabwe übertragen konnte. Sie zogen Wind- und Sonnenenergie in Betracht, Wasserkraft, wie sie im Mittleren Osten und Ägypten genutzt wurde, neue Techniken, Dämme zu bauen, die Einführung dürreresistenter Pflanzen aus wüstenähnlichen Gegenden, die Bekämpfung von Schädlingen durch andere Schädlinge oder durch Pflanzen, die Haltung von Elenantilopen statt Rindern.

Ich wurde mitgenommen zu einer Farm, die »eine Art Vorzeigefarm ist, wie es nur wenige gibt«.

Die Besitzer hatten zuerst eine Farm in Nordrhodesien besessen, waren nach der Unabhängigkeit Sambias aber, wie Hunderte anderer weißer Farmer, ausgewandert in den Transvaal, wo sie wieder erfolgreich eine Farm bewirtschafteten, »aber mit den Affs dort unten kamen wir schlecht zurecht. Die sind nicht freundlich und nett wie die Affs hier. Ich habe nicht einen lächeln sehen, solange ich dort war. Also beschlossen wir, es in Südrhodesien zu versuchen«.

Wieder hatte sie die Geschichte eingeholt und ihnen eine schwarze Regierung vor die Nase gesetzt.

Er war ein bemerkenswerter Farmer. Die Farm selbst sah eher wie ein mittelalterliches Rittergut oder vielleicht wie eine Farm aus den alten Zeiten aus und nicht wie ein moderner landwirtschaftlicher Betrieb; alle möglichen Werkstätten waren zu sehen,

Mühlen, eine Molkerei, eine Schmiede und eine eigene Gerberei. Der Farmer wirkte wie ein typischer Texaner: groß, hartgesotten, sehnig. Er sprach langsam und hatte ein unerschöpfliches Improvisationstalent. Während des Kriegs, als Maschinen und Ersatzteile nur schwer zu bekommen gewesen waren, war er zu jeder Farmauflösung gefahren, hatte gesamte Maschinenparks aufgekauft und repariert. Seine Farm war ein Museum für landwirtschaftliches Gerät. Ich erkannte Pflüge, Eggen und Sämaschinen aus den zwanziger und dreißiger Jahren. Einfach überall standen Maschinen herum, und alle waren funktionstüchtig. Ein paar Arbeitern hatte er alles beigebracht, was er wußte, und diese Männer kümmerten sich um ihre Maschinen wie um – wie um *mombies*. Der Farmer sagte das etwas scherzhaft, und seine Arbeiter antworteten lachend: »Die Geräte sind wirklich fast so gut wie *mombies*.« Und dabei deuteten sie stolz auf Fuhrwerke, Sä- und Mähmaschinen. Die Farm konnte sich nahezu selbst versorgen, in den Vorratsräumen lagerten Eingemachtes, Marmeladen, Honig, Käse, sauer Eingelegtes, und die Silos waren voller Korn. Das Abendessen war ein Festmahl, ebenso das Frühstück, und nichts, was auf dem Tisch stand, war gekauft. Die Frau des Farmers war ebenso bemerkenswert wie er. Im Krieg, als ihr Mann oft monatelang fortgewesen war, hatte sie die Farm verwaltet. Es war nicht leicht für sie, später wieder zurückzustecken – wie es für alle Frauen nicht leicht war, deren Männer im Krieg gekämpft hatten. Sie warfen sich resignierte Blicke zu, wenn ihre Männer Dinge sagten wie: »Soundso hat sich um meine Frau gekümmert, während ich weg war.« Jetzt, da wieder Frieden herrschte, und weil sie eine Farmersfrau vom alten Schlag war, die zu allem zu gebrauchen war, hatte sie so etwas wie eine Schule für Dienstboten aufgebaut, die ausnahmslos weiblich waren, eine Entscheidung, die nicht sie getroffen hatte. »Ich tue, was man mir sagt. Kommen Sie mit, ich stelle Ihnen die Prinzessin vor. Ja, bei mir in der Küche arbeitet eine Prinzessin.« Sie sagte das durchaus nicht mißvergnügt. Sie versuchte mit dem neuen Simbabwe zurechtzukommen. In der Küche lernte ein hübsches schwarzes Mädchen, wie man komplizierte Kuchen und Puddings zubereitete. »Jeden Tag kommen sie aus dem Dorf hierher und bitten mich unter Tränen, sie zu unterrichten, und wenn ich nein sage, kommen sie wieder, bis ich nachgebe. ›Bitte, bringen Sie mir was bei, bitte, unterrichten Sie mich‹, und deswegen arbeiten jetzt fünf Mädchen bei mir, womöglich werden's noch mehr. Mein Mann sagt, ich spinne, aber ich halte dagegen, daß ich meinen Teil für Simbabwe tue. Die armen Mädchen finden sonst keine Arbeit. Sie wissen, daß sie bei mir eine gute Ausbildung erhalten. Später versuchen sie, in der Stadt eine Stelle zu finden, in einem Hotel oder einer Botschaft. Am liebsten würden sie alle in einem Hotel arbeiten. Ich zeige ihnen, wie man kocht, das Essen serviert, Betten macht, die Pflanzen auf der Veranda pflegt. Ich bringe ihnen bei, was man am Telefon sagt und wie man Botschaften ausrichtet.« Bevor ich ins Bett ging, legten sie mir ans Herz, vorsichtig zu sein, falls ich vor dem Frühstück bereits einen Spaziergang machen wollte. »Seit dem Krieg treiben sich hier alle möglichen *skellums*, jede Art Schurken und Gauner, herum. Wenn Sie einen Lastwagen hören, verstecken Sie sich besser im Busch. Wenn es unsere Soldaten sind, dann ist es in Ordnung, aber wenn es die Nordkoreaner sind . . .«

Genosse Mugabe hatte ein Angebot Nordkoreas angenommen, Soldaten zu schicken, die ein zu seinem persönlichen Schutz bestimmtes Regiment ausbilden sollten. Es sollte zudem als Paradebeispiel militärischer Effizienz fungieren. Die Nordkoreaner hatten sich jedoch als Gangster, brutale Kerle und mehr als einmal auch als Mörder hervorgetan. Nicht weit von der Farm waren kurz zuvor erst zwei Touristen ermordet worden. Alle hatten Angst vor den Nordkoreanern. 1982 waren sich Schwarze und Weiße allein in dieser Sache einig: Sie verabscheuten die Koreaner, die berüchtigte Fünfte Brigade. »Die bringen Sie um, ohne Sie eines Blickes zu würdigen«, sagte mein Gastgeber. Weswegen sich auch die fünf Mädchen, die abends durch den dunklen Busch zurück in ihr Dorf gehen mußten, sicherheitshalber immer gemeinsam und in Begleitung einer männlichen Eskorte auf den Weg machten. Früh am Morgen, um sechs, spazierte ich durch ein Feld mit Kaffeesträuchern, die wegen der langen Trockenheit völlig verstaubt und schlaff waren. Ich horchte auf das Gezwitscher der wenigen Vögel, hoffte vergeblich, ein paar Tiere zu sehen, und plötzlich tauchte in einer Staubwolke ein Lastwagen voller uniformierter Männer auf. Es war das örtliche Regiment, nicht die Koreaner. Ich stand im Staub am Straßenrand, bereit davonzurennen. Die Soldaten blickten nicht gerade freundlich drein, aber warum sollten sie auch?

Kurz nach meiner Rückkehr nach London hörte ich, daß das weiße Farmerpaar beschlossen hatte, nicht mehr unter einer schwarzen Regierung leben zu wollen – wegen der Bürokratie, der allseits waltenden Inkompetenz, wegen der Landbesetzer, aber vor allem, weil sie Angst vor der Zukunft hatten. Mit all ihrem Geschick, ihren Erfahrungen und Fachkenntnissen kehrten sie in den Transvaal zurück – unfreundliche Schwarze hin oder her –, wo sie wieder ganz von vorne anfangen mußten, da sie kein Geld außer Landes bringen durften. Was geschah mit der Farm, mit den Werkstätten, den Maschinen und Tieren? Mit dem großen Haus mit den vielen Zimmern? Mit den jungen schwarzen Frauen, die unbedingt Köchinnen, Zimmermädchen oder Kellnerinnen hatten werden wollen?

Beim Abendessen – insgesamt fünfzehn Personen waren versammelt, Freunde der Familie, Besucher, eine Szene des Friedens und des Überflusses – war nur über den Krieg geredet worden. Wieder nahm ich diesen sehnsüchtigen, bedauernden Tonfall wahr, in dem die Leute sich an die Nächte erinnerten, die sie unter freiem Himmel im Busch verbracht hatten, an die Versuche, nicht einzuschlafen, weil sie das funkelnde Firmament betrachten wollten, und an die Stille im Busch – in der die Gefahr lauerte. Darum ging es letztlich vor allem. Es war die »beste Zeit ihres Lebens« gewesen – was sonst? Und sie erschienen mir trotz allem tausendmal vernünftiger als mein Vater, der die »beste Zeit seines Lebens« ebenfalls im Krieg verbracht hatte, wobei *er* jedoch die Kameradschaft unter den Soldaten in den Himmel hob. »So etwas habe ich nie wieder erlebt . . .« Aber so war es im Schützengraben. Sehnsucht, Bedauern, Nostalgie – worum geht es dabei? Mehr und mehr glaube ich, daß Sehnsucht und Bedauern, unsere stärksten Gefühle, auf etwas abzielen, das jenseits alles normal Erfahrbaren liegt, auf ein anderes Gut oder einen anderen Mangel. Es gibt eine Art von Gemeinschaftsgefühl, das nur wenige von uns erleben, und im Krieg kommt man ihm zeitweise sehr nahe. Um den Preis des Todes. Und dann ist der Krieg vorbei, und plötzlich erfahren diese Männer von allen Seiten, daß sie nicht mehr jung sind. Nicht wie die meisten Menschen das Einsetzen des mittleren Alters erfahren, durch langsame, kaum merkliche Verschleißerscheinungen. Während der Kriegsjahre hatten sie in einer Welt gelebt, in der die Eigenschaften junger Männer maßgeblich waren: physische Stärke, Härte, Durchhaltevermögen, Tapferkeit. Und für Jahre blieben sie auf jener frühen Kulturstufe befangen, auf der Männer andere Männer jagen, um sie zu töten. Kein Wunder, daß Erinnerungen an den Krieg eine so starke Droge sind. Und überall in Simbabwe erinnerten sich schwarze Männer, die sechs, sieben, acht Jahre in den Wäldern, *kopjes* und *vleis* gekämpft hatten, manchmal schon im Alter von zehn oder elf Jahren, die diesen Krieg ertragen hatten, der soviel grausamer gewesen war, als wir in unseren Zeitungen lesen konnten, die unzulänglich bewaffnet und oft nicht ausgebildet gewesen waren, diese Männer erinnerten sich an eine Zeit der Hoffnung. Jahrelang hatten sie im und vom Busch gelebt, dem Erbe ihrer Väter, waren zusammen gewesen mit Gleichgesinnten und Feunden, die Weißen und ihre kalte, schneidende Art waren ihr Feindbild gewesen. Ständig im Rausch der Gefahr und einer alles versprechenden Kriegspropaganda, die soviel besser war als aller Alkohol. Jetzt lebten sie wieder als Zivilisten, hatten keine oder nur schlecht bezahlte Jobs, klammerten sich an die halbkriminellen Ränder der Städte, oder waren arbeitslos in ihre Dörfer zurückgekehrt. Oder sie waren verkrüppelt und wurden »wiedereingegliedert«, manche lernten lesen und schreiben. Im Grunde waren es die schwarzen und weißen Kriegsveteranen, die sich in Simbabwe von 1982 am besten hätten verstehen müssen. Aber sie mußten einander ja hassen und verdammen.

## WILDTIERE

Jede Nacht macht der »Gun-boy«, ein Mann von ungefähr fünfzig Jahren, Jagd auf Paviane und Wildschweine. Wenn man am Fuß eines Berges durch den Busch fährt, der in diesem Landesteil schon eher Regenwald ist, taucht plötzlich eine Herde Paviane auf, die zusammen mit ihren Jungen die gefährliche Straße überqueren.

»Ahhhh«, seufzt der Besucher aus Europa.

»Ungeziefer«, zischt der Farmer.

Eine Gruppe Wildschweine mit Jungen, die ihren Müttern nachrennen . . .

»Schau, schau mal, kleine Ferkel.«

»Ungeziefer. Schädlinge«, sagt der Farmer.

Paviane plündern die Kaffeefelder. Sie können in einer Nacht ein ganzes Feld verwüsten, und sie haben gelernt, daß Kaffeebohnen »anturnen«. Sie werden tatsächlich »high« davon. Wildschweine vernichten Gemüsegärten und jagen die Haushunde, wenn möglich bringen sie sie um.

Der Mann mit dem Gewehr ist lebenswichtig für das Bergtal und die Farmer dort. Paviane, Schweine und Menschen können nicht zusammenleben. Wie schade.

In den Wäldern Mosambiks gibt es seit dem Krieg keine Tiere mehr. Kein einziges, sie wurden alle getötet.

Jeden Morgen gegen halb sechs setzte ich mich auf die Veranda, um mir den Sonnenaufgang anzusehen, und beobachtete ungefähr hundert Meter hügelabwärts eine Meerkatze, die in einem Baumwipfel saß, dort herumlümmelte wie ich in meinem Sessel und ebenfalls den Sonnenaufgang genoß, während sie sich nach der kühlen Nacht in den ersten Sonnenstrahlen wärmte. Sie blieb ungefähr eine halbe Stunde sitzen. Freunde oder Familienmitglieder, jedenfalls frivolere Charaktere als dieser Philosoph, turnten zwischen den unteren Ästen herum und jagten einander von Baum zu Baum.

## HOTELS

An der Straße hinauf in die Vumba-Berge liegen zwei altmodische, charaktervolle, geräumige Hotels mit unzähligen Veranden, Rasenflächen und Vögeln. Man sitzt im Freien auf einer sonnigen Wiese, trinkt Tee oder Bier und beobachtet die Vögel, die zwischen den Bäumen hin und her fliegen. Der Wildhüter der Gegend hat auch mit der Hotelindustrie zu tun. Er macht sich Sorgen wegen der Entführung der sechs Touristen, die die Leute davon abhalten wird, auch weiter in diese Gegend zu reisen. Wir sitzen herum, trinken und spielen das Spiel: Was wäre, wenn ich . . . wäre? In diesem Fall Tourismusminister. Wir würden organisierte Touren für Vogelkundler anpreisen und alte Hotels voller Charme versprechen.

## DIE NEUE KLASSE

In einem dieser Hotels saß ich mit einem Freund in einer Ecke der Bar. An der Bar selbst saßen vier sehr junge, überaus elegante Schwarze, zwei Mädchen in Abendkleidern, die den Rükken frei ließen und von zierlichen Schulterträgern gehalten wurden, die Männer in Dinnerjackets. Sie flirteten, plauderten und benahmen sich äußerst stilvoll. Wie im Film. Mein Freund, ein Weißer aus der alten Zeit, und ich hatten angesichts der vier völlig konträre Empfindungen. Vor fünfunddreißig Jahren war ich wie diese Mädchen gewesen. Ich wußte, daß sie sich so fühlten wie ich damals, als ich neunzehn, zwanzig war und unglaublich raffinierte Kleider trug. Sie waren verzweifelt und unsicher. Mein Freund sagte: »Das sind Beamte aus Mutare, die sich hier einen schönen Abend machen wollen. Ich wünsch ihnen viel Spaß.« Womit er eigentlich meinte: Wenn es das ist, was sie wollen, dann beweist das nur, wie dumm sie sind.

## ANTHROPOLOGIE

Nicht auf der Veranda, weil es zu kalt ist, sondern um den großen Kamin herum sitzen ein Dutzend Leute, zum Teil Besucher aus Harare, und reden über die letzten Nachrichten: Drei der sechs Geiseln, die auf der Straße zu den Victoria-Fällen genommen wurden, sind wieder frei; die Geiselnehmer drohen damit, die anderen drei zu einem bestimmten Zeitpunkt umzubringen. Ein paar aus der Kaminrunde sind der Meinung, daß sie bluffen, niemand sei bislang umgebracht worden, und daran werde sich auch nichts ändern. Dann sagt ein Mann aus Bulawayo: »Wenn die Matabele sagen, sie werden es tun, dann werden sie es auch tun. Die sind so.« Er erzählt, daß er während des Kriegs monatelang bei den Matabele gelebt, mit ihnen gegessen und bei ihnen geschlafen habe. Als er den Busch wieder verlassen hätte, sei es ihm ein, zwei Tage schwergefallen, erneut englisch zu sprechen. In kalten Nächten habe er zwischen zwei anderen Männern geschlafen, jeder nur in eine dünne Decke gewickelt. Er bewundert die Matabele. Als später bestätigt wird, daß sie die Geiseln getötet haben, meint er: »Ich hab's euch ja gesagt.« Ziemlich viele der Versammelten mögen die Matabele und mehr noch die Zulus, von den die Matabele abstammen. Ein anwesender Historiker und Anthropologe nimmt ein Mädchen aus Südafrika auf den Arm: »Warum verehrt ihr die Zulus so? Weil sie von Natur aus militaristisch veranlagt sind. Sie sind Soldaten. Die Preußen Afrikas. Ich kann sagen, was jemand für ein Mensch ist, je nach dem, ob er die Matabele oder die Mashona mag. Die Mashona sind ein lebenslustiges, kreatives, künstlerisch veranlagtes, gewitztes Volk wie die Italiener. Deswegen sind die Italiener, die sich nach dem Zweiten Weltkrieg hier niedergelassen haben, auch so gut mit ihnen ausgekommen. Beide Völker sind Lebenskünstler. Aber weiße Südafrikaner verehren die Zulus, und gewisse weiße Simbabwer die Matabele. Gleich und gleich gesellt sich gern.«

Sie reden wieder und wieder zwanghaft über die neuen schwarzen Führer. Sie können es nicht lassen. Aber bereits jetzt verändern sich die harten, haßerfüllten Urteile, die ich während der ersten Tage meines Aufenthalts gehört habe. Mugabe hat womöglich doch diese oder jene gute Eigenschaft. Nkomo ist gar nicht so übel – schade nur, daß er in Ungnade gefallen ist. Diese Veränderungen haben nichts von der hysterischen Kehrtwendung, mit der die weißen Kenianer die Welt überraschten: In der einen Woche war Jomo Kenyatta noch ein teuflischer Gangster, in der nächsten ein großer alter Mann.

Ein schwarzer Führer allerdings hat überhaupt keine Züge, die eine Versöhnung möglich machen würden: Edgar Tekere, der – betrunken – in ein weißes Farmhaus eindrang und den Farmer umbrachte. Tekere ist ein heilloser Fanatiker, und Mugabe sollte sich von ihm trennen. Edgar Tekere stammt aus ebendiesem Teil des Landes, hier ist er ein Volksheld. Pech für Manicaland, sagen die Weißen.

Sie reden und reden und reden ... über das Regiment, das nur ein paar Kilometer entfernt stationiert ist. Nein, es sind nicht die Koreaner, nicht die Fünfte Brigade, aber es sind auch bei weitem keine Soldaten, wie man sie von modernen europäischen Armeen her kennt, die man nicht sieht, wenn sie nicht gebraucht werden. Diese hier benehmen sich schlecht, ja stehlen sogar, was unbewacht ist. Frauen, die sie allein vorfinden, terrorisieren sie; sie betrinken sich, wenn sie es nicht sollten. Und es gibt keine Abhilfe.

Warum sind sie hier?

Als die Grenze zwischen Portugiesisch-Ostafrika und Südrhodesien festgelegt wurde, trafen sich zwei Regierungsbeauftragte, tranken etwas und erledigten die Angelegenheit mit Würfeln ... Entspricht das der Wahrheit oder nicht? Wenn wie in diesem Fall Anekdoten grenzüberschreitend im ganzen südlichen Afrika wieder und wieder erzählt werden, sind Zweifel angebracht. Die Weißen erzählen sie voller Vergnügen – die gezähmte Nachkommenschaft bewundert ihre freibeuterischen Ahnen. (»Drake war wirklich ein schrecklich roher Mensch.«) Und die Schwarzen erzählen sie ebenso vergnügt, weil sie in ihr Bild von den Weißen passen. *»Na ja, was kann man schon von denen erwarten?«*

Lord Salisbury hat gesagt: »Wir haben Berge, Flüsse, Seen unter uns aufgeteilt, ohne zu wissen, wo sie sich befinden.«

Vermutlich hätte er das Tun dieser beiden liederlichen jungen Beamten, eines Südrhodesiers und eines Portugiesen, die Cocktails schlürften und die sieben Kilometer entfernte Grenze auswürfelten, nicht gebilligt.

Das Problem der Grenze ist, daß sie mitten durch ein Stammesgebiet verläuft. Ein Teil liegt im heutigen Mosambik, der andere in Simbabwe. Und weil Mosambik harte Zeiten und Hungersnöte durchlebt und weil die Afrikaner auf der anderen Seite der Grenze keinen Grund sehen, diese zu respektieren, kommen sie nach Simbabwe, um sich bei ihren besser gestellten Verwandten Lebensmittel zu holen. Das aber wiederum ist gegen die Gesetze des neuen Simbabwe, denen von Genosse Mugabes Soldaten zur Durchsetzung verholfen werden muß. Das Bataillon ist der wahre Herrscher in der Gegend. Die Weißen hassen die Soldaten, weil sie Anarchie verbreiten, wo immer sie auftauchen. Die Schwarzen hassen sie, weil sie ständig ihre Häuser nach »Brüdern« von jenseits der Grenze durchsuchen.

Die Weißen sagen: »Sie führen sich auf, als ob ihnen das Land gehört.«

»Glauben Sie, die Tatsache, daß sie den Krieg gewonnen haben, hat etwas damit zu tun?«

»So etwas kann man einfach nicht hinnehmen, und damit basta! Die Frauen haben sich wieder beschwert. Ich hab dem Befehlshaber eine Nachricht geschickt. Aber was kann er schon tun? Es gibt einfach keine Disziplin.«

Aber das Bataillon hat auch seine Vorteile.

»Irgend etwas tut sich da«, geht die Rede auf den Veranden. »Wir werden's Ihnen sagen, wenn's vorbei ist.«

Wir sehen den Hang hinunter auf die armseligen, provisorischen Hütten der Landbesetzer, die nicht zu einem traditionellen Dorf gruppiert, sondern isoliert für sich liegen, auf Waldlichtungen, wo keine Bäume mehr stehen und die Erde langsam bergabwärts abgetragen wird.

Folgendes »tat sich«: Dem Bataillon war von der Regierung befohlen worden, ein paar der Landbesetzer von einer Farm zu vertreiben. Verantwortlich für die Operation war ein junger Schotte, der seinen Auftrag haßte. Zwei Nächte lang konnte er nach eigener Auskunft nicht schlafen. Nach der Operation kam er auf einen Drink vorbei. Die Armee war mit Lastwagen zu den Hütten gefahren, hatte Hab und Gut der Landbesetzer auf die Lkws verladen und die Hütten in Brand gesteckt. Die Frauen – mehr als siebzig – hatten zugesehen, wie ihre Hütten niederbrannten. Als bedeutungsvoll galt, daß zwei Nähmaschinen, zwanzig Säcke mit Maiskolben und eine Ladeneinrichtung gefunden wurden. Nach Ansicht der Weißen lag es auf der Hand, daß diese Sachen für die Anti-Frelimo-Terroristen oder für die Renamo bestimmt waren, die – das glauben zumindest die Leute hier – mit Sicherheit den Sieg davontragen werden. Ich frage: »Aber diese Leute werden doch bestimmt nicht Südafrika unterstützen? Darauf würde es doch hinauslaufen.«

»Sehen Sie, das sind Bauern, und sie verhalten sich wie Bauern – wie alle Dorfbewohner während des Kriegs. Die armen Schweine haben den Kopf in den Sand gesteckt und überlebt. Sie wissen, wie man überlebt. Sie wollen essen. Menschen müssen essen, verstehen Sie? Unter Samora Machel gibt's nicht genug. Sie glauben, daß sie unter den anderen mehr zu essen kriegen werden. Darum geht es.«

Die Leute wurden mit den Lkws nach Mutare gebracht, um, wie es hieß, irgendwo anders neu angesiedelt zu werden. Es sollte sich jedoch erweisen, daß nur zehn Prozent ein Stück Land zugewiesen bekamen. »Die meisten haben Jobs in Mutare oder Männer oder Brüder, die dort arbeiten. Sie haben bereits ein Zuhause.«

»Hat man ihnen die Nähmaschinen zurückgegeben?«

»Die sind beschlagnahmt.«

»Und der Mais?«

Niemand fühlte sich wohl in seiner Haut. Die Operation war ein Sieg für die Weißen gewesen, hatte sie darin bestärkt, daß die schwarze Regierung zumindest manchmal dem Gesetz zur Geltung verhalf.

Später gab es Ärger, als die Landbesetzer vor Gericht gestellt und dazu verurteilt wurden, nie wieder einen Fuß in dieses Gebiet zu setzen. Keine Geldstrafe. Keine Haftstrafe. Keine Freilassung auf Kaution. Nur die Empfehlung: Tut es nicht wieder.

»Natürlich werden sie es wieder tun. In diesem Moment steigen sie wieder durch den Busch den Berg hinauf. Der Landwirtschaftminister verspricht uns ständig: ›Ja, ja, natürlich ist es unzulässig, wenn sie sich einfach auf eurem Land niederlassen.‹ Und als nächstes hält er eins dieser agitatorischen Treffen ab und sagt: ›Die weißen Farmen sind Freigut‹, und er verspricht ihnen Land, obwohl er weiß, daß es nicht genug davon gibt. Das sagt er ihnen allerdings nicht. Mit seinem Gebrüll und Geschrei macht er sie ganz kirre, und am nächsten Tag kommt er zu uns: ›Ah, nur keine Aufregung, betreibt eure Landwirtschaft weiter, Simbabwe könnte ohne euch nicht überleben.‹«

Ein paar Tage später fuhr ich, ohne anzuhalten, von Mutare zurück nach Harare. An der Tankstelle hatte ich verhandeln müssen, weil niemand ohne Bezugsscheine Benzin erhielt, außer er war ein Rädchen im Getriebe des örtlichen Tauschhandels – Dienstleistungen, Gunstbeweise oder landwirtschaftliche Produkte im Tausch gegen eine Tankladung Benzin. Wieder einmal war die Pipeline von der Renamo unterbrochen worden, und auf der Straße kamen einem kaum Autos entgegen. Bisweilen ertappte ich mich bei dem Gedanken, was für ein Glück es war, in dieser Zeit zu leben, und so erging es mir oft, wenn ich allein oder in Begleitung durch die Wildnis fuhr. Nicht nur war es erlaubt, daß man fuhr, wohin man wollte, es wurde sogar gutgeheißen – wenn vielleicht auch nicht mehr lange. Mach das Beste daraus, solange es noch geht, ermahnte ich mich durchaus schuldbewußt, wenn ich mit dieser Giftschleuder Auto dahinraste oder auch spazierenfuhr. Auf der Fahrt durch das östliche Simbabwe, durch diese Landschaft unter dem riesigen kalten Himmel, vergaß ich, daß sich in den Köpfen der Bürger das Land noch im Kriegszustand befand, daß jeder Baum, jeder Hügel, jede Straßenkurve an den Tod erinnerte.

Gibt es ein schöneres Land als Simbabwe? Es verbindet Pracht, Mannigfaltigkeit und Frische der Farben mit der Herkunftsgeschichte der Menschheit (irgendwo hier haben wir unseren Ursprung, so sagt man). Die Landschaft vermittelt einem das Gefühl, als sei man selbst, dieses winzige Moment der Geschichte, der wahre Erbe dessen, was die Menschheit getan und erreicht hat. Diese gefährliche Pracht erinnert einen ans Überleben: Wenn wir schon so viel überstanden haben, dann gibt es Grund zur Hoffnung . . . Aber wir näherten uns Harare, und die Straße war nicht länger unbefahren. Mein Begleiter machte mich auf die Autos aufmerksam, ob Lastwagen, Bus oder Pkw, beschwerte sich über die technischen Standards der Vehikel. Seit der Unabhängigkeit bevölkerten Tausende von Fahrzeugen die Straßen, die keine Zulassung hatten und auch nie eine bekommen würden, weil sie eigentlich nicht mehr fahrtüchtig waren, aber »diese Regierung kümmert sich um solche Kleinigkeiten selbstverständlich nicht, sie macht sich vor lauter Angst vor den eigenen Leuten in die Hose. Schwarze werden niemals strafrechtlich verfolgt. Wenn allerdings einer von uns sich irgendein Bagatellvergehen zuschulden kommen läßt, dafür hat die Polizei massenhaft Zeit.« Aber wenn die meisten Schwarzen auch schlechte Autofahrer waren, die Busfahrer in der Stadt oder auf dem Land waren alle prima Kerle. »Ich würde ihnen jederzeit und überall mein Leben anvertrauen.« Jetzt hatte ich keine Augen mehr für den Busch, die Berge, den Himmel, und alle damit verbundenen positiven wie negativen Gedanken waren wie weggeblasen. Bei meiner Ankunft war mir die Ansammlung alter Mühlen nicht aufgefallen, mit Stricken zusammengehaltener Kisten, rostender Erinnerungen an die Zeit, als alle Welt Auto fuhr, gesehen. Kurz gesagt, es waren Wagen, wie sie früher die armen weißen Farmer gefahren hatten, und fast jedes Auto zog schwarze Rauchfahnen hinter sich her. Lange bevor eins eine Hügelkuppe erklommen hatte, sah man bereits die schmierigen schwarzen Wolken an den Bäumen vorbeiziehen und den kalten blauen Winterhimmel verschmutzen.

## DIE MESSE

Die Harare-Messe war gerade im Gang. Die frühere Salisbury-Messe war zum Teil eine Landwirtschafts-, zum Teil eine Industrieschau gewesen, mit Pferderennen, Gesangs- und Tanzveranstaltungen aller Art, Paraden, Modenschauen, vom krönenden Ball ganz zu schweigen. Das Ausstellungsgelände bedeckte mehrere Morgen Land, und die Besucher kamen normalerweise von überall her, auch aus Südafrika und Nordrhodesien. Dieses Jahr wurde alle Vorfreude von Angst überschattet. Im Jahr zuvor, 1981, während der ersten Schau nach der Unabhängigkeit, hatte eine Gruppe betrunkener, bewaffneter Freiheitskämpfer auf dem Gelände randaliert, Stände demoliert, Besuchern angedroht, sie zusammenzuschlagen, und revolutionäre Lieder gegrölt. Der Krieg war gerade erst vorüber, und alle wußten, daß es überall im Land diese Männer und nicht wenige gleichgesinnte Frauen gab, die für die Unabhängigkeit gekämpft hatten und – viele zumindest – verbittert waren, weil man die Weißen nicht augenblicklich aus dem Land gejagt hatte. »Dafür haben wir nicht gekämpft«, schrien sie, als sie die vielen weißen Gesichter hinter Ständen und Buden sahen. Aber sie beleidigten und bedrohten nicht nur Weiße. Es waren Menschen, die nicht anders konnten als kämpfen und verletzen. Und wenn es dieses Jahr wieder passierte? Mein Bruder hatte schon beschlossen gehabt, seine Produkte nicht auszustellen, dann jedoch gemeint, daß er sich von einer Bande »Terrs« nicht in Panik versetzen lassen wollte.

Ich schlenderte zu dem Platz, wo preisgekrönte Rinder an den Schiedsrichtern vorbeigeführt wurden. Die Köpfe der Tiere waren mit großen Rosetten geschmückt, zweiter Preis, erster Preis, Champion, sie sahen aus wie früher die Mädchen, die bei altmodischen Tanzveranstaltungen Blumensträuße im Haar getragen hatten. In der Abteilung Kleinindustrie stand eine Gruppe weißer Männer zusammen und unterhielt sich leise, ihre Schulterhaltung defensiv. Es waren viele Besucher gekommen, aber »in den alten Zeiten« – das heißt, vor drei oder vier Jahren, vor der entscheidenden Kriegsphase – war die Messe so überlaufen gewesen, daß man sich überall hatte durchdrängen müssen. In einem großen Kreis standen die kunsthandwerklichen Stände auf der nackten Erde, und dort fand ich auch meinen Bruder, der auf Kunden wartete.

»Kein Mensch da«, sagte Harry ruhig, aber mit verhaltener Wut. »Ich hätte genausogut zu Hause bleiben können.«

Es waren allein Weiße, die an ihren Ständen Holzperlen, Gürtel, Blumen und Bekleidung verkauften – Dinge die man überall auf der Welt von Camden Lock über den Marktplatz von Helsinki bis zu einer Provinzmesse irgendwo in den USA finden konnte. Die spärlichen Besucher waren ebenfalls fast alle weiß.

Ich saß neben dem Stand meines Bruders in einem Liegestuhl in der Sonne und betrachtete die langsam Vorübergehenden, die sich zögerlich wie Fische in einem Aquarium umblickten, sich kurz an einem Stand aufhielten, dann vorsichtig den nächsten ansteuerten und so auf dem braunen Staub ihre Kreise zogen. Die Gesichter ... Es waren viele Gesichter aus meinen Träumen darunter, verzerrt, aber vertraut. Menschen, mit denen ich zur Schule, zum Tanzen in den Salisbury Sports Club gegangen war oder wilde Autofahrten gemacht hatte. Ich kannte sie und kannte sie auch wieder nicht. Und da ich so oft vom alten Rhodesien träumte, waren sie mir wahrscheinlich im Schlaf begegnet.

Eine ältliche Frau, angezogen wie für eine Teegesellschaft, mit einem blumenverzierten Hut und weißen Handschuhen, bleibt stehen, sieht sich um und nähert sich dann vorsichtig meinem Bruder.

»Bist du das Harry? Ich hab's mir doch gedacht. Lange nicht gesehen. Ich war in der Republik, um mich mal umzusehen. Aber ich bleibe hier. Unsere Affs gefallen mir besser. Verglichen mit denen da unten sind sie richtig nett. Mit unseren Affs gibt's immer was zu lachen.«

Er sagt nicht, daß er durch die Lücke schlüpfen will, sondern nur, daß die Messe nicht mehr sei wie früher. »Ich bin nur hier, weil ich glaube, daß wir das Banner hochhalten sollten.«

Pause. Sie mustert mich von Kopf bis Fuß. Dann tritt sie noch näher an meinen Bruder heran und spricht ganz leise. »Harry, wer ist die Dame da im Liegestuhl?«

»Das ist meine Schwester«, sagt er ebenfalls ganz leise.

»Du meinst, das ist ...«

Beide wenden sich mir zu und starren mich an.

»Aber ich dachte, sie ist ...«

»Ja, aber mit der neuen Regierung ... Sie ist auf ihrer Seite. Jetzt darf sie wieder her.«

Sie hat einen gequälten Mir-ist-das-alles-zuviel-Ausdruck wie eine Hausfrau, der die Milch überkocht, während das Kind Pudding auf den frisch geputzten Boden schmiert. Sie lacht nervös, während Harry ihr anvertraut: »Sie hat noch immer diese komischen Ideen, du weißt schon.«

Sie geht davon, neigt würdevoll den Kopf in meine Richtung, die Blumen auf ihrem Kopf nicken sacht. Ich hebe die Hand und winke kurz: Hallo.

Harry kommt zu mir herüber und sagt: »Das war Joannie.«

»Aha. Freut mich, sie alle wiederzusehen.«

Eine Kundin kam, eine schwarze Frau mit drei großen Töchtern. Sie interessierte sich für Knöpfe, denn sie strickte Jacken für einen Versandhandel. Ich schlenderte zur Abteilung »Afrikanische Landwirtschaft«. Dort waren wirklich ungeheuer viele Menschen. Sie redeten angeregt miteinander und amüsierten sich, trotzdem waren sie wachsam, denn sie hatten genauso Angst vor etwaigen Ausbrüchen betrunkener Freiheitskämpfer wie die Weißen. Ihre Aufmerksamkeit wurde von Gerätschaften und Gemüse beansprucht. Kaum jemand dieser Leute hatte den Kontakt zu seinem Dorf, seiner Gegend, zum Busch verloren. Ich mußte an Finnland denken, von dem behauptet wird, daß dort jeder einen Verwandten auf dem Land hat: Eltern, Geschwister, die mit einem Bauern verheiratet sind. Die Leute, die sich hier um die Stände drängten, kannten, was sie sahen. Alle möglichen Sorten Mais, Hirse, Rapoka – Getreidesorten, die mir bekannt waren, aber es gab viele mehr. Wurzeln und Blätter, die zum Würzen dienten und die ich von meinen Spaziergängen im Busch her kannte. Hülsenfrüchte – Dutzende verschiedener Sorten. Kartoffeln, Süßkartoffeln, Kürbisse, so groß wie gelbe Felsbrocken, jede Menge Kürbisse und Melonen. In Afrika heimische Früchte, die seit jeher angebaut wurden. In Simbabwe, diesem Garten Eden, wächst so gut wie alles, von Beeren, Pflaumen, Pfirsichen und Äpfeln in den östlichen Distrikten über die tropischen Früchte im Burma-Tal und Orangen, Zitronen und Grapefruits im Mazoe-Tal bis zu Avocados, Mangos, Litschis und Kumquats und ... Gibt es irgend etwas, was in diesem sonnenverwöhnten, sternengesegneten Land nicht gedeihen würde?

Die Leute bewunderten Obst und Gemüse, das in Töpfen und Körben und auf Stofftüchern ausgestellt war, und wanderten zu dem Platz, auf dem Stammestänze vorgeführt wurden. Die Trommelklänge fuhren direkt in die Füße, die Leute bewegten sich dazu, und ein paar Frauen tanzten, während die Männer daneben standen und in die Hände klatschten. Die Reihen der Tanzenden waren bald so eng geschlossen, daß man nicht glauben mochte, es sei noch Platz, um sich dazwischenzuzwängen, aber das Unmögliche geschah ständig wieder. Gruppen Weißer sahen zu, eine davon Entwicklungshelfer oder vielleicht waren es auch Angehörige einer Botschaft; sie waren freundlich, unaufdringlich, fühlten sich hier so zu Hause wie nächstes Jahr in Äthiopien, Jakarta oder Peschawar. Südafrikanische Soldaten bildeten eine andere Gruppe. Irgend etwas hatten sie an sich, so wie früher Vietnamveteranen etwas an sich hatten. Im Jahr zuvor hatte ich einen Südafrikaner kennengelernt, der zwei Jahre in Namibia gedient hatte. Sein Gesicht war verwüstet. Südafrikanische Soldaten, die in Namibia oder Angola kämpften, mußten sich selbst zuviel vergeben. Ihre Gesichter waren wie Wunden. Diese jungen weißen Soldaten, Touristen, sahen jetzt in Simbabwe etwas, gegen das sie in der Republik gekämpft hatten. Keiner blickte offen zu ihnen hin, nur verstohlen, so wie ich. Afrikaner, die an ihnen vorbeischlenderten, taten das unbewußt (oder vielleicht bewußt) mit großem Abstand und sprachen nur noch flüsternd.

Im allgemeinen ignorierten die Schwarzen hier die Weißen. Sie wollten uns nicht sehen, und vielleicht sahen sie uns tatsächlich nicht.

Die südafrikanischen Soldaten blieben stehen, wo sie waren, und sahen den Tänzen zu, die einmal nicht für Touristen aufgeführt wurden. Sie waren alle wie berauscht, aber nicht von Alkohol.

Ich entfernte mich und wurde von einer jungen Frau aufgehalten, die ein schickes rotes Kostüm, irrsinnig hohe schwarze Stöckelschuhe und ein buntes Tuch um den Kopf geschlungen trug. »Würden Sie mir ein Interview geben? Für die Zeitung?« fragte sie mich.

Später sitzen wir einander im Pressepavillon gegenüber und

plaudern über dies und das. Dann fragt sie: »Was denken Sie über Simbabwe?« Wir verstehen uns ziemlich gut, deshalb riskiere ich zu sagen: »Im Augenblick bricht es mir das Herz.«

Sofort legt sie ihr professionelles Lächeln ab und erwidert: »Ja, da stimme ich Ihnen zu. Aber vielleicht fällt Ihnen noch etwas Positives ein?«

»Viva Simbabwe«, sage ich. Aus irgendeinem Grund stehen Tränen in meinen Augen und, wie ich sehe, auch in ihren. Uns wird beiden klar, daß wir kurz davor sind, loszuheulen.

»Es wird einige Zeit dauern«, sagt sie flüsternd und läßt den Blick schweifen, um sicherzugehen, daß uns niemand zuhört.

»Es wird einige Zeit dauern, aber Simbabwe ist auf dem richtigen Weg.«

»Sehr gut«, sagt sie. »Das gefällt mir.«

## IN EINER BAR

An diesem Abend stehe ich zusammen mit ein paar Freunden in der Bar eines Restaurants in einem Vorort Harares. Es sind viele Leute da. Einem Schwarzen ist gesagt worden, daß es gegen das Gesetz ist, einer schwarzen Person den Einlaß in einen »weißen« Club oder eine »weiße« Bar zu verwehren. Er bewegt sich linkisch zwischen den weißen Gästen und lächelt ekstatisch, ist vielleicht ein bißchen betrunken oder auch nur gehobener Stimmung wegen der neuen Zeiten. Die Weißen bemerken ihn zunächst gar nicht, alle haben reichlich getrunken, machen ihm dann jedoch Platz, und einer sagt: »Hallo, Jim, gib auf mein Glas acht.« »Jaa, Baas, ja, mein Baas«, erwidert der Schwarze tapfer. Er lächelt, schwankt ein bißchen, dreht sich um, will ganz sicher gehen, daß er hier ist, von Rechts wegen hier, an diesem Ort der Weißen. »Willst du was trinken?« fragt ihn ein anderer Weißer und wendet sich dann an den Barkeeper: »Gib diesem netten Kerl was zu trinken. Was willst du?« »Ein Bier, Baas.« »Nein, wenn schon, dann einen Whisky, na los, sei kein Frosch.« »Ja, Baas, bitte einen Whisky, Baas.«

Am nächsten Morgen, wenn er wieder nüchtern ist, wird er außer sich sein vor Wut. »Ich könnte sie umbringen, wirklich umbringen«, wird er sicherlich sagen und weinend mit der Faust gegen die Wand schlagen.

Wir setzen uns an einen Tisch. Ein simbabwischer Abend. Wie früher ein südrhodesischer Abend. Ich saß, die Frauen saßen an einem Tisch, während die Männer immer betrunkener wurden. Bedauerlicherweise haben sie schon vor langer Zeit das kurze Stadium hinter sich gelassen, in dem Betrunkene geistreich und wunderbar witzig sind, jetzt reden sie nur noch Blödsinn. Hunderte von Abenden habe ich als junge Frau, von der Langeweile buchstäblich betäubt, herumgesessen und mir geschworen, das Land zu verlassen, und wenn es das letzte wäre, was ich in meinem Leben noch tun würde. »Ich muß hier weg, oder es kostet mich Kopf und Kragen ...« Langeweile, tödliche Langeweile ...

## DAS RESTAURANT

Es ist das Jameson Hotel, das bereits Jahre vor der Unabhängigkeit die Rassentrennung aufgehoben hat. Es ist seit jeher ein angenehmer Ort gewesen. Im Restaurant drängt ein Mann seine Frau, ein Gericht zu bestellen, das sie nicht kennt. »Du kannst nicht immer nur *sadza* essen«, sagt er wie ein Oberlehrer. Die Frau ist dick, und sie lacht ratlos, als sie auf ein Gericht auf der Speisekarte deutet, dann bedeckt sie ihren Mund mit beiden Händen und schüttelt sich vor Lachen. Der Kellner steht lächelnd dabei, andere Kellner halten in ihrer Arbeit inne, um hinüberzusehen, der Restaurantmanager kommt. Jeder, ob schwarz oder weiß, beobachtet diese Episode sozialer Evolution.

Sie probiert ein Käsegericht, verzieht das Gesicht, schüttelt zuerst den Kopf, dann die Schultern, so daß die vielen Halsketten, die sie wie einen Kragen trägt, funkeln und klimpern. Es ist unverkennbar, daß sie prinzipiell nur *sadza* mag, und deshalb müssen wir die Zurückweisung nicht ernst nehmen. Ein Kellner zuckt philosophisch die Achseln, trägt den Teller ab und bringt etwas anderes. Sie steckt einen Finger hinein und rollt die Augen. »Nein, nein, du mußt mit der Gabel essen«, sagt ihr Mann mit der angemessenen Strenge. Sie schließt einen Kompromiß, nimmt den Löffel, führt ihn zum Mund, macht ein unglaublich erstauntes Gesicht, schürzt die Lippen, schüttelt den Kopf, lehnt sich keuchend zurück und hält die Serviette vors ganze Gesicht.

Mittlerweile lachen alle.

Der Kellner stellt mit ausholender, ironisch verzweifelter Geste, die uns alle mit einschließt, einen Teller mit Pudding vor sie hin. Mit weitaufgerissenen Augen steht sie tapfer am Rand des Abgrunds, taucht einen Löffel hinein, führt ihn langsam und auf Umwegen an den Mund, stöhnt vor unheilvoller Vorahnung, steckt ihn hinein, wirft den Kopf zurück, ein ekstatischer Ausdruck breitet sich auf ihrem Gesicht aus, und rasch löffelt sie weiter, stößt dabei kleine Entzückensschreie aus, während sich die Kellner vor Lachen biegen. »Meine Liebe«, sagt ihr Mann, »du bist eine sehr alberne Frau.«

»Ja, ja, ich bin eine alberne Frau, mein Lieber, aber ich möchte noch mehr davon, was immer es ist. Es schmeckt wunderbar.«

## IM HAUS EINES DICHTERS

Ein Haus in Harare. Ein schwarzer Dichter, der mit einer weißen Frau verheiratet ist. Sie hat eine Stelle an der Universität, arbeitet viel. Er hat keinen Job. Sie kocht für acht Personen, und ständig treffen noch mehr Leute ein. Ich frage, ob ich ihr helfen kann. »Nein, das ist ihre Aufgabe, sie muß kochen«, sagt ihr Mann.

Ein Schriftsteller ist anwesend, der erst vor kurzem aus Kenia nach Simbabwe ins Exil gegangen ist. Er legt den ruhelosen, aggressiven Humor an den Tag, der in seiner Situation so nützlich ist, und macht Witze über die alltäglichen Ungerechtigkeiten in seiner Heimat.

Außerdem ist ein ungefähr dreißigjähriger Mann da, ein ehemaliger Freiheitskämpfer, von dem gerüchteweise verlautet, daß er Minister für Kunst und Wissenschaft werden wird. Auch er macht Witze, scherzt, daß es nicht lange dauern wird – wenn sich die Lage in Simbabwe so entwickelt wie in Kenia –, daß er als Minister die Verhaftung unseres Gastgebers wird anordnen müssen, weil die Zeitschrift, für die er arbeitet, aufrührerische Gedanken publiziert.

»Aufrührerische Gedanken«, sagt er, »das können wir nicht zulassen, Junge. Paß auf, sonst müssen wir was unternehmen.«

Zwei weiße Journalisten, die für den *Herald* arbeiten, sind erst vor kurzem ohne Angabe von Gründen verhaftet worden. Es ist nicht das erste Mal, daß Journalisten in Schwierigkeiten geraten. Den ganzen Abend über kommen wir immer wieder spaßhaft auf die beiden Journalisten und ihre aufrührerischen Gedanken zu sprechen.

Die Gastgeberin, die müde wirkt und unübersehbar ziemlich verärgert ist, serviert uns allen das Essen.

»Das ist bei uns in Afrika so Brauch«, sagt der Dichter, als ich eine Bemerkung darüber fallenlasse.

»Ich halte nicht viel davon«, sage ich.

»Aufrührerische Gedanken«, sagt er, und alle lachen.

Es war kein herzliches Gelächter.

Wieder mußte ich daran denken, wie sehr alle noch unter Schock standen, dem Nachkriegsschock, den ich kurze Zeit später bei den Mudjaheddin und Flüchtlingen in Peschawar erneut erleben sollte. Und wo hatte ich ihn noch erlebt? Ja, eines Nachts vor langer Zeit auf einem Bahnsteig in Berlin, zusammen mit einer Freundin. Plötzlich fiel uns auf, daß nur Männer auf den Zug warteten, ausschließlich Kriegsversehrte (aus dem Zweiten Weltkrieg). Alle waren betrunken, sturzbetrunken, krankhaft betrunken, und sie barsten schier vor unterdrückter Wut, waren wie Vulkane, die von einer Schicht erkalteter Asche überzogen waren. Meine Freundin und ich hatten uns unterhalten und gelacht, und dann hörten wir, wie unangenehm unsere Stimmen auf dem kalten, winterlichen Bahnsteig widerhallten. Wir musterten die wütenden Männer, und einer sagte zu uns auf englisch: »Ja, lacht nur, wenn ihr nichts Besseres zu tun habt. Es wird euch schon noch vergehen.«

Ziemlich spät trafen zwei Freiheitskämpfer ein, Guerillas, Boys, Jungs aus dem Busch – »Terrs«, Terroristen, Helden. Sie waren mit einem der Gäste verwandt und lebten derzeit in einem Rehabilitationszentrum außerhalb Harares. Sie trugen Zivil, sahen aus wie die Büroangestellten, zu denen sie gerade ausgebildet wurden. Sie waren betrunken. Bald waren alle betrunken und unglücklich.

## DER UNFALL

Wieder befanden wir uns auf der Straße von Harare nach Mutare, der Wagen vollgestopft mit Menschen und Koffern. Nachdem wir an einem Stand neben der Straße angehalten und Schinken, Räucherfleisch, Würste und rohen Schinken gekauft hatten, war das Auto noch voller. Will man in London Lebensmittel von auch nur annähernd dieser Qualität kaufen, muß man in einen Feinkostladen gehen. Der Kaffeefarmer saß am Steuer. Die Fahrt verlief ohne weitere Vorkommnisse, bis vor uns auf der fast leeren Straße ein Bus auftauchte, der mit so vielen jungen schwarzen Männern beladen war, daß es schien, als müßten im nächsten Moment ein paar von ihnen aus dem Fenster stürzen. Es handelte sich um Polizisten, die unterwegs zu einem Fußballspiel waren. Eine ungeschriebene Regel, die jeder Autofahrer in Simbabwe kennt, besagt, daß man nicht überholen soll, wenn der Vordermann rechts abbiegen könnte, weil die Fahrer oft vergessen, in den Rückspiegel zu blicken oder zu blinken – aber bisweilen vergißt man diese Regel. Wir hatten das schwankende Gefährt schnell eingeholt, kurz vor uns war eine Abzweigung nach rechts und gleich dahinter ein Graben. Wir beschleunigten, um den Bus, der nicht blinkte, zu überholen, als dieser plötzlich nach rechts schwenkte. Unser Fahrer versuchte auszuweichen, aber da war der Graben im Weg. Der Bus, dessen Fahrer uns mittlerweile gesehen hatte, hätte nun das Steuer herumreißen müssen, fuhr statt dessen jedoch weiter und rammte uns voll. Unser Wagen stürzte auf die rechte Seite, wurde ein paar Meter von dem Bus vor sich hergeschoben und fiel dann aufs Dach. Im Wagen vollzog sich alles in Zeitlupe. Mir war bewußt, wie ich langsam, als ob ich selbst meine Bewegungen steuerte, nach hinten auf die Ladefläche rutschte und mir den Kopf anschlug. Die Türen öffneten sich, und Glassplitter regneten auf uns herab. Ich kroch hinaus, fragte mich, wie viele unserer Knochen gebrochen waren, und fragte laut: »Alles in Ordnung?« Ich stand neben dem kaputten Wagen und hörte, wie eins der Mädchen auf dem Rücksitz rief: »Mama, Mama, bist du verletzt?«

Und schon saßen wir alle neben dem Auto auf der Straße. Das Wrack unseres Wagens und der Polizeibus, der quer, aber aufrecht auf der Straße stand, waren die einzigen Fahrzeuge weit und breit. Polizisten wanderten hin und her, standen wie wir unter Schock. Schließlich kamen wir vorsichtig und benommen auf die Beine. Unser Fahrer, der dafür bekannt war, daß er hart im Nehmen war, und der bereits mehrere Unfälle und gefährliche Eskapaden überlebt hatte, postierte sich neben dem Wagen, als wollte er auf ihn aufpassen. Als er danach gefragt wurde, sagte er, er selbst sei in Ordnung. Tatsächlich jedoch hatte er mit einer gebrochenen Schulter die schlimmste Verletzung von uns allen davongetragen. Die junge Frau, Mutter der zwei Mädchen, gewohnt, die Dinge am Laufen zu halten, empfindliche Wesen vor rohen Ereignissen zu schützen und sich um aller Bedürfnisse zu kümmern, holte geschickt die Koffer aus dem Wagen und stellte sie am Straßenrand auf, brachte wieder Ordnung in das Durcheinander. Die Mädchen weinten: »Warum ich? Warum ich?« So wie wir alle es tun, wenn uns zum erstenmal ein Unglück trifft, wenn wir noch nicht erfahren haben, wie oft das Leben sich nicht bei der Statistik, das heißt bei anderen Leuten, aufhält, sondern uns selbst einholt. Was mich betraf, so lehnte ich mich ans Auto, mir war schwindlig, und ich klammerte mich an meine Handtasche und dachte: Wenigstens muß ich nicht diesen ganzen Unsinn mitmachen und Formulare für Paß, Führerschein und Kreditkarten ausfüllen. Und auch das Adreßbuch mit den Telefonnummern hab ich nicht verloren.

Ich war in Ordnung.

Ein Auto kam aus Richtung Mutare auf uns zu. Es hielt an,

und aus stieg eine Frau, die, wie sich herausstellte, Ärztin war. Sie meinte, daß wir alle Glück gehabt hätten, noch am Leben zu sein, eine Tatsache, die uns noch nicht ins Bewußtsein gedrungen war. »Und Sie waren noch nicht mal angeschnallt«, jammerte sie, unfähig, unsere Dummheit zu begreifen. Sie scheuchte uns auf die andere Straßenseite für den Fall, daß eins der seltenen Autos vorüberkommen sollte. Wir folgten ihr gehorsam, und sie untersuchte uns rasch, während sich die etwa dreißig jungen Männer aus dem Bus um uns scharten. Jetzt, da sie sicher waren, daß sie selbst in Ordnung waren, sorgten sie sich um uns. Sie waren nicht, wie später alle annahmen, die von unserem Unfall erfuhren, betrunken. Sie waren in Hochstimmung gewesen, ja, aber nicht aufgrund von Alkohol. Jetzt kümmerten sie sich um uns, schüttelten mitfühlend die Köpfe und wollten wissen, ob wir verletzt waren. »Was für eine verflucht blöde Frage«, zischte unser Fahrer. Mittlerweile bluteten wir alle irgendwo. »Sind Sie in Ordnung?« fragten sie mich und legten mir besorgt eine Hand auf Schulter, Arm und Rücken, tätschelten mich hier und dort, als versuchten sie, ausgerenkte Glieder wieder einzurenken. Inzwischen hatte ich eine Beule von so ungeheuren Ausmaßen auf der Stirn, wie man sie sonst nur in Comics sieht. Sie schillerte in allen Farben. Ein blaues Auge mußte sich erst noch voll entfalten, und ein Fuß schmerzte. Die geprellten Rippen hatten sich noch nicht bemerkbar gemacht. »Selbstverständlich bin ich nicht in Ordnung«, sagte ich gereizt, bereit, mich auf eine ernsthafte Diskussion einzulassen. Ein paar von ihnen sahen nach den kleinen Mädchen, aber die schrien: »Rührt mich nicht an, rührt mich bloß nicht an.« Nicht, weil sie aus Südafrika waren – sie stammten aus einer liberalen Familie –, sondern weil sie unter Schock standen. Die jungen Männer fühlten sich verletzt. Die Mutter, die sich kaum mehr auf den Beinen halten konnte, redete auf die Kinder ein: »Redet doch nicht so dummes Zeug.«

Die Ärztin sagte, daß sie uns zum nächsten Krankenhaus bringen und anschließend das Polizeirevier informieren wollte. Die jungen Männer machten verlegene Gesichter, da sie ja selbst das Revier waren. Der Fahrer und die Ärztin stimmten darin überein, daß die Polizei den Unfall vertuschen und die Meldung ignorieren würde. Die Ärztin, sie war Missionsärztin, hatte erst vor kurzem den Totenschein für einen von den Koreanern, der Fünften Brigade, umgebrachten Touristen ausgestellt. Sie war unglaublich freundlich, allerdings auf eine Art gereizt, die wohl daher rührte, daß sie ständig Menschen wegen Verletzungen behandeln mußte, die sie oft genug ihrer eigenen Dummheit verdankten. Unser Fahrer, dem es nicht gerade gutging, bestand darauf, an der Unfallstelle zu bleiben, um verschiedene Einzelheiten für die Versicherung festzuhalten. An die Fahrt ins Krankenhaus erinnere ich mich nicht. Mittlerweile hatten die Schmerzen von uns allen Besitz ergriffen.

Was im Krankenhaus geschah, kann man als eine Zusammenfassung der verschiedenen Trends sehen, die damals, 1982, in Simbabwe aktuell waren.

## DAS LANDKRANKENHAUS

Es war Samstag, und das Krankenhaus war personell nur notdürftig besetzt. Es war ein Landkrankenhaus von der gemütlichen Art, wie es jedermann mochte und wie wir es in England gänzlich ausgerottet haben. Die Ärztin sagte, daß sie mit uns warten würde, bis der diensthabende Arzt eingetroffen sei. Sie selbst konnte uns nicht behandeln. Das Krankenhaus fiel nicht in ihre Zuständigkeit. Zwei freundliche schwarze Krankenschwestern kümmerten sich um uns, maßen Fieber, füllten Formulare aus und stillten die Blutungen. Wir stolperten, humpelten herum und lachten, weil wir einen überaus absurden Anblick boten, besonders ich. Mein Gesicht mit der Riesenbeule und dem blauschwarzen Auge hatte ich noch nicht gesehen. Die Mädchen weinten und jammerten nicht mehr und erwiesen sich ihres Halt-die-Ohren-steif-Erbes für durch und durch würdig. Dann traf der Kaffeefarmer ein, der mittlerweile unter starken Schmerzen litt, was er natürlich nicht zugab. Als nächstes kam der schwarze Arzt, der mit seinem Auto heranraste, daß der Kies nur so zwischen die blühenden Büsche spritzte, die das Krankenhaus umgaben. Er geriet ins Schleudern, brachte den Wagen dann aber in einem eleganten Bogen zum Stehen. Die Missionsärztin seufzte und sagte: »Schauen Sie sich das an. Gibt es hier denn nicht einen vernünftigen Menschen?«

Plötzlich war die Atmosphäre gespannt. Die schwarzen Schwestern hatten Angst, wir würden uns nicht von einem schwarzen Arzt untersuchen lassen. Damit war klar, mit welchen Problemen dieses Krankenhaus Tag für Tag zu kämpfen hatte. Sie verhielten sich taktvoll, waren charmant und erleichtert, als sich die Mädchen von ihrer Mutter ins Untersuchungszimmer führen ließen. In der Zwischenzeit hatte die weiße Ärztin ihren schwarzen Kollegen davon unterrichtet, daß ihrer Meinung nach einzig der Mann ernsthaft verletzt sei, und der – sie senkte die Stimme – sei sicher ein schwieriger Patient. Die zwei Ärzte blickten sich verständnisinnig an, dann lächelten sie und zogen die Brauen in die Höhe. Sie verabschiedete sich und sagte noch, sie werde in Mutare anrufen, damit man uns abholte. Wir blieben dankbar zurück. Als man mich in ein Zimmer brachte, wo mir Tetanus- und Penicillinspritzen gegeben wurden, sah ich, wie eine Schwester versuchte, den »schwierigen« Patienten dazu zu bringen, sich hinzusetzen und auszuruhen. »Aber mir fehlt überhaupt nichts«, sagte er mehrmals, wobei er rastlos durchs Zimmer schritt.

Ich befand mich mit einer alten Schwester im Nebenzimmer, einer dicken schwarzen Frau, in deren kompetenten Händen ich mich gleich wohl fühlte. Augenblicklich stellte sich eine Frau-zu-Frau-Beziehung her, und während ich mich auszog und sie mich nach Brüchen abtastete, unterhielten wir uns. Über Politik ... sofort über Politik, wie alle Welt damals. Eine junge Schwester kam herein, und die alte Frau bat sie, sich doch um die anderen zu kümmern, und schloß fest die Tür hinter ihr. Sie wartete einen Augenblick, öffnete die Tür dann noch einmal, spähte hinaus und sagte leise: »Es ist gefährlich, vor den jungen Leuten zu reden, sie melden einen bei der Partei.« Und dann setzte sie zu einem rasanten Monolog voller Beschwerden an. Schnell begriff ich, daß ich von anderen Leuten, die wie diese Frau waren, genau das gleiche hören würde. Während sie mich geschickt verband und mir die Spritzen verabreichte, erzählte sie, daß Mugabe nichts tauge, er wolle nur, daß alle Kommunisten würden, und sie sei doch religiös. Bischof Muzorewa sei in Ordnung und Nkomo auch – sie jagten den Weißen keine Angst ein. »Wir« – damit meinte sie uns beide – könnten uns doch noch an die Zeiten erinnern, als alles in Ordnung und das Leben angenehm gewesen sei, jetzt aber liege alles im argen, der Krieg sei schrecklich gewesen. Den Weißen habe der Krieg gefallen, denn es sei ihr Krieg gewesen. Die Schwarzen hätten nur unter ihm gelitten, aber darum hätten sich weder die Weißen noch die Genossen geschert.

Ich sagte – wie ich es mittlerweile wohl bereits mehrmals täglich tat –, daß ich einfach nicht verstehen könne, warum die Leute erwarteten, daß sich die Dinge so schnell änderten. »Wir«, sie und ich, wüßten in unserem Alter doch längst, daß sich nichts schnell änderte – zumindest berief ich mich nicht auf die Römer. Wenn mich etwas beeindrucke, dann folgendes: Niemand scheine sich daran zu erinnern, daß der Krieg erst vor zwei Jahren beendet worden sei, das heißt, alle redeten davon, wie schrecklich er gewesen sei, aber niemand spreche von den Schäden, die er angerichtet habe. Auch die Menschen hätten Schaden genommen. Daraufhin schwieg sie eine Weile, wickelte meterweise Bandagen ab und machte »ts, ts«, wenn ich aufstöhnte. »Während des Kriegs waren Sie also nicht hier?«

»Nein, ich komme aus England.« Sie nickte, verdeutlichte damit, daß ich dann natürlich nichts verstehen konnte. Wir sprachen über Familienangelegenheiten – über Ehemänner und Kinder. Sie war schockiert, als sie hörte, daß ich geschieden war, daß die Mutter und ihre zwei kleinen Töchter aus Südafrika stammten und der schwierige Patient Kaffeefarmer war. Doch trotz dieser zweifelhaften Gesellschaft redete ich wie eine Anhängerin Mugabes. Sie sah mich neugierig an und nannte mich von nun an »Madam«.

Als ich den Röntgenraum betrat, entschuldigte ich mich bei dem jungen Techniker dafür, daß wir ihm den Nachmittag verpatzten, aber er sagte: »Ich habe Bereitschaftsdienst, und mir gefällt es, wenn ich Leuten helfen kann.« Ich fand ihn charmant, genau wie den schwarzen Arzt. Der Kaffeefarmer war viel zu höflich, als daß er natürlich gewirkt hätte; der Zustand seiner Schulter war nicht alarmierend, ebensowenig der meines Fußes und anderer Teile unserer Anatomie.

In der Zwischenzeit war ein Polizist aus dem Ort eingetroffen. Ein junger schwarzer Mann, der, nachdem er meinen Namen notiert hatte, erklärte, daß er ein paar meiner Erzählungen gelesen habe und selbst Schriftsteller werden wolle, denn er habe ein interessantes Leben hinter sich. Ob ich ihm sagen könnte, wie man das anstellte.

Da saßen wir also, bandagiert, klammerten uns an unseren Röntgenbildern fest, warteten darauf, von dem Freund aus Mutare abgeholt zu werden, der uns verfluchen würde, weil er wertvolles Benzin verfahren mußte, und ich schilderte diesem jungen Mann, der ein hübsches, empfindsames Gesicht hatte und so gar nicht der gängigen Vorstellung von einem Polizisten entsprach, wie man einen Roman schreibt. Er verzichtete darauf, weitere Fragen zu stellen und Formulare auszufüllen, sondern hörte mir zu, wobei er sich besonders zweckdienliche Dinge notierte. Jeder Schriftsteller gibt derlei Erklärungen viel zu häufig ab, und es ist schwer, diesen Vortrag immer wieder zu halten, als wäre es das erste Mal. »Das Problem ist, daß die meisten jungen Schriftsteller glauben, es reiche, Talent zu haben, aber Leute mit Talent gibt es viele. Man muß eine Menge arbeiten. Weil man tatsächlich eine Erzählung oder auch einen ganzen Roman allein mit einem Schulheft und einem Kugelschreiber schreiben kann, glauben viele wahrscheinlich unbewußt, daß es ganz einfach ist. Aber wenn man Schriftsteller sein will, dann muß man schreiben und alles Geschriebene in den Papierkorb werfen und wieder schreiben und wieder alles in den Papierkorb werfen. Jeder Schriftsteller kennt das Stadium, wenn gut ist, was er geschrieben hat, aber nicht gut genug. Aus diesem Stadium kommt man nur heraus, wenn man schreibt und alles in den Papierkorb wirft, schreibt und wieder alles in den Papierkorb wirft. Und selbstverständlich muß man lesen. Man kann einem zukünftigen Schriftsteller nicht sagen, wie er schreiben soll, sondern nur immer wieder: Schreib und wirf's weg, gib nicht auf, versuch es noch einmal. Nur so geht es.« Und so weiter. Diese Ermahnungen gab ich zum besten, während sich die kleinen Mädchen, die ausgestreckt auf den hölzernen Bänken lagen, zusammenrissen, um nicht laut zu stöhnen, ihre Mutter und ihr Onkel, kalkweiß wie ihre Bandagen, aufrecht dasaßen, ohne zu klagen, und der Verband an meinem Fuß sich mit Blut vollsog. Inzwischen fingen meine Rippen an, schrecklich weh zu tun. Der junge Polizist sagte, ich sei wie eine Mutter für ihn und er werde sich meinen Rat zu Herzen nehmen.

Selbstverständlich überstieg diese Szene bei weitem alles, was der Kaffeefarmer in dieser Situation für richtig hielt. Er sagte laut, das einzig Wichtige sei es, die Einzelheiten des Unfalls zu protokollieren, so daß die Busladung schuldiger Polizisten zur Rechenschaft gezogen werden könne. Und er hatte tausendmal recht, natürlich. Die drei schwarzen Schwestern, die nichts mehr zu tun hatten, saßen mit gefalteten Händen nebeneinander auf einer Bank, hörten uns zu und dachten sich ihren Teil. Der schwarze Arzt rauschte davon, sein Auto war noch in ein, zwei Kilometer Entfernung zu hören.

## NERVEN

Dann kam der Freund aus Mutare. Und plötzlich war da etwas, was uns alle überraschte: Wir hatten Angst, in das Auto zu steigen. Unsere Nerven ächzten und stöhnten, weil jede Kurve, jedes Schlagloch einen neuen Unfall anzukündigen schien. Als wir unser Autowrack am Straßenrand liegen sahen, wurde es noch schlimmer. Wir fühlten uns erst besser, als wir uns unsere Schwäche gegenseitig eingestanden. Nicht jedoch unser Halt-die-Ohren-steif-Held, der jetzt, da er neben einem anderen Kriegsveteranen saß, erst recht keinerlei Schwäche zeigen durfte. Jetzt nicht und auch nicht in den folgenden schmerzensreichen Wochen.

Die lange Fahrt nach Mutare in einem Nebel von Schmerzen war der Beginn eines psychologischen Prozesses, der mir heute ebenso interessant wie der Unfall selbst erscheint. Mein Verstand funktionierte reibungslos wie üblich, kommentierte dieses oder jenes, aber meine Nerven (Welche Nerven? Wo gelegen?) machten Sprünge und litten – auf einem Gleis parallel zum normalen Denken. Nichts, womit ich die Situation verbessern wollte, nützte. Ich empfand keine Furcht, sondern die neurologischen Folgen eines Schocks. Mittlerweile war es dunkel, und wir konnten die Straße nicht mehr erkennen, was alles nur noch verschlimmerte. Die wohlbekannte Ängstlichkeit alter Frauen resultiert daraus, daß sie wissen, was passieren kann und auch tatsächlich passiert; junge Menschen wissen das nicht, und deshalb hüpfen sie halb betrunken in einem Auto herum, das mit hundertsechzig über eine schlechte Straße rast, und sie tun furchtlos Dinge, die ihnen ihre »Nerven« später, wenn sie durch Erfahrung geschult sind, verbieten werden.

Dieser Zustand meiner Nerven hielt über Wochen an. Ich weiß – und wer weiß es nicht? –, daß Herz und Verstand sich auf zwei parallelen Gleisen abarbeiten können. Mal verzehrt sich das Herz nach dem, was der Verstand verbietet, mal lacht es über verstandesmäßige Vorschriften, aber bis zu diesem Unfall hatte ich geglaubt, daß zumindest mein Körper mehr oder weniger tat, was ich von ihm verlangte. Jetzt hatte ich Höhenangst: Ich vermochte nicht einmal mehr auf einem Hügel zu stehen, wo man allenfalls über eine weiche, dichte Wiese in eine flache Mulde hinunterrollen konnte. Ich fing an zu schwitzen, war wie gelähmt, wenn nicht vor Angst, so doch durch eine allgemeine psychologische Sperre. Mit dem Auto konnte ich nicht schneller als achtzig Stundenkilometer fahren: Irgendeine Instanz in mir, von der ich bis dahin nichts gewußt hatte, ließ es einfach nicht zu. Wenn es etwas gibt, was ich über die Maßen liebe, dann ist es, mit einem kleinen Flugzeug zu fliegen. Als mich jemand auf einem Flug durch die Vumba-Berge mitnahm, wurde mir schlecht, und ich kam mir albern vor. Ich konnte keine Straße überqueren, ohne zu schwitzen, oder eine Treppe hinuntergehen, ohne mich am Geländer festzuklammern. Mein Verstand reagierte hilflos, und wenn ich versuchte, mich über mich selbst lustig zu machen, half das auch nichts. Dann, eines Tages in

London, ertappte ich mich dabei, wie ich über eine belebte Straße rauschte, und ich wußte, ich war geheilt. Meine mysteriöse Unpäßlichkeit war wie weggeblasen; sie war nicht allmählich abgeklungen, sondern plötzlich verschwunden.

## EIN WEISSES *LAGER*

Ein großes Haus in Mutare, unzählige Zimmer, Veranden, ein riesiger Garten. Eine herzliche Gastgeberin. Kinder. Junge Leute ... Überhaupt sehr viele Leute. Sofort wurden uns Mitgefühl und Hilfe zuteil. Ein »richtiger« Arzt wurde gerufen, der uns erneut untersuchte. Die Röntgenbilder waren im Krankenhaus falsch interpretiert, manche Aufnahmen nicht fachmännisch durchgeführt worden. Wir wurden noch einmal zum Röntgen geschickt. Die Schulter sah schlimm aus ... angebrochene Rippen ... eine in Mitleidenschaft gezogene Sehne ... Haarrisse. Ich hätte anmerken können, daß Fehldiagnosen auch in hochtechnisierten britischen Krankenhäusern nicht ausgeschlossen sind. Das: »Na ja, was kann man schon erwarten?« lag in der Luft, wurde laut und selbstgefällig ausgesprochen. In diesem Haus gehörte es zum guten Ton, die Afrikaner so oft wie möglich ins Unrecht zu setzen. Während der langen Kriegsjahre war das Haus ein *lager* gewesen, ein wichtiges Zentrum. Menschen von abgelegenen Farmen hatten hier eine oder mehrere Nächte verbracht, wenn sich »Terrs« in ihrer Gegend aufhielten oder wenn besonders hart gekämpft wurde. Frauen, deren Männer mit den Sicherheitskräften unterwegs waren, kamen mit ihren Kindern, ebenso die Kämpfer, wenn sie gerade keinen Dienst hatten, um zu essen, zu baden, sich auszuschlafen.

Im Haus herrschte eine Atmosphäre, wie ich sie aus meiner Jugend kannte. Auf den Farmen unseres Distrikts waren Männern wie Frauen unzweideutige Rollen zugeschrieben gewesen. Es gab Frauen- und Männerarbeiten. Aus London kommend, wo die Aufgaben zwischen Männern und Frauen in jedem Haushalt anders verteilt sind, war diese kolonialistische Struktur ein

Schock für mich. Vermutlich ein heilsamer Schock, denn er war eine Erinnerungshilfe: Gegen diese strikte Rollenverteilung hatten ich und meinesgleichen aufbegehrt. Am nächsten Morgen, als wir aufbrachen, schrie ein Mann seiner jungen Frau Befehle zu. Er verhielt sich so, weil auch andere Männer anwesend waren und er demonstrieren wollte, daß er eine Frau auf ihren Platz verweisen konnte.

Alle diese Männer hatten im Krieg gekämpft. Die Leute tuschelten hinter vorgehaltener Hand: »Der Mann da drüben, der war der beste Hubschrauberpilot im ganzen Krieg.« Oder: »Der hat Familie Soundso aus den Händen der Terrs gerettet.« Oder: »Sie hat einen Terr verjagt, der es bis hinter den Sicherheitszaun geschafft hatte. Er hat's mit der Angst gekriegt und ist davongerannt.« Die Frauen hatten während des Kriegs die Männer mit Essen versorgt, Verwundete behandelt, gepflegt und sich auch um alles andere gekümmert. Manche von ihnen waren jahrelang nur bewaffnet herumgelaufen. Nach wie vor beherrschte der Krieg ihre Gedanken, nicht weil sie einen Rachefeldzug planten, sondern weil er sie an eine Zeit erinnerte, in der sie ihre Kräfte bis zum äußersten angestrengt und gerade dieses Haus seine Erfüllung als Zufluchtsort und Festung gefunden hatte.

Eine Schwiegertochter, die mit Familie nach Südafrika ausgewandert war, weilte gerade zu Besuch. Ihr Mann war der örtliche Polizeichef gewesen. Sie erzählte, daß sie in dem Augenblick beschlossen hatten, durch die Lücke zu schlüpfen, als ein Schwarzer, den ihr Mann mehrmals als Sympathisant der »Terrs« festgenommen hatte, bei einer offiziellen Cocktailparty den Arm um sie gelegt und gesagt habe: »Und von jetzt an werden wir einander Genossen nennen und zum Wohl Simbabwes zusammenarbeiten.«

»Da hab ich zu meinem Mann gesagt: ›Jetzt ist es soweit, es ist an der Zeit, daß wir das Land verlassen.‹«

Sie berichtete über diese Begebenheit, als ob jede andere Reaktion ausgeschlossen gewesen wäre, wie sie auch ohne jegliche Distanz zum eigenen Verhalten folgende altbekannte kolonialistische Szene beschrieb: »Als wir in die Republik gingen, weinte ich, als ich mich von unserem Koch, den Boys für Haus und Garten und unserer Kinderschwester verabschieden mußte. Sie gehörten schließlich zur Familie. Sie sagten: ›Ihr seid Vater und Mutter für uns‹, und auch sie weinten.« Jetzt überlegten sie offensichtlich, ob sie nach Simbabwe zurückkehren sollten. In der Republik waren sie materiell schlechter gestellt, hatten nur ein kleines Haus, schlechter bezahlte Stellen und nicht einen Dienstboten. Sie sagte, mittlerweile versuchten viele Leute, die das Land verlassen hatten, wieder zurückzukehren.

Abends kam ein Mann, der während des Kriegs für den Geheimdienst gearbeitet hatte. Gewissenhaft und auffällig beiläufig stellte er mir jene Fragen, deren Beantwortung soviel verrät. Nicht zum erstenmal dachte ich mir, daß Spion ein vergnüglicher Beruf sein muß, denn nur wenige Ex-Spione sind in der Lage, auf diese Art Fragen zu verzichten. Vermutlich geht es dabei um Macht, um die angenehme Illusion, Ereignisse kontrollieren zu können.*

Was er mich fragte, wäre womöglich angemessen gewesen, wenn ich mit den Genossen im Busch gekämpft und nicht unbehelligt im liberalen London gelebt hätte. Genau das ist es: All diese Sicherheitsleute scheinen sich ein einheitliches, abschreckendes Feindbild zu schaffen, und daran halten sie dann ein für allemal fest. Wie Angleton bei der CIA. Sie werden paranoid. Und befindet man sich auf ihrer Seite, der Seite der Spione, dann muß man sich Sorgen machen wegen ihrer Inkompetenz; mit Informationen, die in der Regel um Jahre veraltet sind, wenn sie denn tatsächlich jemals aktuell waren.

In dieser Nacht schlief ich gemeinsam mit dem Kaffeefarmer auf der Veranda. Wenn er wach war, wäre er lieber gestorben, als daß er gejammert hätte, aber im Schlaf stöhnte er und litt Qualen. Ich lag die ganze Nacht über reglos in einer Stellung, weil jede Bewegung schmerzte, und wenn mir danach war, stöhnte ich laut. Früh am Morgen wachte er auf, und bevor er noch ganz wach war, schrie er auch schon nach Tee. Und sofort erschien der Koch und bediente uns beide.

* Wie sich herausstellte, haben viele Mitglieder der Sicherheitspolizei auch nach dem Wechsel von Weiß zu Schwarz ihre Jobs behalten.

Überall in diesem großen Haus wurde gebadet, geduscht, rasiert, sich angezogen, geplaudert und Tee getrunken. Ein paar Männer fuhren noch vor dem Frühstück zum Golfspielen. Die Frauen halfen den Dienstboten bei der Bereitung des Frühstücks. Der Arzt traf ein. Die gebrochene Schulter war tatsächlich die einzig ernsthafte Verletzung. Mein blaues Auge war mittlerweile voll ausgereift und natürlich die Attraktion für die Kinder der Straße. Es gab ein hervorragendes englisches Frühstück: frisches Obst, Fruchtsalat, eingemachte Früchte und ganze Krüge mit Sahne. Ungefähr dreißig Leute waren anwesend. Unschwer konnte man sich diese Szene während des Kriegs vorstellen, die *lager*-Atmosphäre und die grenzenlose Gastfreundschaft.

## ZURÜCK AUF DER VERANDA

Nach dem Frühstück wurden wir in einen Kombi verfrachtet und in die Vumba-Berge chauffiert, auf diesen Straßen, die sich hinaufwinden und -schlängeln und anschließend wieder steil abfallen. Meine »Nerven« flatterten oder waren zum Zerreißen gespannt, und ich ärgerte mich zunehmend über sie und mich. Uns Verletzten ging es wesentlich schlechter als am Tag zuvor, Prellungen, die wir zu Anfang noch nicht gespürt hatten, meldeten sich jetzt. Auf der Veranda des Hauses in den Bergen lagen wir steif herum, zählten unsere schmerzenden Stellen und wurden vom ergebenen Dienstboten Milos bedient, der uns seine mitfühlende Fürsorge zuteil werden ließ. Später zogen wir uns ins Haus vor den großen Kamin zurück, Nachbarn kamen und halfen und waren unendlich geschickt dabei. Kein Volk auf der Welt ist hilfsbereiter, gastfreundlicher, erfinderischer als die Weißen im südlichen Afrika, wenn es um ihresgleichen geht ... Warum noch einmal darauf herumreiten?

So begann unsere Genesung. Die kleinen Mädchen erholten sich als erste, bald spielten sie Tischtennis und Tennis im zwei Kilometer entfernten Club. Ihre Mutter und ich brauchten länger. Der Kaffeefarmer aber hatte das schwerste Los. Ihm stand nun doch eine schwierige Operation an der bereits zweimal zuvor lädierten Schulter bevor.

Auf der Veranda kamen und gingen die Leute.

An einem Winterabend ist der Raum um den Kamin voller Menschen und Tiere. Der schüchterne junge Assistent von der Nachbarfarm, simbabwischer Meister im Fallschirmspringen, ist zusammen mit seinem jungen Hündchen und einer großen weißen Perserkatze da, auf die er aufpassen muß und die er deswegen nicht allein zu Hause lassen will. Das junge Hündchen mit Namen Vicky ist ein schlaues, lebhaftes kleines Tier und sitzt neben Josh, dem halberwachsenen, süßen, dämlichen rhodesischen Jagdhund. Der wilde Wachhund des Anwesens, Annie, eine Bullterrierdame, die überwiegend aus Narben und Wunden besteht, legt den Kopf auf die Knie ihres Herrn und stöhnt in schmerzvoller Zuneigung. Ein Mann, der für die Ansiedlung von Afrikanern auf neuerworbenen Farmen zuständig ist, hat ebenfalls seinen Hund, einen Setter, mitgebracht. Eine ängstliche, junge schwarze Katze findet das alles erstaunlich und furchterregend und hüpft zwischen den Beinen von Hunden, Welpen und Menschen umher, bis sie einen sicheren Platz auf einer Dachsparre gefunden hat, von wo aus sie uns alle beobachtet. Zwei Paare von Farmen weiter unten am Hügel sind mit ihren jugendlichen Töchtern gekommen, die ihrerseits zur Freude unserer zwei kleinen Mädchen drei Labradorwelpen dabeihaben. Wir, die Verletzten, sitzen geschützt in einer Ecke, wehren die freundlichen Tiere ab, die in ihrem Überschwang unsere wunden Stellen und blauen Flecken bedrohen.

Wer bedient uns? Milos bringt den ganzen Abend über Bier, Tee und Kuchen. Die Stimmung ist herzlich, es geht laut her, wir beobachten die Tiere und reden über sie und ihr Verhalten, als ob sie Menschen wären.

# ZAHLABEND

Eine Szene auf der Veranda eines Farmhauses, wie sie überall im alten Südrhodesien während der zwanziger, dreißiger, vierziger und fünfziger Jahre einmal im Monat stattfand.

Die Sonne ist sorgenvoll rotglühend untergegangen. Die Sterne beginnen zu funkeln. Auf einem kleinen Tisch liegt ein Stapel baumwollener, mit Münzen gefüllter Säckchen von der örtlichen Bank. Neben dem Tischchen sitzt der Farmer, dahinter steht der »Bossboy«. Auf einer erhöhten Veranda wird der Tisch oben an der Treppe plaziert, die zu ihr heraufführt, am Ende der roten Zementstufen, die rechts und links von üppig wuchernden Pflanzen eingefaßt sind. Gibt es keine Elektrizität, wird eine Petroleumlampe auf die niedere Verandamauer oder, wie in unserem Fall, auf den Tisch vor dem Haus gestellt. Eine weitere Lampe hängt an einem Ast. Schwarze stehen wartend herum. Der Bossboy ruft einen Namen und vor tritt ein Mann in alten kurzen Hosen und einer zerschlissenen Weste. Er trägt wie alle anderen keine Schuhe. In den Säckchen sind ein paar Münzen . . .

Damals verdiente der Bossboy ein Pfund im Monat, gewöhnliche Arbeiter zehn, zwölf Schilling. Was konnte man von diesem Geld kaufen? Eine kurze Hose kostete zwei Schilling. Eine Weste weniger. Ein Fahrrad fünf Pfund, worauf man möglicherweise jahrelang sparen mußte. Lebensmittel wurden gestellt.

Die Frauen waren aus dem Lager heraufgekommen, obwohl sie keine Farmarbeiten verrichteten. Der Zahlabend war ein soziales Ereignis, ein Spektakel, eine Abwechslung. Sie standen etwas abseits, alle zusammen, waren hübsch anzusehen in den blauweiß gemusterten Tüchern, die sie um sich geschlungen, als Rock oder weite Kleider trugen und um den Kopf gebunden hatten. Abgesehen von den Armreifen und Ohrringen war das vermutlich alles, was sie besaßen.

Manchmal gab es Streit wegen des Inhalts der Säckchen. Dann pflegte der Bossboy im Namen des Farmers zu sprechen: »Aber an drei Tagen bist du nicht zur Arbeit erschienen. Du warst Bier trinken auf Boss Jones' Farm.« Der Mann blieb geduldig stehen, das Gesicht in Sorgenfalten wegen seines Lebens im allgemeinen wie auch wegen dieses kleinen Zwischenfalls, des Lohnabzugs von einem Schilling. »Ich war nicht Bier trinken«, mochte er erwidern. »Ich habe meinen Bruder besucht.« »Aber du kannst nicht jedesmal einen Besuch machen, wenn sich einer deiner Brüder hier im Distrikt aufhält!« Der Mann schüttelte den Kopf, nahm das Geld und ging zurück zu der kleinen Schar, die ihn unter Seufzern und mitfühlendem Kopfschütteln wieder aufnahm, und dann begannen sie wundersamerweise zu lachen, ein herzliches, unwiderstehliches, ansteckendes Lachen. Angesichts dieses Gelächters starrte der Farmer die Arbeiter womöglich an, und auf seinem Gesicht spiegelten sich die widersprüchlichsten Empfindungen. Mein Vater zum Beispiel, der sich Gedanken über das »System« machte, kam dank seiner typischen, launischen Wut über die Geschicke der Welt zu dem Schluß: »Das ist eine verdammte Farce, mehr nicht. Wirklich eine *Farce.* Wie soll man es sonst nennen?«

Wenn ich mich heute erinnere, fallen mir Dinge auf, über die ich früher nicht weiter nachgedacht habe. Zum Beispiel, wie die Frauen gekleidet waren. Jahrzehntelang trugen die schwarzen Frauen in Südrhodesien und Njassaland blauweiß, indigoweiß gemusterte Baumwollstoffe. Wessen Idee war das gewesen? Irgendwann mußte jemand – wer? – gesagt haben: »Laßt uns diesen Stoff für die Frauen im südlichen Afrika herstellen.« Das Muster sah indonesisch aus. Der Stoff wurde in Manchester gefertigt, ebenso wie die seidenen Kente-Stoffe für Nordafrika und die Kangas für Kenia. Die Ballen trafen per Schiff aus England ein, wurden auf Züge verladen und fanden sich anschließend, nach Farbe riechend, in den Regalen von Hunderten von Kaffernläden wieder. Es war ein wunderbares, erstklassiges, strapazierfähiges Material. Die Frauen sahen unglaublich hübsch darin aus. Mittlerweile können arme Frauen diese Stoffe nicht mehr tragen, denn er wird mit der schändlichen Vergangenheit in Verbindung gebracht. Heutzutage wird daraus teure Designerkleidung für Boutiquen in den großen Städten Südafrikas geschneidert, die von modebewußten weißen und schwarzen Frauen gekauft wird. Die wahrscheinlich die Geschichte dieser Stoffe nicht kennen. In Simbabwe sah ich ihn Sofas und Sessel in Farmhäusern bedecken, in Harare vor Fenstern hängen. Ungeschriebene Sozialgeschichte: Das Archivmaterial lagert in diesem Fall vermutlich in den großen Baumwollfabriken der englischen Midlands.

Die Farmarbeiter, die in der abendlichen Dämmerung auf ihren Lohn warteten, wechselten von Jahr zu Jahr. Sie zogen von einer Farm zur nächsten, wenn sie dort monatlich einen Schilling oder auch nur ein Sixpence mehr in der Lohntüte vorfanden, der Farmer freundlicher oder die Wasserversorgung – ein guter Brunnen, ein Fluß in der Nähe – besser war. Nur der Bossboy, sein Assistent, geschickte Ochsentreiber, der Schreiner und der Mann, der sich mit den Gerätschaften auskannte, blieben.

Im Jahr 1982 also sitze ich wieder auf einer Veranda und werde Zeuge eines Zahlabends. Es ist eine nicht besonders große, verglaste Veranda. Am einen Ende befindet sich die Küche, am anderen eine Toilette, mehrere Türen führen ins Innere des Hauses. Nachts schlafen die Hunde hier auf drei mit Säcken bedeckten Autoreifen. Im Moment sitzen sie neben uns und sehen interessiert zu.

Ein kleiner Tisch, auf dem das Geld liegt, steht da, der Farmmanager, der heutzutage nicht mehr »Bossboy« genannt wird, sitzt gleichberechtigt neben der Mutter der zwei kleinen Mädchen. Den ganzen Tag über hat sie ausgerechnet, wer wieviel Geld zu bekommen hat, normalerweise die Aufgabe des Kaffeefarmers, der jedoch unter starken Schmerzen leidet, da ihm einer der Hunde gegen die verletzte Schulter gesprungen ist. »Ein kleiner Rückschlag, fürchte ich«, sagt er und verzieht nicht eine Miene, als wir ihn wegen seiner Heldenhaftigkeit auf den Arm nehmen.

Vor der Veranda haben sich die Arbeiter, Männer und Frauen, versammelt. Es ist fünf Uhr nachmittags, und die Sonne versinkt hinter dem hohen, dunklen Berg.

Es gibt zwei Arten von Arbeitern: die Festangestellten, die den gesetzlichen Mindestlohn von dreißig Pfund im Monat oder mehr erhalten, und die Saisonarbeiter, die während der Erntezeit beschäftigt werden. Sie werden schlecht bezahlt, aber es gibt kaum Arbeit. Tagtäglich kommen Männer und Frauen und bitten die Farmer um Arbeit für weniger als den Mindestlohn, fragen, wie sie ihre Familien ernähren sollen. »Ich kann euch nicht weniger zahlen«, sagt der Farmer rechtschaffen. Das sei das Gesetz. »Schiebt nicht mir dafür die Schuld in die Schuhe, sondern der Regierung – das ist doch jetzt eure Regierung, oder?«

Dabei handelt es sich um eine dieser »grauen« Zonen, die die Landkarte der Theoretiker verunstalten. Saisonarbeit gibt es nicht oder sollte es zumindest nicht geben ... gibt es nur ganz selten ... wird es bald überhaupt nicht mehr geben ... ist eigentlich ungesetzlich ... Ohne sie könnte eine ganze Reihe wirtschaftlicher Bereiche überhaupt nicht existieren.

Dieser Zahlabend ist wie früher eine farbenprächtige Angelegenheit. Die Frauen tragen bunte Kleider und Tücher um den Kopf, glitzernde Armreifen und Ketten aus Holzperlen, und sie sind es, die fröhliche Stimmung verbreiten. Die festangestellten Arbeiter sind nicht besser oder schlechter gekleidet als der Farmer, das heißt leger, wenn nicht gar schlampig. Die männlichen Saisonarbeiter haben keine Chance gegen ihre hübschen Frauen. Heutzutage tragen sie alle Schuhe, und fast jeder hat eine gute Jacke oder einen Pullover.

Es ist eine lautstarke Szene. Ich sitze da mit meinem blauen Auge, der Beule auf der Stirn, und die Frauen lachen über mein Aussehen. Nicht nötig, den lokalen Dialekt zu verstehen. Frauen in aller Welt machen sich auf die gleiche Art und Weise lustig.

Der Vorgang läuft wie folgt ab: Ein Name wird aufgerufen, und auf die Veranda tritt ein Mann oder eine Frau. Die Mutter der kleinen Mädchen begrüßt sie auf shona. Sie hat eine freundliche Art, unterhält sich kurz, scherzt und lacht. Der Manager öffnet den jeweiligen Umschlag, legt das Geld – armselige Scheine und Münzen – auf den Tisch, damit es der Empfänger kontrollieren kann. Niemand beschwert sich.

Die zwei kleinen Mädchen stehen die ganze Zeit dabei und sehen zu. Die eine ist zwölf, die andere zehn. Sie tragen Shorts und dicke Pullover. Die Pullover sind länger als die Shorts, und die beiden sehen aus, als wären sie nackt darunter. Es sind unschuldige Kinder, und sie sind sich nicht bewußt, wie sie auf die Afrikaner wirken müssen, die sie schockiert beäugen. Seit ihrer Geburt leben sie unter Weißen, und sie haben seit jeher das Recht zu tragen, was ihnen beliebt, laufen halbnackt herum, wenn ihnen der Sinn danach steht. Ich erinnere mich, wie in den dreißiger Jahren ein Mädchen von der Nachbarfarm, das gerade vierzehn und eitel geworden war, auf der felsigen Kuppe unseres Hügels in winzigen Shorts, Bikinioberteil und Stöckelschuhen einem Wagen entstieg. Meine Mutter war schockiert. Mein Vater schämte sich für sie in Grund und Boden. »Was sollen *sie* bloß denken? Ihre Frauen ziehen sich nie so an.« »Und was ist mit ihrem Busen?« fragte meine Mutter. »Manchmal laufen sie mit nacktem Busen herum.« »Ja, aber das ist so Brauch bei ihnen. Nie wirst du eine schwarze Frau mit BH und Shorts sehen, in die nicht mal 'ne Mango passen würde.« »Ja, das ist nun mal bei *uns* so Brauch«, verteidigte meine Mutter eine Unart, die sie haßte. »Aber wir sollen als gutes Beispiel vorangehen«, erwiderte mein Vater und wiederholte wie so oft: *»Was sollen sie bloß von uns denken?«*

Jahrzehnte ziehen ins Land, und schon steht auf dem Hügel in der Nähe von Harare eine neue Universität und folgender Leserbrief in der Zeitung: »Nach einer Tanzveranstaltung in der Universität liegen die schwarzen Studenten eng umschlungen im Dunkeln auf der Wiese, küssen sich und treiben noch so einiges andere.« Als sie gefragt wurden, warum sie sich so verhielten – traditionellerweise tun sie das nicht –, erwiderten die Studenten, ohne eine Miene zu verziehen: »Das haben wir doch von euch Weißen gelernt.«

Ähnliches ereignete sich, als eine Delegation schwarzer Frauen aus Simbabwe nach Israel fuhr, um Kibbuze zu besichtigen. Sie verhielten sich arrogant, sprachen mit schrillen, gebieterischen Stimmen und kommandierten die Leute herum. Auf die Frage, warum sie gegenüber ihren Gastgebern so schroff auftraten, antworteten sie: »So haben sich die weißen Frauen doch auch uns gegenüber verhalten. Wir dachten, das gehöre sich so.«

Am nächsten Nachmittag, als ich mit Annie auf der Straße oberhalb des Hauses spazierenging, kam uns ein alter Mann in abgerissener Kleidung mit einem Stab in der Hand entgegen, der aussah wie ein biblischer Patriarch. Als er Annie bemerkte, blieb er stehen, hielt den Stab mit zitternden Fäusten waagerecht von sich und sagte wütend: »Rufen Sie den Hund zu sich.« Annie bedrohte ihn nicht, aber sie versperrte ihm den Weg, wußte genau, was sie tat. Es bereitete ihr ein böswilliges Vergnügen. »Bei Fuß«, sagte ich in der Hoffnung, daß sie mir gehorchen würde. Ich dachte daran, daß dieser Hund ein Bullterrier und Teil der Verteidigungsanlagen der Farm war, wie der Sicherheitszaun, dessen Tore Tag und Nacht offenstanden. Die Angst des alten Mannes sagte alles über ihre Funktion. Annie gehorchte mir nicht. Der Mann hätte mich und den Hund am liebsten umgebracht. Er sah uns mit dem ganzen Schrecken und dem ganzen Haß des Buschkriegs an. »Platz«, versuchte ich es. Langsam senkte Annie die Hinterläufe, aber sie ließ das Gesicht des alten Mannes keine Sekunde aus den Augen. Er konnte nicht an ihr vorbei. »Sie wird Ihnen nichts tun«, sagte ich.

»Halten Sie den Hund fest«, sagte er. Ich hielt sie an der losen Nackenhaut, und er drückte sich vorsichtig an uns vorbei, hielt dabei seinen Knüppel auf der Höhe ihres Kopfes. »Sie ist nur eine dumme, alte Hündin«, sagte ich und wurde sofort puterrot vor Verlegenheit. Aber ich hatte diesen idiotischen Satz tatsächlich gesagt. Der Mann wandte Annie erst den Rücken zu, nachdem er gute zwanzig Meter entfernt war. »Halten Sie den Hund fest«, rief er noch einmal. Ich hielt sie fest. Ich hatte Angst, sie würde ihm nachsetzen.

Ein Schwarm Mädchen kam auf uns zu, es waren ungefähr zehn, auf dem Rückweg vom Tennisspielen im Club. Sie trödelten und hüpften oder rannten auch ein paar Meter aus überschüssiger Energie. Sie kicherten, und ihre hohen, aufgeregten Stimmen hallten von den steilen Hängen des Bergs wider. Sie trugen ihre winzigen Shorts und winzigen T-Shirts, blasse Haut auf zerbrechlichen Körpern, nur eine trug Jeans, die sie aus modischen Gründen gewissenhaft zerrissen hatte, so daß ihre runden Knie zu sehen waren. Glänzende Zöpfe wirbelten durch die Luft, hübsche Augen und rosa Münder hoben sich von pausbäckigen Gesichtern ab. Sie wirkten wie von einem Impressionisten gemalte junge Mädchen, eingefangen in einem Augenblick selbstvergessenen Vergnügens.

Der alte Mann ging geradewegs an ihnen vorbei, und auch jetzt hielt er den Stab einsatzbereit vor sich.

Es geschieht nicht oft, daß man sich selbst so sieht, wie einen andere sehen.

An diesem Abend hielten sich alle Mädchen vor dem großen Feuer auf, sie besetzten die Stühle, das Sofa oder lagen neben Annie auf dem Boden. Zwei von ihnen umwickelten Annie mit grünen Papierstreifen, die von einer Party im Club übriggeblieben waren. Annie saß da mit leicht gesenktem Kopf, sah sie an, wie sie den alten Mann angesehen hatte, mit einer wohlabgewogenen Mischung aus Geduld und Selbstbeherrschung.

»Annie, dummer, alter Hund Annie . . .« Sie überschlugen sich vor Lachen, rollten sich auf dem Boden, während Milos, beladen mit einem Tablett, vorsichtig über sie hinwegstieg. Annie stand auf, sprengte ihre Fesseln und legte sich näher ans Feuer, geschmückt mit Rüschen aus grünem Papier, die aussahen wie Seetang oder grüner Salat.

## REGEN

Eines Nachts, wir saßen nicht auf der Veranda, sondern drinnen vor dem prasselnden Feuer, begann Regen auf das gefurchte Eisendach zu trommeln, und alle klatschten. Die lange Trockenheit . . . ausgetrocknete Stauwasserbecken . . . die Kaffeepflanzen mit den schlaff herunterhängenden Blättern, die Hunde, die jeden Tag keuchend an die Wasserschüssel kamen – und jetzt ganz unerwartet der Regen. Die Lebensgeister kehrten zurück. Glück. Wie ein Rausch.

# DER ASSISTENT

Eines Nachmittags – die Veranda war voller Gäste, einige von ihnen Mädchen von weiter unten am Hügel – tauchte am Himmel eine Erscheinung auf: Simbabwes Meister im Fallschirmspringen hüpfte aus einem kleinen Flugzeug, das einem benachbarten Farmer gehörte, und schwebte langsam herab. Die neuen Fallschirme sind gut zu steuern, und bisweilen gleitet man fünf Minuten durch die Luft. Er solle besser nicht in Portugiesisch-Ostafrika landen, schrie jemand, und ein schwedisches Mädchen, das auf einer nahen Farm zu Besuch war, sagte mit Nachdruck: »Also wirklich, das heißt Mosambik!« »Renamo oder Frelimo, sie werden in jedem Fall Hackfleisch aus ihm machen.« Das Mädchen sagte nichts mehr, war wachsam und schockiert, weil es geglaubt hatte, daß sich nach der Unabhängigkeit alles und alle sofort geändert hätten. »Vermutlich finden Sie uns höchst seltsam«, hatte ein weißer Teepflanzer alten Stils zu ihr gesagt. »Ich finde *sie* höchst seltsam«, hatte sie aufgebracht erwidert. »Sie, die weißen Leute hier.« »Weil Sie uns nicht verstehen«, lautete die amüsierte, keiner Kritik zugängliche Antwort. »Es dauert eine Weile, so ist das nun mal?« Sie war in Tränen ausgebrochen, und dann waren alle sehr nett zu ihr gewesen. »Sie behandeln mich wie ein kleines Kind«, sagte sie wütend. »Wie können sie es wagen!«

Der gutaussehende Held schwebte über den Bergen und dem Busch, und die kleinen und nicht so kleinen Mädchen seufzten. Er verschwand zwischen den Bäumen und tauchte eine Stunde später mit dem Fallschirm unter dem Arm wieder auf. Mit gerunzelter Stirn, bescheiden und wie immer wortkarg setzte er sich in einen Sessel, trank ein Bier und errötete angesichts seiner vielen Bewunderinnen.

Der Assistent ... Überall in der Literatur gibt es Lehrer, aber wo bleibt der Assistent? Er ist sehr jung, sich des Mitgefühls aller sicher, weil er kein Geld hat und einsam ist in einem Haus voller Familienmitglieder und ihrer Freunde. Er arbeitet wie ein Teufel, weil seine Zukunft davon abhängt. Die Frau des Farmers muß auf eine schmerzhafte, mütterliche Weise in ihn verliebt sein. Nachts liegen die Töchter wegen ihm wach. Ständig kommen auch die Töchter benachbarter Farmer wegen ihm zu Besuch. Der Farmer selbst, der bestimmt auch einmal ein Assistent war, ist lakonisch, sarkastisch, wachsam.

Dieser besondere Assistent war – natürlich – schüchtern. Er sah blendend aus. Er wußte nichts und verzehrte sich danach, alles zu wissen. »Nennen Sie mir ein Buch, das ich lesen soll.« Und wenn man ihm eins gab, nahm er es respektvoll in seine schlanken, langen Finger. »Ja, ich werde es versuchen.«

Er sah öfter einmal herein. Hereinschauen, auf einen Augenblick hereinkommen, das ist der »Veranda-Lebensstil«, und das gilt für Menschen wie für Tiere. Auch der große Schäferhund von der nächsten Farm, der einsam war, wenn seine Leute nach Mutare fuhren, was sie oft taten, besuchte uns. Manchmal wachte ich nachts auf – ich schlief auf der Veranda – und spürte seine warme Schnauze auf meinem Gesicht oder Arm. Er winselte bittend, und schon sprang er aufs Bett. »Tarka! Was tust du hier? Du solltest zu Hause sein.« Wenn Tarka tagsüber auftauchte, wurde telefoniert. »Tarka ist *wieder* einmal hier.« Ein Dienstbote holte ihn. »Komm schon, Tarka, komm mit nach Hause.« Tarka trabte untröstlich davon, blickte hundertmal sehnsüchtig zurück zu dem Haus voller Menschen und den drei Hunden, seinen Freunden.

## ABSCHIED

Die Mädchen und ihre Mutter reisten nach Kapstadt ab, ich würde bald wieder in London sein. Tausende von Kilometern würden uns trennen. Es war der Zeitpunkt, an dem ich mich eigentlich in das neue Simbabwe hätte aufmachen wollen, aber dank der geprellten Rippen und des lädierten Fußes konnte ich mich kaum bewegen. Ich lag auf der Veranda im Liegestuhl und genoß den Anblick der Berge, Hügel, Flüsse und Seen, dessen man einfach nicht überdrüssig werden kann. Bisweilen stiegen an der

Grenze Rauchwolken auf. Die Renamo hatte wieder einmal irgend etwas in die Luft gejagt.

Mein Gastgeber leistete mir Gesellschaft, wenn er nicht gerade auf dem Feld war. Er hatte noch immer starke Schmerzen. Tage, Wochen vergingen, wir langweilten uns. Wir sagten einander, daß wir uns langweilten. Auf einer kleinen Wiese hügelabwärts grasten die Schafe eines benachbarten Farmers. Mit den Schafen waren die Fliegen gekommen. Wir saßen auf der Veranda, eine eingerollte Zeitung in der Hand, und erschlugen sie. Neun, zwölf, fünfzehn, einundzwanzig ... »Ich habe dreißig Fliegen erschlagen«, prahlte ich.

»Nicht schlecht. Aber ich habe fünfunddreißig um die Ecke gebracht.«

»Du schummelst!«

»Nein, du schummelst. Das ist meine Fliege, nicht deine.«

Besucher kamen und gingen. Manchmal erschien mir die Veranda wie eine Meeresküste, die Flut stieg, schwemmte Treibgut an und zog sich wieder zurück. Ein Wagen voller Menschen aus Harare traf ein, sie wurden mit Essen versorgt und schliefen im Wohnzimmer auf dem Boden. »Milos, bring Tee ... bring Bier, mach Abendessen für zehn. Mach Frühstück für sechzehn.«

Ich lag auf der Veranda und dachte, wie sich das Leben der Schwarzen und Weißen in Gangart und Stil doch ähnelte, lässige Gastfreundschaft und Großzügigkeit. (Heutzutage kann man auch nicht mehr sagen: Aber die Weißen sind reich, und die Schwarzen sind arm.) Warum also, wenn sie sich so ähnlich sind ...? Und in der Tat waren meine Gedanken die gleichen wie damals, bevor ich 1949 Südrhodesien verließ. Aber damals hatte ich keine Vergleichsmöglichkeiten gehabt. Meine Gedanken neigten zu einer vagen Ungläubigkeit: Wie konnten die Menschen weitermachen wie bisher, wo das doch ganz offensichtlich nur von Dummheit zeugte? Mittlerweile hatte ich allerdings die Welt gesehen und wußte, daß sich die Menschen überall so verhielten.

Früher hatte ich mich gefragt, warum die Europäer von der Idee ihrer rassischen Überlegenheit so besessen waren und ob es sich dabei wohl um einen Ausgleich für ihre frühere Rückständigkeit und Unkultiviertheit handelte, als die Zivilisationen des Mittleren und Fernen Ostens der unseren überlegen waren und sie verachteten? War unsere europäische Arroganz nur die Angeberei von Emporkömmlingen? Die stolz waren auf ihre weiße Hautfarbe, weil es nichts anderes gab, worauf sie hätten stolz sein können? Aber diese Fragen stellte ich mir, bevor ich ein indisches Mädchen beobachtete, das einen ganzen Nachmittag lang versuchte, ihr dunkles Gesicht zu bleichen. Sie sollte einem potentiellen Bräutigam vorgestellt werden. Bevor ich die Gedichte eines Arabers las, der die perlenweiße, die milchweiße Haut seines Mädchens pries. Die Europäer, so sagte er, wissen gar nicht, wovon sie sprechen, wenn sie stolz auf ihre »weiße« Haut sind. Denn von wahrem poetischen Weiß könne nur ein Mädchen sein, das ihr ganzes Leben in einem abgedunkelten Raum verbracht habe und nie einer starken Lichtquelle nahe gekommen sei.

Was hat es mit dieser »Weißheit« auf sich? Ja, ich weiß, das ist eine naive, lächerliche Frage ... Aber wie war es möglich, wunderte ich mich eben naiverweise, daß der rechte Flügel der weißen Südafrikaner bereit war, in einem Krieg für die weiße Vorherrschaft alles zu riskieren, da sie doch gesehen hatten, was in Kenia und Südrhodesien geschehen war?

»Das Problem mit euch ist«, sagte ich zu dem Kaffeefarmer, »daß ihr überhaupt keinen Sinn für Geschichte habt.«

»Dazu kann ich nichts sagen«, erwiderte er. »Auf jeden Fall haben wir ihnen das Leben ganz schön schwergemacht.«

»Aber das war doch völlig unnötig, es hätte überhaupt keinen Krieg geben müssen. Die Probleme hätten auch so gelöst werden können, ohne diese Verschwendung, die vielen Toten und all das Leiden.«

»Wenn die Menschen willens sind, kann man alle Probleme ohne Krieg lösen. Warum tun sie es also nicht?«

So debattierten wir.

Morgens wurde ich stets von einem leisen, schnurrenden, sanften Geräusch geweckt, wie von Blättern, die sich im Wind bewegen. Ein Mann beugte sich über die Kaffeebohnen, die auf dem Hang vor dem Haus in langen Reihen zum Trocknen ausgelegt worden waren. Über Nacht waren sie feucht geworden, und jetzt mußten sie gewendet werden. Schrrr, schrrr, schrrr ... Er kauerte am Boden, seine Hände wendeten die Bohnen mit einer Bewegung, die dem Rühren von Quark, der zu Käse werden soll, nicht unähnlich war. Manchmal waren es auch zwei oder drei Männer. Ich horchte auf die leise afrikanische Unterhaltung, das afrikanische Gelächter. »Worüber sprechen sie?« frage ich Milos. »Sie sprechen über die Genossen«, antwortet er gewöhnlich und meint damit das Bataillon, das ein paar Kilometer entfernt stationiert ist. »Sie wollen, daß die Genossen von hier weggehen.«

Aber die Genossen sind nicht das einzige Thema. Ich stehe neben dem Kaffeefarmer und sehe zu, wie eine Schar Frauen und halberwachsener Kinder – Saisonarbeiter, die Grauzone – Säcke auf einen Lastwagen verlädt. »Was singen sie?« frage ich. »Das wird dir gefallen. Sie singen: ›Hier sind wir wieder, wie üblich, und arbeiten hart, während die Weißen daneben stehen und uns zusehen. Aber das macht nichts, bald ist Samstag, und dann werden wir ein Fest feiern und uns betrinken.‹«

Im Wohnzimmer, wo das große Feuer brennt, scheint es, als würde jeden Abend ein Fest gefeiert. »Milos, bring Bier. Milos, bring Kaffee. Milos ...«

»Er ist ein netter alter Bursche. Wenn du abgereist bist, werde ich ihm ein paar Wochen freigeben. Dann kann er in sein Dorf gehen, und sich Tag und Nacht betrinken, wenn er will. Außer Sichtweite seiner Frau natürlich. Die macht ihm sonst die Hölle heiß.«

»Weißt du eigentlich, wie hart dieser Mann arbeitet?«

»Natürlich arbeitet er hart. So wie ich. Wie auch immer, in seinem Haus dahinten unterhält er eine ganze Armee von Freunden und Verwandten.«

»Haus nennst du das?«

»Für ihn, seine Frau und seine Kinder wäre es absolut angemessen. Und wenn ich ihm mehr zahlen würde, dann wäre ich bald bankrott. Aber genau darauf hat es diese Regierung vermutlich ja auch angelegt.«

»Das zumindest hat sich nicht verändert – daß die Farmer

noch immer sagen, sie wären demnächst bankrott. Natürlich käme das der Regierung höchst ungelegen. Sie brauchen euch, weil ihr Devisen bringt.«

»Warum zahlt sie uns dann nicht, was uns zusteht? Sie zahlen oft monatelang nicht. Man muß auf die Knie sinken und um das Geld geradezu betteln. Sie behalten es bis zum letzten Moment, weil sie die Zinsen dafür einstreichen. Jedenfalls sind sie inkompetent.«

»Selbstverständlich sind sie das. Ihr habt sie nicht auf die Verantwortung vorbereitet, und jetzt müßt ihr eben die Rechnung dafür bezahlen.«

Und dann herrscht Schweigen, weil wir nicht wieder einen wirklichen Streit riskieren wollen. Statt dessen lenke ich ihn ab. »Euer Problem ist, daß ihr so unfreundlich seid. Herzlos. Ich frage mich, wie es gewesen sein muß, unter dieser ständigen kalten Mißbilligung zu leben. Wie es vielmehr immer noch ist. Ihr kommandiert herum. Seid eiskalt. *Unfreundlich.*«

»Ich begegne ihnen nur mit Mißbilligung, wenn sie es verdienen. Und ich respektiere sie auch, wenn sie es verdienen.«

»Du meinst, du respektierst sie, wenn sie Qualitäten an den Tag legen, die du als weiße Qualitäten wiedererkennst.«

»Wenn du meinst.«

So debattieren wir.

Vor einigen Jahren habe ich ein Buch mit dem Titel *Operation Nashorn* gelesen. Darin wurde beschrieben, wie bedrohte Nashörner auf Lastwagen und mit Flugzeugen in neue Lebensräume umgesiedelt wurden. Der Autor schrieb mit zärtlichster Fürsorge und einfallsreicher Sympathie über diese Tiere. Bei seiner Aufgabe halfen ihm Dutzende Afrikaner. Sie waren arm – mußten es angesichts des Laufs der Geschichte auch sein –, und sie brauchten alles, was sie bekommen konnten. Ich las das Buch einmal und freute mich an den fundierten Kenntnissen des Autors, was die Lebensweise der Nashörner anbelangte. Dann las ich es noch einmal unter dem Blickwinkel, wie er seine Helfer bei dieser nicht ungefährlichen Operation schilderte. Er widmete ihnen nicht eine Seite. Sie waren einfach da. Jedes einzelne Nashorn wurde dagegen so detailliert beschrieben, daß man das Gefühl hatte, es jederzeit wiederzuerkennen, wenn man ihm in einem Zoo begegnete.

Es wird erzählt, daß nach der Unabhängigkeit Dorfbewohner in den Busch gingen und alle Tiere abschlachteten, die ihnen über den Weg liefen: Sorge um Tiere wurde mit weißen Werten assoziiert. Sorge um Tiere, Gleichgültigkeit gegenüber den Schwarzen.

## DIE FRAU, DIE DEN BERG HINAUFGEHT

Auf einer Autofahrt durch eine besonders dramatische Berglandschaft, die der Kaffeefarmer, der Assistent und ich unternahmen, ereignete sich folgendes: Als wir einen steilen Hang hinauffuhren, sahen wir vor uns eine junge schwarze Frau. Sie war hochschwanger, trug ein Baby auf dem Rücken und hielt dazu noch ein kleines Kind an der Hand. Sie ging langsam. Verständlicherweise. Mir war klar, daß die beiden Männer die Frau buchstäblich nicht sahen. Ihre Not war unsichtbar für sie.

»Wie wär's, wenn wir sie mitnehmen?« Meine Stimme zittert vor Wut, Wut, die sich die letzten Wochen über aufgestaut hat, jahrealte Wut aus der Zeit, als ich selbst noch eine junge Frau war, Wut, die in diesem Moment neu entsteht. Ich weiß, daß wir sie nicht mitnehmen werden.

»Wie du weißt, erwartet sie nicht, mitgenommen zu werden.«

»Du könntest einen Präzedenzfall schaffen.«

Der Assistent traut seinen Ohren nicht. Man hat ihm schon von meinen komischen Ideen erzählt, die den Vorstellungen dieser schlimmen Schweden ähnelten, aber er ist hier aufgewachsen und hat sie nie aus erster Hand gehört.

Streitend fahren wir langsam den steilen Hang hinauf, an der schwangeren Frau vorbei.

Es ist der Assistent, der mich entwaffnet. Ich weiß sehr gut, müßte er neben der schwarzen Frau und ihren Kindern sitzen, würde er vermutlich einen Nervenzusammenbruch erleiden.

Andererseits konnte man sich keinen »netteren« Menschen vorstellen. Ich würde ihn, dessen war ich mir sicher, als jungenhaft, unkompliziert und hochanständig in Erinnerung behalten.

Eines Abends, als ein Schwarm Gäste über uns hereingebrochen war, hatte unser Gastgeber bemerkt, es sei ein Jammer, daß alle Schinken, Würste und so weiter bei dem Unfall ›verschwunden‹ waren.

»Was meinen Sie mit ›verschwunden‹?« fragte der Assistent.

»Gestohlen«, entgegnete der Kaffeefarmer.

Der Assistent dachte nach. »Sie meinen, die Affs haben *Ihre* Würste gestohlen? Das ist nicht richtig. Man sollte nicht stehlen.«

»Selbstverständlich haben sie gut daran getan, sie zu stehlen«, sagte ich. »Wahrscheinlich hat keiner von ihnen je zuvor einen solchen Überfluß gesehen. Der Wagen war ein rollendes Feinkostgeschäft.«

Er dachte verwirrt nach.

»Stellen Sie sich vor«, fuhr ich fort, »wie das ausgesehen haben muß, die Straße lag voller roher Schinken, gekochter Schinken und Würste. Es muß wie ein Wunder gewesen sein.«

»Es ist aber nicht recht zu stehlen«, sagte er.

Der Streit im Wagen endet wie folgt: »Wie auch immer, sie ist mit Sicherheit eine Landbesetzerin. Und Landbesetzer nehme ich grundsätzlich nicht mit.«

»Da gebe ich Ihnen recht, das wäre nicht richtig«, sagt der Assistent.

Dabei gesellt sich ein auf der Hand liegender Gedanke zu den bereits bestehenden: Wahrscheinlich würde kein Mensch auf der Welt diese Frau mitnehmen. Wer denn? Gewiß nicht die neuen Herrscher im Land, die in ihren schicken Schlitten mit Begleitschutz herumrasen. Vielleicht ein Missionar oder ein Arzt ... Überall auf der Welt geht diese mit einem oder zwei Kindern schwangere Bauersfrau langsam einen Berg hinauf, sie trägt ein Kind auf dem Rücken, hält eins oder zwei bei der Hand, und wir können sicher sein, daß nur wenige Menschen sie überhaupt sehen.

# UNSCHULD

Die Unschuld des Assistenten rief mir eine Fernsehsendung in Erinnerung, die gegen Ende des Buschkriegs ausgestrahlt wurde, als bereits offensichtlich war, daß die »Affs« gewinnen würden. Ein halbes Dutzend junger Weißer diskutierte. Es handelte sich um den neuen Typ junger Weißer, wie man sie in Australien, Südafrika, Neuseeland und Kanada findet, die sich von ihren Vorfahren unterscheiden wie von ihren Altersgenossen, die es vorziehen, sich nicht zu verändern. Man erkennt sie gleich an ihrer offenherzigen, lächelnden Bereitschaft. An ihrem Charme. Sie sind wie freundliche Kinder. Die im Fernsehen sprachen über den Krieg, auf eine vertrauliche Art. Sie boten den Zuschauern das Privileg, die Entwicklung ihres gereiften Verständnisses als Erfahrung mit ihnen zu teilen. »Und jetzt werden wir Ihre Hilfe brauchen«, sagten sie schließlich gewinnend. »Sie müssen uns helfen!« Mit »uns« meinten sie sich selbst, die Weißen, die dabeiwaren, sich zu verändern und gute Bürger in einer gemischtrassigen Gesellschaft zu werden. *Sie* waren es, die die Hilfe verdienten, und voller Zuversicht, daß sie sie auch bekommen würden, appellierten sie an die Welt. *Sie hatten ein Recht darauf.* Ihr ganzes Leben lang hatten sie ein Recht auf alles gehabt, und noch immer erwarteten sie alles. Die Sendung überraschte mich nicht wirklich, schließlich kenne ich meine Landsleute. Das Telefon klingelte. Es war ein schwarzer Freund, der immer bei derartigen Gelegenheiten anrief.

»Hast du das gesehen?« fragte er.

»Natürlich.«

»Kannst du das glauben?«

»Ich fürchte, ja.«

»O Gott.« Er stöhnt. »Wie ist das nur möglich? *Wir* sind ausgebeutet worden, *wir* sind zermalmt worden, *uns* wurde das Land gestohlen. Aber *sie* sind es, die zärtlicher, mitfühlender Fürsorge bedürfen.«

## MISSIONARE

Zwei junge weiße Missionare, ein verheiratetes Paar, machen einen kurzen Besuch. Seit sechs Monaten sind sie in Simbabwe. Einen ganzen Nachmittag lang tauschen sie mit ihrem Gastgeber kritische Anekdoten über die Afrikaner und die schwarze Regierung aus, achten darauf, wie gut sie die an sie gestellten Erwartungen erfüllen. Sie strahlen eine selbstzufriedene Fröhlichkeit aus, die ich stets mit einer gewissen Art von Christ in Verbindung bringe. Ich finde diese Szene besonders deprimierend, weil ich ähnliche schon als junges Mädchen erlebt habe. Menschen, die in England als »liberal« gelten, passen sich hier an, gerieren sich reaktionärer als ihre Gastgeber. Ihre Stimmen klingen mißbilligend, verächtlich, überheblich, kalt. Wieder einmal muß ich den Monolog mitanhören.

## ABREISE

Es ist Zeit, nach Hause zu fliegen. Ich bin nicht auf unserer alten Farm gewesen, obwohl ich während meines sechswöchigen Aufenthalts ständig davon geredet habe. Ja, ja, natürlich fahre ich hin, es wäre kindisch, es nicht zu tun. Aber ich habe wirklich keine Lust dazu. Das gleiche Widerstreben wie 1956 erfaßt mich, das es mir auch damals schon unmöglich gemacht hat, in den Weg zur Farm einzubiegen. Der Mensch, mit dem ich hinfahren sollte, wäre mein Bruder, der aber packt bereits, um durch die Lücke zu schlüpfen. Er hat die Tür hinter der Vergangenheit zugeschlagen, und ich verstehe ihn nur zu gut. »Das wär's dann wohl. Vergiß die Verluste und auf Wiedersehen!« Außerdem ist das Benzin knapp. Und zudem ist es die schlimmste Zeit im Jahr, die Regenfälle haben die Farmen im Nordosten noch nicht erreicht, der Busch ist trocken und die Luft staubig.

Ich verabschiede mich von den Menschen, von der kleinen schwarzen Katze, der schlauen, bösen Vicky, dem süßen, dämlichen Jagdhund und der wilden Bullterrierdame. Sich von Menschen zu verabschieden ist eins: Mit großer Sicherheit wird man sie wiedersehen. Mit Tieren ist es anders, von ihnen ist es meist ein endgültiger Abschied.

## DIE LANDBESETZER

Als ich in die Hauptstraße einbog, die selbst nicht mehr war als ein Weg, kamen Soldaten vom Bataillon durch die Eukalyptusbäume auf mich zumarschiert. Sie strahlten die grobschlächtige, zuversichtliche Energie einer erst kürzlich noch siegreichen Armee aus.

Drei Kilometer von der Farm entfernt hielt ich an, und zwei Frauen setzten sich mit Körben und Bündeln auf den Rücksitz. Ja, sie wollten nach Mutare, und der Bus hatte Verspätung. Sie warteten schon seit zwei Stunden. Sie sahen aus wie fünfzig, waren aber wahrscheinlich jünger. Sie waren wie arme Frauen überall auf der Welt, Frauen, die man nicht wahrnimmt, weil es so viele von ihnen gibt, heruntergekommen, aufgrund der schlechten Ernährung übergewichtig, frühzeitig gealtert, hartgesotten, argwöhnisch, schlau, willens zu überleben. Sie wollten nicht reden, obwohl eine relativ gut englisch sprach. Sie waren Landbesetzerinnen, und ich kam von der Farm eines Feindes. Sieben, acht Kilometer später bremste ich, um einen alten Mann mitzunehmen, der sich den Hügel hinaufquälte, wobei er einen Stecken benutzte, als bräuchte er ihn, um sich überhaupt aufrecht zu halten. Sie wollten nicht, daß ich anhielt, brummten verärgert und *sotto voce* etwas vor sich hin, als sie ihre Sachen zu sich hinzogen, um Platz zu schaffen. Doch als er einstieg, begrüßten sie ihn höflich und unterhielten sich wie Nachbarn, bis der alte Mann knapp acht Kilometer weiter auf meine Schulter tippte, damit ich ihn wieder hinausließ. Er stieg bedächtig aus, hob die Hand winkend zum Gruß für die Frauen und etwas formeller für mich. Auf seinen Stecken gestützt, verschwand er langsam zwischen den Bäumen. Ich fuhr weiter Richtung Mutare, die Frauen plauderten leise. Hätte ich verstanden, was sie sagten, hätte ich mehr über Simbabwe erfahren als in all den Wochen zuvor. Aber ich verstand nicht nur den örtlichen Dialekt nicht, ich konnte auch nicht Shona. Als ich aufwuchs, lernte kein weißes Kind Shona.

In Mutare mußte ich in der Werkstatt komplizierte Verhandlungen wegen des Benzins führen. Die Frauen fragten mich, ob ich nach Harare führe, und ich bejahte. Sie sagten, sie wollten mit mir fahren. Ihre Stimmen klangen unüberhörbar gebieterisch. Sie dirigierten mich zu einem Hotel, wo ein Verwandter arbeitete, dem sie dies und das zu erzählen hatten, er wiederum würde einem anderen Verwandten das und dies erzählen, und dann mußten sie noch Geschenke für die Verwandten in Harare kaufen. Ich saß unter einem Flaschenbaum und beobachtete die Leute, die langsam die Straße in dieser seit jeher bedächtigen Stadt auf und ab schlenderten. Ich fragte mich, ob mein Aufenthalt in Simbabwe verhindern würde, daß diese kilometerlange Hauptstraße auch in Zukunft in meinen Träumen weiter als Symbol für eine schwierige Reise auftauchte.

Die Frauen kehrten mit Koffern beladen zurück und stiegen ein. Wir fuhren los. Es würde eine lange Fahrt werden, denn jene innere Instanz gestattete es mir immer noch nicht, schneller als achtzig zu fahren. Ich begann zu schwitzen und zu zittern, sobald ich es versuchte. Die Frauen machten Bemerkungen über meine Langsamkeit, aber ich wollte sie nicht beunruhigen, indem ich ihnen erklärte, daß ich in einen Autounfall verwickelt gewesen war. Aufgrund ihrer Intonation verstand ich letztlich doch einiges von dem, was sie sagten. Sie hatten beschlossen, daß ich eine »gute« Weiße war, weil ich sie im Auto mitnahm. Sie fragten mich, ob ich auf einer der Kaffeefarmen lebte, und ich antwortete, nein, ich sei aus England, und das erklärte alles. Von da an unterhielten wir uns richtig. Ihr Leben war schwierig, hauptsächlich, weil sie zusammen siebzehn Kinder hatten. Sie waren Schwestern. Der Mann der einen war tot, im Krieg umgekommen, als Smiths Männer die Hütte angezündet hatten, in der er schlief. Der Mann der anderen arbeitete im Supermarkt von Mutare. Zum Teil gingen die Kinder in Mutare in die Schule. Die

Kleineren lebten bei ihnen, den Müttern – mit anderen Worten, sie lebten oben in den Bergen, in den Hütten der Landbesetzer. Ein Sohn hatte eine gute Stelle in einem Hotel, aber der Älteste der einen Schwester hatte noch nie gearbeitet und trank. Die Frauen machten sich Sorgen, weil zwei Kinder dieses Jahr mit der Schule fertig wurden, und wo sollten sie dann Arbeit finden?

Immer wieder nahmen wir die Unterhaltung auf der langen, langsamen Fahrt nach Harare neu auf, wobei sich ein Zwischenfall ereignete, der berichtenswert ist: Ein großer, sehr dünner junger Mann stand winkend auf der Straße. Ich wollte anhalten und ihn mitnehmen und bremste, woraufhin sich beide Frauen nach vorne beugten und energisch an meinen Schultern rüttelten, zwei kräftige Hände, die mir befahlen weiterzufahren. Zuerst dachte ich, es wäre ähnlich wie bei dem Mann in den Bergen, und die Frauen wollten den Rücksitz für sich allein, aber dann sagten sie: »Das ist ein böser Mann, ein *skellum* aus dem Krieg. Böse Menschen soll man nicht mitnehmen.« Ich erwiderte: »Aber man muß den Menschen vertrauen.« Doch noch während ich das sagte, hörte ich, wie wenig glaubwürdig es klang. Warum sagte ich es? Irgend etwas von dem Bild, das sie von mir hatten, brachte mich dazu. Ich bin schon mehr als einmal von mir selbst überrascht gewesen, wenn die Erwartungen anderer Leute mich dazu brachten, etwas zu sagen oder zu tun, wovon ich gern glauben würde, daß es eigentlich nicht meinem Charakter entspricht.

Die zwei Frauen sahen einander mit einem wunderbar amüsierten und spöttischen Ausdruck an. Die Ältere beugte sich vor, um mir eine Lektion zu erteilen. »Man muß einem Menschen sehr gut ins Gesicht sehen, dann erkennt man, ob er gut oder schlecht ist. Das war ein sehr böser Mann. Der Krieg hat viele Leute schlecht gemacht. Er hätte unser Geld und unsere Koffer stohlen.«

Sie hatten mich als Närrin abgeschrieben, und ihr Verhalten mir gegenüber veränderte sich. Bald tippten sie mir auf die Schulter. Weiter vorn an der Straße war ein Stand zu sehen. Ich hielt davor. Sie sprachen eine Weile mit der alten Frau, die die Waren verkaufte. Eine Transaktion übers Bein zu brechen, entspricht nicht der Landesart. Sie kamen mit Limonadendosen zurück und öffneten auch eine für mich. Anschließend schälten sie, ohne mich zu fragen, eine Orange für mich, und während ich fuhr, reichten sie mir Stückchen nach vorn und nickten zustimmend, als ich sie in den Mund steckte. Als wäre ich eins ihrer Kinder.

In Harare fragten sie mich, ob sie wieder mitkommen könnten, wenn ich zurück nach Mutare fuhr. Ich sagte, ich würde am nächsten Tag nach England zurückfliegen. Meine Stimme klang verloren, bedauernd. Sie hörten es und wollten mich trösten. »Dann sehen wir uns eben wieder, wenn Sie das nächste Mal kommen.« Und unter ihren Rufen: »Bis zum nächstenmal! Bis zum nächstenmal!«, betrat ich das Hotel.

# DAS NÄCHSTE MAL – 1988

Wenn das Leben nicht auf natürliche, gewöhnliche Weise entsteht und verläuft, sondern künstlich, und wenn sein Wachstum nicht so sehr von natürlichen und ökonomischen Bedingungen als vielmehr von Theorien und der Willkür einzelner Personen abhängt, so ordnen sich derartige Zufälligkeiten dem Leben weitgehend und unvermeidlich unter und werden für dieses künstliche Leben gewissermaßen zu Gesetzen.

Anton Čechov, *Die Insel Sachalin*

# IN DER ZWISCHENZEIT

Sechs Jahre später, 1988, kehrte ich erneut nach Simbabwe zurück. In der Zwischenzeit war die Lage überall im südlichen Afrika brenzlig geworden. Hauptsächlich, weil Südafrika dazu entschlossen war, die weiße Vorherrschaft auf dem südlichen Teil des Kontinents aufrechtzuerhalten. Während dieser Jahre erreichten die Versuche der Republik, ihre Nachbarstaaten zu unterminieren, ungeahnte Höhen an Skrupellosigkeit und Brutalität. Südafrikanische Armeen schürten den Krieg in Namibia und Angola, und die Grausamkeit der Kriegführung ist kaum zu beschreiben. In Mosambik schrieb die Renamo ihr dunkelstes Kapitel. Auch im friedlichen Botswana waren südafrikanische Agenten am Werk, und sie machten nicht davor halt, südafrikanische Staatsbürger zu ermorden, die sich dorthin geflüchtet hatten. Und natürlich wurde auch Simbabwe von allen Seiten bedroht und sah sich mit Südafrika und seinen »Destabilisierungsversuchen« konfrontiert.

In der Republik selbst wurde die Unterdrückung auf ein Höchstmaß hinaufgeschraubt. Die Welt erfuhr zwar davon, aber nur unregelmäßig und bruchstückhaft – der Scheinwerfer beleuchtet eine Stelle und schwenkt dann weiter. Ein Gesetz untersagte einheimischen wie ausländischen Journalisten den Zugang zu Orten, von denen die Regierung nicht wollte, daß sie aufgesucht wurden. Wenn dereinst einmal die ganze Wahrheit ans Licht kommt, wird sie vermutlich viel grauenhafter sein, als wir es uns heute vorstellen können.

Der Schrecken war wie seit Urzeiten maskiert, die meisten Besucher bekamen nur die Annehmlichkeiten des Lebens der

Weißen zu sehen, die sozialen Folgen der Apartheid besserten sich – Weiße und Schwarze mußten sich nicht mehr in getrennten Schlangen in Läden und Banken anstellen, es gab sogar gemischtrassige Restaurants und Hotels. Aber mein Leben lang habe ich gehört: »Vergiß die Städte! Wirklich schlimm ist es auf dem Land, auf den Farmen, in den kleinen Dörfern, in die nie ein Journalist kommt. Wenn die Welt erführe, was dort vor sich geht . . .«

Simbabwe ist umgeben von Ländern, in denen Südafrika den Drahtzieher gespielt hat – von Bürgerkriegen und Mißerfolgen wie zum Beispiel in Sambia. Simbabwe war geprägt von einer Belagerungsmentalität, und seine Führer verhielten sich zumindest in mancher Hinsicht paranoid. In Matabeleland, so glaubten und verkündeten sie aller Welt, lauerten Guerillaarmeen im Busch, der für die Guerilla wie geschaffen schien. In abgelegenen weißen Farmhäusern wurde gemordet, und nicht wenige Farmen wurden niedergebrannt. Nichts leichter, als zu glauben, daß Südafrika auch hier die Fäden in der Hand hielt. Mugabes Reaktion auf diese Bedrohung bestand darin, hauptsächlich Mashona-Truppen zu entsenden, die die Dörfer überall in Matabeleland auf eine überaus systematische, mutwillige und gnadenlose Weise terrorisierten und einschüchterten. Sie plünderten, mordeten, vergewaltigten, brandschatzten. In manchen Dörfern wurde die halbe Einwohnerschaft umgebracht. Wenn sie von dieser Zeit sprechen, beginnen viele Menschen zu weinen, zu fluchen, oder sie tun beides, denn diese Greueltaten trafen ins Herz des neuen Simbabwe.

Und dann verhielt sich Genosse Mugabe wie ein wahrer Staatsmann und verkündete eine Amnestie. Das war der berühmte Unity Accord vom Dezember 1987, als Joshua Nkomo rehabilitiert und in die Regierung aufgenommen wurde. Zuerst wurde er Minister im Büro des Präsidenten, dann einer der beiden Senior Ministers. Statt der erwarteten zahlenstarken Guerillatruppen stellten sich allerdings nur ein paar Dutzend Männer. Es waren frühere Freiheitskämpfer, die sich in den Busch geschlagen hatten, weil sie ihre Mißbilligung der Mashona-Herrschaft in Matabeleland zum Ausdruck bringen wollten, weil Joshua

Nkomo nicht an der Regierung beteiligt war und – wahrscheinlich der wahre Grund – weil es für Männer, die ein Talent für den Krieg haben, schwierig ist, ganz normale Zivilisten zu werden.

Und noch etwas anderes war während dieser entscheidenden sechs Jahre seit 1982 geschehen. Wie die Korruption noch in jedem jungen, unabhängigen Land in Afrika ihren Siegeszug angetreten hat, so tat sie es auch in Simbabwe, und das, obwohl Genosse Mugabe mahnte, flehte, drohte und wohlgemeinte Gesetze verabschiedete. Eine neue Klasse hatte sich gebildet, von der Bevölkerung scherzhaft »die Chefs« genannt.

Ein Abgesandter der Vereinten Nationen bemerkte dazu – nicht in seinem offiziellen Bericht, sondern im Lauf einer jener informellen Unterhaltungen, die vermutlich wesentlich einflußreicher sind: »Es ist sicher nicht ohne Vorläufer, daß die in einem Bürgerkrieg siegreiche Seite sich die Taschen füllt, aber Simbabwe ist einzigartig. In *weniger* als zehn Jahren hat sich das Land, begleitet von marxistischer Rhetorik, seine eigene Herrschaftsklasse geschaffen.«

Dennoch, was die Artikel simbabwischer Zeitungen, die Briefe aus dem Land und die Erzählungen Reisender prägte, war nicht die trostlose Hoffnungslosigkeit wie etwa in Sambia oder das Elend wie in Mosambik, sondern es waren Vitalität, Überschwang, Optimismus und Lebensfreude.

## AIR ZIMBABWE

In dieser Nacht im November 1988 hörte ich auf dem Air-Zimbabwe-Flug folgende Ankündigungen: »Genosse Minister, verehrte Damen und Herren, bitte legen Sie den Sicherheitsgurt an ...« »Genosse Minister, verehrte Damen und Herren, das Bitte-nicht-rauchen-Zeichen ist jetzt erloschen ...« Das »Genosse Minister« klang, als handelte es sich um eine Tüte Bonbons, die unter den Fluggästen verteilt werden sollte. An Bord der Maschine befanden sich viele große, gutgekleidete schwarze Männer auf dem Nachhauseweg von internationalen Konferenzen, die uns Weiße als schlecht angezogenen, unseriösen Haufen erscheinen ließen. Allerdings gab es einen Mann, der uns alle als Respektspersonen auswies, verglichen mit seiner farbenprächtigen Andersartigkeit: ein Popstar, ein schillernder, großspuriger junger Schwarzer wie ein Stierkämpfer oder Märchenkönig. Vor sechs Jahren waren die Stewardessen nervös gewesen wie Pflegemütter vor Gericht, jetzt wirkten sie fürsorglich und ruhig, und als die Lichter gedämpft wurden und unser Troubadour immer noch leise zu den Klängen seiner Gitarre sang, untersagten sie es ihm, hießen ihn schlafen und gaben schließlich noch ein eigenes Wiegenlied zum besten: »Genosse Minister, verehrte Damen und Herren, der Kapitän und seine Besatzung wünschen Ihnen eine gute Nacht.«

Meinen Paß kontrollierte ein selbstsicherer junger Mann, die Zollformalitäten erledigte ein anderer, nicht weniger selbstbewußter junger Mann, und schließlich stand ich unter dem tiefblauen, sonnigen Himmel von Harare, und nachdem es in der letzten Woche geregnet hatte, war das Laub überall frisch und leuchtendgrün. Ich wurde durch einen Vorort chauffiert, den ich diesmal mit offenen Augen wahrnahm, da sich keine unangemessenen Empfindungen einstellten. Was ich sah, waren Straßen, neben die sich ständig alte Straßenbilder und verschwundene Gebäude aus der Erinnerung schoben. Wir alle sind daran gewöhnt, daß ganze Stadtteile niedergerissen werden und in Staubwolken versinken, um als Türme, Gärten und neue Straßen wiederaufzuerstehen, aber diesen täglich fortschreitenden Prozeß, der dem Altern eines vertrauten Menschen gleicht – ein Gesicht erodiert unmerklich, bestimmte Züge werden von neuem erschaffen –, hatte ich in Salisbury nicht miterlebt. Als ich sie 1949 verließ und ihr 1956 noch einmal einen Besuch abstattete, war die Stadt noch kreuz und quer mit Avenuen und Straßen schraffiert gewesen, die man skizzenhaft auf dem Feld angelegt hatte, dazwischen Bäume und Gärten. Wenn man heute durch Salisbury fährt, sein Wirtschafts- und Verwaltungszentrum, gelangt man alsbald in wohlhabende, prächtige Vororte mit Gärten, für die man in England Eintritt zahlen müßte. Ich sagte: »Wißt ihr eigentlich, in was für einem Paradies ihr lebt?«

Und ich erinnerte mich, daß ich das schon früher gefragt hatte, obwohl ich nicht so dachte, als ich hier lebte.

Das Haus stand unter Bäumen verborgen, die die Hitze abhielten, und wir befanden uns in einem Zimmer, von dem man zu beiden Seiten auf Gärten hinausblickte, und bald darauf schon schlenderten wir durch den Garten selbst, der zwei Morgen umfaßt und in dem, wie eine grobe Schätzung ermittelte, mehrere hundert verschiedene Pflanzenarten wuchsen. Vögel flatterten herum, besonders auffällig der Lourie mit der roten Haube und dem krächzenden, schicksalsschweren Schrei.

Wenn man in den alten Zeiten eine Farm besuchte, wurde man »herumgeführt«. Ihr Instinkt bedeutete den Siedlern, allen Gleichgesinnten, die ebenfalls die Wildnis kultivierten, zu zeigen, was sie erreicht hatten. »Schau, was ich aus den Bäumen, aus der Steppe gemacht habe. Sieh, mein Haus, meine Tiere, meine Pflanzen, mein gutes, festes Dach, das auch dir vielleicht einmal Obdach gewähren wird . . .« So wie ein Hund die Stellung im Schlaf wechselt, sich zusammenrollt, die Läufe ausstreckt, die Schnauze vorsichtig auf die Pfoten legt. »Ja, so groß ist es, so sieht es aus, mein Zuhause.«

Als mich Ayrton R., mein Gastgeber, in seinem Haus und auf seinem Besitz herumführte, tat er, was er als Kind selbst schon beobachtet hatte, denn hier war er geboren und wie ich aufgewachsen.

Wir stehen mitten in seinem Garten und atmen die gute Luft ein, das Haus liegt oberhalb von uns als lange, gebogene Form, noch verlängert durch die diskrete Mauer, die die Dienstbotenquartiere abschirmt.

»Sind sie jetzt besser als früher?« frage ich und meine damit die Dienstbotenunterkünfte, die einst aus einem oder zwei Zimmern bestanden, in denen ein, zwei oder drei Bedienstete wohnten und oft auch noch ihre Freunde.

»Die Räume sind wesentlich besser, das ja, aber es kommt darauf an, wie viele Leute darin wohnen.«

»Und wie viele wohnen im Augenblick dort?«

»Der Gärtner hat elf Kinder, und manchmal sind alle elf bei ihm und seiner Frau. Die Köchin hat drei Kinder, und auch die sind manchmal alle hier. Und ihr Freund lebt ebenfalls bei ihr.«

»Illegal?«

»Nein, heutzutage ist das nicht mehr illegal. Aber ich wollte deine Aufmerksamkeit auf etwas anderes lenken. Was ich tatsächlich hier gelernt habe, hat mit dem Platz zu tun.«

»Du hast unglaublich viel Platz hier.«

»Ja, aber schau mal da hinunter.«

Am Ende des Gartens liegen zwei Maisfelder – die prallen Stauden stehen dicht beieinander – und ein Rapsfeld.

»Das eine der beiden Feld gehört mir, das ist Zuckermais, das andere ihnen. Wenn ein Afrikaner irgendwo ein Haus kauft, dann baut er als erstes Mais an, auch wenn der Platz tatsächlich nur für ein paar Kolben reicht. Es muß einfach sein. Mais ist ein Symbol. Und sie haben mich nicht gefragt, es ist ihr selbstverständliches Recht.«

»Und dann?«

»Der Raps ist die Würze. Es ist sinnvoll, ihn anzubauen. So haben sie Grünzeug, Vitamine. Und als ich einen Guavenbaum ausgegraben hatte, der meiner Meinung nach an der falschen Stelle stand, beschwerten sich die Köchin und der Gärtner bei mir, beide in Tränen, warfen mir vor, ich hätte kein Herz. Sie betrachteten ihn als ihren Baum, verstehst du? Also hab ich gleich einen anderen gepflanzt. Ein Teil dieses Gartens gehört ihnen. Sie haben ein *Recht* darauf.«

»Das ist neu.«

»Ja. Und jetzt sieh mal dort hinauf.«

Zwischen den alten Bäumen oben auf einem Hügel stehen große Häuser.

»Dort oben leben die neuen Chefs. Ihre Häuser sind drei- oder viermal so groß wie meins. Sie würden lieber tot umfallen, als einen Fuß in ein Haus wie meins zu setzen. Mit einem schlichten Universitätsintellektuellen wie mir würden sie nicht mal reden.« Er klingt amüsiert, vergnügt. Ich sollte noch erfahren, daß dieses Vergnügen, diese Freude am Unerwarteten charakteristisch war für das neue Simbabwe.

Im Haus servierte Dorothy, die Köchin, das Frühstück, eine

dickliche, lächelnde Frau. Dann saßen wir den ganzen Vormittag zusammen und redeten über das neue Simbabwe, voller Vergnügen und Behagen. Mir war bereits klar, daß das trostlose Grau und die dumpfe Trägheit, die meinen Besuch vor sechs Jahren gekennzeichnet hatten und vor denen ich mich – überflüssigerweise – vor dieser Reise wieder gefürchtet hatte, verschwunden waren.

Wir sprachen auch über die Dienstboten, so wie es die Weißen immer getan haben, nicht nur jene Minderheit, die stets in der Lage war, sich selbst als Teil einer für sie bemerkenswert angenehmen Spanne der Geschichte zu sehen. Um alle Weißen herum war dieses Meer von Schwarzen, die so anders lebten und dachten; und es war schwer, etwas über dieses Leben und diese Gedanken in Erfahrung zu bringen, doch sie lebten mit einem so nah wie die eigene Familie, und also sprach man über sie, erging sich in Spekulationen, als ob man von denen im eigenen Haus gleich auch alles über den Rest lernen konnte.

Ayrton R. wurde vom schlechten Gewissen des Liberalen geplagt, und er litt für alle Dienstboten, die es je gegeben hatte oder geben würde. Denn leider lebte nicht jeder auf der weiten Welt in einem Haus wie er, mit so vielen großen Zimmern und soviel Komfort.

Dorothy hatte mit vierzehn ein Kind bekommen, war von der Schule geworfen worden, und auch ihre Eltern hatten keinen Grund gesehen, warum sie ihr das Leben hätten erleichtern sollen. »Der schreckliche Verschleiß, die Zerstörung der Frauen in Afrika«, klagt Ayrton R., der in Dorothy die Millionen Frauen dieser Welt wiedererkennt, die derart jung schwanger werden und ihr Leben lang für diesen Fehler zahlen müssen. Dorothy hat vier Kinder – von vier verschiedenen Männern. Um die Kinder und oft genug auch die Männer unterhalten zu können, betrieb sie eine *shebeen*, eine Art illegale Kneipe. Als Ayrton R. im Krankenhaus lag, kam sie zu ihm und sagte: »Ich möchte für Sie arbeiten.« Sie hatte gehört, daß er ein freundlicher Arbeitgeber war, und außerdem waren sie Landsleute, beide stammten aus Matabeleland. Sie einzustellen, sei die glücklichste Entscheidung seines Lebens gewesen, sagt Ayrton R. Ihr Leben ist alles andere als leicht. Ihr Zimmer teilt sie nicht nur mit ihren Kindern, sondern auch noch mit ihrem Freund, dem sie ein gut Teil ihres Geldes gibt, obwohl er mehr verdient als sie. »Wäre sie ohne ihn denn nicht besser dran?« frage ich empört. Aber meine Empörung erweist sich als lächerlich. »Natürlich wäre sie das, aber hier braucht man einen Mann, der hinter einem hergeht, wenn man Besuche macht oder zum Rennen geht, um die anderen Frauen zu beeindrucken. Du solltest Dorothy mal sehen, wenn sie sich für das Rennen herausputzt. Dann ist sie eine wahre Königin.«

Der zweite Dienstbote, der Gärtner George, ist ein gutaussehender, freundlicher Mann, der den Garten unter Ayrton R.s Anleitung angelegt hat. Das größte Problem in seinem Leben ist seine älteste Tochter, die von einem Geist besessen ist, der sich dadurch bemerkbar macht, daß sie sich verkrampft und anschließend aggressiv wird, wenn man sie kritisiert. Sie ist faul und dumm, und als sie für eine der neuen Sicherheitsfirmen arbeitete – die Wachmänner, meist ehemalige Freiheitskämpfer, für Geschäfte und Häuser anbieten –, schlief sie mit allen acht Wachmännern. Die Familie sucht einen *nganga*, einen Schamanen, nach dem anderen auf, damit die Tochter als Medium anerkannt wird, aber die Schamanen behaupten, sie sei lediglich hysterisch. Würden die *ngangas* das Mädchen als Medium anerkennen, wäre es um das Los der Familie gut bestellt. Sie sind sehr arm, obwohl der Gärtner das Vielfache des Mindestlohnes erhält.

»Elf Kinder!«

»So sehen wir das«, sagt Ayrton R. »Der Gärtner dagegen meint, daß man nie genug Kinder haben kann. Das einzig Wichtige ist, sie zu ernähren, und das ist immer zu schaffen. Seine Frau versucht schon seit einiger Zeit, zum zwölftenmal schwanger zu werden, und weil es ihr bislang nicht geglückt ist, ist sie deprimiert und fühlt sich nicht mehr als wirklich vollwertige Frau.«

»Und wie steht es mit der Erziehung? Was passiert, wenn eins der Kinder krank wird?«

»Du mußt den Tatsachen ins Gesicht sehen: Es gibt noch viele Menschen wie ihn. Vielleicht mehr, die sind wie er, als solche wie

Dorothy, die eine moderne Frau ist. Sie wäre klug genug für einen Ministerposten. Sie geht zur Familienberatung und spart alles Geld, das ihr Freund ihr nicht abnimmt, für die Ausbildung ihres ältesten Sohnes. Trotzdem, obwohl sie weit mehr wert ist als der Gärtner, kann ich ihr nicht soviel zahlen wie ihm, denn sein männlicher Stolz würde darunter leiden. Und sie heißt das gut. Sie weiß genau, was sich gehört. Als ich vor einiger Zeit eine zusätzliche Hypothek für weitere Dienstbotenräume aufnehmen wollte, hatte ich bei der Bank kein Glück: Es würde den Wert des Hauses nicht weiter steigern, hieß es. Als dann wieder einmal alle ihre Kinder da waren, hab ich Dorothy vorgeschlagen, sie solle mit ihrem Freund in meinem Gästezimmer schlafen. Sie war furchtbar schockiert. Das wäre nicht richtig. Ich fürchte, sie ist eine sehr autoritäre Person. Als die Aids-Geschichte anfing, habe ich ihr davon erzählt, weil sie die Sache nicht auf die leichte Schulter nehmen sollte wie unsere Regierung damals, woraufhin sie meinte, alle Infizierten sollten umgebracht werden. Ich hab ihr erklärt, daß mich ihre Ansicht zutiefst schockierte, woraufhin sie nur erwiderte: ›Dann sollte man sie eben alle in Internierungslager stecken, die von bewaffneten Männern bewacht werden.‹«

## VERANDAGEPLAUDER

Und so sitzen wir den ganzen ersten Tag auf der Veranda und reden und reden, während verschiedene Leute hereinschauen, und ich gewöhne mich an dieses neue Simbabwe, diesmal ganz unaufgeregt und trockenen Auges. In meinem Geist häufen sich Fakten und (leidenschaftlich dargebotene) Statistiken an, und aus allen Ecken tauchen Pamphlete und Berichte auf. Niemand spricht über das neue Simbabwe, ohne Partei zu ergreifen. Die ganzen nächsten Tage über kommen Leute und erklären, klagen und ermahnen, und ich denke, wie angenehm diese Atmosphäre doch ist, in der sich nicht nur jeder betroffen fühlt, sondern auch annimmt, daß er den Lauf der Ereignisse unverzüglich und effektiv beeinflussen kann. Wie anders ist doch das Leben in England, überall in Europa, wo vor langer, langer Zeit die Entscheidungsfindung von der Ebene der Bürger auf unerreichbare Höhen verlagert wurde. Und die ganze Zeit über warte ich auf den alten Monolog, aber der, so sagt man mir, sei in den Nebeln der Geschichte verschwunden. Statt dessen fallen in jeder Unterhaltung Sätze wie folgender: »Warum tut er ... Warum tut er nicht ... dieses oder jenes?« Gemeint ist Mugabe. Während wir in England uns fragen, warum *sie* dieses oder jenes tut – aber es gibt einen entscheidenden Unterschied: Nie zuvor gab es eine herrschende Klasse oder Clique, die sichtbarer gewesen wäre als die in Simbabwe, und die Leute hier sprechen nicht über unzugängliche, von Komitees und Ausschüssen abgeschirmte Mächtige.

In jedem Gespräch ist immer gleich die Rede vom Unity Accord, jenem Übereinkommen zwischen ZAPU und ZANU, zwischen Matabele- und Mashonaland, zwischen Mugabe und Nkomo, das die Atmosphäre verändert, alle optimistisch gestimmt hat, so daß sie sagen: »Endlich ist Simbabwe ein vereintes Land.« Und die immer wieder gestellte Frage lautet: »Warum hat er es nicht schon früher getan? Wenn es 1987 funktioniert hat, dann wäre es auch schon früher möglich gewesen. Wie konnte es nur sein, daß Mugabe nicht gewußt hat, daß es so wenige Dissidenten gab? Warum haben alle im Land geglaubt, daß ganze Ndebele-Armeen mit von der Partie waren? Hat Mugabe tatsächlich nicht gewußt, daß seine Feinde aus einer Handvoll Männer bestanden, die heute als Terroristen eingestuft werden? Und warum hat er es nicht gewußt? Hatte er keine Spione und Informanten?«

Warum setzt Mugabe der Gier seiner Minister und Beamten kein Ende? Die Antwort lautet: Weil es die korrupten Mitarbeiter sind, die ihn an der Macht halten. Kaum vorstellbar, aber zu diesem Zeitpunkt werden alle Gespräche über Mugabe von einer Art Idealismus gespeist, der zumindest die wenigen erschreckt, die sich an ähnliche Reden über frühere Despoten erinnern. »Aber Mugabe ist kein Despot ...« »Nur könnte er leicht zu einem werden ...« »Aber jetzt, wo Nkomo endlich an der Macht beteiligt ist, wird er schon dafür sorgen, daß es nicht soweit kommt ...«

Und wo ist Präsident Banana?

Er ist mittlerweile nicht mehr Präsident, sondern lehrt als Professor an der Universität, und noch dazu als sehr beliebter Professor.

Auch über die Universität wird ständig geredet, weil die Studenten wegen der allgemeinen Korruption gerade erst gestreikt haben. Jeden Tag wird ein neuer Skandal aufgedeckt, in den Minister oder andere hochgestellte Persönlichkeiten verwikkelt sind: Es geht um Betrug, Unterschlagung, Bereicherung. Die Studenten haben im Namen der Revolution und ihrer Ideale gestreikt, an Mugabe appelliert und von ihm erwartet, daß er sich auf ihre Seite schlagen würde. Was er jedoch nicht getan hat. Die Polizei hat die Universität gestürmt und sich ausgesprochen unüberlegt benommen. Sie haben Tränengasgranaten in die Räume geworfen, in denen sich die Studenten versteckten. Es hat etliche Verletzte gegeben.

Aber am schlimmsten waren der Zynismus und die Desillusionierung. Es ist interessant zu hören, wie die Leute über Mugabe sprechen, wenn sie glauben, daß er einen Fehler begangen hat, in einem bekümmerten, ungläubigen Tonfall und indem sie immer die gleichen Sätze wiederholen: »Warum hat er sie im Stich gelassen? Wie konnte er das nur tun? Er war doch selbst ein Revolutionär und weiß, wie gefährlich es ist, wenn junge Menschen zu Zynikern werden ... Er sollte die Studenten als seine treuesten Anhänger betrachten ... Ich kann mir nicht helfen, aber ich glaube, er wird schlecht beraten ... Wer hat ihn beraten? Warum läßt er sich so von den Menschen abkapseln? Er hätte sie nicht im Stich lassen dürfen. Warum? Was, meinst du, ist in ihm vorgegangen?«

Parallel zu den Fragen: »Warum tut er? Warum tut er nicht?«, hört man immer wieder: »Mugabe sagt ...« Nichts ist interessanter als das, was Führer und Statthalter angeblich gesagt haben, denn da sprechen die Stimmen der Hoffnung und des Zynismus. Man lernt, wie Mythen entstehen. Und irgendwann ist es gleichgültig, ob der Betreffende die ihm zugeschriebenen Worte auch tatsächlich gesagt hat, denn sie wirken so kraftvoll und nachhaltig, als hätte er es getan.

Wie ungeheuer attraktiv ist doch dieses Reden, diese intensive persönliche Anteilnahme in Simbabwe. Der Zynismus – nicht nur wegen der derzeitigen Korruptionsaffären – ist nur die Kehrseite der Medaille. Die Leute, die in diesem Zimmer miteinander sprechen, haben während des Buschkriegs Mugabe, Nkomo und Bischof Muzorewa unterstützt, aber jetzt reden sie alle auf die gleiche Art und Weise. Wie? Ich schwöre, sie reden fast so, als ob sie verliebt wären. Man kann sich in ein Land oder in eins seiner Entwicklungsstadien verlieben wie in einen Menschen. Ungläubige, ängstliche Hoffnung ... Ungewißheit ... Erstaunen angesichts der Vollkommenheit und Errungenschaften der oder des Geliebten. Übertriebene Enttäuschung in Augenblicken des Versagens. Ich höre Menschen zu, die über die Korruptionsskandale mit der wütenden Trauer sprechen, wie sie einer betrogenen Liebe angemessen ist.

Zum Beispiel der Autoskandal.

Weil Mugabe nicht zulassen will, daß Autos nach Simbabwe importiert werden (oder irgend etwas anderes: Ersatzteile für Autos, landwirtschaftliche Maschinen, nichts – er verbietet das Notwendige wie das Überflüssige), hat er einer Fabrik gestattet, Toyotas zu bauen. Sie kosten ungeheure Summen, dreimal soviel wie in Europa. Nur die Reichen können sich sc einen Wagen leisten, aber selbst sie bekommen keinen, weil die Autos für die Chefs bestimmt sind. Ein Minister oder eine ähnlich privilegierte Person wird von der Fabrik informiert, sein Wagen sei abholbereit. Er oder sie (es gibt ein paar Frauen in hohen Positionen) ruft einen Freund an, der nicht auf der Warteliste steht. Bevor der Wagen ausgeliefert wird, ist er schon zum dreifachen Preis weiterverkauft. Es wird behauptet »alle« seien in diesen Skandal verwickelt, »Leute, von denen man nie erwarten würde, daß sie sich mit so was die Finger schmutzig machen. Warum tut Mugabe nichts ...?«

## EINE BETROGENE LIEBE

»Ich habe mit einer Zeit der Inkompetenz gerechnet. Ich habe mit jeder Art von Saustall und Durcheinander gerechnet. Ich wußte, daß eine Weile nichts funktionieren würde. Wie sollte es auch, wo sie keine entsprechend ausgebildeten Leute hatten? Aber womit ich nicht gerechnet habe, ist, daß diese Mistkerle an die Macht kommen und sich um nichts anderes kümmern, als ihr Schäfchen ins trockene zu bringen. Es gibt Dutzende von ihnen, die sich in Nullkommanichts eine goldene Nase verdient haben. Glaubst du etwa, daß sie sich Gedanken machen um die armen Schweine in den Reservaten – ja, die Leute nennen sie noch immer so; wenn du willst, kannst du ihnen ja einen neuen Namen geben –, nein, um die kümmern sie sich einen Scheißdreck. Und glaubst du etwa, daß die Studenten im letzten Semester wirklich wegen der Korruption gestreikt hätten? Daß ich nicht lache! O ja, sie klingen ehrenwert und aufrecht, aber das sind sie nicht. Sie wissen genau, welche Stellen es in der Verwaltung und im öffentlichen Dienst gibt und auf welche davon sie eigentlich gehörten, aber sie werden sie nie bekommen, weil auf denen längst die Genossen aus dem Buschkrieg sitzen, die noch nicht mal dreißig sind und die noch ein jahrzehntelanges Arbeitsleben vor sich haben. Die Studenten werden keine Arbeit finden, und das wissen sie auch. Denen geht es doch auch nur um *ihre* goldene Nase . . .« So wütet er.

## EINE ÄSTHETISCHE ANNÄHERUNG AN DIE REVOLUTION

»Sie haben soviel Geld und stellen sich Häuser hin, die selbst Thatchers neureiche Klasse als entsetzlich geschmacklos betrachten würde. Man kann gar nicht fassen, was sie alles bauen. Auf Landschaft oder Klima nehmen sie keine Rücksicht, albern kleine Fenster, affektierter Vorstadtschick, angeberisch und großspurig. Und dann stellen sie sich Möbel rein, bei deren Anblick man in England tot umfallen würde. Es gibt nicht einen Gegenstand in diesen Häusern, von dem einem nicht übel würde. Man steht da und möchte am liebsten losheulen vor soviel Häßlichkeit.«

»Aber so ist es doch immer, oder etwa nicht? Als erstes gibt es die Generation, die das Geld verdient, ziemlich vulgäre Menschen voll ungeschlachtem, skrupellosem Schaffensdrang. Als nächstes kommen ihre Kinder, die das Geld ausgeben und über den schlechten Geschmack ihrer Eltern lachen. Dann erst tritt die dritte Generation auf, die sich für Kunst, Liberalismus und ein feines Lebensgefühl interessiert – wodurch sie historisch gesehen oft als verweichlicht gilt. Warum regst du dich also so auf, wenn sich dieser unvermeidliche Prozeß auch in Simbabwe vollzieht?«

*Eben weil es Simbabwe ist*, lautet die Antwort. Dieser Mann, ein Weißer, der hier geboren und aufgewachsen ist, ist verliebt in seinen Traum von Simbabwe, und er hat ihn unterstützt zu einer Zeit, als er sich damit der Ächtung durch seinesgleichen preisgab. Einen Schatten auf seiner Liebe kann er nicht ertragen.

In ein Land oder ein herrschendes Regime verliebt zu sein, ist eine heikle Angelegenheit. Mit noch größerer Sicherheit als bei einer Person wird einem das Herz gebrochen. Man kann sogar sein Leben dabei lassen. Früher, in den fünfziger Jahren, kannte ich eine politisch aktive Frau, die Tag und Nacht dafür arbeitete, das weiße Regime in Südafrika aus dem Sattel zu heben. Urlaubsbedürftig, fuhr sie nach Nigeria, wo ihr Traum bereits Wirklichkeit geworden war, mußte jedoch feststellen, daß auch dieses Land von menschlichen Wesen regiert wurde, und beging Selbstmord. Jeder, der wirklich einmal Idealist und politisch engagiert war, kennt tausend Versionen dieser Geschichte, überall auf der Welt.

Dorothy ist voller Bewunderung für das neue Haus, das eine halbe Meile entfernt gebaut wird, eine Schreckensvision von einem Haus – man möchte fast annehmen, es soll illustrieren, wie viele Fehler man bei einem einzigen Bau begehen kann. Sie liebt es so sehr, daß ihr Tränen in die Augen steigen, sobald sie es sieht oder daran denkt.

»Und in Simbabwe gibt es so wunderbare Architekten, wußtest du das? Sie gehören zu den besten der Welt und gewinnen Preise – in anderen Ländern. Sie verlassen das Land und nehmen Stellen an, wo man sie schätzt. Und unsere Schlauberger hier holen Architekten aus Osteuropa, deren Vorstellungen vom Bauen stalinistischem Größenwahn entspringt. Ich sage dir, es bricht einem das Herz.«

Am zweithäufigsten nach: »Warum tut Mugabe ...?«, hört man: »Die Frauen halten das Land über Wasser. Sie machen die ganze Arbeit. Die Männer sitzen herum, und die Frauen halten die Dinge am Laufen. Wenn du etwas erledigt haben willst, mußt du dich an die Frauen wenden.«

## BESUCH AUF SIMUKAI

Ich wurde von Judy Todd mit nach Simukai genommen, einer Farm, die von ehemaligen Freiheitskämpfern bewirtschaftet wird. Als der Krieg vorbei war und sie an einer Sammelstelle darauf warteten, demobilisiert zu werden, entstand der Plan dieser Farm, und sie beschlossen, ihr Konzept zu verwirklichen.

Ein paar Kilometer hinter Harare begrüßte uns ein Schild neben einem kleinen Laden in einem schuppenähnlichen Gebäude, wo es mehr Limonadensorten gab, als Ernährungswissenschaftlern recht sein konnte: »Das Kollektiv der Simukai-Farm heißt dich willkommen.« Es war kurz nach Mittag, sehr heiß, und die Leute saßen faul auf der Veranda vor dem Laden herum, zumeist strickende oder häkelnde Frauen. Die Männer schliefen. Wie sich herausstellte, war der Vorsitzende namens Andrew nicht anwesend. Er ist berühmt, ein Mann von Prinzipien, dessen Vorstellungen vom Sozialismus keinerlei Unterschiede zwischen Männern und Frauen kennen: »Hier gibt es nur Genossen«, entschied zuerst er, und alle anderen schlossen sich ihm an. So wurde einer Feministin, die gekommen war, um über die Unterdrükkung der Frauen zu diskutieren, beschieden, daß hier keine Männer oder Frauen lebten, sondern nur Menschen, die unter gleichen Bedingungen arbeiteten, aber wahrscheinlich wolle sie mit der Genossin sprechen, die den Traktor fahre.

Diese Geschichte ist bereits ein Mythos und steht für soviel mehr als nur die Begebenheit, die sie wiedergibt, sie symbolisiert das neue Simbabwe – wie auch andere Geschichten über diese Farm, die sehr vielen Besuchern vorgeführt wird.

Früher war es eine weiße Farm, wie an der Verteilung von Farmhaus, anderen Gebäuden sowie der Ställe für die Tiere unschwer zu erkennen ist, und es ist ein Leichtes, sich das frühere Farmleben vorzustellen, die weiße Familie, die Tiere. Heute leben auf derselben Farm mehrere schwarze Familien.

Der Grad der Armut, das ist der wesentliche Punkt, und doch ist er so schwer zu vermitteln: unvorstellbar für einen Europäer, geschweige denn für einen Amerikaner.

Ein kleines Ziegelgebäude ist die neue Schule, und sie repräsentiert Hoffnung, Anstrengung, Arbeit und Opfer aller Beteiligten.

Und hier begreife ich wenige Tage nach meiner Ankunft in Simbabwe zum erstenmal, was ich schon bald als zentralen Punkt einschätzen werde: Wieviel eine kleine Sache, ein einzelnes Gebäude, ein Tier, ein kleiner Garten oder eine hingebungsvolle Person bedeuten, wie sich ein ganzer Distrikt dadurch verändern kann.

Wie viele Kinder werden sich an diese armselige kleine Schule, in der bemerkenswerte Lehrer unterrichten, erinnern?

Es gibt einen neuen Damm, im Staubecken soll eine Fischzucht angelegt werden.

Bäume werden gepflanzt.

Alles hier, was einem europäische Maßstäbe gewöhnten Auge so klein und nichtig erscheint, sind Schritte, die mit Bleigewichten an den Füßen gemacht werden.

Man führt uns zu einer Werkstatt, früher Teil einer Tabakscheune, in der eine junge Frau Overalls näht. Dann zu einem kleinen Haus, in dem Babys und Kleinkinder gehütet werden. Ein sehr kleines Kind, das noch nie Weiße gesehen hat, fängt vor lauter Schreck an zu schreien, und wird von einem größeren beruhigt, das uns verlegen anlächelt. In einer weiteren ehemaligen Tabakscheune wird das Essen gekocht und von allen gemeinsam eingenommen.

Auf der Farm werden Mais, Tabak, Weizen und Zuckerrüben angebaut, es gibt Rinder, Schafe und Schweine.

Wenn sie einen Wunsch frei hätten, frage ich, was würden sie dann haben wollen?

Auf diese Frage erhält man oft überraschende Antworten.

Wir waren an reichen Farmen vorbeigekommen, wo Kilometer über Kilometer von Feldern künstlich bewässert wurden, den sogenannten »Commercial Farms«, bei denen es sich um hochtechnisierte, rein gewinnorientierte Unternehmungen handelt, die in aller Regel einer Einzelperson, schwarz oder weiß, gehören. Ich hatte als Antwort Bewässerungsanlagen, Silos, einen neuen Landrover, einen Kühltransporter erwartet.

Zwei höfliche, aber schläfrige – der frühe Nachmittag ist an einem heißen Tag nicht die beste Besuchszeit – junge Männer erwidern im Tonfall geübter Redner: »Den Lebensstandard steigern.« »Das Leben der Menschen hier verbessern.« Diese Art Gespräch führt oft zu Mißverständnissen und zu der Bitte um Definitionen – und dann lächeln alle, fühlen sich wohl, wenn auch ein bißchen verlegen.

»Nein, nein«, sage ich. »Ich meine, welche neue Technik, welche Maschinen oder Gerätschaften diese Farm zur Zeit am nötigsten braucht?«

Lange Zeit herrscht Schweigen.

»Der Farmer, dem das alles hier früher gehört hat, war sehr reich«, sagt ein junger Mann und bietet mir diese Information als Ansatzpunkt an.

Welchen Lebensstandard stellte ich mir denn angesichts der herrschenden Armut vor? Den der Weißen, die hier gelebt hatten? Um so vielen Familien den gleichen Wohlstand zu ermöglichen, wären derartige Unsummen Geldes vonnöten, wie sie diese Farm im Traum nicht erwirtschaften konnte. Schlug ich vor, daß jedes Kind ein Zimmer voller Spielsachen und ein Fahrrad haben sollte, junge Leute ein eigenes Auto oder eins gemeinsam, daß sie sich jedes Jahr eine Reise nach Europa sollten leisten können?

Derlei Fragen konnte man stellen, das lag auf der Hand, aber ich hatte nicht an den einstigen weißen Luxus gedacht.

Einer der jungen Männer wollte wissen, ob ich Zugang zu Entwicklungsgeldern hätte. Ob ich für eine der Hilfsorganisationen arbeitete. Plötzlich erwachten die beiden zum Leben. Einige der Einrichtungen auf Simukai waren mit Mitteln solcher Organisationen bezahlt worden. Wieviel Geld konnte ich ihnen geben?

Ich erklärte, daß ich über keine derartigen Verbindungen verfügte.

Ich konnte ihnen ansehen, was sie dachten: Wieder jemand, dem es gefällt, daß wir so hart arbeiten.

Ich dachte, daß es wie in Pakistan war, wo ich tagelang Flüchtlinge aus Afghanistan getroffen hatte, die nichts weiter besaßen als das, was sie auf dem Leib trugen. Mehrmals täglich waren wir der Verzweiflung nah: Selbst wenn wir eine Million Pfund zu vergeben gehabt hätten, an einem Vormittag hätten wir sie verbraucht, ohne daß viel bewirkt worden wäre.

## DIE KÄMPFER

Judy Todd half dabei, ehemaligen Freiheitskämpfern Arbeit zu besorgen und sie auf Farmen anzusiedeln. Nicht alle Schwierigkeiten waren dabei vorauszusehen. Zum Beispiel beklagte sich ein junger Mann, daß jedesmal, wenn es zu einem Vorstellungsgespräch kam und er seinen Namen nannte, der Job seltsamerweise in der Versenkung verschwand. Und welchen Namen nannte er? »Genosse Blutvergießen.«

Andere Namen, die sich als recht unattraktiv für Arbeitgeber erwiesen, lauteten: »Genosse Sofortiger Tod«, »Genosse Vorwärts Simbabwe«, »Genosse Blitz«, »Genosse Waffenstillstand«, »Genosse Blutsäufer«.

# DIE DISSIDENTEN

Als sich ein Trupp Matabele-Dissidenten nach Verkündigung der Amnestie den Behörden stellte, war ein schwedischer Journalist anwesend.

Die Szene spielte sich in einem schäbigen Zimmer auf einem Polizeirevier ab. In der Mitte des Raums standen ungefähr ein Dutzend bis an die Zähne bewaffneter Desperados, einschließlich des berühmten Gayiguso, der erst kurz zuvor sechzehn Menschen mit einer Axt umgebracht hatte. Die Polizisten, die die Kapitulation entgegennahmen, waren unbewaffnet. Journalisten aus aller Welt saßen auf an den Wänden entlang aufgestellten Stühlen. Ihnen war nahegelegt worden, im Sinne des »Geistes der Versöhnung, den der Unity Accord ermöglicht hatte«, keine provokativen Fragen zu stellen. Da ihm nichts Besseres einfiel, fragte einer der Journalisten schließlich vorsichtig: »Und wie fühlen Sie sich jetzt?« Erwartete er vielleicht tiefgründige Gedanken über die Tatsache, daß es möglich, ja sogar zunehmend üblich ist, daß eine Handvoll Leute ganze Staaten in Unruhe versetzt, in Bürgerkriege stürzt und die fragilen Strukturen einer Zivilisation zerstört? Die Antwort gab der unverschämte Gayiguso, der der Zuversicht Ausdruck verlieh, daß sie in einem bequemen Bett schlafen und vorher noch kräftig würden essen können. Rund zehn Jahre hatten sie im Busch gelebt, sich in Höhlen versteckt, Nahrungsmittel in Dörfern oder von Feldern gestohlen und die Menschen gezwungen, ihnen zu essen zu geben. Ein nicht sehr bequemes Leben, auch wenn man keine Menschen ermordet oder Häuser niederbrennt. Ihre Entbehrungen, so schienen die Männer zu glauben, verdienten Mitgefühl. »Ich habe noch nie hartgesottenere Männer gesehen«, sagte der Journalist.

Als ebendiese »Dissidenten« in ihre Dörfer zurückkehrten, weigerten sich ihre Familien, sie aufzunehmen. Sie seien unerwünscht, hieß es.

Alle möglichen Leute, die diese Männer – die man für eine ganze Armee gehalten hatte – unterstützt hatten, wandten ihnen jetzt den Rücken, einschließlich der Studenten, die für sie demonstriert hatten.

Wohin mit ihnen? Sie wurden auf eine Farm geschickt, wo sie verständnisvoll behandelt, gleichzeitig aber überwacht wurden, und bald waren sie zu guten Staatsbürgern geworden, die dazu neigten, der Jugend Vorträge darüber zu halten, daß Gesetze beachtet und die Regierung respektiert werden müsse.

Resozialisierte Terroristen sind oft so. Etliche ehemalige Mitglieder der Roten Brigaden in Italien, die im Gefängnis zu bürgerlicher Gesinnung konvertierten, bewiesen ihre Befähigung zum guten Staatsbürger, indem sie ihre Zellen in Studierzimmer verwandelten – Memoiren schrieben, Sprachen lernten, Abschlüsse erwarben –, und als sie dann aus dem Gefängnis entlassen wurden, erklärten sie seit jeher pünktlichen Mieten- und Ratenzahlern, wie überaus wichtig es sei, der Gewalt und der Illegalität abzuschwören. Eine Italienerin hat mir einmal erzählt, eins ihrer bizarrsten Erlebnisse sei gewesen, eine Exterroristin, die mehrere harmlose Menschen umgebracht hatte, dabei zu beobachten, wie sie einem fünfzehnjährigen Mädchen (ihrer eigenen Tochter) »in einer Haltung bescheidener Selbstgerechtigkeit« eintrichterte, daß Gesetz und Ordnung unerläßlich seien.

## ROMANE

Jemand, der die Idee hatte, die mehr als hundert von Schwarzen geschriebenen Romane, die nie ins Englische übersetzt wurden, zu untersuchen, stieß auf ein unerwartetes Ergebnis. In diesen Romanen kommen kaum Weiße vor, und wenn, dann als helfende, nahezu olympische Figuren, die ein Kind ins Krankenhaus bringen oder jemanden im Auto mitnehmen. Man kann tatsächlich mehrere Dutzend dieser Bücher lesen, ohne je auf eine weiße Figur zu stoßen. »Sie interessieren sich nicht für uns«, sagte der Mann, der die Untersuchung durchgeführt hatte, amüsiert und voller Ironie. »Vermutlich faszinieren wir sie, so wie sie uns faszinieren. Aber vor allem für die Menschen draußen, in den Dörfern, sind wir nur Hintergrundgeräusche.«

»Draußen ...« Dieser Ausdruck wird manchmal ironisch verwendet, um auf die rasch wachsende Kluft zwischen der Armut auf dem Land und dem Reichtum in den Städten hinzuweisen, nicht weil die Menschen auf dem Land immer noch ärmer würden, sondern die Reichen in den Städten immer noch reicher.

Ayrton R. und ich, die wir in diesem Land aufgewachsen waren, er in Matabeleland, ich in Mashonaland, und die wir uns beide daran erinnerten, wie die Weißen herumgesessen hatten und über den Lebensstil der Schwarzen sprachen, wir redeten über diese ungefähr hundert Romane, als wären sie eine Erleuchtung.

»Heißt das, daß die Schwarzen es überhaupt nicht wahrnehmen würden, sollten alle Weißen das Land verlassen? Vielleicht würde das gleiche passieren wie in den Ländern weiter im Norden, die alle wieder urafrikanisch geworden sind, als ob es die Weißen nie gegeben hätte, wo alles zusammenbricht, nichts mehr funktioniert, Verkehrssystem, Telefone, Straßen, Züge, öffentlicher Dienst, Hotels – nichts funktioniert mehr.«

»O nein«, erwidert Ayrton R., ohne zu zögern und voller Stolz. »Dafür ist die Infrastruktur hier zu gut.«

Infrastruktur ist kein Wort, das ich normalerweise benutze, aber hier höre und sage ich es mehrmals täglich.

## GEFÄHRLICHE LIEBSCHAFTEN

Ein Weißer sagt ... Ein Schwarzer sagt ... Ich werde ins Gebet genommen von einer, die das neue Simbabwe liebt und nicht den kleinsten Makel an ihrem Geliebten ertragen kann. Weil Makel aber zweifellos existieren, beharrt sie um so mehr auf politischen Definitionen. Das ist keine ungewöhnliche Reaktion. »Wir sind jetzt alle Simbabwer«, sagt sie. »Wir sind nicht schwarz oder weiß, wir sind Menschen.« Ich halte ihre Einstellung für sentimental, unrealistisch. Sie behauptet, das sei nicht hilfreich, und überhaupt, was heiße schon schwarz oder weiß?

Ich sage, nichts sei einfacher als eine Antwort darauf. Weiß umfaßt alle Schattierungen zwischen elfenbeinfarbener Haut, die nie das Sonnenlicht gesehen hat, und dem Kaffeebraun von Mischlingen, die man üblicherweise »Farbige« nennt – ein riskanter Begriff, denn die politische »Linie« ändert sich häufig. Schwarz umfaßt alle Abstufungen zwischen ebendiesem Kaffeebraun und dem Samtschwarz des tropischen Afrika.

Es stimmt schon, daß manche Politiker, besonders in den USA, beschlossen haben, »schwarz« sei ein reaktionärer Ausdruck. Aber die Leute, die Schwarzen, die diese Sentimentalisten zu verteidigen vorgeben, gebrauchen das Wort ständig.

## KIRCHENLAND

Es war Cecil John Rhodes selbst, der den Katholiken soviel Land geschenkt hat. Sie haben dort Schulen gebaut, Klöster, Ausbildungszentren, Missionen. Ein paar der besten Schulen im Land werden von Jesuiten und Dominikanern geführt. Es scheint, daß niemand ihnen ihren Besitz verübelt.

Will man behaupten, daß ihre Vergangenheit nicht nur Lob verdient? Wer verdient das schon?

So fragte ich einen Freund, dessen Großmutter die Geschichtenerzählerin ihres Klans war, eine berühmte Frau: »Erinnerst du dich noch an die Geschichten deiner Großmutter? Wenn ja, solltest du sie aufschreiben, bevor sie endgültig vergessen werden.« Woraufhin er erwiderte: »Als Kind kannte ich sie alle, denn auf diese Weise erfuhren wir Afrikaner früher von den Dingen des Lebens. Aber als ich dann auf die Dombashawa-Schule kam, wurden sämtliche Geschichten aus mir herausgeprügelt. Unsere Kultur sei rückständig, hieß es, und jetzt erinnere ich mich an nichts mehr. Sie haben uns geschlagen und geschlagen. Sie haben uns wegen jeder Kleinigkeit verprügelt. Ihr habt doch dieses Sprichwort: ›Wer die Rute spart, verzieht das Kind.‹« Er lachte.

Schwester Dominica nimmt mich mit zu einer Jesuitenschule, Silveira House. Sie ist Nonne, weigert sich jedoch, Tracht zu tragen und Vorschriften anzuerkennen, die sie für willkürlich oder dumm hält. Sie lebt im Kloster, geht aber ihre eigenen Wege. Schwester Dominica ist verantwortlich für die Rekrutierung und das Wohlergehen unzähliger junger weißer Lehrer, die an den sehr armen Schulen in den abgelegenen Gegenden Simbabwes unterrichten. Sie trägt Kleider, Röcke, Blusen, dazu immer ein großes, silbernes Kreuz. Eine Kollegin, eine ähnlich unabhängige Seele, zeigt sich in Hosenrock und Bikinioberteil. Die beiden sind Feministinnen und kritisch gegenüber der männlichen Autorität der Kirche und des Papstes.

Was wohl Mutter Bertranda von ihnen halten würde? Sie würde sie, glaube ich, als verwandte Seelen betrachten.

Schwester Dominica war Novizin in dem Kloster gewesen, in dem ich fünf harte Jahre, von sieben bis zwölf, zur Schule ging. Von unseren unterschiedlichen Standpunkten aus sprachen wir über die Nonnen, die die Verwaltungsarbeiten erledigt und uns unterrichtet hatten, gebildete Frauen aus Irland und Deutschland, und die, die sich im übrigen um uns gekümmert hatten – wenn das der treffende Ausdruck dafür ist –, alles ungebildete Bauersfrauen aus Deutschland. All die vielen Jahre habe ich mich voller Dankbarkeit an Mutter Bertranda erinnert. Einmal, als ich vor Heimweh buchstäblich krank war, schlich ich mich in ihr karges Büro, das von einem Meer von Granitsplittern umgeben war. Sie knirschten unter meinen Füßen, die lautlos zu gehen versuchten. Hilfesuchend wandte ich mich an eine schwarzweiße Säule – Mutter Bertranda in der Tracht der Dominikanerinnen – und kletterte auf einen Schoß, der sich unter vielen Stoffschichten verbarg, weinte in Armen, die zuerst steif vor Überraschung waren, sich dann jedoch als warm, freundlich, ja tröstlich erwiesen. Über meinem Kopf redete und tröstete Mutter Bertranda auf deutsch, wiegte sich energisch vor und zurück wie ein Schaukelpferd.

Schwester Dominica entgegnet: »Ja vielleicht, aber als junge, ängstliche Novizin, weit weg von zu Hause, erlebte man sie ganz anders. Sie hat uns in Angst und Schrecken versetzt.«

Silveira House ist eine bekannte alte, privilegierte, gut ausgestattete Schule. Genosse Mugabe hat in ihr einen Kurs über Gewerkschaftswesen abgehalten, wurde mir voller Stolz erzählt. Die Schule besteht aus vielen einstöckigen Ziegelbauten zwischen Bäumen, Büschen und Blumen. Katzen liegen an schattigen Plätzen und warten darauf, bewundert zu werden. Als wir kommen, ist kaum jemand da, die Schülerinnen sind für die Ferien nach Hause gefahren. Wir werden vom Direktor herumgeführt, dessen Leben ebenso wie Schwester Dominicas mit dem meinen verbunden ist. Er ist deutschstämmig. Während des Zweiten Weltkriegs verbrachte er vier Jahre in einem Internierungslager in der Nähe von Salisbury. Mein zweiter Mann, Gottfried Lessing, ebenfalls ein Deutscher, war sechs Wochen lang interniert, wurde dann freigelassen und konnte ein ganz normales Leben führen, sieht man von der Auflage ab, sich einmal wöchentlich in einem bestimmten Büro zu melden, die jedoch recht lax gehandhabt wurde. Er war gegen die Nazis, aber das war auch seine internierte Familie. Ich höre dem Direktor zu, wie er seine Jahre im Lager beschreibt, und überlege, welche Dinge über das so unterschiedliche Schicksal der Menschen entscheiden: Zufälle, Glück, beliebige winzige Begebenheiten. Über Simbabwe spricht er in dem 1988 charakteristischen Tonfall: ängstlich und stolz zugleich, voll des leidenschaftlichen Bedürfnisses zu erklären und zu entschuldigen – stolz auf das, was erreicht wurde, und doch ängstlich, weil es so vielen Menschen an so vielem mangelt.

Unter einer Baumgruppe stehen Bänke und Tische, auf denen Holzschnitzereien und Steinfiguren liegen, bewacht von ihren Herstellern, jungen arbeitslosen Männern, die darauf hoffen, damit ihren Lebensunterhalt aufzubessern. Ähnliche Kreationen werden in Galerien in Harare zum Verkauf angeboten.

Ein wirklich guter Laden, der Kunsthandwerk verkauft, wird von einer dieser energischen Frauen geführt wird, denen man überall begegnet. Auch von Schwester Dominica höre ich, daß es die Frauen sind, die das Land über Wasser halten. Sie machen die Arbeit. Wohin man blickt, arbeiten die Frauen, und die Männer hängen faul herum.

# DER VERWERTER

In Silveira House lebt ein international anerkannter Experte für alternative Technologien, Brian McGarry, der sofort erkennbar ist als zugehörig zur neuen Rasse der Menschen, die leidenschaftlich damit beschäftigt sind, die Welt vor unseren Dummheiten zu bewahren.

Unter anderem versucht er, Möglichkeiten zu entwickeln, Energie zu sparen und so den rasch schwindenden Busch zu retten. In einigen Gegenden gibt es bereits keine Bäume mehr, und die Menschen graben Wurzeln aus und verfeuern Stroh, das die Tiere eigentlich zum Fressen bräuchten; oder sie verbrennen gar die unergiebigen Kuhfladen – was in diesem Land keine Tradition hat –, die als Dünger benötigt würden.

McGarry hat einen Solarofen entwickelt, ein schmuckes kleines Gerät, für das sich jedoch niemand interessiert, es besitzt keinerlei gefühlsmäßige Anziehungskraft für die Menschen hier. Dabei kann man um einen solchen Solarofen herumsitzen wie um ein Lagerfeuer und plaudern. Wenn er sich durchsetzen würde, wären die Wälder Simbabwes gerettet. Außerdem hat McGarry eine nützliche Vorrichtung erfunden, die »Verwerter« genannt wird, leicht und billig herzustellen und zu installieren ist. In der Nähe einer Wohnhütte wird eine Grube ausgehoben, in die eine Mischung aus Tierdung und Pflanzen kommt, die Methangas erzeugt. (Anschließend nimmt ein anderes Loch die verbrauchte Mischung auf, die später als Dünger auf den Feldern Verwendung findet.) Von einem kleinen Lüftungsloch der Grube wird das Gas zur Kochstelle der Hütte geführt. In der Mitte der Hütte, die man uns zeigte, brannte ein großer Holzklotz, über dem ein Kessel hing.

Das Gas wurde nicht genutzt.

Dieser Holzklotz brennt mitten in einer Hütte, Höhle oder in einem Zimmer – seit wie vielen Jahren? Tausend? Millionen? Er ist überall auf der Welt der Mittelpunkt des Gemeinschafts- und Familienlebens.

# EINE COMMUNAL AREA

Wir wurden von einem landwirtschaftlichen Experten herumgeführt, der in der Ausbildung tätig war, einem energiegeladenen Mann mittleren Alters namens Peter Simbisai, der den Stolz auf das, was er und seinesgleichen erreicht hatten, nicht verhehlte. Zuerst brachte er uns zu einem traditionellen Familienkral, einer eingezäunten Ansammlung von Hütten. »Hier lebt ein alter Mann mit seinen Söhnen und deren Familien.« Er sah mich nicht an, sondern an mir vorbei, weil er Kritik zu üben gedachte. »Wir sind nicht wie ihr. Euch macht es nichts aus, wenn eure Kinder mit achtzehn von zu Hause fortgehen, vielleicht sogar bis nach Südamerika. Wir dagegen halten unsere Familien zusammen.« Er hatte in vorwurfsvollem Ton gesprochen.

Von außen wirken derartige Hütten nicht besonders beeindruckend. Im Inneren sind sie groß, luftig und kühl. Eine Bank zieht sich an der Wand fast des gesamten Innenraums entlang. Ein Viertel der Wandfläche hängt voller Kochtöpfe. In Regalen sind Kleidung und Geschirr untergebracht.

Von einem neuen Reiseunternehmen ist die Rede. Touristengruppen sollen durch den Busch geführt werden und in Dörfern übernachten, das heißt in Hütten wie dieser. Alle, die gefragt wurden, ob sie Teil des Reiseprogramms werden wollten, haben zugestimmt.

Wir fuhren durch leuchtendgrünen Busch, durch die hellen und luftigen Wälder Mashonalands, in denen es unvorstellbar viele Baumarten gibt, denn im Gegensatz zu den Wäldern Europas gab es hier nie eine Eiszeit, die die alten Urwälder zerstört hat. Die bei uns bekannten Bäume wachsen erst, seit sich das Eis zurückgezogen hat.

Peter wollte, daß wir etwas besichtigten, was seiner Meinung nach wichtig war. Bald fuhren wir durch eine Communal Area, das heißt ein ehemaliges Reservat. Ich kenne diese Siedlungsgebiete für Einheimische noch aus alten Zeiten. Während sich die Kolonie Südrhodesien etablierte, wurden die Schwarzen aus fruchtbaren Landstrichen vertrieben und in den »Reserves« angesiedelt, in armen, kaum erschlossenen Gegenden, in denen es oft keine Straßen, Schulen, Krankenhäuser oder auch nur genug Wasser gab.

Als Mugabe an die Macht kam, entschied er, es sei dringend geboten, Geld in diese ländlichen Gegenden zu investieren. Jemand, der diese Reservate nicht schon von früher kennt, ist von den heutigen Communal Areas womöglich nicht besonders beeindruckt. Noch immer herrscht dort Armut, und was sofort ins Auge fällt, ist, daß der Busch angeschlagen ist, überall sieht man Baumstümpfe, überhaupt haben fast alle Bäume ein, zwei Äste als Feuerholz opfern müssen. Wobei sie voller Sorgfalt von Leuten beschnitten wurden, die sehr genau wissen, wie wertvoll sie sind. Das Gras ist dünn. Die Spuren der Erosion sind unübersehbar: Gräben oder Geröll und Kies, wo der Regen die Erde fortgewaschen hat. Die einzelnen Hütten stehen bis zu einer halben Meile voneinander entfernt.

Man gewinnt den Eindruck von Leere, aber tatsächlich ernährt der Boden so viele Menschen und Tiere wie nur möglich, in manchen Gegenden mehr als ihm guttut. Und was ein hypothetischer Besucher nicht weiß, während er auf der guten Straße unbehindert dahinrast, ist, daß diese Straße vor kurzem noch ein staubiger oder schlammiger Pfad war und daß die gelegentlichen Gruppen von Ziegelhäusern sämtlich neu sind, sogenannte »Growth Points«, Wachstumszentren – das Konzept und der Name entstanden noch unter der weißen Regierung –, bestehend aus Krankenhaus, Verwaltungsgebäuden und Schulen, die zu kleinen Städten heranwachsen und die Umgebung mit Dienstleistungen versorgen sollen. Und er weiß auch nicht, daß die kleinen Mais-, Baumwoll- oder Sonnenblumenfelder, die im Vergleich mit den riesigen, ertragreichen roten Feldern der Commercial Farms, der kommerziellen Farmen, so mickrig erscheinen, jedes Jahr mehr und mehr zur Lebensmittelversorgung des Landes beitragen, daß es in der Tat Veränderungen gibt, die nur jemand verstehen und schätzen kann, der weiß, wie es früher hier ausgesehen hat.

## DER SCHUPPEN

Peter Simbisai zeigt mir einen großen, einfachen, geschlossenen Schuppen mit Zementboden. Er ist Gemeinschaftseigentum. Zu Beginn wollten sich sehr viele Familien an dem Projekt beteiligen. Während der ersten, ungestümen Zeit nach der Unabhängigkeit wollten alle möglichen Leute bei allen möglichen Gemeinschaftsprojekten mitmachen. Es klang alles so einfach, und schließlich gehörte das gemeinschaftliche Arbeiten zur Tradition. Aber nicht nur mußte jede Familie einen finanziellen Beitrag zum Baumaterial für den Schuppen leisten, sondern auch beim Bau selbst mithelfen und sich anschließend weiter darum kümmern. Immer muß jemand anwesend sein. An diesem Nachmittag hat eine junge Frau Dienst, von der ich erfahre, daß bis auf den harten Kern, der den Schuppen tatsächlich gebaut hat, fast alle Familien aus dem Projekt ausgestiegen sind, aber mittlerweile kommen die Leute wieder und wollen mitmachen, weil dieser Schuppen das Leben in der Gegend verändert hat.

Im Schuppen steht eine große Waage, auf der Säcke gewogen werden und, wenn der Arzt oder eine Krankenschwester kommt, auch Menschen. Ein Berg Mais ist aufgeschüttet, blau und grün gefärbt, um davor zu warnen, ihn zu essen oder ans Vieh zu verfüttern. Es handelt sich um Saatmais Nr. R-201 und SR-52, eine Züchtung des alten Südrhodesien, die heute wieder geschätzt wird. Man erwartet von uns, daß wir die ironische Wertschätzung dieses Produkts aus den schlimmen alten Tagen teilen. Im Schuppen werden zudem politische Versammlungen abgehalten, Kurse aller Art und auch Feste. Die Besitzer sind stolz darauf, daß seine Einrichtungen jedermann, ob Mitglied oder nicht, zur Verfügung stehen, daß er ein soziales Zentrum für die ganze Gegend und so ein großer Erfolg ist, daß benachbarte Bezirke daran denken, ähnliche Zentren zu schaffen. »In nicht allzu ferner Zukunft wird dieser Schuppen ein Wachstumszentrum«, sagt die junge Frau, aber sie und auch andere mahnen zur Vorsicht, weil sie die damit verbundenen Schwierigkeiten nur zu genau kennen. Nur Leute mit großem Durchhaltevermögen sollen an dem Projekt beteiligt werden.

Vor allem müssen die Transportprobleme gelöst werden. Nach all den Mühen – die Ernte muß eingebracht, die Säcke müssen abgefüllt und gewogen werden, dann werden sie auf dem Zementboden des Schuppens gelagert, vor weißen Ameisen und anderen Tieren geschützt –, nach all diesen Mühen stellt sich das Transportproblem.

## TRANSPORTFIRMEN

Jeder, egal wo in Simbabwe, der ein bißchen Geld zusammenkratzen kann, kauft sich einen Lastwagen und gründet eine Transportfirma. Es ist eine der schnellsten und leichtesten Möglichkeiten, reich zu werden. Die Farmer, die weit von Märkten und oft genug auch weit vom nächsten Wachstumszentrum entfernt leben, sind eine leichte Beute. Sie müssen mehr für den Transport ihrer Güter zahlen, als eigentlich zulässig wäre. Sie sind hilflos, solange sie sich keinen eigenen Lastwagen leisten können, und fühlen sich von den verfügbaren Transportfirmen – die in vielen Fällen sogar von Mitgliedern der eigenen Familie betrieben werden – zur Ader gelassen. Kein Gesetz regelt die Transportgebühren. »Warum tut Mugabe nichts, um uns zu schützen? Er sagt, wir, die schwarzen Farmer, sind die Hoffnung Simbabwes.« »Nach und nach errichten wir eine Infrastruktur, von der später das ganze Land profitieren wird.« »Die Regierung sollte ihren Worten endlich Taten folgen lassen.« »Genosse Mugabe sollte . . .«

## DER LADEN

Der unauffällige Schuppen hatte das Leben in der Gegend verändert. Jetzt sollte uns etwas ähnlich Wichtiges vorgeführt werden. Wieder fuhren wir durch ausgedünnten, angeschlagenen Busch, in dem sich wegen der Regenfälle dicke, zufriedene Rinder tummelten, bis zu einem Dorf, in dem sich ein Gemeinschaftsladen befand. Wie gewöhnlich gehörte er einem kleinen Kreis von Familien, die jeden Pfennig riskiert hatten, um ihn zu etablieren. Daneben gab es einen ganz normalen, gutgehenden Laden im Dorf, und die Eigner des neuen Gemeinschaftsladens wetteiferten mit dem ganzen Kapital, das ihnen früher als Kunden abgerungen worden war. Und genau im Kapitalmangel lag das Problem. So standen in den neuen, frisch geputzten Regalen weniger Waren als im alten, kommerziellen Laden. Peter hatte mitgeholfen bei der Einrichtung, und er war stolz wie ein Eigentümer. Wir wurden den Besitzern vorgestellt, die alle stolz und auch ängstlich waren, und anschließend standen wir herum, tranken Coca-Cola oder Pepsi-Cola, und ich sinnierte nach über dieses Zeug, das von aller Welt getrunken wird. Diese Leute, die nicht genug Geld haben, um ihre Kinder ausreichend mit Protein zu versorgen, zahlen bereitwillig für Sprudel und Cola und selbst in den abgelegensten Läden des Landes stehen die Regale voller »Zahntod« – neben Bergen von Weißbrot.

Während ich plaudernd dastand, kam ein junger Mann auf mich zu, lächelnd und auf jene kindlich liebenswerte Art gutgelaunt, die einem sofort sagt, daß man es mit einem Menschen zu tun hat, bei dem der Natur ein Fehler unterlaufen ist. Er fragte mich, ob ich ihn an einen viele Kilometer entfernten Ort fahren würde. Die Leute rundherum sahen mich an, neugierig, ob ich begriff, und als ich nach Landesart antwortete, daß ich ihn »gleich« – was dem spanischen *mañana* entspricht – hinbringen würde, nickten sie zustimmend. Der Junge kehrte uns zufrieden den Rücken, und statt zu sagen: »Er ist einer von denen, die unter einer göttlichen Heimsuchung leiden«, oder: »Er hat ein schlichtes Gemüt«, meinte einer der Männer zu mir: »Er ist schlecht verdrahtet.« Dieser Satz schien mir angemessen zusammenzufassen, was in den letzten hundert Jahren mit dieser Gesellschaft geschehen war.

## FLEISCH, SADZA

Wir aßen im Einkaufszentrum von Greendale zu Mittag. Die Einkaufszentren in den Städten sind das Äquivalent zu den Wachstumszentren auf dem Land. Wir aßen Fleisch. Fleisch ist in Simbabwe seit jeher ein Hauptbestandteil der Ernährung. Zu Beginn eines Aufenthalts im Land mag man sich noch sagen, daß man seinen fast vegetarischen Eßgewohnheiten treu bleiben wird, aber sehr bald schon gibt man diesen Vorsatz gezwungenermaßen auf. Wir aßen Rindfleisch. Simbabwes Rindfleisch schmeckt hervorragend und ist ein großer Exporterfolg. So stark ist die Tradition des Fleischessens in der Kultur Simbabwes verwurzelt, daß es die Bevölkerung kaum als Verschwendung ansehen wird, Getreide an Rinder zu verfüttern. Das wäre eine wirkliche Revolution. Seit sie Jäger wurden, haben sich die Weißen – neben anderem – von Fleisch ernährt. Und auch die Schwarzen waren Jäger, als die Weißen kamen. Jetzt mögen sie sich hauptsächlich von *sadza* ernähren, aber wenn möglich essen sie Fleisch dazu.

Während des Essens sprechen wir über Politik, reden über den neuesten Klatsch. Der Minister hat dies getan, jener tut gerade das. Mugabe ist man einen bestimmten Tonfall schuldig, aber über die neue Klasse der »fetten Katzen« spricht man mit sardonischer Wertschätzung ihrer verulkbaren Seiten. Politik als Theater? Wenn man wie in Simbabwe Politik so aus der Nähe und mit soviel persönlichem Interesse verfolgt, dann wird der Sinn fürs Dramatische angesprochen. Die Akteure, tatsächlich nur lebensgroß, agieren auf einer riesigen Bühne, auf der sie zwangsläufig skurril, aufgeblasen und albern wirken müssen. Aber es gibt auch Barmherzigkeit: Mal sehen, wie sie sich machen – das ist die Stimmung.

Mehrere Tage lang werde ich von Leuten herumchauffiert, die sich gerade frei nehmen können. Und immer legen wir vor dem Haus oder der Farm eines Chefs eine Pause ein und geben uns skandalgewürzten Klatschgeschichten hin.

»Soundso hat dieses Haus gekauft ...« »Diese Farm gehört

Soundso . . .« Soundso ist ein Minister, ein Geschäftsmann, auf jeden Fall ein Chef.

»Das erste, was sie machen, wenn sie einziehen, ist, ein kleines Maisfeld anlegen«, sagen die Weißen. »Daran erkennt man, ob das Haus einem Chef gehört.«

»Und warum überrascht Sie das?« fragt mich der Schwarze, der mich einen Tag lang herumfährt. »Natürlich pflanzen wir Mais an.«

»Aber zum Kuckuck, Mais ist noch nicht mal ein afrikanisches Gewächs. Die Portugiesen haben ihn eingeführt.«

»Und ich glaube, daß die Rosen, die ihr in Europa so liebt, ursprünglich aus dem Mittleren Osten stammen«, erwidert er und lacht vor Vergnügen, weil er eine schlagfertige Antwort parat hatte.

»Touché.«

»Warum also sollten wir keinen Mais mögen?«

»Dafür gibt es keinen Grund.«

»Das meine ich auch.«

Wir stehen vor dem Haus eines Chefs, der lange vor der Unabhängigkeit berühmt wurde. Vor vielen, vielen Jahren bin ich ihm schon einmal begegnet, einem sanftmütigen, humorvollen, geduldigen Mann, der jede nur erdenkliche Tugend verkörperte, was passiven Widerstand anbelangte. Die Weißen verachteten und verleumdeten, die Schwarzen verehrten ihn.

Die Afrikaner im Auto erzählen mir, daß er mittlerweile für ganz andere Eigenschaften berühmt ist. Er behandelt seine Dienstboten schlecht. Er hat zu viele Freundinnen. Er trinkt. Er reist zuviel ins Ausland, drängt sich in Kommissionen und Komitees, damit er nach Europa und Amerika fahren kann. Zudem ist er einer der Minister, die in den gerade aktuellen Autoskandal verwickelt sind.

Nach einer etwa halbstündigen Diskussion ruft der Fahrer alle zur Ordnung. »Einen Augenblick mal, bitte, nur einen Augenblick! Was muß ich da hören? Sind wir etwa der Meinung, daß es besser ist, arm statt reich zu sein? Dieser Chef hier, dessen Charakter vom Erfolg zerstört wurde, was für ein Jammer, daß er nicht mehr derselbe wie früher ist. Ist es da nicht besser, ein Leben wie ein Hund zu führen und herumgestoßen zu werden? Ist es das, was wir wollen?«

»Wenn es das ist, wozu wir uns entschieden haben«, sagt seine Frau, »dann sollten wir uns umentscheiden. Besser ein guter Hund als ein schlechter Chef? Nein. Ohne mich.«

»So ist's recht«, erwidert ihr Mann und läßt den Wagen an. »Du brauchst keine Angst zu haben. Ich verdiene zu wenig, als daß du korrupt werden könntest.«

»Jammerschade, mein Lieber.«

## KOMMERZIELLE FARMER

Sind kommerzielle Farmer erfolgreich, wenn es sich um Schwarze handelt? Die Antwort lautet, daß viele von ihnen bankrott gemacht haben.

»Sie scheinen zu glauben«, sagt ein weißer Farmer, der sicher hart arbeitet, »daß sie nur eine Farm kaufen müssen und sich der Rest von selbst erledigt. Sie kaufen einen Laden, ein Motel, eine Transportfirma und dazu noch eine Farm und versuchen, alles zusammen am Laufen zu halten. Die Farmen leiden als erstes, aber oft fällt ihnen das überhaupt nicht auf. Nichts leichter, als ein paar *mombies* auf eine Farm zu stellen und zu meinen, man sei ein Farmer.« (*Mombies*, das Wort für Rinder und Vieh, klingt wie das Muhen der Kühe, wenn sie zufrieden, satt und gesprächig sind. Es ist ein schönes Wort – wenn man es ausspricht und wenn man es hört.)

»Dann sind sie also keine guten Farmer?«

»Sie sind gut, wenn sie wirklich gute Farmer sind. Aber die wirklich guten schwarzen Farmer sind die kleinen Farmer. Die machen es richtig.«

# DIE KLEINEN FARMER

Sie machen es richtig, und zwar mit veralteter Technologie. Manchmal bearbeitet ein kleiner Traktor ein kleines Feld, aber in der Regel bewirtschaften Schwarze ihre Farmen mit der Art Maschinen, wie sie die Weißen zur Zeit meines Vaters benutzt haben. Nicht Traktoren, sondern Ochsen zogen damals den Pflug, die Egge oder Gerätschaften, die man in England heute in landwirtschaftlichen Museen findet. Ochsen wurden vor Wagen gespannt, die Getreidesäcke oder Dung beförderten.

Der Bedarf an Arbeitsochsen hält die ewige, oft voller Verbitterung geführte Debatte zwischen Weißen und Schwarzen, zwischen Umweltschützern und Farmern am Leben.

»Dein Problem ist, daß du zu viele *mombies* auf deinem Land stehen hast. Es sind einfach zu viele.«

»Mein Problem ist, daß ich zuwenig Land habe. Ich brauche mehr *mombies*, die die Arbeit machen.«

Alle Gemeinschaftsfarmen, die ich besuche, liegen in einer unglaublich schönen Landschaft. Die Leute sind arm. Wenn der Regen ausbleibt, müssen sie hungern. Aber sicher ist es angenehmer, in dieser sonnendurchfluteten, herrlichen Landschaft arm zu sein als beispielsweise in Bradford oder Leeds. Es sollte unterschiedliche Ausdrücke für Armut geben, je nachdem, ob man in einer düsteren, verschmutzten Gegend friert oder in dieser hochgelegenen, prachtvollen Umgebung unter einem blanken, winderfüllten Himmel sein Dasein fristet.

# DIE HÖHE

Ich hatte die Höhe vergessen. Heute wurde ich von der Abneigung befallen, mehr zu tun, als nur herumzusitzen und die Vögel zu beobachten, und man sagte mir: »Du mußt dich erst wieder an die Höhe gewöhnen.« Dort, wo ich aufgewachsen bin, wurde die Höhe für die meisten Krankheiten verantwortlich gemacht.

Fühlte man sich erschöpft, wurde geraten, sich in tiefer gelegene Gegenden zu begeben. Kehrte man auf die Höhe zurück, mußte man sich erst wieder eine Zeitlang anpassen. Die Höhe hat viel gemein mit anderen modernen Bedrohungen wie Radioaktivität und ultraviolette Strahlung, die man weder sehen noch fühlen kann, die einen aber nichtsdestotrotz schwer treffen können.

## DER GROSSE GRABEN

Auf der Landkarte sieht man, daß Simbabwe, abgesehen von Gegenden, wo bestimmte Flüsse fließen, ein Hochland ist, zwischen 1600 und 2300 Meter über dem Meeresspiegel gelegen, außer entlang des Kammes, der den östlichen Landesteil schräg durchzieht. Banket liegt auf diesem Kamm und die Straße von Chinhoyi (dem früheren Sinoia) nach Harare und weiter nach Mutare. Auch die Umvukwe-Berge sind Teil davon, aber heute wird das alles nur noch »the Dyke«, der Graben, genannt. Immer und immer wieder habe ich die Leute davon reden hören, denn diese Bergkette ist einer der Ausläufer des Rift Valley, das in ungefähr einer Milliarde Jahre Afrika womöglich auseinanderbrechen lassen wird. So oft habe ich davon gehört, daß mir lange nicht bewußt wurde, daß es sich dabei um die Berge handelte, die ich in meiner Kindheit und Jugend stundenlang betrachtet hatte. Vermutlich werden dereinst die Fluten des Indischen Ozeans anbranden, wo heute die Erze der Chrommine von Darwendale die Flanken des Grabens in der Sonne glitzern lassen, und dann werden sich auf diesem heute noch von Land umschlossenen Hochplateau feuchte Meerwinde fangen. Im Graben finden sich Erze des halben Kontinents, wie eine Zunge nach Süden geschoben zwischen anderen geologischen Formationen, und das gesamte Gebiet ist überzogen von kleinen, verlassenen oder auch noch in Betrieb befindlichen Gruben, von denen manche aus Zeiten stammen, lange bevor die Weißen das Land in Besitz nahmen. Die Berge des Grabens sind kahl und nackt und so mit Erzen durchsetzt, daß keine Bäume darauf wachsen. Kaum eine andere als diese geologische Besonderheit, deren Entstehung deren Entstehung in Einheiten von Millionen Jahren gemessen wird, scheint anziehender auf mythenbildende Geister wie die Geologen, die sich in diesem Punkt besonders hervortun: »Er hat eine Farm auf der anderen Seite des *Grabens*.« »Er ist auf dem *Graben*, du weißt schon.« Wenn man solche Sätze hört, wird erwartet, daß man die ganze Tragweite der Situation ermißt, die ungleich weniger weit reichte, gäbe es »the Dyke«, den Graben, nicht.

## DIE ITKZ

Ebenso taucht in fast jedem Gespräch die ITKZ, die Inter-Tropische-Konvergenz-Zone, auf, bei der es sich um eine Klimazone handelt, berühmt vor allem wegen der schwer berechenbaren Regenfälle, die 1988 nach ein paar nicht zufriedenstellenden Jahren allerdings wieder rechtzeitig einsetzten. Jahrelang war die in Matabeleland herrschende Dürre so ernst, daß sie selbst in Europa und den USA für Meldungen sorgte. Mehr als eine Million Tiere, deren Acht-Millionen-Bestand durch den Buschkrieg sowieso schon stark in Mitleidenschaft gezogen worden war, fielen ihr zum Opfer. In einer Serie von schlechten Jahren gibt es manchmal ein gutes oder zumindest ein halbwegs gutes Jahr, und dann bleibt der Regen erneut aus. 1988 hat gut angefangen. Aber das heißt nicht, daß es auch gut weitergehen wird. Ganz Simbabwe einschließlich Matabeleland ist grün, und noch herrscht kein Wassermangel, aber langsam wird es Zeit, daß erneut Regen fällt. Die ununterbrochene Folge heißer, trockener, strahlendblauer Tage, die mich und andere erfreut, die vor dem tristen November in Europa geflohen sind, macht die Einheimischen nervös. »Warum regnet es nicht? Das sind doch keine Regenwolken.« Und wir gehen ins Haus und sehen im Fernsehen auf den Satellitenfotos des Wetterberichts, was sich über der ITKZ herumtreibt.

## FERNSEHEN

Jeden Abend sehen wir fern, sitzen vor dem Bildschirm, als handle es sich um ein kleines Kind, das zu Besserem in der Lage wäre, würde es sich nur ein bißchen anstrengen. Und in der Tat hat es sich bereits gebessert. 1982 war es schlichtweg peinlich. Alles war schrecklich, die Moderatoren unbeholfen, die Nachrichtensprecher ungeübt, das Revolutionsgerede unerträglich. Und auch jetzt taugen die meisten Programme vielleicht noch nicht viel, aber sie sind zumindest professionell gemacht, die Leute haben gelernt. Erstaunlich hübsche Mädchen und junge Männer, die aussehen wie Filmstars, präsentieren die Nachrichten, größtenteils nationale Meldungen. Sie informieren uns über das Treiben der ITKZ und agieren in Werbespots, die ebenso unterhaltend, wenn auch nicht so raffiniert sind wie in England. Englische Programme werden gezeigt, Grundlegendes wie Dickens, allerdings interessiert sich niemand dafür. Die einzige Ausnahme bildet die Serie *Yes, Minister*: »Die *povos* sehen es gern, wenn die Chefs in Schwierigkeiten geraten.«

Aber alle Welt liebt die amerikanischen Serien: »Dallas«, »Die Colbys«, den »Denver-Clan« – das Leben der Reichen und Schönen.

»In England blieb uns vermutlich gar keine andere Wahl. Unsere Kultur ist durch und durch amerikanisiert . . .«

»Warum nur in England? In ganz Europa!«

»Von mir aus. Aber es gibt keinen Grund, warum auch Simbabwe sich dafür entscheiden muß. In Schulen und Universitäten fehlt das Geld für Lehrbücher, die Bibliotheken haben nicht genug Devisen, um Bücher zu kaufen, und man kann auch keine Bücher schicken, weil der Zoll einen dafür zahlen läßt [dreißig Prozent des Buchwerts, der willkürlich von ignoranten Beamten festgelegt wird]. Aber für ›Dallas‹ ist genug da. Ganz zu schweigen von diesen pornographischen Schundheften, die aus Südafrika kommen. Was geht bloß in den Köpfen dieser Regierung vor? Warum glaubt Mugabe . . .?«

Wie in England: »Warum tut *sie* dieses oder jenes? Was um

alles in der Welt glaubt *sie*, daß *sie* tut? *Sie* läßt alles verkommen, Universitäten, Forschung, Bibliotheken, Kunst- und Kulturförderung . . .«

Wie immer gibt es im wesentlichen zwei Erklärungsmöglichkeiten, die Pfuschtheorie: »Das ist ein verdammter Saustall«, und die Verschwörungstheorie: »Die verdummen das Volk, damit es stillhält.«

In Simbabwe dominiert zwangsläufig die Pfuschtheorie. Mehrmals täglich kommt das Gespräch auf die allgemeine Unfähigkeit der neuen Machthaber.

»Wenn du schon über Unfähigkeit redest, warst du in letzter Zeit mal in England?«

»Ja, aber es gibt unterschiedliche Ebenen der Inkompetenz. Und du willst doch sicher nicht behaupten, daß *er* diesen ganzen Schund nach Simbabwe holt? Schließlich ist er ein gebildeter Mann. Ihm hat immer viel an Büchern gelegen, das hat er wiederholt gesagt. Was mag nur der Grund dafür sein, daß er Bücher, Kultur, Fachzeitschriften, Bibliotheken so vernachlässigt? Das muß alles ein Irrtum sein.«

*Er* ist natürlich Mugabe. Stets wird als selbstverständlich vorausgesetzt, daß er auf der Seite der Guten ist, das heißt, für die politischen Maßnahmen eintritt, die derjenige, der gerade spricht, favorisiert.

## EIN ENTWICKLUNGSHELFER ERZÄHLT

»Wenn man wirklich wissen will, wofür wir in den Augen der Menschen hier stehen, wenn man wirklich mit der Nase drauf gestoßen werden will, dann muß man in ein abgelegenes Dorf einer Communal Area gehen. Dort sitzt man dann im Staub zwischen den Bäumen – jedem Baum fehlt zumindest ein Ast, weil man ihn verfeuert hat –, und ungefähr fünfhundert Leute haben sich anläßlich des hohen Besuchs versammelt, sind kilometerweit dafür gegangen. Man darf sich nicht einbilden, sie wüßten nicht, was Fernsehen ist. Sie wissen es sehr genau.

›Dallas‹, der ›Denver-Clan‹. Über unseren Köpfen scheint der Mond. Eine Zikade zirpt. Grillen zirpen. Es gibt *ein* Fernsehgerät im Umkreis von fast zweihundert Kilometern, und auf dem kleinen Bildschirm läßt sich Amerika bewundern. *Wir* können uns davon distanzieren, und erst wenn man die Menschen sieht, die das nicht können, wird einem bewußt, wie gewappnet wir dagegen sind. Wir sehen voller Zynismus auf das Geflimmer und denken: Das ist der letzte Dreck, na und? Die Menschen aber sitzen unter den Sternen und nehmen alles für bare Münze: Mord, Raub, Betrug, Lügen, rauschende Feste, ganz zu schweigen von den siebenundfünfzig Möglichkeiten, es im Bett zu treiben. Und in ihren Augen leuchtet aufrichtige Bewunderung: So ist die moderne Welt. ›Ich wünschte, ich könnte nach Amerika gehen‹, hört man oft genug nach so einer Sendung. Und dann ziehen sie davon, durch den Busch zurück zu ihren Hütten, diese armen Bauern, und sie sind davon überzeugt, daß sie in Saus und Braus leben könnten, wenn sie nur hinterhältig, skrupellos und grausam genug wären. Und so ist es in Indien, in Südamerika, überall. Ich habe es oft genug erlebt, in einem Dutzend Länder, wie diese armen Menschen den amerikanischen Traum in sich aufsaugen. Aber warum präsentiert sich Amerika der Welt auf diese Weise? Das ist die Frage.«

## GRANIT

Gestern, als mich ein Mann herumfuhr, der Simbabwe hauptsächlich, wie er sagte, wegen des Granits liebt, erfuhr ich, daß dieser Stein radioaktiv strahlt. Überall in Simbabwe gibt es Granit, ganze Bergketten aus Granit, einzelne hochaufragende, sanft geschwungene Berge oder Ansammlungen riesiger, aufeinander balancierender Felsen. Wenn Granit radioaktiv strahlt, müßte eigentlich – positiv betrachtet – die Hälfte der Bevölkerung im Dunkeln leuchten oder auf höchst interessante Weise mutieren. Wesentlich ist nicht, wie radioaktiv – nur ein bißchen oder in gefährlich hohem Ausmaß – Granit strahlt, sondern daß die Idee von Radioaktivität dem Stein entspricht. Mittels Fotografien, auf denen Granit abgebildet ist, kann man sich keine rechte Vorstellung davon machen. Dieser Stein glitzert, hat etwas Lebendiges. Wenn man an einem heißen Tag die Hand auf einen Granitfelsen legt, scheint er zu pulsieren.

Der Mann sagt, wenn er nicht in Simbabwe ist, vermißt er den Granit. Es sei das älteste Gestein der Welt. Es sei langsam durch andere Gesteinsschichten aus dem geheimnisvollen Erdinneren aufgestiegen. Ohne Granit könne er nicht leben ... Ich kannte einmal einen Dichter aus Yorkshire, der auf die gleiche Weise über jede Art von Gestein sprach. Das Gefühl und das Gewicht eines Steins in der Hand, darauf kam es an. Sie verliehen seinem Leben Substanz.

Sollte ich bei kompetenter Stelle nachfragen, in unnachgiebigem Tonfall nach wissenschaftlich exakter Auskunft verlangen: »Wie radioaktiv ist Granit?« Natürlich nicht. Simbabwe war schon immer ein Hort von Mythen. Und die Revolution, selbst Nährboden unzähliger Mythen, macht es nur noch leichter, in diesen unbekümmerten, träumerischen, stolzen Tonfall zu verfallen und zu sagen: »Sieh dir mal diesen Berg aus Granit da drüben an ... Ich verstehe gar nicht, warum sie soviel Aufhebens um Ayers Rock machen. Stell dir bloß vor, eine Riesenechse, groß wie ein langer Zug, kriecht darüber hinweg. Eine geflügelte Echse ... Der ideale Platz für einen Dinosaurier, um sich zu sonnen ...«

## EIN PICKNICK

Heute werde ich in ein Dorf ein paar Kilometer außerhalb von Harare gefahren, um mir die Felsbilder von Buschmännern anzusehen. Zuerst fahren wir durch die wohlhabenden Vororte, dann durch das satte, rote Land, schließlich durch eine Communal Area, der es vergleichsweise gut geht. Jeweils mindestens ein Mitglied der verschiedenen Familien hat Arbeit in Harare, und so fließt Geld ins Dorf. Der überschüssige Ertrag der kleinen, sinnvoll bewirtschafteten Felder wird in der Stadt verkauft. Es gibt alle möglichen Arten von Wohnstätten: von den traditionell in Gruppen errichteten Hütten bis zu neuen, isoliert stehenden Ziegelbungalows mit kleinen Gärten, wovor in der Regel Autos geparkt sind.

Um zu den Bildern zu kommen, müssen wir auf eine Schotterstraße abbiegen. Zu beiden Seiten sind wir von Granit eingeschlossen, Granit in Form von steilen Felswänden, Hügeln, aufeinandergetürmten Felsen. Der Stein flimmert in der sengenden Sonne, die von einem wolkenlosen Himmel herunterbrennt. Die Straße zieht sich durch Dörfer, in denen man kaum ein Auto sieht, und wenn doch, dann gehört es meist Besuchern, die wegen der Bilder hier sind. Es gibt Pläne, kleine, sorgfältig ausgewählte Gruppen begüterter Touristen zusammenzustellen. Wie so oft kollidiert dabei wieder einmal die Notwendigkeit, Devisen ins Land zu holen, mit der Schutzwürdigkeit dessen, was zu sehen ist, in diesem Fall hochempfindlicher Zeichnungen.

Die Straße besteht bald nur noch aus Spuren im hohen Gras. Wir fahren an ein paar Leuten vorbei, die unter einer Baumgruppe sitzen und zu uns herübergrüßen. Wir grüßen zurück, fühlen uns unwohl, daß wir überhaupt gekommen sind. Einen Kilometer später endet die Straße. Wir stellen den Wagen ab, erklimmen einen zerklüfteten Abhang, auf dem Felsbrocken verstreut liegen. Wir steigen zwischen Granitbrocken durch, die im nächsten Moment zu kippen drohen, es aber nie tun, erreichen eine kleine Felswand, die wir hinaufklettern, und dann kriechen wir zu einem Gesims, auf dem einst Buschmänner standen, um auf einem niedrigen Überhang ihre Zeichnungen zu machen. Und auch hier ist unverkennbar, warum nur noch so wenige dieser Zeugnisse der Vergangenheit erhalten sind. Früher fand man die Bilder fast überall, wenn man zwischen den Felsen danach suchte. Auch auf unserer Farm waren auf der Unterseite eines Felsbrockens eindringliche, halb verwaschene Figuren zu sehen gewesen. Aber sie wurden vorsätzlich zerstört. Ich erinnere mich, Schuljungen dabei beobachtet zu haben, wie sie Steine gegen einen Felsen warfen, der über und über mit Zeichnungen bedeckt war, bis die Oberfläche abgesprungen und zersplittert war. Warum? Einfach nur, weil sie existierten? Woher kommt dieses Bedürfnis zu zerstören?

Ein Graffito ist zu sehen, ein unbeholfen eingekratztes Strichmännchen. Es erinnert an die ersten Zeichenversuche eines kleinen Kindes. In diesem Fall waren es wohl die Leute aus dem Ort, die versucht haben, diese Galerie lebhafter Zeichnungen zu übermalen. Sie wurden mit verschiedenfarbiger Erde und Pflanzensäften erstellt und haben Jahrhunderte überdauert. Elefanten, mehrere Antilopenarten, mit Speeren bewaffnete Jäger, gezeichnet mit der eindringlichen, lebendigen Direktheit, wie man sie sonst nur aus den Bildern japanischer Meister kennt: ein halbes Dutzend Linien, die eine Blume, ein Gesicht schaffen.

Die Experten sind uneinig über die Bedeutung einiger dieser Szenen und Figuren. Das Problem liegt darin, daß wir sie mit *unseren* Augen sehen, und es gibt meiner Meinung nach keine Möglichkeit herauszufinden, wie die Buschmänner die Welt zu ihrer Zeit wahrnahmen. Ich befinde mich in Begleitung eines Experten, der mehr als irgend jemand sonst über die Zeichnungen der Buschmänner weiß. Er ist anderer Ansicht, meint, wir könnten aus den Darstellungen sehr wohl ihre Kosmologie verstehen und erschließen, wie sie dachten.

In Anwesenheit eines Experten sagt man bisweilen beiläufig etwas, das einen Bereich berührt, über den bereits jahrelang gestritten und spekuliert worden ist.

Er sagt: »Vielleicht gefällt Ihnen die Vorstellung, daß wir sie nicht verstehen und auch nicht verstehen können?«

Und er hat recht. Der Gedanke, daß ein blühendes, erfolgreiches Volk hier lebte und wir keine Ahnung haben, wie es die Realität wahrnahm, hat in meinen Augen etwas Beruhigendes.

Wenn man dem Überhang mit den Zeichnungen den Rücken zuwendet, blickt man über eine meilenweit sich hinziehende Landschaft, über Hügel und Berge bis zum heißen, blauen Horizont. Direkt unter uns liegen Felder. Die Linien, die sie voneinander trennen, sind es Begrenzungswälle oder Zäune? Wenn es Zäune oder Hecken sind, handelt es sich um ein nicht-afrikanisches Konzept, aber auch Begrenzungswälle sind ursprünglich keine afrikanische Einrichtung gewesen. Die Buschmänner, die diese Zeichnungen gemacht haben, kleine, untersetzte, zähe Menschen, standen an ebendieser Stelle, lange bevor die jetzt hier lebenden Afrikaner herkamen, blickten über die Landschaft und sahen ... Was? Woher wollen wir wissen, daß sie sahen, was wir sehen? Wenn sie auf die Hügel, Täler und Bäume blickten, ergriffen sie von der Landschaft vielleicht auf eine Weise Besitz, die wir nicht verstehen, so wie die Aborigines in Australien durch Lieder zu einem Teil der Landschaft werden. Den Rücken den Zeichnungen zugekehrt, *waren* sie vielleicht die Landschaft, sahen sie sich selbst. Es kommt bisweilen vor, daß Menschen kurze Augenblicke erleben, in denen ihnen scheint, daß sie »Teil von allem« sind, mit »allem« verschmelzen, mit Bäumen, Pflanzen, Erde, Felsen, eins werden damit. Woher wollen wir wissen, daß dieser Zustand, der nur von wenigen Menschen ab und zu und nur für Augenblicke erreicht wird, nicht der Zustand war, in dem sich die Buschmänner dauernd befanden?

Vergnügt über diese Vorstellungen plaudernd, steigen wir zwischen den Felsen wieder nach unten, um zu Mittag zu essen. Zwei junge Schwarze sind von den Hütten gekommen, um die gelben Früchte der Mahobahobabäume einzusammeln, die hier wachsen. Zumindest tun sie höflichkeitshalber so, als sei das der Zweck ihres Kommens, tatsächlich aber beobachten sie uns. Wir packen Porzellanteller, Messer und Gabeln, Gläser, ein gebratenes Huhn, Salat und Orangensaft aus. Sollen wir sie dazubitten? Doch sie halten sich immer so weit entfernt, daß eine Einladung nur unter Schwierigkeiten möglich wäre. Außerdem würde das Mitgebrachte für vier nicht reichen. Wir essen, während sie herumschlendern, wieder und wieder verstohlen zu uns herübersehen, eine gelbe Frucht vom Boden aufheben, sie verzehren, eine weitere aufheben, sich strecken, gähnen und wieder abwenden, Gleichgültigkeit simulieren – dann heben sie erneut eine Frucht auf und starren zu uns herüber.

Wir hatten vergessen, daß arme Leute, die abseits der Städte leben, nur selten Gelegenheit haben, die Lebensgewohnheiten reicher Weißer oder mittlerweile auch reicher Schwarzer zu beobachten.

»Sie sehen etwas, was für sie unerreichbar ist«, sagt mein Begleiter und deutet auf den großen amerikanischen Geländewagen, den Korb, die Teller, die Gläser und das Besteck. »Sie sind ungefähr fünfundzwanzig, also zu alt, um von Mugabes Revolution des Erziehungswesens profitiert zu haben, die vorschreibt, daß jedes Kind, gleichgültig ob Junge oder Mädchen, eine weiterführende Schule besuchen soll. Sie sind vielleicht vier, fünf Jahre zur Schule gegangen, und jetzt sind sie arbeitslos. Sie träumen vom Leben in der Stadt. Nie werden sie ein Auto oder ein Ziegelhaus mit Glasfenstern und Vorhängen oder gar einen Anzug mit Weste besitzen.«

Nachdem wir unser Essen beendet haben, packen wir alles wieder in den Korb, vergraben unseren Abfall in einem Loch unter einem Felsen und legen das restliche Huhn auf einer Serviette auf einen Stein. Es dazulassen, scheint eine Beleidigung, es mitzunehmen, grausam. Erst am Abend zuvor hatte ich die Geschichte von einem unter der Dürre leidenden Dorf gehört. Ein Huhn wurde geschlachtet, und jeder der ungefähr vierzig Dorfbewohner bekam ein winziges Stückchen Fleisch und etwas Brühe für die *sadza*.

Als wir ins Auto steigen, kreischen Paviane auf dem Gesims, wo die Zeichnungen sind. Sie haben uns aus sicherer Entfernung beobachtet und sehen jetzt nach, was wir gemacht und ob wir etwas zurückgelassen haben. Sobald die zwei Schwarzen zu ihren Hütten zurückgekehrt sind, werden die Affen heruntersteigen und die gelben Früchte fressen. Ihr Reifezustand ist optimal. Diese Früchte sind nur ein paar Stunden lang richtig reif: Vorher sind sie sauer und pelzig, danach widerlich schleimig.

## EINE KOMMERZIELLE FARM

Wir fahren auf der Golden Stairs Road am Mazowe-Damm vorbei. Diese Gegend ist berühmt für ihre Fruchtbarkeit, vor allem für Orangen. Die Farm liegt nahe den Umvukwes, das heißt nahe Mvurwi. Wie war es möglich, daß man in dem leise grollenden Wort Mvurwi ein K hörte? Daß man statt Chinhoyi Sinoia, statt Gweru Gwelo, statt Mutare Umtali verstand, kann man sich noch vorstellen. Bald kommen wir in die Nähe des Dyke, des Grabens, mit seinem Millionen Jahre alten Gestein. Auf meinem Kaminsims liegt ein kleines Stück Felsen, der ehedem Lehm war, darin befindet sich ein fossilierter Fisch, der munter herumschwamm, als ihn eine Flutkatastrophe im Schlamm erstickte. Auf einem Aufkleber steht, daß der Fisch, *Dapalis Macrurus*, ehrfurchtgebietende dreißig Millionen Jahre alt ist. Dann muß der Lehm um ihn herum ebenfalls dreißig Millionen Jahre alt sein, doch niemand schneidet uralten Lehm auf und verkauft ihn, damit ihn irgend jemand auf seinen Kaminsims stellt, mit einem Aufkleber versehen: Dieser Stein ist dreißig oder dreihundert Millionen Jahre alt. Damit uns etwas Ehrfurcht einflößt, brauchen wir eine Form, die Konturen eines Fisches, die so grazil sind wie das Skelett eines Blatts. Oder den Graben, als sichtbaren Beleg für extrem hohes Alter. Wir brauchen Berge aus Granit, die wir ansehen können, um dann zu denken: Hier sind wir auf etwas Archaisches gestoßen, das hier ist das wahre Altertum. Als ob der Boden, auf dem sie stehen und der vielleicht kaum eine Million Jahre jünger ist, des menschlichen Respekts weniger würdig wäre.

Es ist eine alte Farm, das heißt, sie stammt aus den ersten Tagen der Kolonie. Das Farmhaus ist groß und bietet allen Komfort. Die breiten Veranden aus früheren Zeiten wirken wie große, schattige Räume. Zuerst sitzen wir im Freien unter Bäumen, unter dichten Schichten belaubter Äste, und horchen auf das Gurren von Lachtauben, zimtfarbener, smaragdgrün gesprenkelter Tauben und das Gezwitscher verschiedener Louriearten. Die Hitze ist drückend, und die Vogelstimmen scheinen ihr Ausdruck zu verleihen. Die Temperatur liegt bei über fünfunddreißig Grad, aber es ist die trockene Highveld-Hitze, die nicht so schlapp und dumpf macht wie die feuchte Hitze der Küste. Wir trinken Tee. Wir trinken Fruchtsäfte. Wir reden über Politik – was sonst? Ich warte auf das kindische Querulantentum der Weißen von vor sechs Jahren, aber nichts davon ist mehr zu hören. Statt dessen geht es um zwei Dinge, die schon während meiner Kindheit die wichtigsten Gesprächsthemen der Farmer auf den Veranden waren: die Regierung, die stets und überall auf der Welt der Feind der Farmer ist, und das Wetter. Zwischen diesen beiden anarchischen Tyrannen werden die Farmer seit jeher zermalmt, gleichgültig, welch starke Lobby sie hinter sich haben, gleichgültig, wie gut es ihnen letztlich geht.

Die kommerziellen Farmer haben eine einflußreiche Organisation hinter sich, und sie stehen in ständigem Austausch mit der Regierung, so daß andere Gruppen klagen, sie seien überrepräsentiert. Unablässig wird den kommerziellen Farmern zu verstehen gegeben, wie sehr man sie schätzt, und sie sind stolz, weil sie empfindliche Pflanzenarten anbauen und damit die dringend benötigten Devisen ins Land bringen.

In meinem Zimmer in Harare liegen Berichte, Analysen und Artikel, und diejenigen, die sich mit den kommerziellen Farmern – noch immer überwiegend Weiße – befassen, betonen wieder und wieder, daß sie nichts zu befürchten haben. Das scheint notwendig, weil die Masse der landlosen Schwarzen die großen Farmen ungeduldig beäugt und sich beschwert, daß ganze Landstriche fruchtbaren Bodens brachliegen. Ein aktueller Bericht der Vereinten Nationen kommt jedoch zu dem Schluß, daß die kommerziellen Farmen im großen und ganzen sinnvoll bewirtschaftet werden. Und es gibt da noch etwas anderes, wovon selten in aller Offenheit gesprochen wird. Eine Grauzone. Alle Welt weiß, daß der Busch in Simbabwe immer weiter zurückgeht, daß die Bodenerosion fortschreitet und die landwirtschaftlich genutzten Flächen zunehmend ausgelaugt werden. Aber es sind die überbevölkerten Communal Areas, in denen der Busch gerodet wird. Man merkt es sofort, wenn man vom Gebiet einer kommerziellen Farm in eine Communal Area fährt, nicht nur weil der Boden plötzlich blaßgelb ist – nicht mehr rot oder schokoladenbraun –, sondern auch, weil der Busch mit einemmal nur noch ein Schatten seiner selbst ist. Der vergleichsweise intakte Busch der kommerziellen Farmen ist ein Aktivposten für das ganze Land. Dennoch fordern unzählige polemische Artikel, die kommerziellen Farmer zu enteignen. Die Regierung hält dem entgegen, daß nicht angemessen bewirtschaftete kommerzielle Farmen zwangsverkauft würden. Aber meist gehören die nicht angemessen bewirtschafteten Farmen reichen Schwarzen, auf deren Unterstützung Mugabe angewiesen ist.

In letzter Zeit wurde in großen Teilen Simbabwes die Tsetsefliege endgültig ausgerottet, was heißt, daß man dort jetzt Tiere halten und das Land unter den Besitzlosen aufteilen kann. Umweltschützer dagegen sagen, daß dadurch weitere große Landesteile versteppen werden.

An der Wand des Farmbüros hängen zwei Luftaufnahmen. Eine zeigt die Farm zum Zeitpunkt ihres Kaufs in den fünfziger Jahren – große Gebiete waren damals noch unkultiviertes Land –, die andere im Jahr 1987, als es kaum mehr ungenutzten Boden gab. Jedes Komitee, jede Kommission, jeder Regierungsinspektor, der kommt, um den Zustand der Farm zu begutachten, wird sofort auf die beiden Aufnahmen hingewiesen.

Wenn dieser Farmer sagt: »Ich führe Sie herum«, dann mit jenem bangen Stolz, der 1988 den Ton beherrscht. Als erstes führt er die Tabakscheunen vor, die längst nicht mehr mit der alten Technologie betrieben werden, die junge Farmassistenten und um ihre Existenz kämpfende Farmer die halbe Nacht auf Trab hielt, weil sie ständig die Temperatur kontrollieren mußten. Heute hängen die Blätter an beweglichen Gestellen, der Ofen verbraucht ein Minimum an Brennstoff, und die Anlage muß kaum überwacht werden. Allerdings hat sich auch die Zahl der Arbeiter verringert, die für die Scheunen gebraucht werden. Wie überall auf der Welt hat die neue Technologie Arbeitskräfte, die dringend einen Job brauchen, überflüssig gemacht. Der Farmer ist stolz auf seine Scheunen. »Wir haben diese Technologie entwickelt«, sagt er, und das *wir* bedeutet in diesem Fall: wir, die weißen Südrhodesier, und nicht wie mittlerweile allgemein üblich: wir, die Simbabwer.

Wir werden über die Felder gefahren. Es ist Mittagszeit und unglaublich heiß. Auf der Farm wird noch Mais angebaut, obwohl mehr und mehr kleine schwarze Farmer ebenfalls Mais anbauen, Tabak und – ein neues Unterfangen – Granadillas oder Passionsfrüchte. Es gibt ganze Felder davon, die Zweige winden sich an Drähten entlang. Die Pflanzen sind von irgendeiner neuen Krankheit befallen, aber der Farmer ist nicht weiter besorgt, denn er glaubt zuversichtlich, daß die Wissenschaft kurzen Prozeß machen wird mit allem, was der Natur einfällt. Mitten auf einem Feld grasen ein paar Duckerantilopen und Böckchen. Normalerweise verstecken sich diese Tiere tagsüber an schattigen Plätzen und grasen nur nachts. Sie hier in der Mittagshitze zu sehen, bringt meine Vorstellung von der Ordnung der Dinge durcheinander, wie der Regen, der erst jetzt im November fällt statt im Oktober. »Ich habe meinen Leuten verboten, auf der Farm Wild zu schießen«, sagt der Farmer. »Aber natürlich tun sie es doch, wenn ich nicht aufpasse. Es gibt nicht mehr viel Wild. Erinnern Sie sich noch . . .?«

Er redet die ganze Zeit, während wir die Farm besichtigen, als wir im kühlen Wohnzimmer Platz genommen haben und auf das Mittagessen warten, er kann nicht aufhören von seinen Erfolgen, den neuen Techniken, den neu angebauten Pflanzensorten, seinen neuen Ideen zu reden – er steckt voll ruheloser Energie, die ihn in Bewegung hält. Kaum hat er sich hingesetzt, ist er schon wieder auf den Beinen, um eine Broschüre, einen Artikel, ein Buch zu holen.

Ein schwarzer Dienstbote serviert das Mittagessen. Es ist die Art Essen, die auf den britischen Außenposten auch sicher dann noch überlebt, wenn sie in England bereits längst vergessen sein wird. Roastbeef, Bratkartoffeln, verkochtes Gemüse, ein habhafter Pudding. Und das bei einer Temperatur von ungefähr vierzig Grad im Schatten. Unweigerlich kommen einem Gemeinplätze über nationale Eigenheiten in den Sinn.

Während des Essens sprechen wir über die arbeitslosen Jugendlichen im zur Farm gehörigen Dorf. Worüber auch sonst, alle Welt spricht über die Arbeitslosigkeit. Auf dieser Farm lebt ein Vielfaches von dem, was hier eigentlich an Menschen leben sollte. Wir diskutieren in diesem Zusammenhang über das Wort »sollte«. Die regulären Arbeiter – das heißt, die die angemessen bezahlt werden – sind die Minderheit. Saisonarbeiter kommen und gehen. Jede Hütte, jedes kleine Haus ist vollgepackt mit Menschen, meist Verwandten oder Verwandten von Verwandten. Es gilt das Recht der Großfamilie.

»Sie brechen mir das Herz«, sagt die Frau des Farmers. »Was soll bloß aus ihnen werden?«

Sie erzählt, daß die jungen Leute aus dem Dorf zu ihr kommen, um sich Bücher auszuleihen. Sie gibt ihnen Detektivromane, Krimis. Sie kann die Nachfrage fast nicht mehr erfüllen. Ayrton R. meint, daß die Jugendlichen bereitwillig auch Besseres lesen würden. Er führt als Beispiel einen Jungen aus einer Dorfschule an, der Thomas Hardy liest. In den entlegensten Ecken des Landes hat er den Lehrern Hardy empfohlen. Mit Erfolg. Die Farmersfrau scheint nicht sehr überzeugt, sagt jedoch, daß sie es mit etwas schwierigeren Büchern versuchen wolle. Die Unterhaltung gerät auf das gewohnte Gleis. »Eine dieser Hilfsorganisationen sollte fahrbare Bibliotheken einrichten. Sie sollten alles anbieten, von Enid Blyton bis zu García Márquez.« »Ich verstehe diese Leute einfach nicht. Ich wünschte, ich könnte über einen Teil ihres Geldes verfügen.« Wir amüsieren uns, indem wir uns Projekte ausdenken, die einen Bruchteil der Riesensummen kosten würden, die oftmals von den Hilfsorganisationen in den Sand gesetzt werden.

Dann kehrt das Gespräch zur Regierung zurück. Und ich höre den Monolog oder einen der Monologe des Jahres 1988.

Mugabes ökonomische Maßnahmen ruinieren das Land, weil sie die Wirtschaft stagnieren lassen. Simbabwe ist verzweifelt auf der Suche nach ausländischen Investoren, aber warum sollte irgend jemand hier investieren, wenn er nur fünf Prozent seines Gewinns außer Landes bringen darf? Natürlich investieren sie vorzugsweise in den pazifischen Anrainerstaaten, die gerade einen Boom erleben. Wie man in jedem Land der Welt festgestellt hat, ist der dogmatische Sozialismus ein Investitionskiller. Es ist nicht gestattet, einen unfähigen Arbeiter zu entlassen. Das bedeutet, daß man erst gar niemanden einstellt. Aber das ist nur eine der Maßnahmen, die dazu erdacht scheinen, jedes wirtschaftliche Wachstum zu verhindern. Eine andere verbietet den Import von landwirtschaftlichen Maschinen und Ersatzteilen. Auch neue Maschinen kann man nur auf höchst komplizierte Weise erwerben. Jemand von außerhalb des Landes schickt einen Brief, indem er/sie sich bereit erklärt, für einen Traktor oder Lastwagen oder was auch immer aufzukommen, plus der Bestätigung einer Bank. Diese Unterlagen werden dann von einer simbabwischen Bank an den ausländischen Hersteller geschickt, der seinerseits die Maschine liefert. Aber was ist mit den Leuten, die keine Verwandten oder Freunde außerhalb Simbabwes haben, die zu zahlen bereit sind? Und was die Ersatzteile anbelangt ... Die Regierung gewährt keine Devisen, so daß reparaturbedürftige Maschinen ungenutzt herumstehen. Man muß entweder nach Süden in die Republik fahren, um dort Ersatzteile zu kaufen und ins Land zu schmuggeln, oder sich der berühmten Erfindungsgabe bedienen, auf die heute die Simbabwer so stolz sind wie früher die Südrhodesier, und die Maschinen mit Stricken und Gummibändern reparieren. Aber das geht auf Dauer nicht. »Die einzigen, die sich diesbezüglich keine Sorgen machen müssen, sind die Gauner in der Regierung, die dank aller möglicher Schiebereien immer an Ersatzteile kommen. Das ist ein Grund, warum sich diese Politik nicht ändern wird. Zu viele Leute verdienen sich eine goldene Nase dabei. Und wenn Mugabe einer Fabrik erlaubt, Maschinen zu produzieren, dann immer nur einer, so daß es keine Konkurrenz gibt und die Preise um ein Vielfaches höher liegen als andernorts. Man kommt hier in den Genuß aller Nachteile des Monopolkapitalismus – und das im Namen des Sozialismus.«

Das ist *ein* Monolog.

Ein anderer zielt in die gleiche Richtung. »Acht Jahre ist diese Bande jetzt an der Macht. Helden der Revolution! Schau sie dir an! Eine Gaunerbande! Einer hat letzten Monat unserer Schule einen Besuch abgestattet«, erzählt ein Lehrer, ein idealistischer, junger schwarzer Mann. »Wie werden sie alle nur so fett, unsere Chefs? Wenn man sie anstechen würde, käme einem reines, weißes Schweinefett entgegengespritzt. Unsere Schüler haben ihn überhaupt nicht interessiert. Er hatte keine Ahnung von unseren Schwierigkeiten. Alles, was er wollte, war, die Inspektion so schnell wie möglich hinter sich bringen. Dabei wußte er nicht mal, was alles dazugehört, hat sich kein einziges Klassenzimmer angesehen. Er wollte nur zurück nach Harare, sich auf seinen fetten Arsch setzen und sich seinen Schweinebauch vollschlagen.«

Auf der Rückfahrt nach Harare geraten wir in eine Führerschein- und Reifenkontrolle. Die gemeingefährlichen Vehikel von vor sechs Jahren werden mittlerweile aus dem Verkehr gezogen.

1982 waren die Straßenkontrollen gefürchtet. Oft wurden sie von Soldaten durchgeführt, und die geladene Stimmung jener Zeit machte eine nicht ungefährliche Angelegenheit daraus. Man mußte so anhalten, daß das Wageninnere, der Koffer- und auch der Motorraum nach Waffen durchsucht werden konnten. Jetzt stellt ein lächelnder junger Mann ein paar Routinefragen und wirft einen Blick auf die Reifen.

»Haben Sie Arbeit für mich?« fragt er Ayrton R.

»Was für eine Art Arbeit?«

»Jede Art Arbeit. Als Gärtner, im Haus – ich könnte kochen lernen.«

»Tut mir leid, aber ich habe keine Arbeit für Sie.«

»Tut mir leid, daß Sie keine Arbeit für mich haben.«

»Auf Wiedersehen. Viel Glück.«

»Viel Glück. Auf Wiedersehen.«

Wir fahren weiter. Es scheint, daß die Polizisten auf dem Land, wenn sie ein Auto anhalten, immer nach Arbeit fragen. »Alle wollen in die Stadt. Das ist ein grundlegender Zug in diesem Land. Alle, aber auch wirklich alle wollen in die Stadt. Egal, in welche. Warum sollte sich Simbabwe darin auch vom Rest der Welt unterscheiden? Andere Länder haben das Problem nicht gelöst, warum erwartet man es gerade von uns? Soll Mugabe ein Gesetz verabschieden, das den Leuten verbietet, in die Städte zu ziehen? Wenn er das täte, gäbe es noch mal eine Revolution, und das weiß er.«

## EINE TEEGESELLSCHAFT

Im Raum befinden sich lauter ältliche weiße Herrschaften der Mittelklasse. Es handelt sich ausschließlich um pensionierte Beamte oder Beamtenwitwen. Die Stimmung ist gelassen, entspannt, und mir wird klar, daß ich bislang nur leidenschaftlichen Parteigängern Simbabwes – sei es aus Idealismus oder Eigeninteresse – begegnet bin. Von diesen Leuten hier wird behauptet, daß sie Tunbridge Wells oder Cheltenham ohne äußeren Anstoß niemals verlassen hätten. Das stimmt allerdings nur zum Teil. Ihre Seite wurde im Krieg vernichtend geschlagen, was bedeutet, daß sie ihr Scheitern irgendwie verarbeiten mußten.

Das neue, chaotische, überschwengliche, gewalttätige, kraftstrotzende, optimistische Simbabwe paßt nicht zu ihrem Temperament, das zu Ironie und philosophischen Betrachtungen neigt. Sie können das Land nicht verlassen, da sie ihre Pensionen nicht mitnehmen können. Und wenn das anders wäre? Wahrscheinlich blieben sie auch dann. Leute, die überstürzt nach Südafrika gingen, sind zurückgekehrt. »Einst lebten wir in einem wundervollen Land, das Südrhodesien hieß. Heute leben wir in einem wundervollen Land, das Simbabwe heißt.« Am Tor eines Anwesens in einem Vorort steht auf einem Schild der Name des Hauses: »Zurück durch die Lücke.« Es gehört einer Familie, die durch die Lücke geschlüpft und wieder zurückgekehrt ist. Wo auf der Welt könnten diese alternden Menschen so leben wie hier, umgeben von Sonnenschein und dazu noch in der Lage, sich Dienstboten zu leisten? Viele allerdings kommen ohne Personal aus, sind stolz auf ihre Genügsamkeit. Schlimm ist, daß sie nicht nach England reisen können. Das Geld, das für Reisen zugeteilt wird, reicht einfach nicht aus. Wenn man keine betuchten Verwandten hat, die die Reise bezahlen, bleibt man eben hier. »Es gibt schlimmere Orte, an denen man festsitzen kann«, gebe ich zu bedenken und werde prompt zurechtgewiesen: »Sie sind gut dran, Sie fliegen her und wieder zurück und machen sich keine Vorstellung von unserer kulturellen Isolation. In den Zeitungen stehen nur nationale Meldungen, wenn Internationales gebracht wird, dann in Form kommunistischer Propaganda. Gott sei Dank gibt es die BBC. Unsere Pension reicht nicht, um englische Zeitungen zu abonnieren.«

Diese Leute reden nicht über Politik und fragen: »Warum tut Mugabe nicht . . .?« Sie pflegen ihre Gärten und engagieren sich in wohltätigen Einrichtungen – genau wie sie es in England tun würden.

Sie sind nicht die einzigen Flüchtlinge aus der Vergangenheit. Heute werde ich durch den wohlhabendsten aller Vororte chauffiert. Man erklärt mir, daß hier vor allem begüterte Weiße leben, die wiedergeborene Christen sind. »Das hat der verlorene Krieg aus ihnen gemacht. Sie können dem Leben nicht mehr allein gegenübertreten, sondern müssen sich an Gottes Hand festhalten. Nein, in diesem Stadtteil lauert Gott an jeder Ecke, Genossin, wirklich an jeder Ecke.«

## GARFIELD TODD

Garfield Todd, Ex-Premierminister und Held der Revolution, ein großartiges, optimistisches, achtzigjähriges Energiebündel mit weißem Haar sitzt auf der Veranda des Hauses seiner Tochter. Es ist eigentlich keine richtige Veranda. Als er hörte, daß sie sich ein Haus bauen wollte, sagte er: »Du willst doch nicht etwa auch eins dieser Häuser mit nebeneinandergereihten Zimmern und einer Veranda davor? Nein, ich werde dir eins entwerfen.« Und so befinden wir uns in einem spanisch oder mediterran anmutenden Haus mit einem Innenhof, der voller Pflanzen steht und von dem die einzelnen Zimmer abgehen.

Worüber alle Welt redet, die Korruptionsskandale, schiebt er beiseite: »Diese kleinen Zwischenfälle . . .«

Er sagt: »In nur acht Jahren, all das in nur acht Jahren. Es ist ein Wunder. Sie haben ungeheuer viel erreicht. Ich weiß, wir haben immer behauptet, daß sie es können, aber wer hätte gedacht, daß sie nur so wenig Zeit dafür bräuchten? Man geht auf ein Amt oder in eine Bank, man sieht sie an – sie sind so zuversichtlich wie kompetent –, und man denkt an die alten Zeiten, als die Zuversicht aus ihnen herausgeprügelt wurde. Man trifft sogar schon junge Leute, die sich nicht mehr an die schlechten Zeiten erinnern.«

Der Krieg war eine harte Zeit für ihn gewesen. Als Gegner des weißen Regimes stand er unter Hausarrest, durfte öffentlich nicht seine Meinung sagen. Er half den Freiheitskämpfern, wann immer er konnte, und immer noch besuchen ihn bisweilen Leute und bringen ihm Geschenke. »Erinnern Sie sich? Sie haben meinem Jungen geholfen.« »Sie haben mir Medikamente gegeben, als ich krank war.« »Sie haben meinen Bruder versteckt, als die Soldaten hinter ihm her waren.«

Dieses Simbabwe ist sein Simbabwe, und er liebt es mit leidenschaftlicher Unschuld. Der Unity Accord hat ihn und sein Land einig und vollkommen gemacht.

## SIMBABWE

Eine Szene, die Liebhaber politischer Ironie in Entzücken versetzen wird: Ein paar Monate später zog sich Garfield Todd bei der Reparatur eines uralten Autos schwere Verbrennungen zu. Das Restaurieren von Oldtimern ist sein Hobby. Als er im Krankenhaus lag, besuchten ihn die früheren Feinde Robert Mugabe und Joshua Nkomo gemeinsam. Garfield Todd, der sich erst zu erholen begann, wurde gerade vorsichtig aus einem Bad gehoben. Die Sicherheitskräfte versuchten, eine Schwester zur Eile anzutreiben, damit der Patient möglichst schnell wieder in sein Bett kam. »Siehst du denn nicht, wer hier ist?« »Ihr tut eure Arbeit und ich meine«, erwiderte sie.

»Als die zwei Männer, Mugabe und Nkomo, an jenem Tag zu beiden Seiten von Todds Bett standen, Mann, das war das Beste, was Simbabwe je erlebt hat, ich sag's dir, das *ist* Simbabwe.«

## DIE SCHULE

Als Mugabe und seine Armee noch um die Macht kämpften, versprach er, daß im Falle seines Siegs jedes Kind eine weiterführende Schule besuchen würde. Am Tag der Unabhängigkeit dann sagte er: »Wenn ein afrikanisches Land unabhängig wird, fließt anfänglich ein Strom von Hilfsgeldern, der allmählich versiegt. Wir in Simbabwe müssen jetzt entscheiden, was am wichtigsten ist. Ganz oben stehen die Communal Areas und die ehemaligen Reservate, in die noch nie investiert worden ist. Sie haben absoluten Vorrang. Gleich danach kommen die weiterführenden Schulen. Es stimmt, wenn behauptet wird, daß wir nicht über die Infrastruktur verfügen, um sofort überall alles in Ordnung bringen zu können. Und in jedem Fall werden wir eine Weile mit Arbeitslosigkeit zu kämpfen haben, aber es ist besser, die jungen Leute, die arbeitslos werden, haben eine Schulbildung im Hintergrund als keine.«

Hat er das wirklich gesagt? Wen kümmert das schon!

Genosse Mugabe,
Steck den Finger in den Graben,
Zieh den Finger raus,
Und das Wasser braust.
Genosse Mugabe, Genosse Mugabe,
Wir bauen auf dich.
(Volksweise)

Und gleich wurde das Schulwesen in Angriff genommen. 1982 hatte ich völlig erschöpfte Lehrer getroffen, die vor Idealismus strahlten und erzählten, daß ehemalige Scheunen, Schuppen, Läden und alles mögliche andere in Schulen umgewandelt worden seien und daß in bis zu drei Schichten pro Tag unterrichtet werde. »Die Schulbänke bleiben pausenlos angewärmt.« Eltern halfen beim Bau neuer Schulen, investierten Zeit, Geschick und Geld. Die weiterführenden Schulen galten als der Schlüssel zur Zukunft ihrer Kinder, und kein Opfer schien zu groß.

Seit der Unabhängigkeit sind acht Jahre vergangen. An der Geschichte eines ganzen Landes gemessen, ist das nicht viel. Im Leben eines Kindes können es die entscheidenden Jahre sein. Simbabwe verfügt heute überall über weiterführende Schulen. Aber es gibt nicht genug Lehrer, nicht genug Schulbücher, oft nicht einmal Elektrizität oder sauberes Wasser, ganz zu schweigen von allen übrigen Einrichtungen, die in Europa als selbstverständlich gelten. Bisweilen gibt es nur einen qualifizierten Lehrer pro Schule. Der Rest hat nicht selten lediglich ein paar O-Level, einen der mittleren Reife vergleichbaren Schulabschluß. Viele Lehrer versuchen sich neben dem Unterricht weiterzubilden. Und ihr Ziel? Sicherlich nicht, für alle Zeiten in einer abgelegenen Dorfschule zu unterrichten, sondern in die Großstadt, vorzugsweise Harare, zu gehen. Die Lehrer bleiben nie lange an kleinen, entlegenen Schulen; sie sind für sie lediglich Durchgangsstationen zu etwas Besserem, und etliche Schulleiter haben sich als wenig ehrenhaft erwiesen.

Die Kinder an den Dorfschulen glauben, daß ihnen die Zukunft offensteht, aber noch 1988 erlangen nur fünf Prozent von ihnen tatsächlich einen Abschluß. Sie haben mangels Erfahrung keine Vergleichsmöglichkeiten, wissen nicht, wie eine adäquat ausgestattete Schule aussehen müßte, versagen dann oft und müssen schließlich in ihr Dorf zurück, wo sie davon träumen, daß ihnen ihre Halbbildung doch noch irgendwann ein gutes Leben ermöglichen wird. Es gibt Hunderttausende, mittlerweile vielleicht Millionen junger Menschen, die tatsächlich glauben, daß ihnen eine vollwertige Schulbildung zuteil wird.

Diese Situation ist gefährlich, der klassische Nährboden für eine Revolution: Massen junger Menschen, denen das Blaue vom Himmel versprochen wurde, haben Opfer gebracht und werden am Ende enttäuscht. Und die Mächtigen im Land wissen es. Angeblich hat Mugabe verlautbart: »Wir haben einen Fehler gemacht. Von jetzt an werden wir uns im weiterführenden Schulwesen auf die Qualität konzentrieren.« Und welche Pläne hat er mit dieser halbgebildeten Jugend, die den Ansprüchen der modernen Welt nicht gewachsen ist, aber zuviel weiß, um noch mit dem Leben auf dem Dorf zufrieden zu sein? Es wird behauptet, daß Mugabe vor allem aus Angst vor ebendiesen jungen Leuten so hart gegen die Studenten durchgegriffen hat. Seine repressiven Maßnahmen signalisieren: Für unsinnige Forderungen der Jugend werde ich nicht eintreten.

Voller Überschwang wird davon berichtet, daß im Parlament alle aufgestanden sind, gejubelt und geweint haben, als der verabschiedete Etat für das Bildungswesen zum erstenmal größer war als der Verteidigungsetat.

Wir fahren aus Harare Richtung Westen. Auf den Straßen ist es ruhig, verglichen mit europäischen Straßen sind sie leer. Man fährt dahin, allein, bis vor einem in schwarzen Rauchwolken ein Bus auftaucht. Alle öffentlichen Fahrzeuge stoßen schwarze Rauchwolken aus. Warum? Zum einen besteht das Problem in der leidigen Ersatzteilversorgung, zum anderen werden sie nicht oft genug gewartet. Wird man von einem großen, neuen Wagen überholt, ist es immer ein Toyota, der einem Chef gehört. Diese Wagen spucken keine schmierigen schwarzen Abgase aus, die den Busch vergiften. Das tun nur die klapprigen Vehikel des öffentlichen Verkehrssystems. Oft brechen sie zusammen und liegen dann am Straßenrand, umgeben von untröstlichen Fahrgästen. Sie verursachen Unfälle. Nicht, weil die Fahrer unfähig wären, sondern weil die Fahrzeuge nicht verkehrstauglich sind. In der Woche zuvor habe ich eine Frau kennengelernt, deren Bruder, ein Busfahrer, umkam, weil die Bremsen seines Busses versagten und das Fahrzeug in eine Schlucht stürzte. Es ist erstaunlich, wie viele Menschen man trifft, die in Autounfälle verwickelt waren oder Verwandte oder Freunde haben, denen ebendies widerfahren ist. »Um mit öffentlichen Verkehrsmitteln zu reisen, braucht man viel Mut. Aber die Afrikaner haben natürlich gar keine andere Wahl.«

Das Wetter ist schlecht. Der November ist kalt und grau. Ich schwöre, daß es früher nie, wirklich nie kalt war im November. Die ITKZ treibt sich noch immer in der falschen Gegend herum, befindet sich in zu großer Höhe und will nichts mit den Luftmassen vom Indischen Ozean zu tun haben. Ich hätte nie gedacht, daß ich mich in diesem Land im November nach einem dicken Pullover sehnen würde.

Unter einem tiefen, kalten grauen Himmel fahren wir nach Westen; ab und zu kommen wir durch kleine Städte. Zu Mittag essen wir in einem Hotel, das der soziale Mittelpunkt eines ziemlich weiten Gebiets ist. Der Speisesaal ist zu groß, und es gibt zu viele Bars für die wenigen Gäste. Die Speisekarte ist noch immer sehr britisch, gebratenes oder gegrilltes Fleisch, das hervorragend schmeckt, Gemüse, das man nicht unbedingt als hervorragend bezeichnen kann, Salate und Obst vom Feinsten. Alles wie gehabt, außer daß heute auf jeder Speisekarte auch *sadza* steht, und beliebte Gerichte sind Steak mit *sadza*, gebratener Fisch mit *sadza*. Lehrer von meilenweit entfernten Schulen kommen zum Essen her; sie genießen das elektrische Licht und die Möglichkeit zu telefonieren. Hotels in abgelegenen Orten wie diesem erscheinen den meisten Landbewohnern als Wunderstätten. Sie sind nie selbst in einem Hotel abgestiegen.

1956 bin ich auf dieser Straße zu dem noch im Bau befindlichen Kariba-Stausee gefahren, durch einen Busch, der in meiner Erinnerung so aussieht, wie Wald eigentlich aussehen sollte. Es gab unendlich viele Arten von großen, mächtigen, dicht belaubten Bäumen. Stundenlang fuhr ich durch diesen Busch und hielt Ausschau nach Elefanten. Ich sah alle möglichen Arten Wild und blieb öfter stehen, um den Vögeln zuzuhören. Heute warte ich darauf, daß endlich die Landschaft anfängt, an die ich mich erinnere. Aber sie existiert nicht mehr. Wenn es noch Busch gibt, dann ist jeder dritte oder vierte Baum gefällt, und die Stümpfe verwittern. Oder wir kommen durch Gegenden, wo nur noch Stümpfe stehen. Oder an jedem Baum sind ein, zwei Äste abgeschlagen.

»Die Menschen müssen essen«, sagt Ayrton R. »Sie müssen heizen.« Er ist ebenso wütend wie ich.

Auf einer breiten Straße fahren wir durch diesen ausgedünnten Busch – früher war sie nicht so gut ausgebaut – und biegen wieder und wieder ab, jedesmal auf eine schlechtere Straße, kommen an Schildern vorbei, auf denen steht: »Die weiterführende Schule *Glück* heißt dich willkommen!« »Die weiterführende Schule *Der neue Tag* heißt dich willkommen!« Schließlich fahren wir auf einem buckeligen Pfad durch eine Communal Area. Es gibt kaum mehr Bäume. Wir fahren noch etwas weiter, an einem Laden vorbei, über eine kleine Brücke, unter der Frauen in einer Pfütze voller Waschmittellauge Wäsche waschen, und dort, vor uns, taucht die Schule auf. Es sind eigentlich zwei Schulen, eine Grundschule und eine weiterführende Schule. Alle Schulen auf dem Land sehen gleich aus: langgestreckte, niedrige Hütten, manchmal mit Veranden. Die hier steht auf mehreren Morgen Land verteilt. Es gibt größtenteils unversehrte Bäume, Sträucher, Versuche, Gärten anzulegen. Wenn man nicht bereits wüßte, daß auf diese Art angeordnete Gebäude in der Regel eine Schule bilden, könnte man glauben, es handle sich um ein Militärlager, ein Depot oder Internierungslager, um irgend etwas, das schnell und billig aus dem Boden gestampft werden mußte.

Wir sind von einem Freund eingeladen, einem jungen Engländer, der hier ein Jahr lang unterrichten sollte, freiwillig noch ein weiteres Jahr geblieben ist und vielleicht noch ein drittes anhängen wird. Und dort steht Jack vor einer winzigen Hütte und winkt. Neben dem großen Volvo wirkt das Häuschen noch kleiner. Es besteht aus zwei winzigen Räumen. In einem steht ein Bett, und an einer Wand sind Haken befestigt, um ein Jackett oder ein Hemd aufzuhängen, ein Bücherregal. Im anderen Zimmer befinden sich ein Tisch, ein Gasofen, ein Durcheinander von Kochtöpfen, Pfannen, Krügen, Wasserkanistern, Kerosin für die Sturmlampe, Gemüse, Tüten mit Maismehl, Tomaten und ein paar Zwiebeln. Wir sind mitten in einen Schultag hineingeplatzt. Jack geht zu seinen Schülern, er bindet eine Krawatte um und krempelt gemäß den Vorschriften die Ärmel herunter: Lehrer müssen ein Beispiel setzen. Ayrton R. und ich sitzen auf engstem Raum zwischen irgendwelchen Utensilien, während immer wieder Leute hereinschauen, um uns zu begutachten, denn sie wissen, daß Jack »wichtigen Besuch aus Harare, von der Universität« erwartete. Sie geben vor, Streichhölzer ausleihen zu wollen, fragen nach einem Glas Wasser oder stellen sich einfach als Jacks Freunde vor. Es sind lauter lebhafte, sehr junge Menschen, meist Jungen. Manche von ihnen sind Lehrer, und es ist nicht immer leicht, sie von den Schülern zu unterscheiden.

Dann kommt Jack zurück und verwickelt sie auf shona in eine Unterhaltung. Ayrton R., der in diesem Land geboren und aufgewachsen ist, spricht nicht so gut shona wie dieser junge Mann, der sich hier als Lehrer verdingt hat.

Die Shona-Begrüßung verlangt uns Bewunderung ab und Scham für unsere diesbezügliche Einfallslosigkeit. Hier ist es nicht mit einem »Wie geht's?« oder »Hallo« getan.

»Guten Tag.«

»Guten Tag.«

»Hast du den Tag gut verbracht?«

»Ich habe den Tag gut verbracht, wenn du den Tag gut verbracht hast.«

»Ich habe den Tag gut verbracht.«

»Dann habe auch ich den Tag gut verbracht.«

Jack kann sich auf shona unterhalten, zwar nicht, wie er betont, über Philosophie oder Politik, aber es reicht für: »Wie geht es deiner Schwester?« »Wie steht's mit deiner Gesundheit?« »Hast du deine Hausaufgaben gemacht?«

Als die Sonne zu sinken beginnt, gehen wir bis zum Laden, überqueren die Brücke, an der die Frauen noch immer Wäsche waschen, spazieren zwischen Bäumen hindurch. Unter einem Baum setzen wir uns auf einen Felsen, trinken Coca-Cola und beobachten die Vorgänge um den Laden. Über unseren Köpfen geht die Sonne unter und wirft rote und goldene Strahlen auf die schweren dunklen Wolken. Vögel zwitschern, die Stimmen der Vorübergehenden klingen weich und gedämpft, so wie es dem Einbruch der Nacht angemessen ist. In der Dunkelheit kehren wir, vorsichtig einen Fuß vor den anderen setzend, auf dem holprigen Pfad zu Jacks winziger Hütte zurück. Unterwegs werden uns grüne Maiskolben zum Kauf angeboten, die weit härter und älter sind, als wir sie sonst bekommen. Jack kauft welche für das Abendessen und sagt: »Wenn Lebensmittel knapp sind, ißt man die Maiskolben erst, wenn sie so groß wie möglich sind.« Wir zünden die Paraffinlampe an, essen im dämmrigen Licht und reden über die Schule. Der Schulleiter ist wie drei weitere Direktoren in diesem Distrikt vom Dienst »suspendiert« worden, weil er für die Schule bestimmte Gelder veruntreut hat. Außerdem hat er mit Schülerinnen geschlafen. »Ein Mann ohne Charakter«, sagt Jack. Dieses Urteil interessiert uns, und wir diskutieren eingehend darüber, was Jack im einzelnen damit sagen will. »Diese Schule gründet auf europäischen Prinzipien. Dafür haben sie sich entschieden. Ohne diese Prinzipien funktioniert hier nichts«, sagt Jack.

»Aber die Schule funktioniert doch sehr wohl ohne diese

Prinzipien«, halte ich dagegen. »Das beweisen die vielen jungen Leute, mit denen wir gesprochen haben.«

»Nein, sie funktioniert nicht, sie funktioniert überhaupt nicht. Diese Schule ist vernachlässigt, demoralisiert und verdreckt.« Jack ist verzweifelt.

Und damit beginnt eine Diskussion, wie ich sie schon mehrmals erlebt habe, jedoch nie zuvor in einem winzigen Zimmer voller um die Lampe schwirrender Insekten, während draußen die Frösche unermüdlich und lauthals quaken. In Harare klingen die Diskussionen anders, nicht gerade abstrakt, weil das Ausmaß und die Schamlosigkeit der Korruption jeden erschrecken, aber gewiß nicht so voller Bedrängnis wie hier.

Was an den Unterschlagungen und Betrügereien so außergewöhnlich erscheint, ist die Tatsache, daß die Täter offenbar nicht annehmen, jemals erwischt zu werden. In der Zeitung – für gewöhnlich im *Chronicle* aus Bulawayo und nicht im linientreuen *Herald* – liest man Schlagzeilen wie folgende: »Minister Soundso in 99 Fällen des Betrugs verdächtig.« Der hiesige Schuldirektor stahl Geld und schlief monatelang mit den Schülerinnen, vor aller Augen.

»Es ist, als gäbe es in ihren Köpfen eine Instanz, die die allgemein üblichen Erwartungen an die Folgen von unrechtmäßigem Tun ausschaltet«, sagt Jack. »Wenn man nicht gleich sagen will, daß sie übergeschnappt sind, was sicher nicht der Fall ist.«

Ist das eine weitere Grauzone, in der alte Bräuche oder Denkweisen angesichts neuer Ideen, neuer Gesetze verschwimmen? Nur daß in der alten Gesellschaft Diebstahl Diebstahl war und streng bestraft wurde. Wie ist es möglich, daß geistig offensichtlich gesunde und intelligente Menschen im großen Stil stehlen und sich dabei für unsichtbar halten oder glauben, das Gesetz sei blind?

»Oder sie glauben, daß es schon niemand an die große Glocke hängen wird«, sagt Jack.

Was die Schülerinnen anbelangt, ist das leicht vorstellbar. Ein Mädchen mit vierzehn oder fünfzehn Jahren gilt als geschlechtsreif und heiratsfähig. Die jungen Lehrer schlafen oft mit älteren Schülerinnen und heiraten sie anschließend.

»Aber der Direktor sollte doch als gutes Beispiel vorangehen, oder?« fragt Jack. Und er wiederholt, daß der Schulleiter ein Mann ohne Charakter war. Diese Formel bringt unsere Unterhaltung auf den Punkt.

Es ist mittlerweile halb acht, fast schon Zeit, ins Bett zu gehen. Jack sagt, daß er am Ende eines Arbeitstags so müde sei, daß er meist um acht schon schlafe.

Zeit, einen letzten Ausflug zur Toilette zu unternehmen.

Simbabwe hat gerade die Feierlichkeiten zur Installation der 100 000. Blair-Toilette hinter sich, die als Waffe im Krieg gegen sämtliche von Fliegen übertragenen Krankheiten sowie gegen Bilharziose, Hakenwürmer und Ruhr entwickelt wurde.

Der Lebenszyklus der Pärchenegel, die Bilharziose verursachen, sieht folgendermaßen aus: Eine Schnecke, das Wirtstier der Saugwürmer-Gattung Pärchenegel entläßt den Saugwurm ins Wasser eines Flusses. Von dort gelangt er über die Haut in den Körper eines badenden oder Wäsche waschenden Menschen. Er wandert zur Leber, in die Blase, in eine Niere oder ein anderes geeignetes Organ, wo er großen Schaden anrichtet. Millionen Menschen in Afrika und anderen Ländern werden von dieser Krankheit befallen. Vor allem in Afrika. Viele sterben daran, leiden unter allen möglichen Krankheitssymptomen, eins davon ist die Lethargie. Und genau diese Lethargie ist einer der Gründe, warum man den Afrikanern vorwirft: »Die sind schon faul auf die Welt gekommen.« (Ein Spruch der Weißen, der – hoffentlich – der Vergangenheit angehört.) Ein Freund meiner Eltern, ein energischer, zäher Farmer, der »Nerven wie Drahtseile« hatte, fiel eines Tages, anscheinend bei bester Gesundheit, tot um. Die Obduktion ergab, daß er von Saugwürmern zerfressen war. Wenn der Saugwurm das befallene Organ verläßt, wird er über die Exkremente ausgeschieden. Die Exkremente landeten früher einfach im Busch. Der Regen schwemmte sie in die Flüsse, wo die Würmer sich eine Wirtsschnecke suchten.

Natürlich ist es möglich, die Flüsse mit Gift vollzupumpen, das die Saugwürmer tötet, aber das Gift bringt auch noch alles mögliche andere um. Und der nächste Regen wird das Gift verdünnen und unwirksam machen. Einen Fluß zu vergiften, kostet zudem Geld. Es ist wesentlich billiger, eine an Bilharziose leidende Person zu behandeln. Früher war die Behandlung langwierig, schmerzhaft und kompliziert, heute ist es einfacher. Noch besser allerdings ist es, gar nicht erst daran zu erkranken. Dazu ist es notwendig, eine ganze Dorfbewohnerschaft dazu zu bringen, statt des Busches eine Toilette zu benutzen. Die Blair-Toilette wurde von einem wahren, viel zu wenig beachteten Wohltäter der Menschheit erfunden und wird nun in den Dörfern Simbabwes installiert, begleitet von einer Aufklärungskampagne über Bilharziose und andere Krankheiten, von denen der afrikanische Kontinent heimgesucht wird. So kann es geschehen, daß man in einem abgelegenen Winkel Simbabwes ein Gespräch mit einem Schulkind führt, das einem Medizinstudenten in England zur Ehre gereichen würde. »Weißt du«, sagte ein kleines Mädchen zu mir, »nur weil man nichts sieht, heißt das noch lange nicht, daß da auch nichts ist. Man muß sich immer die Hände waschen.« Und damit verfiel sie in einen Singsang: »Wasch dir die Hände mit der Seife. Wasch dir die Hände mit der Seife.«

Die Blair-Toilette berücksichtigt die bekannten Vorlieben von Fliegen, die so viele Krankheiten übertragen. Fliegen ziehen Helligkeit der Dunkelheit vor. Also verfügt die Toilette ein Loch im Zementboden, unter dem sich die sogenannte »große Falltiefe« befindet. Das Loch ist vielleicht zwanzig mal zehn Zentimeter groß. Vor der Toilette gibt es ein zweites, damit verbundenes, wesentlich größeres, hellerleuchtetes Loch. Die Fliegen folgen dem Geruch ins erste dunkle Loch und versuchen dann durch den hellerleuchteten Ausgang zu entkommen, der mit einem feinmaschigen Gitterdraht verschlossen ist. Sie sterben dort. Massenweise. Dank dieser simplen Methode werden die durch Fliegen übertragenen Krankheiten immer seltener, zumindest in den Dörfern, in denen eine Blair-Toilette aufgestellt wurde.

Sie zu benutzen, ist nicht ganz so simpel. Es gibt zwei runde Zementzellen, eine für Männer, die andere für Frauen. Mit der Sturmlampe in der einen Hand, einer Rolle Toilettenpapier in der anderen bahne ich mir einen Weg über den unebenen Erdboden. Auf der Treppe zur Toilette stehen Ziegen, die ich erst verscheuchen muß. Es ist wichtig, so schnell wie möglich zu agieren, denn die Lampe zieht Motten, Insekten und Fledermäuse an. In das kleine Loch muß genau gezielt werden. Für Männer, so wird mir gesagt, sei das schwieriger. Auf die Toilette zu gehen, ist hier ein Unterfangen, das man nicht ohne triftigen Grund auf sich nimmt.

Draußen stehe ich auf dem Pfad und betrachte das kleine Haus, das durch ein Fenster schummriges Licht verströmt. Die Lampe habe ich auf den Boden gestellt. Ich blicke zu den Sternen empor, etwas, was sich in Harare nicht lohnt, weil die Stadtlichter stark sind und die Luft verschmutzt ist. Die Sterne tauchen zwischen den schnell vorbeiziehenden Wolken auf und verschwinden wieder dahinter. Es ist sehr kalt und feucht. Plötzlich bricht neben der Sturmlampe Lärm los. Das Licht hat ein paar Frösche angezogen, die gegen das Glas hüpfen und stoßen, und noch mehr Frösche springen hektisch den Pfad entlang auf sie zu. Sie scheinen verrückt. Vor Neugier? Ich hebe die Lampe auf, trete vorsichtig über die hysterischen Frösche hinweg und gehe zurück zu meiner Unterkunft. Ayrton R. schläft in einem anderen Haus. Ich schlafe in Jacks Bett, Jack schläft auf dem Boden zwischen seinen Haushaltsgegenständen. Ein Moskito versucht sein Glück. Mit lautem Summen. Die gefährlichen sind die lautlosen Weibchen. Mein Blut ist überflutet mit Malariamitteln, deshalb machen sie mir nichts aus. Sie machen mir nichts aus, weil man mich noch nicht darüber informiert hat, daß Malaria eine schlaue Krankheit ist, die Resistenz gegen unsere Gifte entwickelt. Später habe ich verschiedene Leute getroffen, die, obwohl sie zwei unterschiedliche Mittel genommen hatten, dennoch erkrankt waren. Zweimal stehen Jack und ich auf, um eine Fledermaus zu verjagen, die beschlossen hat, daß dieses Gebilde aus Wänden plus Dach eine Höhle und somit ein gemütliches Zuhause ist. Wir verstopfen das Loch, durch das sie hereingeflogen sind. Ich versuche in einem mitgebrachten Taschenbuch zu lesen, aber die ehebrecherischen Vorgänge in einem Landhaus in Wilshire erscheinen in dieser Umgebung nur von geringem Interesse. Außerdem wird meine Kerzenflamme schon bald weitere Besucher anziehen. Trommelnd fällt Regen auf das

Blechdach. Die Frösche frohlocken. Ich schlafe ein. Es ist noch nicht einmal neun Uhr.

Um fünf Uhr sind wir wieder wach. Draußen ist es grau und kalt. Während Jack Tee braut, gehe ich mit einem Kanister kaltem Wasser an den Platz, wo man sich wäscht. Ein von einer Mauer umschlossener, betonierter Platz hinter dem Haus. Ich ziehe mich aus, hänge die Kleidungsstücke über die Mauer, seife mich ein, stehe nackt und zitternd da und denke, wie angenehm diese Prozedur an einem heißen Tag sein muß. Ich schütte kaltes Wasser über mich, das durch ein Loch am Fuß der Mauer abfließt. Ich habe mich bereits eingewöhnt in diese Kultur, in der Wasser ein so wertvolles Gut ist, mache mir Gedanken, daß dieses Wasser einfach so in der Erde versickert. Sollte es nicht aufgefangen und zum Gießen benutzt werden? Wieder im Haus, trinke ich Tee, bin erleichtert, als ich höre, daß das Wasser nicht aus der zwangsläufig mit Saugwürmern verseuchten Pfütze unter der Brücke, sondern aus einem eine Meile entfernten Brunnen und angeblich sauber ist. Jacks Lächeln ist ein Eingeständnis seiner Unsicherheit. Er weiß auch nicht, ob das Brunnenwasser wirklich unverseucht ist. Der Brunnen und der kleine Fluß sind die Wasserquellen für die vielen hundert Menschen in der Schule und im Dorf. Auf einem kleinen Vorsprung, unter Bäumen versteckt, steht ein Wassertank, in den das Wasser aus dem Brunnen gepumpt werden soll, aber irgend etwas stimmt nicht, wahrscheinlich mit dem Ventil, jedenfalls funktioniert die Sache schon seit Monaten nicht mehr.

Ayrton R. kommt aus seiner einen knappen Kilometer entfernten Unterkunft und merkt an, daß die Hilfsorganisationen, wenn sie nur irgendein Gespür für Prioritäten besäßen, Ingenieursteams zusammenstellen würden, die in Schulen, Wachstumszentren und Krankenhäusern simple kaputte Dinge wie zum Beispiel Ventile reparieren sollten, um die sich sonst niemand kümmert. Dabei könnten sie junge Leute mitnehmen, denen beizubringen wäre, wie man Ventile, Wasserhähne oder auch defekte Leitungen wieder instand setzt.

»Das Problem ist nur, daß diese verdammten armen Kinder in sämtlichen Schulen Simbabwes beschlossen zu haben scheinen, daß einzig eine geisteswissenschaftliche Bildung kulturell bedeutungsvoll ist. Wo also findet man die letzte Bastion des Respekts vor den Geisteswissenschaften? Nicht in Thatchers England! Nein, im Busch, wo sich Generationen schwarzer Kinder zu gut sind, Elektriker oder Ingenieure zu werden. Sie wollen einen Abschluß in Anglistik, den die meisten sowieso nicht schaffen.«

»Genau das ist es. Hier lebt die aristokratische englische Verachtung für Leute weiter, die mit den Händen arbeiten – Ingenieure wie Techniker. In Schulen wie dieser. Meinst du, daß diese saft- und kraftlosen Typen in England, die früher sagten: ›Ich kann ihn nicht zum Abendessen einladen, er ist Handwerker‹, oder: ›Angela kann ihn auf keinen Fall heiraten, er ist bloß Ingenieur‹, sich je vorgestellt haben, ein halbes Jahrhundert später in Kindern ihre wahren Erben zu finden, die eine Ewigkeit von Harare entfernt im Busch leben und sich weigern, ihre Hände mit Arbeit schmutzig zu machen?«

»Auf einer Behörde in Harare hab ich gehört, wie die amerikanische Mitarbeiterin einer Hilfsorganisation meinte, die Ausbildung der Kinder hier sei unangemessen. Was sei der Sinn, ihnen den britischen Lehrplan mit Lehrmitteln einzutrichtern, die allein in Europa angebracht schienen? Sinnvoll sei eine fundierte technische Ausbildung. Eine Schwarze antwortete ihr daraufhin wütend: ›Ihr Weißen habt euch keinen Deut verändert. Ihr wollt nicht, daß unsere Kinder eine richtige Ausbildung bekommen. O nein, die bleibt euch vorbehalten. Wir wollen die gleiche Ausbildung für unsere Kinder, wie sie eure haben.‹«

»Da hast du's, eine Aristokratin. Meinst du, sie würde ihre Vorfahren wiedererkennen?«

So unterhielten wir uns während des Frühstücks, das aus Tee und Grießbrei bestand.

Dann verließ uns Jack, um rechtzeitig um halb acht bei seinen Schülern zu sein. Er wies uns darauf hin, daß die meisten Kinder bereits um halb fünf, spätestens um fünf aufgestanden seien. Die Mädchen hatten Wasser geholt, Holz gehackt, Brei gekocht, ihre Brüder und älteren Verwandten bedient. Einige waren sieben, acht Kilometer durch den Busch zur Schule marschiert. Die meisten hatten nichts zu essen dabei. Es war durchaus üblich, daß Schüler vor Hunger ohnmächtig wurden. Das galt auch für die Kleinen in der Grundschule, die oft bis vier Uhr nachmittags durchhielten, ohne zu essen oder zu trinken. Für Wasser hätten sie eine Meile bis zum Brunnen gehen müssen, und dazu fehlte ihnen seltsamerweise die Energie.

Nachdem Jack uns instruiert hat, wann wir wohin kommen sollen, um seinen Schülern einen Vortrag zu halten, und gegangen ist, beschreibt Ayrton R. das Zimmer, in dem er die Nacht verbracht hat. Es gehört einem anderen britischen Lehrer, der gerade seinen Urlaub in England verbringt. Die Wände sind mit Atomkraft-nein-danke- und Greenpeace-Plakaten tapeziert, daneben hängen Fotos von Che Guevara und Castro – die gesammelten »progressiven« Stereotypen der siebziger und frühen achtziger Jahre. Unzählige junge Lehrer lassen sich von der marxistischen Propaganda Simbabwes inspirieren, melden sich für die Schulen im Busch und werden dann gnadenlos desillusioniert. Um hier unterrichten zu können, müssen sie die Ideale, um deretwegen sie gekommen sind, vergessen. Das schlimmste ist, daß die ärmste Straße in der ärmsten englischen Stadt jedem Simbabwer reich und voller Möglichkeiten erscheinen würde.

»Ist dir eigentlich klar, was für einen Wahnsinn die ganze Sache darstellt?« fragt Ayrton R. »In ganz England gibt es nicht eine Schule ohne Fernseher, Computer, Telefon, Fax, Kopierer und irgendeine Art Bibliothek. Es gibt nicht ein Kind, das nicht fernsieht, ins Kino oder ins Museum geht und womöglich nach Frankreich oder Italien reist. In dieser Schule hier gibt es Klassenzimmer, schlecht oder überhaupt nicht ausgebildete Lehrer und zuwenig Lehrbücher, und damit hat sich's.«

Manche britischen Lehrer kehren nach England zurück, kaum ist ihr Vertrag ausgelaufen, oder schon vorher, indem sie eine Erkrankung vorschützen. Die verschiedenen Organisationen, religiöse wie weltliche, arbeiten ihre Lehrer ein, indem sie sie ein paar Monate in Harare behalten. Aber nichts in Harare, meint Jack, kann einen auf eine Schule wie diese vorbereiten. Jack wurde vier Monate nach seiner Ankunft von einer mysteriösen Krankheit befallen und mußte das Bett hüten. Unter Aufbietung aller Kräfte riß er sich zusammen und kehrte an seinen Arbeitsplatz zurück. Er stammt aus der Gegend von London, wuchs auf in einer liebenswürdigen Familie und unterrichtete an einer Londoner Schule, was ihm damals hart genug erschien.

Jack hat uns gesagt, wir sollten stets die Tür abschließen. *Wir* mochten glauben, daß es nichts zu stehlen gab. Wir gehen durch den Busch zur Schule, kommen am defekten Wassertank vorbei und an der Grundschule, deren lange niedrige Gebäude so überfüllt mit kleinen Kindern sind, daß es scheint, als würden gleich ein paar aus den Fenstern fallen. Ziegen inspizieren uns. Überall sind Pfützen, und schwere graue Wolken hängen tief am Himmel. Als wir die Grundschule hinter uns gelassen haben, kommen wir durch kümmerlichen, gestrüppreichen Busch, in dem ein Schmetterling um eine Orchidee flattert. Heute fällt einem so etwas auf. Dann überqueren wir einen kleinen Fluß, und ein Pfad führt eine Anhöhe hinauf bis zu einem neuen, massiven Zaun, vor dem sich eine empörte Kuh herumtreibt. Sie ist an ihre Strecke gewöhnt, und jetzt steht hier, aus keinem ihr einsichtigen Grund, ein Zaun. Oft wartet sie dort stundenlang in der Hoffnung, jemand möge das Tor offen lassen. Wir finden Jack in einem Klassenzimmer der barackenartigen Gebäude. Er unterrichtet eine Gruppe junger Männer und Frauen, die gerade die mittlere Reife hinter sich haben. Einige sind zwanzig Jahre alt. Sie wirken energiegeladen, tatkräftig und zuversichtlich. Jede Gruppe junger Simbabwer wirkt so. Sie sind hochgewachsen, kräftig und strotzen vor Gesundheit.

Ayrton R. und ich sitzen auf einer Schulbank und beobachten Jack, der seine Unterrichtsstunde beendet. Das Klassenzimmer: Zwei Fensterscheiben sind gesprungen, die Fenster verdreckt, ein Dachbalken ist gespalten, der Boden bedeckt mit einer dicken Schicht Staub und Unrat. Wären nicht die lebhaften jungen Leute, sähe der Raum völlig heruntergekommen aus.

Ich bemerke, wie in mir der unfreundlich »Afrikanisierung« genannte Prozeß einsetzt. Eigentlich, denke ich, bräuchten sie in diesem Klima die Fenster nicht zu schließen. Was den Dachbalken anbelangt, nichts wäre leichter, als einen Draht darum zu binden. Und der Boden? Um etwas zu lernen, braucht man keinen sauberen Boden. Schmutzige Fenster? Was tut's!

Ayrton R. ist elend zumute. »Es gibt keinen Schulleiter hier, verstehst du? Eine Schule mit einem schlechten Schulleiter erkennt man auf den ersten Blick. Ich habe genug davon gesehen.«

Jack weist ein paar Schüler an, uns die Bibliothek im nächsten Zimmer zu zeigen. Sie ist sein ganzer Stolz und seine ganze Freude, er hat sie eingerichtet. Vorher gab es keine Bibliothek, kein Geld für Bücher, weil es der Schulleiter unterschlagen hatte.

Die Bibliothek ist ein schmaler Raum, ungefähr so breit wie ein Korridor, und hat etwa dreihundert Bücher anzubieten. Veraltete Leihbücher, Romane, Schenkungen von Wohlmeinenden oder Leuten, die durch die Lücke geschlüpft sind, überwiegend Literatur, wie sie Leute lesen, die sich nach dem guten, längst nicht mehr existierenden England sehnen:

»Edith stand am Fenster und blickte an der Buddleja vorbei auf die Straße, auf der Geoffrey kommen würde. Sie hatte die Flasche mit Sherry bereitgestellt, aber vielleicht zog er Whisky vor? Wo war der Whisky? Seit letztem Weihnachten, als ihr Bruder während seines Heimaturlaubs von Indien hereingeschaut hatte, hatte sich keine Gelegenheit mehr ergeben, Whisky anzubieten. Schließlich fand sie die Flasche ganz hinten im Regal, in dem sie ihre Gärtnerutensilien aufbewahrte – auch die Insektenvertilgungsmittel. Sie sollte wirklich etwas gewissenhafter sein! Wieder an ihrem Platz neben dem Fenster, begann sie, sich Gedanken wegen des Abendessens zu machen. Es war ein ziemlich warmer Nachmittag, mindestens achtzehn Grad, dessen war sie sicher. Waren Steaks und gebackene Nieren zu schwer bei diesem Wetter? Just, als sie sich entschloß, eine Dose Lachs zu öffnen, tauchte Geoffrey auf der Straße auf. Er kam mit dem Fahrrad. Oh, der Ärmste! Ihm mußte sehr heiß sein, völlig erschöpft . . .«

Es gibt ein paar hervorragende dicke Wälzer, gespendet von einer amerikanischen Stiftung, die so schwer sind, daß man sie kaum hochheben kann, Literatur-, Geschichts- und andere Kompendien, dazu erdacht, so scheint es, die Leute endgültig vom Lesen abzubringen. Die Bücher, die tatsächlich gelesen werden, sind von afrikanischen und ein paar amerikanischen Autoren. Nur ein einziger Lehrer liest zu seinem eigenen Vergnügen, und zwar Chinua Achebe und Frederick Forsyth. Die Unterscheidung zwischen »guter« und »schlechter« Literatur wird nahezu bedeutungslos, wenn es darum geht, die Leute überhaupt zum Lesen zu bringen. Dieser erbärmliche, fast nackte Raum zeigt mir, daß einfach geschriebene Geschichten über unterschiedliche Teile der Welt gebraucht werden, die die Lebensarten, Religionen und Vorstellungen anderer Kulturen erklären. Diese Schüler (auch wenn sie zum Teil schon erwachsen sind) arbeiten sich durch Bücher, die zu schwierig für sie sind. Für die meisten zumindest. Es gibt immer Ausnahmen, die am Ende der Welt Tolstoi, Hardy und Steinbeck lesen. Als Tolstoi in seiner wunderbaren Dorfschule arbeitete, sprach er vom Bedarf an einfach erzählten, informativen Geschichten. Erstaunlich, wie oft russische Erfahrungen Relevanz für Afrika besitzen.

Alle Schüler mögen Enid Blyton.

Jack hat den Schülern beigebracht, wie man die kleine Bibliothek mit Hilfe eines Schulheftes betreibt, in dem man die ausgeliehenen Bücher notiert. Die Schüler wechseln sich als Bibliothekare ab. Die Bücher dürfen nicht mit nach Hause genommen werden. Wozu auch? Die Hausaufgaben werden in der Schule gemacht, bevor man den oft langen Heimweg antritt. Wenn die Schüler zu Hause anlangen, dämmert es meist schon. Vor allem von den Mädchen wird erwartet, daß sie bei der Hausarbeit helfen, Holz hacken, Wasser holen, kochen. Die Hütten werden, im günstigen Fall, von einer Kerze oder einer Öllampe erhellt, aber gewöhnlich sitzt die Familie um das Feuer herum, das in der Mitte der Hütte brennt. Es ist nicht einfach, unter solchen Bedingungen Hausaufgaben zu machen oder ein Buch zu lesen. Die Erwachsenen sind entweder Analphabeten oder höchstens vier, fünf Jahre in eine Buschschule gegangen. Sie wünschen sich von ganzem Herzen, daß ihre Kinder etwas lernen, wissen jedoch aufgrund ihrer mangelnden Erfahrung nicht, wie sie ihnen dabei helfen sollen.

Den Eltern in solchen Dörfern bleibt meist nur wenig von dem, was sie erwirtschaftet haben, zum Verkauf, und für jedes Kind, das eine der weiterführenden Schulen besucht, müssen sie jährlich dreißig Pfund für Schuluniform und Lehrmittel zahlen. Wenn sie mehrere Kinder zur Schule schicken, bleibt ihnen selbst oft nicht mehr genug Geld für Lebensmittel und Kleidung.

Wir fragen Jack, wie viele von diesen enthusiastischen jungen Menschen ihre O-Level, die mittlere Reife, schaffen werden.

»Ich glaube, nicht viele.« Es ist ihm peinlich, und er entschuldigt sich für sie. »Ich glaube nicht, daß ihr versteht ... Zum Beispiel hatten wir eine Prüfung, die in England zusammengestellt worden war. In einer der Fragen kam das Wort *shutter*, Fensterladen, Blende, vor. Hier gibt es keine Fensterläden. Zudem wurde nach dem Wort in der Bedeutung ›Kamerablende‹ gefragt. Die meisten hier haben noch nie eine Kamera gesehen, geschweige denn in der Hand gehalten und benutzt.«

Ayrton R. und ich werden gebeten, zu der diesjährigen Abschlußklasse zu sprechen. Nur selten kommen Besucher in diese Schule, und unsere Anwesenheit ist ein besonderes Ereignis, aber nicht etwa, weil ich, die Schriftstellerin, hier bin. Der Star ist Ayrton R., der an der Universität von Simbabwe lehrt, dem Himmel der vom Glück Gesegneten. Die Lehrer, die meist selbst nur eine mittlere Schulbildung haben, träumen davon. Je weiter ein Ort entfernt, je unerreichbarer er ist, um so glückverheißender erscheint er in ihrer Vorstellung. Kaum auszumalen, wie es wäre, wenn man sich plötzlich im gut zweihundertfünfzig Kilometer entfernten Ausbildungszentrum für Lehrer befände – man bräuchte die erforderliche Anzahl von Zeugnissen –, aber die Universität von Simbabwe – *wer weiß?* –, vielleicht, irgendwie, irgendwann ...

Die Schüler hatten ihre Prüfungen noch nicht, und die Universität von Simbabwe ist weiterhin ein Ort auf der Landkarte ihrer Träume.

Ayrton R. spricht als erster. Ich höre ihm zu, und mir wird klar, daß es keine leichte Sache für mich werden wird. Er spricht gefühlsbetont, versucht zu überzeugen. Er hat Erfahrung darin, hat mit unzähligen Schülergruppen auf allen möglichen Ebenen geredet. Er macht eine Feststellung ... einen Vorschlag ... bietet einen Gedanken an – und es herrscht das tiefe, erstaunte Schweigen, das von Unverständnis zeugt. Er versucht es noch einmal, mit anderen Worten. Das Problem besteht darin, daß seine Sprache, seine Worte im Geist seiner Zuhörer auf kein Wiedererkennen stoßen. Was hier vor sich geht, ist ein Beispiel für das gegenseitige Unverständnis zweier Kulturen. Zum Schluß, um ihnen Hoffnung zu machen, sagt er, daß es keinen Grund zur Verzweiflung gebe, auch wenn sie den Abschluß nicht schafften, sollten sie nicht aufgeben, denn es gebe auch technische Schulen, und dieses Land brauche Techniker. Sie schweigen bekümmert, enttäuscht, aber höflich.

Dann bin ich an der Reihe. Ich habe schon zu den unterschiedlichsten Menschen in vielen Ländern gesprochen, und manche von ihnen waren, wie man es auszudrücken pflegt, sozial »benachteiligt«. Nicht zum erstenmal sage ich zu jungen Leuten, die niemals an einer Universität studieren werden, daß es auch für sie Möglichkeiten gibt und sie niemand daran hindern kann zu lernen, wenn sie es wirklich wollen. Mit einer Bibliothek und einem mitfühlenden Erwachsenen, der ihnen Ratschläge erteilt, gibt es nichts, was sie nicht lernen können. Eine gute Bibliothek – das sage ich immer, um die Menschen an unser bemerkenswertes Erbe zu erinnern – ist eine Schatztruhe, auch wenn wir sie als selbstverständlich erachten. Man nimmt ein Buch zur Hand, zufällig vielleicht, als Kind, und entdeckt darin eine Welt, die parallel zur eigenen existiert und voller Wunder und Überraschungen steckt. Man kann seine Interessen durch verschiedene Länder und Kulturen verfolgen, in die Vergangenheit und die Zukunft eintauchen, und wenn sie befriedigt sind, kann man neue entdecken oder zufällig auf Dinge stoßen, von denen man gar nicht wußte, daß sie existierten – und sie weiterverfolgen. Ohne zu ahnen, wohin es einen führen und wo es enden wird. Mit einer Bibliothek ist man frei, unabhängig vom aktuellen politischen Klima. Sie ist die demokratischste aller Institutionen, weil niemand einem vorschreiben kann, was man wann und wie zu lesen hat.

Das einzige Problem mit diesen Ermahnungen, die schon viele

junge Menschen zu allen möglichen Unternehmungen angeregt haben, liegt darin, daß es oft im Umkreis von ein paar hundert Kilometern keine wirklich anständige Bibliothek gibt. Ich sage ein paar Sätze zu diesem Thema, während meine Zuhörer denken: Aber wir haben doch eine Bibliothek!

Dann spreche ich darüber, wie man Schriftsteller wird. Die Erfahrung hat mich gelehrt, daß in jeder Zuhörerschaft jemand sitzt, der Romane schreibt oder es zumindest vorhat. Tatsächlich ist ein Mann anwesend, der schreibt, ein Lehrer von einer benachbarten Schule.

Jack sagt hinterher: »Wichtig war vor allem, daß ihr es für wert befunden habt, herzukommen und mit ihnen zu reden. Niemand nimmt in der Regel Notiz von ihnen, versteht ihr?« Und er erzählt uns noch einmal von »dieser fetten Katze aus Harare«, dem Inspektor, der lediglich an der Wäscheleine etwas auszusetzen gehabt hatte! Dann fuhr er wieder davon, schweißüberströmt in seinem dreiteiligen Anzug.«

»Auf der Flucht aus einem Reservegebiet gibt es drei Stadien«, sagt Ayrton R., »und das gilt auch für eine Communal Area. Das erste ist eine Krawatte, das zweite ein Jackett, das dritte ein Anzug mit Weste. Dann hat man's geschafft. Man hat sich endgültig vom Leben im Busch befreit.«

Wir gehen zurück. Die Kuh, der der Zaun den Weg abgeschnitten hat, steht vor dem Fenster eines Lagerhauses. In der Scheibe sieht sie eine Kuh, die mit den Hörnern droht und sie anschnaubt. Sie kann sich nicht entscheiden, ob sie nicht einfach durch das Fenster brechen soll. Ein paar kleine Kinder amüsieren sich über sie. Jack ruft die Kinder zu sich, und gemeinsam verscheuchen sie die Kuh von ihrer bedrohlichen Rivalin und überreden sie, zum Wassertank zurückzukehren, wo ein bißchen frisches Gras wächst.

Auf dem Platz vor der Grundschule sitzen Kinder auf dem Boden und spielen ein Spiel, das aussieht wie Kalaha, flache, runde Steine liegen in kleinen Mulden in der Erde. Sie kommen zum Zaun, beobachten uns und die Kuh, lachen und winken.

Es ist Mittag. Noch vier, fünf Stunden, bis sie etwas zu essen bekommen werden.

In Jacks Hütte essen wir Brot und Heringe aus der Dose und kommen uns wie Schlemmer vor. Ständig schauen Lehrer und Schüler herein. Sie wollen Ayrton R. sehen, dieselbe Luft atmen wie er, wollen nahe dem schwer faßbaren Paradies, der Universität von Simbabwe, sein.

Nachmittags machen wir einen langen Spaziergang durch den Busch, der im Begriff ist, kein Busch mehr zu sein. Überall werden Felder angelegt. Auf manchen stehen die Baumstümpfe in der nackten Erde, einige von ihnen schwelen. Ein paar Felder sind fertig vorbereitet, aber noch unbestellt. Etliche Bäume sind zum Fällen gekennzeichnet. Wieder fehlen jedem Baum zumindest ein paar Äste.

Bis zum Jahr 2010, das heißt in ungefähr zwanzig Jahren, wird sich die Bevölkerung Simbabwes verdreifacht haben. Dieser Vorstellung haftet etwas Unmögliches an.

»Pflanzt Bäume, wir alle müssen Bäume pflanzen«, drängt Genosse Mugabe und schürt damit die, wie es scheint, oft vergebliche Hoffnung, daß der Untergang des Busches aufzuhalten sei. Und tatsächlich werden Bäume gepflanzt, unzählige schnellwachsende blaue Eukalyptusbäume, die alle hassen, so wie wir in England die häßlichen Nadelholzaufforstungen hassen. Das Problem liegt darin, daß die prächtigen einheimischen Bäume nur sehr langsam wachsen.

Entlang der Straße gibt es massenhaft Pilze. Die Leute aus dem Dorf behaupten, daß sie giftig sind, und warnen Jack vor ihrem Verzehr. Er hält dagegen, daß sie in anderen Teilen des Landes gegessen werden. Bislang konnte er sie jedoch nicht überzeugen, und so warten sie auf seinen sicheren Tod.

Bei Sonnenuntergang essen wir Brot und Pilze und versuchen Radio zu hören. Das Gerät funktioniert nicht. Gibt es in der Schule kein Radio? Doch, ein anderer Lehrer besitzt eins, aber er ist nicht da. Das Problem ist, daß kaum Batterien aufzutreiben sind, für die meisten Afrikaner sind sie unerschwinglich teuer.

In dieser und in der zwanzig Meilen entfernten Schule gibt es weder Elektrizität noch ein Telefon und nur unzuverlässige Radios. Der nächste Außenposten der Zivilisation ist das Hotel, in dem wir auf der Herfahrt zu Mittag gegessen haben, und das ist fünfzig Meilen entfernt. Wenn Jack mit seiner Familie in England telefonieren will, fährt er mit dem Bus zum Hotel, übernachtet dort, freut sich über das elektrische Licht, das saubere Wasser und ein anständiges Essen. Aber oft kommt gar keine oder nur eine sehr schlechte Verbindung zustande.

Zudem holt er in der kleinen Stadt, in der sich das Hotel befindet, seine Post ab. Er bittet Freunde um Bücher für die Schulbibliothek. Auch wir versprechen, welche zu schicken, allerdings fördert die simbabwische Post nicht gerade das Interesse an Literatur. Für jedes Bücherpaket im Wert von über zehn Pfund muß der Empfänger zahlen, und wenn Freunde in England den Fehler begehen, gleichzeitig zwei Pakete im Wert unter zehn Pfund zu schicken, dann klebt der diensthabende Zollbeamte sie zusammen, und man muß zahlen, als wäre es *ein* Paket. Jack, der Barmherzige, gibt der Vermutung Ausdruck, daß die Zollbeamten sich und ihre Familien sicher kaum ernähren können – so wie die Lehrer hier. Jack hat kein Geld, weil er es den anderen Lehrern »leiht«. Sogar dem Schulleiter, dem Mann ohne Charakter, hat er eine erkleckliche Summe geliehen.

Der nächste Tag ist der letzte des Schuljahrs, und der Unterricht fällt aus. Ein paar ältere Schüler säen Mais aus, Landwirtschaft gehört in dieser Schule zum Lehrplan. Die Schüler haben sich zu barfüßigen Banden zusammengeschlossen und fallen zu Dutzenden über das Feld her, lassen die Samen in Löcher entlang einer zwischen zwei Pflöcken gespannten Schnur fallen. Sie mögen diese Arbeit, singen und tanzen am Rand des Felds. Jack arbeitet mit ihnen. Die anderen Lehrer sind sich zu gut für die Feldarbeit, sagt er, aber da er weiß ist, steht ihm ein gewisses Maß an Exzentrizität zu. Der Lehrer, der eigentlich für die landwirtschaftliche Ausbildung zuständig ist, wußte nicht, wann man Mais aussät, und fragte Jack, der es ebenfalls nicht wußte, aber herausfand. Die Maisernte des letzten Jahres wurde – wieder einmal die Schuld des Schulleiters – unsachgemäß gelagert und ist leider verdorben. Sie liegt noch immer, von Käfern befallen, in einem Schuppen.

Zwei Schulabschlußfeste werden vorbereitet. Das Essen für die erste Klasse soll aus geschmorter Ziege und *sadza* bestehen.

Die Ziege ist bereits geschlachtet und liegt zerteilt in blutigen Haufen auf der Erde. Die guten Teile werden bereits gekocht. Das Essen der vierten Klasse ist etwas Besonderes: Weißbrot, ein Hochgenuß. Jack hat im Laden zwanzig Laib bestellt. Sie werden ohne Butter oder Marmelade gegessen werden. Als er bei den Eltern eines Schülers zum Essen eingeladen war, wurden ihm Weißbrot und Tee mit der Entschuldigung gereicht: »Wir sind arm, wir können uns keine Margarine leisten.«

Bevor wir abfahren, wollen wir noch die Ambulanz besichtigen, aber sie ist geschlossen. Ein Lehrer meint voller Bitterkeit, drinnen sei sowieso nichts anderes zu sehen als Aspirin und Malariatabletten. Ein anderer Lehrer lächelt verlegen und findet, wir sollten nicht auf den ersten Lehrer hören, er übertreibe und wir müßten verstehen, daß sie alle traurig seien, weil das Schuljahr zu Ende gehe. Einmal im Monat kommt ein Arzt in die Schule. Ereignet sich ein Unfall oder wird jemand ernsthaft krank, wird er ins Krankenhaus gebracht. Dabei darf man nicht vergessen, daß es hier bis vor kurzem überhaupt keine medizinische Versorgung gab.

Der Abschied von Jack fällt uns schwer. Mittlerweile haben wir begriffen, daß er es ist, der die Schule in Gang hält oder es zumindest versucht. Er ist die wahre Autorität hier und hat damit eine unmögliche Position inne, denn niemand, er selbst nicht und auch die anderen Lehrer nicht, kann ihn als solche anerkennen.

Unter dem kalten Himmel fahren wir zurück zum Hotel. Der Speisesaal dort erscheint uns nach Jacks winzigen Zimmern prunkvoll und luxuriös groß. Wir essen kalten Braten, Salat, Apfelkuchen und Eis. Um uns herum sitzen Schwarze, überwiegend örtliche Geschäftsleute, Ladenbesitzer und Chefs, die alle überglücklich wirken, nicht in einer Schule im Busch festzusitzen, ohne Hoffnung, ihrem Los je entkommen zu können. Wir denken natürlich daran, daß elektrisches Licht, saubere Toiletten, Telefon und fließendes Wasser keine Selbstverständlichkeiten sind. Wir erinnern uns, daß wir beide auf Farmen im Busch aufgewachsen sind, auf denen es weder elektrisches Licht noch fließendes Wasser oder Toiletten im Haus gegeben hat. Eine dunkle Vorahnung, eine ängstliche Ungläubigkeit sucht uns heim, Resultat eines zu schnellen Wechsels aus der schlimmsten Armut in die Annehmlichkeiten des Hotels in dieser kleinen Provinzstadt, die ihre Bedeutung daraus bezieht, daß sie an der Straße nach Sambia liegt.

Als nächstes besuchen wir eine Frau, die Lehrer aus Amerika und Europa rekrutiert und betreut. Sie sagt: »Sie wären überrascht, wie viele Schulleiter verabschiedet werden müssen.« Wir erzählen ihr die aktuelle Version eines Witzes: Welches ist derzeit die gefährlichste Beschäftigung in Simbabwe? Antwort: Schulleiter. Wenn man Glück hat, kommt man mit fünf Jahren davon. (Ein Lehrer in Harare hatte ihn zum besten gegeben, als er erfuhr, daß wir eine weiterführende Schule besuchen wollten.) Wenn sich ein Schulleiter etwas zuschulden kommen läßt, dann wird die Schule oft von jungen Lehrern aus England, Schweden oder Deutschland weitergeführt, denen unsere Gesprächspartnerin dann immer wieder rät: »Tu es nicht. Tu, was von dir erwartet wird, nicht mehr. Du tust den Leuten keinen Gefallen, wenn du diese Verantwortung übernimmst. Die Schule wird zwar in die Brüche gehen, aber dann muß sich wenigstens offiziellerseits jemand darum kümmern.« Sie meint, daß es für junge, idealistische Leute ungeheuer schwierig ist, zuzusehen, wie alles zusammenbricht, vor allem wenn sie sich fähig fühlen, selbst damit fertig zu werden. Dann sagt sie: »Ihr dürft nicht vergessen, daß ihr im Grunde von Kindesbeinen an auf solche Situationen vorbereitet worden seid. Die Menschen hier jedoch nicht. Wie, glaubt ihr, werden sie jemals etwas lernen, wenn ihr ihnen alles abnehmt?«

Einer der Chefs hat vor kurzem eine Rede gehalten, in der er empfahl, alle ausländischen Lehrer nach Hause zu schicken, sie würden nicht länger gebraucht. Wir fragen die Frau, wie sie darüber denkt.

»Wenn man sich über so etwas aufregt, sollte man Simbabwe schleunigst den Rücken kehren«, sagt sie. »Die Hälfte der Reden sind dazu bestimmt, Eindruck in der Öffentlichkeit zu schinden.«

Wir haben ein paar Exemplare der Schülerzeitung mitgebracht, die Jack gegründet hat. Vorher gab es keine. Er hat den älteren Schülern Grundlegendes über Journalismus und Layout beigebracht und sie auf eigene Kosten nach Harare mitgenommen, wo sie Druckereien und Redaktionen besucht haben. Dank Jack können ungefähr fünfzig junge Leute von sich behaupten, daß sie in etwa wissen, wie eine Zeitung gemacht wird.

Eine seiner intelligentesten Schülerinnen hat ein Gedicht verfaßt. Sie war trotz aller Schwierigkeiten in der Lage, zu Hause einen Platz mit genügend Licht zu finden, zu lernen und zu lesen. Ihr Vater hat drei Frauen, ihre Mutter ist die älteste. Insgesamt sind sie zwanzig Geschwister. Sie ist das siebte von acht Kindern ihrer Mutter. Die Familie hat große Erwartungen an sie. Ihr dreißigjähriger Bruder ist Grundschullehrer.

»Wohin als nächstes, Brüder und Schwestern?
Ich kann den Tag nicht vergessen, da ich nach Kapfunde kam.
Ich war erfüllt von Liebe und Freude über diese wunderbare Schule.
Glückliche Studenten jubelten bei unserer Ankunft.
Wir wurden voller Gastfreundschaft aufgenommen.
Ich konnte kaum glauben, daß ich endlich in Kapfunde war.
Wenn ich an den Abschied von Kapfunde denke,
wo Studenten und Lehrer in Harmonie leben,
fühle ich, wie mich die Kraft verläßt.
Ich kann den Gedanken nicht ertragen,
aber es bleibt mir nichts anderes übrig.
Die Zeit, von Freunden und Lehrern Abschied zu nehmen, rückt näher.
Wohin als nächstes?
Alles, was wir unternommen haben, und alles,
was wir in Kapfunde gegessen haben, war ein Vergnügen.
Vier Jahre sind wir hier gewesen.
Aber früher oder später stellt sich die Frage:
Wohin als nächstes, was tun?
Ob wir hinter dem Schreibtisch des Schulleiters sitzen
oder auf der Straße, vierte Klasse, denk daran,
daß wir eines Tages umherziehen müssen
auf der Suche nach Arbeit.
Auf Wiedersehen, Schüler und Lehrer von Kapfunde,

ich danke euch für die schöne Zeit, die wir miteinander verbracht haben.
Schüler, laßt Kapfunde in euch weiterleben,
seid stolz auf unsere wunderbare Schule.
Aber, vierte Klasse von Kapfunde, wohin als nächstes?«

*Genossin Ruth Chakamanga*

Dieses Mädchen hat den Abschluß geschafft. Als zweitbeste Schülerin, mit einer Eins in Shona. Und sie bestand auch die Prüfung in Mathematik, die schwerste von allen. In Englisch fiel sie durch, war im zweiten Anlauf dann jedoch erfolgreich und wird jetzt zur Lehrerin ausgebildet.

Von den über achtzig Schülern, die die Englischprüfung absolvierten, bestanden sechs. Im Jahr davor schaffte es keiner.

Um heute in Simbabwe Arbeit zu finden, braucht man sechs bestandene Prüfungen auf dem Standard der mittleren Reife. Mit drei bestandenen Prüfungen kann man sich zur Krankenschwester ausbilden lassen.

Hier ist ein Leserbrief an die Schülerzeitung:

»Liebe Redakteure, ich habe ein Problem hinsichtlich unserer Lehrbücher. Jeder Schüler an unserer Schule hat hundertzwanzig Pfund gezahlt, aber im Unterricht müssen wir immer zu mehreren in ein Buch schauen. Was ist mit unserem Geld passiert? Reicht das, was wir zahlen, etwa nicht aus, um Bücher zu kaufen? Ich habe festgestellt, daß es ein großer Nachteil ist, wenn wir in der vierten Klasse zu siebt nur ein Buch haben. Weil wir doch Schulgebühren zahlen, sollte jeder Schüler ein eigenes Buch haben, damit er Vorteil aus dem Lesen zieht.«

Und ein Artikel:

»*Ein katastrophales Essen*
Die Launen des Wetters sorgen für extreme Schwankungen, mal gibt es Nahrung im Überfluß, mal gibt es nur wenig oder gar nichts zu essen. Das gilt besonders für sommerliche Beiga-

ben wie *muboora* und Okra, das bei uns unter dem Namen *derere* bekannt ist.

Es war Sommer und regnete und regnete, und die Menschen begannen zu fürchten, daß der Regen nie aufhören würde. Endlich klarte es auf. *Muboora* und *derere* waren ungenießbar. Alles war schmutzig und naß. Entweder verzichteten wir also auf alle Beigaben, oder wir ließen uns etwas einfallen. Unsere Entscheidung war klar, wir ließen uns etwas einfallen. Wir gingen los und sammelten Pilze. Ich und zwei Kollegen, die Brüder waren. Meine Mutter freute sich über unsere Entscheidung.

Wir gingen zu dem bekannten Berg Chembira, die höchste Erhebung im Gebiet von Gutu. Wir fanden viele unterschiedliche Pilzarten, die meisten davon waren mir unbekannt. Ich riet meinen Kollegen, sich an nur eine Pilzsorte zu halten, aber sie ignorierten, was ich sagte. Wir kehrten nach Hause zurück und aßen ein köstliches Mahl.

Am nächsten Tag waren wir alle sehr überrascht, daß sich im Hof des Nachbarhauses nichts rührte. Das Vieh beschwerte sich, weil es noch immer in seinem Kral stand, die Hühner drohten, bald schon aus ihrem Stall auszubrechen. Ein Dorfbewohner nahm seinen ganzen Mut zusammen und öffnete die Tür. Er war sprachlos und wie versteinert von dem, was er sah: Die beiden waren tot.

Die Leichen wurden zur Untersuchung ins nahe Krankenhaus gebracht. Der erste und nächstliegende Verdacht fiel auf die Hexen. Viele Stunden wurde darüber debattiert. Die Mehrheit kam überein, einen *nganga* mit der Sache zu betrauen. Jemand fragte, was mit der Hexe geschehen solle. Ein Mann stand auf und sagte: ›Laßt uns nicht wie Feiglinge reden. Wenn mir ein Kind einfach auf den Boden meines Hauses macht, schaue ich es nicht nur böse an. Nein, ich nehme einen Stock und schlage ihm den Schädel ein.‹ Der Mann forderte die Leute auf, hart gegen die Hexen vorzugehen.

Die verdächtigte Person war eine tattrige alte Frau, wahrscheinlich neunzig Jahre alt, die in einer Stunde nicht weiter als fünfzig Meter gehen konnte. Sie bat die Leute zu bedenken, was die Toten am Tag zuvor gegessen hatten: Pilze. Langsam kam die Wahrheit ans Tageslicht. Noch immer glauben viele an Hexerei. Sie wollten wahrscheinlich nicht grausam sein, sondern einfach nur einen Grund für den Tod der Leute finden.

Die Obduktion ergab, daß sie sich vergiftet hatten.«

## HEXEREI

Dieses Thema taucht in jedem Gespräch auf, meist früher, als man denkt.

Leidenschaftliche Apologeten führen daraufhin gleich ins Feld, daß in Europa »jeder« sein Horoskop liest, daß Wahrsager Hochkonjunktur haben und sich selbst die Amerikaner nichts dabei denken, einen Präsidenten zu wählen, der sich ständig von seinem Astrologen hat beraten lassen. Und was ist mit dem Wiederaufleben der Hexerei überall in Europa? Mit dem Satanskult? Was haben wir zu jenen Priester-Zauberern zu sagen, die es zuversichtlich auf sich nehmen, den Teufel zu exorzieren? Ist es etwa ausgeschlossen, daß wir (wir = Europa) demnächst wieder Zeugen von Hexenverbrennungen und gewalttätigen Ausschreitungen gegen Anhänger des Satanismus werden?

(Wenn wir auch noch nicht Zeugen derartiger gewalttätiger Ausschreitungen geworden sind, so haben wir doch längst die Kräfte der *Vernunft* am Werk gesehen, in Form von Sozialarbeitern, die Befragungsmethoden anwenden, wie man sie einst zur Überführung von Hexen eingesetzt hat – um Jugendliche und Kinder auf mögliche Verbindungen zum Satanismus zu durchleuchten.)

Mit anderen Worten, wer, zum Teufel, glaubt ihr (nicht-afrikanischen Kritiker) eigentlich zu sein, daß ihr so redet? Bringt erst mal euer eigenes Haus in Ordnung.

## FESTUNGEN

Wir durchqueren Simbabwe von Westen nach Osten in ein paar Stunden. In Harare müssen wir einige Besuche absolvieren, bevor wir endgültig nach Hause fahren. Die Veranden der Häuser, die luftig und sonnig sein sollten, sind mittlerweile ebenso wie die Fenster vergittert, wirken wie Käfige. Um die Häuser und Gärten der (schwarzen) Neureichen werden Mauern gezogen, damit man nicht mehr hineinsehen kann. Jeden Abend läßt sich auf einem bestimmten Platz beobachten, wie junge Männer paramilitärisch ausgebildet werden. Arbeitslose ehemalige Freiheitskämpfer haben eine Organisation gegründet, die Wachmänner für Häuser zur Verfügung stellt. Sie exerzieren am späten Nachmittag, nutzen dabei ihre Kenntnisse aus dem Bürgerkrieg und treten bei Einbruch der Dunkelheit ihren Dienst an, halten Wache, während die Hausbesitzer schlafen. Auf dem Weg zu dem Vorort, in dem Ayrton R. wohnt, kommen wir am Haus des Präsidenten vorbei. Oben auf der hohen Mauer winden sich Stacheldrahtrollen, dahinter patrouillieren Wachen. Wenn der Präsident durch die Straßen fährt, sitzt er in einer Limousine mit dunkel getönten Scheiben, hinter denen nichts zu erkennen ist, in Begleitung bewaffneter Motorradfahrer. Fährt man durch die Stadt und hört das Sirenengeheul der Motorradfahrer, muß man sofort in eine Nebenstraße abbiegen, sonst wird geschossen. Nicht, um die Menschen einzuschüchtern, es wird tatsächlich auf sie geschossen, wenn sie die Straße nicht räumen.

Ich kenne einen etwas verträumten jungen Mann, der nicht wußte, daß die Sirenen den Präsidenten ankündigten. Die Leute auf den Bürgersteigen riefen ihm zu, er solle anhalten oder er werde erschossen. Er kam gerade noch rechtzeitig zum Stehen. Ein Arzt, der den Liedern eines Popsängers namens »Der Heuler« in seinem Autoradio lauschte, überhörte das andere, nachhaltigere Geheul. Er hielt nicht an und bog auch nicht ab. Sein Auto wurde von Kugeln durchsiebt, er selbst blieb unverletzt.

Als wir zu Hause eintreffen, öffnet Dorothy uns die Tür. Die Schlösser der Eingangstür sind äußerst solide. Zudem wird nachts der Schlaftrakt des Hauses noch einmal eigens abgeschlossen und von dem Teil des Hauses aus unzugänglich, in den man durch die verglaste Veranda eindringen könnte. Wenn ich mich in meinem Zimmer aufhalte, das am Ende des Hauses gelegen ist und auf den Garten hinausgeht, lasse ich die Tür offen, aber wenn ich es verlasse, verschließe ich sie und ziehe den Schlüssel ab, indem ich einen Zylinder ins Schloß schiebe. Die Fenster sind vergittert. Nachts wird der Wagen nicht nur zugesperrt, sondern zusätzlich noch mit einer Kette um das Lenkrad gesichert. Ein Auto wurde Ayrton R. bereits gestohlen. Jedem, den man trifft, wurde schon ein Auto gestohlen.

Harare wird immer mehr wie Johannesburg, wo die Häuser seit langem schon nachts bewacht werden, wo es Wachhunde und vergitterte Fenster gibt und wo es als selbstverständlich gilt, daß in den Townships alles, was gestohlen werden kann, tatsächlich auch gestohlen wird.

## EINE KOMMERZIELLE (SCHWARZE) FARM

Ich treffe einen landwirtschaftlichen Sachverständigen.

Der Mann kommt gerade von einer Farm, die früher Weißen gehört hat und auf der hauptsächlich Tabak angepflanzt wurde.

»Erzählen Sie mir davon«, sage ich.

Das Farmhaus und die übrigen Gebäude waren bis unters Dach voll mit Freunden und Verwandten. Der Farmmanager, ein Bruder des Besitzers, der seinerseits Minister oder irgendein Chef ist, war gerade in Harare. Ein anderer Verwandter führte den Besucher herum. Jeder, der auf dieser Farm lebte und mit hundert anderen auskommen mußte, hatte sein eigenes, persönliches kleines Maisfeld angelegt. Viele hielten eine oder zwei Kühe. Die Kühe verstanden sich prächtig und waren zufrieden. Es gab Ziegen. Eins der Geheimnisse Simbabwes ist, daß man überall Ziegen, die mancherorts »Feuermaul« genannt werden, sieht und daß sie keinen Schaden anzurichten scheinen.

»Kein Tabak?« frage ich.

»Kein Tabak.«

»Nur Mais und *mombies*?«

»Und ein paar hübsche Gemüsegärten.«

»Würden Sie sagen«, frage ich vorsichtig, »daß es sich dabei um Anbau für den Eigenbedarf handelt?«

Er blickt etwas verlegen, aber humorvoll drein. »Ja, so könnte man sagen.«

Er fragt nicht weiter, was daran falsch sein könnte, denn das widerspräche der Regierungspolitik.

»Ich sehe nichts Falsches daran.«

»Ich auch nicht.«

## VERANDAGEPLAUDER

Viele Weiße tragen am Morgen, wenn sie aufstehen, eine Sonnenschutzcreme auf. Es gibt zunehmend Hautkrebs.

In Simbabwe werden mehr Menschen vom Blitz erschlagen als in jedem anderen Land der Welt.

Der Blitz schlägt häufig durch die Tür einer Hütte und trifft die Menschen, die um die Feuerstelle schlafen.

Warum sucht sich ein Blitz gerade eine solche Hütte aus?

Vielleicht ziehen ihn Hacken, Äxte, Töpfe oder die Armreifen der Frauen an?

Als ich noch ein Kind war, sind wir oft durch ein Stück Busch nicht weit von unserer Farm gefahren, in dem jeder Baum schon einmal vom Blitz getroffen worden war.

Es muß etwas im Boden sein, eine Gesteins- oder Mineralienart, die die Blitze anzieht.

Ein weißer Akademiker, der sich sorgte, weil so viele schwarze Mädchen, die schwanger werden und das Kind behalten wollen, nicht wissen, wohin, nachdem sie von ihren Familien verstoßen wurden, gründete mit seinem und dem Geld vieler Freunde eine Art Frauenhaus. Was Wutausbrüche und die Mißbilligung vieler Schwarzer erregte, Ausdruck einer Selbstgerechtigkeit, die man »viktorianisch« nennen könnte. »Ist doch ihr Fehler, wenn sie in der Patsche sitzen, oder?« »Warum sollte man ihnen helfen, wenn sie solche Dummheiten begehen?«

»Viktorianisch«? Vor kurzem erzählte mir jemand, daß er in einem wohlhabenden Londoner Viertel ein junges Paar – ein bezauberndes Produkt von Mrs. Thatchers England – in einem Porsche gesehen habe, auf dem ein Aufkleber verkündete: »Zum Teufel mit den Armen!«

Und noch eine Geschichte: Vor einer schicken Kneipe im Londoner West End sitzt eine Gruppe angeheiterter Yuppies. Ein Bettler nähert sich ihnen. Eine junge Frau zieht eine Fünfpfundnote aus der Tasche und verbrennt sie lachend vor seinen Augen. Es fällt verteufelt schwer, derartigen Widerlingen nicht Arbeitslosigkeit, sozialen Abstieg und alles mögliche andere an den Hals zu wünschen.

Eine Geschichte über den Tod von Samora Machel, der vermutlich von Südafrikanern ermordet wurde. Erzählt von einer jungen weißen Frau.

»Es war die einzige Zeit in Simbabwe, in der ich Angst hatte. Junge Schwarze tobten auf der Suche nach Weißen, die sie zusammenschlagen konnten, durch die Straßen und verprügelten schließlich ein paar alte weiße Frauen. Mein Mann hat's gesehen. Er schaute gerade aus dem Fenster und dachte: Was für ein schöner Anblick, all diese grünen Bäume, und dann sah er die Schlägerei. Ich war auf einer Versammlung anläßlich des Todes von Samora Machel. Ein bekannter Volksverführer hielt eine Rede, wie immer nahm er den Mund ziemlich voll, und heraus kam nichts als heiße Luft. Er verteufelte die CIA, die der Sündenbock für alles und jedes ist. Er sagte: ›Die CIA ist bekannt dafür, Menschen mittels Gedankenübertragung am Sprechen zu hindern. Als ich neulich auf einer Versammlung eine Rede hielt, versagte mir plötzlich die Stimme. Ich wußte, daß sie es waren.‹ Der Mann war verrückt, aber die Zuhörer waren begeistert. Es wurde immer schlimmer, und ich langweilte mich so, daß ich ständig einnickte. Dann aber dachte ich: Das ist gefährlich. Wenn sie sehen, daß ich schlafe, schlagen sie mich zusammen. Ein Wort nur von diesem Wahnsinnigen, und sie tun alles. An diesem Tag habe ich die Bedeutung des Wortes ›Volksverführer‹ erst richtig begriffen.«

## ETWAS SCHIEF

Die kommerzielle Farm, die wir als nächstes besuchen wollen, liegt nur fünf Meilen von unserer alten Farm entfernt, und ich kann mich immer noch nicht überwinden, hinzufahren. Ayrton R. meint – wie ich selbst übrigens auch –, daß mein neurotisches Verhalten nicht länger hingenommen werden kann, und unsere Unternehmung ist ein erster Schritt, ein sanfter Aufbruch.

Die Hügel, zwischen denen ich aufgewachsen bin, ganz zu schweigen vom »Graben«, sind alle noch da, aber ich sehe sie aus einer anderen Perspektive, einem anderen Winkel.

Wo diese neue Farm liegt, war früher Land, das »nicht zur Bewirtschaftung freigegeben« war, Busch, durch den ich kam, wenn ich die Farm hinter dem nächsten Hügelkamm besuchte, oft für eine ganze Woche. Diese Farm war für mich interessanter als jede andere, denn dort gab es Bücher bis unters Dach, andere Bücher, als sie bei uns in den Regalen standen, überwiegend moderne Romane, von denen meine Mutter überzeugt war, daß sie einen verderblichen Einfluß ausübten. Damals ging ich allein durch den Busch, der trotz der Nähe so anders war als der Busch auf unserer Farm. Überall gab es *kopjes* und riesige Granitfelsen. Auch das Farmhaus stand auf einem dieser Felsen, war umgeben von ihnen, paßte sich ihnen an und bestand dabei selbst überwiegend aus Granit. Ich frage mich, wie sich der viele Granit auf uns auswirkte. Immer, wenn ich dort war, mußte ich ständig »die Aussicht« kontrollieren, die ich so gut kannte, aber der andere Blickwinkel schuf Täler und Felsformationen, die von unserer Veranda aus so nicht zu sehen waren. Von einer über Jahre unveränderten, bei Sonne und Regen stets gleichbleibenden Landschaft in eine nur etwas andere versetzt zu werden, bedeutet einen Angriff auf ein inneres Gleichgewicht, auf das man gewohnt ist, sich zu verlassen. Nach all den Jahren in die Landschaft zurückzukehren, in der man aufgewachsen ist, sie jedoch aus einer unvertrauten Perspektive zu sehen, unterzieht das Gedächtnis einer Prüfung, erfüllt einen mit Zweifeln, wie Träume es tun.

Wir kommen am späten Nachmittag auf die neue Farm. Die Frau des Farmers führt gerade ein halbes Dutzend Pferde auf die Weide, auf der bereits etliche dunkle Schatten auf sonnenbeschienenem Gras liegen. Wie sie sagt, brauchen die Pferde nicht gefüttert zu werden, sie ernähren sich vom Busch. Ob wir nicht finden, daß sie gut aussehen? Sie sind nie krank, brauchen nie irgendwelche Medikamente, geschweige denn daß je der Tierarzt gerufen werden müßte. Es sind prachtvolle Tiere, sie glänzen in der Sonne, sind zufrieden nach einem Tag im Busch.

Und es gibt eine große Veranda voller bequemer Möbel, die zum Faulenzen einladen. Der Farmer ist mittleren Alters, schlank, sonnengebräunt, strotzt vor Energie und Einfällen, und noch bevor wir uns gesetzt haben, ist er schon im schönsten Redeschwall – die Regierung, Mugabes falsche Politik, die Unmöglichkeit, eine Farm zu betreiben ohne Ersatzteile und Maschinen. Doch kommen diese Klagen nicht aus tiefstem Herzen, denn später sprudelt er über vor neuen Ideen, gibt eine ganze Philosophie zum besten.

Augenblicklich war ich an *damals* erinnert, weil es immer mindestens einen Farmer im Distrikt gab, der besessen war von den Neuigkeiten, die irgendeinem Forschungsinstitut oder einer Universität in den USA, Schottland, Argentinien oder Südamerika entströmten und alle überkommenen Vorstellungen über den Haufen warfen. Es ist nicht nötig, die Felder vom Unkraut zu befreien, die Pflanzen vertragen sich schon miteinander. Es ist nicht nötig, Dünger zu verwenden, der Boden paßt sich an und ernährt sich über die Luft. Welche Zeitverschwendung es doch ist, Baumstümpfe auszugraben und richtige Felder anzulegen, pflanzt und sät einfach zwischen den Bäumen. Diese und hundert andere Ratschläge tauchten auf den Veranden auf, verbreitet in der Regel von nur einem Farmer. Eine Zeitlang war es mein

Vater. Allerdings trifft es den Kern der Sache besser, sich diesen Charakter – ungestüm, erfinderisch, ikonoklastisch – nicht als eine einzelne Person vorzustellen, sondern als Persönlichkeitszug eines jeden Farmers, wobei sich nur schwer vorhersagen läßt, wann eine zufällige Bemerkung ihn an die Oberfläche holt. »Ach, wenn wir schon dabei sind, hast du den Brief in *Farmer's Weekly* gelesen, in dem steht, wie man Perlhühner daran hindern kann, die Saatkörner aus den Feldern zu picken, kaum daß man sie gesät hat? Man muß den Fülltrichter mit Knoblauch einreiben oder besser noch neben jedes Maiskorn eine Knoblauchzehe setzen.« Ein teures Verfahren? Nun ja, das schon, aber man soll nicht kleinlich sein. Wichtig war die *Idee*, die grandiose Idee, die ein Problem mit majestätischer Geste ein für allemal aus der Welt schaffte.

Zu fünft brechen wir auf zu einem Rundgang über die Farm oder, um es im herrschaftlichen Stil früherer Zeiten auszudrükken, über die Ländereien. Es ist später Nachmittag. Die Sonne bereitet sich auf ihren Untergang vor. Das Vogelgezwitscher ist aufgeregt, als bedauerten die Vögel, daß der Tag zur Neige geht. Bald wird es leiser werden. Im Haus lassen wir mehrere Kinder, eine Verlobte mit ihren Geschwistern und eine Ansammlung von Besuchern und Freunden zurück, wie in einem russischen Roman.

Wir lauschen dem Farmer, der sich darüber beklagt, wie wir die Welt zuschanden richten.

»Nein, ihr begreift nicht, wenn man die Landwirtschaft verstehen will, muß man alles mit anderen Augen betrachten. Jede Art Landwirtschaft ist unnatürlich, ist ein Angriff auf die Natur. Mit dem ersten Spatenstich eines Farmers begann unser Krieg gegen die Natur. Und jetzt haben wir den Punkt erreicht, wo es ein Wettrennen zwischen Natur und Mensch ist. Wer wird gewinnen? Ich werd euch sagen, wer: die Natur.« Wir stehen auf einem schlammigen Weg zwischen Tabakfeldern, die wegen des Regens, der sich in den Furchen gesammelt hat, einen starken Geruch verströmen. »Wir betreiben Monokulturen, das ist unsere Art, nicht die der Natur. Die Natur schlägt mit Krankheiten und Schädlingen zurück. Wir antworten mit Chemie. Die Natur verändert die Pflanzen, um sie gegen die Chemie resistent zu machen, oder sie läßt die Schädlinge mutieren. Wir entwickeln ein anderes chemisches Produkt. Die Felder sind mit Chemie vollgesogen. Letztes Jahr hatten wir das Feld dort drüben gerade gespritzt, als es plötzlich so heftig zu regnen anfing, daß wir Reißaus nehmen mußten. Der Regen hat das ganze Gift in die Erde gespült, es blieb keine Zeit dafür, daß es sich an der Sonne und in der Luft zersetzen konnte. Und jetzt seht euch das an.« Am Rand des Felds sind die Pflanzen auf einem zwanzig Meter langen Streifen völlig verkümmert. »Vergiftet. Manchmal ist unübersehbar, was wir mit unseren Giften anrichten. Das Gift war gegen die Fadenwürmer. Wollt ihr sie sehen?«

Wir bahnen uns einen Weg durch die Tabakpflanzen, deren schwerer, süßer Geruch uns direkt ins Gehirn steigt, Tabak, so verführerisch grün, als wäre er bereits getrocknet und fertig zum Rauchen. Der Farmer hebt eine verkrüppelte Pflanze auf, hält sie in Händen und betrachtet sie voller Respekt wie einen in Zaum gehaltenen, aber dennoch nicht besiegten Feind. »Die Natur beschert uns den Fadenwurm. Wir vergiften ihn. In einem frisch gerodeten Feld gibt es keine Schädlinge. Die Gnadenfrist beträgt ein paar Jahre, dann kommen die Schädlinge. Wir haben die Afrikaner ausgelacht, die ein Stück Land gerodet und bestellt haben und dann weitergezogen sind – so vermieden sie die Schädlinge. Natürlich gibt es nicht genug Platz auf der Welt, um so zu wirtschaften. Wenn wir in Simbabwe so Landwirtschaft betreiben würden, wären bald schon alle verhungert.«

Wir gehen weiter, weichen den Pfützen aus, hören zu. »Man muß verstehen, daß die Natur immer ein Gleichgewicht etabliert. Wir stecken unsere Felder ab und pflanzen auf vielen Hektar nur eine Pflanzenart an, aber die Natur liebt das Durcheinander. Sie macht einen Schritt nach vorn – und wir auch. Es ist ein Wettrennen. Wir müssen immer einen Schritt voraus sein, aber wo wird es enden? Ich sag euch eins, wir sind nicht halb so schlau wie die Natur, und sie wird das letzte Wort haben.«

Mittlerweile laufen wir am Busch entlang, richtigem Busch, und die Farmersfrau macht uns auf ein paar Orchideen aufmerksam. Wir gehen ein Stück weit in den Busch hinein und bewundern sie. Dieses Stück Busch ist mit Orchideen geradezu gesegnet. »Da haben wir's«, sagt der Farmer, der zu uns tritt. »Wir haben keine Ahnung, warum die Orchideen ausgerechnet hier wachsen, warum sie gerade diesen Boden mögen. Seht mal.« Er steht breitbeinig da und hebt zwei Handvoll Erde auf, eine Mischung aus Erdkrumen, verwestem Laub, Vogelexkrementen und aus Gestein gewaschenen Mineralien. »Das hier ist richtige Erde«, sagt er. »Nicht der Schutt wie auf unseren Feldern voller Chemie, das ist keine Erde mehr. Ohne Pflanzen ist der Boden ziegelhart, tot. Das hier ist Erde.« Respektvoll hält er die gute Erde aus dem Busch in Händen. Eine Weile stehen wir schweigend um ihn herum. Die Sonne ist hinter den Bäumen verschwunden und taucht ihre Konturen in goldenes Licht, das Vogelgezwitscher ertönt in abendlicher Traurigkeit. »Schaut her«, sagt er, »schaut euch das einmal an.« Er läßt die Erde durch seine Finger auf das Gras und die Blumen und das Unkraut rieseln. »Seht ihr, ich habe das Gleichgewicht schon gestört. Wir stehen hier und wissen nicht, welchen Schaden wir mit unseren Füßen anrichten, welche Organismen wir töten, welche Schädlinge wir von der Straße hergetragen haben. Wenn wir wieder weg sind, wird die Natur hart daran arbeiten, den Schaden zu beheben, den wir gerade verursachen. Bevor die Weißen kamen, lebten die Schwarzen im Busch, ohne ihn zu schädigen, das begann erst, als sie die Erde umgruben und Felder anlegten. Und was pflanzten sie an? Überwiegend importierte Feldfrüchte. Denkt nur an den Mais. Wir wissen nicht einmal, welche Schädlinge die Portugiesen mit dem Mais ins Land gebracht haben. Wir wissen es nicht, und es ist uns auch egal! Es ist uns einfach egal! Dabei dürfte es das nie und nimmer sein . . . In richtige Erde kann man ganz leicht den Finger stecken.« Er geht in die Hocke und macht es vor. »So. Schaut genau hin, denn bald werden wir das nicht mehr können, so wie wir die Welt behandeln.«

Die Farmersfrau deutet wortlos auf ein paar Spinnenlilien, die auf einem Ameisenhaufen wachsen. Jede Blüte sieht aus wie eine zierliche, rotgelbe Kralle. Früher pflückten wir sie haufenweise, um an Weihnachten das Haus damit zu schmücken. Heute würde sie niemand mehr gedankenlos pflücken. Sie zeigt uns eine andere Pflanze. »Die Pferde mögen sie. Wir wissen nicht, warum. Wenn sie aus dem Busch kommen, riechen ihre Nüstern danach.«

Die Männer gehen in ein Feld. Die Frau des Farmers und ich betrachten das rotgoldene Licht des Sonnenuntergangs, das mit den weißen Blüten eines Bauhiniabaumes spielt. Auch seine Blüten sind zierlich wie die der Spinnenlilien und der Orchideen. Die Blumen auf dem Highveld sind nicht schwer, feucht und dickfleischig wie in den Tropen. Sie sind zerbrechlich und zart, ihr Duft ist trocken, unaufdringlich, würzig.

Der Busch ist schwarz und still. Die Vögel, so sie noch wach sind, haben nichts mehr zu sagen. Schweigend schlendern wir zurück zur Farm. Weit hinter uns hören wir leise die Klagen des Farmers, aber seine Stimme ist kaum mehr zu unterscheiden von denen, die von der Siedlung der Farmarbeiter zu uns herüberdringen, wo wie immer viele Menschen inoffiziell leben.

Ruhig plaudernd gehen wir zum Farmhaus zurück. Eine Eule schreit . . . noch eine. Man riecht die Pferde. Ein leises Wiehern grüßt die Farmersfrau, und sie ruft leise etwas zurück. Man hört das Getrappel von Hufen, und eine Weile steht sie als kleine dunkle Gestalt am Zaun, streichelt Pferdeköpfe, die man nur an den weiß geränderten Ohren oder einer Blesse erkennt.

Die Männer holen uns ein, und der Farmer sagt gerade: »Die Schwarzen haben kein Interesse an unseren Vorstellungen von Effizienz. Seht nur . . .« Ein Mann auf einem Fahrrad taucht aus der Dunkelheit auf. Der Farmer hält ihn auf. Die Gestalt des Fahrradfahrers schält sich aus der Dunkelheit, ein Fuß stützt sich auf dem Boden ab. Er lächelt. »Hat dein Fahrrad Bremsen?« fragt der Farmer. »Nein.« »Und Licht hast du auch keins.« Keine Antwort. »In Ordnung«, sagt der Farmer, »das war alles. Fahr ruhig weiter.« »Gute Nacht«, sagt der Mann und radelt davon.

»Es gibt Dutzende von Fahrrädern ohne Licht und funktionierende Bremsen auf der Farm. Sie fahren mit dem Fahrrad überallhin, durch den Busch, die Hügel hinauf, die *dongas* entlang. Mit der Zeit fallen alle möglichen Einzelteile ab: Bremsen, Schutzbleche, die Griffe am Lenker, die Gummis an den Pedalen, alles. Wenn sie nicht abfallen, werden sie gestohlen, und niemand käme auf die Idee, etwas zu ersetzen.«

Wir stehen im Dunkeln und betrachten das lange, niedrige Haus, das gelbes Licht verströmt, und wir denken, oder vielmehr Afrika denkt in uns: Wozu braucht man Licht, wenn man die Wege kennt wie seine eigene Westentasche? Bremsen braucht man nicht wirklich, man kann immer einen Fuß benutzen. Wozu Griffe am Lenker? Und für die Füße reicht auch ein Pedal ohne Gummi. Warum das Leben unnötig komplizieren? Das Fahrrad fährt doch, oder? Es bringt einen von einem Ort zum anderen. Was soll also das ganze Theater?

»Tjaaa«, sagt der Farmer, »so ist es eben.«

Zum Abendessen gehen wir hinein. Alles, was auf den Tisch kommt, ist auf der Farm gewachsen. Der Dienstbote ist bereits nach Hause gegangen. Die Familie deckt den Tisch, trägt auf, räumt und wäscht ab.

Während des Essens erkundige ich mich nach den Leuten, die vor Jahren auf den Farmen in der Nähe lebten. An manche Namen erinnern sie sich sofort. »Natürlich! Soundso hatte die Farm auf der anderen Seite des Flusses. Ja, die waren hier bis zum Ausbruch des Kriegs. Natürlich erinnern wir uns an sie.« Andere Namen sind völlig unbekannt, und doch waren es Menschen, die Nachbarn von Leuten waren, an die sie sich erinnern. »Wer? Den Namen habe ich nie gehört. Commander Knight?«

»Ja, er war berühmt damals, alle kannten ihn. Er war ein Exzentriker. Sie wissen schon, einer von diesen legendären Typen.« An dieser Stelle werfen mehrere Familienmitglieder dem Farmer lächelnd bedeutungsvolle Blicke zu, die dieser gutgelaunt zur Kenntnis nimmt. »Ihm gehörte die sieben Kilometer entfernte Farm. Er zähmte Leoparden. Oder versuchte es zumindest.«

»Nie von ihm gehört.«

Nach dem Essen machen wir es uns zwischen Hunden und Katzen auf Sofas und in riesigen Sesseln bequem. Es gibt ein altmodisches Grammophon zum Aufziehen – als Antiquität von irgend jemandem in Harare restauriert – und schachtelweise alte Schallplatten, die nur darauf warten, gespielt zu werden. Uralte

Lieder wie *Paloma* oder *Red Sails in the Sunset* erklingen blechern, und ich erkläre den staunenden Jugendlichen, daß auf den Veranden früher oftmals bis in die Morgendämmerung zur Musik aus diesen aufziehbaren Grammophonen getanzt wurde, die Stunden über Stunden entweder von Mauerblümchen oder opferwilligen Menschen bedient wurden. Sie bedauern, daß sie nicht gelernt haben zu tanzen, jedoch in einem Tonfall, als würden sie sagen: Wie schade, daß wir nicht Menuett tanzen können. Ich erzähle ihnen, daß in England Standardtänze wieder in Mode sind, aber von ihren Mienen ist abzulesen, daß sie das nicht mehr interessiert als irgendwelche exotischen Bräuche in einem weit entfernten Land.

Der Farmer schildert uns seinen Traum: Er möchte aus seiner Farm eine Art Kommune machen, wenn er dieses Wort auch nicht gebraucht. Ein frisch verlobtes Paar bewohnt bereits das für sie gebaute, hundert Meter entfernte Haus. In einem anderen Haus wohnen die Eltern. Ein Sohn will die Farm an der Straße kaufen. Er hat alle Qualifikationen für diese Art hochtechnisierter Landwirtschaft. »Familien sollten zusammenhalten«, sagt der Farmer mit den gleichen Worten wie der schwarze Experte auf der der Kirche gehörenden Farm bei Harare, die wir bereits besucht haben. Die beiden Männer sind sich sehr ähnlich, nicht nur, weil sie alles über Landwirtschaft wissen, sondern auch, weil sie beide Patriarchen sind, der eine aus Tradition, der andere, der Weiße, aufgrund seines Charakters. Und was halten die Kinder des Patriarchen von seinen Plänen? Sie lächeln, sagen jedoch nichts. Und was ist mit der Tochter, die mit einem Südafrikaner verheiratet ist, der nur etwas von Straßen und Büros versteht, aber keine Ahnung von der Arbeit auf einer Farm hat? »Das ist kein Problem«, sagt der Farmer und runzelt die Stirn. Er hat alles durchdacht. Die Tochter kann nach Simbabwe kommen, denn hier ist sie geboren, und ihren Mann mitbringen. Das Paar soll Bootsfahrten auf dem See organisieren, der in der Nähe entstehen soll. Zudem sollen sie Chalets für Touristen unterhalten. Der Farmer ist bereit, vierzig Morgen seines Farmlands für den See zu opfern, dafür will er später dann einen Teil des Gewinns einstreichen.

»Chalets und Bootsfahrten«, protestiere ich, denn es handelt sich um ein besonders prächtiges Stück Wildnis.

Auch Ayrton R. legt Protest ein: »Das wird ja wie am Kariba-See.«

»Überhaupt nicht. Man kann das Ganze auch geschmackvoll anlegen.«

Mein Zimmer am Ende des Hauses ist riesig. Hinten in den Schränken sind Spielsachen verstaut. Neben Fliegengittern sind an den Fenstern auch schwere Eisengitter angebracht. Der Buschkrieg hat in dieser Gegend schlimm gewütet. Diese Landschaft – überall *kopjes*, aufeinandergetürmte Felsen, Schluchten und dicke Bäume – ist wie geschaffen für Guerillaoperationen. Im Badezimmer umschwirren Spinnen, fliegende Ameisen und Motten die Lampe oder fallen in die Badewanne. In London sind zur Rettung einer Spinne bedeutende Maßnahmen erforderlich: ein Handtuch am Rand der Wanne, damit das Geschöpf hinausklettern kann, oder irgendwo ein Blechgefäß mit Wasser, weil sie sonst verdurstet. Hier nimmt niemand Notiz von den Spinnen, wir sind in Afrika, es gibt zu viele von ihnen. Ich erinnere mich an eine Farm in der Nähe von Nairobi, die mir besonders wegen der Araberpferde im Gedächtnis haftengeblieben ist, die zum Haus gebracht, dort gestreichelt und mit Zucker gefüttert wurden. Aber ich erinnere mich auch noch an die Raupen. Gelegentlich krochen sie zu Tausenden ins Haus, und man konnte nichts anderes tun, als warten, bis sie wieder hinauskrochen, und sie in der Zwischenzeit von Sesseln, Betten und Tischen fegen. Nach einer Weile nehme man sie überhaupt nicht mehr wahr – wurde mir gesagt.

Nachts wache ich auf und horche – auf was? Auf die Trommeln, die einst auf jeder Farm die ganze Nacht über geschlagen wurden? Es ist, als ob eine Lebensader aufgehört hätte zu pulsieren. Die Nacht ist dunkel und nahezu lautlos. Dennoch, durch die Gitter dringen leise Geräusche, die besagen, daß der Busch wach ist, Vögel und kleine Tiere, und im zur Farm gehörigen Dorf bellt ein Hund.

Am Morgen stehen wir zu unterschiedlichen Zeiten auf und sitzen dann Kaffee trinkend auf der Veranda. Die Farmersfrau reitet aus. Der Farmer selbst hat bereits eine Runde über sein Land hinter sich und sorgt erneut für die Unterhaltung. Diesmal geht es um die Medizin. »Wir brauchen ein Heilmittel gegen eine Krankheit. Die Ärzte wissen nichts darüber. Wir bekommen sie sehr oft, Schwarze wie Weiße. Die Gliedmaßen werden schwer wie Blei, Hals und Schultern schmerzen, man kann sich kaum mehr bewegen, alles tut weh, man wünscht sich, tot zu sein. Dann vergeht es wieder. Ich glaube, es sind Insektenstiche, vielleicht wie bei der Tsetse oder Malaria. Der Magen revoltiert auf eine ganz bestimmte Weise. Geht man zum Arzt, sagt der, es ist eine Grippe. Es ist aber keine Grippe. Die Afrikaner wissen, daß es keine Grippe ist, und wir wissen es auch.«

Seine Frau kehrt zurück, und wir machen alle miteinander einen Spaziergang.

Die Schweine – unnötig, es zu betonen – suchen sich ihr Futter selbst, auf dieser Farm gibt es keine Massentierhaltung. Es ist ein kleines, kraftstrotzendes Rudel, die Tiere freuen sich, wenn man sie wiedererkennt und grüßt.

Der Farmer sagt, daß die Intelligenz von Tieren allgemein unterschätzt wird. Wenn wir wüßten, was sie über uns denken, würde uns das kaum behagen. Und sie haben einen Sinn für Humor. Schweine verulken sich gegenseitig, Kälber ebenfalls. Junge Tiere spielen wie Kinder. Manchmal geht der Farmer auf eine Kälberweide und setzt sich still unter einen Busch, bis sie seine Anwesenheit vergessen haben. Dann beobachtet er, wie sie ein Spiel spielen – »Wer ist der Stärkste?« – und einander von einem Ameisenhaufen stoßen, bis nur noch ein Kalb, der Gewinner, oben steht. Dann steigt auch der Gewinner herunter, und das Spiel beginnt von vorn. Fast immer gewinnt dasselbe Kalb. Das aristokratische Prinzip der Natur, die nichts von Demokratie versteht. Und in einer Herde Jungtiere gibt es immer auch einen Spaßmacher, der die anderen zum Lachen bringt. »Ihr glaubt nicht, daß Tiere lachen können? Ihr habt ja keine Ahnung. Seht euch mal das Schwein da drüben an. Es ist der Kleinste der Bande, kennt etliche Tricks, und die anderen lachen über ihn.«

Er zeigt uns den Gemüsegarten. »Wenn uns erlaubt wäre, uns

selbst zu versorgen, würden wir auf zehn Morgen wie die Könige leben. Hier wächst alles. Schon auf einem halben Morgen wächst mehr Gemüse, als wir verbrauchen können. Wir geben es den Afrikanern. Wir pflanzen Dinge für sie an, die sie mögen und wir nicht. Wir halten Kühe und Schweine. Von allem gibt es mehr als genug, aber wir müssen schließlich Überschuß produzieren. Wozu pflanze ich Tabak an? Um für Mugabe Devisen zu verdienen, und doch sehe ich keinen Pfennig davon, um Maschinen oder Ersatzteile zu kaufen. Reiche Farmer nennen sie uns, kommerzielle Farmer, sie sehen nur das Land, aber nicht das Risiko, das darin steckt. Ein Hagelsturm kann innerhalb von zehn Minuten unsere Existenz vernichten. Während der Regenzeit beobachten wir ständig den Himmel: Wolken türmen sich auf, mein Gott, passiert es jetzt? Hunderttausende von Pfund an Schäden, und man muß tatenlos zusehen – es ist ein Spiel. Und dann die Heuschrecken. Wenn wir welche entdecken, spritze ich Gift, aber schon in einem kleinen Stückchen Busch kann sich eine ganze Armee verstecken, und wenn ich sie übersehe, habe ich die Bescherung. Und man darf nicht glauben, daß das Gift keinen Schaden anrichtet. Wir müssen die Strafe dafür zahlen, wenn wir Hühner in Batterien halten und Schweine in winzigen Koben, in denen sie sich nicht mal umdrehen können. Wer bestraft uns? Gott. Glaubt ja nicht, daß er uns nicht zuschaut.«

Der Farmer spricht väterlich, fürsorglich über seine Arbeiter. Er und seine Frau mögen die Afrikaner. Nie hört man den kalten, ablehnenden Ton, den zu erwarten man gelernt hat. Und die Afrikaner mögen ihn, sagt er. »Sie nennen mich den ›Verrückten‹, aber das ist schon in Ordnung. Wenn ich ein Exzentriker bin, dann heißt das nur, daß ich die Dinge auf neue Art und Weise angehe. Sie kommen zu mir, bitten mich um dies und das – einen Kredit, Hilfe mit der Bürokratie. Wenn sie es wollen, ziehe ich ihnen sogar Zähne, verarzte sie, spreche mit ihnen über ihre Probleme. Ich höre ihnen zu und sie mir. Aber man darf nie vergessen, daß sie alles Neue nur mitmachen, weil es sich um die moderne Welt handelt, an der sie einen Narren gefressen haben. Unsere Art ist nicht die ihre, sie mögen sie letztlich nicht, sie geht ihnen gegen den Strich. Am Ende werden sie sich doch gegen sie entscheiden. Na ja, gut, es ist ihr Kontinent, aber ich hoffe, daß sie mich ein paar Morgen davon nutzen lassen, und ich glaube, das werden sie. Wißt ihr, was das Wesentliche ist? Das Geschrei wegen des Kriegs hat den meisten Leuten eine falsche Perspektive aufgedrängt. Das sind keine rachsüchtigen Menschen. Haß liegt ihnen nicht, und wenn man mit ihnen redet, wißt ihr, was man dann entdeckt? Es sind sehr philosophische Leute, sie sehen die Dinge langfristig. Sie sind also wie ich, und deswegen kommen wir gut miteinander aus.«

Der Frühstückstisch ist voll beladen. Das Maismehl von früher gibt es nicht mehr. Es war eine körnige Masse voller Geschmack. Heutzutage wird das Getreide besonders bearbeitet, und die *sadza* ist weiß, gallertartig und geschmacklos. Die Männer, die den Tag über hart arbeiten werden, essen sie tellerweise. Die Rühreier stammen von Hennen, die sich ihr Futter selbst aussuchen, Insekten und Pflanzen aus dem Busch und Getreide, das für sie ausgestreut wird. Es gibt eine Pastete aus – über Akazienholz – geräuchertem Fisch. Marmelade, Käse, Haferflocken, alles hausgemacht. Auch der Joghurt.

Die Männer reden über die Arbeit, als säße niemand außer ihnen am Tisch. Genau wie *damals*. Die Frauen diskutieren, ob sie an diesem Tag nach Harare fahren sollen. Das ist ganz entschieden etwas anderes als *damals*, als die Farmen für die Frauen wie ein Gefängnis waren und ein Besuch auf der Nachbarfarm bereits ein großes Ereignis. Diese Veränderung stellt einen gewaltigen Angriff auf mein Gedächtnis dar, und ich vertage das Problem auf später. Außerdem redet der Farmer schon wieder. Über das Aids-Virus. Er bewundert es. »Das ist das schlauste Virus, das es gibt. Neulich habe ich gelesen, daß es sich der Teufel ausgedacht haben könnte, aber das stimmt nicht. Gott will uns warnen. Vor lauter Gier nach Sex sind wir verrückt geworden, die ganze Welt. Gott will sagen: Seid vorsichtig, ich warne euch. Wenn wir nicht hören, wird es das nächste Mal schlimmer als Aids.«

Sofort muß ich an meinen Vater denken, der sich stets ans Alte Testament hielt. Seiner Meinung nach war der bevorstehende Zweite Weltkrieg Gottes Strafe für unsere Sünden. Nur er und

Churchill wußten, was auf uns zukam: Gottes fürchterlicher Zorn. Da sitze ich, fünfzig Jahre später, aber in derselben Landschaft, wenn auch aus einer etwas schiefen Perspektive gesehen, und höre der Reinkarnation meines Vaters zu, die donnernd Warnungen vor neuen Gottesstrafen vom Stapel läßt, und das nach dem Zweiten Weltkrieg, nach dem Buschkrieg und all den anderen Kriegen und Katastrophen. Vermutlich ist auch das eine Art von Kontinuität.

## ÜBER DEM REGENBOGEN

In Harare wird endlos über den Frieden in Namibia geredet, so wie wir über das Ende des iranisch-irakischen Kriegs oder den Abzug der Russen aus Afghanistan reden. Bei jedem Krieg hat man das Gefühl, das kann nicht sein, das ist nicht wahr, es gibt keinen Grund, warum das passieren muß, man hätte es vermeiden können. Und doch geschieht es, und der Krieg scheint nicht aufzuhalten. Und dann . . . ist er vorbei. Wenn man ihn beenden kann, warum hat er dann überhaupt erst angefangen? Diese Art zu denken, geht zurück auf primitive Ängste, einen primitiven Glauben: Gibt es einen Gott, eine über uns stehende Macht, die den Geruch von Blut braucht? Schließlich haben wir das Tausende von Jahren geglaubt, und vielleicht hilft dieser alte Glaube dabei, die Hilflosigkeit zu schaffen, die man spürt, wenn ein Krieg heraufzieht und unvermeidbar scheint. Aber jetzt ist die Stimmung optimistisch. Wenn sich der Krieg in Namibia beenden läßt, dann können *sie* auch das Schlachten in Mosambik beenden. Es liegt auf der Hand, daß es nur noch eine Frage der Zeit ist.

Und sogar ein bißchen Anmaßung schwingt mit. »Jetzt werden die Dritte-Welt-Groupies nach Namibia abziehen, und wir werden sie endlich los sein. Sie packen schon ihre Koffer.«

»Vielleicht werden sie in Namibia das Paradies finden.«

»*Somewhere over the rainbow . . .*«

## BEHÖRDEN

Ich habe einen Tag ... zwei Tage ... drei Tage in Harare in verschiedenen Behörden verbracht. Keine einfache Angelegenheit, die Sicherheit ist ein Problem. An den Eingängen zu den Regierungsämtern stehen meistens Wachen, die Türen der Hilfsorganisationen werden beflissen aufgesperrt, um einen einzulassen, und dann gleich wieder zugesperrt. *Skellums* aller Art treiben sich massenhaft herum, junge Arbeitslose, manche von ihnen noch Kinder, ehemalige Soldaten, die sich irgendwo in dieser dichtbesiedelten Stadt in Löcher verkriechen und von Kleinkriminalität und auch nicht so kleiner Kriminalität leben. »Unter uns Weißen hat es das nicht gegeben«, hört man im hochnäsigen Tonfall der Schwarzenhasser. »Wann immer wir über irgendwelche Probleme plaudern wollten, sind wir von der Straße einfach hereingeschlendert.«

»Wer ist hereingeschlendert? Die Weißen. Die Schwarzen wurden schon immer für potentielle Diebe gehalten.«

Ob bei Behörden oder Hilfsorganisationen, die am häufigsten ausgesprochenen Worte sind Infrastruktur, Sachverständiger, Hilfsgelder und – natürlich – Genosse Mugabe.

Ich sitze da und höre zu. Nicht so sehr auf die Fakten und Zahlen, die ich ebensogut in den Berichten und Prospekten nachlesen kann, die mittlerweile auch das letzte Fleckchen meines Zimmers bedecken, sondern auf die Stimmen, den Tonfall. Leidenschaftliche Parteigänger sind sie alle, jeder Mann, jede Frau, aber manche klingen so verzweifelt wie die Eltern eines kranken Kindes, andere sind, man kann es nicht anders ausdrücken, nichts als zynisch. Die neue, reiche Kaste, die korrupte Elite, da liegt das Problem.

»Wenn man in die Dörfer geht, sieht man, wie hart sie arbeiten, wie optimistisch sie sind, man sieht die Armut, die schreckliche Armut, und dann kommt man zurück nach Harare und sieht überall diese fetten Katzen herumgondeln, ich sage Ihnen, am liebsten würde ich . . .«

An der Wand einer Behörde hängt ein Plakat:

»Der Boss treibt seine Männer an,
Der Führer inspiriert sie.
Der Boss verläßt sich auf seine Autorität.
Der Führer verläßt sich auf den guten Willen des Volkes.
Der Boss erweckt Angst.
Der Führer verströmt Liebe.
Der Boss sagt: ›Ich.‹
Der Führer sagt: ›Wir.‹
Der Boss deutet auf den, der einen Fehler begeht.
Der Führer zeigt auf, was falsch ist.
Der Boss weiß, wie etwas getan wird.
Der Führer weiß, wie man etwas tut.
Der Boss fordert Respekt.
Dem Führer wird Respekt entgegengebracht.
Sei also ein Führer,
kein Boss.«

Angeblich hängt dieses Plakat in jedem Regierungsbüro des Landes.

## ERMAHNUNG EINER FETTEN KATZE

Im Büro einer Hilfsorganisation erzählt mir ein Mann folgende Geschichte, um mich – sich? – davon zu überzeugen, daß alles gar nicht so schlimm ist, wirklich nicht.

Eine sehr hohe Funktionärin, »eine von den Guten, wissen Sie«, hielt engen Kontakt zu ihrem Dorf in einem abgelegenen Landesteil, weit weg von Harare. Und sie bestand darauf, daß sie ein männlicher Kollege dorthin begleitete. »Wie lange ist es her, daß du in deinem Dorf warst? – Na also, dann mußt du mit mir in meins kommen.« Widerwillig stimmte er zu. Die erste Nacht stiegen sie in einem anständigen Hotel ab, die zweite in einem sehr schlechten. »Hotels sind dafür da, daß man sie benutzt«, sagte sie. »Warum nicht auch du?« Er jammerte und litt. Von der letzten kleinen Stadt an der Straße bis zum Dorf mußten sie noch kilometerweit zu Fuß durch den Busch gehen. Dort stellte sie den Mann den Frauen vor, die auf dem Feld arbeiteten, und die Frauen fingen gleich an, ihn anzuschreien: Wenn er ein Chef sei, dann solle er ihnen sagen, was die Regierung denn bloß glaube, daß sie tue. Er beklagte sich: »Sie sollten nicht in diesem Ton mit mir reden, sie sollten sich respektvoller verhalten.« Ein Kind war losgeschickt worden, um die alten Männer zu holen. Zehn, zwölf von ihnen kamen, und der älteste sagte: »Setz dich hin, mein Junge, und hör uns zu.« Der Funktionär setzte sich gehorsam. »Mein Junge«, sagte der Sprecher der Männer, »du hast dich sehr schlecht benommen. Du hast nicht an uns gedacht. Alles, was wir über dich hören, ist schlimm. Wie ist es möglich, daß nach diesem schrecklichen Krieg Leute wie du, die uns vergessen haben, in Harare reich werden?«

Der Funktionär mußte sitzen bleiben, während ein alter Mann nach dem anderen und anschließend die Frauen ihrem Unmut Luft machten. Auf dem Rückweg sagte der Funktionär aber dennoch, es sei eine wunderbare Erfahrung gewesen. Er war an seine Pflichten erinnert worden.

»Sehen Sie«, sagt mein Gesprächspartner im Brustton der Überzeugung und doch seufzend, »es kann alles gar nicht so schlimm sein, oder?«

»Und hat sich der Mann gebessert?«

»Das weiß ich leider nicht.«

## UND NOCH EINE BEHÖRDE

Eine junge schwarze Funktionärin hält mir einen Vortrag über die Nachteile des öffentlichen Dienstes. »Wir werden dafür sorgen, daß der öffentliche Dienst keine Machtbefugnisse bekommt«, sagt sie. »Sonst behindert er uns nur, wenn wir Entscheidungen durchsetzen wollen. Haben Sie *Yes, Minister* gesehen?«

»Es heißt, daß ein verantwortungsvoller öffentlicher Dienst Exzesse einer schlechten Regierung verhindern kann«, gebe ich zu bedenken.

»Aber unsere Regierung ist nicht schlecht, sie ist gut, und sie tut nur, was für alle das beste ist.«

Die Abteilung, in der ich mich befinde, wird von einer Schar gutaussehender junger Menschen zwischen dreißig und vierzig bevölkert, die sich jeder neuen von Genosse Mugabe ausgegebenen »Linie« unterwerfen. Das heißt, daß sie sich wie Marxisten zu gebärden haben, auch wenn sie keine sind, daß sie den Ein-Parteien-Staat und – das ist das wichtigste – die zunehmende Kontrolle der Regierungspartei über jedes Ministerium unterstützen müssen. Die Bürokratie verdoppelt sich jedes Jahr – exponentiell, behaupten die Leute, sie ist wie der Zauberlehrling, wie ein Pilz, der bald schon alles überzieht. Daß diese intelligenten Menschen nicht bemerken, was da vor sich geht, ist unmöglich. Wie sie hinter verschlossenen Türen miteinander reden, kann man sich vorstellen. Aber gegen jeden potentiellen Kritiker von außen präsentieren sie sich als lächelnde, einige Front.

Ich bemerke, Laotse habe gesagt, man müsse ein Land regieren, wie man einen kleinen Fisch brät – mit leichter Hand.

Sie tauschen Blicke aus, zögern, lachen schließlich. »Ist er Chinese?«

Ich begreife, daß sie ihn für einen lebenden Chinesen halten, also auch für einen Marxisten und damit für gut.

Meine Begleiterin, eine Frau, die viel Zeit auf dem Land verbringt, erwähnt das neue, von den Jugoslawen erbaute Sheraton-Hotel, das angeblich das häßlichste Gebäude der ganzen Welt ist. Es wird »Hotel des Volkes« genannt, aber kein *povo* würde es wagen, sich ihm auch nur zu nähern, weil er sofort zum Teufel gejagt werden würde. Die Beamten tauschen Blicke aus, sie sind sich der herrschenden Kritik durchaus bewußt.

»Ich habe gehört, wie eine Dorfbewohnerin gesagt hat: ›Mit dem Geld, das das Sheraton gekostet hat, hätte man eine ganze Provinz mit sauberem Wasser versorgen können.‹«

Die Staatsdiener sehen weder uns noch einander an. Daraus schließe ich, daß sie mit der Frau aus dem Dorf einer Meinung sind.

Ein bißchen später sagt jemand: »Natürlich haben wir Fehler gemacht.«

Die protzigen Neubauten sind mehr als nur ein wunder Punkt. In Unterhaltungen mit *povos*, aber auch mit leidenschaftlichen Parteigängern wird deutlich, daß sie genau das symbolisieren, was die Menschen am neuen Regime so hassen. Und da ist nicht nur das luxuriöse »Hotel des Volkes«, das von »fetten Katzen« und arroganten Besuchern frequentiert wird, sondern das gilt auch für die neue Parteizentrale, für die selbst den Ärmsten der Armen noch Geld abgeknöpft wurde. Oder das Heldendenkmal, das Unsummen verschlungen hat. Und jetzt gibt es Gerüchte, daß auf der Kuppe eines Hügels ein neues Parlamentsgebäude errichtet werden soll. »Ist das alte nicht mehr gut genug?« fragen die Menschen. Und es ist wirklich ein stattliches Gebäude.

»Dann werden die Chefs von ihren schicken Villen vermutlich mit dem Hubschrauber zum Parlament fliegen, keinen Fuß mehr auf den Boden draußen setzen und von uns noch weniger zu Gesicht bekommen als jetzt schon.«

Die *povos* bemängeln auch, daß die Chefs ständig auf Reisen sind. Ein neuer Witz über Mugabe macht die Runde: Was haben Genosse Mugabe und Kolumbus gemein? – Sie entdecken ständig neue Länder.

## AIDS

In jeder Unterhaltung kommt das Gespräch früher oder später auf Aids. Nicht jedoch bei den Regierungsbehörden. Von offizieller Seite wird davon ausgegangen, daß es in Simbabwe kein Aids-Problem gibt. Der Gesundheitsminister hat öffentlich verkündet, daß übelwollende Weiße das Gerede über Aids in die Welt gesetzt hätten, um die aufkeimende Tourismusindustrie zu ruinieren. Ärzte, alle, die sich auskennen, sind deswegen verzweifelt und wütend. Die Ärzte sagen, daß fünfzig Prozent der Kinder, die in ambulante Behandlung kommen, HIV-positiv sind. Ebenso fünfzig Prozent der Soldaten und der Polizisten. Überall im Land sterben die Menschen an Aids, aber man nennt es nicht so, sondern benutzt einen Euphemismus. Bisweilen wird

Aids auch als Todesursache nicht erkannt und statt dessen Tuberkulose, Malaria oder Grippe diagnostiziert.

Kurz nach meinem Aufenthalt änderte die Regierung ihre Politik und startete eine großangelegte Kampagne.

Ein Beamter sagt: »Sie dürfen nicht vergessen, daß Simbabwe eins der erfolgreichen afrikanischen Länder ist. Zehn Prozent der Bevölkerung verfügt über sauberes Wasser, sechsundachtzig Prozent der Kinder sind gegen Masern, Kinderlähmung, Tetanus und Keuchhusten geimpft. Die Kindersterblichkeitsrate beträgt einundsechzig pro Tausend. Die durchschnittliche Lebenserwartung der Männer liegt bei siebenundfünfzig, der Frauen bei einundsechzig. Fünfundsiebzig Prozent der Bevölkerung können lesen und schreiben. Das Land ist weitgehend medizinisch versorgt, wenn zum Teil auch nur rudimentär, aber die Infrastruktur existiert. Und jetzt die negative Seite: Immer wieder gibt es Hungersnöte, die mit den geringen Regenfällen zusammenhängen. Das Bevölkerungswachstum ist das gleiche wie in Kenia, das heißt das höchste in der Welt. Zum Teil ist die Regierung daran schuld, die nach der Unabhängigkeit verkündet hat, jede Frau könne so viele Kinder bekommen, wie sie wolle, Vorschläge zur Geburtenkontrolle seien Teil der Verschwörung der Weißen gegen die Schwarzen. Ohne Aids wird sich die Bevölkerung innerhalb von zwanzig Jahren verdreifachen. Aids ist der Joker im Spiel, hier wie in allen afrikanischen Ländern südlich der Sahara.«

Es wird behauptet, daß alle kubanischen Soldaten, die jetzt nach Hause zurückkehren, mit Aids infiziert sind.

## DIENSTBOTEN

Auf die Frage, welche Leute die besten Arbeitgeber sind, erwidert Dorothy, die Lehrer aus England. Danach kämen die alten Rhodies. »Zumindest verstehen wir sie und ihre Art. Und im großen und ganzen sind sie auch fair.« Die neureiche Klasse der Schwarzen haßt sie aus vollem Herzen, die, so behauptet sie, ihre

Dienstboten schlecht behandeln, sie unterbezahlen und ihnen zu wenig Freizeit zugestehen. Sie weiß alle möglichen Geschichten darüber zu erzählen. Vor allem würden sie ihre Verwandten ausbeuten.

Ein Chef, darauf angesprochen, meint, sie sei voreingenommen. »Natürlich machen wir Fehler.« Aber sie müsse doch wissen, daß jeder erfolgreiche Schwarze geradezu belagert werde von arbeitslosen oder vom Pech verfolgten Verwandten, die er im Grunde unterstützen müsse. In den Häusern der Chefs tummelt sich die arme Verwandtschaft. Als Gegenleistung für Verpflegung und Unterkunft machen sie die Hausarbeit und übernehmen gelegentlich irgendwelche Jobs. Der Chef zahlt die Schulgebühren der Kinder und kauft ihnen Kleidung. Manche Chefs schicken bis zu dreißig Kinder in die Schule.

Dorothy bemerkt dazu: »Bisweilen stimmt das natürlich. Ich habe schließlich nicht behauptet, daß alle schlecht sind. Aber heute verhalten sich viele der reichen Schwarzen wie früher die Weißen. Sie helfen ihren Familien nicht mehr.«

## ENTWICKLUNGSHELFER ERZÄHLEN

»Ich weiß nicht, was es mit diesem Land auf sich hat. Es nimmt einen einfach für sich ein. Ich habe in vielen Dritte-Welt-Ländern gearbeitet, aber hier ... Da liegt einem wirklich an dem, was geschieht – vielleicht weil sie die Chance haben, es zu schaffen. Ich glaube, es liegt an den Menschen. Ich möchte nicht weg hier. Ich weiß, wenn man mich woanders hinschickt, werde ich mir die Hälfte der Zeit Sorgen machen, wie es hier weitergeht, ob sie es packen.«

»Warum wir so fasziniert sind von diesem Land? Das ist einfach zu erklären: Werden die Guten oder die Bösen den Sieg davontragen?«

## DAS BUCHTEAM DES COMMUNITY PUBLISHING PROGRAMME

Und dann der Glücksfall, von dem Reisende immer träumen, den man nicht vorherplanen oder willentlich herbeiführen kann und den man vor allem nicht erwarten darf: Ich werde eingeladen, ein Team zu begleiten, das Handbücher vor allem für die Landbevölkerung erstellt. Diese Gruppe, ihre Ideen und ihre Arbeit sind wahrhaft revolutionär, wenn auch nicht in einem strikt politischen Sinn. Die Urheberin des Projekts, Cathie, eine Südafrikanerin, die dort in ländlichen Gegenden gearbeitet hat, war entsetzt über die Unwissenheit der simbabwischen Landbevölkerung in Sachen modernes Leben. Die Menschen kannten nicht einmal die simpelsten Haushaltsgeräte, die in Europa eine Selbstverständlichkeit sind. Und warum sollte man außerdem soviel Talent und Potential brachliegen lassen? »Der bedeutendste Reichtum des Landes wird nicht genutzt – die intellektuellen und kreativen Energien der Landbevölkerung, die niemand ernst nimmt oder fördert.« Da klaffte eine Lücke, da mußte etwas getan werden, und sie entschloß sich, es anzugehen.

Und so wurde – wenn auch nicht sofort – ein Team gebildet, das aus ihr selbst, der Mutter zweier kleiner Kinder, bestand, einer ehemaligen jungen Freiheitskämpferin und Mutter dreier Kinder namens Talent, aus Sylvia, einer hübschen, energiegeladenen Frau und Mutter von acht Kindern, und dem Zeichner Chris Hodzi, einem schüchternen, empfindsamen jungen Mann, der so wirkt, wie man es von einem Künstler erwartet und wie sie manchmal auch tatsächlich noch sind.

Zu dem Zeitpunkt, als sie mich einlädt, hat die Gruppe bereits zwei Bücher konzipiert, eigentlich jedoch weit mehr, da sie in sechs Sprachen übersetzt werden. Das erste Buch ist fertig, heißt: *Laßt uns gemeinsam Simbabwe aufbauen* (den Titel haben die Leute aus den Dörfern selbst vorgeschlagen), ein Handbuch zur Lösung dörflicher Schwierigkeiten. Es erklärt, wie man auf praktische Weise zusammenarbeitet, ohne auf Slogans und Propaganda zurückzugreifen, die politische Aktivisten glauben lassen, es reiche aus, lange Sätze laut hinauszuschreien, damit die Dinge sich ändern.

Das zweite Buch wird gerade zusammengestellt. Es erklärt ökonomische Probleme auf konkrete Weise: Wie man einen Bankkredit erhält, wie man ein Konto eröffnet, was Buchführung ist und wozu sie dient, Möglichkeiten, erfolgreich einen Teich anzulegen, ein neues Bohrloch, einen Gemüsegarten, wie man einen Dorfladen organisiert oder auch einen Stand an der Straße. Die Bücher sind eine Mischung aus Text und bildlichen Darstellungen, wie ein Comic strip.

Ein drittes Buch ist in Planung, ein Buch für Frauen. Es wird das umstrittenste werden, weil sich die Frauen auf dem Land zwar einerseits am heftigsten für Veränderungen einsetzen, sie sich andererseits aber tagtäglich mit traditionellen Vorstellungen über ihre angebliche Minderwertigkeit auseinanderzusetzen haben. Simbabwe ist nicht das einzige Land dieser Welt, in dem eine neue Regierung verkündet, daß die überkommenen Einstellungen Frauen gegenüber rückschrittlich und hinderlich sind – »Frauen werden gesetzlich und arbeitsrechtlich den Männern gleichgestellt« –, und dann bleibt doch alles beim alten. Ähnlich geht es in Libyen und dem Irak (ob uns das nun paßt oder nicht).

»Wie wir alle wissen, kann man Gesetze leicht ändern, aber dann müssen auch die Herzen verändert werden.« (Wer hat das gesagt? Lenin? Stalin? Rosa Luxemburg? Emmeline Pankhurst? Mrs. Thatcher?)

Derartige Bücher werden nicht gemacht, indem man in Harare sitzt und einfallsreiche Anweisungen niederschreibt.

Für das erste Buch reisten Cathie und Chris mehrmals kreuz und quer durch Simbabwe, suchten und sprachen mit Leuten, von denen sie wußten, daß sie sich hervorragend in allen dörflichen Angelegenheiten auskannten oder zumindest das Potential dafür hatten. Bisweilen mußten sie gegen den Widerstand von Lokalpolitikern ankämpfen. Und sie hatten sehr wenig Geld, lebten nicht selten nur von Brot und Orangen, von Idealismus und dem Zuspruch aus den Dörfern. Die Menschen auf dem Land, die sich noch vom Bürgerkrieg erholten, die halbgebildet oder auch völlig ungebildet waren, von denen jedoch erwartet wurde, daß sie sich wie moderne Menschen in einer modernen Welt verhielten, hungerten nach den Informationen und dem Wissen, das Cathie ihnen anzubieten hatte. »Ich wußte, daß Bedarf bestand«, sagt Cathie. »Aber wie enorm er war, merkte ich erst, als ich in die Dörfer kam. Überall wurden wir empfangen, als brächten wir die ersehnten Güter – was vor allem an der heißen Luft lag, die die Regierung abgelassen hatte. Was wir jedoch anzubieten hatten, waren allein praktische Ratschläge. Sobald die Leute das begriffen und weitererzählt hatten, wurden wir überschwemmt von Einladungen aus anderen Dörfern. Da haben wir unser Team dann auf vier Mitarbeiter erweitert.« Und bald wurden sie von offizieller Seite entdeckt und unterstützt, weil man ihren Nutzen anerkannte.

Das Buch für die Frauen wird, wie die zwei früheren auch, in mehreren Stadien erstellt. Im ersten, bereits abgeschlossenen, bereiste das Team das ganze Land und suchte nach Frauen, die andere repräsentierten. Jede einzelne von ihnen mußte überredet werden, noch mehr Arbeit auf sich zu nehmen, und viele sagten, sie seien sowieso schon überlastet, und jetzt sollten sie auch noch in die Dörfer gehen und andere Frauen oder Frauengruppen dazu bringen, bei der Erstellung des Buches mitzuhelfen. Zurück in Harare, galt es, das zweite Buch zu beenden und sich um die Übersetzung – auch noch des ersten – zu kümmern. Und wieder fuhren sie durch ganz Simbabwe, um sich mit Frauen zu treffen. Zu dem Zeitpunkt, da ich mich ihnen anschließe, sind sie bereits fünf Wochen unterwegs und erschöpft. Sie fahren mit Bussen, was kein Spaß ist, denn die Busse sind überfüllt und neigen dazu, zusammenzubrechen, mit dem Zug, und gelegentlich – immer öfter – werden sie auch von Politikern in ihren bequemen Wagen mitgenommen. Die Lokalpolitiker beginnen das Team zu schätzen, das so wertvolle Arbeit leistet. Von Distrikt zu Distrikt variieren die Einstellungen der Bürokraten. Ein feindlich gesonnener Funktionär kann alles, was mühsam begonnen wurde, wieder ruinieren. In den Büros der Parteibosse muß höflich verhandelt, bisweilen geschmeichelt werden.

»Aber«, sagt Cathie auf ihre atemlose Art, die ihren Enthusiasmus mit der Angst vor der großen Aufgabe, die sie auf sich genommen hatte, verbindet, »sie werden zunehmend hilfreicher, sie lassen uns sogar Einladungen in die eigenen Dörfer zukommen.«

Wir fahren zu fünft im Auto nach Mutare, sind spät dran für ein Treffen. Ich sitze neben Sylvia, die fährt, und sofort gebe ich mein Vorhaben auf, nach Kennzeichen in der Landschaft – aufeinander balancierenden Felsbrocken, Flüssen, schroffen Felsen – Ausschau zu halten, drehe den Kopf, so daß ich mit dem rechten Ohr die Flut an Informationen und Statistiken aufnehmen kann, die Cathie vom Rücksitz her über mich hereinbrechen läßt, und hoffe, daß mein bereits vollgestopftes Hirn die neuen Fakten auch noch irgendwie wird aufnehmen können.

Das Treffen findet in einem Büro der Distriktverwaltung statt. Ein Büro ist ein Büro ist ein Büro . . . Mir scheint, daß wir nur ein paar Minuten von Harare bis hierher gebraucht haben, manche der bereits wartenden Frauen waren jedoch Stunden oder gar einen ganzen Tag unterwegs. Es sind etwa zwanzig, eine ernste, sachliche, aufmerksame kleine Schar. Hier wird einem die volle Bedeutung des Ausdrucks »jemandem an den Lippen hängen« klar, in diesem Fall sind es Cathies Lippen, die englisch spricht. Jedes Wort, jede Silbe, jedes Zögern, jede Nuance wird abgewogen. Es sind arme Frauen, die ihre Familien mit sehr wenig Geld, oft nur mit zwanzig, dreißig Pfund im Monat, ernähren und kleiden. (Allerdings hat das Team mir erklärt, daß es sich um vergleichsweise wohlhabende Frauen handelt. »Warten Sie bis nächste Woche, wenn wir nach Matabeleland kommen, *dort* sind die Frauen wirklich arm.«) Es ist ein Vergnügen, die klugen, humorvollen Gesichter zu betrachten, wie sie sich ihren Nachbarinnen zuwenden, einen Witz machen, einen Kommentar abgeben und dann in Lachen ausbrechen, das sich im ganzen Zimmer ausbreitet. Zwei Frauen sagen, daß die Wochen, die sie brauchten, um ihren Bezirk oder Distrikt abzudecken, anstrengender waren, als das Team zu glauben scheint. Höre ich da heraus: Das ganze Unternehmen ist schön und gut für dich, die du in einem Auto durchs Land fährst, während wir mit Fahrrädern oder zu Fuß unterwegs sind? Ich glaube, ja. Aber das »du« bezieht sich nicht nur auf Cathie, die Weiße, sondern auch auf Chris, den schwarzen Mann, der so arm ist wie sie, auf Talent, die auf

Simbukai lebt, einer Farm, die man kaum als reich beschreiben kann, und auf Sylvia, die so viele Kinder hat wie sie selbst.

Cathie hat mir erzählt, daß die Art, wie dieses Buch gemacht wird, revolutionär sei, gegen alle Gepflogenheiten verstoße. Allmählich begreife ich, was sie damit meint.

Sie erklärt den Frauen, daß die Reaktionen auf ihr Vorhaben sehr positiv sind, daß auch im übrigen Land Frauen wie sie daran arbeiten. Dann bittet sie jede Frau, mit ihren zwei Nachbarinnen über die Ideen zu diskutieren, die ihrer Ansicht nach in das Buch aufgenommen werden sollen.

Diese Art, eine Versammlung abzuhalten, ist wirklich »revolutionär«. Sie erinnert mich an Geschichten aus den ersten Tagen der russischen Revolution, als alles noch von Idealismus geprägt war und junge Aktivisten durch die Dörfer zogen und die Bauern aufforderten, ihr Leben in die eigenen Hände zu nehmen. Einen Unterschied allerdings gibt es: Es wird kein Wort über Politik verloren. Man hört nicht einen Slogan, keine Propaganda.

Die Frauen werden nicht nur aufgefordert, ihr Leben in die eigenen Hände zu nehmen, ohne sich ihren Männern zu unterwerfen, sondern auch ihren Widerstand zu überwinden, mit Frauen zu sprechen, die von hundert Meilen und weiter entfernt her stammen. Hier werden Stammes- und Klangrenzen überschritten. Wir befinden uns zwar in Mashonaland, aber die Mashona sind ein Volk mit unzähligen Untergruppen. Das Buch ist auf eine Weise subversiv, die den Frauen sofort auffällt – und auch den örtlichen Bürokraten, die im Hintergrund sitzen und zusehen.

Bald sind die Frauen in lebhafte Diskussionen vertieft. Anschließend stellt jede von ihnen eine Idee vor. Sobald alles notiert ist, geht die Initiative wieder zurück an die Gruppe. »Und jetzt sollt ihr Frauen das Buch *schreiben.* Wenn ihr nicht schreiben könnt, bittet eine Nachbarin, euch zu helfen. Ihr könnt uns Geschichten, Gedichte, Lieder, Witze, Artikel schicken, alles, was ihr wollt. Wenn das Material aus ganz Simbabwe bei uns eingetroffen ist, kommen wir noch einmal zurück, und dann entscheiden wir gemeinsam, was tatsächlich in das Buch aufgenommen wird und was nicht.«

Damit hatten die Frauen nicht gerechnet. Zuerst sind sie verwirrt, dann hocherfreut. Bald erzählen sie uns und einander, was sie schreiben wollen. Viele Vorschläge formulieren Kritik an den örtlichen Parteibonzen. Das Team hatte mir gesagt, daß sich die Landbevölkerung in Simbabwe den Mund nicht verbieten läßt. Hinter mir sitzen die Funktionäre und hören Dinge, für die man in einem wirklich kommunistischen Land mit Gefängnis oder dem Tod bestraft würde.

## DIE RUINE IM TRANSVAAL

Das Treffen fand im früheren Marondera statt, der Stadt, in deren Nähe mein Bruder den größten Teil seines Lebens verbracht, wo meine Familie vor langer Zeit unter Bäumen gelegen hatte und wir alle Teil des nächtlichen Busches gewesen waren. Diese Vergangenheit mit der Versammlung der Frauen unter einen Hut zu bringen, war unmöglich. Es handelte sich um zwei völlig verschiedene Welten. Und ebenso unmöglich wäre gewesen, mit meinem Bruder über das Frauentreffen zu reden, hätte er noch gelebt. Er war in Transvaal gestorben, auf dem Weg ins Krankenhaus. In einem Krankenwagen, wie er in Europa selbstverständlich ist, wäre er dem Herzanfall wahrscheinlich nicht erlegen.

Zweimal hatte er mich in London besucht, und viele Tage und Stunden hatten wir damit verbracht, uns gegenseitig zu fragen: »Erinnerst du dich?«

Er hatte von seinem neuen Leben in Transvaal erzählt, wo es ihm nicht gefiel, aber schließlich murrt man nicht.

Eine Geschichte erzählte er gleich mehrmals. Eines Abends, bei einem seiner regelmäßigen Spaziergänge über das Veld – zuerst mit seinen beiden Hunden, später nur noch mit einem – hatte er mitten auf dem niedergetrampelten, abgeweideten, schmutzigen Gras die Ruine eines Hauses entdeckt.

»Es ist nicht das gleiche, es ist nicht wie in England. Wenn man hierzulande auf eine Ruine stößt, weiß immer irgend jemand darüber Bescheid. Aber da unten – ich hatte ein komisches

Gefühl bei diesem alten Haus. Jemand mußte dort gelebt haben. Ich fragte mich, was mit ihnen passiert war. Schließlich habe ich etwas herumgestöbert und dabei eine Kartoffelpflanze entdeckt. Sie war verblüht, also riß ich sie aus. Unter einer zerbrochenen Zementplatte wuchsen ebenfalls Kartoffeln. Aber das Haus mußte schon jahrelang leer stehen. Ich konnte mir keinen Reim darauf machen. Je länger ich herumstöberte, desto mehr Kartoffeln fand ich. Die Pflanzen hatten überall Wurzeln geschlagen, unter alten Ziegelsteinen, unter Zementplatten. Irgend etwas gefiel ihnen an diesem Ort.«

»Ich dachte immer, sie mögen keinen Kalk.«

»Es war nicht mehr viel Kalk übrig, würde ich sagen, nicht nach so vielen Jahren. Jedenfalls habe ich sämtliche Steine angehoben, bis ich alles freigelegt hatte. Die Kartoffeln hätten ein paar Säcke gefüllt. Ich wußte nicht, was ich machen sollte. Früher gab es Paviane oder Vögel, aber heute gibt es einfach nichts mehr. Ein paar der Kartoffeln habe ich mit nach Hause genommen. Jeden Abend bin ich hingegangen, und immer waren die Kartoffeln da, und dann, eines Tages waren sie verschwunden. Wahrscheinlich hatte sie ein Hirtenjunge mitgenommen. Zumindest hatte jemand was davon. Ich mochte den Gedanken nicht, daß dort Jahr für Jahr Kartoffeln wuchsen und kein Mensch was davon hatte.«

## IM NACHTCLUB

Die nächste Versammlung findet im Jamaica Inn statt, einem einstigen Nachtclub für Weiße, der mittlerweile als ein Ausbildungszentrum für Frauen vom Lande dient. In einem Büroraum sitzen dreißig Frauen, die uns sofort vorwerfen, daß wir sie haben warten lassen. Cathie entschuldigt sich gutgelaunt. Sie nehmen die Entschuldigung ebenso gutgelaunt an. Ich habe mir sagen lassen, daß die Frauen um so besser gekleidet und selbstbewußter werden, je mehr wir uns Harare nähern. Das hier ist eine schicke und selbstsichere Gruppe.

Drei Männer, Lokalpolitiker, werden vom Team als Verbündete begrüßt. Sie setzen sich nach hinten. Es wird shona gesprochen, und Chris Hodzi, der neben mir sitzt und Skizzen macht, übersetzt für mich. Chris ist bei jedem Treffen dabei, hört zu, wählt für seine Skizzen spannende, dramatische und auch komische Augenblicke.

Die Männer geben Kommentare ab und äußern Kritik. Cathie schiebt mir einen Zettel zu, auf dem steht, daß die Männer das gezielt tun, damit die Frauen Erfahrung mit Widerstand sammeln. Trotzdem scheint mir, daß der Mann, der mir genau gegenübersitzt, jedes seiner Worte ernst meint. Es ist ein großer Mann mittleren Alters, eine Säule der Gesellschaft. In seinem dreiteiligen Anzug wirkt er ruhig und selbstbewußt.

Die Männer sind auf eine sehr formelle Art höflich, während die Frauen alle Punkte zur Sprache bringen, die wir auch schon auf der ersten Versammlung gehört haben – und noch öfter zu Ohren bekommen werden. Von einem Ende Simbabwes bis zum anderen, sagt das Team, sprechen die Frauen immer wieder die gleichen Probleme an. Und die Männer reagieren in aller Regel so gut wie gar nicht, wenn gefordert wird, daß sie, die Politiker, in die Dörfer gehen und die Menschen über ihre neuen Rechte informieren. Männliche Bürokraten ziehen nicht selten Vorteil aus der Unwissenheit der Dorfbewohner. Die Männer machen ein Mordsgeschrei, als die Frauen das Thema Prostitution ansprechen. Das Team erklärt, daß es Prostitution in jeder auch noch so abgelegenen Gegend gibt. Vor ihren Reisen hatten sie wie alle geglaubt, daß es sich um ein städtisches Phänomen handle. Der Mann mir gegenüber sagt, die Frauen in den Dörfern seien geldgierig und mit dem Verdienst ihrer Männer nicht mehr zufrieden. Überhaupt, die Frauen seien einfach nicht mehr so wie früher. Sie wollten Karriere machen und vernachlässigten ihre Familien. »Wer zum Beispiel kümmert sich um eure kleinen Kinder, während ihr euch hier vergnügt?« Die Frauen lachen und entgegnen, daß Nachbarinnen auf sie aufpassen. »Und was ist mit euren Männern? Wer kocht ihnen ihr Essen?« Nicht eine Frau fragt, warum sich die Männer ihr Essen nicht selber kochen können. Sie sagen, ihre Männer würden versorgt.

Die Frauen gäben alles Geld für ihre Schönheit aus, für Kleidung, alles, was sie interessiere, sei, gut auszusehen, behauptet der pedantische Mann mir gegenüber.

»Überhaupt nicht«, erwidert eine Frau, und die anderen klatschen ihr leise Beifall. Gut auszusehen, sei eine Frage der Selbstachtung.

Ich höre die Stimme des Mannes, gedämpft, vertraulich, als flüstere er einer Geliebten etwas ins Ohr. »Ihr wißt, daß wahr ist, was ich sage.«

Ich werfe ein, daß diese Argumente in jedem Land auf der Welt ins Feld geführt würden, habe dann jedoch das Gefühl, daß »die Welt« hier, in diesem Raum, völlig irrelevant ist.

Die Frauen halten ihre Forderungen aufrecht, die Männer sprechen weiter dagegen, allerdings in einem gutmütigen Tonfall, es wird gescherzt und gelacht.

Dann fangen die Frauen an, in die Hände zu klatschen und zu singen, ein Lied, das sie sich allein für diese Versammlung ausgedacht haben: »Wir sind hier zusammengekommen, um mit unseren Händen Neues zu schaffen. Schlafend unter Bäumen zu liegen, das überlassen wir den Hunden.«

Das Treffen ist zu Ende. Als die Frauen aufstehen und ihre Habseligkeiten an sich nehmen, bemerkt der Mann mir gegenüber leise: »Einer der Gründe, warum ein Mann seine Frau zurückweist, ist, daß sie eine Hexe ist.«

Schweigen, die Atmosphäre hat sich schlagartig verändert, alle frösteln. Das Schweigen ist unangenehm. Bislang ist alles an dieser Versammlung, der Ton, der Stil, rational, vernünftig, modern gewesen. Die Hexerei gehört der Vergangenheit an. Und doch wissen alle, wie stark sie ist. Die Frauen sehen die Männer nicht an. Sie lachen nicht. Ich würde sagen, sie haben Angst. Die Männer wirken selbstzufrieden. Sie haben das letzte Wort gehabt.

Wieder erklärt das Team, daß es für eine endgültige Entscheidung zurückkehren wird, wenn alles Material bei ihm eingegangen ist.

Wir fahren zurück in die Stadt.

Leute rufen an, um mir zu bekunden, wie sehr sie mich darum beneiden, daß ich mit dem Buchteam reisen kann. »In Harare, mit der ganzen Korruption und Bürokratie, wird man zum Zyniker. Aber die Menschen in den Dörfern, besonders die Frauen, bewahren einen davor.«

Wir werden mit dem Zug fahren.

1982 wurde behauptet, daß es kaum Züge mehr gebe, weil kein Kapital investiert würde, weil die weißen Facharbeiter das Land verlassen hätten und kein Mensch wisse, wie das Eisenbahnnetz zum Funktionieren zu bringen sei. Ich hatte mit einem Farmer aus Mutare neben den Schienen gestanden und mir seine Klagen angehört: »Unter unserer Regierung kamen täglich Dutzende von Zügen auf dem Weg nach Beira hier durch. Sie waren pünktlich und verläßlich. Heute sind es nur noch ein, zwei völlig verdreckte Züge pro Tag, in denen lauter Rowdys sitzen.«

Es wird investiert, und das Eisenbahnnetz funktioniert allmählich wieder. Als ich in Harare jedoch erzähle, daß wir mit dem Zug fahren wollen, sagt man mir: »Das kannst du nicht machen, das ist zu gefährlich. Und wenn, dann nur in der ersten Klasse.«

Dorothy, die die Bemerkung gehört hat, sagt, daß sie oft dritter Klasse nach Bulawayo fahre. Sie serviert gerade das Abendessen für eine ganze Anzahl Leute. Ayrton R. hat ihr beigebracht, wie man ein *Cordon bleu* zubereitet. Sie steht da, eine füllige, hübsche Person in einem modischen Kleid, und sorgt dafür, daß wir alles probieren, was sie gekocht hat, und sie lächelt, wenn wir sie loben. Sie freut sich, daß ich nach Matabeleland fahre. Ebenso Ayrton R. Sie und er schwelgen wehmütig in der Erinnerung an die Schönheit ihrer Heimat, während wir Mangopüree essen, und zum hundertstenmal beglückwünscht jeder Mugabe zu seinem Unity Accord.

Dorothy meint, daß ich den Zug nach Bulawayo schon »nicht so schlimm« finden werde und daß es eine Schande sei, daß die Leute manchmal Dinge verdammten, die sie überhaupt nicht kennen würden. Es stellt sich heraus, daß keiner der Anwesenden in letzter Zeit mit dem Zug gefahren ist.

Das Team reist zweiter Klasse. Am Bahnhof bilden sich Schlangen, um reservierte Fahrkarten abzuholen, aber der Schalter ist nicht besetzt. Die Schlange windet sich um sich selbst, und bald ist der Raum so überfüllt, daß es nur noch ein großer Pulk Menschen ist. »Nicht die Korruption wird dieses Land ruinieren, sondern die Ineffizienz«, höre ich zum tausendstenmal.

Wir lösen das Problem, indem wir uns einem Bahnbeamten nähern, der am Rande der Menge offensichtlich funktionslos herumsteht. Sicherlich ist es nicht seine Aufgabe, sich um uns zu kümmern, aber er tut es – aus Gutmütigkeit, es ist nicht nötig, ihn zu bestechen. Und dann stehen wir auf dem Bahnsteig, der sich – ich schwöre es – überhaupt nicht verändert hat. Er sieht noch immer aus, als wäre er aus einem riesigen Kinderbaukasten zusammengesetzt. Ist das auch noch der stahlgraue Anstrich von früher? Der lange Bahnsteig ist über und über voller Leute. *Damals* bestand der Zug aus unzähligen Waggons für ein paar wenige Weiße, aus ein paar Waggons für Inder und »Farbige« – ein erzwungenes Zusammensein von Menschen, das bei beiden Gruppen auf Ablehnung stieß, ohne daß das unter weißer Vorherrschaft je etwas daran geändert hätte – und schließlich noch ein paar Waggons, in die die Schwarzen gepfercht wurden. Damit warteten auf dem größten Teil des Bahnsteigs immer nur wenige Weiße.

Ich unterhalte das Team mit einer Beschreibung der damaligen Verhältnisse. Sie können es sich kaum vorstellen, lachen darüber. Cathie erzählt, daß die Maßnahmen zur Rassentrennung in Südafrika zu ihrer Zeit nie so streng waren wie hier. Talent, die ihre ganze Jugend als Guerillakämpferin verbracht hat, kennt das alte Salisbury nicht. Und Chris ist erst Anfang zwanzig.

Vor uns steht eine schwarze Frau, die der Statistik entnommen scheint. Sie ist schwanger, trägt ein Kind auf dem Rücken und hält ein weiteres bei der Hand. Auf einer Decke neben ihr sitzen ungefähr eineinhalb Jahre alte Zwillinge sowie ein etwa fünfjähriger Junge. Die drei sitzen klaglos und ohne zu murren da, während sich große, erwachsene Menschen um sie herumdrängen. Ich bemerke, daß weiße Kinder wohl kaum so ruhig dasitzen würden, ohne zu jammern oder aufzubegehren. Cathie erklärt, daß den Kindern beigebracht werde, sich still zu verhalten, ist aber überzeugt, daß es nicht gut für sie ist, widerspruchslos so lange ruhig dazusitzen. Ich halte dagegen, daß es für eine Mutter mit so vielen Kindern nur gut sei, wenn die Kinder sich zu benehmen wüßten. Talent hört unserem Gespräch kommentarlos zu. Wir fragen sie nach ihrer Meinung. Sie findet den Anblick der erschöpften Frau nicht weiter bemerkenswert. Vielleicht ist sie auch selbst erschöpft. Zu Beginn dieser Reise durch Simbabwe vor fünf Wochen war das Team noch voller Erwartungen und Optimismus, aber jetzt warten alle auf etwas, das ihnen neuen Aufschwung gibt. »Wenn die tatsächliche Arbeit beginnt, wird es schon besser werden.«

Der Zug kommt. Chris entfernt sich ein paar Meter, signalisiert uns, daß er unsere Plätze gefunden hat, bahnt sich einen Weg zurück durch die Menge, die in den Zug drängt. Die Kindsmutter rennt hektisch hin und her und weint – einer der Zwillinge ist verschwunden. Überall hängen Kleinkinder an ihr, sie hält sie im Arm, sie klammern sich an ihre Knie. Sie weinen nicht. Große ernste Augen in kleinen ernsten Gesichtern blicken sich um, scheinen keine Angst zu haben. Chris geht, um einen Bahnbeamten auf die mißliche Situation aufmerksam zu machen. Wir steigen ein. Wir drei Frauen haben ein Abteil für uns, Chris hat einen Platz zusammen mit fünf weiteren Personen in einem anderen Abteil. Die Trennung stört uns, wir fühlen uns bereits wie eine Familie.

Der Wagen sieht im Inneren aus wie *damals*: solide, massiv glänzendes braunes Holz und gelber und grüner Anstrich. Ja, wahrscheinlich ist es ein Wagen aus alten Zeiten, die Waggons wurden noch nicht ausgetauscht. Dort ist auch das versenkbare Waschbecken aus Blech, dort sehe ich die in gerader Reihe angebrachten Haken für Schlüssel, Gürtel oder um sich auf die oberen Schlafkojen hinaufzuziehen. Entsprechend gehen mir Gedanken durch den Kopf: Kann es dasselbe Abteil sein, in dem ich 1938, 1948 ... Und so weiter und so fort. Inzwischen ist der

Schlafwagenschaffner aufgetaucht. Früher war er weiß, heute ist er schwarz. Der Beruf erfordert eine väterliche Haltung: Er ermahnt uns, nichts in der Nähe des Fensters liegen zu lassen, Diebe gebe es in jedem Bahnhof. Manchmal benutzten sie sogar lange Stecken mit einem Haken. Und nicht vergessen, bei all dem Regen kann es nachts kalt werden, zieht euch warm an. Während er die Betten richtet, kommt es zum unvermeidlichen Aufeinanderprallen verschiedener Kulturen. Talent möchte, daß die Fenster fest geschlossen bleiben. In ihrem Dorf schläft sie in einer fensterlosen Hütte mit verriegelter Tür, um Diebe, streunende Hunde und wilde Tiere abzuhalten. Cathie und ich hingegen sind davon überzeugt, daß wir ohne frische Luft nicht schlafen können. Wir schließen einen Kompromiß, der Schlafwagenschaffner hört interessiert zu. Wenn wir ihn ließen, würde er sicher gern als Schiedsrichter fungieren, so geht er zum nächsten Abteil und läßt uns gut untergebracht zurück. Wir legen uns hin, eine über die andere, ich unten, Talent in der Mitte, Cathie ganz oben. Sobald sich der Zug in Bewegung setzt, wollen wir schlafen. Aber der Zug setzt sich nicht in Bewegung. Auf dem Bahnsteig stehen plaudernd und lachend Gruppen von Menschen, die Freunde oder Verwandte verabschiedet haben. Limonadenflaschen werden durch die Fenster gereicht. Die Szene mutet in ihrer Lebhaftigkeit, mit ihrem Vergnügen am Augenblick italienisch an. Mir fallen Abschiedsszenen während des Zweiten Weltkriegs ein, ergreifende Szenen draufgängerischer Hochstimmung, der geheimen und gefährlichen Begleiterin jedes Kriegs. Heutzutage finden solche Szenen auf Flugplätzen statt, und die Atmosphäre auf dem Bahnsteig ist um eine Zutat ärmer. Wie oft habe ich während des Zweiten Weltkriegs Zügen nachgesehen, dem langen, schrillen Pfeifen der Lokomotiven gelauscht, das unser Gefühlsleben während der langen Kriegsjahre bestimmte und in ganz Salisbury zu hören war. Unsere Lokomotive heute klingt anders, sie gibt ein tyrannisches Tuten von sich – aber nicht um die Abfahrt anzukündigen. Nicht um neun, nicht um zehn oder elf, nicht um Mitternacht.

Um die Ehre Simbabwes besorgt, versichern mir Cathie und Talent immer wieder, daß sie oft mit dem Nachtzug nach Bulawayo fahren, tagsüber dort arbeiten und in der nächsten Nacht zurückfahren. So etwas habe es noch nie gegeben.

Um halb drei tutet die Lokomotive erneut ohrenbetäubend, der Zug setzt sich in Bewegung und bleibt nach ein paar hundert Metern erneut stehen. Wir schlafen ein.

Um sechs kommt der Schaffner, bringt uns Kaffee und Gebäck. Er wirft einen belustigten, taktvollen Blick zum Fenster hinüber und dirigiert auch Cathies und meine Aufmerksamkeit dorthin: In der Nacht ist es geschlossen worden. Ob wir gut geschlafen hätten, will er wissen. Cathie beginnt sofort das Shona-Ritual: »Ich habe gut geschlafen, wenn du gut geschlafen hast.« Wir stehen irgendwo auf halbem Weg zwischen Harare und Bulawayo, wo wir zu diesem Zeitpunkt eigentlich eintreffen sollten. Cathie und Talent sind aufgeregt, die ersten Frauen, von denen manche ziemliche Entfernungen hinter sich zu bringen hätten, würden um halb zehn im Büro eintreffen. Der Zug steht stundenlang, ab und zu fährt er ein paar Meter. Wir haben nichts zu essen dabei. »Meine Mutter hat mir immer gesagt: Reise nie ohne Kaffee und Proviant«, sagt Cathie. »Und ich hab sie ausgelacht.« Spaziergänge auf dem Korridor enthüllen durch zum Zwecke der Geselligkeit geöffnete Türen, daß die Leute Obst und Huhn verzehren. Manche murren vor sich hin: ein beständiges, leises Schimpfen, das die Anspannung mildert. Talent liegt ruhig auf ihrem Bett. Sie erzählt uns, im Krieg habe sie das Warten gelernt. Manchmal hatten sie sich tagelang ohne etwas zu essen oder zu trinken im Busch versteckt, um auf einen günstigen Zeitpunkt zum Weiterziehen zu warten. Und ernährten sich von dem, was sie im Busch fanden – wenn sie etwas fanden. Einmal, nachdem es geregnet hatte, standen ungefähr hundert Leute um einen Baum, und jeder bekam fünf Blätter zugeteilt, von denen er das Wasser leckte. Talent sagte: »Manchmal denke ich daran zurück, und ich weiß nicht, wie ich all diese Dinge tun konnte. Heute wäre ich nicht mehr dazu imstande.« Sie gehörte zu einer Gruppe, die nach Bombenangriffen die Leichenteile einsammelte. »Du findest eine Hand, einen Fuß, ein Stück Leber oder ein Herz, und du denkst: Das war einer meiner Genossen ... Wir haben alle Menschenteile begraben. Man muß hartgesotten werden, es muß einem egal sein, was man tut.« Eine Zeitlang hat Talent auch Bomben entschärft. Wo? »In Sambia. Sie haben sie abgeworfen, wo sie unsere Lager vermuteten. Manchmal trafen sie, manchmal nicht.« An der Art, wie Cathie zuhört, merke ich, daß Talent nicht oft vom Krieg spricht. »Ich hatte Glück«, sagt Talent, »ich war keins von den hübschen Mädchen, die von den Befehlshabern in den Busch gezerrt wurden.« Diese Aussage erstaunt mich: In meinen Augen ist Talent sehr attraktiv.

Der Krieg dauerte Jahre für sie. Sie war nie ein junges Mädchen und dann eine junge Frau, die sich hübsch anzog, sich schminkte und flirtete. Schon als Kind war sie Soldat. Und sie war auch Soldat, als sie ihren zukünftigen Mann traf; an der Sammelstelle zur Demobilisierung, als sie übereinkamen, in Simukai eine Gemeinschaftsfarm für ehemalige Freiheitskämpfer aufzubauen. Bevor sie heirateten, lebte sie viele Jahre mit ihrem Mann zusammen. »Ich verstehe nicht, warum junge Mädchen ihre Männer heiraten, ohne sie richtig zu kennen.« Mittlerweile hat sie drei kleine Kinder, um die sich ihr Mann kümmert, wenn sie auf Reisen ist. Das tut auch Cathies Mann. Beide sagen, daß sie diese Arbeit nie machen könnten, wenn sie nicht so verständnisvolle Ehemänner hätten.

»Manchmal kann ich gar nicht glauben, daß ich diese Arbeit mache«, sagt Talent. »Manchmal kann ich gar nicht glauben, daß ich lebe. Früher im Busch konnte ich mir nicht vorstellen, daß der Krieg jemals aufhören und ich ein ganz normales Leben führen würde.«

Und es scheint, daß der Krieg für sie nie wirklich beendet sein wird: Bisweilen hat sie schreckliche Kopfschmerzen und kann sich dann tagelang kaum bewegen.

Talent zuzuhören war, wie mit meinem Bruder über den Krieg zu sprechen.

Ein Krieg ist zu Ende, man begräbt die Toten, kümmert sich um die Krüppel – und überall trifft man auf Verwundete, deren Verletzungen nicht sofort ersichtlich sind: die Betäubten, die Brutalen und diejenigen, die den Glauben an die Unschuld des Lebens verloren haben oder die, die unter der Last der Trauer nur mehr in Zeitlupe leben.

In der Zwischenzeit gehen im Zug Gerüchte um: Die Bremsen sind das Problem, die Maschine will nicht mehr, der Regen hat die Gleise unterspült. Überall sind Pfützen, Wolken treiben sich am Himmel herum, zwischendurch sieht man ein paar blaue Flecken.

Der Zug fährt ein Stück, hält von neuem. Bei Gweru sammelt er ausreichend Energie für ungefähr eine Meile und noch eine, und schon bleibt er wieder stehen wie ein angeschlagener Tausendfüßler.

Die Leute steigen aus, schlendern herum oder setzen sich auf den Bahndamm, unter ihnen Chris, zuerst nur ein paar, dann ganze Gruppen, und schließlich scheint es, als seien alle ausgestiegen. Die Szene wirkt wie ein überdimensionales Picknick, allerdings ohne Essen. Sie erinnert mich an das, was man mir über die Zeit vor dem Ersten Weltkrieg erzählt hat, als der Zug nach Norden in Richtung Sinoia (Chinhoyi) einfach anhielt, wenn unterwegs Wild auftauchte. Man konnte dann abspringen und eine Duckerantilope, ein Böckchen oder ein Kudu schießen. Das Fleisch wurde unter den Fahrgästen verteilt. War die Beute ein Löwe, wurde dem Jäger Zeit gelassen, ihn zu häuten. Und war der Lokomotivführer in der Stimmung, blieb er lange genug stehen, damit die Leute draußen essen konnten.

Schließlich hat der Zug wieder genug Energie gesammelt, um erneut ein kurzes Stück zu fahren, gibt das mit einem kurzen, keifenden Tuten bekannt, und die Leute rennen zusammen und steigen wieder ein. Beim nächsten Halt laufen Dutzende mit ihren Koffern zur Straße und hoffen, daß jemand sie mitnehmen wird, was unwahrscheinlich ist, denn es sind kaum Autos unterwegs, und außerdem wird sowieso nur noch selten jemand mitgenommen.

Gegen Mittag hält der Zug in der Nähe eines Dorfes. Die Leute rennen in Scharen los, um Limonade und Kekse zu kaufen. Während sie in die eine Richtung stürzen, läuft ein kleiner, halbnackter schwarzer Junge ihnen entgegen auf den Zug zu, seine Mutter sieht ihm von ihrer Hütte aus nach. Er hat einen Behälter aus Plastik dabei, den er aus den Hähnen des Zuges mit Wasser füllt. Als der erste Hahn nichts mehr hergibt, läuft er zum nächsten und so durch den ganzen Zug. Seine Mutter winkt und ruft ihn voller Angst zurück, daß er nicht mehr rechtzeitig aus dem Zug kommt. Aber bald marschiert er mit seinem vollen Behälter stolz zurück in Richtung Dorf.

Der Zug steht da und stößt in aller Ruhe Rauchwolken aus. Was sollte uns davon abhalten, den ganzen Tag hierzubleiben ... die nächste Nacht ... für immer? Die Zeit verhält sich, wie sie es immer tut, wenn es scheint, daß ein langer Aufenthalt niemals enden wird. Nein, es ist besser, nicht auf die Uhr zu blicken, denn mittlerweile sind bereits zwei Frauengruppen in Bulawayo eingetroffen und wundern sich über unseren Verbleib.

Zwei Beamte tauchen auf. Sie blicken drein, als hätten sie freiwillig ein Martyrium auf sich genommen. Ihre Aufgabe ist es, Aggressionen abzubauen, und so bleiben sie vor jedem Abteil stehen. Als wir nach dem Grund für die Verzögerung fragen, erklären sie, daß ein Fehler im Signalsystem, verursacht durch die schweren Regenfälle, die Weiterfahrt behindere. Bei jedem neuen Signal müsse der Lokführer anhalten und auf eine schriftliche Anweisung warten. »Das ist auch in Ihrem Interesse«, meinen sie auf die selbstgerechte und drohende Weise in die Enge getriebener Bürokraten. Schallendes Gelächter folgt ihnen wie ein Buschfeuer durch den Zug. Was für schriftliche Anweisungen? Von wem geschrieben? Lief etwa ein Mann vom nächsten Bahnhof zum Zug, in der Tasche die schriftliche Nachricht vom dortigen Bahnhofsvorsteher, der offensichtlich in der Klemme saß und auch über seinen Vorschriftenkatalog nicht weiterkam? Hat man etwa das Radio noch nicht erfunden? Oder das Telefon? Keiner glaubt diesen Unsinn, den sich die beiden offensichtlich selbst ausgedacht haben. Talent meint, sie seien nicht gerade die Hellsten.

Kurz darauf hält der Gegenzug von Bulawayo nach Harare, der am Morgen losgefahren ist, neben uns. In den Fenstern tauchen gutgelaunte Gesichter auf, man bietet uns Süßigkeiten an, Kekse, Sprudel, sogar *sadza*. »Schämt euch, ihr solltet besser nach Harare zurückkehren und es morgen noch einmal probieren.« Sofort heitert sich die Stimmung der verzagten Fahrgäste auf, und es wird wieder gelacht und gescherzt. Um zwei Uhr dann schießt unser Zug plötzlich los, und bald sehen wir die Dornenbäume und Akazien Matabelelands an uns vorbeiziehen. Leise tutend fahren wir mit neun Stunden Verspätung im Bahnhof von Bulawayo ein. Die überschwengliche, lärmende Menge stürzt sich aus dem Zug und bevölkert den Bahnsteig, der einst als der längste der Welt galt. (Jedesmal, wenn in den Anden, in Cincinnati oder sonstwo ein noch längerer Bahnsteig entstand, wurden an den in Bulawayo einfach ein paar Meter angehängt.) Die Frauen sehen aus wie Schmetterlinge. Die Baumwollindustrie floriert, neben Tabak ist Baumwolle das wichtigste landwirtschaftliche Produkt, und irgendwo sitzt ein Designer, der die Ladenregale füllt und die Frauen in diese farbenprächtigen, wild gemusterten Stoffe hüllt, die auf dunkler Haut so gut aussehen. Am Ausgang bleibe ich stehen, denn ich habe eine Stimme aus der Vergangenheit gehört. Ein fetter, schlechtgelaunter Weißer spricht in tyrannisierendem, herumkommandierendem Ton mit einer kleinen Gruppe geduldiger Schwarzer. »Warum darf dieser Mann immer noch so sprechen?« frage ich. Mir wird bewußt, daß ich diesen Tonfall in Simbabwe bislang nicht mehr gehört habe, nicht ein einziges Mal. »Sehen Sie denn nicht, daß er Südafrikaner ist?« entgegnet Talent. Und dann erkenne ich sie: die typische Bauch-nach-vorn-Kopf-nach-oben-Haltung, die zu diesem Ton gehört. Aber warum? Ist es eine religiöse Gruppe? Was bringt eine Gruppe schwarzer Südafrikaner mit ihrem Aufpasser hierher? Es ist ein Rätsel, das ungelöst bleiben muß, weil wir forteilen, um uns zu versichern, daß die Frauen noch auf uns warten.

Alle halbe Stunde waren Abordnungen zum Bahnhof geschickt worden. Sie ließen ihr Beileid und die besten Wünsche ausrichten. Die Versammlung war auf den nächsten Morgen verschoben.

Grey's Inn Hotel hat als Aushängeschild muntere Kutschenpferde à la Dickens – oh, untergegangenes England, das völlig unerwarteterweise ebenso in Teilen Afrikas bejammert wird wie in England selbst. Im Inneren ist dieses freundliche Gasthaus allerdings alles andere als englisch. Oder, so geht es mir durch den Kopf, ähnelt diese explosive, respektlose, gewitzte, selbstsüchtige Gesellschaft der englischen des achtzehnten Jahrhunderts? Aber vermutlich ist das zeitgenössische England dem England des achtzehnten Jahrhunderts viel ähnlicher, zumindest wenn man das Auf und Ab des Nationalgefühls in Betracht zieht. Man muß in London nur die Jugendlichen ansehen – die Stadt erscheint immer jünger. Und wer klug ist, hält seine Handtasche fest, wegen der Taschendiebe. Die Jugendlichen sind großspurig, fröhlich, modisch auf dem neuesten Stand, sind sich ihrer Erscheinung bewußt und laufen mit schwingenden Hüften und einer Schulterhaltung herum, die besagt: Unterschätzt mich nicht! Diese herausgeputzten Barbaren, stets zu einem kleinen Wortgefecht bereit, voller Sprüche und Slogans aus dem Fernsehen, haben nichts gemein mit den Menschen, die mir nach dem Krieg, zurück in England, auf Londons Straßen begegneten. Eine trübselige, eigennützige Respektabilität herrschte damals vor, die zu den trübseligen, grauen Straßen und den letzten Tagen der Rationierung paßte.

Das Hotel ist altmodisch, strahlt eine Atmosphäre aus, die darauf schließen läßt, daß es jahrzehntelang voller Leben war. Ich hoffe, es ist nicht zum Abbruch bestimmt. In meinem großen Zimmer stehen vier Betten. Früher, als die Gesellschaft noch stolz auf zahlreiche Nachkommenschaft war, logierten hier ganze Familien. Die anderen haben ebenfalls große Zimmer.

Das Hotel hat einen teilweise überdachten Innenhof, in dem Sonnenschirme stehen. Aber der Himmel ist bedeckt, die lange Kälteperiode ist noch nicht vorüber. Ein paar Stunden lang sitzen wir an einem Tisch, an den immer weitere Tische angebaut werden, als sich Freunde und deren Freunde, Verwandte, Helfer und auf früheren Reisen erworbene Bewunderer des Teams zu uns gesellen. Der Hof ist voll bis auf den letzten Platz. Es haben sich mehr Schwarze als Weiße und viele gemischte Gruppen eingefunden. Während ich diese Tatsache aufgrund meiner Vergangenheit noch explizit feststellen muß, haben sich die Menschen hier längst daran gewöhnt. Eine junge Frau persischer Abstammung erzählt mir, daß Angehörige ihrer Generation immer wieder über den Rassismus der Älteren überrascht sind.

Fast jeden Abend hält ein Politiker aus Bulawayo im Hotel Hof, der gegen Mugabes Politik opponiert. Die Leute kommen, um ihm zuzuhören. Er ist berühmt dafür, kein Blatt vor den Mund zu nehmen, wozu in den Jahren vor dem Unity Accord sicher viel Mut gehörte. Ich werde daran erinnert, daß wir hier in Matabeleland sind, in der Heimat des *Bulawayo Chronicle*, der Zeitung, die sich noch nie davor gescheut hat, die Regierung wegen Korruption und Ineffizienz zu kritisieren. Die Menschen hier sind stolz darauf, daß diese Zeitung, die »alle Welt« liest, in Bulawayo erscheint.

Ich erinnere mich, daß Bulawayo und Salisbury schon früher immer im Wettstreit miteinander lagen. In Salisbury wurde behauptet, Bulawayo sei eine kommerzielle, barbarische Stadt ohne jeden Charme. In Bulawayo wurde behauptet, Salisbury sei eine langweilige, biedere, snobistische Beamtenstadt. Jetzt sagt man in Bulawayo, Harare sei die Stadt der reichen Chefs und in den Straßen stinke es nach schmutzigem Geld. In Harare heißt es, Bulawayo sei tiefste Provinz. Für einen Außenstehenden sind beides lebendige, interessante, pulsierende Städte.

Wieder und wieder wird mir versichert, daß ich mich glücklich schätzen könne, jetzt nach Matabeleland zu kommen. Die Menschen hier seien zufrieden und glücklich. Zum einen wegen des Unity Accords, zum anderen, weil Joshua Nkomo, ihr Mann, jetzt ein wichtiges Mitglied der Regierung ist. Die Trockenheit ist vorüber, das letzte Jahr war ein gutes Jahr, und auch in diesem Jahr hat es bislang genug geregnet. Vor dem Unity Accord seien alle verzagt, argwöhnisch und ängstlich gewesen, und auch die Dürreperiode habe scheinbar kein Ende nehmen wollen.

Cathie erzählt: »Die Gegenden, in die wir die nächsten Tage kommen werden, sind arm, die ärmsten im ganzen Land. Nicht zu vergleichen mit den wohlversorgten Gebieten um Harare. Und doch sind die Leute energiegeladen, optimistisch, es ist einfach toll. Diese Frauen . . . es sind die Frauen . . . sie lassen sich von nichts unterkriegen. Man meint, sie müßten jeden Mut verlieren, so schlecht geht es ihnen. Man kann es sich nicht vorstellen.«

In diesem Hof und später beim Essen sowie überhaupt immer,

wenn die Menschen sich unterhalten, kommen die gleichen Themen zur Sprache. Überall in der sogenannten Dritten Welt sind es die Frauen, die die Dinge verändern. Will man etwas bewirken, muß man zu den Frauen gehen, sagen Entwicklungshelfer, die schon in einem halben Dutzend Länder gearbeitet haben. Manchmal muß man sich an die halten, die die Infrastruktur zu bilden scheinen – die Männer, die die Macht haben; aber de facto sind es die Frauen, die die Dinge anpacken. Und woran liegt es, daß gerade die armen Frauen überall auf der Welt ihr Leben selbst in die Hand nehmen? fragt jemand, doch niemand antwortet darauf: Weil Fragen nach dem *Warum* nie so interessant sind wie Fakten, wie die Berichte darüber, *wie* etwas bewerkstelligt wird.

Sie sprechen über Hilfsorganisationen, Hilfsgelder, genau wie die Leute auf den Veranden darüber reden. Mit Bedauern. Voller Bitterkeit. Vorwurfsvoll ...

Das Schlimmste ist, daß schon so viele Hilfsgelder verschwendet wurden. Was zum Teil an den großen Worten zur Zeit der Unabhängigkeit log. Zu Anfang glaubten die Menschen, daß sich die Probleme allein mit großen Sprüchen erledigen ließen. Wenn die Partei heute eine Kundgebung anberaumt, geht kaum mehr jemand hin. Das sei ein Zeichen politischer Reife, das Mugabe hoffentlich als solches erkenne. Letzten Monat fand in Bulawayo eine große Kundgebung statt, und als die Regierungssprecherin – immerhin eine Frau – ihre Rede hielt, bekam sie kaum eine Reaktion. Als schließlich aber ein Stammesoberhaupt aus der Gegend sprach, drehte die Menge fast durch. Ja, die alten Stammesoberhäupter sind zurück. Mugabe braucht ihre Unterstützung, und so hat er ihnen ihre Befugnisse zum Teil zurückgegeben: Sie dürfen bei sich Recht sprechen. Aber natürlich wollen sie alles zurück, wollen die Macht über das Land. Einige der Länder, die Hilfsgelder zur Verfügung stellen, sind mißtrauisch geworden, zu oft schon haben sie sich die Finger verbrannt. Aber in der Regel war es ihre eigene Schuld. Sie haben jedem und für jeden Zweck Geld gegeben, ohne sich vorher zu vergewissern, daß eine Basis existierte, auf der man aufbauen konnte. Viele Hilfsgelder wurden aber auch veruntreut.

Ich höre eine andere Version des Was-ist-der-gefährlichste-Job-Witzes: Hilfsgelder zu verteilen – wenn man Glück hat, kommt man mit zehn Jahren davon.

Aber sitzen die Schuldigen tatsächlich im Gefängnis? Nicht viele.

Und wieder stellt sich die Frage: Wie ist es möglich, daß so viele ungeschoren davonkommen, daß sie *erwarten*, daß das so ist? Überall haben sie sich am großen Honigtopf bedient, etliche Chefs sind so zu Wohlstand gekommen.

Dennoch gibt es immer neue Stiftungen, Agenturen und Organisationen, die sich zumeist hinter Kürzeln verbergen und in jeder für einen Neuling unmöglich zu verstehenden Unterhaltung auftauchen. »Wenn wir X von XY dazu bringen, KA und BC zu gründen, dann wird IWP kommen und CBD und WSP unterschreiben.«

Ein bekannter früherer Wirtschaftsminister aus Ostafrika ist der Ansicht, daß die Hilfsgelder das Schlimmste sind, was Simbabwe je widerfahren ist. (Ich muß betonen, daß er Schwarzer ist, sonst wäre die Antwort klar: »Typisch. Was kann man von denen schon erwarten?«) »Mugabe hätte darauf bestehen sollen, daß Simbabwe es aus eigener Kraft versucht. Die Infrastruktur war vorhanden. Jetzt heißt die Antwort auf jede Schwierigkeit: ›Gebt uns mehr Hilfsgelder.‹ Schon wahr, es hätte länger gedauert, aber die Hilfsorganisationen haben die afrikanischen Nationen zu einer Bande von Bettlern gemacht.« Ein schwarzer Zeitungsredakteur sagt zu dem Thema: »Mit den Hilfsgeldern hat man uns keinen Gefallen getan. Erinnert euch nur daran, was passiert ist, als im Zweiten Weltkrieg die Importe aufhörten. Plötzlich entwickelte sich eine eigene Zuliefererindustrie, und Rhodesien wurde zum Selbstversorger. Dann die Wirtschaftssanktionen. Auch sie waren gut für das Land, wieder kam es zum gleichen Effekt. Aber solche Dinge werden nicht gern gehört.«

Ein anderer Freund, ein schwarzer Südafrikaner sagt, das Widerlichste, was er je gesehen habe, sei Nyerere im Fernsehen gewesen, der »wie ein lieber, kleiner Engel« gelächelt und mit beiden Händen winkend dazu aufgefordert habe, Hilfsgelder zu schicken. »Nur her damit, nur her damit«, habe er gerufen.

Während dieses Aufenthalts in Simbabwe habe ich mit den unterschiedlichsten Leuten über dieses Thema gesprochen, und in aller Regel war die Reaktion folgende: »So kann nur reden, wer die Armut nicht mit eigenen Augen gesehen hat.«

Auch das Buchteam wird mit Hilfsgeldern finanziert, allerdings hat es sich zur Wehr gesetzt, als die Spenderorganisation versuchte, politischen Einfluß zu nehmen, Bedingungen zu stellen. »Von überall fliegen sie her, aus Kanada, Amerika, Dänemark, Deutschland, reden mit den Bürokraten und Funktionären in irgendeinem Amt in Harare und sagen: ›Wir geben euch Geld, wenn ihr dieses oder jenes tut.‹ Wobei sie höchstens für ein paar Stunden ein Dorf oder eine Farm besucht haben, bevor sie wieder zurück nach Harare gehetzt sind.« Die Bücher, die das Team produziert, sind teuer, auch wenn die meisten Helfer freiwillig und unentgeltlich daran mitarbeiten. Das Frauenbuchprojekt allein wird weitere sechs Jahre beanspruchen. Und wenn sich Simbabwe während dieser Zeit so verändert wie in den vorausgegangenen sechs Jahren, dann werden auch die Bücher geändert werden müssen.

»Warum, glauben Sie, hat Simbabwe sich verändert?« werde ich von Menschen gefragt, die ungeduldig ein Utopia herbeisehnen.

»Aber sehen Sie denn nicht, wie anders alles ist? Man kommt sich ja fast schon vor wie in einem mittleren Erdbeben. Ich bin erstaunt, daß ihr noch das Gleichgewicht halten könnt.«

»Uns scheint, daß alles sehr langsam geht.«

Am nächsten Morgen, als der Kellner das Frühstück bringt, regnet es. Ich sitze aufrecht im Bett, neben mir die Bücher des Teams, und blättere im zweiten Buch, das den Titel trägt: *Wie wir in unseren Dörfern zu Wohlstand kommen: Eine Einführung in die Unternehmensführung auf dem Land.*

Überall Illustrationen. Eine attraktive junge Frau sagt: »Simbabwe ist eine der afrikanischen Nationen, deren Wirtschaft überwiegend von ausländischem Kapital abhängig ist. Ungefähr siebzig Prozent des Kapitals werden von Ausländern kontrolliert, der Großteil von einhundertdreißig englischen und dreiundvierzig südafrikanischen Firmen. Ausländern gehören sechzig Prozent der simbabwischen Unternehmen, neunzig Prozent der Minen und neunzehn Prozent der Farmen. Zwischen 1980 und 1983 flossen 3,330 Millionen Dollar an Gewinnen ins Ausland.«

Eine junge Frau mahnt: »Es wird ein langwieriger und komplizierter Prozeß werden, Simbabwes Wirtschaft so zu verändern, daß die Kluft zwischen Stadt und Land und zudem Simbabwes Abhängigkeit von ausländischem Kapital und ausländischer Technologie schwindet.« Eine andere junge Frau: »Als Dorfbevölkerung sollten wir ganz aktiv an diesem Prozeß mitwirken, wir sollten uns informieren und organisieren, da die Regierung diese Aufgabe nicht allein lösen kann. Wir brauchen ein Grundwissen über Simbabwes Wirtschaft.«

Was ist Wirtschaft? Die Antwort darauf geben eine Dorfbewohnerin und ein Mann jeweils mittleren Alters.

Was ist Produktion? »Produktion ist der Akt der Umwandlung von natürlichen Dingen zu verwendbaren Gütern. Um etwas zu produzieren, brauchen wir folgendes: natürliche Ressourcen, Arbeitskraft, Kapital.«

Chris Hodzi illustriert die Bücher mit Menschen, die er gesehen hat, die er beobachtet, denen er zugehört hat.

»1. Welches ist das wichtigste Produkt deines Dorfes?

2. Beschreibe die natürlichen Ressourcen für seine Produktion, die Arbeitskraft und das Kapital, die dazu aufgewandt werden müssen.

3. Gibt es Schwierigkeiten bei der Beschaffung der natürlichen Ressourcen, der Arbeitskraft und des Kapitals für das wichtigste Produkt deines Dorfes? Wenn ja, beschreibe die Schwierigkeiten und überlege dir Möglichkeiten, sie zu beheben.«

In jedem Dorf in Simbabwe wird es diese Bücher geben. Das erste ist bereits verbreitet. Auch dort, wo die Schulen schlecht sind, werden diese Bücher, so sie gelesen werden, wie Unterricht in Staatsbürgerkunde wirken.

Morgens um acht fand das verschobene Treffen statt. Es

wurde ndebele gesprochen, das sowohl Cathie als auch Talent beherrschen. Die Frauen stammten aus den ärmsten aller Dörfer, die jahrelang unter Trockenheit gelitten hatten. Alle wußten von dem Frauenbuch, empfanden das Treffen als bedeutende Gelegenheit und waren voller Hoffnung.

Zwei denkwürdige Ereignisse sind mir in Erinnerung geblieben. Zum einen, daß eine ältere Frau ziemlich konservative Ansichten vertrat – so eine Frau gibt es immer, und stets hören die jüngeren Frauen auf eine Weise zu, an der man erkennt, daß sie zumindest teilweise mit der älteren übereinstimmen: »Nicht alles Alte ist schlecht. Schätzenswerte Traditionen sollten wir beibehalten.«

Zum anderen, daß eine alte Frau entschieden einem Mädchen widersprach, das ein Gesetz forderte, welches Frauen vor Vergewaltigung schützen sollte: »Die Frauen haben verlernt, sich selbst zu schützen. Was ist mit der alten Methode: Ein Mädchen wird im Wald von einem Mann verfolgt. Während sie wegrennt, hebt sie den Rock und zeigt, was sie hat, der Mann wird schwächer und schwächer und kann schon bald nicht mehr laufen . . .« Das Treffen endete mit Gelächter und letzten Mahnungen des Teams: »Das südliche Matabeleland ist berühmt für seine Musik, denkt daran, daß wir für das Buch Lieder und Gedichte brauchen.«

Dann gingen wir hinaus und stiegen in den Toyota Landcruiser, den uns ein Politiker zur Verfügung gestellt hatte. Die Arbeit des Teams wurde in der Gegend sehr geschätzt. Dieses Fahrzeug ist eine Weiterentwicklung des Landrovers, es ist größer, bequemer, das Fahrgestell ist höher. Man schwebt darin. Eine Menge Leute passen hinein, was an diesem Tag nützlich war, denn immer wieder wollten Leute mitgenommen werden.

Es war noch ziemlich früh. Wenn man um fünf oder sechs aufwacht, um halb sieben frühstückt, dann scheint um elf schon der halbe Tag vorüber. Es war grau und kühl, überall waren Pfützen. Bulawayo jedoch wirkte festlich und nahezu frivol dank der himmelblauen Pfosten für die Straßenlampen, die wie geschaffen dafür schienen, Girlanden dazwischen zu spannen oder bunte Bänder daran zu hängen.

Eine Frau, die mit uns fährt, gehört einer der Hilfsorganisationen an, die kaum mehr auseinanderzuhalten sind. Lange vor der Unabhängigkeit hat sie einen Schwarzen geheiratet – sie selbst ist weiß –, seine Kinder erzogen und alle Schikanen auf sich genommen, die das mit sich bringt. Sie sagt, daß das fürchterliche alte Südrhodesien mittlerweile so gut wie verschwunden sei.

Wir befinden uns auf der Straße nach Norden, die zu den Victoria-Fällen führt. 1982 entführten Terroristen auf dieser Straße sechs Touristen und töteten drei von ihnen. Niemand erinnert sich mehr daran. Der Busch zu beiden Seiten ist dicht und üppig, er glänzt frisch. Das letzte Mal, als ich hier war, war Matabeleland braun und staubig, sein gewöhnlicher Zutand. An jeder Abzweigung stehen fette Ziegen und Kühe. Die Ziegen laufen frei herum, die Weiden der Kühe sind eingezäunt. Die Farmen in der Gegend sind kommerzielle Farmen, deswegen ist der Busch intakt und gesund. Allerdings gibt es kein Wild, nur Ziegen, Kühe, Esel. Tiere sind Tiere, versuche ich mir einzureden. Manchmal läuft ein Perlhuhnpaar neben der Straße her, manchmal sieht man auch Rebhühner. Zu dieser Jahreszeit treten die Perlhühner nicht in Scharen auf, es ist Paarungszeit. Jemand erzählt, daß es letztes Jahr nahe der Wankie-Kohlenmine so viele Perlhühner gegeben habe, daß man den Eindruck haben konnte, die ganze Erde bewege sich. Es waren Hunderte und aber Hunderte.

## DER GARTEN

Über den »Garten« wird im gleichen Tonfall geredet wie über den erfolgreichen kleinen Schuppen in der Nähe von Harare. Irgend etwas an ihm versetzt die Menschen in Entzücken, und sie sagen: »Warten Sie und sehen Sie selbst.« Auf halbem Weg zu den Victoria-Fällen biegen wir ab und fahren weiter zu einer Communal Area. Trotz des vielen Regens ist der Busch hier ausgedünnt und gestrüppreich, fast eine Wüste, in der sich niedrige, kahle Hügel erheben. Plötzlich taucht in dieser scheinbar unfruchtbaren Ödnis ein weit sich hinziehender, üppiger Garten auf. Wir steigen aus und stehen dichtgedrängt, um seiner Entwicklungsgeschichte zu lauschen. Wir frösteln. Niemand nimmt einen Pullover mit, wenn er in den Backofen Matabeleland fährt, niemand von uns ist angemessen angezogen.

In dieser Gegend gibt es nur extrem arme Dörfer. Eines Tages hörten ihre Bewohner im Radio eine amtliche Rede, in der von »Projekten« die Rede war, das heißt davon, wie man die Situation in Dörfern wie ihren verbessern konnte. Auch von einem Garten wurde gesprochen. Aber das hier war trockenes Land, blasser viertklassiger Boden. Allerdings existierte eine stillgelegte Goldmine und ein Bohrloch ...

Männer und Frauen legten den Garten gemeinsam an. Heute wachsen Tomaten, Zwiebeln, Kohl, Mais, Karotten und Spinat in ihm. Unglaublich, was der Boden hergibt.

Insgesamt vierundzwanzig Frauen und neun Männer luden alle Interessenten ein, sich an der Kooperative zu beteiligen.

Wir sehen einem halben Dutzend Frauen zu, die vornübergebeugt, jedoch mit gestreckten Knien, den Boden bearbeiten. Unmöglich, so zu arbeiten, möchte man meinen, aber sie tun es, stundenlang. Wegen des Schlamms sind sie barfüßig. Wie immer arbeiten die Frauen härter als die Männer, auch wenn die ihnen helfen, was den Familien zugute kommt.

Zu Beginn gab es hier nichts als vertrocknete, unfruchtbare Erde. Ein landwirtschaftlicher Sachverständiger kam und erklärte, wie Bewässerungsgräben und Begrenzungswälle anzulegen und das Gelände einzuzäunen war, um die Ziegen auszusperren. Die Kooperative nimmt keine neuen Mitglieder mehr auf, aber wenn es Geld für ein neues Bohrloch gäbe, könnte ein weiterer Garten geschaffen werden. Alle wollen jetzt einen solchen Garten. Schon dieser eine hat die Situation im ganzen Distrikt verbessert.

Aber wie sollen sie an ein neues Bohrloch für das nötige Wasser kommen? Abgesandte eines nahen Dorfs, Männer und Frauen, hoffen, daß wir ihnen dabei helfen können. Mit uns mitgekommen ist eine Frau, die eine bescheidene kleine Hilfsorganisation vertritt, nicht eine der großen internationalen Organisationen. Um Geld gebeten, hat sie dem Dorf vor Jahren einhundert Dollar gespendet. Einer der Männer macht ihr deswegen jetzt – wenn auch auf humorvolle Weise – Vorwürfe.

»Einhundert Dollar«, sagt er. »Was hätten wir damit bewerkstelligen sollen?«

Die Frau erwidert: »Aber ihr habt mir doch gesagt, daß es euch ganz gut geht?«

Der Mann zeigt sich uneinsichtig.

»Ihr habt Hühner gekauft, und innerhalb eines Jahres habt ihr aus den hundert Dollar fünfhundert gemacht. Das habt ihr mir jedenfalls erzählt. Stimmt das etwa nicht?«

Der Mann lacht und gibt ihr recht.

»Na also. Wie vielen Leuten wurden Hunderte von Dollar gegeben, ohne daß sie etwas daraus gemacht haben?«

»Ja. Wissen wir, daß das so ist, aber zu dieser Art Leute gehören wir nicht.«

»Im Moment sprechen wir über Geld für ein Bohrloch, und für solche Projekte stellt meine Organisation kein Geld zur Verfügung.«

»Was sollen wir tun?«

»Ihr solltet mit diesem Mann hier reden. Er ist genau der richtige Ansprechpartner für euch.«

»Dieser Mann hier«, der ebenfalls mit uns aus der Stadt gekommen ist, entfernt sich mit den Dorfbewohnern ein Stück von der Szene, um mit ihnen für die Chancen über ein neues Bohrloch zu diskutieren.

Unsere Gruppe hat sich zerstreut, und ich stehe allein da, als ein landwirtschaftlicher Sachverständiger – in diesem Fall ein ungefähr vierzigjähriger Mann, der mit Schlamm bespritzt ist, weil er geholfen hat, einen überfluteten Bewässerungsgraben trockenzulegen – auf mich zugelaufen kommt. Er lacht auf jene Weise, die ankündigt, daß man selbst auch bald lachen wird.

Er bleibt vor mir stehen, setzt eine ernste Miene auf und sagt: »Wissen Sie, Mrs. Lessing, Sie verstehen unsere Schwierigkeiten nicht.«

Diese Worte, die in den alten Zeiten die Weißen gebrauchten, wann immer ein Besucher sie kritisierte, bringen mich erwartungsgemäß zum Lachen, und er nickt, um zu signalisieren, daß ich ihn richtig verstanden habe, dann fährt er fort: »Wir sind jetzt ein zivilisiertes Land.« Er wartet auf meine Reaktion, um anschließend seine Pointe anbringen zu können.

»Das sehe ich selbst«, sage ich.

»Und wie in jedem anderen zivilisierten Land sind auch unsere Bosse korrupt«, sagt er und schüttelt sich vor Lachen.

Wir lachen beide. Dann kehrt er kopfschüttelnd und lachend zu seiner Arbeit am Bewässerungsgraben zurück.

Die Pointe funktioniert, weil es erst kürzlich auch in England wieder einen Korruptionsskandal gegeben hat.

Die Leute, die den Garten betreiben, sind stolz darauf, daß seine Erträge auch Nichtmitgliedern zur Verfügung stehen. Junge Pflänzchen gibt es umsonst, und wer Viehdung bringt, bekommt Gemüse.

Die Gärtner haben es aufgegeben, Kunstdünger zu verwenden, wenn sie genügend Dung bekommen. Das chemisch gedüngte Gemüse schmeckt nicht, behaupten sie. Wenn man chemisch und natürlich gedüngtes Gemüse vergleicht, merkt man den Unterschied angeblich schon beim ersten Bissen.

Stolz führt man uns vor, wie der Garten an manchen Stellen wild wachsen kann, es gibt Komposthaufen, wo sich die Erde für die Papaya-, für die Guaven- und Orangenbäume bildet, die bald gepflanzt werden sollen. Stolz zeigt man uns die Blair-Toiletten, die sich außerhalb des Gartens befinden, hinter dichten, rosa- und weißgefederten Kosobäumen verborgen. Der Zaun ist in gutem Zustand, die Dächer der Hütten im Dorf sind dicht.

Als wir zu unserem Landcruiser zurückschlendern, kommen Frauen auf uns zu, um uns Gemüse zu verkaufen. Die Hausfrauen unter uns kaufen begierig ein, solches Gemüse ist nicht leicht zu finden. Die Frauen aus dem Dorf haben ein paar Dollar verdient, sie freuen sich und sind stolz. Dank dieses Gartens, dieser Leistung, die ihr ganzes Leben verändert, haben sie zweitausend Dollar auf der Bank liegen. Das ist eine unerhörte Summe für die Menschen hier, auch wenn sie etlichen zusammen gehört. Nichts kann die allgemein herrschende Armut besser verdeutlichen als die Freude der Frauen über ein paar Dollar, die sie für einen ungeheuren Berg Gemüse erhalten haben. Den Lebensstandard einer Familie in diesem armen Distrikt wesentlich zu erhöhen, heißt, sie in die Lage zu versetzen, einem ihrer Kinder ein Paar Schuhe für den Weg zur Schule zu kaufen, einen Pullover für kältere Tage oder eine Kerosinlampe, in deren Licht man Hausaufgaben machen kann.

Es gibt zwei Grundschulen und zwei weiterführende Schulen in der Gegend. Letztere befinden sich im gleichen Zustand wie die, die wir eine Woche zuvor besucht haben. Einer der Schulleiter ist angeklagt, Schulgelder veruntreut zu haben.

Immer wieder halten wir an, um Leute ein- und aussteigen zu lassen. Der Landcruiser wird als öffentliches Verkehrsmittel betrachtet, und hier auf dieser Buschstraße scheint niemand Bedenken zu haben, Fremde mitzunehmen. Wir reden ausschließlich über Probleme und Krisen und lachen trotzdem die ganze Zeit, besonders über die Korruptionsaffären. Jeder hat eine Geschichte zu erzählen.

»Ein Politiker aus Harare trifft in einer Straße von Bulawayo einen alten Freund, einen ehemaligen Freiheitskämpfer und jetzigen Chef. Über diesen Chef ist in derselben Woche in der Zeitung berichtet worden, er habe sich eines besonders frechen Diebstahls schuldig gemacht. Der Politiker aus Harare sagt: ›Ich glaube nicht, daß ich es mir diese Woche leisten kann, mit dir gesehen zu werden.‹ Der Delinquent entgegnet: ›Das ist aber schade, ich wollte dich gerade zum Abendessen einladen.‹ ›Ein andermal‹, antwortet der Politiker. ›Nein, jetzt weiß ich, wie wir das Problem lösen‹, meint der Chef. ›Bleib einfach über Nacht, dann wird dich niemand mit mir sehen. Und zwar kommst du in das Haus, in das ich auch die Spürhunde von der Regierung führe, wenn sie wissen wollen, ob ich gegen den Leadership Code verstoße. Ich will dich nicht kompromittieren, indem ich dich auf meine Farm einlade, in meinen Laden, mein Hotel, mein anderes Haus oder mein . . .‹«

Der von Genosse Mugabe initiierte Leadership Code soll, wie die Luxusgesetze der Römer, die Welle der Habgier eindämmen.

Jemand erzählt eine Geschichte aus Manicaland: »›Schämst du dich nicht, so schnell so reich zu werden? Hast du keine Angst davor, daß dich die Regierung dafür bestrafen wird?‹ ›Nein, die Regierung ist doch auf der Seite der Armen, oder etwa nicht? Und da ich ein armer Mann war, muß sie auch auf meiner Seite sein.‹«

Eine Geschichte über einen Politiker, dessen Frau berüchtigt ist für ihre Habgier: »Oh, er ist ein guter Mann, wir wissen alle, daß er unbestechlich ist. Wer könnte schon etwas gegen ihn vorbringen? Aber wenn man mit der Bestechlichkeit ins Bett geht, wie soll man das dann nennen?«

Zwischen Scherzen und Anekdoten kommt immer der Moment, in dem jemand sagt: »Sie halten uns für dumm, nur weil wir arm sind. Die Chefs denken nicht daran, daß wir sie immer im Auge haben. Wir wissen, wer schlecht und wer gut ist.«

»Bei einem Großteil der Korruption handelt es sich um kleinere Fälle, aber hinter jedem noch so unbedeutenden Vorfall steckt die Zustimmung eines großen Mannes. So werden zum Beispiel Rhinozeroshörner mit Regierungswagen zum Händler transportiert. Und hinter der Nashornwilderei stehen mächtige Männer. Die Wilderer haben teure Waffen. Wer kann sich solche Waffen leisten? Nur die Chefs.«

»Während des Buschkriegs haben die Genossen aufs Volk gehört und unseren Rat beherzigt. Heute tun sie das nicht mehr.«

»Das einst sehr ehrenvolle Wort ›Genosse‹ sollte man nur noch für Gangster und Kriminelle verwenden. In ein paar kommunistischen Ländern haben sie es bereits abgeschafft. Wenn man es nur noch voller Sarkasmus aussprechen kann, dann sollte man es bleibenlassen.«

Voller Zuneigung und Zustimmung wird von Joshua Nkomo gesprochen. Daß er lange im Untergrund war, daß ihm alle möglichen Arten von Volksaufhetzung und Verrat vorgeworfen wurden, ist vergessen. Es ist, als gehörte er seit jeher zu den Chefs, zu den Architekten und guten Menschen von Simbabwe.

Eine Geschichte über ihn geht um: Nkomo besucht einen Schrein in den Matopo Hills, und die *ngangas* dort begrüßen ihn als Lobengula: Nkomo ist die Reinkarnation des alten Königs oder wird zumindest vom Geist des Königs beseelt.

»Als du Lobengula warst, wolltest du nicht auf uns hören«, tadeln ihn die Weisen. »Du hast nicht auf uns gehört, als du gegen die Briten kämpftest, und du wurdest besiegt, wie wir es dir vorhergesagt haben. Bist du jetzt der Lobengula, der die Stimmen seiner Vorfahren mißachtet, oder bist du der, der tut, was sie ihm sagen?« »Ich bin der, der tut, was ihr ihm sagt«, antwortet Joshua unterwürfig. »Dann wird dir Ehre zuteil werden, ein langes Leben und eine bedeutende öffentliche Position.«

Ist die Geschichte wahr? Sie illustriert ein Gefühl für Nkomo und das Bedürfnis nach Kontinuität in einer Gesellschaft, die in den letzten hundert Jahren wieder und wieder gewaltsam aufgestört wurde.

Zum Abendessen im Hotel hat sich eine ganze Runde versammelt, und wir bleiben lange Zeit sitzen und reden. Sylvia sitzt am Kopfende des Tisches, ihr gegenüber ihre Tochter, die das Hotelgewerbe erlernt. Sylvia ist an der Reihe, uns ihre Lebensgeschichte zu erzählen. Wir hören zu, wie es die Menschen in diesen Tagen ständig zu tun scheinen, verstehen ihre Geschichte als Teil des Epos *Die Entstehung Simbabwes.*

Sylvia stammt aus einer polygamen Ehe und wurde zum Gehorsam erzogen, durfte in Anwesenheit älterer Familienmitglieder nur ja oder nein sagen und hat nie gewagt, ihre Eltern zu kritisieren. Jetzt führt sie eine moderne Ehe mit einem Mann, der im Haus mit anpackt, der die Verantwortung mit ihr teilt und auf die Kinder aufpaßt, wenn sie auf Reisen ist. Ihre Tochter hat ebenfalls einen großen Schritt vorwärts getan. Ich kann keinen Unterschied zwischen ihr und einem siebzehnjährigen Mädchen in Europa erkennen. Sie ist hübsch, lebhaft, unabhängig. Wir bitten sie, uns zu erzählen, wie die junge Generation denkt.

Sie antwortet lächelnd, voller Freude und Vergnügen an dem, was sie sagt, wohl wissend, welchen Eindruck es bei uns und vor allem bei ihrer Mutter hinterlassen wird. Man hat sie um ihre Meinung gefragt. Und ganz offensichtlich hat sie oft mit ihren Freundinnen darüber diskutiert. Sie spricht tatsächlich für ihre Generation.

»Zuallererst einmal«, sagt sie und nippt an ihrem Glas, Wein aus Simbabwe, den sie sozusagen als Auszubildende testet, »bleiben wir so lange wie möglich zu Hause bei unseren Müttern, weil wir dann nicht heiraten und uns von unserem Mann herumkommandieren lassen müssen. Wir heiraten erst, wenn wir einen Beruf haben, der uns unabhängig macht, und wir tun können, was wir wollen. Zum zweiten: Wir sind alles andere als dankbar für die Opfer, die unsere Eltern unseretwegen gebracht haben – der Unabhängigkeitskrieg, die vielen Menschen, die für uns gestorben sind, und die Leute, die wegen des Kriegs keine Ausbildung haben, sind uns egal. Wir wollen uns vergnügen und gut leben. Wir wissen, daß wir Egoisten sind. Aber so sind wir nun mal. Und danach haben Sie schließlich gefragt.«

In ihren Augen funkelt es boshaft. Wir hoffen, daß wir ihr einigermaßen gutwillig zugehört haben. Talent, die am meisten für Simbabwe geopfert hat, ist an diesem Abend müde und lächelt nur. Cathie ist, glaube ich, ernsthaft schockiert. Sylvia, die Mutter, eine hübsche, stattliche, aufrechte Frau, von der man eine schroffe Reaktion erwarten könnte, wirkt belustigt. Chris, der der gleichen Generation angehört wie das Mädchen, betrachtet das alles vom Standpunkt des wesentlich weniger Privilegierten. Sein Leben ist hart, denn als Buchillustrator verdient er nicht viel.

Sylvias Tochter erzählt uns, wie sie sich ihr Leben vorstellt. Wenn sie ihre Ausbildung abgeschlossen hat – mit sehr guten Noten natürlich –, wird sie sich um eine Stelle in einem wirklich guten Hotel in Harare kümmern, und danach will sie in einem großen Hotel in Europa arbeiten.

Nachdem sie zu Bett gegangen ist, weise ich darauf hin, daß junge Menschen in der Sowjetunion Wort für Wort das gleiche sagen. Erst vor einer Woche habe ich gelesen: »Euer Krieg, eure Leiden, eure Opfer sind uns gleichgültig . . . ihr seid uns gleichgültig. Ihr habt einen Schlamassel angerichtet, und von jetzt an werden wir uns selbst um uns kümmern.«

»Ist euch schon mal aufgefallen«, fragt jemand, »daß es gerade die Generation mit den hohen Idealen und den hehren Ansichten war, die den größten Schlamassel angerichtet hat? Wieso sollten es diese selbstsüchtigen jungen Menschen schlechter machen?«

Bevor auch ich zu Bett gehe – spät, es ist bereits neun Uhr –, lädt mich ein Mitarbeiter der Vereinten Nationen, der Simbabwe gerade einen Besuch abstattet, zu einem Kaffee ein und informiert mich über den internationalen Standpunkt.

Es gibt einen neuen Ausdruck für bestimmte afrikanische Regierungen: Kleptokratien. Ja, es stimme schon, Simbabwe habe etwas, was andere nicht hätten. Man könne nur hoffen, daß Mugabe das auch sehe. Nie zuvor sei einer neuen Nation soviel Wohlwollen entgegengebracht worden. Aber Mugabe behandele sein Volk wie einen Feind.

Ich sage, meiner Meinung nach – und nach allem, was ich von den Leuten gehört hätte – liege das daran, daß er einfach nicht mehr mit normalen Menschen zusammentreffe, er lebe in einem Elfenbeinturm, umgeben von Speichelleckern.

»Aber das tun doch alle Regierenden. Und auf den internationalen Konferenzen treffen sie wieder nur ihresgleichen, nichts als Gauner, und so glauben sie, alle Welt wäre wie sie.«

»Mugabe«, sage ich, »ist kein Gauner.« Ich erzähle ihm folgende Geschichte, die ich am Vormittag von – natürlich – einem Sachverständigen gehört habe: »Genosse Mugabe? Ja, er hat seine Fehler, schließlich ist er auch nur ein Mensch. Aber sehen Sie sich mal Tansania an. Dort haben sie einen Heiligen als Präsidenten und stecken in größeren Schwierigkeiten als wir hier. Und was ist mit Sambia? Man könnte sagen, Kenneth Kaunda ist zumindest zu einem Viertel ebenfalls ein Heiliger. Aber wer möchte schon die Probleme von Sambia auf dem Hals haben? Nein, wir wollen keinen Heiligen als Regierungschef.«

»Das klingt klug«, gestehen die Vereinten Nationen zu.

»Die Leute *sind* klug.«

»Die in den Dörfern, sagten Sie?«

»Sie sollten sich mal mit einigen von ihnen unterhalten.«

»Glücklich sind die, die noch Witze erzählen können. In Sambia ist das längst nicht mehr möglich. Wenn man sie auch nur nach der Uhrzeit fragt, blicken die Leute schon über die Schulter, aus Angst, daß die Geheimpolizei zuhört. Das ganze System dort ist autoritär und korrupt, die Situation schlicht katastophal.«

»In diesem Land nicht.«

»Noch nicht.«

»Sie sind aber optimistisch.«

»Ich war zu lange in Afrika.«

Wir fragen uns, warum in Afrika Korruption an der Tagesordnung ist. »Schließlich ist es nicht so, daß eine Partei oder ein Staatschef beschließt: Von jetzt an sind wir ein korruptes Land.«

»Nein, so was schleicht sich langsam ein.«

»Vielleicht in Sambia, Tansania und anderen Ländern. Aber in Simbabwe nicht in dem Maße, weil sie hier das schlechte Beispiel der anderen vor Augen haben.«

»Es gibt sie doch schon überall.«

»Mugabe tut sein Bestes«, sage ich.

»Ich sehe schon, Sie sind diesem Land erlegen. Und Sie sind nicht die einzige. Was Sie nicht verstehen, ist, daß Mugabe letztlich nichts dagegen unternehmen kann, denn wenn er alle Gauner ins Gefängnis steckt, hat er niemanden mehr, der ihn unterstützt.«

»Unsinn. Leute Ihres Schlags treiben sich immer nur in Harare oder Bulawayo herum.«

Am nächsten Morgen, bei einem sehr frühen Frühstück im Speisesaal, höre ich, wie ein amerikanischer Mitarbeiter einer Hilfsorganisation zu dem Mann der Vereinten Nationen sagt: »Wenn Mugabe diese Chance nicht nutzt, wenn er es verpatzt, dann wird es tragisch enden. Wie oft hat ein Regierungschef schon soviel Unterstützung hinter sich gehabt? Da« – er meint Harare – »mag die Revolution Schiffbruch erlitten haben, aber in den Dörfern bedeutet sie noch immer die Zukunft. Was, wenn der Optimismus auch auf dem Land ins Leere läuft? Diesen Tatendrang kann man nicht mit ein paar Reden oder einer Parteiveranstaltung ins Leben rufen – nein, das, was in den Communal Areas und den Siedlungsgebieten vor sich geht, hat den *ganzen* Befreiungskrieg hinter sich. Das *ist* die Revolution.«

»Nun ja«, sagen die Vereinten Nationen, »da werd ich Ihnen wohl glauben müssen.«

Die Korruption, über die alle zwanghaft Tag und Nacht reden, verhindert, so wird zumindest behauptet, daß ausländisches Kapital nach Simbabwe fließt. Verglichen mit den Finanzskandalen jedoch, die England, Japan, die USA, Frankreich oder Deutschland ständig neu erschüttern, gleicht die Korruption in Simbabwe dem Treiben krimineller Jugendlicher, die eine Spielbank ausrauben. Später, zurück in London, lege ich meinen Standpunkt einem Bankier dar, woraufhin der, erstaunt über meine offensichtliche Unfähigkeit, grundlegende Dinge zu begreifen, meint: »Aber verstehen Sie denn nicht? Bevor sich ein Land so etwas erlauben kann, muß erst eine anständige Infrastruktur vorhanden sein.«

Am nächsten Tag fahren wir Richtung Süden durch die Matapos Hills, reizvolle, mit Büschen bewachsene Granithügel, und ich muß den anderen zustimmen, die der Ansicht sind, das hier sei der schönste Landesteil. Er ist nicht nur landschaftlich besonders schön, sondern auch voller Schreine und magischer Orte. Schließlich lassen wir die Hügel hinter uns und kommen in eine noch ärmere Gegend als am Tag zuvor.

»Die Leute hier jammern ohne Unterlaß. Sie sind mit denen von gestern überhaupt nicht zu vergleichen.«

Jemand meint, daß es allein an den energischen Einzelpersonen mangelt, die so oft Veränderungen initiieren. Cathie, diesem Energiebündel von einer Frau, das die Menschen überall mit ihrem tatkräftigen Unternehmungsgeist ansteckt, fällt es schwer, dem zuzustimmen, da sie grundsätzlich eine Anhängerin von Teamarbeit ist.

Bald gelangen wir zu einem Wachstumszentrum, dessen Büro im alten Farmhaus einer einem Weißen abgekauften Farm untergebracht ist. Ungefähr sechzig Personen, überwiegend Frauen, haben sich auf der Veranda und in den angrenzenden Räumen eingefunden, wo viele Jahre lang Tabletts mit Tee und Drinks von Schwarzen herumgereicht wurden, für den Farmer, seine Familie und seine Gäste. Die Hütte hinter dem Haus war vermutlich die Küche. Der Busch vor dem Haus ist saftig grün und üppig, und etwa ein Dutzend Ziegen tun sich an ihm gütlich.

Als die Versammlung beginnt, sagt eine Frau, sie habe gehört, weiter unten an der Straße finde ein Treffen zum Thema Aids statt, und sie marschiert los, um näheres in Erfahrung zu bringen.

Fünf Männer sind anwesend, einer von ihnen ist der Dorfvorsteher. Sie sitzen ruhig da, während Cathie und Talent erklären, daß das geplante Frauenbuch von den Frauen selbst geschrieben werden soll, und um Vorschläge bitten. Es werden die gleichen Themen genannt wie bei den anderen Treffen.

Der Ton ändert sich, als eine Frau wissen will, warum ihnen nicht gestattet wird, auch andere Arten von Arbeit zu übernehmen. Warum dürfen sie zum Beispiel keine Busse chauffieren?

Der Dorfvorsteher sagt, Frauen seien physisch nicht zum Fahren von Bussen geeignet. So könnten sie zum Beispiel nicht aufs Dach steigen, um das Gepäck hinunterzureichen.

»Plötzlich hören wir«, bricht es aus einer der Anwesenden heraus, »daß wir schwach sind. Niemand denkt an unsere Schwäche, wenn wir säen, uns um die Pflanzen kümmern, Unkraut jäten, die Ernte einbringen, Essen kochen, die Kinder großziehen, Häuser bauen, Dächer decken . . .« Sie würde fortfahren, aber der Dorfvorsteher unterbricht sie. Er ist nicht der Leiter der Versammlung, und ein paar Frauen rufen ihm das lauthals zu.

Er sagt: »Es ist eure Pflicht, das für eure Männer zu tun.«

»Wann immer wir unseren Männern vorwerfen, daß sie faul sind, werden plötzlich unsere Pflichten ins Feld geführt.«

»Aber«, beharrt der Mann ruhig und zutiefst überzeugt, »so ist es nun einmal.«

An dieser Stelle tritt wieder eine alte Frau in Erscheinung, die Partei für die Tradition ergreift. Sie gibt zu bedenken, daß es auch früher gute Einrichtungen gegeben habe und daß man das Kind nicht mit dem Bade ausschütten solle. Frauen sollten außerhalb des Hauses mehr Freiheiten haben, aber innerhalb des Hauses sei die überlieferte Art die beste. »Klug gesprochen, Mutter«, sagt der Dorfvorsteher.

Stöhnen und Gelächter. Die Zusammensetzung der Gruppe scheint zur Konfrontation zu führen. Aber sie hat nichts Bösartiges. Es wird gelacht, gescherzt, nichts ist zu spüren von dem kalten, rachedurstigen Haß auf Männer, den sich manche Feministinnen aufs Panier geschrieben haben und den sie anderen Frauen aufzuzwingen versuchen.

»Wie kommt es, daß nur so wenige Frauen in führenden Positionen sind?« fragt ein Mann, aber nicht um zu provozieren.

»Weil Männer auf dem Standpunkt stehen, daß gleiche Rechte für alle nicht bedeuten, daß auch *sie* sich um die Kinder und ums Essen zu kümmern haben.«

»Mein Mann sitzt da und wartet, daß ich ihn bediene, auch wenn ich die ganze Arbeit erledigt habe, mich krank fühle und er den ganzen Tag nichts getan hat.«

Eine andere Frau sagt: »Als ich gestern vom Feld nach Hause kam, sagte mein Mann: ›Warum steht das Wasser nicht bereit, damit ich mich waschen kann?‹ Ich setze das Wasser auf, und er sagt: ›Warum ist mein Essen noch nicht fertig?‹ Ich nehme das Waschwasser vom Herd und setze das Wasser für den Brei auf, und er sagt: ›Was soll das? Ich habe mich noch nicht gewaschen.‹«

Die Verteidigerin der Traditionen meint streng: »Manche Frauen sind zu faul, ein Feuer zu machen, das groß genug für zwei Töpfe ist.«

»Aber ich hatte keine Zeit, Feuerholz zu sammeln, weil die Ziegen auf dem Feld waren und ich die Pflanzen vor ihnen schützen mußte. Du vergißt, daß uns die Kinder jetzt, wo sie in die Schule gehen, nicht mehr helfen können.«

Schweigen. Alle wollen, daß die Kinder in die Schule gehen, aber ihre Arbeitskraft fehlt. Das Leben der Frauen ist dadurch noch härter geworden.

»Und«, fährt die Frau fort, »mein Mann wollte mir nicht mit den Ziegen helfen, als ich ihn darum gebeten habe.«

»Weil es keine Männerarbeit ist«, sagt der Dorfvorsteher.

»Was ist denn Männerarbeit?« fragt eine andere Frau honigsüß. Sie ist eine der großen, prachtvollen Frauen, die, so erzählt man mir, oft die treibende Kraft hinter den lokalen Frauengruppen sind. Meist sind sie mittleren Alters, ihre Kinder sind erwachsen, und es ist durchaus möglich, daß sie keinen Mann haben. Man vergleicht sie oft mit den finanziell unabhängigen, hart arbeitenden Marktfrauen Westafrikas. Aber noch haben sie nicht die Nischen wie in Westafrika, die gilt es noch einzurichten.

Der Dorfvorsteher antwortet ihr: »Gott hat Männer und Frauen unterschiedlich geschaffen.«

Eine weiße Amerikanerin fragt: »Warum ist dann die Aufgabenverteilung zwischen Männern und Frauen in jedem Land anders? Heutzutage, wo wir überall hin reisen können, wissen wir, wie verschieden die Kulturen sind, und wir können nicht länger behaupten: Gott hat dieses und jenes so oder so gewollt.«

Eine Frau bemerkt dazu vergnügt, sie sei nie weiter als bis nach Harare gekommen, um dort ihre Schwester zu besuchen, und ihre Schwester klage über ihren Mann genau wie sie selbst.

Dann kommt die Sprache auf das Thema »Unterhaltszahlungen«, das bei allen Treffen leidenschaftlich diskutiert wird. Es gibt ein neues, von Liberalen und Fortschrittlichen bejubeltes Gesetz, das verfügt, daß Männer, die ihre Frauen verlassen, für die Kinder zur Verantwortung zu ziehen sind. In den Dörfern wird das Gesetz allerdings anders beurteilt: Die achtbaren, verheirateten Frauen sind wütend.

»Unsere Männer haben bereits zwei Familien, eine zweite in der Stadt, und ihre eigentlichen Frauen lassen sie zu Hause sitzen. Ihr ganzes Geld geben sie für die neuen Frauen aus. Unsere Kinder müssen hungern. Diese Stadtfrauen sind Prostituierte. Und wenn die Regierung ihnen für ihre Kinder Geld verschafft, wird es für unsere Männer noch leichter, uns zu verlassen.«

Der Dorfvorsteher meint dazu: »Wenn ihr wissen wollt, warum sich eure Männer neue Frauen suchen, dann schaut euch eure Hochzeitsfotos an.«

Diese grausame Bemerkung ruft Empörung hervor, nicht etwa Wut, wie einige Beobachter es erwartet hätten.

Die Frauen rufen durcheinander, tauschen gereizt ihre Ansichten aus. »Diese schlechten Frauen müssen sich nur um sich selbst kümmern.« »Sie können sich neue Kleider und Lippenstifte leisten.« »Ich kann nicht mal Seife kaufen, um meine Kinder und mich zu waschen.« »Seit fünf Jahren habe ich mir kein neues Kleid gekauft.« »Ja, und manchmal kriegen diese Prostituierten Geld von vier oder fünf Männern. Da kann keine anständige Frau mithalten.«

Der Dorfvorsteher wieder: »Wenn Frauen heiraten, sind sie schön, dann vernachlässigen sie sich.«

»Wir sind überarbeitet, verstehst du das denn nicht?«

»Nein, das begreift er nicht, weil Männer nicht arbeiten.«

»Warum behauptet ihr so was, wo ihr doch alle wißt, wie ich mich als Dorfvorsteher für euch abrackere?«

»Ich wünschte, ich hätte deine Arbeit.« »Ja, ich auch.« »Und ich ebenfalls.« Schallendes Gelächter. Die Frauen sehen ihn an, als wäre er eins ihrer ungezogenen Kinder.

Das Problem der behinderten Frauen. Oft werden sie vergewaltigt, und anschließend kommen Kinder auf die Welt, um die sich niemand kümmert. Die Regierung sollte diesen Frauen helfen, Arbeit zu finden. Und Männer sollten nicht mit behinderten Frauen schlafen.

Der Dorfvorsteher: »Sie mögen ja Krüppel sein, aber ansonsten sind sie in Ordnung.«

Die ganze Zeit über behält er seine ruhige, lächelnde, amtliche Haltung bei, verliert nicht für einen Augenblick seine Würde. Will er vorsätzlich provozieren? Ich sehe Cathie und Talent miteinander flüstern, ihn anblicken und sich das gleiche wie ich fragen. Sylvia ist ebenso ruhig und selbstsicher wie er, als sie sich von dieser brutalen Aussage distanziert. Chris, der Künstler, zeichnet.

»Männer, die so etwas tun, sollte man ins Gefängnis werfen«, fordert eine Frau den Dorfvorsteher direkt heraus, aber der lächelt nur.

Cathie und Talent schlagen vor, daß die Frauen ein Lied schreiben über einen Mann, der eine behinderte Frau schwängert und sie dann im Stich läßt.

»Und dann soll *er* es vorsingen«, sagt eine Frau und deutet auf den Dorfvorsteher.

»Ja, das werde ich«, sagt er. »Ich habe eine schöne Stimme.«

Schweigen. Dann meint eine Frau mittleren Alters, daß die alten Gesetze nicht immer gut gewesen seien. Wenn ein Mädchen sich in einen Mann verliebte, den die Eltern nicht mochten, konnte es ihn nicht heiraten. Die Frauen sehen sie auf eine Weise an, die verrät, daß es hier um eine selbst erlebte Geschichte geht. Zustimmendes Gemurmel ist zu hören.

Die Versammlung wird auch diesmal mit dem Versprechen beendet, daß das Team in ein paar Monaten zurückkommen werde, um das Material zu besprechen.

Dann wird wie immer gesungen. Die Botschaft des Lieds ist voller Tatendrang, aber die Melodie ist traurig. Es ist eine alte Melodie. Manche afrikanischen Lieder sind so melancholisch wie die russischen, dazu bestimmt, die Herzen zu brechen, auch wenn es um heitere Themen geht.

»Die Menschen ändern sich langsam, aber sie ändern sich.
Gehe langsam voran, und sie werden sich ändern.«

Und noch ein Lied:

»Erzählt ihnen von Entwicklung,
Erzählt ihnen von Gesundheit.
Sagt den Menschen nicht, sie sollen tun, was ihr sagt,
Sagt ihnen, sie sollen tun, was ihr tut.«

Und zum Schluß eine Hymne:

»Gottes Liebe ist wunderbar.
Liebe, Liebe, wunderbare Liebe Gottes . . .«

Alle tanzen in einem großen Kreis. Weitere Frauen kommen herein, als sie die Musik hören. Ein paar lösen sich aus dem Kreis, stehen klatschend und wehklagend daneben. Einige tragen ein Baby auf dem Rücken.

Als wir, von allen begleitet, zum Auto gehen, kommt die Frau zurück, die zur Aids-Versammlung gegangen war. Sie lacht und ist zugleich wütend. Es existiere ein gut gemachter Film, der über Aids aufklärt, sagt sie, die Fakten schildert und Gefahren erläutert. Aber die Nonnen der örtlichen Mission hätten sich gegen seine Aufführung ausgesprochen. Niemand scheint sich darüber zu wundern, daß die Nonnen soviel Macht haben. Dieselben Nonnen, so wird mir erzählt, hätten mein erstes Buch, die *Afrikanische Tragödie*, verbrannt, das sie zwar für ein gutes Buch, gleichzeitig aber auch für gefährlich hielten.

Also wurde ein anderer Film vorgeführt, der Aids als ein Problem von Homosexuellen und Drogensüchtigen darstellte. Dabei ist Homosexualität kein Bestandteil der afrikanischen Kultur, Aids ist in Afrika eine Krankheit der Heterosexuellen. Und niemand kennt stärkere Drogen als Marihuana, das überall wächst und zum Alltagsleben gehört. Mehrere hundert Schulkinder, manche erst neun oder zehn Jahre alt, haben den Film gesehen und nichts verstanden. Sie sind völlig verwirrt nach Hause gegangen.

Der Arzt am Ort sagt, daß in den letzten Wochen fünf Menschen in dieser Gegend an Aids gestorben sind, das heißt, bei denen Aids als offizielle Todesursache festgestellt wurde. Da aber niemand über die Krankheit wirklich Bescheid weiß, kann jemand daran sterben, und alles, was man erfährt, ist: Mein Bruder ist furchtbar abgemagert und hat überall Schwellungen bekommen, und dann ist er gestorben.

Als wir in den Wagen steigen, sagt ein Mann aus dem Dorf zu mir: »Sie haben sich eine gute Zeit ausgesucht, Matabeleland zu besuchen. Der Unity Accord hat uns alle glücklich gemacht, die Dissidenten vergällen uns das Leben nicht mehr, und im letzten Jahr hatten wir eine gute Ernte. Auch in diesem Jahr waren die Regenfälle gut. Und es wird – selbstverständlich – nie wieder eine Dürre in Matabeleland geben.« Alle lachen, und zum Klang dieses Gelächters verlassen wir das Wachstumszentrum.

Der Zug nach Harare fährt pünktlich ab. Am frühen Morgen, nachdem ich gefrühstückt habe, stelle ich mich in den Gang. Sechs Frauen in einem Abteil sind eine ganze Menge.

Zwei Fenster weiter steht ein hübsch gekleidetes Mädchen und betrachtet den vorbeiziehenden Busch. Zwischen Eukalyptusbäumen grasen ein paar Duckerantilopen. Ein Rebhuhn rennt neben dem Zug her, als wolle es sich mit ihm ein Wettrennen liefern.

Vom Ende des Gangs beobachtet ein gutaussehender junger Mann, ein Dandy, das Mädchen. Er schlendert näher, entschuldigt sich höflich, als er sich an mir vorbeiquetscht, und beginnt eine Unterhaltung mit ihr. »Wohin fährst du? Ein schöner Tag heute. Hab ich dich nicht schon mal irgendwo gesehen?« Sie stößt mit dem Zeh gegen die Zugwand, senkt den Kopf, legt eine mädchenhafte Schüchternheit an den Tag, die nichts mit ihrem Kleid, ihren Schuhen und dem rosa Barett gemein hat. Er plaudert geistreich weiter, versucht ernsthaft, sie für sich einzunehmen. Doch seine Anstrengungen zeitigen kaum Erfolge. Sie will einfach nicht antworten, stößt auch weiter mit dem Zeh gegen die Wand und hält den Kopf gesenkt.

Plötzlich kann sie nicht anders, sie muß kichern. Er lacht laut über seinen Punktgewinn, klatscht in die Hände und dreht sich auf den Fersen einmal im Kreis. Danach braucht er noch einmal fünf Minuten, bis sie zustimmt, ihn am Abend in Harare zu treffen, in einer Bar, auf einen Drink. »Wer weiß? Vielleicht sind wir uns ja so sympathisch, daß wir danach zusammen *sadza* essen gehen.« Und als ob sie nie den Kopf hätte hängen lassen, nie geschmollt und ihm die kalte Schulter gezeigt hätte, unterhält sie sich angeregt die verbleibende Stunde bis Harare mit ihm.

## DIE REISENDE KLASSE

Einen Abend in Harare verbringe ich mit Akademikern, Journalisten aus mehreren Ländern, einstigen und derzeitigen Politikern, ein paar Farmern, Musikern – einer schwarzweiß gemischten Gesellschaft. Was haben sie alle gemeinsam? Sie reisen, stellen Vergleiche an, sind Angehörige der »reisenden Klasse«.

Wenn es für die Weißen schwer ist, ins Ausland zu reisen, dann ist es für so gut wie alle Schwarzen unmöglich, und eine Welt außerhalb des südlichen Afrika existiert kaum.

Die Akademiker sind aufgrund wissenschaftlicher Vorhaben unterwegs. Journalisten müssen per definitionem reisen. Die Farmer haben Verwandte in Europa. Die Politiker, wie ihresgleichen überall auf der Welt, sind ständig zu irgendwelchen Komitees, Kommissionen und Konferenzen unterwegs.

Etwas Außergewöhnliches ist passiert.

Das junge Simbabwe hat mit einem höchst naiven, unbedarften Enthusiasmus für den Kommunismus begonnen. In den

Zeitungen stand nichts Kritisches über kommunistische Länder. Gorbatschows Reformkurs wurde kaum erwähnt, die Selbstkritik der Sowjetunion ebensowenig. Daß Stalin nicht mehr als Vater des Volkes betrachtet wird, sondern als wahnsinniger Massenmörder, ist kaum jemandem zu Ohren gekommen.

Manchmal ist man versucht zu glauben, daß die geistige Atmosphäre eines Landes etwas mit der Sonne und dem Boden zu tun hat. Das alte Südrhodesien war genau wie das junge Simbabwe: selbstgefällig indifferent gegenüber der Außenwelt. Als ich damals nach England ging, war es, als ließe ich ein betäubtes, unter Drogen stehendes Land hinter mir. Vergleichbares habe ich nur in ein paar Staaten des Mittleren Westens der USA erlebt, wo die Welt an der Grenze von Iowa oder Nebraska endet. Die wenigsten Studenten dort wissen, wo Afghanistan liegt, Sri Lanka oder Pakistan. In Kalifornien starren einen sonnengebräunte Jugendliche verständnislos an, wenn man den Namen Gorbatschow erwähnt.

Ähnlich ist es in Simbabwe. Man trifft auf Geschichts- oder Literaturprofessoren, deren Einstellung zur Sowjetunion oder zu China noch dieselbe wie vor dreißig Jahren ist. Man mag anmerken – gelangweilt, weil man weiß, wie zwecklos es ist: »Aber selbst die Russen zweifeln mittlerweile an der zwangsweisen Kollektivierung der Landwirtschaft und an Stalins Säuberungen.« »Das ist alles nur kapitalistische Propaganda«, erfolgt prompt die selbstgerechte Antwort des wahren Gläubigen. Die Begrüßungsansprache für Erstsemester mag mit dem Lob der Errungenschaften des großen Bruders Sowjetunion beginnen, aber mit keinem Wort werden die mutigen Versuche, das eigene System zu überprüfen, erwähnt, weil der erlauchte Gelehrte nie davon gehört hat. Und sollte dennoch ein unerschrockener Mahner zu hören sein: »Aber von der Selbstkritik der Sowjetunion kann man Tag und Nacht auf Kurzwelle im Radio hören«, dann setzen die unverbesserlichen Stalinisten die pfiffige, durchtriebene Miene derer auf, die alles wissen und gesehen haben: Wir lassen uns nicht für dumm verkaufen, wir nicht!

Eine der negativen Auswirkungen – vielleicht die negativste überhaupt –, die der Kommunismus auf die westliche Welt gehabt hat, besteht darin, daß sich Generationen von Politikern den »kommunistischen/leninistischen Stil« angewöhnt haben, der sich einer hämischen, spöttischen Sprache bedient, die auf einer angeblich moralisch gerechtfertigten Verachtung Andersdenkender beruht, die Geist und Charakter ständig unter Beschuß nimmt und verhindert, daß das selbständige Denken über Kindergartenniveau hinauswächst. In meiner Jugend waren alle Kommunisten. (»Jeder war mal Kommunist, keiner bleibt es.«) Menschen mit meiner Vergangenheit erkennen – im Fernsehen zum Beispiel – bei Vertretern der »harten Linken« das kaum verhüllte Aufblitzen der Verlogenheit, den Stolz auf die eigene Schlauheit auf den ersten Blick. Diese Orthodoxen halten sich für schlau, weil sie wissen, wie man politische Gegner mit Wahlmanipulationen, gefälschten Statistiken, Rufmord und so weiter austrickst. Ihr sofort identifizierbarer Ausdruck – vergleichbar dem Ausführen einer Geste unter ständigem Blinzeln – ist Leuten, die ihre Jugend eben nicht zu Zeiten verbracht haben, als »jeder« in der Partei war, leider unbekannt. Und so können sie sich auch nicht dagegen wehren.

Die Veränderungen in der Sowjetunion und in Osteuropa unterminieren die alte Garde, aber in einigen abgeschiedenen Weltteilen überlebt sie vorläufig noch hartnäckig in Universitätsinstituten und an Schulen, ist weiterhin stolz auf ihre »Trickkiste«, ihren »Stil«, weigert sich beharrlich, zur Kenntnis zu nehmen, daß ihre großen Vorbilder vom Sockel gestürzt wurden und alle mit ihnen assoziierten Einstellungen in Selbstauflösung begriffen sind. Diese kleinen Gauner sind unfähig, sich selbst so zu sehen, wie es andere tun, da sie sich mit Lenin dem Reinen identifizieren. Sie richten großen Schaden an, denn der Idealismus der jungen Menschen, die endlich lernen, sie zu durchschauen, wird meist schal. Zuerst werden sie wütend, dann zynisch, und oft wenden sie sich schon bald völlig von der Politik und jeglichem anderen Dienst an der Gemeinschaft ab.

1988 wissen in Simbabwe die Menschen, die reisen, was vor sich geht in der Sowjetunion und in China, in der kommunistischen Welt, zu der sie theoretisch gehören, und sie sprechen darüber mit viel Klugheit und Weltgewandtheit. Die einfachen

Menschen jedoch haben keine Ahnung. Privilegiert zu sein, heißt heutzutage oft, über wichtige Informationen zu verfügen. Ist das alles vorsätzlich so geplant? Selbstverständlich nicht. Diese geistige Tyrannei hat sich wie von selbst etabliert, und sie wird fortgesetzt von stalinistischen Holzköpfen, die ihre Lehrstühle nicht verlieren wollen, weil sie nirgendwo anders je wieder Arbeit finden würden. Sie sind unglaublich geschickt und unglaublich skrupellos, wenn es um politische Intrigen geht. Die anständigen und gut informierten Mitglieder ihrer Institute verzweifeln und gehen, wenn möglich, mit ihren Kenntnissen anderswohin, denn sonst verpufft all ihre Energie in der Auseinandersetzung mit Kollegen, die sie zwar verachten, aber nicht ignorieren können.

Und währenddessen träumen Schulkinder im ganzen Land von der Universität, an die sie wahrscheinlich nie gelangen werden, weil sie nicht gerissen genug sind.

Ergebnisse der Hirnforschung besagen, daß ein gewisser Prozentsatz von Menschen unfähig ist, seine Haltung zu ändern, gleichgültig, wie triftig die Beweislage sein mag. Wenn sie sich zu einem bestimmten Zeitpunkt ihres Lebens die Information einverleibt haben, daß beispielsweise alle Katzen schwarz sind, dann werden sie auch noch daran festhalten, wenn man Heerscharen weißer Katzen vor ihnen paradieren läßt.

Das ist schwer zu glauben – außer man hat es selbst erlebt. Viele Menschen sind diesem Phänomen schon begegnet ... Zum Beispiel eine junge Frau, die auf höchster Parteiebene in der ehemaligen DDR geschult wurde, die wichtigsten Kader von innen kennenlernte, dann sieben Jahre an der Universität von Moskau arbeitete, schließlich einen Engländer heiratete und in eine englische Universitätsstadt zog. Sie wußte alles über den Kommunismus, war jedoch selbst keine Kommunistin. Gern hätte sie über das, was sie wußte, diskutiert. Aber die linken Kreise an der Universität wollten nichts mit ihr zu tun haben. Sie galt als reaktionär, als Faschistin, wurde gar verdächtigt, für die CIA zu arbeiten.

»Mugabe sollte etwas dagegen unternehmen.«

»Und was?«

»Er könnte eine Rede halten.«

»Aber er ist Marxist. Auch die Enthüllungen der Gorbatschow-Ära kamen nicht in einer einzigen Rede an den Tag. Das hat Monate, Jahre gedauert, die Menschen hatten Zeit, sich daran zu gewöhnen.«

»Dann sollte er die Zeitungen damit beauftragen . . .«

»Aber wir heißen es doch nicht gut, wenn er die Zeitungen mit irgend etwas beauftragt, oder?«

»Dann sollte er kritische Journalisten und Redakteure nicht entmutigen.«

»Woher wissen wir, daß *er* es ist, der die Presse entmutigt?«

Es kann einfach nicht Mugabe selbst sein. Mugabe ist *selbstverständlich* auf der Seite der Guten, das heißt in diesem Fall, auf der Seite derjenigen, die nach Informationen verlangen. Ganze Abende kann man damit verbringen, darüber zu diskutieren, ob Mugabe falsch informiert worden ist und wird: Er ist umgeben von Jasagern, die ihm die Wahrheit verheimlichen.

Jemand meint, daß überall im Westen, vor allem aber in England, von jedem neuen politischen Führer wie selbstverständlich angenommen wird, er sei durch und durch liberal und demokratisch gesonnen. Würde Dschingis-Khan heute auf der politischen Bühne auftauchen, würden uns die Londoner Leitartikler augenblicklich versichern, daß er Western schätzt, Amnesty International unterstützt, den *Guardian* abonniert und einen Sinn für sarkastischen Humor hat.

Wir – das heißt wir Europäer mit unserer Erfahrung europäisch geprägter Demokratie – gehen davon aus, daß unsere ehemaligen Kolonien die Demokratie von der Pike auf gelernt haben. Sicher, in Südrhodesien herrschte unter den Weißen Demokratie, sie wurde jedoch nie auf die Schwarzen ausgedehnt, die stets den unterschiedlichsten Formen weißer Repression ausgesetzt waren. Warum hätten sie sich also nicht dem Kommunismus zuwenden sollen?

Robert Mugabe ist das Produkt einer autoritären Kultur. Er wurde von autoritären Katholiken erzogen. Seine Lehrer und Mitschüler sagen, er sei klug gewesen, habe gelesen, sich anderen nicht leichtfertig angeschlossen, habe ständig aufgepaßt und zugehört: ein typischer Intellektueller. Er wuchs unter der weißen Vorherrschaft auf, was soviel hieß wie in einer frostigen Atmosphäre, unter einem eiskalten Himmel zu leben. Seine Kultur, sein Volk wurden ohne Unterlaß kritisiert, herabgesetzt und verachtet. Wenn die Menschen heute als letztes Wort sagen: »Aber so ist unsere Kultur, so sind unsere Bräuche«, dann ist das ein Zeichen von Selbstachtung, von Stolz, der Jahrzehnte der Verachtung überlebt hat. Als Mugabe in den Befreiungskampf eingriff, war es die britische Vorherrschaft, gegen die er opponierte, und das zu einer Zeit, als die Sprache des Marxismus die Sprache aller Befreiungsbewegungen war. Es wird behauptet, daß es Samora Machel war, der endgültig einen Kommunisten aus ihm machte, und zwar ziemlich spät in seiner Laufbahn. Weil die Sowjetunion den Fehler beging, Joshua Nkomo zu unterstützen, orientierte sich Mugabe an China, dessen Geschichte seit 1949 ununterbrochen von Wellen des Massenmords geprägt ist – Abermillionen von Menschen, die aus ideologischen Gründen umgebracht wurden. (Mit eigenen Ohren habe ich einen Chef dazu sagen hören: »Man kann schließlich kein Omelett machen, ohne Eier zu zerbrechen.«) Er war der Anführer einer Armee, die nicht nur gegen Smiths Männer, Weiße wie Schwarze, kämpfte, sondern bisweilen auch gegen die Armeen von Bischof Muzorewa und Nkomo, denn obwohl sie alle ein gemeinsames Ziel hatten, wetteiferten sie doch darum, wer in Zukunft das Sagen haben würde.

Smith ließ Mugabe inhaftieren. Im Gefängnis zu sitzen, war eine harte Erfahrung. Das Gefängnis war der Schauplatz Hunderter von Exekutionen, viele der Getöteten waren Mugabes Freunde und Genossen. Smiths Männer begingen alle möglichen Greueltaten, über die zwar gesprochen, die jedoch nie öffentlich an den Pranger gestellt wurden, weil das Bedürfnis, die Vergangenheit und ihre »Fehler« zu begraben, größer war. Smith verweigerte Mugabe die Erlaubnis, seinen Sohn, sein einziges Kind, zu besuchen, als dieser krank wurde, und als er starb, durfte er nicht einmal der Beerdigung beiwohnen. Manche behaupten, das sei das Dümmste gewesen, was Smith je getan habe. Als Mugabe an die Macht kam, war das nach einem mehr als zehnjährigen Krieg, der wie alle Kriege – auf beiden Seiten – voller Grausamkeiten gewesen war. Die Anschläge auf sein Leben haben ihn isoliert und argwöhnisch werden lassen. Warum erwarten die Leute von einem Mann mit dieser Lebensgeschichte, daß er eine Kombination aus Abraham Lincoln, Thomas Jefferson und Ghandi ist? Aber sie tun es: Genosse Mugabe ist, wie der liebe Gott, auf der Seite von allen. Und bisweilen verhält er sich wirklich großmütig.

Was gibt es in Mugabes Erfahrung, das ihn der Demokratie näherbrächte?

Und während Kommunismus und Marxismus als ideologisches Gebäude kollabieren, während kommunistische Regime aufgeben und verschwinden, scheint es wahrscheinlich, daß sich die »marxistische« Führung Simbabwes darüber freuen wird, daß ihr Kommunismus immer mehr rhetorisch denn faktisch gewesen ist.

Was wird den Marxismus ablösen?

Das Christentum ist stark in Simbabwe, stärker, als der Marxismus je war.

Aus einem Brief: »Der Papst war gerade in Simbabwe. Tausende von Menschen strömten herbei. Glaubt nur nicht, daß sie alle Katholiken geworden wären, es war nur viel aufregender als eine Parteikundgebung, das ist alles, und die Leute mögen Feste. Genosse Mugabe war auch da. Er sagte: ›Es ist, als ob man noch einmal getauft würde.‹ Und daß er keinen Gegensatz sehe zwischen dem Christentum und dem, wofür die Regierung stünde. Das hat er angeblich gesagt. Die Zeitungen haben nicht darüber berichtet.«

Während der Marxismus schwächer wird, werden die Stammesoberhäupter stärker. Es gehen Witze um, wonach sich die Chiefs langfristig als stärker erweisen werden als die Chefs. Nach und nach bekommen sie ihre Befugnisse und Privilegien zurück. Sie sind konservativ, stehen ein für »unsere Kultur«, »unsere Bräuche«.

Aber nicht immer. Und Robert Mugabe, der ein konservatives Temperament hat und autoritär erzogen wurde, ist im Grund kein typisch afrikanischer Mann. Er hat Frauen gegenüber eine wohlwollende Einstellung und ist – so wird behauptet – stark beeinflußt von seiner Mutter, einer bemerkenswerten Frau, deren Leben so hart war, wie es das Leben afrikanischer Frauen fast immer ist.

## POLITIKER

Immer und überall sitzen Menschen herum und wundern sich. Warum tut er – sie – dies oder jenes? Und im gleichen Ton frustrierter Ungläubigkeit fragen sie immer wieder: »Aber warum nur tut Mugabe ...?«

Sicherlich gibt es eine geheime Zutat, eine zurückgehaltene Information, eine Karte im Ärmel, einen Joker im Spiel, denn die Menschen können einfach nicht glauben, was da vor sich geht.

Nehmen wir ein kurz zurückliegendes Ereignis in England, (das gleiche geschah in den Vereinigten Staaten), wo plötzlich beschlossen wurde, die Irrenanstalten zu schließen und die Insassen zu entlassen, um die sich fortan »die Gemeinschaft kümmern« sollte. Jeder, der wußte, wer in Zukunft für diese armen Menschen zuständig sein würde, der unsere sozialen Einrichtungen kannte, vermochte vorherzusagen, was wirklich geschehen würde. Die Unglücklichen würden sich selbst überlassen sein, von Vermietern skrupellos ausgebeutet werden, sich zu Tode trinken oder mit Medikamenten umbringen. Gewöhnliche, vernünftige Menschen sahen das, nicht jedoch die Fachleute. Und es lag auf der Hand, daß die, die das schreckliche Los der Ausgestoßenen erschreckte, bald schon ausrufen würden: »Heureka! Ich hab's! Wir brauchen *Irrenhäuser*, wir brauchen *Anstalten*, in denen man sich angemessen um sie kümmert. Warum hat nur noch niemand daran gedacht?«

Wieder und wieder ereignen sich derartige Dinge, stets zum höchsten Erstaunen derer, die keine Experten oder Verantwortlichen sind.

Es gibt eine Zutat X. Kaum daß Menschen Macht erlangen, auch schon auf einer sehr niedrigen Ebene, kommen sie nur noch mit Leuten zusammen, die sind wie sie und denken wie sie – sie fallen einer Art sanfter Gruppenhypnose anheim. Nichts ist erfreulicher, als eine Stunde in Gesellschaft zuerst von, sagen wir, Mitgliedern der Labour Party zu verbringen und anschließend eine Stunde mit Konservativen der gleichen Ebene. Politiker haben unterschiedliche mentale Landkarten, die sie ständig reorganisieren, um sie ihren eigenen Glaubenssätzen anzupassen. Dieser Mechanismus ist so machtvoll, daß sie in der Lage scheinen, sich von allem zu überzeugen. Während des Bergarbeiterstreiks in England waren sich Mitglieder der extremen Linken (Arthur Scargills) im ganzen Land sicher, daß das Land kurz vor einer roten Revolution stand, und verteilten unter sich bereits die zukünftigen Regierungsämter. Ein paar Jahre später mochte der eine oder andere wohl insgeheim denken: »Was war bloß in mich gefahren?«

## DIE FARMER IN DEN BERGEN

Und wieder einmal befinden wir uns auf der Straße von Harare nach Mutare. Wieder rauschen wir durch diese sanfte, offene, prachtvolle Landschaft, und jene anderen, langsameren, lange zurückliegenden Fahrten, als wir beobachteten, wie eine Ansammlung von Felsen weit vor uns am Horizont erschien, größer wurde, uns an einer Kurve aus den Augen schwand und sich danach erneut zusammensetzte, hoch vor uns aufragte, umzustürzen schien und schließlich hinter uns blieb und wir schon eine neue vor uns auftauchen sahen, dieses langsame Entfalten der Landschaft – wie Erinnerungen, altbekannte Geschichten mit wirkungsvollen Pausen an den richtigen Stellen – und auch die Fahrten von vor sechs Jahren gehören einer anderen Zeit an. Die Unfallstelle? Die Unterhaltung im Auto ist so interessant, daß ich vergesse, danach Ausschau zu halten. 1982 war jedes Stück Busch, jeder Hügel oder Berg eine Erinnerung an die Topographie des Kriegs. Doch auch dieser Krieg wurde wie jeder andere Krieg zu einer Erinnerung: Die meisten jungen

Leute blicken einander bereits belustigt an, wenn die Älteren anheben: »Erinnerst du dich noch an die Nacht, als die Regierungstruppen kamen und ...?« *Können sie nicht endlich damit aufhören? Wir wollen nichts mehr davon hören.*

Die Stimmung im Auto ist optimistisch: Der Regen, der heiß ersehnte Regen, hat der Trockenheit in diesem Jahr ein Ende gesetzt, die Landschaft ist grün, das Vieh steht gut im Futter, und auch die Menschen haben genug zu essen. Überall auf der Welt sind die Leute darauf angewiesen, daß es genug und zur rechten Zeit regnet, aber in Simbabwe wird man in jedem Gespräch daran erinnert: »Wenn wir drei gute Jahre haben, dann hat Mugabe nichts mehr zu fürchten. Noch so eine Dürre wie die letzte, und wir sitzen in der Patsche.« *Wir?* Ich befinde mich in Gesellschaft von Weißen, die noch vor kurzem nur sich selbst meinten, wenn sie *wir* sagten. Jetzt sprechen sie von Simbabwe.

Es ist kaum Verkehr auf der Straße. Haben sich die Verkehrsstandards verbessert? Ja, sehr. Sind die nicht zugelassenen Klapperkisten von den Straßen verschwunden? Ja, aber es gibt noch genug zugelassene. Erinnert ihr euch, daß es kein Benzin gab, weil die Südafrikaner – also gut, die Renamo – die Pipelines ständig sabotierte?

»Ja, stimmt, so war es, aber jetzt werden sie von unseren Truppen bewacht.«

»Wenn man selbst in einem Land lebt, bemerkt man die täglichen Veränderungen kaum.«

»Welche Veränderungen? Hat sich wirklich soviel geändert?«

Wenn ich in London Besuch habe, frage ich immer: »Welche Veränderungen stellt ihr seit dem letzten Mal fest?« Dann erzählen sie, und ich wundere mich: »Wirklich? Seid ihr sicher?«

In Mutare kaufen wir ein, anschließend geht es weiter in die Berge. Ich halte nach Pavianen Ausschau.

»Ist noch immer einer deiner Männer unterwegs, um Wildschweine und Paviane zu schießen?«

Lächelnd vor Vergnügen, weil er eine sentimentale Person enttäuschen kann, erwidert der Kaffeefarmer: »Nein, das ist nicht mehr nötig. Gott sei Dank gibt es heute wieder Leoparden in den Bergen, und die nehmen uns die Arbeit ab.«

Und jetzt sind wir in den Bergen und blicken von den Veranden auf Täler und Hügel, Seen und Flüsse – Wasser, überall Wasser dank des Regens. Und er scheint so nah, nur einen Steinwurf entfernt, der Berg drüben in Mosambik.

»Kommen die Rebellen aus Mosambik noch hierher?«

»Wir nehmen an, daß sie vor ein paar Monaten hier waren. Den ganzen Krieg über sind die ›Terrs‹ auf der Farm hin und her gezogen, ohne daß wir es gemerkt haben. Heute rücken sie damit raus, und wir müssen herzlich darüber lachen.«

»Kommen die Bauern aus Mosambik noch über die Grenze, weil es dort nichts zu essen gibt?«

»Die armen Kerle. Ja, sie kommen noch. Zu Hause verhungern sie. Vergiß nicht, daß es ihre Verwandten sind, die ihnen bei uns zu essen geben.«

Die Geister zweier junger Abgesandter, eines Rhodesiers und eines Portugiesen, die über einer Landkarte sitzen und würfeln, tauchen vor uns auf, verschwinden jedoch sofort wieder.

»Und das Bataillon, das hier stationiert war und euch verrückt gemacht hat?«

»Ist abgezogen, Gott sei Dank.«

»Was für Veränderungen gibt es sonst noch?«

»Laß mich nachdenken.«

Der neue Dienstbote bringt uns Tee und Drinks, stellt alles auf dem Tisch ab, wir werden einander vorgestellt, und er zieht sich zurück, um das Essen anzurichten. Wir sitzen da und beobachten, wie das Abendlicht die Landschaft modelliert.

»Laß mich nachdenken.«

Es gibt ein paar Neulinge – Weiße.

»Auch Schwarze?«

Ein kurzer Blick, dann Lachen. »Weißt du es denn nicht? Tekere ist die ganzen Landbesetzer losgeworden. Es war Edgar Tekere, der sie vertrieben hat. Die Hügelhänge, wo sie versucht haben, Mais anzupflanzen, aber allein den Boden ruinierten – sie regenerieren sich. Ich werd's dir zeigen. Der Wald erholt sich.«

»Ihr haßt Tekere also nicht mehr?«

»Edgar Tekere hassen? Mit Sicherheit nicht. Er ist in Ordnung.«

»Wie viele Landbesetzer waren deiner Meinung nach hier?«

»Mehrere hundert. Es war wirklich lächerlich. Sie hatten keine Ahnung vom notwendigen Schutz des Bodens, keine Ahnung von . . . Wenn man in den Bergen Landwirtschaft betreibt, muß man wissen, was man tut.«

»Ja, ja, das stimmt schon . . . Wußtest du, daß euch die Schwarzen für sehr wohlhabend halten? Diese reichen Vumba-Farmer, sagen sie.«

»Sollen sie doch! Letztes Jahr wären die meisten von uns fast pleite gegangen. Es war ein schreckliches Jahr. Wußtest du, daß die . . . nur mit knapper Not ihre Farm gerettet haben? Zwar hatten sie die beste Kiwi-Ernte aller Zeiten, aber die Preise sind ins Bodenlose gestürzt, weil mittlerweile fast alle Dritte-Welt-Länder Kiwis anbauen – die Dinger wachsen praktisch von selbst. Wir Kaffeefarmer überleben nur, weil wir hohe Qualität, Arabica, anbauen. Wußtest du eigentlich, wie hoch unser Kaffee bei den Käufern im Kurs steht?«

In seiner Stimme schwingt Stolz auf das alte Südrhodesien, aber auch das neue Simbabwe mit. Wir wußten schon immer, wie man die Dinge anpackt, lautet die unausgesprochene Botschaft.

Was noch?

»Wir legen einen weiteren Stausee an. Noch so eine Dürre wie die letzte, und wir sind erledigt.«

Er erzählt folgende Geschichte: In einem bestimmten Abschnitt fehlten den Wasserrohren plötzlich sämtliche Dichtungen, und das Wasser lief aus. Irgend jemand war hinter dem Gummi her. »Also versuchten wir herauszubekommen, wer die Dichtungen klaute.«

»Und wer war's?«

»Egal. Aber wenn du es unbedingt wissen willst: Wir haben herausgefunden, welche Kinder in der Schule neue Steinschleudern hatten. Dann sind wir zum Direktor und haben ihm gesagt, er müsse die Jungen bestrafen. Das Problem war nur, daß sie bereits von ihren Vätern eine Abreibung bekommen hatten. Und jetzt bekamen sie auch noch eine zweite Tracht Prügel. Unseren Gummi werden sie sicher nicht mehr stehlen. Trotzdem, ich muß immer daran denken, was für einen Spaß ich als Junge mit meiner Steinschleuder hatte.«

Ich erzähle ihm die Čechov-Geschichte von dem Bauern, der Muttern von den Eisenbahnschwellen stiehlt. Der Untersuchungsrichter fragt ihn später, wie er nur so etwas Gefährliches tun konnte. Es hätten sich Unfälle ereignet, sei ihm denn nie der Gedanke gekommen, daß aufgrund seiner Schuld Leute sterben mußten? »Euer Wohlgeboren«, antwortet der Bauer, »es ist folgendermaßen: Ich angle gern, und aus den Muttern machen wir Senkbleie, damit wir bestimmte Fische angeln können.« Auch der Untersuchungsrichter angelt gern. Der Bauer und er unterhalten sich darüber, in welchen Flußtiefen man welche Fische findet, welchen Köder sie mögen, wann man Senkbleie benötigt. Sie sind Experten, wissen alles über Fische und ihre Lebensweise. Aber es kommt der Zeitpunkt, da der Untersuchungsrichter nicht mehr als Angler, sondern als Richter sprechen muß, und er verurteilt den Bauern zu einer Gefängnisstrafe. Der Mann geht ungläubig davon, kann nicht fassen, daß dieser Anglerkollege, mit dem er sich so gut von Mann zu Mann unterhalten hat, ihn im Stich läßt.

Der Kaffeefarmer hört zu und lächelt dabei auf seine charakteristische Weise: Ja, so ist es, ob euch das nun gefällt oder nicht.

Leider ist in den Schulen von Simbabwe die Prügelstrafe immer noch gang und gäbe. Zwar ist sie offiziell verboten, aber in manchen Ländern – wie zum Beispiel auch in England – betrachten es die Erwachsenen nun einmal nach wie vor als ihr verbrieftes Recht, Kinder zu schlagen.

Jack schrieb mir später: »Endlich haben wir einen neuen Schulleiter. Er arbeitet viel und verbringt seine ganze Zeit in der Schule. Aber er trinkt und schlägt die Kinder. Er verprügelt sie so schwer, daß wir« – die Lehrer aus England – »zu ihm gehen und ihn fragen, ob das sein muß. Er schlägt selbst die kleinen Kinder, auch wenn sie nur zu spät kommen, weil es wegen des Regens Überschwemmungen gibt.«

Wann immer man Lehrer trifft, reden sie voller Entsetzen über die Prügelstrafe.

»Wurden die Kinder früher auch geschlagen?«

»Ja. Und sogar die Frauen schreckten nicht davor zurück. Es setzte unglaubliche Prügel. Furchtbar. Schrecklich. Und wenn man sie zur Rede stellt, denken sie: Laß sie reden, die Weißen.«

Was ist in der Zwischenzeit noch passiert?

Es dauert Stunden, bis ich auf dem neuesten Stand bin.

Wir essen früh zu Abend, gehen früh ins Bett und sind schon vor Sonnenaufgang wieder auf den Beinen. Ich will nachsehen, ob sich die Meerkatze noch auf dem Baum ein Stück den Hügel hinunter herumtreibt, aber dem Baum wurde das Schicksal so vieler Bäume zuteil, und der Meerkatze ging es womöglich ähnlich. Plötzlich taucht dann am Rand einer Lichtung eine ganze Gruppe Meerkatzen auf, spielt und jagt einander in den Ästen, verschwindet wieder. Teenager. Kein Philosoph dabei.

Und was ist mit den übrigen Tieren, die ich letztesmal hier angetroffen habe? Die schlaue kleine Vicky wurde von einem betrunkenen Autofahrer im Club überfahren. Die alte Bullterrierdame Annie fiel einem Wildschwein zum Opfer. Der schlaksige Jagdhund, der mit seinen Beinen immer auf dem polierten Zement hin und her rutschte und schlitterte, erwies sich als zu dumm für das Leben und biß früh ins Gras. Der kleinen schwarzen Katze ließ man ein Junges aus ihrem letzten Wurf, aber der Vater war eine Buschkatze, und so lebt das Junge, ein kräftiger, mutiger Kater, jetzt ebenfalls im Busch. Gelegentlich besucht er seine Mutter, und dann sitzen sie nebeneinander am Waldrand hinter dem Haus und beschnuppern sich.

Ein neuer Bullterrier legt sich, vor Vergnügen stöhnend, auf den Rücken, sobald am Abend das Feuer im Kamin angezündet wird. Und es gibt einen jungen schwarzen Neufundländermischling, Seamus.

Und was ist mit dem schönen schwarzen Hund Tarka, der mich vor sechs Jahren nachts aufweckte; indem er mir seine Schnauze in die Hand oder aufs Gesicht legte, der sich so einsam fühlte, wenn seine Leute verreist waren? Er ist mittlerweile zu alt, um nachts noch herumzurennen, und bleibt zu Hause. Wenn im Club eine Party stattfindet, dann steht er in einer Ecke des Raums, ein steifer alter Hund mit ergrauter Schnauze, und beobachtet den jungen Seamus, der zwischen den Tänzern herumtollt und -hüpft. »Schaut, Seamus will mit uns tanzen, komm,

Seamus, tanz mit mir ...« Und der junge Hund, der vor Stolz fast weint, wird mit hochgehaltenen Vorderpfoten ein paar Schritte herumgeführt, und die Leute applaudieren ihm. Seamus ist der Hund, der vor ein paar Monaten, als der Kaffeefarmer in einer stockdunklen Nacht von der Staumauer fiel, sich die Hüfte brach und nicht mehr gehen konnte, bei ihm blieb, wartete, bis sich sein Herr so weit erholt hatte, daß er nach Hause kriechen konnte, seine Geschwindigkeit der des Mannes anpaßte und so neben ihm hertrottete, daß der sein Gewicht auf seinen Rücken stützen konnte. Es dauerte Stunden, bis sie die knapp zwei Kilometer auf der Schotterstraße zurückgelegt hatten.

## EINE PARTY

Ein großes Abendessen: Alle kommen. In England müßte man lange nach solchen Zutaten suchen. Das Gemüse hat nie irgendwelche Insektizide oder Kunstdünger gesehen. Hier wird kompostiert. Niemand hat je von Schinken gehört, in die Wasser gespritzt würde. Das geräucherte Rindfleisch ist fraglos völlig hormonfrei.

Es geht laut und fröhlich zu, eine Menge junger Leute ist anwesend. Die kleinen Mädchen von vor sechs Jahren sind mittlerweile fast erwachsen und buchstäblich in alle Welt zerstreut: Aber es gibt neue kleine Mädchen, und sie sind alle verliebt in den gutaussehenden jungen Mann aus Sandhurst, der gerade zu Besuch ist. Was ist aus dem Fallschirmspringer geworden? Der hat jetzt irgendwo selbst eine Farm, es geht ihm gut, wird mir versichert. Nicht einmal mehr ein Anklang an das launische Gejammer des Jahres 1982 ist zu hören. Es könnten genausogut ganz andere Leute sein, und sie haben sich tatsächlich verändert, alle haben neue Projekte im Sinn.

Noch mehr als beim letztenmal reden sie davon zu diversifizieren: Der Einbruch des Kiwipreises war eine heilsame Lektion. Und auch wenn sie den gefragtesten Kaffee der Welt anbauen, es gibt schließlich einen Kaffeeberg ...

Die Familien hier bauen auch Beeren an, Macadamia-Nüsse, Pekannüsse, Gemüse für den Markt in Mutare, die neuen kleinen Papayabäume. Eine der Farmersfrauen hatte angefangen, aus überschüssiger Milch Käse zu machen. Heute ist die Nachfrage danach aus den Hotels und Botschaften in den Städten so groß, daß sie mit der Produktion kaum mehr nachkommt. Beim letztenmal sah ich sie noch an ihrem Küchentisch arbeiten, mittlerweile hat sie Angestellte, die sich in genau temperierten Räumen bewegen.

Die Unterhaltung verläuft ungefähr folgendermaßen:

»Ich habe gehört, daß Bob sehr zufrieden mit seinen Elenantilopen ist. Was meinst du, wie sie sich hier oben machen werden?« (Elenantilopen werden wegen ihres Fleisches wie Rinder gehalten.)

»Zebras ... Liegen wir hier nicht zu hoch für Zebras?«

»Wenn Camembert ein Erfolg sein könnte, warum es nicht versuchen ...?«

»Dieses Jahr baue ich auf fünf Morgen Granadillen an.«

»Straußenfedern sind wieder in Mode ...«

»In Peru ...«

»In Mexiko ...«

»In Arizona ...«

»Ich schaffe mir fünfzig weitere Bienenstöcke an. In Amerika nennen sie sie Killerbienen. Die Leute drüben werden wegen jeder noch so winzigen Kleinigkeit immer gleich hysterisch.«

Ich sage: »Mein Bruder hatte zweihundert Bienenstöcke. Als ich ihm erzählte, daß es sich um Killerbienen handelte, hat er nur gelacht.«

»Wie auch immer, man kann den Bienen die Angriffslust abzüchten. Ich verstehe die Aufregung nicht.«

Mangos ... Ananas ... Erdbeeren ... Papayas ... Sie werden angebaut und zum Teil getrocknet und kandiert: Im Ausland gibt es dafür große Märkte.

Die neuen Schafe ... die neuen Schweine ... die neuen Fische ...

Auf diesen Veranden werden Erkenntnisse aus der ganzen Welt diskutiert, wenn es um landwirtschaftliche Neuheiten geht.

Und dann fallen Sätze, die vor sechs Jahren noch unmöglich gewesen wären: »Ich begreife nicht, warum die Afrikaner nicht dieses oder jenes versuchen.« »Ich verstehe nicht, warum sie in den Communal Areas nicht ...« »Wenn er das nächste Mal kommt, werde ich ein Wort mit dem Minister reden und vorschlagen ...«

## IN EINER BEHÖRDE

Auf dieser Reise verbringe ich nicht viel Zeit in den Bergen.

Wir fahren zurück nach Mutare, wo wir in einer Behörde mit der Bürokratie aneinandergeraten. Wir sind zu dritt: der Kaffeefarmer, eine Frau aus Südafrika und ich. Heutzutage schlendern die Weißen nicht mehr durch die Dörfer, wann immer ihnen der Sinn danach steht, es würde zu sehr an die alten Zeiten erinnern. Zudem ist eine Südafrikanerin bei uns, und von ihrem Gesicht ist nicht gleich abzulesen, daß sie ihre Regierung nicht gerade bewundert. Aber der Kaffeefarmer kennt einen der Beamten sehr gut. Während des Kriegs war dieser friedfertige Mann, der uns da hinter seinem Schreibtisch gegenübersitzt, ein bekannter Befehlshaber: Er und der Kaffeefarmer gehörten verschiedenen Seiten an. Wie viele Male ist der Schwarze nachts heimlich über seine Farm geschlichen ... Heute verbindet die beiden Männer eine schenkelklatschende Männerfreundschaft. »Du hast ja keine Ahnung, wie oft ich über deine Farm gestrichen bin.« »Dann warst du es vermutlich, auf den ich einmal eine Ladung Schrot abgefeuert habe.« Manchmal gehen sie gemeinsam in eine Bar und trinken einen darauf. Mein Vater besuchte früher oft einen deutschen Gelegenheitsarbeiter in der Nähe unserer Farm. Im Ersten Weltkrieg hatten sich die beiden in feindlichen Schützengräben gegenübergelegen. In Harare wurde mir von einem berühmten Guerillaführer erzählt, der einem Sicherheitsoffizier der Regierung regelmäßig den Weg über sein Territorium gestattete, weil er Medikamente in die Dörfer brachte. Heute sind die beiden Männer gute Freunde. Es verbindet wohl nichts so sehr wie der Versuch, einander umzubringen.

Der Mann uns gegenüber genießt ganz offensichtlich seine Befugnis, ja oder nein sagen zu können. Man kann ihm deutlich den Gedanken ansehen, wie gut es einer Südafrikanerin tun wird, als Bittstellerin vor einen Schwarzen zu treten. Dem Kaffeefarmer bereitet es kein Vergnügen, um etwas bitten zu müssen. Wenn auch nicht für sich selbst: Als Umweltschutzbeauftragter kann er gehen, wohin er will. Das größte Problem bin jedoch ich, eine sehr verdächtige Person, wie es scheint. Es nützt nichts, darauf hinzuweisen, daß ich im Besitz eines Presseausweises bin. Der Mann sagt: »Das spricht nicht unbedingt für Sie. Sie wären nicht die erste Journalistin, der wir etwas erlaubten – mit negativen Folgen.« »Aber sie ist ganz und gar pro Simbabwe«, sagt der Kaffeefarmer. »Es gibt solche und solche, die pro Simbabwe sind«, erwidert der Beamte. Genießerisch. Mit dem nachhaltigen Vergnügen, das bestimmte politische Debatten begleitet. Ich führe ins Feld, daß ich dreißig Jahre lang als unerwünschte Person galt, und es sei schon ziemlich hart, auch von der neuen Regierung gleich wieder als verdächtig eingeschätzt zu werden. »Aha«, entgegnet der Mann schlagfertig, »dann fallen Sie also in diese Kategorie, in die politische, und wir müssen besonders vorsichtig sein.« »Aber doch nicht *so* vorsichtig?« »Außerdem gab es viele Unerwünschte Personen.« »Richtig, aber mir wurde die Ehre zuteil, von Lord Malvern höchstpersönlich als unerwünscht eingestuft zu werden.« »Und woher wissen Sie das?« »Er hat es mir gesagt.«

Wir beäugen einander. Gewiefte Taktiker, die wir sind. In seinem Gesicht spiegelt sich der Ausdruck absoluter Ungläubigkeit: die Augenbrauen hochgezogen, das Kinn vorgereckt, die Lippen zusammengepreßt. Er hebt eine Hand, die Handfläche mir zugewandt, um klarzumachen: Bis hierher und nicht weiter. Dann läßt er sie langsam wieder sinken, legt sie bedächtig auf den Schreibtisch, senkt den Blick und denkt nach. Schließlich sagt er: »Entschuldigen Sie mich«, und geht hinaus, um von einem anderen Büro aus zu telefonieren.

Als er zurückkommt, lächelt er übers ganze Gesicht. Er gesteht mir, daß er gern selbst Schriftsteller wäre, am liebsten würde er Romane schreiben. Wir diskutieren eine Weile über die Schwierigkeiten literarischer Kreativität. In seinem Fall ist es die tägliche Arbeit, die ihn auffrißt. Angesichts seines Schicksals schüttelt er den Kopf und schickt uns mit seinen »Unterlingen« los in den Busch.

Wir haben zwei Autos, eins von der Behörde und den Lastwagen des Kaffeefarmers.

## DAS SIEDLUNGSGEBIET

Wir fahren nach Osten, biegen ab auf eine miserable, ungeteerte Straße, die nach etlichen Meilen zu einem holprigen Weg wird. Die Landschaft um uns herum ist wild und großartig. Der Boden ist blaß, Klasse vier, stammt nicht von Farmern, die durch die Lücke geschlüpft sind, sondern war brachliegendes, regierungseigenes Territorium. Die Regierung, die schon immer darauf bedacht war, erst dann eine neue Ansiedlung zu beginnen, wenn es zumindest eine rudimentäre Verwaltung, Wasser und Transportwege gab, ist es heute um so mehr, weil ein Problem aufgetaucht ist, an das früher keiner so recht gedacht hat: der Erhalt des Bodens, des wertvollen, heiklen, so leicht zerstörbaren Bodens.

Der Kaffeefarmer ist Umweltschutzbeauftragter für Manicaland. Er arbeitet unter einem Stammesoberen, den er als sehr vernünftigen Menschen beschreibt, »ein prima Kerl, du weißt schon«. Seine Aufgabe besteht darin, sich um den Zustand des Bodens zu kümmern. Während wir schaukelnd den Weg entlangfahren, ruft er wiederholt aus: »Schaut euch das an! Schaut euch dieses Feld an! Völlig verrottet, seitdem ich das letzte Mal hier war. Seht euch diese Furchen an, das erodiert doch alles.« Oder: »Ah, seht mal dort, der Mann weiß, wie man ein Feld anlegt, so ist es richtig. Aber schaut euch das auf der anderen Straßenseite an, ein Saustall, nächstes Jahr wird keine Krume mehr da sein, wenn er nicht . . .« Er klammert sich ans Lenkrad, leidet. Wir versuchen ihn zu beruhigen, denn er scheint einem Herzinfarkt nahe zu sein. Aber es nützt nichts. Sobald er ein Stück kranken Bodens sieht, ist es, als wäre sein eigenes Leben bedroht. Ein gut gepflegtes Stück Erde macht ihn dagegen überglücklich. »Schaut euch diesen Graben an. Der war letztes Jahr noch nicht da. *Was glaubt der Mann eigentlich, daß er tut?*« Er bremst den Wagen ab, so daß auch das Auto hinter uns halten muß. Alle steigen aus, sehen ihn an, wie er über der häßlichen Narbe im Boden steht. Er zeigt darauf wie ein göttlicher Richter: *»Seht euch das an!«*

»Ich verstehe es einfach nicht«, sagt er und deutet auf das erodierte Feld. »Es ist genauso leicht, es richtig wie falsch zu machen. Warum also macht es der Kerl hier nicht ebenso gut wie der auf der anderen Seite?«

Er scheint zu glauben, es handle sich um eine einfache Frage, die mit einem einzelnen Satz zu beantworten ist. Etwa folgendermaßen: »Na ja, weißt du, es ist so . . .«

Und wir fahren weiter, entfernen uns zunehmend von Mutare, kommen an etlichen neuen Wachstumszentren vorbei, an Schildern, auf denen steht: »Willkommen in der Soundso-Schule«, an Frauen und Kindern, die Mangos verkaufen. Das hier ist Mango-Land. Nie zuvor habe ich so köstliche Mangos gegessen. Warum sind sie nicht weltbekannt? Weil sie nicht transportiert werden können: zu große Distanzen, zu schlechte Straßen.

Ständig halten wir an und nehmen jemanden mit. Die Gebranntes-Kind-scheut-das-Feuer-Haltung der erschlosseneren Gegenden ist hier nicht angebracht.

Einen älteren Mann, der sich ein paar Meilen am Türgriff des schaukelnden Lastwagens festklammert. Einen ruhigen, unauffälligen, lächelnden Mann, der winkend im Busch verschwindet, als wir ihn absetzen, und der drei Söhne hat: Der Älteste wird in der Tschechoslowakei zum Flugzeugingenieur ausgebildet, sein Examen hier hat er mit Auszeichnung bestanden. Der zweite hat gerade seine Prüfung absolviert und wartet auf die Ergebnisse. Der Jüngste ist durchgefallen. Wir alle denken an den Unterschied zwischen der Zukunft des ersten und des dritten Sohnes:

Der eine wird in einer modernen Welt leben, die für den anderen kaum existieren wird.

Ich sage, daß es seltsam sei, mitten im Busch einen armen Mann mitzunehmen, dessen Sohn an einer europäischen Universität studiere, aber ich werde zurechtgewiesen: »Es gibt viele solcher Fälle.« Ich wünschte, etliche von ihnen würden in England ausgebildet.

Wir befinden uns mitten im Nirgendwo. Wir steigen aus, gehen ein Stück in den Busch und setzen uns auf ein paar Felsen unter hellen, trocken duftenden Bäumen, die einen lebhaften Schatten werfen. Eine smaragdgrün gesprenkelte Taube ruft, und ihr wird geantwortet.

In der Nähe befindet sich ein Dorf, das wir von unserem Platz aus nicht sehen können. Dorfbewohner kommen und setzen sich zu uns. Kinder. Männer. Keine Frauen. Dennoch sind Frauen da, zwei Beamtinnen, die wir mitgenommen haben: Sie führen eine Volkszählung durch und sitzen mit dem Dorfvorsteher etwas abseits unter einem Baum, konzentrieren sich auf Graphiken und das, was in ihren Notizbüchern steht. Ein Sachverständiger, ebenfalls eine Frau, ist mit uns mitgekommen, um sich kundig zu machen über die Regenfälle und den Zustand der Ernte. Während der Stunde, die wir faul herumsitzen, wird eine ganze Menge Arbeit erledigt.

Die Rede kommt auf Mosambik und die Menschen, die im Busch über die Grenzen gehen, weil sie hungern. »Wie können wir uns in Simbabwe sicher fühlen, solange der Krieg in Mosambik nicht beendet ist?« »Er wird nie zu Ende gehen. Es liegt im Interesse Südafrikas, ihn weiterzuführen.«

Ein Witz aus Mosambik: Was ist eine Sardine? Eine Sardine ist ein Wal, der sieben Stadien sozialistischer Transformation hinter sich hat.

Ein alter Mann erzählt den Kindern, daß Mosambik einst ein reiches Land war, in dem es immer genug zu essen gab. Die Kinder schütteln ungläubig die Köpfe: Ihr ganzes Leben lang sind die Menschen aus Mosambik über die Grenze geschlichen und haben um Lebensmittel gebettelt.

»Warum sind sie so arm?« fragt ein ungefähr Zehnjähriger.

»Weil dort Krieg herrscht«, sagt der alte Mann.

»Hat es hier nicht auch einen Krieg gegeben?« fragt ein Mädchen, das sich dunkel an etwas zu erinnern scheint.

»Nein, bei uns hat es keinen Krieg gegeben«, antwortet der Zehnjährige.

Die Erwachsenen, Schwarze wie Weiße, blicken einander an, schütteln den Kopf und lachen.

Ich frage: »Wenn ihr euch eine einzige Sache für eure Gegend wünschen könntet, was wäre es?«

»Geld«, antwortet der Dorfvorsteher, und wieder lachen alle.

»In Ordnung. Wenn ihr fünfzigtausend Pfund hättet, wofür würdet ihr sie ausgeben?«

Erneutes Gelächter angesichts der Größenordnung dieser Summe. Sie diskutieren eine Weile und einigen sich schließlich: »Für einen Stausee. Den brauchen wir am dringendsten. Wir würden den Fluß aufstauen, der unter den Hügeln durchfließt.«

Ich erzähle ihnen vom Garten in Matabeleland: schlechter Boden, der bewässert und fruchtbar gemacht wurde. Sofort interessieren sie sich dafür, rücken näher, stellen Fragen: Wieviel Wasser? Wird Kunstdünger benutzt? Woher kam das Geld?

Ich frage, welche Vergnügungsmöglichkeiten die Menschen im Dorf haben.

»Die Regierung hat letztes Jahr ihr Filmvorführteam vorbeigeschickt«, lautet die feierliche Antwort. Und dann lachen alle über etwas, was sie in dem Film, der vorgeführt wurde, gesehen haben, sagen jedoch nicht, was sie so erheitert.

Und wenn das Filmteam nicht da ist?

Dann bleiben sie zu Hause, reden und erzählen am Abend Geschichten, und manchmal wird getanzt.

»Gelegentlich kommt ein Bus und bringt uns zum Wachstumszentrum, wo wir einkaufen können.«

»Manchmal fahren wir nach Mutare und besuchen Verwandte, aber es ist ein weiter Weg, fast zweihundert Kilometer.«

Später findet unter einem anderen Baum, an einem anderen Ort ein weiteres Treffen statt.

Die Vertreter eines Dorfes sprechen mit durchreisenden landwirtschaftlichen Beratern sowie einer Sachverständigen, die aus der Gegend stammt, eine von den zwanzig Prozent, die ein landwirtschaftliches College absolviert haben. Die Frau ist jung, gut gekleidet, verheiratet, Mutter dreier Kinder. An einem Tisch unter einem Baum sitzen etwa zehn Personen und verhandeln Dorfangelegenheiten.

Über die offiziellen Besucher aus Mutare scheinen sie nicht sehr erfreut. Als sich einer von ihnen dem Tisch nähert, fangen sie gleich an, sich über ihn lustig zu machen wegen eines Ratschlags, den er ihnen bei seinem letzten Besuch gegeben hat. Sofort wird deutlich, daß sich hier zwei verschiedene Gattungen gegenüberstehen: einfache Dorfbewohner und Experten und Funktionäre.

In Harare ist mir gesagt worden: »Diese neuen Fachleute von den landwirtschaftlichen Colleges glauben, sie wüßten alles. Sie gehen in die Dörfer und erzählen Menschen, die seit Jahrhunderten unter den hiesigen Bedingungen Landwirtschaft betreiben, was sie plötzlich alles ändern sollen. So und so müßt ihr es machen, sagen die Experten. Aber so geht es nicht, erwidern die Leute aus dem Dorf. Und es ist schwer zu unterscheiden, ob es sich nun um erzkonservative Bauernstarrköpfigkeit handelt oder um die Stimme der Erfahrung.«

In vielen Forschungsberichten, zum Teil von der Universität Simbabwes, werden die traditionellen landwirtschaftlichen Methoden verteidigt. In den Dörfern weiß man, wie der Boden während einer Dürre zu behandeln ist, wie man auch auf schlechtestem Boden noch etwas ernten kann, wie man Vieh hält, wenn das Futter knapp wird. Aber auch wenn die Experten von der Universität voll des Lobes für die traditionellen Methoden sind, heißt das nicht automatisch, daß sie in den landwirtschaftlichen Schulen gelehrt werden. Es dauert immer geraume Zeit, bis sich Forschungsergebnisse in den Lehrplänen von Schulen und Colleges niederschlagen.

Als ich zu dem Kaffeefarmer sage: »Auch die alten Missionare und Forschungsreisenden sprachen davon, daß die Menschen hier ausgezeichnete Farmer waren«, erwidert er: »Du verstehst nichts davon. Das war damals, und damals gab es nur wenige Menschen und viel Land. Sie haben ihre Methoden den veränderten Bedingungen einfach nicht angepaßt. Ich schärfe ihnen immer wieder ein ...«

Am Abend dieses Tages wirft die goldene, tiefstehende Sonne lange Schatten. Wir stehen neben einem neuen, robusten Zaun, den eine ausländische Hilfsorganisation gestiftet hat.

Hübsche, schwarzweiß gescheckte Kühe nähern sich dem Zaun, um uns zu betrachten.

Der Kaffeefarmer erklärt: »Schau dir diesen Zaun an. Ich weiß, was er gekostet hat. So einen Zaun kriegt man nicht unter soundsoviel Pfund pro Kilometer. Dieses Stück Busch einzuzäunen, muß folgendes gekostet haben. Und er wird soundsoviel Jahre halten. Ja, ein erstklassiger Zaun, ein verdammt guter Zaun. Aber wenn man den Draht von Baum zu Baum gezogen hätte, und zwar ohne die Bäume dabei zu beschädigen, hätte man für dasselbe Geld ein dreimal so großes Stück Busch einzäunen können.«

Er steht da, auf sicheren Füßen, die Hände in die Hüften gestützt, vor einer Gruppe Afrikaner, die ihm mit ernster Miene zuhören. Die Südafrikanerin und ich kennen diese uralte Szene – ein Weißer hält Schwarzen einen Vortrag –, blicken uns kurz an, vermeiden zu lächeln und wenden unsere Aufmerksamkeit den Kühen zu, die einerseits mit uns Bekanntschaft schließen wollen, andererseits aber auch davor zurückscheuen. Sie haben sich bis auf ungefähr eineinhalb Meter an uns herangewagt, sind jederzeit bereit, sich bei der leisesten Bewegung unsererseits zurückzuziehen.

Wir hören: »Das ist das Problem mit den verdammten Hilfsgeldern. Es wird immer nur verschwendet. Warum habt ihr ihnen nicht gesagt ...? Warum habt ihr nicht auf den Tisch gehauen und ...?«

Was natürlich Unsinn ist, denn alle Welt weiß, daß internationale Experten, wenn sie über eine Gegend herfallen, kategorisch beschließen, was genau getan werden soll, und die Einheimischen müssen sich damit abfinden, ob es ihnen nun paßt oder nicht. Unvorstellbar, zu einem wohlerzogenen Schweden oder Deutschen zu sagen: »Vergiß die Pfosten für den Zaun, wir schlingen den Draht einfach von Baum zu Baum ...«

»Es bricht mir das Herz«, hören wir. »Das Wesentliche, der Schlüssel zu allem, *vorrangig* ist, das Land richtig einzuzäunen, damit die *mombies* nicht daraufkönnen und der Boden nicht erodiert, sondern sich erholt ... Schaut euch das an.«

Er führt seine Klasse vor ein eingezäuntes Stück Busch, auf dem sich kein Vieh befindet. »Seht nur. Der Boden erholt sich seit zwei Jahren, und man kann deutlich erkennen, daß der Busch zurückkehrt. Seht ihr die Pflanze dort drüben? Wenn sie hier wächst, dann heißt das, daß auf diesem Boden seit mindestens zwei Jahren kein Vieh mehr geweidet hat. Versteht ihr, worauf ich hinauswill? Wenn man statt Pfosten die Bäume benutzt, kann man dreimal soviel Land einzäunen.«

Hinter dem Zaun, bei den Kühen entsteht Bewegung. Eine zweite Gruppe Rinder nähert sich der ersten, ihre Hufe wirbeln blassen Staub auf, der sich auf ihren glänzenden Fellen niederschlägt. Die zweite Gruppe wird wie die erste von einem Bullen angeführt, der sich seinem Widerpart nähert, vermutlich, um mit ihm über die Aufteilung der Weide zu verhandeln. Die zwei Bullen stehen sich Kopf an Kopf gegenüber und schnauben, während die Kühe friedlich miteinander grasen. Ein kürzlich geborenes Kalb, locker, geschmeidig, glänzend wie ein schwarzer Samthandschuh, steht mit der Nase am Zaun, den Rücken der Herde zugewandt, und starrt uns zutiefst gekränkt an.

»Und noch etwas«, sagt der Kaffeefarmer. »Ständig wird Geld für Statussymbole verschwendet. Im Moment scheint es Mode zu sein, Häuser aus gebrannten Ziegeln zu bauen. Aber dafür muß Holz verfeuert werden. Das Holz wird verschwendet. Warum nehmt ihr keine behauenen Steine? Sie sind genauso gut. Wußtet ihr, daß es Länder gibt, in denen nie gebrannte Ziegel benutzt wurden? Sie machen Ziegel aus Lehm und Wasser, die Jahrhunderte halten. Warum wollt ihr unbedingt ...?«

Die zwei Bullen haben sich geeinigt und stehen jetzt ruhig nebeneinander.

»Es macht mich rasend«, sagt der Kaffeefarmer. »Überall in den Dörfern sehe ich diese Brennöfen. Wozu? Geldverschwendung, Holzverschwendung ...«

Als er sich außer Hörweite befindet, fragen wir die Sachverständigen und die Dorfbewohner, ob es ihnen etwas ausmacht, wenn man ihnen eine derartige Standpauke hält.

Sie blicken einander nicht an. Dann lächeln sie, und nach einer Weile sagt ein Mann aus dem Dorf: »Nein, es macht uns nichts aus. Wir wissen, daß er uns nur helfen will. Er ist ein guter Mann.«

Unmöglich zu entscheiden, ob sie nur höflich sind. Wir besprechen den Vorfall und kommen zu dem Schluß, daß sie, das heißt die Dorfbewohner, es ehrlich meinen. Die Sachverständigen sind eine andere Sache.

Wir gehen zu den Autos, fahren den weiten Weg durch den im Sonnenuntergang liegenden Busch zurück nach Mutare und hinauf in die Berge.

Zum Abendessen kommt der Mann, der uns am Morgen in Mutare die Vorstellung als Bürokrat gegeben hat. Jahrelang hat er Leute in den östlichen Distrikten angesiedelt. Er kennt sich aus. »Woran ich mich gut erinnere«, sagt er, »ist, daß Mugabe während der ersten, idealistisch geprägten Zeit die Landwirtschaft kollektivieren wollte, so wie die russischen Kolchosen, wo das Land der Gemeinschaft gehört. Aber es hat bei uns nicht besser funktioniert als in der Sowjetunion oder in Tansania. Das Vorhaben ist gescheitert, und alle Welt weiß es. Nur, es zu wissen ist eine Sache, es öffentlich zuzugeben eine andere. Was funktioniert, ist, daß man den Bauern Land gibt und ihnen dann in einer Art Pool Maschinen und diverse Einrichtungen zur Verfügung stellt.« Gehört das Land wirklich ihnen? Tja, das ist eine weitere der berühmten Grauzonen. Es ist Regierungsland, aber auch ihres. Sie wollen es besitzen, mit Besitzurkunden, damit sie es an ihre Kinder vererben können. Die Entwicklung scheint ihnen zu entsprechen, während die Gesetze nach wie vor unklar sind. Und es gibt noch etwas, was überaus heikel ist: Voraussetzung, um in einem Siedlungsgebiet Land zugeteilt zu bekommen, ist, daß man sich wirklich für diese und nur diese Lebensweise entscheidet: Man verpflichtet sich, Farmer zu sein und nichts anderes. Aber die Menschen fordern die gleichen Bedingungen, wie sie in den Communal Areas gelten, wo meist zumindest ein Familienmitglied in der nächstgelegenen Stadt arbeitet. Die Armut in den neuen Siedlungsgebieten ist noch schlimmer als in den Communal Areas – deswegen stellen sie diese Forderungen, sagen die angesiedelten Farmer.

Die Regierung hält dagegen: Wenn ihr euch vollständig dem Land und seiner Bewirtschaftung verschreibt, wenn ihr eure ganze Kraft hineinsteckt, dann werden sich die Siedlungsgebiete verwandeln, sie werden wohlhabend werden...

Ja, das schon. Mit der Zeit. Nach einer Generation? Nach zwei?

Im Siedlungsgebiet wurde uns das Haus eines erfolgreichen Farmers vorgeführt, der sehr zur Zufriedenheit der Sachverständigen wirtschaftet und andere anspornt und inspiriert. Er lebt in einem kleinen Ziegelhaus mit mehreren Zimmern und einer Küche, umgeben von einem hübschen Garten. Das Feld hinter dem Haus ist grün und gut abgegrenzt. Aber die Kinder, die in diesem Haus aufwachsen, das hundert Meilen von Mutare entfernt liegt, werden alles daransetzen, in der Stadt zu leben. Um jeden Preis. Auch wenn es heißen sollte, daß sie sich mit zwanzig anderen ein schäbiges Zimmer werden teilen müssen.

## LEGENDEN

Wir fahren von Mutare aus nach Süden, entlang der Grenze des Siedlungsgebiets, dem wir am Tag zuvor einen Besuch abgestattet haben. Wir sind unterwegs von einem Ort der Ordnung und des Komforts – der Zivilisation – zum nächsten. Eine Stunde lang erstreckt sich zu beiden Seiten der blasse, trockene Boden, Klasse vier, und wir wissen, daß die vielen vom Busch verborgenen Dörfer genauso aussehen wie die, die wir gesehen haben. Wir wissen es, weil uns der Siedlungsbeauftragte von *damals* begleitet, und der kennt jeden Zentimeter Busch, jede Hütte, jedes neue Wachstumszentrum. Er identifiziert sich mit den Anstrengungen der Siedler mit der gleichen Leidenschaft, mit der der Kaffeefarmer für die Erhaltung des Bodens kämpft. Als wir ihm erzählen, daß wir das, was wir am Tag zuvor gesehen haben, nicht gerade ermutigend finden, meint er nur, wenn wir die Gegend früher gekannt hätten, wären wir höchst beeindruckt.

Der ehemalige Siedlungsbeauftragte ist auch Historiker, und er kennt die Geschichte der Gegend. Was bedeutet, daß die nahe Grenze zu Mosambik für ihn nichts weiter ist als eine vorübergehende politische Laune. So muß sie auch den Menschen erscheinen, deren Stamm willkürlich geteilt wurde.

Eine mögliche Vorstellung von der Zukunft Mosambiks spiegelt die Vergangenheit wider: Die östlichen Distrikte Simbabwes und Mosambik bildeten einst eine historische und geographische Einheit. Wann könnte es wieder so sein? Das wird wohl eine ebenso lange Zeitspanne erfordern, wie sie der Indische Ozean braucht, um Mashonaland zu erreichen. Oder auch nicht. Ein neues Monomotapa wird kaum eine Million oder tausend Jahre brauchen, um Gestalt anzunehmen, und doch scheint eine verschwommene Zeitlandschaft am besten geeignet für eine Region, die bereits von legendären Königen und alten Ruinenstädten bevölkert ist, die nur darauf warten, dereinst im Dschungel entlang jenes zukünftigen Ozeans ausgegraben zu werden. Einer der negativen Aspekte der Übernahme der Macht ist, daß der jeweilige Führer, die Partei, die Junta hinfort ihre Träume darauf reduzieren muß, sich an der Macht zu halten. Die Freiheitskämpfer mögen abends um ihr Lagerfeuer sitzen und sagen: »Ich frage mich, ob diese Grenze eines Tages verschwinden und der Stamm wieder so wird leben können, wie er es früher getan hat. Die Grenzen sind willkürlich von den Weißen gezogen worden. Warum sollten wir sie beachten?« Aber sobald der Krieg beendet ist und sie nicht länger ums Feuer sitzen, müssen Gespräche dieser Art in geschlossenen Räumen geführt werden, unter Sicherheitsvorkehrungen, die garantieren, daß niemand, nicht einmal ein Dienstbote, zuhören kann. Wie viele Armeen sind aus dem Busch, aus Wäldern und Bergen gekommen, nur um festzustellen, daß sie die Freiheit zu träumen, die sie besaßen, als ihnen nur die Lumpen und die Waffen, die sie trugen, gehörten, verloren haben?

## VERGNÜGEN

An diesem Tag werden wir auf allen Seiten von Regen bedroht. Hinter uns fällt er in grauen Wänden, vor uns, neben uns – und während wir durch die hügelige Landschaft fahren, geraten wir auch selbst bald in stürmische Schauer, die uns begleiten, bis wir sie in dumpfen, rotschwarzen Massen zurücklassen, die die Berge verhängen. Vor uns sehen wir intensiv orangefarbenes Sonnenlicht, hoffen hineinzugelangen, aber nein, nach einer Kurve türmen sich erneut Wolken vor uns auf, blau wie Blutergüsse, und wir fahren geradewegs in einen Hagelsturm. Mittags halten wir in einem kleinen sonnigen Fleck an einem Fluß, der Wildheit und Abgeschiedenheit mit der Bequemlichkeit von Picknicktischen und -bänken vereint. Während unserer Rast kommt ein Landrover heran, dem drei Männer entsteigen, um den Fluß in Augenschein zu nehmen. Zwei Touristen und ihr Führer. Wir tippen auf Schweden, Deutsche, Dänen, Amerikaner, hören jedoch Italienisch. Es sind reiche, elegant gekleidete Italiener, die sich einen privaten Reisebegleiter leisten können, der sie zu diesem wild dahinrauschenden, dank der Regenfälle Hochwasser führenden Fluß gebracht hat, bevor sie weiter nach Mutare fahren. Wir brechen wieder auf, in die entgegengesetzte Richtung, kommen durch eine noch wildere und bergigere Landschaft und begegnen nicht einem einzigen Auto. Die Stürme schütten ihre Wassermassen vom Himmel, bis schließlich alles um uns herum nur noch grauer Regen ist. Im Regen erreichen wir das Chimanimani Hotel und finden ein riesiges Kaminfeuer in einem riesigen Aufenthaltsraum vor. Das Hotel ist weitläufig, mit großen, hohen Räumen, die Zimmer haben Veranden, von denen man auf Berge und noch mehr Berge hinaussieht und, nicht weit entfernt, auf das blaue Wasser eines Schwimmbads. Kolonialstil, dem wir ein paar der schönsten Hotels der Welt zu verdanken haben. Es ist fast leer. Warum ist so ein Hotel nicht ständig ausgebucht? Zum Teil sicherlich, weil es nahe der Grenze zu Mosambik gelegen ist und vor ein paar Jahren noch eine Gruppe Renamo-Terroristen die Gegend hier verunsichert hat.

Na und? Niemand verzichtet aufs Autofahren, auch wenn er die Unfallstatistiken kennt. Man kann nie vorhersagen, wovor sich die Leute entschließen, Angst zu haben.

Wir essen im geräumigen und nahezu leeren Speisesaal zu Abend, horchen auf das Gelächter und die Laute allgemeinen Vergnügens, die von einer Bar außerhalb des Hotels hereindringen – die jeden Abend überfüllt ist, ganz im Gegensatz zu den Bars im Hotel selbst, die kaum besetzt sind. Die Nacht über ist alles noch von Regen eingeschlossen, am Morgen jedoch ist der Regen in Dunst übergegangen. Wir fahren durch die Berge, von denen den beiden Männern jeder einzelne wohlbekannt ist, weil sie häufig hier gewandert sind. Von den Bergen geht es zu den Bridal-Veil-Fällen. (Überall auf der Welt werden unglaublich schöne und wilde Wasserfälle domestiziert und verniedlicht, indem man ihnen den Namen »Bridal Veil«, Brautschleier, gibt.) Das Wasser stürzt und fällt Hunderte von Metern über Felsen in weißschäumenden Kaskaden in die Tiefe. In der steilen Böschung zu beiden Seiten des Wasserfalls nisten unzählige Vögel, und der Ort wird eingehüllt vom Schweigen, das durch das mächtige Rauschen des Wassers entsteht. Bananenbäume wachsen hier und stellen jedes Stadium ihres Lebenszyklus zur Schau. Wenn sie endlich geblüht haben, sterben sie ab. Neue Sprößlinge wachsen zwischen Giganten, deren welke Glieder darauf hindeuten, daß sie wieder zu Staub werden wollen. Die Blätter haben rote Rippen und glitzern wie Edelsteine. Wir sitzen zwischen Felsen auf dem Gras, und der Kaffeefarmer bemerkt: »Während des Kriegs hat hier eine Bande ›Terrs‹ ein paar Touristen umgebracht. Ziemlich genau da, wo ihr jetzt sitzt. Einheimische kommen nicht hierher.« Wir gehen nicht darauf ein. Sollte es an diesem Ort jemals Schwingungen der Angst und des Grauens gegeben haben, so sind sie mittlerweile verschwunden. Es gibt keinen schöneren Ort als diesen. Außerdem, geben wir zu bedenken, gibt es vermutlich nur wenige Plätze auf der Welt, wo keine Morde begangen wurden, keine Kämpfe stattgefunden haben, niemand zu Tode gekommen ist. Und natürlich auch das Gegenteil: Liebe, Küsse, Picknicks, Vergnügungen. Dann fahren wir auf einer anderen Straße erneut durch die Berge. Niemand begegnet uns, außer ein paar prächtigen Rindern, die uns nervös anglotzen, so wie es Tiere tun, die auf ihren einsamen Höhen nur selten ein Fahrzeug zu Gesicht bekommen. Den ganzen Vormittag fahren wir herum, zu unserer Rechten die Berge Mosambiks, manchmal auf Bergkämmen mit dem Blick hinunter in Täler, auf Farmen, Stauseen, Pflanzungen, manchmal durch Wälder, die noch gesund und unversehrt sind. Wir lassen uns Zeit und halten immer wieder an, weil wir das Ende der Fahrt hinauszögern wollen. Und als wir wieder auf die Hauptstraße gelangen, lassen wir einen der wenigen Orte hinter uns, an dem die Natur noch unbehindert schalten und walten kann. Na ja, mehr oder weniger unbehindert.

## DAS MASHOPI HOTEL

Auf dem Rückweg von Mutare nach Harare halte ich in Macheke vor dem Hotel, das nicht länger zugenagelt und verlassen, sondern wieder als das Hotel der Jahrzehnte zurückliegenden Wochenenden erkennbar ist. Ich frage nach dem Direktor, und er stellt sich als ein junger Schwarzer heraus, dem ein Team enthusiastischer Helfer zur Seite steht. Ich erzähle ihm, daß das Hotel früher sehr beliebt und immer ausgebucht war. Aber das heißt natürlich, beliebt bei den Weißen, was ihn nicht sonderlich interessiert. Ich erzähle ihm, daß während des Kriegs die Piloten der RAF, der Royal Air Force, aus Salisbury übers Wochenende herkamen und daß bisweilen Feste veranstaltet wurden, die Tage dauerten. Er denkt, ich spreche vom Buschkrieg, und von der RAF hat er noch nie gehört. Er wurde erst nach dem Zweiten Weltkrieg geboren. Ich frage ihn, ob ich mir um der alten Zeiten willen das Hotel ansehen könne. Er reagiert höflich, amüsiert. Der Schlaftrakt hinter dem Hauptgebäude ist ebenfalls wieder kenntlich und zudem vergrößert, und der Treppenaufgang, den ich 1982 nicht finden konnte, ist zwischen den Resten der Baustelle neu erstanden. Ein Café mit Tischen unter Sonnenschirmen ersetzt im Garten die Büsche von früher. Die Bar ist noch an der gleichen Stelle, aber ebenfalls vergrößert und erstreckt sich jetzt bis auf die ehemalige Tanzfläche. Im Speisesaal, der sich nicht verändert hat, esse ich zu Mittag und warte darauf, daß die Tür aufschwingt und die Geister einläßt, die die Wiederauferstehung des Hotels zu neuem Leben erweckt hat. Seht ihr? sage ich in Gedanken zu ihnen. Es ist alles so gekommen, wie wir es vorhergesagt haben ... Na ja, vielleicht nicht ganz so ... Gern würde ich mit ihnen sprechen. Wenn ich nicht so in Eile wäre, würde ich mir den ironischen Ausdruck auf ihren Gesichtern ausmalen. Ich danke dem Manager, und blicke hinüber zu den zerzausten Eukalyptusbäumen, vergewissere mich, daß die bemitleidenswerten Paviane nicht wieder aufgetaucht sind. Dann fahre ich weiter nach Harare.

## DER GUTE ALTE SMITHIE

Mir fällt auf, daß niemand mehr von Ian Smith redet. Vor sechs Jahren sprachen sie ununterbrochen von ihm. In der Zwischenzeit war er in Amerika und hat dort behauptet, in Simbabwe herrsche eine schlimmere Tyrannei als in Südafrika. Die Leute glauben, daß er verhaftet, ein Märtyrer werden will. »Aber Mugabe ist zu schlau.«

Es wird von einem Vorfall berichtet, der sich auf dem örtlichen Postamt ereignet hat. Mr. und Mrs. Smith stellten sich an, um »wie jeder andere auch« bedient zu werden – wird voller Genugtuung erzählt. Bei anderer Gelegenheit, heißt es, habe Mrs. Smith zu einer Schwarzen gesagt, sie hoffe, ihrer kleinen Tochter gehe es gut. »Erinnerst du dich noch, ich habe ihr immer Süßigkeiten gegeben.«

»Ja, ich erinnere mich, Amai« – eine respektvolle Anrede für ältere Frauen – »aber Süßigkeiten sind nicht genug.«

## EINE DENKFABRIK

»Sie« behaupten, daß es eine inoffizielle Denkfabrik gebe, in der hochgestellte Mitglieder beider Parteien zusammenarbeiten. »Sie« gehören der reisenden Klasse an und verabscheuen die Rhetorik des toten, in Mißkredit geratenen Marxismus. In Simbabwe sind zwei Sprachen oder Ausdrucksweisen in Gebrauch, wie in der Sowjetunion vor Gorbatschow: die öffentliche, offizielle Sprache, die dem Selbstschutz dient, und eine lebendige Sprache, die die Unaufrichtigkeit der ersteren in Rechnung stellt. Es wird behauptet, bisweilen komme sogar Mugabe selbst zu den Abenden in der Denkfabrik. Das heißt, die Leute wünschen, er käme, für den Fall, daß er es nicht tut. Die Ideen der Denkfabrik verbreiten sich, sind einflußreich wie eine frische, schnell fließende Strömung in brackigem Wasser. Aber die Sprache, die in der Denkfabrik gesprochen wird, ist nicht die Sprache der Öffentlichkeit und der Presse. »Wenn man einen Minister unter vier Augen trifft, weiß er, wie die Lage wirklich aussieht. Wenn sich die gesamte Regierung oder eins ihrer Komitees trifft, haben sie Angst, ehrlich ihre Meinung zu sagen.« »Sie« behaupten, daß die Denkfabrik einen so guten Ruf habe, daß sogar hochgestellte Persönlichkeiten aus Südafrika kämen und zuhörten. »Wer sind diese hochgestellten Persönlichkeiten? Liberale?« »Nein, viel besser, Sie werden überrascht sein, werden es kaum glauben: Mitglieder der Regierung.«

## DIE ALTE FARM

Es war an der Zeit, mit den Kindereien aufzuhören. Ich mußte unsere alte Farm besuchen. Um sicherzustellen, daß das Lenkrad an der richtigen Abzweigung die richtige Richtung einschlug, nahm ich auf dem Beifahrersitz Platz. Die mythischen Orte von Schriftstellern sind keine einfache Angelegenheit. Ich kenne Kollegen, die sehr früh Zäune um sie herum hochziehen und sich ihnen anschließend nie wieder nähern. Das gilt allerdings nicht nur für Schriftsteller, sondern für alle meine Bekannten, die in Commonwealth-Staaten, ehemaligen Kolonien oder in irgendeinem anderen Teil der Welt gelebt haben, bevor sie die entscheidende Flucht von der Peripherie ins Zentrum antraten. Wenn sie dann später zum erstenmal wieder dorthin zurückkehren, müssen sie die neuen Häute abstreifen und ihr entblößtes, leidendes Fleisch der Vergangenheit darbieten. Jedes Kind, das sein Zuhause verläßt, um erwachsen zu werden, kennt das Phänomen, daß schon bei der ersten Heimkehr zu Hause alles kleiner erscheint.

Die Welt eines Kindes wird bevölkert von Ungeheuerlichkeiten: Nachbarn, Onkel, Tanten, Ladenbesitzer lassen sich ohne weiteres in Märchen und Comics integrieren, aber kaum ist man erwachsen und sieht sie wieder, sind sie nichts weiter als ganz normale Menschen. Wesentlich dabei ist, daß man selber schrumpft, nur weil auch diese mächtigen Gestalten schrumpfen. Und im »Distrikt« – so nannten wir ihn, als gäbe es nur diesen einen (so wie es auch kein Volk auf der Welt gibt, das sich nicht anfänglich »das Volk« genannt hätte) –, im Distrikt Lomagundi waren alle überdimensional groß gewesen, geeignet für Legenden und Sagen. Die weißen Farmer wohnten einerseits in großen Entfernungen zueinander, andererseits wußten alle, was die Nachbarn taten und sagten, denn es war die Zeit, als bis zu zwanzig Farmen an einer Telefonleitung hingen. Die Leitungen gibt es zum Teil heute noch. Einsame Menschen hörten Gespräche mit oder nahmen sogar daran teil. Bisweilen unterhielten sich drei, vier Personen, als säßen sie gemeinsam in einem Zimmer. Es war, als ob alle auf einer großen Bühne lebten, jeder Darsteller vergrößert, jedes Ereignis ausgesponnen durch unzählige Geschichten. Ob das Wort *Klatsch*, das für dicht bevölkerte Gegenden, enge Straßen geeignet ist, sich auf diese Zustände anwenden läßt? Und die Afrikaner trugen ihrerseits durch ihre Gewohnheit dazu bei, den Weißen eigene Namen zu geben, die einem Epos angemessen schienen: »Wütendes Gesicht«, »Die Frau mit zwei Männern«, »Der Sohn mit dem Feuerhaar«, »Der Mann, der wie ein Hund bellt«.

Zum Beispiel unsere nächsten Nachbarn, die Matthews. Er war »Big Bob«, einsneunzig groß, schwer und sah aus als wäre er aus mit Fett durchwachsenem Rindfleisch geschnitzt. Sie war die »kleine Mrs. Matthews«, einen Meter fünfzig groß, kugelrund, eine sanfte Frau. Sein brutales Verhalten gegenüber den Einheimischen wurde mißbilligt. »Er weiß nicht, wie stark er ist, das ist das Problem«, lautete das Höchstmaß an Verständnis, das man vor fünfzig, sechzig Jahren für seine Exzesse aufbrachte. Er stammte aus Glasgow und war dort Polizist gewesen. Leicht vorstellbar, wie er durch die nassen dunklen Straßen geschlendert, die Hände auf dem Rücken, den Schlagstock unter einen Arm geklemmt, während *sie* in einem Wohnzimmer mit hübschen Vorhängen an den Fenstern auf ihn wartete. Wann immer mein Bruder und ich auf unseren Fahrrädern zu ihnen fuhren, stand sie in der Küche und buk: Teekuchen, Blechkuchen, Eierkuchen, Haferkuchen, Obstkuchen, Biskuitkuchen, Törtchen, Pies, Lebkuchen, Früchtebrot, Pfefferkuchen. All das kam zur wichtigsten schottischen Mahlzeit auf den Tisch: dem Tee. Das Haus war voller »Stauraum«, das heißt riesigen, hochglanzpolierten Schränken und Kommoden. Manchmal kamen Nichten zu Besuch, und dann tanzten die kleine Mrs. Matthews und die Mädchen schottische Schwerttänze. Kilts wirbelten durch die Luft, Füße, die in Pantoffeln steckten, trippelten leise wie Katzenpfoten um die Hefte der Schwerter. Wenn sie in Schottland geblieben wären, hätte ihnen dann irgend etwas Besonderes angehaftet? Big Bob wäre sicher überall, egal wo, berühmt-berüchtigt gewesen aufgrund seines Gewichts, seiner Größe, seiner Fäuste ... »Herr des Himmels, von Big Bob eine auf den Kopf zu bekommen, muß sein, wie wenn man mit einem Dampfhammer zusammenstößt.« Die Schwarzen nannten ihn »Blitz und Donner« und markierten um seine Farm herum die Bäume, um alle Arbeitsuchenden zu warnen: Das ist eine schlimme Farm.

Die Frage ist, was hat Big Bob und die kleine Mrs. Matthews dazu veranlaßt, Glasgow noch vor dem Ersten Weltkrieg zu verlassen und im alten Südrhodesien zwischen wilden Tieren und wilden Menschen eine Farm aufzubauen? Welche Ruhelosigkeit, welcher Ehrgeiz, welches Verbrechen oder was für romantische Vorstellungen, alles wohlverborgen hinter einer konventionellen Lebensweise, hatte sie so weit von zu Hause fortgetrieben? Dieselbe Frage stellte sich für alle unsere früheren Nachbarn. Wenn man sie am Sonntag in der Kirche sah – im Gemeindehaus wurde abwechselnd ein Gottesdienst der presbyterianischen Kirche und der Church of England abgehalten –, diese Menschen im Sonntagsstaat, die in ihre Gesangbücher blickten, feierlich »Rock of Ages« und »All Things Bright and Beautiful« anstimmten, fiel es leicht, sie sich »zu Hause« vorzustellen, von wo sie doch gewiß nicht hatten fliehen müssen? Doch. Jeder von ihnen hatte etwas zu verbergen, etwas, was man nicht sah, das aber so mächtig war, daß es sie in den Distrikt verschlagen hatte, wo sie sich auf vielen Morgen Land ausbreiten konnten, das den Schwarzen gestohlen worden war, und wo sie Landwirtschaft betrieben mit der ganzen Kraft armer Leute, die ihre frühere Armut nicht vergessen konnten.

Im Distrikt wimmelte es von Nichtgesellschaftsfähigen, denen England oder Schottland zu klein erschienen war.

Wenn ich heute an die Menschen zurückdenke, zwischen denen ich aufgewachsen bin, dann interessiert mich folgendes: Was waren sie, bevor sie ihre Möbel verkauften, die langsamen Schiffe nach Kapstadt oder Beira bestiegen und anschließend den Zug nach Salisbury, um von dort auszuströmen, nach Grundbesitz zu suchen und alles zu riskieren in einem Land, von dem sie nichts wußten? Sie trafen in dem Zustand im Distrikt ein, in dem auch die Familien an der Küste Neuenglands oder Virginias von Schiff gingen: In ihren Köpfen spukten Geschichten von Gefahren und Reichtum. Und Gedanken an Freiheit.

Auf unsere Farm zurückzukehren, würde sich als Anti-Klimax herausstellen, sagte mir der gesunde Menschenverstand, ganz zu schweigen von Freunden. Aber dem war ganz und gar nicht so, allerdings wurden meine Erwartungen auf eine Weise revidiert, mit der ich nicht gerechnet hatte.

Da war zum einen das Wetter, oder anders ausgedrückt, das Klima. Als Ayrton R. mich in den Distrikt chauffierte, machten sich alle schon wieder Sorgen wegen des Regens. Seit den zwar ergiebigen, aber kurzen Regenfällen wenig früher – nichts mehr. Und es war Ende November. Irgendwo verborgen in unserem Hinterkopf spukt die Idee, daß unsere moderne Wissenschaft in der Lage sein sollte, das Wetter positiv zu beeinflussen, daß es genügen sollte, den Begriff »Inter-Tropische-Konvergenz-Zone« auszusprechen, damit die Massen warmer, feuchter Luft, die vom Ozean und den Wäldern aufsteigen, sich an der richtigen Stelle sammeln und mit den Hochdruck-Gebieten südöstlich von Mosambik kollidieren. Aber der Himmel war von einem ungerührten Hellblau, keine Anzeichen für Regen wie schwarze, silbergerandete Wolken, die sich hoch bis in den Zenit türmen, kein Blitzeflackern am Horizont, kein verheißungsvolles Donnergrollen. Jeder dachte an eine Dürre, aber niemand sprach es aus. Aberglaube. Wenn man von einer Dürre spricht, dann trifft sie auch ein.

Ich wollte unsere alte Farm nicht von Trockenheit gezeichnet und eingenebelt von Buschfeuern wiedersehen. Ohne Regen ist der Busch eine struppige, nackte Angelegenheit, eine detailgetreue Abbildung eines Geisteszustands, den ich fürchte, obwohl ich oft genug davon geträumt habe. Isolation. Ausgeschlossen sein. Unzugänglichkeit all dessen, was außerhalb der Farm lag. Nein, ich wollte den Busch um unsere alte Farm in verschwenderischer, luxuriöser Üppigkeit wiedersehen, die Landschaft der Regenzeit, und ich war mir ziemlich sicher, daß es so sein würde. Schließlich hatte es im Nordosten geregnet, wenn auch nicht ausreichend. Und die Zugvögel waren eingetroffen. Selbst wenn der Staub der Trockenzeit noch eine samtige Schicht auf der Haut hinterließ, kündigten die Zugvögel doch die Regenzeit an. Besser noch, zu Zeiten des längst vergangenen *Damals* brachten Störche und Schwalben Nachrichten von weit entfernten Orten, von denen ich mir nicht vorstellen konnte, sie jemals zu sehen, denn England lag in einer völlig anderen Region meiner Vorstellungswelt als Afrika, seine Atmosphäre von unserer so verschieden wie die zweier unterschiedlicher Träume. *Dort* gab es Schnee, Nebel, fahles Sonnenlicht und lange Dämmerstunden in einer pastellfarbenen Landschaft, in der Vögel auf kreideweißen Felsen nisteten, die sie nie verließen. *Hier* schien die Sonne von sechs bis sechs, die Farben waren kräftig, und die Hitze raubte einem bisweilen den Atem: Wir lebten in der Höhe unter einem dramatisch sich wandelnden Himmel. Es schneite nie. Europa lag unendlich weit entfernt. Meine einzige Verbindung dorthin war die Literatur. Als ich später in England lebte und in Südrhodesien als unerwünscht galt, war es mein Afrika, das unerreichbar war. Die Trennung meiner Welten ist Teil meines Schicksals. Ein paar Tage, nachdem ich von dieser Reise nach London zurückgekehrt war, sah ich im Fernsehen den Wetterbericht, und der Meteorologe erklärte, daß die Inter-Tropische-Konvergenz-Zone über Südafrika die kalten und warmen Luftmassen weiter nördlich beeinflußte, und die wiederum beeinflußten das Klima in unseren Breiten, in England. Ich saß auf meinem Sofa in London, die Vorhänge waren zugezogen, um den Dezember auszusperren, und die festen, unbeweglichen Wände, die meine inneren Landschaften voneinander getrennt hatten, zerfielen in Flüsse von Wind und Ozeane von Luft, und beide Welten gingen sanfter ineinander über, als es mit der Concorde möglich gewesen wäre oder mit irgendeiner anderen Maschine, die noch entwickelt und eines Tages in wenigen Stunden von London nach Harare oder Tokio fliegen wird.

Doch bis zu dieser Auflösung der Widersprüche sollte noch ein Monat vergehen.

Nein, das eigentliche Thema meines Wiedersehens mit unserer alten Farm war die Distanz, das, was aus der Distanz geworden war.

Es ist ein strahlender Tag, als Ayrton R. und ich aufbrechen. Wir fahren durch die nördlichen Vororte Harares, und ich hake Ereignisse und Personen ab: Das ist hier geschehen, das hat sich dort ereignet. Nein, eigentlich ist es nicht möglich, daß die Menschen überleben, was sie überleben, was wir alle überleben, und Gott sei Dank vergessen wir es immer wieder, nur auf Reisen wie dieser wird es einem bewußt.

Aber Moment mal ... stimmt es ... vielleicht stimmt es nicht? Angenommen, man würde das Elend der Kindheit nicht vergessen, das Heimweh, das das Herz wie eine Wunde zerreißt, den Verrat. Wenn dieser Pein gestattet wäre, in unserer Seele bloßzuliegen, ein verwunschenes Land, das man für immer hinter sich gelassen hat, das jedoch sichtbar ist, nicht verborgen ... hätte diese schmerzliche Landschaft dann weniger Macht, als sie jetzt, dessen bin ich sicher, hat? Es gibt einen Fisch namens Seeteufel, der so bösartig aussieht, als müßte er eine Geschichte zur Festigung der Sitten illustrieren. Er schwimmt knapp unter der Wasseroberfläche und lauert auf Zugvögel, die ein paar Stunden schaukelnden Schlaf auf den Wellen riskieren. Dann schnappt dieses Monster von einem Fisch nach den im Schlaf entspannten Füßen und zieht den Vogel in die Tiefe, immer weiter ...

Wir fahren über die guten, glatten Straßen der Stadt, und meine Erinnerung bereitet mich auf die plötzliche, holprige Begegnung mit Landstraßen vor, aber nichts dergleichen geschieht, wir rauschen auch weiter unbehindert dahin, unendlich weit vom Busch und der Vergangenheit entfernt. Erst vor ein paar Wochen bin ich im Distrikt gewesen, auf einer Farm nicht weit von unserer, aber wir sind auf einer anderen Straße gefahren, einer Straße, die nicht zu meiner Kindheit gehörte, den Reisen von *damals,* den nicht enden wollenden Reisen der Kinderzeit ... »Wann sind wir endlich da?« »Bald.« »Aber *wann*?« Und die Täler und Hügel zogen langsam vorbei, die Straße wand sich zwischen hohem Gras und aufeinander balancierenden Felsen hindurch. Auf dieser Straße fuhr ich meinen Vater nach Salisbury, mit unserem alten Auto, er war Diabetiker und nahe daran, ins Koma zu fallen. Meine Mutter saß neben ihm auf dem Rücksitz, beobachtete seine Gesichtszüge, ihre ruhigen Finger kontrollierten seinen Puls. *Damals* war die Straße ein buckliger Pfad von Salisbury bis weit in den Norden zum Sambesi. Wenn ich schnell fuhr, schmerzten die Schlaglöcher und Rinnen den Kranken so sehr, daß er mich keuchend bat anzuhalten. Ich bremste, fuhr dann langsam mit einer Geschwindigkeit von kaum zehn Stundenkilometern weiter, es ging rauf und runter, von einer Rinne zur nächsten, dazwischen versuchte ich den Schlaglöchern auszuweichen ... Es war entscheidend, ihn rasch ins Krankenhaus zu bringen, aber wenn ich schneller fuhr, drohte ihn die Schüttelei umzubringen. Wie oft sind wir diese Strecke gefahren? Ich weiß es nicht mehr. Und dann legten sie

»Straßenstreifen« an. Während wir auf dieser erstklassigen Straße nach Norden rauschen, halte ich Ausschau nach den alten, gesprungenen Straßenstreifen, die neben den Eisenbahngleisen auftauchten und sich im Gras verloren. Diese ungefähr dreißig Zentimeter breiten Teerbänder waren ein großer technologischer Fortschritt – sie wurden in Südrhodesien erfunden –, plötzlich stellten die Fahrten nach Salisbury keinen Alptraum mehr dar, und sie dauerten nur noch drei bis vier Stunden. Die alten, staubigen, schlammigen Wege sind nicht mehr zu sehen, trotzdem wage ich zu behaupten, würde man anhalten und aussteigen, die Böschung hinunterklettern und in dem nach den Regenfällen üppigen Gras danach suchen, würde man noch Überreste von ihnen finden. Wir krochen, schlitterten und schleuderten über sie und warteten stundenlang geduldig, bis ein Fluß wieder in sein Bett zurückgekehrt war. Heute sieht man die Hochwasser führenden oder träge unter einer Brücke dahingleitenden Flüsse nicht mehr. Bald, lange bevor die Erinnerung oder die Traumlandschaften es für möglich halten, taucht der Dyke auf, der Graben, diese kristallen schillernde, auf die Distanz blau leuchtende Bergkette, wie geschaffen für romantische Geister, die sich über sachliche Einwände stillschweigend hinwegsetzen. Wie schade, daß meine Mutter nicht wußte, daß sie über den Dyke mit dem Rift Valley und dem Indischen Ozean in Verbindung stand. Ihre Erinnerungen, ihre Gespräche wurden vom Meer bestimmt. Sie war in London aufgewachsen, in engen Straßen, doch das Meer war das Hinterland ihrer Seele, und schon eine Ansammlung von Granitfelsen oder weißer Wolken über einem roten Sonnenuntergang inspirierten sie zum Reden über Wellen, die sich an Felsen brachen, und die stürmische See. Später fand ich heraus, daß ihre Mutter, Emily Flower, die bei der Geburt ihres dritten Kindes gestorben war, die Tochter eines Leichterschiffers auf der Themse gewesen war, deswegen hatte sie die See im Blut. Sozusagen. Sie war stolz darauf, seefest zu sein, so daß sie auf jener schrecklichen Fahrt mit dem Öltanker übers Kaspische Meer, als ihr Mann und ihre Kinder seekrank waren, und später auf der Überfahrt nach Afrika, als der Sturm so heftig tobte, daß alle in ihren Kojen lagen und sterben wollten, als einzige neben dem Kapitän auf der Brücke stand. Auf unserer Farm, gut zweitausend Meter über dem Meeresspiegel, sehnte sie sich nach der See, aber wir konnten uns keinen Urlaub leisten. Sie war entsetzlich eingesperrt auf dieser Farm. Niemand, den wir kannten, machte Ferien in England. Wenn jemand nach England reiste, dann, weil er medizinisch behandelt werden mußte oder irgendein naher Verwandter gestorben war. Auch die »Scheckbuch-Farmer« im anderen Teil des Distrikts reisten selten nach Hause, und wir sprachen über ihre Reisen, als hätten wir sie selbst unternommen. Die wohlhabenden Farmer reisten nach Durban, wir nicht.

Aber wenn wir gewußt hätten, daß der Kontinent auseinanderbrechen würde und der Indische Ozean ... dann hätten die Geschichten unserer Kindheit über die Gold- und Quarzminen, über die arabischen Handelssafaris und die arabischen Minenarbeiter – von denen damals vermutet wurde, daß sie die uralten Minenschächte angelegt hatten, auf die wir immer wieder stießen, wenn wir uns einen Weg durch das hohe Gras bahnten – um Gischt und Meerwinde bereichert werden können.

Wenn wir nur die wahre Geschichte dieser Gegend gekannt hätten ... Wir glaubten, daß sie zu der Zeit, als die Weißen ins Land kamen, bevölkert war von Menschen auf dem Entwicklungsstand von Sammlern und Jägern. Jaja, sie hatten ein paar bedeutungslose Getreide- und Kürbisfelder. Tatsache ist, daß es hier für Jahrhunderte kleinere und größere Königreiche gab, Eroberungen und Coups, Verrat, Verträge, Spione, die Portugiesen waren nicht nur Händler gewesen, bei weitem nicht, bisweilen waren sie Königsmacher oder herrschten gar selbst. Es war wie in Shakespeares Stücken über die Plantagenets, viel aufregender als die sentimentalen Geschichten über die Araber.

Die Fahrt von Harare zum Dyke vergeht im Nu, während ich versuche, sie im Geist zu verlangsamen, um sie dieser Kurve und jener Steigung der Vergangenheit anzupassen, aber es nützt nichts, der Dyke liegt bereits hinter uns, und gleich sind wir in Banket.

Auf dieser Fahrt begreife ich, spüre ich mit Haut und Haaren, wie es den Menschen vor langer Zeit in Europa ergangen sein muß. Große Städte lagen so weit auseinander, daß die Leute vielleicht einmal im Leben selbst in eine kamen, womöglich kannten sie auch nur andere, die einmal in einer Stadt gewesen waren. Das Dorf, in dem sie kauften, was nicht in ihrem eigenen Garten wuchs, war oftmals eine Tagesreise zu Fuß oder mit dem Pferd entfernt. Dort verbrachten sie dann eine angstvolle oder aufregende Nacht in einem Gasthaus, kehrten am nächsten Tag nach Hause zurück und warteten mit Geschichten auf, die ihre Nachbarn in Erstaunen versetzten. Und plötzlich, innerhalb einer Generation, gab es Straßen und Kutschen, und die Welt schrumpfte zusammen. Was außer Reichweite gelegen hatte, war nur noch einen Katzensprung entfernt. Holprige Wege, schmale Pfade, die durch Fußmärsche entstanden waren, durch die Notwendigkeit, irgendwohin zu gelangen, Pfade, die sich wanden und schlängelten, um kleine Hügel herumführten und an seichten Stellen Flüsse querten, verschwanden, wurden von Gras und Büschen und schließlich von Bäumen überwachsen. In manchen Ländern Afrikas muß diese »Revolution« erst noch stattfinden. Genau wie in manchen Gegenden Simbabwes. Es kann durchaus passieren, daß man unversehens das Ende einer asphaltierten Straße erreicht und vor sich die sandigen Spuren einer Buschstraße sieht, deren Verlauf bestimmt wird durch einen früheren Fußweg. Das Auto, das auf einer geraden Straße durch die unendlichen Variationen des Busches gefahren ist, muß bremsen und seine Geschwindigkeit der eines Fußgängers anpassen.

Wir sind in Banket, das zu einer kleinen Stadt herangewachsen ist. Das alte Banket, der »Stützpunkt«, ist nur noch für Augen erkennbar, die ihn in früheren Zeiten gesehen haben – für meine. Das Zentrum des »Stützpunkts« bildete *damals* ein langes, schmales, niedriges Ziegelgebäude mit mehreren Veranden, »Daradgan's« genannt nach dem Griechen, dem das Hotel, die Metzgerei, der Lebensmittelladen und der Laden gehörten, in dem die Kaffern Handel trieben. Ein kleiner Raum am nördlichen Ende des Baus war die Metzgerei mit ihrer Ladentheke aus Zink und den großen Metallhaken, an denen die blutigen Fleischteile baumelten. Im Freien, unter einem Baum hinter dem

Haus, wurde ein Ochse oder eine Kuh zerteilt, und aus ihren Mägen ergoß sich süßlich riechendes, wiedergekäutes Futter. Ab und zu hing ein mit Fliegen bedecktes Skelett am Baum. Nach der Metzgerei kam der Lebensmittelladen, dort gab es Dosen mit Obst, Bullenfleisch und Keksen sowie Ballen mit Baumwollstoff. Säcke mit Zucker, Mehl, Maismehl standen auf dem Zementboden, und jeden Tag mußte der Ladenboy kleine schwarze Ameisen hinauskehren. An derselben Veranda befand sich als nächstes das Hotel, das überwiegend aus einer Bar und einem halben Dutzend Tischen bestand, an denen Handelsreisende oder Leute, die unterwegs nach Nordrhodesien waren, Mahlzeiten einnahmen. Mit der Bar, die jeden Abend überfüllt war, hauptsächlich mit Männern, wurde das meiste Geld verdient. Es gab auch ein paar Zimmer zum Übernachten. Der Laden der Kaffern lag ein paar Meter davon entfernt.

Auf dieser Veranda stand einst ein junges Mädchen, das von Kopf bis Fuß mit Staub bedeckt war, weil es das Dutzend Kilometer von der Farm zu Fuß gegangen war, und schaute durch eine Fliegengittertür zu einem Handelsreisenden hinüber, dessen Arme, Beine und Hals sonnenverbrannt waren. Er trug khakifarbene kurze Hosen und ein ebensolches Hemd, wie die Farmer, die er besuchte, um ihnen das Bad für das Vieh, Draht, Kreosot und Farbe zu verkaufen. Er saß mit ausgestreckten Beinen da, und der nach hinten gekippte Stuhl schwankte bedrohlich unter ihm, aß schnell ein ganzes Paket Kekse und trank dazu orangeroten Tee, der so stark war, daß er die Magenwände angriff. Ab und zu wischte er sich den Schweiß von der Stirn, es war heiß unter dem gewellten Blechdach. Das Mädchen von der Farm blickte auf eine unerreichbare, kosmopolitische Welt: ein Mann, der auf dieser Veranda erschien, wieder in seinen Wagen sprang und weiterfuhr zum nächsten Stützpunkt, nach Lusaka oder zurück nach Salisbury, jemand, der herumreiste, wie es ihm gefiel, und sich – es war absolut unabdingbar für das junge Mädchen, daran zu glauben –, wo immer er anhielt, eine Frau in sein Bett holte. Tatsache war jedoch, daß der Mann heilfroh war, diesen Job ergattert zu haben – es war während der großen Depression in den dreißiger Jahren –, und daß seine Frau irgendwo als Haushälterin arbeitete, wo sie ihre Kinder während der Ferien zu sich nehmen konnte. Der Mann spürte den hungrigen Blick, sah auf und nahm vage durch das im Licht liegende Fliegengitter die Gestalt eines Mädchens wahr. Falls er näher hinsah, seinen Blick dem grellen Schwirren des Drahtgitters anpaßte, konnte er braune Arme und lange, sonnengebräunte Beine ausmachen, die in *veldschoen* steckten, jenen Vorläufern der Schuhe, die heute unter dem Namen Hush Puppies bekannt sind. Das Mädchen hielt eine Flinte Kaliber .22 in der Hand und trug ein ordentliches, hübsches Kleid, das durchaus für die Stadt geeignet gewesen wäre. Sie hatte beim Metzger sechs von ihr geschossene Perlhühner abgeliefert, die zu unermeßlichen Scharen die Farm bevölkerten, als schreiende schwarze Schatten durch den Busch rannten, bis sie sich in die Luft erhoben und auf Bäumen außer Reichweite der Flinte erneut niederließen. Für die sechs Perlhühner hatte sie gerade so viel Geld bekommen, um sich Baumwollstoff für ein Kleid kaufen zu können, das sie nachts auf der Nähmaschine in ihrem Schlafzimmer nähen würde – ein Kleid, das bewies, daß sie erwachsen war. Aber wenn der Mann tatsächlich die Tür öffnen sollte, würde das Mädchen davonlaufen, denn sie mußte beobachten, um träumen zu können, und das letzte, was sie sich wünschte, war eine Unterhaltung, die, wie sie wußte, den Mann zu einem Gefangenen der Notwendigkeit machen würde, wie auch ihre Eltern es waren.

Die Gebäude stehen leer, sie sind verschlossen, warten darauf, abgerissen zu werden. Wie im Hotel in Macheke kann ich auch hier nicht glauben, daß dieses mickrige, flache Gebäude soviel Leben und so viele Personen beherbergt haben soll. An Tagen, an denen die Post kam oder Tanz- oder Sportveranstaltungen stattfanden, tummelten sich Hunderte von Menschen auf den Veranden und in der Bar. Das Postamt von früher gibt es noch und, verglichen mit all den anderen Gebäuden, ist es ein hübsches kleines Haus. Ansonsten ... Banket wächst rasch, in den Townships leben die Schwarzen in anständigen Häusern – daß es anständige Häuser sind, stimmt, aber wer weiß schon, wie viele Menschen in jedem einzelnen wohnen?

Von der Hauptstraße Richtung Norden biegen zwei neue, gute Straßen ab, eine folgt der alten Eisenbahnstrecke zur Ayreshire-Mine. Früher nannten wir sie nur die Ayreshire-Bahn, obwohl die Schwellen längst verschoben oder gestohlen waren. Oder man stolperte im Busch über sie, wo sie sich mit Wasser gefüllt hatten, in dem Moskitos brüteten.

Während der neunziger Jahre des vergangenen Jahrhunderts war die Ayreshire-Mine eine riesige Zeche mit eigenem Hotel. Damals und auch noch später war sie für die nachlässige, bisweilen grausame Behandlung der Bergarbeiter berüchtigt. Zu unserer Zeit war sie nicht mehr voll in Betrieb, es wurde nur noch im Tagebau gearbeitet, und sie gehörte einem Mann namens McCauley. Die Männer, die für ihn arbeiteten, haßten ihn so sehr, daß sie manchmal, wenn sie wußten, daß er in Salisbury oder Banket gewesen war und bald zurückkehren würde, Draht von einem Baum zum anderen über die Straße spannten. McCauleys Wagen sollte in Höhe der Windschutzscheibe gegen den Draht fahren und sich überschlagen. Alle wußten, daß sie auf mögliche Drähte aufpassen mußten, und so hat sich kein einziges Auto je überschlagen, und McCauley, der immer gesagt hatte, er habe die Schützengräben in Frankreich überlebt und also würde er sich auch jetzt nicht von den Kaffern umbringen lassen, starb tatsächlich in seinem Bett. Ich erinnere mich, daß ich mich fragte, wie ein so bösartiger Mann stets so selbstzufrieden sein konnte.

Die Fahrt von Banket zu unserer Farm dauerte früher eine Stunde, nicht nur wegen der idiosynkratischen Einstellung meines Vaters zu Geschwindigkeit, sondern auch, weil sich die Straße, wenn es regnete, in roten Schlamm verwandelte, in dem wir steckenblieben und auf dem wir herumschlitterten. Wenn es sehr trocken war, versanken die Räder in mit rotem Staub gefüllten Rinnen. »Zum Stützpunkt zu fahren«, war ein Geisteszustand, eine Odyssee. Zu Fuß schlenderte ich ein paar Stunden den Pfad entlang. Heute dauert die Fahrt ein paar Minuten.

Die neue Straße, die die alten Kurven und Windungen, Steigungen und Gefälle beseitigt hat, verläuft mitten zwischen Feldern über den fruchtbaren Boden Bankets. Der Busch ist bis auf ein paar Streifen hier und dort für diese roten, sanft geschwungenen, fruchtbaren, wunderschönen Felder gerodet worden. Früher war man stolz darauf, daß sich auf dem Boden sechzehn Säcke Mais pro Morgen erwirtschaften ließen, und überall im Land wurde der Ertrag als höchst verdienstvoll zitiert, aber jetzt sind es dank genetischer Wunder dreißig, fünfunddreißig, nicht selten vierzig Säcke. »Der Distrikt hier könnte die halbe Bevölkerung Simbabwes ernähren«, sagt Ayrton R., der zwar aus Matabeleland stammt, gegenüber Banket und seinen Errungenschaften jedoch wie ein Vater empfindet.

Wir fahren am Haus der Matthews vorbei, das sich überhaupt nicht verändert hat, und ich warte auf den Augenblick, in dem jenes lange, niedrige strohgedeckte Haus auftauchen wird, das so viele Träume und Alpträume bestätigen soll. Und da ist der Hügel, ja, absolut und nicht zu leugnen der Hügel, er ist nicht verschwunden, doch auf seiner Kuppe steht ein anderes Haus, nicht unser altes, sondern ein häßlicher grauer Bungalow. Aber es ist das Feld, das große Feld, oder vielmehr das »Große Land«, auf dem ich mich mittlerweile befinde. Da ist es, das Hundert-Morgen-Feld, das mein Vater 1925 angelegt hat. Wir alle haben hier gestanden, mein Vater, meine Mutter, mein kleiner, damals dreijähriger Bruder und ein kleines Mädchen. Vier ins Joch gespannte Ochsen zogen die gefällten, wie Sträflinge aneinandergeketteten Bäume zum Rand der gerodeten Fläche, wo sie verbrannt wurden.

»Es ist eine Schande«, sagte meine Mutter im gleichen Tonfall, den sie sonst ausschließlich für die Beschwörung Englands, ihrer *eigentlichen* Welt, benutzte. »Der Busch hier ist wie eine englische Parklandschaft.« Da standen wir, die englische Familie, während die Schwarzen die Äxte schwangen, die Bäume krachend umstürzten und das riesige Fegefeuer prasselte, Funken sprühte und schwarze Rauchwolken ausspie, in denen Vögel flatterten. Angeblich zieht Rauch Vögel an, weil er sie von Parasiten befreit: Wo immer Rauch ist, sind auch Vögel. Meine Mutter sah eine Parklandschaft, aber ich war nur sechs Monate in England gewesen, im Alter von fünf Jahren, und ich erinnere mich an mein Entsetzen angesichts des Schmutzes, der Schwärze, der

Nässe, an unzählige davon geprägte Szenen, die ich nicht vergessen konnte und die für mich über Jahre England bedeuteten. Schwarze, nasse Eisenbahnschienen im Regen. Die Theke eines Fischhändlers, auf der ein schwarzer, nasser Hummer vergeblich seine Gliedmaßen bewegte. Ein Zimmer in einer Pension, an dessen Fenster der Regen herunterströmte. Eine Reihe kleiner Gärten, jeder so ordentlich und hübsch wie in einer Kinderbuchillustration, und in einem dieser Gärten bohrte ein trauriger, zähneknirschender, schniefender Mann mit einer Schaufel in der Erde, als ob er sie umbringen wollte. Er stand im kalten Nieselregen und trug einen Trenchcoat, der an manchen Stellen durchnäßt war, und in die Schulterklappen (erdacht, um die Handschuhe der Offiziere hinzustecken) hatte er weiche Lederhandschuhe geschoben. Sie baumelten von seinen Schultern wie leblose graue Finger.

Das Hundert-Morgen-Feld, das »Große Land«, liegt an diesem Novembertag nackt da, dunkle, rote, fruchtbare Erde, bereit, bepflanzt zu werden. Die von meinem Vater angelegten Begrenzungswälle sind noch deutlich zu erkennen. Seit sechzig Jahren liefert dieses Feld reiche Erträge, also muß etwas richtig gemacht worden sein.

Und jetzt die Biegung hinauf zum Haus, wo der Kral für das Vieh gewesen ist, dessen Dung über den Weg auf das Feld getragen wurde. Den Kral gibt es nicht mehr, ebensowenig das Fleckchen Busch, in dem aus irgendeinem Grund unzählige Bauhiniabäume wuchsen mit ihren Blüten wie Fetzen weißer Seide und ihrem trockenen, verführerischen Duft. Der Hügel liegt vor uns, die Straße ist in solidem, gutem Zustand, man muß nicht mehr zwischen Furchen und Buckeln dahinkriechen. Zwischen ausgedünntem Baumbestand hindurch fahren wir hinauf auf die Kuppe. Verschwunden der große Muwangabaum, der einst die ganze Gegend beherrschte, der voller Honig war, den wir einmal im Jahr ernteten, wobei wir den Bienen selbst immer noch genug ließen. Meine Eltern pflegten zu sagen: »Ihr könnt uns unter dem alten Muwangabaum begraben.« Damit wollten sie zum Ausdruck bringen, daß er keinesfalls so gut war wie eine Ulme, eine Esche oder eine Eiche, aber hier immerhin der nächstbeste. Ein Blitz hat den alten Baum gefällt. Schon zu unseren Zeiten hat der weiße Stamm auf einer Seite eine schwarze Narbe aufgewiesen, die von einem Blitzschlag herrührte. Wir stehen auf dem Hügel, kehren dem häßlichen neuen Bungalow den Rücken zu.

»Was haben sie damit gemeint: Der Hügel ist verschwunden?« fragen wir uns.

Ja, die Kuppe ist abgetragen worden, eine gut zugängliche Fläche ist entstanden. Gleich neben den Wänden unseres Hauses ist damals der steinige Boden abgefallen. Wieviel ist abgetragen worden? Drei Meter? Sechs Meter? Das entstandene Plateau hat nicht unerhebliche Ausmaße. Der Busch um uns herum, beziehungsweise das, was von ihm übrig ist, ist grün und saftig. Die Erleichterung, die ich darüber empfinde, auf einem wirklichen Hügel zu stehen, nicht einem vorgestellten oder erfundenen, nimmt etwas anderem den Stachel: daß der Busch so stark ausgedünnt und beschädigt ist, daß er, wo wir früher dicke Bäume und *vleis* sahen, wo sich nur vereinzelte Felder erstreckten, bis auf ein paar bescheidene Streifen verschwunden ist und man nichts sieht als weite Felder, die sich bis an den Horizont erstrecken. Es ist der Boden von Banket, dieser rote, fruchtbare Wunderboden, und vermutlich muß man sich fragen: Wie ist es möglich, daß dieser Erde gestattet war, so lange ungenutzt unter ungerodetem Busch zu liegen?

Das Land steigt um den Hügel herum in die Höhe, die Landschaft erhebt sich. Ungefähr eine Meile entfernt, vor den Bergen im Norden, erhebt sich der Koodoo Hill, zu dem mein Bruder und ich jeden Tag marschierten. Dort gab es viel Wild. Besonders Wildschweine liebten das Gebiet. Es ist so, wie ich es in Erinnerung habe: Wir stehen inmitten eines Rings hoher Berge: die Hunyanis im Nordwesten, die Umvukwes (der Dyke) im Südosten und vor uns die Ayreshire Hills, die an diesem Nachmittag klar und deutlich aufragen. Unverändert. Natürlich ... aber warum natürlich, wenn sich so viele Dinge verändert haben? Nein, die Kuppen dieser Berge kann man nicht wegsprengen, aber drüben, am Fuß der Berge und, von der Stelle, wo wir stehen, nicht zu sehen, befindet sich der neue Stausee, der drittgrößte im Land. Wenn man hinüber zu den Ayreshire Hills blickt, scheint auch der Busch unverändert, doch zwischen Kuppen und Tälern versteckt liegen neue Farmen.

Ich stehe da und genieße die »Aussicht«, deretwegen meine Eltern das Haus an dieser Stelle bauten und die ihnen während der langen Jahre auf dieser Farm, auf der nichts lief, wie es sollte, immer wieder Hoffnung gab.

Es ist großartig. Es ist schöner, als ich es aufgrund der unerklärlichen Warnungen meines Bruders erwartet habe: »Fahr nicht hin, es wird dir das Herz brechen.« Was hatte sein Herz gebrochen? Nicht, daß unser Haus verschwunden war, denn das mußte eines Tages geschehen, schließlich war es aus Lehm und Stroh. Nicht, daß die Kuppe »unseres« Hügels abgetragen worden war. Nein, es war der Busch. Er war verschwunden. Wo mein Bruder seine Kindheit verbracht hat, erstrecken sich jetzt unendliche rote Felder – *seinen* Busch gibt es nicht mehr. Haben damals, als die Wälder, die Europa nach der letzten Eiszeit bedeckten, den Feldern und Tierherden weichen mußten, die Menschen, die ihre Jugend unter Baumriesen, zwischen Wölfen und Bären verbracht, dann die Heimat verlassen hatten und lange danach in sie zurückgekehrt waren, um festzustellen, daß es sie nicht mehr gab, haben sie damals die Flucht ergriffen und alle anderen gewarnt: »Geht nicht dorthin zurück. Geht auf keinen Fall dorthin zurück, es wird euch das Herz brechen.«? Und haben sie den Rest ihres Lebens damit verbracht, um Bäume zu trauern, die sich in Rauch aufgelöst hatten?

Ich stehe da und, überflüssig, es zu betonen, kämpfe gegen Tränen an, kann die Großartigkeit, die Weite, das Wunder dieser Landschaft nicht fassen. Hier bin ich aufgewachsen. Hier habe ich dreizehn Jahre lang ununterbrochen gelebt, von meinem fünften Lebensjahr an. *Hier* habe ich gelebt. Kein Wunder, daß mir dieses mythische Land keine Ruhe gelassen hat, mich ohne Unterlaß angezogen hat ... welch ein Privileg, welch ein Glück. Und meine Mutter hat all die Jahre darüber gejammert, daß ihre Kinder schlecht dran und in einer konventionellen Schule in England besser aufgehoben wären.

Aber es ist an der Zeit, sich umzuwenden und das neue Haus

anzusehen: Wenn es ein Haus gibt, das alles verkörpert, was meine Eltern einst gehaßt haben, dann ist es dieses. Der häßliche, dunkel angestrichene Bungalow kauert an einer Stelle, die ungefähr sechs Meter weiter nach hinten versetzt ist und fünf, sechs Meter tiefer liegt als die, an der unser Haus stand.

Dahinter, ein Stück hügelabwärts, sind Frauen und Kinder zu sehen. Ayrton R. geht zu ihnen, um mit ihnen zu reden, und kehrt mit der Auskunft zurück, daß sie Englisch entweder nicht sprechen wollen oder können. An den Fenstern tauchen Kindergesichter auf, die herausstarren, während wir lächeln und versuchen, ihnen mit Gesten klarzumachen, daß wir mit ihnen sprechen wollen. Es ist eine ganze Kinderschar.

Wir geben auf und wandern den Hügel auf der Rückseite ein Stück hinunter. Früher wuchs hier dichtes Gras, und niemand außer meinem Bruder und mir kam her zu dem großen *vlei* am Fuß des Hügels, wo es von Vögeln und Wild nur so wimmelte. Außerdem wuchs massenweise Marihuana, eine Pflanze, die wir damals nicht kannten, und manchmal war der Busch über eine Meile hinweg von ihrem Geruch gesättigt, einem scharfen, haarigen Geruch wie Schweiß.

Genau hier spielte sich auch das Papaya-Drama ab: Meine Mutter hatte einige Papayabäume an sorgfältig ausgewählten Stellen gepflanzt, wo sie hübsch aussehen würden, aber sie vegetierten nur dahin. Aus achtlos auf den Kompost geworfenen Papayasamen allerdings entsprang ein ganzer Papayahain, der so viele gelbrosa Früchte abwarf, daß wir mit dem Sammeln nicht mehr nachkamen. Die Erde wurde mit Papayafleisch gedüngt.

Nicht weit entfernt von der Stelle, an der die Frauen stehen und uns beobachten, war unsere Toilette. Sie hatte aus einer tiefen Grube bestanden, über deren Öffnung eine Kiste mit einem Loch stand. Die Kiste war umgeben von einer kleinen Hütte, die ihrerseits von einem Strohzaun abgeschirmt wurde – fast alle Toiletten im Distrikt folgten diesem Prinzip.

Überall auf dem Plateau stehen halbfertige Ziegelbauten und, zum Teil im Gras verborgen, eine kleine Mauer aus Ziegeln und Beton, an der verrostete eiserne Ringe angebracht sind für

Schweine oder Kühe. Auch eine Scheune haben sie gebaut, keine sehr intelligente Entscheidung, denn so muß immer alles mit einem Fuhrwerk oder Lastwagen den Hügel heraufgeschafft werden. Wo unsere Scheunen unten neben dem Pfad gestanden haben – nichts mehr. Die Ziegel sind heraufgebracht worden, um diese Gebäuderuinen zu errichten, von denen sich jedoch nicht mehr sagen läßt: Das hier war ein Kuhstall, das da eine Garage, und dort war der Schweinestall. Auch von hier sind die Ziegel wieder fortgeschleppt worden ... Keine falsche Sentimentalität ...

Ich stehe auf dem Schauplatz unseres alten Lebens, das keine Spuren hinterlassen hat, nicht eine einzige, denn Ameisen, Holzwürmer und Termiten haben gründliche Arbeit geleistet. Und um mich herum sehe ich die Überreste einer anderen, späteren Anstrengung, die ebenfalls ihr Ende gefunden hat. Alles hier spricht die Sprache des Scheiterns.

»Sie haben Obstbäume gepflanzt«, hat mein Bruder gejammert. »Obstbäume!«

Und da stehen sie, sehen schlecht aus, es mangelt an Wasser. Der Obstgarten ist zu groß für eine Familie, aber nicht groß genug, um mit dem Ertrag Handel treiben zu können. Zwar werfen die Bäume sicher genug Pfirsiche ab, um sie zum nahen »Stützpunkt« zu bringen und dort den Farmern zu verkaufen, die ihre Post abholen – und mit großer Sicherheit ihre eigenen Pfirsichbäume haben –, doch ein Lebensunterhalt läßt sich mit ihnen nicht verdienen. Worauf wir blicken, sind ebenso vergebliche Anstrengungen wie die meiner Eltern, die mal dies, mal das ausprobierten. Man könnte fast annehmen, daß ihr Geist ihre Nachfolger angesteckt hat.

Träumen sie auch davon, Gold zu finden? Wir suchen im Gebüsch nach den Schürfgräben meines Vaters und finden sie tatsächlich; die Schächte, die er gegraben hat, um einer vielversprechenden Ader nachzugehen, sind jedoch alle zugeschüttet. Wenn unsere Nachfolger einen Schürfhammer bei sich tragen, dann tun sie nichts anderes als die meisten Farmer im Distrikt, der nach einer Goldader in Südafrika, im dortigen Witwatersrand Goldfeld, »Banket« genannt wurde.

Wir gehen zu dem neuen Haus zurück, wo wir ein paar frisch gegossene Ringelblumen entdecken. Die Leidenschaft meiner Mutter – kluges Gärtnern –, die immer mit dem steinigen Boden zu kämpfen hatte, findet hier in diesem tapferen kleinen Versuch ihre Fortsetzung.

Wieder versuchen wir uns mit den Kindern zu verständigen. Sind es Landbesetzer? Ist die Farm heute nur mehr ein Anhängsel einer der riesigen, voll technisierten Farmen des Distrikts? Ist es das Haus des schwarzen Farmmanagers, und sind das hier seine Kinder sowie die von Verwandten und Freunden?

Die Geister meiner Eltern sind deutlich spürbar anwesend. Mein Vater hätte gelacht, denn diese Szene, die auf so bewundernswerte Weise vom Großen Geschichtenerzähler ersonnen scheint, bestätigt alles, was er schon immer über die Eitelkeit menschlicher Wünsche gewußt hat. Die Miene meiner Mutter würde von Tapferkeit zeugen. »Auch gut«, kann ich mir als Kommentar von ihr vorstellen in ihrem lebhaften, umgänglichen Tonfall mit Blick auf den schrecklichen Vorstadtbungalow, auf die schwarzen Gesichter, die sich hinter den zerbrochenen Fensterscheiben neben den zerrissenen Vorhängen scharen. »Besser, wir erfahren erst gar nicht, was sonst noch alles geschehen wird, stimmt's?« Und dann, um die Lage endlich in den Griff zu bekommen, würde sie fortfahren: »Ich frage mich, ob sie vielleicht Geranien angepflanzt haben. Die gedeihen gut hier oben. Vielleicht sollte ich mich mal unterhalten mit . . .«

Was mich betrifft, so versuche ich, an den vielen Gesichtern vorbei in das dunkle Zimmer zu spähen, und denke, daß diese Kinder hier auch nicht weiter von der Zivilisation entfernt leben als das Mädchen, das ich einmal war, als ich die Wunder der Welt nur aus Büchern kannte und die südafrikanischen Städte aufgrund unserer Armut unerreichbar waren.

Aber es gibt einen Unterschied. Im Wohnzimmer unseres Hauses gab es Bücher, und aus London kamen Zeitungen und Zeitschriften. In diesem Bungalow scheint es nichts dergleichen zu geben, kein Buch, kein Spielzeug, keine Zeitschrift, kein Übungsheft, keinen Bleistift, kein Bild.

Wir stehen da und schauen über die Felder und den Busch,

wie wir es *damals* meist schon in aller Frühe taten, erst auf die nächstliegende Bergkette, dann auf die dahinter, denn wenn man sich zu früh schon im Lichterspiel verlor, versäumte man womöglich das Drama, das sich auf den Umvukwes, dem Dyke, abspielte, wo die Sonnenstrahlen bereits einen Gipfel berührten, während die Berge daneben noch im Schatten liegen.

Und hier an dieser Stelle, wenn auch höher, saßen wir jede Nacht, so es nicht gerade regnete oder der Wind zu stark wehte, um die Sterne zu beobachten und die Kometen und die Sternschnuppen, denn *damals* war der Himmel so klar, daß . . .

Genug. Mir tut das Herz weh, nicht wegen meiner Eltern, denen es schließlich nicht so schlecht ergangen ist, auch wenn sie das selbst wohl anders sehen würden, sondern um meines Bruders willen, der so gelitten hat, als er hierher zurückkehrte. Nun ja, jeden Tag gibt es mehr Menschen auf der Welt, die um Bäume, Wälder, den Busch, Flüsse, Tiere und zerstörte Landschaften trauern . . . Man könnte sagen, daß sie mittlerweile zu unserem Geistesgut gehört, diese Trauer, die immer größer und dunkler wird.

Anschließend fahren wir schnell zu dem neuen Stausee am Fuß der Ayreshire Hills. Er heißt Mazwikadei. 1956 stand ich auf einer Anhöhe über jener Gegend, die der Kariba-Stausee überfluten sollte, der damals gerade fertiggestellt worden war, die geschwungenen weißen Wände ragten hoch über dem Sambesi auf. Diese großartige Landschaft sollte im Wasser untergehen? »Warum nicht? Wir haben genug davon in Afrika.« Heute ist der Kariba-See riesig, er beherrscht die Landkarte und das Denken der Menschen in seiner Nachbarschaft, genau wie es der Dyke weiter im Süden tut.

Nach einer guten Regenzeit wird auch dieser Stausee voll sein.

Mein Bruder und ich wanderten damals, mit der Flinte bewaffnet, durch den Busch bis zu den Ayreshire Hills, bewegten uns lautlos wie die Schwarzen, deren Bewegungen wir genau studiert hatten, horchten auf Zikaden und andere Tiere und beobachteten die Vögel. Das große *vlei* unserer Farm ist noch so wie früher, voller Dornenbäume, aber es gibt nichts mehr zu hören. Früher hallte es vom Gurren der Tauben mit dem schmalen schwarzen Ring um den Hals wider. Überall hier im Busch gab es sie, gab es Louries und vor allem diese traurige Zauberin, die smaragdgrün gesprenkelte Taube, deren Ruf, so sagen die Afrikaner, klingt wie: »Meine Mutter ist tot, mein Vater ist tot, alle meine Verwandten sind tot, oh, oh, oh, oh ...«

Wir überquerten den Menene-Fluß, indem wir von einem Stein zum nächsten sprangen und dabei ständig nach Krokodilen Ausschau hielten. Danach, gleich unterhalb der Hügel, kam der Mukwadzi, der Fluß, der jetzt gestaut wird. Wir setzten uns immer auf einen langen, rauhen, warmen Granitfelsen, spähten in eine kleine Schlucht hinunter, sprachen nur im Flüsterton und versuchten, völlig reglos zu sein. Und bald kamen die Paviane, Dutzende, bewacht von einem großen Männchen, das uns nicht aus den Augen ließ und seine Herde grunzend oder bellend warnte, wenn wir eine unbedachte Bewegung machten. Wir sahen zu, wie sie, vielleicht fünfzig, die Kleinen auf dem Rücken ihrer Mütter, zum Fluß hinunterstiegen, um zu trinken. Dann verschwanden sie wieder im Busch, das große Männchen, das uns über den Fluß noch ein mahnendes Bellen zusandte, zuletzt.

Diese Landschaft wird überflutet werden.

Na und, sagt die Stimme des gesunden Menschenverstands – in meinem Fall sagt sie das zumindest manchmal. In Europa ist das gleiche schon vor Jahrhunderten geschehen. Ein Kontinent muß doch nicht von den ursprünglich dort heimischen Tieren und Pflanzen bevölkert werden. Europa geht es doch prima. Es ist schön. Menschen aus aller Welt kommen und bewundern es. Also? Uns geht es doch gut – oder etwa nicht?

# UND WIEDER ... 1989

Eine Welt erschafft die andere.

Santayana

## AIR ZIMBABWE

Ich sitze neben einem Chef, einem Minichef, der seit kurzem in einem Ministerium arbeitet und zum erstenmal in seinem Leben im Ausland war. In New York. Bei einer Konferenz. Seine Geschichte ist, kann nichts anderes sein als eine typische Erfolgsgeschichte. Mit achtzehn verließ er sein Dorf in der Nähe von Rusape und schloß sich den Genossen im Busch an. Er hatte Glück, erlebte nur einmal etwas wirklich Schreckliches, als ein Freund von einer explodierenden Mine zerrissen wurde. Allerdings bekam er über viele Monate nicht genug zu essen. »Ich war so mager, daß meine Mutter jedesmal, wenn sie mich sah, in Tränen ausbrach. Die Mädchen allerdings weinten nicht, ich sah einfach zu gut aus.« Nach dem Krieg arbeitete er in Harare für einen Chef, der im Busch sein Befehlshaber gewesen war. Als dieser Mann befördert wurde, bot man ihm die vakante Stelle an. »Drei Männer machten sich Hoffnung auf diesen Job, und als ich erfuhr, daß ich ihn bekommen sollte, ging ich nach Hause zu meiner Frau, und dann weinten wir beide vor Glück.« Jetzt ist er ein feister, eingebildeter Mann, aber die Freude an der großen, weiten Welt löst seine Überheblichkeit immer wieder in einem von Seufzern unterbrochenen Lachen auf. In übermäßigem Vergnügen preßt er seine dicken Finger gegeneinander, und er kann nicht anders, er muß angesichts seines unerwarteten Glücks leise in die Hände klatschen. Oder er schüttelt ungläubig lächelnd den Kopf. »Sind Sie jemals in New York gewesen? Kennen Sie das White Plaza Hotel? Mögen Sie thailändisches Essen? Haben Sie *Die Elenden* gesehen? Das war so traurig, daß ich weinen mußte. Sind Sie jemals in Paris gewesen? Ich werde bald zu einer Konferenz dorthin fahren.« Ich frage ihn, was er sich für Simbabwe wünschen würde, wenn er einen Herzenswunsch frei hätte. »Wie können Sie so etwas fragen! Wohlstand natürlich.«

»Stellen Sie sich vor, eine Märchenfee bietet Ihnen für Simbabwe . . .«

»Wer ist diese Märchenfee? Die Weltbank?«

Märchen, erkläre ich, handeln oft von guten oder bösen Geistern, die Wünsche erfüllen oder Menschen mit einem Fluch belegen. Ich fange mit Schneewittchen an. Er ist entzückt, anders kann man es nicht ausdrücken, nie zuvor hat mir jemand so zugehört. Er preßt die Hände zusammen, klatscht, lacht, seufzt und ist ganz und gar Ohr. Und so verbringe ich die Nacht, ich erzähle einem Chef Märchen, bis er schläft.

An der Paßkontrolle macht mir ein sarkastischer, unfreundlicher Beamter das Leben schwer und beweist damit, daß sich Simbabwe alle erdenkliche Mühe gibt, den Standards der modernen Welt zu entsprechen. Simbabwe mag keine Journalisten. Es ist nicht unüblich, daß sich Journalisten und Schriftsteller Pässe besorgen, in denen diese gefährlichen Bezeichnungen gar nicht erst auftauchen. Ich streite mit einem Chef, der keinen Journalisten ins Land lassen würde, wenn es nach ihm ginge. Ich frage ihn, ob er nicht zufällig den *Chronicle* aus Bulawayo möge. Er muß es zugeben. Ob er nicht amerikanische oder englische Zeitungen lese? »Ja, aber wir sind ein junges Land und können uns keine Kritik leisten.« Und warum nicht? Diese Empfindlichkeit sei ein Zeichen von Schwäche. Gefallen ihm denn wirklich die Artikel im *Herald*, die für gewöhnlich folgendermaßen beginnen: »Unser großer Führer Genosse Mugabe geht Simbabwe als leuchtendes Beispiel voran und führt uns . . .« Bei den ersten Worten erhellt sich seine Miene, dann jedoch ärgert er sich über meine Respektlosigkeit.

# DAS HAUS IM REICHEN VORORT

Wieder stehen Ayrton R. und ich in seinem Garten, betrachten das Haus und die hohe Wand, die die Dienstbotenquartiere abschirmt, zwei Zimmer und ein Hof, in dem gekocht wird und aus dem Stimmen, Gelächter und Musik herüberklingen.

Bis vor ein paar Wochen lärmten dort noch die elf Kinder des Gärtners, worüber Ayrton R., gleich nachdem ich angekommen bin, augenblicklich und voller Betrübnis zu sprechen beginnt.

Jeden Nachmittag um fünf gab es Tränen und Geschrei, als die Mutter ihre elf Kinder der Reihe nach antanzen ließ, um sie in einer Wanne im Hof zu waschen. Die Nachbarn beschwerten sich.

»Aber George, warum muß deine Frau die Kinder denn ausgerechnet waschen, wenn die Leute von der Arbeit nach Hause kommen und ein bißchen Ruhe und Frieden wollen?«

»Weil sie gewaschen werden sollten, bevor sie ins Bett gehen.«

»Aber warum muß sie sie so hart abschrubben, daß sie zu heulen aufangen?«

»Kinder hassen es nun mal, gewaschen zu werden. Alle Welt weiß das.«

Elf Kinder machen eine Menge Lärm und brauchen eine Menge Platz. Oft war ihnen der kleine Hof zu eng, und sie schwappten hinüber in Ayrton R.s Garten. Ayrton R. gab vor, es nicht zu bemerken. Erneut beschwerten sich die Nachbarn. Sie wurden herübergebeten, um mit dem Gärtner und seiner Frau zu sprechen, zwei verlegenen, wenig einsichtigen Personen, die sich damit verteidigten, daß Kinder eben Kinder seien und auch mal Lärm machten. Die angespannten Verhandlungen wurden in Ayrton R.s Wohnzimmer bei einer Tasse Tee geführt. »Ich bestand darauf, daß sich alle zu mir ins Wohnzimmer setzten, damit der Eindruck einer Weißer-Boss-schwarzer-Dienstbote-Konfrontation vermieden würde.«

»Und es gelang?«

»Natürlich nicht. Der Punkt war letztlich, daß die Kinder eigentlich bei beiden Elternteilen sein sollten. Das heißt, die ganze Familie sollte bei George leben. Andererseits konnten elf Kinder nicht in einem Haus unterkommen, zusammen mit zwei Erwachsenen.«

»Eine ziemlich ausweglose Situation also?«

»George hat ein Haus in seinem Dorf, in dessen Nähe eine Schule ist. Wenn die Kinder hier sind, gehen sie nicht hin.«

Elf Kinder und ihre Eltern, insgesamt dreizehn Personen. Und dazu dann auch noch Dorothy, ihr Freund und ihre drei Kinder, die ebenfalls ab und zu hier waren. Achtzehn Menschen in zwei Zimmern. Unmöglich.

»Tut mir leid, George, aber du kannst einfach nicht alle deine Kinder hierbehalten. Vielleicht zwei ... na gut, drei oder vier. Aber nicht alle elf.«

»Das ist nicht Ihre Stimme, die ich da höre, es ist die Stimme der Nachbarn«, erwiderte George würdevoll, vorwurfsvoll.

»Nein, tut mir leid, es ist auch meine Meinung.«

Kurz darauf zog seine Frau mit den elf Kindern zurück in die Communal Area. Bald sollte ein zwölftes Kind auf die Welt kommen, das beweisen würde, daß sie noch immer eine Frau war, und somit war sie auch nicht mehr depressiv. Aber kaum daß das Baby geboren war, kehrte sie mit ihm und ein paar der kleineren Kinder wieder zurück.

Ayrton R. gab vor, es nicht zu bemerken.

»Wobei sicher nicht damit zu rechnen war, daß sich die Situation in acht Monaten grundsätzlich verändert hatte.«

»In diesem Haushalt hat sich gewiß einiges verändert – allerdings nicht, daß George zu viele Kinder hat, aber das ist einzig und allein unsere Sichtweise.«

Georges älteste Tochter, die, die von einem Geist besessen ist, liegt mittlerweile im Wettstreit mit ihrer Cousine, der Tochter von Georges Bruder, wer von ihnen beiden denn nun den Geist des Großvaters geerbt hat, der ein *nganga* war. Die echten *ngangas* haben es endgültig abgelehnt, die Tochter des Gärtners als Medium anzuerkennen. Tatsache ist, daß sie ganz offensichtlich geisteskrank ist und sich die Krankheit zunehmend verschlimmert. Ihre Eltern wollten, daß sie in ihr Dorf zurückkehrte, sie aber weigerte sich, zuerst noch ruhig, dann laut schreiend, sagte, das Haus in Harare sei ihr Zuhause und sie habe nicht die Absicht, es je zu verlassen. Sie schläft auf dem Boden der Küche, die zwischen dem Zimmer des Gärtners und dem von Dorothys liegt. Dort empfängt sie auch ihre Männerbekanntschaften. Die Eltern schämen sich und empfinden es als Schande, mitanhören zu müssen, wie ihre Tochter mit Männern schläft. Auch Dorothy bekommt alles mit. Und zudem schläft auch noch Dorothys Freund, den keiner mag – alle flehen Dorothy an, ihn hinauszuwerfen –, mit der Tochter des Gärtners, nur durch eine Wand von Dorothy getrennt. Warum gibt sie ihm nicht endlich den Laufpaß? Weil diese Mutter dreier Kinder, die nie verheiratet war, hofft, daß er eine ehrbare Frau aus ihr machen wird. Wobei nicht zu vergessen ist, daß die Gärtnerstochter mit allen acht Wachmännern, ehemaligen Freiheitskämpfern, einer Sicherheitsfirma, ins Bett gestiegen ist. Es gibt Gerüchte, wonach fünfzig Prozent von Polizei und Armee HIV-positiv sind. (Diese Zahl ist noch nicht regierungsamtlich, aber es gibt sogar Stimmen, die von einem noch höheren Prozentsatz sprechen.) Und Dorothy war es, die gemeint hat, alle mit Aids Infizierten sollten umgebracht werden. Das ist die Tragödie, die sich still und leise im überfüllten Dienstbotenquartier abspielt.

»Die Regierung gesteht endlich ein, daß es ein Aidsproblem gibt – Aids ist nicht länger ein Teil der weißen Verschwörung gegen die Schwarzen –, aber sie hält sich nach wie vor zurück. Auf dem neuen Aidsplakat, das man jetzt an jeder Ecke sieht, steht eine Prostituierte im Schatten, während ein gut sichtbarer Mann mit ihr verhandelt. Dabei sind Polizei und Armee am schlimmsten betroffen. Ein Mann in Uniform und eine Frau, die sich weigert, mit ihm zu schlafen, sollten auf dem Plakat abgebildet sein. Aber diese Kultur ist immer noch unglaublich voreingenommen gegenüber Frauen, und das wäre vermutlich zuviel erwartet.«

Und um mich »aufzuheitern«, fährt Ayrton R. mit mir zu einem Supermarkt.

»Ich fürchte, wir müssen der Tatsache ins Auge sehen, daß die Menschen überall auf der Welt ihre Regierung danach beurteilen, wieviel sie zu essen bekommen. Darüber hinaus ist ihnen die Demokratie ziemlich egal.«

Die Versorgungslage in Simbabwe ist gut, und die Menschen, die nicht ohne Olivenöl, Dosenfisch oder bestimmte Gewürze leben können, lassen sich diese Dinge eben von Freunden mitbringen. Jeder, der ins Ausland reist, bringt Whisky mit zurück. Dabei gibt es immer neue Waren in den vollgepackten Regalen. Die Tiefkühltruhen sind gut gefüllt. Von einem Ende des Supermarkts bis zum anderen gibt es mit das beste Rindfleisch auf der Welt, einwandfreie Schinken, erstklassige Würste und Salamis, Geflügel, guten Käse, wenn auch nicht sehr viele unterschiedliche Sorten. Das Brot ist hervorragend, ebenso Gemüse und Obst. Das Maismehl für die *sadza* wird in verschiedenen Typen angeboten, aber die Schwarzen, die diesen Supermarkt überwiegend frequentieren, beschränken sich nicht auf *sadza*. Reihen über Reihen sind mit Schnäpsen und Likören gefüllt, alle Markenspirituosen werden im Land unter Lizenz hergestellt. (Auf einem Lieferwagen in einer kleinen Stadt in der Nähe des Sambesitales stand: »Ganz Afrika trinkt Cinzano!«) Das Bier ist gut. Simbabwischer Wein, noch vor kurzem ungenießbar, gewinnt mittlerweile internationale Preise, das heißt die Weißweine, bei den Roten muß noch gelernt werden. Alles wird im Land produziert. Man mag der Ansicht sein, daß es keine besondere Errungenschaft ist, wenn ein Land sich selbst versorgen kann, aber es ist weit mehr, als die umliegenden Länder vermögen. Simbabwes Lebensmittelgeschäfte bedeuten für Mosambik, Malawi, Sambia, Namibia und Angola, ganz zu schweigen von den Ländern weiter nördlich, die sich zum Teil in desaströsem Zustand befinden, unerreichbaren Luxus.

Ein UN-Bericht: »Simbabwe ist nicht mit anderen afrikanischen Ländern zu vergleichen, es ähnelt eher einem südamerikanischen Land.«

Bei allem müssen die Handelspraktiken in diesem Teil der Welt für politische Moralisten ein Graus sein. Botswana hat vorteilhafte Handelsabkommen sowohl mit Simbabwe als auch mit Südafrika geschlossen. Es kauft Waren in Südafrika, etikettiert sie neu und verkauft sie dann an Simbabwe. Südafrika klebt simbabwische Etiketten auf Obst und verkauft es nach Übersee. Simbabwer fahren nach Botswana, um sich dort mit Waren einzudecken, die sie im eigenen Land nicht bekommen. Diese Waren stammen ebenfalls oft aus Südafrika.

»Und warum schreitet Genosse Mugabe nicht ein?«

Genosse Mugabe mißbilligt diese Praktiken in aller Öffentlichkeit, aber Knut der Große konnte die Flut auch nicht am Hereinbrechen hindern.

## MOSAMBIK

Und worüber sprechen die Menschen?

Im letzten Jahr kam die Rede in jedem Gespräch früher oder später auf Mosambik. Mittlerweile wird es nur noch selten erwähnt, weil das Problem einer Lösung nahe scheint. Maputo erwacht zu neuem Leben, die Leute fangen wieder an zu reisen. Die mutigeren Mosambiker kehren nach Hause in ihre zerstörten Dörfer zurück. Dennoch sind die Flüchtlingslager in Simbabwe und Malawi nach wie vor überfüllt, und ständig treffen weitere Flüchtlinge ein. In Mosambik verhungern Menschen. Räuberbanden terrorisieren die Dörfer. Es kostet Simbabwe täglich über eine Million Pfund, die Ölpipeline nach Beira zu überwachen und die mosambikanische Armee zu unterstützen. Niemand scheint sich über diese Hilfeleistungen zu ärgern, aber es gehen Witze um über Simbabwe, die Ex-Kolonie, die jetzt selbst eine Kolonie hat. Simbabwe ist stolz auf sich und seine Hilfe für den zugrundegerichteten Nachbarn. Zum Beispiel die Pipeline. Es wird davon ausgegangen, daß die simbabwische Armee die Pipeline innerhalb von zweiundsiebzig Stunden wieder zum Funktionieren bringen kann, wenn »sie«, das heißt die Renamo, sie irgendwo in die Luft jagt. Es ist unmöglich, die Pipeline auf ihrer ganzen Länge, über Hunderte von Meilen, zu kontrollieren. Der letzte Sabotageakt fand vor einem Monat statt, die Schäden waren praktisch im Handumdrehen behoben.

Die simbabwischen Truppen werden heute von Briten ausgebildet, die Tage der berüchtigten Fünften Brigade sind vorbei. »Sind Primakerle, unsere Soldaten«, sagt der Kaffeefarmer. »Kein Wunder, sie werden jetzt ja auch von Engländern ausgebildet! Sie sind auf alles vorbereitet, Minen gegen lebende Ziele, Bomben- und Luftangriffe und so weiter. Erinnerst du dich noch, als die Pipeline unterbrochen war und es wochenlang kein Benzin gab? So was ist heute nicht mehr möglich.«

Folgt man den politisch Linientreuen, sind die »Räuberbanden« in Mosambik mit der Renamo identisch. Die Geschichte eines Krokodiljägers legt jedoch eine andere Version nahe. Der Jäger hatte die Erlaubnis, in einem mosambikanischen See lebende Krokodile zu fangen, die ins Ausland exportiert werden sollten. Er fuhr mit einem Boot auf den See, wo er zuerst von der Renamo, dann von der Frelimo beschossen und gezwungen wurde, ans Ufer zu kommen. Eine Beteiligung an seinem Verdienst wurde eingefordert. Ein paarmal wäre er beinahe umgebracht worden, also gab er sein Unterfangen auf. »Weder die Renamo noch die Frelimo konnte was aus ihm rausholen. Geschieht ihnen recht.«

## KORRUPTION

Das am meisten diskutierte Thema überall in Simbabwe ist die Korruption.

Allerdings scheint es, als hätte sich die Bevölkerung damit abgefunden. »Was werfen wir Mugabe und seinen Leuten eigentlich vor?« höre ich auf einer weißen Veranda. »Smiths Leute haben schließlich auch alle ihr Schäfchen ins trockene gebracht. Der einzige ehrliche Mann war Whitehead, und der ist als Sozialhilfeempfänger gestorben.«

»Und Smith selbst?«

»Sicher, der war auch ehrlich, aber ein durch und durch sturer Kopf«, sagt fröhlich einer seiner früheren Anhänger. »Schaut nur mal, in was für Schwierigkeiten er uns gebracht hat. Diesen Krieg hätten wir nie führen brauchen. Nur eine Minderheit der Weißen wollte den Krieg, aber dann mußten wir alle mitmachen.«

Oder: »Das ganze Land spielt mit gezinkten Karten. Nein, das ist nicht Mugabes Schuld. Als Smith 1965 die Unabhängigkeit von England erklärte, mußten wir alle lernen, zu lügen und zu betrügen, um zu überleben, und heute ist das einfach unser Stil. Ohne mit gezinkten Karten zu spielen, ist es nicht möglich, unter Mugabes Finanzgesetzen zu überleben. Alle tun es.«

Eine Variante eines alten Witzes erzählt von einem Mitarbeiter der Vereinten Nationen: Zwei Minister aus Simbabwe stehen vor der reich verzierten Himmelspforte. »Simbabwe?« fragt Petrus. »Nie davon gehört. Ich gehe den Boss fragen.« Er geht zum Boss und sagt: »Zwei Minister aus Simbabwe stehen vor der Tür.« »Ah ja«, erwidert der Boss, »ein interessantes kleines Land. Ich werde selbst mit ihnen sprechen.« Sie erreichen den Eingang zum Himmel. »Sie sind verschwunden«, ruft Petrus, und der Boss sagt: »Ich kann auch niemand entdecken.« »O verflixt, die Tore, sie haben sie gestohlen.«

Aus einem UN-Bericht: »Ganz Afrika ertrinkt in einem Wortschwall. Zwischen dem, was vor sich geht, und der Art, wie es beschrieben wird, besteht keinerlei Zusammenhang. Und in Simbabwe ist es am schlimmsten.«

## DER TOYOTA-SKANDAL

Der wagemutige Redakteur des *Chronicle*, der den Skandal aufdeckte, wurde gefeuert oder vielmehr, wie sich die Regierung ausdrückte, auf eine Stelle »befördert«, wo er seine journalistischen Talente nicht mehr zum Einsatz bringen kann. Der *Chronicle* ist jetzt fast so zahm wie der *Herald*.

Aber, sagen die leidenschaftlichen Apologeten, die *Financial Gazette* ist ebenfalls gut informiert und kritisch, und dann gibt es noch eine Zeitschrift, *Parade*, die auch nicht kuscht. »Und warum nicht?« fragen die Zyniker. Die *Gazette* und auch *Parade* werden nur von Intellektuellen gelesen, nicht von den *povos*.

Aufgrund der Enthüllungen des *Chronicle* wurde die Sandura-Kommission eingesetzt. Die von ihr initiierten Anhörungen vor Gericht wurden von Gejohle, Geschrei und lautem Gelächter begleitet, die Angeklagten erklommen ungeahnte Höhen ihrer Vorstellungskraft und leisteten unglaubliche Meineide. Ein Zuschauer beschrieb das Ganze als »eine Kombination aus Baron von Münchhausen und der Prahlerei von Cecil Rhodes über die Annexion Mashonalands. So was ist nur in Simbabwe möglich, das war besser als jede Theateraufführung.« Ganz Simbabwe applaudierte Mugabe für die Einsetzung der Sandura-Kommission. Endlich verhielt er sich so, wie es von ihm erwartet wurde: als Bollwerk gegen die Korruption und Verteidiger von Recht und Ordnung. Besonders die Studenten waren hochzufrieden. Aber dann wurden die Schuldigen begnadigt, ebenso die, die vor Gericht Meineide geschworen hatten. »Es gibt ein Gesetz für die Chefs und ein anderes für die *povos*«, sagten die Zyniker, die mittlerweile noch weit zynischer geworden sind. Wie man weiß, gibt es keine wütenderen Zyniker als enttäuschte Idealisten. Überflüssig, darauf hinzuweisen, daß die Gerüchte ins Kraut schossen, warum Mugabe etwas so schlecht Beratenes getan hatte. »Man« behauptet, daß wirklich enge Mitarbeiter des Präsidenten in den Skandal verwickelt waren. »Man« behauptet, daß es sich der Präsident nicht leisten konnte, korrupte Chefs vor den Kopf zu stoßen, die ihn an der Macht halten. Die barmherzig Gesonnenen behaupten, daß es Mugabe schmerzt, wenn alte Genossen, die mit ihm im Busch gekämpft haben, in Ungnade fallen und im Gefängnis sitzen.

»*Maurice Nyagumbo – In Ungnade gefallener simbabwischer Held.*
Maurice Nyagumbo, der bis zu seinem Rücktritt letzte Woche – aufgrund seiner Verwicklung in illegale Automobilgeschäfte – simbabwischer Staatsminister war, starb im Alter von 64 Jahren, nachdem er Gift genommen hatte. Er trat zurück, als eine von Mugabe eingesetzte Untersuchungskommission ans Licht brachte, daß er anderen beim Ankauf neuer Fahrzeuge geholfen hatte, die dann auf dem Schwarzmarkt zu überhöhten Preisen weiterverkauft wurden.

Bevor er in Ungnade fiel, war Nyagumbo eine prominente Figur des simbabwischen Unabhängigkeitskampfes. Viele Jahre war er inhaftiert gewesen, weil er der weißen Minderheitsregierung Widerstand geleistet hatte. Nach der Unabhängigkeit im Jahr 1980 wurde er zu einem der führenden Männer in Mugabes Regierung, stieg auf zur Nummer vier im Kabinett und zur Nummer drei in der regierenden ZANU-PF-Partei.

Maurice Nyagumbo wurde 1924 als Sohn von Bauern im südrhodesischen Rusape geboren. Er besuchte verschiedene Missionsschulen, bevor er auf der Suche nach Arbeit 1940 nach Südafrika ging. Er schlief in Notunterkünften, nahm die unterschiedlichsten Stellen an, arbeitete unter anderem als Kellner und fand schließlich ein Zuhause bei schwarzen Gesellschaftstänzern. Er war Mitglied der Kommunistischen Partei Südafrikas, bis sie 1948 verboten wurde.

1955 wurde er dann mit der Begründung des Landes verwiesen, er habe Kontakte zu den Mau-Mau in Kenia unterhalten. Zurück in Rhodesien, half er mit bei der Formierung der African National Youth League, bevor er Ortsvorsitzender des Southern Rhodesia African National Congress wurde. 1959 wurde er aufgrund seiner politischen Aktivitäten inhaftiert und bis 1962 in den Distrikt Gokwe verbannt.

Nach seiner Freilassung trat er Joshua Nkomos Zimbabwe African People's Union (ZAPU) bei, von der er sich jedoch im nächsten Jahr zusammen mit Robert Mugabe und anderen löste, um die Zimbabwe African National Union (ZANU) zu gründen. Als die ZANU 1964 verboten wurde, wurde er erneut verhaftet. Die nächsten elf Jahre verbrachte er in verschiedenen Gefängnissen und Internierungslagern. 1975 wurde er freigelassen, jedoch bald darauf erneut verurteilt – diesmal zu 15 Jahren Gefängnis –, weil er junge Leute rekrutiert hatte, die zu Guerillakämpfern ausgebildet werden sollten.

1979 kam er wieder auf freien Fuß, gerade rechtzeitig, um die letzten Phasen der Lancaster-House-Konferenz in London mitzuerleben, die zur Unabhängigkeit Simbabwes führte. Danach hatte er mehrere Ministerposten inne, unter anderem war er Bergbauminister und Minister für Politische und Landwirtschaftliche Entwicklung.

1980 veröffentlichte er seine Autobiographie, deren Credo lautete: ›Ein paar von uns müssen stets beim Volk bleiben, auch wenn das bedeutet, mit ihm ins Gefängnis zu gehen.‹ Maurice Nyagumbo war zweifellos ein mutiger Mann, bereit, für seine Überzeugungen auch Leiden auf sich zu nehmen. Nach der Unabhängigkeit galt er, Seite an Seite mit Präsident Mugabe, als Symbol für den Befreiungskampf.

Er hinterläßt eine Frau und drei Kinder.«

Nachruf in der *Times*

## »TWO-BOY« TEKERE

Über Edgar Tekere, den Einzelgänger, den Außenseiter, wird mit der genüßlichen, sarkastischen Ungläubigkeit geredet, mit der wir anrüchige, aber unterhaltsame Eventualitäten begrüßen.

Wenn man ein kleines Spielchen spielt und sich bei einer Unterhaltung zurückhält, mehr auf den Tonfall als auf den Sinn des Gesagten hört, dann zirpt »Tekere, Tekere, Tekere« durch das Gespräch wie eine Grille.

Tekere betreibt eine Ein-Mann-Opposition gegen Mugabe und wurde aus seiner Partei, der ZANU PF, wegen seiner Kritik an der Korruption und Mugabes Tolerierung derselben ausgeschlossen. Tekeres neue Partei nennt sich Zimbabwe Unity Movement (ZUM). (Erstaunlich, wie oft das Wort Unity, Einigkeit, oder United, Vereint, in den Namen politischer Bewegungen auftaucht, die de facto in sich zerstritten sind.) Aber die ZUM gewinnt an Einfluß, weil alle Welt weiß, daß Tekeres Kritik gerechtfertigt ist. Welcher Art ist dieser Einfluß? Noch weiß das keiner genau. Tekere wendet sich zudem an Leute, und es sind nicht wenige, die gern mehr Weiße – wegen ihrer Fachkenntnisse und ihres Know-hows – im Parlament sehen würden. (Wenn Weiße in schwarzafrikanischen Ländern geschätzt werden, dann nur selten wegen ihres Charmes, ihres Witzes, ihrer Ergötzlichkeit und ihres großen Herzens, sondern vielmehr, weil sie in der Lage sind, mit der modernen Welt zurechtzukommen.) Überall im Land sind Kampagnen für die nächsten Wahlen im Gang, so wie sie typisch sind für Simbabwe – für Kenia, für Indien, für alle kommunistischen Länder; wie sie es auch für das England des 18. Jahrhunderts waren. Jeder nur erdenkliche schmutzige Trick wird angewandt, um den politischen Gegner zu überlisten oder in Mißkredit zu bringen. Schlägertruppen sprengen Tekeres Versammlungen, bedrohen seine potentiellen Anhänger oder schlagen sie zusammen, ohne jemals dafür zur Rechenschaft gezogen zu werden, da es sich bei ihnen um Mitglieder der Jugendorganisation von Mugabes Partei handelt. (Warum schreitet Mugabe nicht ein und ...?) Nachwahlen werden manipuliert, Tekere wird öffentlich geschmäht, und eine schlau konzipierte Flüsterkampagne zeigt Wirkung.

Es war Tekere, der kurz nach der Unabhängigkeit im Zustand der Trunkenheit einen weißen Farmer ermordete, ein Vorfall, der das hell strahlende Bild des Unabhängigkeitskämpfers empfindlich verdunkelte. Jetzt ist er wieder in aller Munde, ebenso wie seine Bereitschaft, mit Smith gemeinsame Sache zu machen. Zudem haben die Behörden Tekeres Krankheitsgeschichte durchsickern lassen, derzufolge er unter Schizophrenie leidet. Daß er Alkoholiker ist, scheint seinem Image nicht weiter zu schaden, was manche Leute glauben läßt, daß »sie« (in diesem Fall die *povos*) Tekere nicht wirklich ernst nehmen.

Tekere wendet alle Kritik so, daß sie ihm zum Vorteil gereicht. Er selbst beschreibt sich als »Two-Boy«. So werden in dieser Gegend der Welt die Schizophrenen genannt. Auf Wahlkampfplakaten bezeichnet er sich als »Edgar Tekere Two-Boy, der christliche Alkoholiker« und bringt damit alle zum Lachen.

Und Tekere hat in der Tat eine altbekannte politische Rolle übernommen oder sich zumindest in eine Position manövriert, die es anderen erlaubt, ihm diese Rolle zuzuschreiben: Er wird als Verkörperung des in jeder Beziehung absoluten Gegenteils von Mugabe gesehen. Mugabe hat nie jemanden zum Lachen gebracht. Mugabe braucht bewaffneten Begleitschutz und dunkel getönte, kugelsichere Autofenster, wenn er auch nur einen Fuß vor sein Haus setzen will, Tekere hingegen ist für alle erreichbar, einfach so, er ist kein furchtsamer Mensch. »Er lebt gefährlich, genau wie wir.« Tekere ist nicht ständig unterwegs von einer Konferenz zur nächsten. Tekere fährt ein kleines Auto und trägt keine Anzüge mit Weste.

In dieser Art Gespräch kommt die Rede regelmäßig auf die Stammeszugehörigkeit der Politiker. Tekere ist aus Manicaland, das heißt, er ist ein Repräsentant des östlichen Simbabwe, so wie Joshua Nkomo Matabeleland repräsentiert.

Aber dann wird mir eine Lektion in Ethnologie erteilt. Immer dieses Gerede über Matabele, Mashonas und Manicas! So etwas wie einen Mashona gibt es überhaupt nicht. Es gibt vier wichtige Mashona-Gruppen: die Karanga, die Manyika, die Zezuru und die Kore Kore. Die bedeutendste Gruppe sind die Zezuru aus dem Gebiet um Harare. Mugabe ist ursprünglich ein Karanga, wurde jedoch als Zezuru erzogen. Die Kämpfe innerhalb der Partei sind oft nur zu verstehen, wenn man das prekäre Gleichgewicht zwischen diesen Gruppen kennt. Im Augenblick stehen die Karanga auf der Verliererseite, das heißt die drei anderen Gruppen gegen die Karanga. Terence Ranger, Simbabwes renommierter Historiker, behauptet, daß die Unterschiede zwischen den Gruppen bedeutungslos waren, bevor die Weißen ins Land kamen. Erst die Missionare haben sie hervorgehoben. Danach beharrte jede Gruppe auf ihrer Überlegenheit: »Wir sind das eigentliche Volk.«

»Tekere ist genauso Mashona wie Mugabe«, sagt jemand. »Es wird alles mögliche behauptet, nur um ihn in Mißkredit zu bringen.«

Während eines abendlichen, informellen Gesprächs beharrt ein hochrangiger Funktionär darauf, daß Tekere ein Nazi sei. Von allen Seiten wird gegen diese alberne Unterstellung protestiert. »Aber ja, es ist genau das gleiche: Hitler galt anfänglich auch nur als Rechter, und erst später haben die Leute gemerkt, daß er ein Nazi war.« (Das Wort »objektiv« schwingt implizit mit.) »Und damit sind auch die Studenten, die Tekere unterstützen, Nazis.« (An der Universität hat es wieder Demonstrationen – »Aufstände« nach regierungsamtlicher Darstellung – gegen die Korruption gegeben. Manche trugen Tekere-Plakate und riefen: »Tiananmen-Platz!«) Der Funktionär bleibt stur bei seiner Meinung, daß die Studenten Nazis seien. Er gibt nicht einmal zu, daß ihre Beschwerden gerechtfertigt sind. Aus seinem Gerede ist eine unvernünftige, hysterische Insistenz herauszuhören. Wenn man davon ausgeht, daß dieselbe Art Leute zur gleichen Zeit das gleiche denkt und sagt, dann ist es sehr wahrscheinlich, daß dieses Studenten-sind-Nazis-Gerede überall auf höchsten Ebenen anzutreffen ist.

## AIDS, AIDS, AIDS

Vor acht Monaten hatte mich die Stimmung im Land an Brasilien im Jahr 1986 erinnert. Dort sagten die Leute damals im privaten Kreis: »Aids ist eine Zeitbombe, die langsam vor sich hin tickt, aber unsere Regierung will nichts davon wissen. Brasilien scheint wie geschaffen für den Aidsvirus. Wir sind eine permissive, hedonistische Gesellschaft, männliche, weibliche Homosexualität, alles geht. Eine Bluttransfusion kommt einem Todesurteil gleich. Drogen sind überall erhältlich.« Ein paar Monate später begriff die brasilianische Regierung, daß sich Aids nicht einfach davonstehlen würde, und startete eine begrenzte Informationskampagne in Radio, Fernsehen und Zeitungen. Arme Länder haben kein Geld für großangelegte Aktionen. Verglichen mit Brasilien ist Simbabwe dank seiner Infrastruktur an Krankenhäusern und Ambulanzen noch gut dran. Das Problem ist nur, daß niemand genau weiß, wie viele Aidsfälle es tatsächlich gibt. Ärzte sagen, wesentlich mehr, als die Regierung eingesteht. Politiker lassen Zahlen durchsickern, die jedoch vermutlich nicht stimmen. Alle wissen, daß noch in diesem Jahrhundert weiter nördlich, in Sambia, Kenia, Zaire, Uganda und in anderen Ländern eine ganze Generation an Aids sterben wird. In Uganda und Kenia findet man bereits verlassene Dörfer, in denen so viele Menschen durch Aids umgekommen sind, daß die Überlebenden vor – wie sie es sahen – Hexerei und dem bösen Blick die Flucht ergriffen haben. Verglichen mit diesen Ländern, schätzt sich Simbabwe glücklich. Ob es das wirklich ist? Wenn ein Thema im Bewußtsein *fast* aller herumgeistert, wenn darüber aber trotzdem immer nur vage gesprochen wird wie: »Ich kenne da einen Arzt, der sagt . . .«, oder: »Angeblich sind in den Communal Areas . . .«, ohne daß genaue Fakten und Zahlen wie in Europa und den USA auf dem Tisch liegen, dann schwebt es bedrohlich über jedem Gespräch, taucht kurz auf und wird gleich wieder fallengelassen – die Menschen sind verlegen, sie fühlen sich oft unbehaglich, als wollte man ihnen Pessimismus und Miesmacherei vorwerfen. Und selbst in politisch linken Kreisen wird Aids noch immer auf hanebüchene Weise mythologisiert. Wird in einer Gruppe linker Ideologen Aids erwähnt, wird sofort die CIA denunziert, die den Virus vorsätzlich entwickelt habe, um die Dritte Welt zu schwächen. Die Vermutung, daß der Virus von Affen aus Zentralafrika stammt, wird als bösartige Erfindung westlicher Wissenschaftler abgetan, die ihn ihrerseits versehentlich aus einem Reagenzglas entwischen ließen und jetzt versuchen, ihre Unbedachtsamkeit hinter Lügen zu verstecken und – »wie üblich!« – Afrika die Schuld zuzuschieben. Diese Art Leute argumentieren auf dem gleichen Niveau wie noch vor kurzem die Sowjetideologen, die behaupteten, Aids sei in einem kommunistischen Land unmöglich, nur in kapitalistischen Gesellschaften könne man daran erkranken. Das Böse ist eine Eigenschaft des anderen, Dämonen, Gefahren und Bedrohungen resultieren ausschließlich aus Mißgunst. Oder aus dem bösen Blick.

Bluttransfusionen verbreiten Schrecken – und sorgen für viele Geschichten. Auch simbabwische Soldaten, die in Mosambik lebenswichtige Einrichtungen bewachten, haben Bluttransfusionen erhalten. Alle sind sie infiziert worden und haben die Krankheit mit nach Hause zu Frau und Kindern gebracht. In Mosambik ist die Infektionsrate unglaublich hoch. (Das stimmt tatsächlich.) »Nicht nur müssen wir Simbabwer unser ganzes Geld dafür ausgeben, Mosambik zu beschützen und zu verteidigen und Hunderttausende von Flüchtlingen zu ernähren, nein, damit nicht genug, sie vergiften unsere Jungs auch noch mit ihrem Aids. *Wir* haben eine gute medizinische Infrastruktur, *unsere* Blutkonserven sind sauber. Die Mosambiker sind hoffnungslos. Ständig müssen wir auf sie aufpassen.«

Auch der Rat einiger *ngangas* war nicht gerade hilfreich, die meinten, wenn Männer mit Jungfrauen schliefen, würde Aids verhindert oder gar geheilt. Die meisten *ngangas* wissen jedoch, daß Aids außerhalb ihrer Kompetenz liegt, und so verbünden sie sich mit der Wissenschaft.

## HEILER, GEISTER UND KONDOME

Aus dem *Observer*:

»Es überrascht, in der muffigen Hütte die länglichen weißen Pappschachteln zwischen all den anderen Utensilien zu sehen – Speeren, Tierhäuten und dem Blechkoffer voller Zaubertränke. Jede von ihnen enthält 100 Kondome, und während der letzten drei Wochen hat Stephen Njekeya 25 der Schachteln an seine Klientel verteilt. ›Ich bin ein Doktor‹, sagt er, und seine Dreadlocks wippen, als er nickt.

Für Hunderte von Menschen im Gebiet von Gutu, einer kleinen Stadt im Süden Simbabwes, ist er genau das und zwar seit Ende der fünfziger Jahre, als er, während er noch als Kellner arbeitete, einen Anfall erlitt, der als ›Besessenheit von einem Geist‹ interpretiert wurde. Ihm erschien dieser Vorfall als Aufforderung, bei einem traditionellen Heiler in die Lehre zu gehen.

Die gleichen Kräuter benutzten schon seine ›Vor-, Vor-, Vorfahren, und sie sind auch heute noch zweckdienlich‹, sagt Njekeya. Er und die anderen 35 000 Mitglieder der Zimbabwe National Traditional Healers Association (Zinatha) – eine Gruppierung von Medien, Kräuterkundigen, Hebammen und Geisterheilern – haben als Verbündete im Kampf gegen die epidemische Ausbreitung von Aids in Simbabwe neue Bedeutung erlangt.

Am gestrigen Welt-Aids-Tag richtete sich die Aufmerksamkeit vor allem auf die besorgniserregende Entwicklung in Afrika. Die 5 086 der Weltgesundheitsorganisation im September aus Simbabwe gemeldeten Fälle sind Ausdruck für die raschest steigende Rate auf dem Kontinent. Die Untersuchung einer Zufallsauswahl von Blutspenden ergab, daß 4,2 Prozent der Erwachsenen mit dem HIV-Virus infiziert sind, allerdings vermuten manche Experten, daß die Zahl weit höher angesetzt werden muß.
75 Prozent der Simbabwer leben in ländlichen Gegenden, viele von ihnen sind Analphabeten und zu arm, um sich ein Radiogerät leisten zu können, was eine nicht unerhebliche Hürde für die Bemühungen der Mitarbeiter von Gesundheitsorganisationen darstellt, ein Bewußtsein für die Krankheit zu schaffen. Im Februar hat die Zinatha ein Pilotprojekt im Distrikt Gutu gestartet, bei dem die dortigen Heiler – auch als *ngangas* bekannt – zusammengerufen wurden, um sie über Aids zu informieren und als Mitarbeiter zu gewinnen.
Etwa 80 Prozent der 10 Millionen Simbabwer ziehen es vor, einen traditionellen Heiler zu konsultieren statt eines nach westlichen Standards ausgebildeten Arztes. Die *ngangas* sind tief in der Kultur des Volkes verwurzelt und genießen erheblichen Respekt. ›Angesichts der großen Zahl traditioneller Heiler sind sie von unschätzbarem Wert im Kampf gegen Aids‹, sagt Celine Gilbert, Projektbevollmächtigte des Zimbabwe Trust, einer unabhängigen Hilfsorganisation, die das Zinatha-Projekt fördert.
Njekeya gibt an, daß er 1985 zum erstenmal Symptome von Aids bei Kranken festgestellt habe und sich Sorgen machte, weil sie nicht abklangen wie die Symptome anderer sexuell übertragener Krankheiten. Weiter sagt er, sie als *runyoka* diagnostiziert zu haben, eine Krankheit, die man daran erkenne, daß Ameisen in den Körper eines Opfers kriechen. Ausschließlich Ehebrecher erkrankten daran.
Nachdem die *ngangas* erfahren hatten, daß Aids durch Kontakt mit dem Blut Infizierter übertragen wird, war ihre größte Sorge, sich das Virus durch unhygienische Praktiken selbst

zuzuziehen und auch weiterzuverbreiten. Njekeya erzählt, daß er sich jetzt jedesmal eine neue Rasierklinge für die kleineren Schnitte bezahlen läßt, in die der Heiler *mushonga* (eine Medizin) reibt.
Anna Dondo, eine andere Heilerin, sagt, daß sie die Praxis aufgegeben habe, ins Fleisch der Patienten zu beißen, um auszusaugen, was als Ursache der Krankheit gilt. Statt dessen schneidet sie jetzt einen Tennisball entzwei und benutzt eine Hälfte als ›Mund‹.
Die traditionellen Heiler haben eingesehen, daß sie Aids nicht heilen können. Westliche Fachleute glauben, daß sie mit ihrer großen Erfahrung, sexuell übertragene Krankheiten zu behandeln, im Erkennen der Symptome Hervorragendes leisten können. In Gutu verweisen die *ngangas* ihre Patienten heute mit der Begründung an die örtlichen Ambulanzen, alles getan zu haben, was mit ihrem traditionellen Wissen möglich sei, jetzt könne nur noch westliche Medizin helfen.«

## DIE SCHULE IM BUSCH

»Der Mann ohne Charakter«, der als Schulleiter entlassen wurde und jetzt als Grundschullehrer arbeitet, wurde unter anderem auch dazu verurteilt, das Geld zurückzuzahlen, das er Schule und Schülern gestohlen hatte. Alle wissen, daß er das mit seinem kleinen Gehalt nicht kann. Es wird darüber diskutiert, ob es richtig war, ihn nicht ins Gefängnis zu stecken. »Das hätte ihm eine Lektion erteilt!« »Ja, aber wovon soll seine Familie leben, wenn er im Gefängnis sitzt?« »Es ist schon Strafe genug, daß er wieder als Grundschullehrer arbeiten muß, nachdem er doch Schulleiter war.«

Der neue Direktor ließ sich gut an, arbeitete wie ein Wilder »von Sonnenauf- bis Sonnenuntergang, hat uns alle ganz schön auf Trab gebracht«. Aber dann stellte sich heraus, daß er Alkoholiker war. Und er war es auch, der die Kinder so brutal schlug. Jack geriet mit ihm aneinander. »Wie kann man ein Kind schlagen, wenn es zu spät kommt, weil der Fluß über die Ufer getreten ist? Wie kann man nur die großen Mädchen schlagen? Das ist nicht richtig! Und außerdem ist es gegen das Gesetz.«

Aber der Schulleiter und auch andere Lehrer prügelten weiter. Jack ging auf das zuständige Schulamt und zeigte den Schulleiter an, der einen formellen Tadel erhielt.

Später mußte Jack ihn dann bitten, ein Gutachten über seine Leistungen als Lehrer zu schreiben. »Mr. Jack Pettifer [der Name ist erfunden] ist ein hart arbeitender und gewissenhafter Lehrer. Gott behüte, daß er je wieder an derselben Schule arbeiten wird wie ich. Gegenüber seinen Kollegen ist er illoyal.«

Jack machte ihm Vorwürfe. »Das ist nicht richtig. Es ist nicht fair. Sie haben gegen das Gesetz verstoßen, und indem ich Sie angezeigt habe, habe ich nur meine Pflicht getan. Wie soll ich mit diesem unfairen Gutachten je wieder eine Stelle bekommen?«

Der Direktor schrieb Jack ein neues, faires Gutachten. Die Kinder schlägt er jedoch weiterhin.

Jack überlegt, ob er noch ein Jahr bleiben soll. »Was wird aus der Schulbibliothek, wenn ich gehe? Niemand wird sich um die Schülerzeitung kümmern. Niemand wird für die Kinder eintreten.«

Drei Monate später sollte Jack die Schule dann tatsächlich verlassen. Innerhalb eines Monats waren die meisten Bücher aus der Bibliothek gestohlen. Die Schülerzeitung stellte ihr Erscheinen ein. Jack hatte seinem Nachfolger zwar angeboten, sich noch um ein paar Nummern zu kümmern, aber der lehnte ab, es sei nicht nötig. Darüber hinaus wurden alle Gerätschaften, um das Gelände in Ordnung zu halten, gestohlen. Allerdings gab es mittlerweile sechs besser ausgebildete Lehrer an der Schule.

An einem heißen Novembernachmittag befinden Jack, Ayrton R. und ich uns wieder in dem Klassenzimmer mit der gespaltenen Dachsparre und den zerbrochenen Fensterscheiben, der Unrat ist jedoch vom Boden verschwunden. Fünfzehn kräftige junge Männer und dralle junge Frauen, die die vorletzte Klasse absolvieren, haben sich versammelt. Sie sehen aus wie Erwachsene und sind es auch, obwohl ich auf der letzten Reise und auf dieser das Alter von Jugendlichen und Kindern immer wieder falsch eingeschätzt habe. Meist halte ich sie für älter, als sie tatsächlich sind. Auch Kleinkinder. Man sieht ein großes, energiegeladenes Baby, das sich eifrig und mit wachen, neugierigen Augen seine Welt erschließt, und denkt, es sei zehn Monate alt, aber nein, es ist erst fünf oder acht Wochen.

Überall stößt man auf eine nicht zu unterdrückende physische Kraft.

Die jungen Leute lärmen, lachen, legen eine hemmungslose Lebensfreude an den Tag. Sie sind gerade aus Harare zurückgekehrt, wo die meisten von ihnen nie zuvor gewesen waren. Jack hat sie auf eigene Kosten mit dem Bus mitgenommen, sie haben eine Druckerei und eine Zeitungsredaktion besucht, und er hat sie zum Essen in ein Restaurant eingeladen.

Wir befinden uns in diesem Klassenzimmer, weil Jack es für eine gute Idee hält, wenn seine Schüler uns interviewen und sich so in journalistischer Praxis üben. Jack, Ayrton R., ein weiterer Lehrer und ich werden von jeweils ein paar Schülern umringt, die uns nach unserer Lieblingsfarbe fragen, nach unserem Eindruck von der Schule, von Simbabwe und ob wir es für richtig halten, daß Frauen soviel arbeiten müssen (diese Frage stellen die Mädchen). Aber noch während die Schüler unsere Antworten notieren, sind sie jeden Augenblick weniger bei der Sache, blicken an uns vorbei zu dem attraktiven jungen Lehrer, der über seine Probleme spricht. Kurz darauf scharen sich alle um ihn, und wir, die Interviewten, hören so aufmerksam zu wie die Schüler.

Der Lehrer ist der Star an der Schule, als einziger hat er einen dem Abitur vergleichbaren Abschluß und eine Zulassung zu einem College, einem speziellen Lehrerseminar, so daß er jetzt am Fuß der Leiter steht, die ihn womöglich einmal nach Harare führen wird. Er spricht oft träumerisch davon, »eines Tages« dort zu leben. Im Moment redet er über seine Frau. Er lehnt an der Wand, seine Arme hängen schlaff herunter, als sehnten sie sich danach, jemand zu umschlingen, und während er spricht, sieht er uns nicht an. Seine Augen schwimmen in Tränen, und er scheint zur Wand zu sprechen.

»Heute ist ein trauriger Tag für mich«, sagt er. »Ein furchtbar trauriger Tag, denn heute morgen ist meine Scheidung rechtskräftig geworden. Meine Ehe ist beendet.« Er kann nicht weiterreden, tut aber so, als warte er, bis die Journalistenlehrlinge jedes Wort notiert haben.

Seine Frau arbeitet in einem Büro in der achtzig Kilometer entfernten Stadt. Dort steht ein Hotel, in dem es elektrisches Licht gibt und eine Bar, einen Speisesaal und einen Innenhof, in dem bunte Lichterketten zwischen die Bäume gespannt sind. Musik wird gespielt. Sie ißt dort zu Mittag. Das ist in Ordnung. Aber sie wurde auch spätabends im Hotel gesehen. (Um zehn Uhr vielleicht? Elf? Alles ist relativ.) Freunde haben ihm erzählt, sie treffe sich mit anderen Männern. Das heißt, sie ist um keinen Deut besser, als man es von ihr erwartet – so haben sich meine Eltern immer ausgedrückt. Ihm blieb nichts anderes übrig, als sich von ihr scheiden zu lassen.

Einigen in der Zuhörerschaft fällt auf, daß da irgend etwas nicht stimmt ... Eine hübsche junge Frau sagt zu ihm, wobei sie ihn hingebungsvoll anblickt: »Aber wenn du aufs College gehst, dann würde doch deine Frau ...«

»Meine Ex-Frau.« Er schluchzt hemmungslos.

»Dann würde sie ganz allein in Kusai sein, und war sie nicht auch allein, wenn du hier an der Schule warst? Sie muß sehr einsam sein.«

»Aber ich bin doch auch einsam.«

Und jetzt verkündet das Schweigen, das sich über den heißen, staubigen Raum gelegt hat, während draußen am Himmel Donner und Regen auf der Lauer liegen, es schreit hinaus, daß er, wenn er einsam ist, nur sich selbst hat ...

Er lehnt völlig ermattet an der Wand, die Arme baumeln kraftlos herunter, der Kopf ist leicht nach hinten geneigt, die Augen sind geschlossen. Dieser Mann erwartet den Todesstoß.

»Und es ist nicht meine Schuld. Ich habe zu ihr gesagt, sie soll doch auch noch eine Prüfung machen und Lehrerin werden, aber das Hotel in Kusai gefällt ihr besser. Ich hab zu ihr gesagt, es ist ihr Pflicht, sich weiterzuqualifizieren und Simbabwe zu helfen.«

Ein paar der jungen Männer springen ihm zur Seite. »So eine Schande! Das hätte sie nicht tun sollen.«

»Außerdem«, sagt er mit der selbstgerechten Miene, die solche Bemerkungen für gewöhnlich begleitet, »müssen Frauen ihren Männern gehorchen, das steht schon in der Bibel.«

Wie üblich, wenn unterschiedliche Kulturen aufeinanderprallen, springen Argumentationen auf schwindelerregende Weise von einer Ebene zur anderen. Zwischen dem jungen Mann, der seiner Frau empfiehlt, sich beruflich zu qualifizieren, und demjenigen, der auf dem Standpunkt steht, sie habe ihrem Mann untertan zu sein, liegen kulturelle Abgründe, nicht zuletzt deswegen, weil er die Bibel zitiert, wenn es *ihm* paßt.

Ayrton R. sagt: »Überall auf der Welt finden Frauen diese Art Rückgriff auf Gottes Unterstützung immer weniger überzeugend.«

Sein Beitrag ist kein x-beliebiger, es ist, als hätte Harare selbst gesprochen.

Der Lehrer sieht Ayrton R. an, der über ihn zu Gericht gesessen und ihn für schuldig befunden hat.

Ein hübsches Mädchen rettet die Situation, indem es, kichernd und den gezückten Bleistift in der Hand, fragt: »Wie denkst du über die Liebe?«

Er erwidert streng, daß Schüler nur an ihre Bücher und ans Lernen denken sollten, Liebe sei etwas für erwachsene Menschen. Die Mädchen lächeln skeptisch: Erst kürzlich haben zwei ältere Schülerinnen Lehrer geheiratet.

»Und jetzt«, sagt Jack, »müßt ihr ihn fragen, was von dem, was er gesagt hat, ihr aufschreiben dürft und was nicht. Ein guter Journalist muß die Wünsche seines Gesprächspartners respektieren.«

»Nein, schreibt ruhig alles«, ruft der gutaussehende Lehrer. »Mir macht es nichts, und es wird andere davor bewahren, aus Liebe zu heiraten.«

Tränen steigen in seine schönen Augen, und die hübschen Mädchen sehnen sich danach, sie wegzuküssen, eine nach der anderen.

Unterdessen sitzt irgendwo fünfzig Meilen entfernt in Kusai

eine frisch geschiedene junge Frau in einem Büro und plant einen Abend mit einem Verehrer aus dem Ort oder einem Chef auf der Durchreise. In einem taktvoll gedämpft beleuchteten Restaurant wird sie über den Tisch hinweg erzählen, wie unglücklich sie ist und wie enttäuscht von einem Mann, der sie vernachlässigt und nur an sich selbst gedacht hat.

»Du Ärmste«, wird ihr Gegenüber erwidern. »Mach dir nichts draus. Es ist eine Schande. Ich hätte dich nie so behandelt, so ein kluges, hübsches, außergewöhnliches Mädchen wie dich.«

## DIE VERSCHWUNDENEN TIERE

Am nächsten Morgen füllt sich Jacks winziges Zimmer mit Schülern und Lehrern, die noch einmal die Leute sehen und sich von ihnen verabschieden wollen, die mit Götterblut und den Zephyren Harares gesegnet sind.

Auch der gutaussehende Lehrer kommt. Er sagt, am liebsten gehe er allein im Busch spazieren. »Ich bin ein sehr ernster Mann«, bemerkt er streng. »Die Leute verstehen mich nicht.« Wir stehen vor der Tür, und er deutet auf die mißbrauchten Bäume und den erodierten Boden, und mir geht durch den Sinn, daß wir beide an verschiedene Dinge denken, wenn wir vom ›Busch‹ sprechen. Ich erzähle ihm, daß diese Gegend in meiner Erinnerung dreißig Jahre lang eine ideale Waldlandschaft war, mit womöglich jahrhundertealten Musasabäumen und voller Tiere. Er schweigt überrascht. Ich verspüre die Spannung, die einsetzt, wenn sich zu Beginn einer Reise oder Wallfahrt etwas Unvorhergesehenes ereignet – Augenblicke, in denen die Dinge an ihren Platz rutschen: Nie zuvor ist mir in den Sinn gekommen, daß es in Simbabwe eine Generation gibt, die nicht weiß, wie ihr Land vor kurzem noch ausgesehen hat.

»Tiere?« fragt er. »Was für Tiere? *Mombies?* Ziegen?«

»Als ich als Kind in Banket lebte, war der Busch voller Kudus, Marder, Elen- und vor allem Duckerantilopen. Es gab Steinböcke und Buschböckchen, Ameisenbären und Stachelschweine, Wildkatzen und Affen, Paviane und Wildschweine. Alle nur erdenklichen Vogelarten. Und in den Hügeln lebten noch Leoparden. Die Elefanten und Löwen waren allerdings schon verschwunden. Aber man konnte im Busch keinen Schritt gehen, ohne irgendein Tier aufzuschrecken.«

»Haben Sie in einem Naturschutzpark gelebt?«

»Aber nein. Der Busch war damals so. Überall. In jedem Teil des Landes. Und die Vögel – das Gezwitscher am Morgen war ohrenbetäubend. Ganze Schwärme saßen auf den Telefonleitungen, alle möglichen Arten. Und wenn man in den Himmel emporblickte, egal, zu welcher Tageszeit, sah man Falken ihre Kreise ziehen, fünf, zehn oder sogar noch mehr. Und wer dann den Blick schweifen ließ, entdeckte sie plötzlich überall, ganze Gruppen, die im Aufwind Spiralen flogen. Es waren vielleicht zwanzig, dreißig solcher Gruppen. Der Himmel war voller Habichte und Falken. Die weiter entfernten Vögel waren nur noch so groß wie Fliegen. Wenn man hinaufsah . . .« Wir haben Jacks kleines Haus ein Stück hinter uns gelassen und stehen auf dem Weg, vor uns die Blair-Toilette, auf einer Anhöhe der noch immer defekte Wassertank und vereinzelt ein paar Bäume. Wir stehen da und blicken hinauf in den Himmel. Nicht ein einziger Vogel ist zu sehen. »Hunderte«, sage ich. »Jetzt kann man sich schon glücklich schätzen, wenn man einen einzigen entdeckt. Und am Morgen ging man hinaus, um nachzusehen, was in der Nacht alles passiert war. Die Spuren von Vögeln und anderen Tieren waren so zahlreich, daß man manchmal eine halbe Stunde brauchte, um sie alle zu bestimmen.«

Er sieht nicht mehr hinauf in den Himmel, sondern läßt den Blick um sich schweifen, seine Stimmung ist nach wie vor düster vor Unglück, aber mittlerweile ist er auch verwirrt.

»Und das war kein Park, in dem Safaris veranstaltet wurden?«

»Nein. Verstehen Sie denn nicht? Der Busch war damals überall so. Heute sieht man auf den Straßen nur noch Fahrradspuren.«

»Wahrscheinlich von mir«, sagt er und lacht.

Ein paar Tage später sitze ich auf der Veranda eines Clubs in den Bergen, der als Alkoholschenke – was sonst? – bekannt ist, und werde einem Mann vorgestellt, der nicht widersprechen würde, wenn man ihn als den einst härtesten der harten Schwarzenhasser charakterisierte. Denn das ist er gewesen.

»Fast hätte ich gepackt und wäre durch die Lücke geschlüpft, als wir den Krieg verloren hatten. Aber das wäre der größte Fehler meines Lebens gewesen.«

»Du magst also die schwarzen Bälger?« liefern ihm seine Zechbrüder das Stichwort, ermuntern ihn wie ein Kind, von dem man hofft, daß es einen guten Eindruck hinterlassen wird.

»Und wie ich sie mag. Sie sind fröhlich und gescheit.«

Ihm war aufgefallen, daß die schwarzen Kinder in den Townships meist nichts über den Busch und seine Tiere wußten oder gar über das Leben ihrer Großeltern. So errichtete er ein Lager in einem Stück intakten Busch weit ab von jeder Stadt, und heute fährt er mit Gruppen von Kindern jeweils für eine Woche dorthin und erklärt ihnen Pflanzen und Tiere.

Und wenn er nicht gerade mit Kindern unterwegs ist, sondert er Elefanten aus.

»Man muß ihre Zahl kontrollieren, wissen Sie.«

»Ihre Zahl im Verhältnis zu was?«

Er lächelt ironisch. »Tja, das ist es eben. Aber man darf nicht vergessen, daß wir das einzige Land sind, das das Elefantenproblem einigermaßen gelöst hat. Wie auch immer, es gibt zu viele von ihnen. Die Elefanten werden uns nicht ausgehen.«

Am besten jedoch gefällt ihm, mit den schwarzen Kindern zusammenzusein.

»Ich hatte völlig falsche Vorstellungen von den Affs.«

»Das habe ich schon eine ganze Menge Leute von sich sagen hören.«

»Besser spät als nie.«

Ich erzähle diese Begebenheit zwei schwarzen Freunden, Literaten. Wir sitzen auf einer Veranda in Harare, sie ist vergittert und mit Fliegenfenstern versehen wie früher die Lagerräume für Fleisch. Wir sitzen in einem Käfig. In das Haus ist in der Woche zuvor eingebrochen worden. Die Welt wird mehr und mehr zu einem Paradies für Diebe. Wird es bald mehr Diebe als ehrliche Menschen geben? Warum treten wir nicht selbst dieser aufblühenden Profession bei? Die Dichter sind arm wie die meisten Schriftsteller hier, es sei denn, sie haben eine Stelle an der Universität.

Wenn ich mit diesen Menschen zusammen bin, dauert es immer nur ein paar Augenblicke, bis ich ihre düstere Stimmung spüre: Sie sind gut informiert. In diesen Tagen inspiriert Afrika, der Kontinent, niemanden mit optimistischen und glücklichen Gedanken. Keiner heißt den Kommunismus oder die Zensur gut, die die Zeitungen mundtot macht. Zudem wissen diese Leute hier, daß der Kommunismus in Europa und der Sowjetunion schwer angeschlagen ist, aber die meisten der Literaten in diesem Land sind jung, das heißt, sie haben die euphorische Zeit der Revolution aktiv miterlebt, und jetzt sitzen sie neben dem Totenbett ihrer Utopie wie neben einem sterbenden Vater oder einer sterbenden Mutter.

Meine Schilderung des Elefantenjägers und der Alkoholschenke in den Bergen hat sie zum Schweigen gebracht. Auf dieser Reise geschieht es auch mir oft, daß ich in dem Moment, in dem ich eine Frage stellen oder einen Kommentar abgeben will, stocke und gehemmt bin, als verkörpere meine Zunge die kulturelle Kluft zwischen uns. Zudem scheint mir jeder, den ich treffe, irgendeine empfindliche Stelle zu haben, die gerade erst verheilt ist.

»Entschuldigen Sie«, sagt Dichter A., »wollen Sie damit etwa sagen, daß ein weißer Farmer *unsere* Kinder mitnimmt und ihnen den Busch zeigt?«

»Ja, genauso ist es. Ein Ex-Farmer übrigens.«

Die zwei jungen Männer werfen mir wütende Blicke zu – aber darum geht es nicht. Sie sind niedergeschlagen, verletzt.

»Warum tut er das?«

Ich zwinge mich zu antworten: »Weil er es nicht erträgt, daß schwarze Kinder nichts über ihren Busch wissen.«

Mit dieser Bemerkung habe ich den Deckel von etwas gelüftet, was anzusprechen unzulässig ist: Ausnahmslos alle Schwarzen glauben, daß sämtliche weißen Farmer so schlimm sind wie Simon Legree, der Schwarzenhasser aus *Onkel Toms Hütte*, unfähig zu einer menschlichen Regung.

»Diesen Ausbund von Tugend würde ich gerne kennenlernen«, sagt einer der beiden und versucht humorvoll zu sein, aber sein Lachen klingt todunglücklich.

»Nein, ich glaube, das würde Ihnen nicht gefallen«, erwidere ich und versuche ebenfalls humorvoll zu klingen. »Sie müßten mit diesen Leuten aufgewachsen sein, um zu verstehen . . .« An dieser Stelle gehen mir endgültig die Worte aus.

»Daß sie ein verstecktes Herz aus Gold haben?« beendet Dichter B. den Satz und grinst dabei höhnisch.

»Nein, das wollte ich nicht sagen. Aber manche von ihnen bemühen sich wirklich.«

»Das ist mir noch nicht aufgefallen.«

»Wenn sie heute etwas überfürsorglich sind, dann denkt daran, wie sie früher waren.«

»Ein bißchen spät für Fürsorglichkeit.«

»Na ja, ihr sitzt jetzt alle im selben Boot«, sage ich und mache mich damit zum Verbündeten von Genosse Mugabe und seinem Spruch: »Wir sind alle Bürger von Simbabwe.«

Die beiden jungen Männer scheinen sich in einer Falle zu fühlen, sie machen rastlose, dennoch aber kontrollierte Bewegungen, blicken sich unruhig um, ihre Mienen werden immer düsterer.

Dichter A. sagt: »Was weiß denn ein Weißer schon über den Busch?«

Wieder liegt ein schweres Gewicht auf meiner Zunge.

»Er kennt sich aus. Mein Bruder war genauso. Er hatte einen Instinkt für Tiere. Wenn man mit ihm durch den Busch ging, wußte er immer, wo die Ducker oder die Kudus waren – er kannte ihre Wege.« Schweigen, weil ich über meinen Bruder spreche. Ein weiterer Faden ist in das Geflecht der Hemmungen gewoben: die Familie.

»Sein Küchenb . . . sein Dienstbote . . .«

»Okay, sein Küchenboy«, sagt Dichter B. voll Bitterkeit. »Macht nichts. Der Mann meiner Schwester hat einen guten Job, und sie hat mir erzählt, daß bereits jemand gekommen ist und sie um Arbeit gebeten hat: ›Brauchen Sie einen Boy für die Küche, Madam?‹«

Diesmal lachen wir alle drei aus ganzem Herzen, die Geschichte des Landes schwebt dabei im Hintergrund.

»Der Küchenboy Ihres Bruders?« fordert mich Dichter B. auf, die Hände ausgebreitet, als nehme er sein Schicksal an.

»Er kam immer zu meinem Bruder und hat ihn gefragt, ob er und sein Bruder mit ihm auf die Jagd gehen könnten. Weil er wußte, wo die Tiere zu finden waren.«

Schweigen.

»Wann war das?«

»Als es noch Tiere gab«, sage ich, und meine Stimme klingt so bitter wie ihre.

»Ja«, sagt Dichter A.

Und Dichter B. sagt: »Ich bin in Harare aufgewachsen, auch ich hätte Ihren Bruder fragen müssen.«

»Ich war nicht mehr in meinem Dorf seit . . . tja, es ist ziemlich lange her, zwei Jahre . . . nein, drei . . . nein, wahrscheinlich sind es schon fünf«, sagt Dichter A.

An dieser Stelle könnte ich erwähnen, daß mein Bruder zwar sehr viel über Tiere wußte, die Afrikaner aber nur durch den Schleier seiner Vorurteile begriff – aber wozu? Sie wissen es. Mein Bruder – wie andere Weiße, die den Busch lieben – hatte keine Ahnung, daß zum Beispiel der Muhachabaum ein heiliger Baum der Mashona ist, obwohl er sicherlich tausendmal in Begleitung von Schwarzen an ihm vorbeigegangen war.

»Wirklich?« höre ich meinen Bruder sagen, und er klingt, als spräche ich über einen anderen Planeten. »Das ist interessant. Das habe ich nicht gewußt.«

Er verstand – wie andere Weiße auch – den Busch, nein, nicht als Weißer, darum geht es nicht, sondern als moderner Mensch.

Ein Anthropologe hat einmal gesagt: »Wenn ich mit alten Menschen zusammen bin, muß ich mich ständig daran erinnern, daß sie in einer anderen Landschaft leben. Jeder Felsen, jeder Baum, Weg, Vogel, Hügel, jedes Tier hat für sie eine Bedeutung. Wenn eine Eule schreit oder man einen bestimmten Vogel sieht, dann ist das eine Botschaft aus einer anderen Dimension. Ein Stein neben einem Pfad ist Teil eines Musters. Wenn ein Stück Stoff an einen Baum gebunden ist – dann paß auf! Wahrscheinlich ist es ein Zauber. *Misch dich nicht ein!* Wir leben nicht in ihrer Welt, aber das Problem ist, daß ihre Nachkommen es auch nicht tun. Sie wissen ebensowenig darüber wie wir. Wenn ich mit den Alten zusammen bin, gelingt mir allerdings manchmal ein Blick auf jene Welt, die hier existierte, bevor die Weißen auftauchten.«

1964 fand anläßlich der Unabhängigkeitsfeiern in Sambia eine Ausstellung südrhodesischer Kunst statt. In der Nähe des Ausgangs hing das riesige Bild eines uralten Baums. Der Künstler stand daneben, mit einem Ausdruck im Gesicht, dem man im südlichen Afrika oft begegnet: Wenn es dir einfällt, mich zu bemerken, dann stell auch Fragen, und du wirst interessante Antworten erhalten. Mein Begleiter und ich blieben stehen, sagten, daß es ein schöner Baum sei, und warteten. Der Künstler, ein älterer Mann, betrachtete uns eingehend, machte sich ein Bild von uns, wie es Afrikaner oft tun, und erwiderte: »Dieser Baum war das Telefon unseres Dorfes.«

An diesem Punkt lachten die Leute um uns herum und wendeten sich ab.

»Was für eine Art Telefon?«

»Ihr habt Telefonleitungen, wir hatten Bäume. Mittels der Bäume sandten die Frauen den Männern, die auf der Jagd waren, Botschaften: Wann kommt ihr nach Hause, was habt ihr für uns zum Kochen erlegt? Und die Männer antworteten: Wir sind heute abend zurück. Oder: Wir können erst morgen kommen, wir verfolgen ein prächtiges Elen.«

»Warum erzählen Sie der Regierung nicht, wie die Sache funktioniert?« fragten wir scherzhaft. »Die sind sicher dran interessiert – um Geld zu sparen.«

»Ach, da liegt ja das Problem«, sagte der Künstler. »Unsere Alten, die wußten noch, wie es funktioniert. Und manchmal können kleine Kinder es auch heute noch. Aber die jungen Leute haben keine Ahnung. Keiner weiß es mehr.«

»Können Sie's?«

»Als ich ein Kind war, haben mich die Alten immer zum Baum geschickt.«

Auch die Buschmänner in der Kalahari hatten Fähigkeiten, die die jungen Menschen heute nicht mehr besitzen. Sie wußten beispielsweise Tage im voraus, wann jemand bei ihnen eintreffen würde. In einem Buch über Haiti steht, daß die Menschen dort die Bäume auf die gleiche Weise nutzten wie die Afrikaner, aber auch dort haben die Jungen diese Fähigkeit verloren.

Der um die untergegangenen Landschaften trauernde Anthropologe (von wissenschaftlicher Unparteilichkeit war nichts mehr zu spüren, wenn er über dieses Thema sprach) erzählte mir folgende Geschichte – nicht über die Vergangenheit, sondern über das Jahr 1988: »Ein junges Mädchen weigerte sich, einen alten Mann zu heiraten, den ihre Familie für sie ausgesucht hatte. Daraufhin wurde sie mit einem Zauber belegt. Das Mädchen wurde krank und schwach und versuchte, sich zu ertränken. Man zog sie aus dem Wasser. Endlich stimmte sie zu, den alten Mann zu heiraten, und die Familie löste den Zauber.«

»Eine schreckliche Geschichte.«

»Ja, aber darum geht es nicht. Hast du dich schon mal gefragt, wie oft in unserer Gesellschaft Menschen mit einem Zauber belegt werden? Nein, nein, ich meine keine Hexen oder dergleichen . . . Was ist ein Zauber? Es sind ganz starke Wünsche. Was glaubst du, wie oft gehässige Menschen oder auch ganze Familien jemandem etwas Schlechtes wünschen? Denk mal drüber nach . . .«

Es ist gewiß richtig, daß Hexerei ganz unerwartet nützliche Dimensionen hat. Ayrton R.s kleine Katze, die mittlerweile sehr alt ist, gehörte früher seiner Mutter und wurde von ihr sehr geliebt. Dorothy und George glauben beide, daß der Geist von Ayrton R.s verstorbener Mutter in ihr weiterlebt, die Katze ist der *mudzimo*, der Geist oder die Seele, der Mutter. »Das ist eine gute Sache«, sagt Ayrton R.. »Sie behandeln die Katze gut, wenn ich weg bin.«

Schwarze Gleichgültigkeit und Grausamkeit gegenüber Tieren ist bisweilen eine Reaktion auf das, was als weiße Sentimentalität betrachtet wird. Oder Wut, weil die Weißen die Schwarzen schlecht behandeln, die Tiere aber lieben.

## TIERE

Ein Witz, der zu einem populären Lied wurde: Ein Weißer bricht auf zu einer Autofahrt. Auf dem Beifahrersitz sitzt sein Hund, auf dem Rücksitz sein schwarzer Dienstbote. Ein Unfall ereignet sich, und der Fahrer kommt um. Die Polizei fragt den Dienstboten nach dem Unfallhergang. »Fragt nicht mich, fragt den Hund.«

Irgendwann während der letzten Jahrhunderte änderte der Sambesi seinen Lauf. Früher floß er an der Stelle in den Indischen Ozean, an der heute Beira liegt. Mittlerweile findet sich das Delta ungefähr hundert Meilen weiter nördlich. »Ich frage mich, wie die Tiere darauf reagiert haben.«

Eine Schlacht im Krieg zwischen Mensch und Tier: Einem Farmer, der Zitrusfrüchte anbaut, fraßen Meerkatzen und Siamang-Affen den Großteil der Ernte weg. Er stellte einen elektrischen Zaun auf. Die Affen sprangen darüber. Er erhöhte den Zaun. Die Affen stellten fest, daß die elektrischen Schläge sie nicht umbrachten. Im Gegenteil, sie lernten, auf eine Weise zu springen, daß die elektrischen Schläge sie förmlich in die Obstplantage hineinkatapultierten, wo sie sich den Bauch vollschlugen, um sich anschließend wieder so aufzustellen, daß sie mit Hilfe der elektrischen Schläge zurückkatapultiert wurden. Der Farmer brachte es nicht übers Herz, die Voltzahl so weit zu erhöhen, daß die Affen ernsthaft verletzt wurden. Statt dessen stellte er einen Mann mit einem Gewehr ein, was ihn teurer kam und nicht besonders wirkungsvoll war.

Gegenwärtig werden Siamang-Affen in Gegenden neu angesiedelt, wo sie bereits verschwunden waren.

*Die Geschichte zweier unbedeutender Geschöpfe:* In einem Haus in Harare begrüßt ein großer schwarzer Hund, halb Neufundländer, halb Rottweiler, den Besucher voller Entschlossenheit, bemerkt zu werden: Kühne, um nicht zu sagen gebieterische, Blicke verfolgen jede Bewegung. Er begleitet einen, wenn man durchs Haus und den Garten geht, immer einen Schritt zurück, die Schnauze in Handnähe. Wenn man stehenbleibt, will er gestreichelt und getätschelt werden, er läßt einen nie aus den Augen. Ein anderer Hund, ein kleiner Schäferhund, liegt in einer staubigen Kuhle nahe der Hintertür. Er beobachtet jeden Neuankömmling, und seine ganze Haltung sagt: Ich bin es nicht wert, beachtet zu werden, während seine Augen um Zuneigung betteln. Wenn man ihn streicheln will, stellt sich der große schwarze Hund dazwischen. Wieder und wieder. Der Schäferhund erkennt den guten Willen, weiß jedoch auch, daß er sich nicht wehren kann. Er kam als Flüchtling in dieses freundliche Haus, in dem Menschen aller Hautfarben und eine Menge Katzen leben. Seine Besitzer gingen nach Südafrika, sie schlüpften durch die Lücke und ließen ihn zurück. Der Schäferhund, sagen seine neuen Besitzer scherzhaft zu ihren schwarzen Gästen, ist ein Rassist. Er ist darauf getrimmt, Schwarze anzugreifen. Jetzt wird er für dieses Verhalten, für das er früher geschätzt, gelobt und belohnt wurde, bestraft und zurückgewiesen. Der arme, verwirrte und unglückliche Hund ist jedoch zu einem entschlossen: Er will sein neues Zuhause, wo man ihn füttert und er einen Platz zum Schlafen hat, nicht aufgeben. Während er den selbstbewußten, erfolgreichen Hund beobachtet, scheint der Schäferhund lautlos zu weinen. Wenn er ein Mensch wäre, würde er sagen: »Tut mir leid, ich kann nichts dafür, ich weiß nicht, warum ich so böse bin.«

## DAS BUCHTEAM

Wir fahren mit dem Reisebus in eine Stadt der Central Province. Der Bus ist zweckmäßig, gut gewartet und pünktlich. Vorbei sind die Tage, da das Team lange Fahrten mit öffentlichen Bussen unternehmen mußte, denn den Behörden kam eine witzige Zeichnung von Chris zu Gesicht, auf der das durchnäßte

Team im Regen neben einem zusammengebrochenen Vehikel wartete, und so bestand man offiziellerseits darauf, daß in Zukunft weniger gefahrvoll gereist würde. Allein während meines fünfwöchigen Aufenthalts haben die Zeitungen über fünf schwere Busunfälle berichtet. »Wir wollen das Team nicht verlieren«, sagen die Funktionäre. Und es muß sich auch nicht mehr nur von Orangen, Brot und Milch ernähren. »Zumindest war es eine gesunde Diät«, sagt Cathie. Dennoch, auch am Ende dieser Reise, als das Geld allmählich knapp wird, höre ich das Team zu Cathie sagen, sie könne nicht von ihnen erwarten, daß sie sich nach einem harten Arbeitstag mit einem Essen für fünf Dollar zufriedengeben. »Auf jeder Reise nehme ich ab«, sagt Chris, der sowieso schon zu dünn ist.

Auf halber Strecke machen wir eine Pause und sitzen in einem Gartencafé unter Bäumen. Ich verfolge, wie Talent, Sylvia, Cathie und Chris miteinander plaudern und tratschen und dabei wie beiläufig wichtige Informationen austauschen. Das Team ist vertraut miteinander, man hat sich an die Stärken und Schwächen der anderen gewöhnt. Die Resonanz auf die Arbeit ist überwältigend, die vier werden mit Anfragen geradezu bombardiert. Jedes Dorf in Simbabwe möchte, daß das Team kommt. In Harare klingelt ununterbrochen das Telefon. Hilfsorganisationen, Regierungsbehörden, »Dritte-Welt-Groupies« spüren, daß die vier etwas Außergewöhnliches darstellen. Der Zuspruch gibt Kraft. Trotzdem, was ist, wenn sich das Team als zu schwach erweist, alle Forderungen zu erfüllen? Die vier diskutieren ihren Arbeitsstil und kritisieren einander vorsichtig. Mir wird bewußt, daß ich Zeuge eines Prozesses bin, der einst erklärtes Ziel der ersten kommunistischen Aktivisten war. Von den vieren ist allerdings keiner Kommunist, statt dessen ist ihnen eine geduldige, von Ironie geprägte Haltung gegenüber dem politischen Zirkus gemeinsam. Als ich sie frage, ob sie von den alten russischen Idealisten gelesen haben, die »zum Volk« gingen mit ihren Fähigkeiten und ihrem Enthusiasmus, verneinen sie. Aber sie interessieren sich dafür. »Ich glaube nicht, daß es seltsam ist, wenn wir auch so sind«, sagt Talent. »Damals gab es Menschen, die Hilfe brauchten, und heute gibt es ebenfalls welche.«

Angesichts des Ausmaßes an Hilfe, das von ihnen erwartet wird, angesichts der Bedürftigkeit brechen die vier unwillkürlich in Lachen aus, sehen einander belustigt und ungläubig an.

Das Erwartungsniveau hat sie überrascht . . . gibt ihnen Rückhalt und inspiriert sie. Und oft bestürzt es sie. Sie versuchen tatsächlich das Unmögliche.

Zwei Quellen, reißende Flüsse, nähren die Erwartungen: Zum einen, daß die Weißen verschwunden sind und mit ihnen die hartnäckige Verunglimpfung, die kalte, arrogante, selbstgerechte Mißbilligung von allem, was schwarz ist. Von diesem Druck befreit, halten die Afrikaner alles für möglich. Zum anderen die Revolutionssprüche, die das Blaue vom Himmel versprochen haben. »In jenen Dämmerstunden . . .« gab es niemanden, nicht Mann, nicht Frau, nicht Kind, der nicht geglaubt hätte, daß das gute Leben auf der Stelle beginnen würde. Aber nichts geschah, abgesehen davon, daß die neue Regierung ächzte und stöhnte und die Menschen zwischen alten und neuen Verordnungen hängenließ. Dann die fetten Katzen in Harare . . . In dieses Vakuum stieß das Team, das sagte: »Ihr könnt alles schaffen, wenn ihr es nur wollt. Alles, was ihr braucht, ist Fachwissen. Lernt, wie ihr euch selbst helfen könnt.« Und im Fall des Frauenbuchs hieß das: »*Ihr* entscheidet über die Themen, *ihr* erstellt das Material, *ihr* schreibt das Buch.«

Während wir Coca-Cola trinken und eine Fleischpastete essen, machen sie ihrem Ärger über die großen Hilfsorganisationen Luft. »Sie *fliegen* nach Harare, und ohne Büros, Computer, Personal und enorme Finanzmittel fangen sie erst gar nicht an.«

Cathie sagt: »Ich habe nur einen Schreibtisch, ein ganz normales Telefon und eine Schreibmaschine, sonst nichts.«

»Und doch haben wir überall in Simbabwe ein Netz von Leuten, die für uns arbeiten.«

»Es funktioniert, weil die Menschen selbst es wollen.«

Sie machen sich über die Experten lustig, die als Berater auftreten. »Viele von ihnen sind nie aus Harare herausgekommen. Wenn sie auf Dorfebene etwas zu erledigen haben, steigen sie in einem Drei-Sterne-Hotel in der nächstgelegenen größeren Stadt ab und gehen dann in die Distriktbüros. Sie kennen die

Bedingungen in den Dörfern nicht, aber sie legen fest, wie wir ihr Geld verwenden müssen.«

»Man stelle sich vor: Wir kommen nach einem Monat aus den Dörfern zurück, und dann sagt ein Däne, ein Deutscher oder ein Amerikaner: ›Nein, nach unseren Informationen liegt das *wirkliche* Problem in ...‹«

Ich habe einen Textausschnitt dabei.

Sie beugen sich über den Tisch, und während sie lesen, beginnen sie zu lächeln.

»Wenn wir nur einen Bruchteil dieses Geldes hätten ...«

»Nur ein Tausendstel oder Millionstel ...«

»Afrika zu beraten ist zu einem bedeutenden Industriezweig geworden. Europäische und nordamerikanische Beratungsfirmen verlangen bis zu 180 000 Dollar Jahreshonorar für einen Experten. Südlich der Sahara arbeiten ständig 8 000 Ausländer im Rahmen offizieller Hilfsprogramme. Über die Hälfte der 7 bis 8 Milliarden Dollar, die jährlich zur Verfügung stehen, wird ausgegeben, um sie zu finanzieren. Doch hat Afrika in den letzten 25 Jahren, seit die meisten afrikanischen Staaten unabhängig sind, die Fähigkeit verloren, sich selbst zu ernähren, Hungersnöte sind an der Tagesordnung. Wird Afrika gut beraten?«

Lloyd Timberlake, *Krisenkontinent Afrika*

Cathie teilt Material für die bevorstehenden Seminare aus. Dieses und jenes Problem wird auf den Tisch kommen, kündigt sie an. Die vier beugen sich über den Tisch, sehen einander aufmerksam an. Zuerst spricht Sylvia, dann Talent. Wenn sie nicht in der Lage wären, sich auch in Augenblicken wie diesen auf ihre Arbeit zu konzentrieren, würden sie nichts bewerkstelligen. Die Rast unter Bäumen wird zweckentfremdet, um Organisationsprobleme zu besprechen. Wenn es dieser kleine, empfindliche Organismus, der so voller Leben ist und sich aus innerem Antrieb entwickelt, zulassen würde, zu fossilieren und eine festgefügte Struktur herauszubilden, dann wären stundenlange Treffen nötig, um zu besprechen, was jetzt in wenigen Minuten erledigt wird.

Auch in ihrem Alltagsleben stehen die vier unter großem Druck. Talent hat drei kleine Kinder, und ein gut Teil Verantwortung für die Farmkooperative, in der sie lebt, lastet auf ihr. Sie kann diese Reisen nur mitmachen, weil ihr Mann sie unterstützt. Er war es, der gesagt hat: »Auf dieser Farm gibt es keine Männer und Frauen, nur Genossen.« Sylvia mit ihren acht Kindern durchlebt im Augenblick eine schwere Zeit. Ihr Mann, der sie früher unterstützt hat, hat sich dann doch als nicht so modern herausgestellt und ist zu den alten, traditionellen Ansichten zurückgekehrt. Sie, die große, stattliche Frau, zuversichtlich, kompetent und mit ausgeprägten Ansichten, ist aufgrund der Schwierigkeiten mit ihrem Mann auf dieser Reise schweigsamer als sonst. Cathie, deren Energie nicht nur sie selbst, sondern auch die anderen anspornt, ist die tragende Säule des Teams, eine geborene Organisatorin. Wenn die vier, die »Familie«, wie sie sich selbst nennen, so zusammensitzen, dann zeigen sich die Unterschiede in Temperament und Stil, in jeder Geste, schon in der Art, wie sie dasitzen und miteinander sprechen. Cathie sitzt vorgeneigt, lächelt, und ihre Hände begleiten ihre atemlose Sprechweise. Sylvia sitzt aufrecht und nickt oder blickt skeptisch oder gar majestätisch drein. Talent behauptet von sich, schüchtern zu sein und nicht gern in der Öffentlichkeit zu reden, aber im Kreis ihrer Freunde ist sie lustig und macht ironische Bemerkungen – eine Komikerin. Chris schweigt die meiste Zeit. Er beobachtet und hört zu, und fünf Minuten später reicht er eine Skizze herum, die die drei Frauen im Eifer ihres verbalen Gefechts zeigt. Er sagt, die Arbeit im Team habe ihn gelehrt, mit den Menschen zurechtzukommen. Das Team hat sein Leben, hat ihn verändert.

Ein junger Mann nähert sich uns. Er wirkt schüchtern und zögerlich und wartet, bis Cathie und die anderen ihn wiedererkennen und willkommen heißen. Im letzten Jahr hat er in diesem Distrikt mit dem Team gearbeitet, und weil er wußte, daß es heute hier durchkommt, hat er nach dem Bus Ausschau gehalten. Er muß dringend ein Problem besprechen. Er braucht einen guten Rat. Wir machen ihm Platz.

Das Problem ist folgendes: Die Familie des jungen Mannes

besteht darauf, daß er heiratet. Er ist dreißig Jahre alt und müßte längst verheiratet sein. Aber wie soll er eine Frau ernähren? Mit dem kleinen Gehalt, das er als Mitarbeiter einer Wohltätigkeitsorganisation verdient, unterstützt er eine alte Mutter, eine Reihe arbeitsloser Freunde und die Familie seines Bruders, der bereits als Fünfzehnjähriger ein vierzehnjähriges Mädchen schwängerte – mit dem zusammen er dann von der Schule flog, was beiden eine Zukunft ohne Arbeit einbrachte. Der Vater des Mädchens bestand auf einer Heirat. Jetzt sind die beiden noch nicht einmal zwanzig und haben bereits zwei kleine Kinder. Der junge Mann – der unsere Reste vertilgt, weil keine Zeit mehr ist, um eine neue Bestellung aufzugeben, und weil er ganz offensichtlich großen Hunger hat – ernährt sie alle. Am letzten Wochenende dann suchten ihn Verwandte auf, um ihm mitzuteilen, daß sie ein Mädchen für ihn gefunden hätten. Aber er hat Angst vor der Ehe. Sein Vater hat seine Mutter verlassen, und lange Zeit ernährte sie ihre Kinder mit dem, was sie in den Mülltonnen der Weißen fand. (Ähnliches habe ich schon öfter gehört. »Aber heutzutage sind die wirklich guten Mülltonnen die von gemischtrassigen Haushalten, das ist vermutlich der Fortschritt.«) Der junge Mann will eine richtige Ehe führen. Eine Ehe wie Cathies oder Talents. Er hat gehört, wie sie über ihre Männer sprechen. Das von seiner Familie ausgesuchte Mädchen will er nicht heiraten, weil er es nicht kennt. Was soll er tun? Er scheint zuversichtlich, daß sie ihm die richtige Antwort geben können. Talent und Cathie beratschlagen miteinander, ihre Mienen geben zu erkennen, daß ihnen das Problem schwer zu schaffen macht. Dann sagt Cathie, daß eine Ehe nie einengen, sondern das Leben mit neuen Möglichkeiten bereichern sollte. »Ja«, sagt Talent, »du brauchst jemanden wie meinen Mann, der mich zum Nachdenken bringt.«

Der junge Mann entgegnet: »Aber wie soll ich das im voraus wissen? Ich kenne ein Mädchen, das ich mag, aber woher soll ich wissen, daß sie sich als gute Ehefrau herausstellen wird, so wie Cathie und Talent?«

An dieser Stelle werden wir zum Bus zurückgerufen.

Wir nehmen unsere Plätze ein und meinen scherzhaft, daß wir

eigentlich nicht zu fünft, sondern zu sechst sind. Auf jede Reise nimmt das Team eine große Trommel mit, weil man nicht damit rechnen kann, daß ein Treffen auch ohne Musik glatt über die Bühne geht. »Das ist die meistgereiste Trommel in Simbabwe«, sagt Cathie.

Am Zielort angekommen, erwartet uns ein Funktionärsauto. Cathie sagt: »Du kannst dir nicht vorstellen, was das bedeutet. Schau, das ist ein Wagen der Distriktverwaltung. Sie wollten so dringend, daß wir nicht einmal Miete für den Raum im Ausbildungszentrum bezahlen müssen. Die Männer da sind die großen Bosse hier in der Gegend. Sie sind gekommen, um uns zu begrüßen. Du kannst dir gar nicht vorstellen, was für eine Veränderung das ist.«

Wir werden zum Ausbildungszentrum gefahren, das sich nicht in der Stadt, sondern ein gutes Stück außerhalb befindet. Es ist ein weitläufiges, unauffälliges, etwa fünf Jahre altes Gebäude, umgeben von Wiesen und Bäumen, das ein unmißverständliches Statement abzugeben scheint: Hier ist der Fortschritt, hier ist die moderne Welt, hier ist Simbabwe. Jeden Tag des Jahres ist es voll mit Menschen vom Land, die Kurse in Management, Buchführung, Rechnungswesen oder auch im Schneidern absolvieren.

Das Zentrum bietet Platz für mehrere hundert Menschen. Zum einwöchigen Seminar des Buchteams haben sich dreißig Frauen und neun Männer eingefunden. Daß Männer gekommen sind, die die Frauen und ihr Buchprojekt unterstützen, ist eine Revolution, und keine kleine. Auf irgendeine Art und Weise müssen diese Männer außergewöhnlich sein, denn sie handeln nicht nur wider alle Tradition, sondern sie müssen auch mit Kritik rechnen, vielleicht sogar mit Spott von seiten anderer Männer. Die Teammitglieder beglückwünschen sich gegenseitig: »Na also, Chris, jetzt bist du nicht mehr der einzige Mann.«

Kaum sind wir angelangt, sitzen wir auch schon – ungefähr vierzig Personen – in einem großen Kreis und stellen uns vor, zuerst das Team: Cathie, Sylvia, Talent, Chris. Als sie jeweils kurz ihren Lebenslauf schildern, herrscht absolutes, aufmerksames Schweigen. Nicht alle der Anwesenden waren auch vor

Monaten schon hier, als das Team erklärte, das Frauenbuch solle in jeder Hinsicht Sache von Frauen sein. Wahrscheinlich denken alle: Was für eine ungewöhnliche Gruppe diese vier doch darstellen. Wie haben sie nur zusammengefunden? Und wir, die Beobachter – zwei Funktionäre und ich –, fragen uns, wie die Seminarteilnehmer, die bereit sind, soviel Zeit und Kraft in dieses Projekt zu investieren, wohl dazu gekommen sind oder ausgewählt wurden. Sie sind sehr verschieden, gut gekleidet, schlecht gekleidet, selbstbewußt und schüchtern. Zwei Frauen mögen das Ausmaß der Unterschiedlichkeit illustrieren. Mrs. Berita Msindo, Mutter von acht Kindern, erzählt, daß sie immer gearbeitet habe, zuerst als Lehrerin, dann in der Entwicklungsarbeit. Sie ist stolz darauf, die erste Frau in der ganzen Provinz zu sein, die ein Motorrad fährt. Vor kurzem erst ist sie von einer Bildungsreise nach Rom zurückgekehrt. »Alle meine Kinder gehen ihren Weg und haben Erfolg«, sagt sie, als ob das nichts Besonderes wäre. Die zwei Ältesten studieren, einer davon in England Landwirtschaft und Ökonomie. Zwei andere sind Lehrer. Die vier Jüngeren gehen noch zur Schule. Mrs. Msindo sagt, ihr Mann sei stolz auf sie. Sie ist eine große, hübsche Frau, die sich freut und lacht, als alle klatschen, nachdem sie geendet hat.

Die andere Frau ist dünn, unsicher und ängstlich. Sie kommt aus einer Gegend, die von einer Dürre heimgesucht wird. Sie und die anderen Frauen in ihrem Dorf stehen jeden Morgen um drei oder vier auf, um zu einem ein paar Meilen entfernten Bohrloch zu gehen und Wasser zum Trinken und Kochen zu holen. Waschen ist zu einem Luxus geworden. Es gibt nicht genug zu essen. In ihren Augen glimmt leidenschaftliche Bewunderung, als Mrs. Msindo von ihrem Leben erzählt. Sie sagt, daß sie, sobald es regnet und ihr Leben wieder leichter werde, einen Schulabschluß nachholen wolle. Sie ist sich sicher, daß sie die Prüfungen bestehen wird, wenn sie nur genügend Zeit und Gelegenheit zum Lernen findet. Und jetzt wird ihr applaudiert, und es scheint, als inhaliere sie all die Sympathie und den Zuspruch, während sie dasitzt und dankbar lächelt.

Es dauert drei Stunden, bis wir uns alle vorgestellt haben und eine Gemeinschaft geworden sind. Wenn eine Frau von ihren Leistungen berichtet, wird leise geklatscht, wenn die Männer sprechen, wird ihnen besonderer Beifall gezollt. Die örtlichen Funktionäre, die etwas abseits sitzen, zusehen und hören, nach der ersten formellen Begrüßung im Grunde nichts mehr zu sagen haben, sind beeindruckt und tun das auch kund: »Ihr Leute macht tolle Sachen«, sagt der Vertreter der Distriktverwaltung. Er klingt nachdenklich und fragt sich vermutlich, wie diese Atmosphäre gegenseitiger Hilfe und gegenseitigen Vertrauens, ein derartiges Gemeinschaftsgefühl nur zustande kommt, wo Vergleichbares zu anderen Zeiten und mit anderen Menschen unmöglich zu erreichen scheint. Nach der Vorstellungsrunde tanzen die Frauen und heißen das Team singend willkommen.

Zum Abendessen versammeln wir uns im Speisesaal, in dem vier Tischreihen stehen. An der Stirnseite des Saals wird das Essen ausgegeben und den anstehenden, überwiegend jungen Frauen und Männern werden Teller mit *sadza*, Fleisch und Gemüse gereicht. Wie gewöhnlich bin ich erstaunt über die Mengen an *sadza*, die gegessen werden, auf jedem Teller häufen sich fast zwei Pfund des polentaähnlichen, dicken Breis. Dazu gibt es sehr guten Rinderschmorbraten mit einer habhaften Soße und gerade lang genug gekochten Kohl. Ein hungriger Italiener wäre hocherfreut angesichts dieser Mengen. Wobei das wirklich erstaunliche ist, daß solche Portionen dreimal am Tag auf den Tisch kommen und dazu oft noch dicke Scheiben Weißbrot. Wenn sich der Magen nicht voll und schwer anfühlt, war es keine richtige Mahlzeit. Afrikaner, die bei Weißen zum Essen eingeladen werden, schlagen sich anschließend oft noch zu Hause den Bauch mit *sadza* voll. Auch als Jack mit seinen jungen Journalisten in spe ein Restaurant in Harare aufsuchte, beklagten sie – nur halb im Scherz –, daß er keine *sadza* für sie bestellt hatte. Es muß eine rein gefühlsmäßige Sache sein. In Japan ist Reis eine emotionale Notwendigkeit, wegen der Hungersnot nach dem Zweiten Weltkrieg, als schon ein paar Reiskörner von unschätzbarem Wert waren, und nach einer langen Mahlzeit nehmen die Menschen oft noch einen oder zwei Löffel Reis zu sich. Er dient der Selbstvergewisserung, ist wie Manna. *Sadza* gibt es auch zu jeder Mahlzeit der Neureichen, obwohl hauptsächlich »weiß« gekocht wird.

Zudem ist *sadza* nicht mehr nur eine »schwarze« Speise. Der Sohn einer reichen weißen Familie, gefragt, was er denn an seinem Geburtstag essen wolle, antwortete, nichts außer *sadza* und Eintopf. *Sadza* wird in jedem Restaurant, in jedem Hotel und auf jeder Grillparty serviert. In den Höfen der Hotels auf dem Lande stehen neben den Grillvorrichtungen die entsprechenden großen Töpfe. Nichts stellt den Sinn für die Ironie der Geschichte mehr zufrieden als Weiße, die zwar in Simbabwe geblieben sind, sich aber ihr Überlegenheitsgefühl bewahrt haben, dabei zu beobachten, wie sie *sadza* auf ihre Teller häufen. *Damals* war *sadza* »Kaffernfraß«, und keinem Weißen wäre es im Traum eingefallen, davon zu essen.

Beim Abendessen im Speisesaal und bei allen anderen Mahlzeiten geht es lautstark und überschwenglich zu, es herrscht Ferienatmosphäre. Für die meisten Kursteilnehmer ist die Zeit im Ausbildungszentrum eine Zeit des Überflusses. Die wenigsten können sich Fleisch zu jeder Mahlzeit leisten, oft kaum einmal in der Woche, auf jeden Fall keine so dicken Scheiben. Und als wir ins Bett gehen, sind alle Duschen besetzt. Es ist wie eine Party, ein Wasserfest. Da stehen sie unter Strömen von heißem Wasser und rufen einander zu, wie herrlich es ist. Nirgendwo in den Dörfern fließt das saubere Wasser so unbegrenzt. Manche Frauen duschen mehrmals am Tag und essen, soviel sie nur können.

Chris schläft im Männertrakt des Gebäudes, Talent und Cathie, Sylvia und ich jeweils gemeinsam in einem Zimmer. Spät noch drängeln wir uns zu viert auf Talents Bett und diskutieren die Vorgehensweise für den nächsten Tag. Die Atmosphäre erinnert angenehm an die Abende in der Schule, nachdem das Licht ausgeschaltet war.

»Wir müssen langsam vorgehen«, sagt Cathie. »Wir vergessen das immer wieder, weil wir diese Veranstaltungen schon so oft durchgezogen haben, aber für fast alle im Kurs sind die Dinge völlig neu. Es lohnt sich, alles lang und breit zu erklären. Zum erstenmal überhaupt sind sie aufgefordert, Themen auszuwählen, Artikel, Gedichte und Geschichten zu schreiben und anschließend auch noch zu kommentieren. Wir dürfen nicht zulassen, daß sie sich auf ihre Schüchternheit zurückziehen, und müssen vor allem die ermutigen, die nichts sagen.«

Talent bringt ihre Erfahrungen aus dem Krieg und der Farmkooperative ein. »Um das Material zu diskutieren, müssen wir sie in kleine Gruppen aufteilen. Dann können sie sich gegenseitig unterstützen, und es fällt ihnen leichter, uns zu kritisieren.« Sie ist immer die erste, die Theorie in Praxis übersetzt.

Talent und Cathie beginnen eine ausführliche, fachmännische Diskussion über die richtige Gruppengröße für unterschiedliche Zwecke. Sylvia ist müde, sie schläft zur Zeit nicht gut und will ins Bett. Unser Zimmer ist mit einer Stellwand unterteilt, aber es ist kein Problem, miteinander zu plaudern. Wir reden bis spät in die Nacht, genau wie Cathie und Talent in ihrem Zimmer. Immer wieder hören wir Stimmen von Frauen, Gelächter und ein- oder zweimal Gesang. Sylvia lacht nicht. Sie erzählt mir von einer guten Freundin, deren Ehe gescheitert ist, und tut das auf eine für sie typische Weise: Sie will nicht, daß ich zu schnell ein Urteil fälle über Bräuche und Sitten, von denen sie zu Recht glaubt, daß ich sie nur schwer verstehe.

Diese Freundin hat mehrere Kinder, das älteste ist bald zwanzig, das jüngste noch ein Baby. Der Mann ist Beamter im öffentlichen Dienst, die Ehe immer schwierig gewesen. Der Mann war zeitweise Alkoholiker, sie stand zu ihm, schützte ihn, trat bei seinen Vorgesetzten für ihn ein. Dann plötzlich hatte er eine andere Frau, die ein Kind von ihm bekam. Sie nahm ihn trotzdem wieder auf. Erst vor ein paar Wochen erfuhr sie, daß er mittlerweile nicht nur wieder eine neue Frau hat, sondern auch ein weiteres Baby. Sie hatte keine Ahnung, bis ihr jemand erzählte, das Kind solle getauft werden. Sie machte ihrem Mann Vorwürfe. Er wollte, daß sie in eine polygame Ehe einwilligte. Sie sagte: »Als wir heirateten, hattest du die Wahl zwischen einer christlich monogamen Ehe und einer Ehe gemäß den alten Bräuchen. Du hast dich für die christliche Ehe entschieden.« »Ich habe es mir anders überlegt«, erwiderte er. Sylvias Freundin weigert sich, eine polygame Ehe zu führen. Ihr Mann lebt mit der neuen Frau und dem Baby zusammen und kommt nur noch nach Hause, um sie anzuschreien. Sie bringt die Kinder fast allein durch, weil er den Großteil seines Geldes für die neue Frau, das Kind und ein neues Haus aufwendet. Die Verwandten der neuen Frau verbieten ihm jeden Kontakt mit seiner alten Frau und haben ihr auch schon gedroht. Nach den neuen Gesetzen könnte sie ihren Mann zwingen, Unterhalt für die Kinder zu zahlen, aber sie hat Angst. Sylvia sagt, daß sie sich schäme, mir diese Geschichte zu erzählen. Ich entgegne, daß ich keinen Unterschied zu vielen westlichen Männern erkennen kann. Monogamie, Polygamie, was sind schon Worte? Viele westliche Ehen werden polygam geführt, und mehr und mehr Paare trennen sich, heiraten wieder, und bisweilen haben die Kinder jeweils ein Zimmer in zwei Haushalten. Sylvia kann nur lachen über die Vorstellung, daß ein Kind ein Zimmer ganz für sich hat, ganz zu schweigen zwei in zwei verschiedenen Häusern.

Sie meint, daß es sich um eine rein oberflächliche Ähnlichkeit handele, womit sie nicht auf den unterschiedlichen Lebensstandard anspielt. »Es hat keinen Sinn«, sagt sie, »die Dinge nur nach dem zu beurteilen, was geschehen ist. Man muß die historische Entwicklung mit in Betracht ziehen.« Als sie aufwuchs, hatte jeder Mann vier Frauen, mit denen er ordnungsgemäß verheiratet war. Eine unverheiratete Frau galt als Prostituierte oder stand zumindest im Verdacht, einen haltlosen Lebenswandel zu führen. Sylvias Vater mußte die Frauen seines verstorbenen Bruders heiraten. Die vierte Frau war die erste, die er wirklich liebte. »Bei uns ist es Brauch, daß ein Mann die Witwen seines verstorbenen Bruders heiratet. Das ist einerseits gut, weil sie so versorgt sind, andererseits ist es schlecht, weil ihr neuer Mann sie nicht liebt.« Ich frage sie, ob die vier Frauen gut miteinander auskamen. Zuerst sagt Sylvia ja, dann gibt sie zu, daß sie nie gehört habe, daß die Frauen eines Mannes echte Freundinnen gewesen wären. Obwohl sie es manchmal vorgeben, um dem Mann einen Gefallen zu tun. »Polygame Ehen sind schlecht für die Frauen«, sagt sie schließlich und macht ein Zugeständnis, das sie lieber vermieden hätte. Wenn Menschen heutzutage von »unseren Bräuchen«, »unserer Kultur« sprechen, wollen sie, daß man sie ernst nimmt, auch wenn ihnen diese Begriffe längst wie angeschlagene Rettungsboote auf stürmischer See vorkommen.

Ich liege im Dunkeln und horche auf das Reden der Frauen überall im Haus, auf ihr Lachen, das Rauschen von Wasser und den Gesang in den Duschen, und ich denke an den Mann, der drei für ihn ausgesuchte Frauen heiraten muß, bevor er die vierte heiraten kann, die er wirklich liebt. Aber ich kann nicht darüber sprechen. Was einem die Atmosphäre zu sagen verbietet, die Zunge von einer unsichtbaren Klammer gelähmt, verrät einem oft, wie dumm man ist. Das gerade war keine freundliche, abstrakte Plauderei über kulturelle Unterschiede, dafür ist Sylvia viel zu unglücklich, ein Häufchen Elend auf der anderen Seite der Stellwand – wegen der gescheiterten Ehe ihrer Freundin und weil sie Angst um ihre eigene hat.

Ein Witz aus dem *New Yorker* fällt mir ein: Ein fünfzehnjähriger Junge, der zum erstenmal wie ein Erwachsener einen Anzug trägt, nähert sich auf einer Party einem sorgenvoll dreinblickenden, ziemlich betrunkenen Mann und sagt: »Erinnerst du dich an mich? Wir sind uns letztes Jahr begegnet. Ich bin dein Sohn. Von deiner dritten Frau.«

Aber ich kann den Witz nicht erzählen, Sylvia würde ihn nicht lustig finden. Vielleicht war er auch gar nicht komisch. Stimmt etwas nicht mit mir, weil ich darüber lachen kann? Wenn ja, was besagt das über die »westliche« Kultur? Was für Witze kennt Sylvia, die ich als schockierend empfinden würde? Aber Sylvia erzählt keine Witze, nicht in dieser Nacht, nicht auf dieser Reise.

Am nächsten Morgen beginnt die Arbeit. Jede Sitzung wird mit einem kleinen Theaterstück eingeleitet, das das anstehende Problem auf den Punkt bringt und nach dem Frühstück kurz einstudiert worden ist. Anschließend wird gesungen und getanzt. Alle machen mit.

Die meisten Probleme kenne ich schon vom letzten Jahr. Es gibt vor allem zwei Themen, die, vom Frauenbuch provoziert, auf – wie Cathie und Talent behaupten – wirklich revolutionäre Weise angegangen werden, »unsere Kultur«, »unsere Bräuche« herausfordern und zwangsläufig zu Opposition und Widerspruch führen. Das eine ist, daß Babys automatisch unter dem

Namen des Vaters registriert werden, »der dann von einer Frau zur nächsten zieht, und wir haben keinerlei rechtliche Handhabe in bezug auf die Kinder, die wir aufziehen. Manchmal sehen wir den Vater jahrelang nicht, aber aufgrund der Gesetze kann er jederzeit auftauchen und uns die Kinder wegnehmen.« Und das andere: »Warum wird auch das Land automatisch auf den Namen des Mannes eingetragen, wenn wir, die Frauen, die ganze Arbeit machen?«

Und es gibt ein neues Thema, das im letzten Jahr noch nicht zur Sprache kam: Aids. Die Regierungskampagne zeigt Wirkung. Ein Sketch, den sich eine der Gruppen ausgedacht hat, über Prostituierte und ihre Kundschaft, beginnt mit einem vor Schwäche humpelnden Mann, und sofort rufen alle: »Der hat Aids.« Der Sketch ist sehr witzig. All die kleinen Stücke und Sketche sind witzig.

In dieser Woche – eine der lebhaftesten, an die ich mich erinnern kann – ragen einige Ereignisse besonders heraus.

Cathie steht an der Tafel und illustriert Statistiken mit Diagrammen. Sie sagt, daß sie die nächste Seite überspringen will, weil sie zu schwierig sei, die Statistiken seien zu detailliert, um sie an der Tafel zu veranschaulichen, aber eine der Frauen, die sie mißversteht, sagt zuckersüß: »Versuch's einfach. Möglicherweise sind wir ja intelligent genug und verstehen es doch.«

Ein Funktionär aus der Stadt, ein Mann, sagt: »Ich begreife nicht, warum die, die am härtesten arbeiten, und das sind fast immer Frauen, die den ganzen Tag auf den Beinen sind und endlose Distanzen zurücklegen, so gut wie nichts bezahlt bekommen, während die Männer, die in einem Büro sitzen, zehn- oder zwanzigmal soviel verdienen.« Weil er einer dieser Männer ist, die in einem Büro sitzen, wird ihm applaudiert, und sofort wird ein Lied daraus gemacht, das ihm die Frauen händeklatschend vorsingen.

Frauenschicksale sind oft besonders schwer. Eine Frau bekam ihr drittes Kind und tötete es. Sie unterstützte ihre Eltern und ihre Großmutter. »Mit meinem Lohn kann ich nicht so viele Menschen unterhalten.« Sie wurde zu einer Gefängnisstrafe verurteilt, ihre Kinder wurden in Pflege gegeben.

Eine andere Frau tötete ihr neuntes Kind und mußte ebenfalls ins Gefängnis, auch ihre acht Kinder wurden in Pflege gegeben. Ein Angestellter der Sozialbehörde berichtete später: »Nach einiger Zeit wollten wir nachprüfen, wie es den Kindern geht. Das Geld für die acht wurde einem Verwandten ausgezahlt, der nicht einmal wußte, wo die Kinder waren. Wir haben acht Kinder verloren. Wo sind sie?«

Es folgt eine Diskussion, warum es Richtern so schwerfällt, flexible Urteile zu fällen. Wir gelangen zu dem Schluß, es liege daran, daß sie noch nicht lange auf ihren Stellen sitzen. »Nur selbstsichere Leute können es sich erlauben, flexibel zu sein. Bis sie soweit sind, müssen wir harte Zeiten durchmachen.«

Es gibt mehrere Rechtssysteme und -traditionen in Simbabwe: das Gewohnheitsrecht der Shona, das der Ndebele und das der Mbacha, das eine Mischung aus dem Gewohnheitsrecht der Shona und der Shangaan ist, römisch/niederländisches Recht und das englische Gewohnheitsrecht.

Mehrmals während des Seminars erzählen Frauen, daß arme schwarze Farmersfrauen von wohlhabenderen schwarzen Farmern, meist ebenfalls von Frauen, eingestellt und sehr schlecht oder überhaupt nicht bezahlt werden, sondern nur etwas zum Essen bekommen. »Wir haben keine andere Wahl, wir müssen für sie arbeiten, wenn wir unsere Kinder ernähren wollen.«

Eines Abends nach dem Essen setzt sich eine Frau zu mir und fragt: »Haben Sie jemals so arme Menschen wie uns gesehen?«

»Noch viel ärmere, in anderen Ländern.«

»Ich bin in meinen Leben noch nie aus dieser Gegend herausgekommen. Mir scheint, wir sind sehr arm. Wenn man oft nicht mal genug zu essen hat, ist man dann nicht sehr arm?«

Ich antworte ihr: »In manchen Gegenden der Welt erdulden die Menschen ihre Armut. Wenn es euch schlechtgeht, dann versucht ihr zumindest, aus der Situation herauszukommen. Wenn ihr ein Problem habt, versucht ihr, es zu lösen. Das allein macht euch reich im Vergleich mit anderen. Ihr seid so voller Energie und Entschlossenheit.«

Sie denkt eine Weile angestrengt nach. Als ich schon glaube, das Gespräch sei beendet, sagt sie: »Und trotzdem haben wir so hohe Schulden.«

Ich erwidere: »Die gesamte Schuldensumme aller afrikanischen Länder ist geringer als die eines einzigen südamerikanischen Landes.«

»Wollen Sie damit sagen, daß Afrika reicher ist als Südamerika? Sind Sie in Südamerika gewesen?«

»In Brasilien.«

»Ist es dort schlimmer als hier?«

»Ja. Zum Beispiel ist der Unterschied zwischen Arm und Reich dort wesentlich größer.«

»Bei uns gibt es jetzt auch Reiche. Haben Sie sie nicht gesehen?«

»Es gibt hier nichts, was so schlimm und grausam wäre wie in Brasilien.«

Sie sitzt still neben mir und denkt nach. Dann: »Warum beschweren sich die Armen in diesen Ländern denn nicht?«

»Weil sie nicht genügend Kraft haben, weil sie zu schlecht ernährt oder zu krank sind. Oder weil ihnen eine Religion stillschweigendes Leiden auferlegt.«

»Ich bin auch religiös und beschwere mich trotzdem. Mein Mann sagt immer: ›Frau, warum beschwerst du dich?‹ Und ich sage: ›Du hast ein bequemes Leben, aber meins ist hart, und deswegen wehre ich mich.‹« Sie lacht so laut, daß sich andere nach ihr umdrehen und mitlachen.

Während einer der Sitzungen wird eine schreckliche, grausame Geschichte erzählt, eine Geschichte über Funktionärsdummheit. Der ganze Raum lacht, ungefähr vierzig Leute brechen in schallendes Gelächter aus. Ich frage den Mann neben mir: »Warum lacht ihr? Das ist doch eine schreckliche Geschichte.« »Eben deshalb lachen wir ja.«

Ein Mann, der während des letzten Besuchs des Teams die Frauen noch angegriffen hat, ist auch diesmal wieder da und behauptet, er habe seine Meinung geändert: Er weiß jetzt, daß er unrecht hatte. Aber, sagt er, es schmerze ihn, wenn Frauen Männer kritisierten, die die Frauen über alles liebten. »Ich für meinen Teil bin der Meinung, daß die Frauen ein Geschenk Gottes sind.« Den ganzen Tag über, immer wenn das Seminar an einem toten Punkt anlangt, bemerkt jemand: »Frauen sind ein

Geschenk Gottes.« Und alle lachen, auch die Männer, die wissen, daß sie allein schon aufgrund ihrer Anwesenheit hier Revolutionäre sind. Es gefällt ihnen, wenn man sie fragt, was sie unternehmungslustiger macht als andere Männer.

In einer der Arbeitsgruppen entstand folgender autobiographischer Entwurf:

»Am 9. Mai 1965 wurde in Masvingise, einem kleinen Dorf im Chivu Communal Land, ein Junge geboren. ›Wir werden ihn Amos nennen‹, kam man nach langer Diskussion überein.
In jugendlicher Frische und Unschuld erstrahlend, konnte das Baby nicht wissen, welches Elend seine Geburt ankündigte. Siebzehn Jahre später bekam der Junge zum ersten- und letztenmal seinen Vater zu Gesicht.
Im Gegensatz zu anderen Kindern aus meinem Dorf gelang es mir 1980, auf eine Missionsschule in Bergena zu gehen, um mich weiterzubilden.
Ich wurde ein leuchtendes Beispiel, und viele Väter schickten ihre Kinder auf die Schule. Jetzt arbeite ich, und ich verdanke alles meiner Mutter, die unermüdlich gearbeitet hat, um aus mir zu machen, was ich heute bin. Trotzdem vermisse ich meinen Vater, aber ich bin nicht sicher, daß er mich zu dem, der ich bin, gemacht hätte. Amos Sithole. Genossenschaftsassistent. Gutu.«

Ich nehme die Gelegenheit wahr, in Gesellschaft von so vielen höchst unterschiedlichen Menschen zu sein, und frage, was sie von Edgar Tekere halten, über den die Zeitungen schreiben, er sei eine Bedrohung der Regierung, der Ordnung, der Sicherheit und Robert Mugabes.

Aber niemand ist wirklich an Tekere und seiner neuen Partei interessiert. Auch nicht am Unity Accord. Wir sind hier in der Central Province und nicht in Matabeleland. Und dennoch haben alle den Unity Accord erst vor ein paar Monaten gefeiert. Wie schnell doch halten Menschen ihr Glück schon für selbstverständlich.

»Tekere? Wir werden ihn nicht wählen. Wir sind nur dumme Dörfler, vergessen Sie das nicht, und wir wollen nicht noch einen Krieg.«

»Tekere? In der Opposition ist er nützlich, er hindert sie für uns am Einschlafen, aber er ist nicht standfest genug, um eine Führerpersönlichkeit zu sein.«

»Tekere? Er gefällt mir, weil er eine Alternative darstellt. Aber angeblich können wir bei der nächsten Wahl für Kandidaten stimmen, die wir selbst aufgestellt haben, nicht nur für eine von Mugabe bestimmte Liste. Wenn das wahr ist, hat Tekere keine Chance.«

Im Lauf der Woche wird das Team sichtlich erschöpfter. Die vier stecken ihre ganze Kraft in die Seminarsitzungen und abendlichen Diskussionen im Bett. Dazu kommt, daß sie bereits seit Wochen unterwegs sind. Die Frauen machen sich Sorgen um ihre Kinder und Männer. Chris denkt an seine Freundin.

Wenn sie zurück in Harare sind, wird sich das Material von dieser und den vorhergegangenen Wochen in ihren Büroräumen auftürmen. Chris wird Zeichnungen machen und sie dem Team vorlegen. Kein Gebiet oder Distrikt darf bevorzugt werden.

Cathie wird sich nicht ausruhen können, weil sie die gesamte Korrespondenz erledigen muß. Von überall aus Simbabwe kommen Einladungen an das Buchteam. Cathie hat keine Sekretärin. Wie schafft sie das alles? Sie weiß es selbst nicht. »Je mehr anfällt, um so mehr tut man eben«, sagt sie. Aber sie ist besorgt: »Manchmal denke ich, daß das, was wir tun, unmöglich ist.«

»Natürlich ist es unmöglich«, sagt Talent. »Deshalb tun wir's doch.«

Außerdem ist das Team besorgt, weil es trotz allen Erfolgs nicht immer so herzlich aufgenommen wird. Es gibt Feinde. Und es wird nicht einfach werden, »sie« dazu zu bewegen, das Frauenbuch mit seinen vielen explosiven Ideen zu akzeptieren. »Wir wissen nicht, wer unsere Feinde sind. Niemand wagt es, öffentlich gegen uns aufzutreten, weil die Menschen aus den Dörfern uns mögen, aber plötzlich steht man vor einem Block, und dann . . .«

»Aber dieser Block beruht oft nicht auf Feindseligkeit, sondern auf Inkompetenz«, sagt Talent.

Am letzten Abend findet nach dem Essen eine Party statt. Es gibt Limonade, Bier, Snacks, und es wird getanzt. Dazwischen führen die einzelnen Arbeitsgruppen Sketche auf.

Einer handelt von hochqualifizierten Mädchen, die vergeblich versuchen, Arbeit zu finden, weil die Chefs unqualifizierte, hübsche oder weitläufig verwandte Mädchen vorziehen. »Du sagst, du bist die Cousine zweiten Grads der Tante meiner Mutter? Setz dich und füll dieses Formular in vierfacher Ausführung aus.« Die qualifizierten Mädchen gehen davon, lesen sich gegenseitig und dem Publikum ihre mühevoll errungenen Zeugnisse vor.

Ein anderer Sketch handelt von einem falschen Heiler in einem Dorf, der aufgrund der Leichtgläubigkeit seiner Patienten reich wird.

In einem weiteren tritt eine von einem Geist besessene Frau auf, die dem Frauenbuch Positives und Optimistisches prophezeit. Schließlich beginnt sie sich zu schütteln und zu winden und verlangt vom lachenden Publikum Geld. Auf diese Weise macht sie sich über die *ngangas* lustig.

Ein Vortrag ist ernstgemeint und richtet sich direkt an das Team: »Diese Bücher haben uns als Gemeinschaft sehr geholfen, und das ist von großer Bedeutung. Sie haben unsere Einstellungen und unseren Arbeitsstil verändert, sie geben uns das Gefühl, Teil Simbabwes zu sein. Diese Bücher öffnen den Funktionären die Augen und auch uns, die wir in der Dorfentwicklung arbeiten.«

Um zehn Uhr ist die Party vorbei, aber die Frauen sagen, daß sie erst ins Bett gehen wollen, wenn sie das Buchteam angemessen verabschiedet haben. Das Ausbildungszentrum verfügt über eine große Eingangshalle. Frauen und Männer begeben sich dorthin und verlangen nach der Trommel des Teams. Ein wildes Stampfen und Springen hebt an, das nichts zu tun hat mit dem gesetzten Tanzen der offiziellen Party. Das ganze Gebäude vibriert. Leute, die bereits zu Bett gegangen waren, kommen herunter, um sich zu beschweren, aber sie werden einfach in den

Kreis der Tanzenden gezogen. Ein Lied, das die Frauen sich ausdenken, lautet etwa folgendermaßen: »Das ist unser Buch. Wir, die Frauen von Simbabwe, schreiben unser eigenes Buch. Es wird das Leben unserer Kinder und unserer Männer verändern. Es wird in anderen Ländern gelesen werden. Hör uns, hör uns, Harare.«

Jemand, der die Frauen während der Woche bei den Seminarsitzungen beobachtet hätte, würde ein ganz bestimmtes Bild von ihnen haben. Würde derselbe Beobachter sie jetzt so hemmungslos tanzen sehen, würde sich sein Eindruck völlig verschieben.

Man wird kritisieren, ich hätte behauptet, Afrikaner, zumindest diese Afrikaner hier, hätten ein besonderes Gefühl für Rhythmus. Warum nicht? Behaupten sie es doch selbst. Diese Frauen sind sich des dramatischen Werts bewußt, wenn sie eine Sitzung mit einem Tanz eröffnen, um sich anschließend hinzusetzen und zu sagen: »Wir sind der Meinung, daß der Unterpunkt (d) von Punkt 2 auf Seite 4 nicht korrekt definiert ist. Wir stellen folgenden alternativen Unterpunkt zur Diskussion.« Sie kennen den Wert beider Welten und wollen sie sich erhalten.

Aber die Politiker, die nicht ertragen können, daß Afrikaner Rhythmus im Blut haben, die nicht glauben können, daß man gleichzeitig ein Gefühl für Rhythmus und auch noch andere Fähigkeiten haben kann ... Auf einer Versammlung von Intellektuellen in Harare verlangte ein Dichter, der gerade vom Land zurückkam, wo gesungen und getanzt worden war, wo man kleine Stücke aufgeführt und sich lustig gemacht hatte, dieser Dichter verlangte von den anwesenden Literaten, ein Lied zu singen, aber es war ihnen nicht möglich, sie wanden sich vor Verlegenheit und Widerstreben, trauten sich nicht, verhielten sich mit einem Wort genauso, wie es von zivilisierten Menschen erwartet wird.

Als ich einmal für ein paar Stunden in einem Auto in Bulawayo saß und die Passanten beobachtete, fielen mir nur zwei Frauen auf, die sich noch immer so bewegten, wie es früher alle hier taten – wie Göttinnen, einen treffenderen Ausdruck gibt es nicht. Alle anderen bewegten sich schwerfällig, tolpatschig, ungeschickt, ohne jegliche Eleganz, genau wie wir. Als Kind sah ich den Frauen auf dem Weg zum Dorfbrunnen nach – eine Hand nach oben gestreckt, um den Eimer festzuhalten, den sie auf dem Kopf balancierten – und versuchte vergeblich, es ihnen nachzumachen.

In dieser Nacht gehen die Frauen überhaupt nicht ins Bett. Nachdem sie genug getanzt haben, duschen sie, und dann setzen sie sich in die Busse, die sie um fünf Uhr morgens in ihre Dörfer bringen sollen. Manche haben Tränen in den Augen.

Das Team trinkt Tee und zieht ein Resümee der vergangenen Woche. Sie war ein Erfolg. Eine Frau, die an einem anderen Kurs teilnimmt und jetzt bei uns sitzt, hält den Entwurf für das Frauenbuch in der Hand und sagt: »Die Chefs und die Bosse sollten diese Bücher lesen und von uns lernen. Ständig reden sie davon, die Leute zu erziehen, dabei sind sie selbst es, die dringend erzogen werden müßten. Sie wissen nichts über uns, weil sie nie zu uns kommen.«

Noch mehr Frauen setzen sich zu uns. »Jetzt, wo anerkannt wird, daß wir die ganze Arbeit machen, fallen die Frauen der Chefs und alle möglichen karrieresüchtigen Mädchen über die Dörfer her. Sie sind rausgeputzt wie Fotomodelle, das Haar entkraust, die Haut orange vom ständigen Bleichen, und sie beglückwünschen die Dorffrauen und kehren zurück nach Harare, um weiter Politik zu spielen.«

In Harare hörte ich, wie eine Sachverständige sagte, sie werde nur dann in eine Communal Area fahren, wenn sie in einem Dorf übernachten könne. Sie hatte ein Lied über arrogante, besserwisserische Besucher gehört. »Und jetzt arbeitet hart, meine Damen, Simbabwe ist stolz auf euch, hier ein Bonbon für euch, hier ein Stück Kuchen.«

Die Frauen aus den Dörfern sind verärgert über die Mädchen aus der Stadt, »die weiße Schwarze sein wollen«. In den Drogerien stehen massenhaft Mittel, um die Haut zu bleichen, manche mit chemischen Substanzen, die in anderen Ländern verboten sind.

Die Landbevölkerung hat nichts für Harare übrig. Ein Name

steht oftmals für eine Geisteshaltung. Vielleicht wurde auch über Babylon so gesprochen.

*Herrschaftliches Aussehen*

Harare ist
eine
Prostituierte,
die
New Yorks
übergroßen
Anzug
anprobiert.
Er ist
importiert.

Simbarashe R. Johnson
(Aus *Tso Tso*, einer neuen Zeitschrift. *Tso Tso* heißt »Zweige«.)

Keiner von uns will diesen optimistisch stimmenden und energiegeladenen Ort verlassen.

»Ich weiß nicht, warum«, sagt Cathie, »aber in den Büros von Harare heißt es, diese Menschen hier seien dumm. Ich brauche oft Stunden, um Funktionären etwas zu erklären, was die Leute hier sofort kapieren. Sie sind geistig viel reger. Und die Politikerinnen denken alle zu abstrakt.«

Nur in einer Hinsicht ähnelt das Ausbildungszentrum, das von sozial engagierten und optimistischen Leuten betrieben wird, der Schule im Busch.

Wenn man genauer hinsieht, fehlen einzelne Bretter im Parkett oder sind lose. Vorhänge fallen herunter. Duschvorhänge sind zerrissen. An den Tischen splittert das Holz, ein paar Stühle wackeln oder sind nicht mehr zu gebrauchen, weil die Schrauben fehlen. Das Ganze hat etwas leicht Heruntergewirtschaftetes. Aber ein junger Mann, der auch andere Zentren kennt, meint: »Hierher komme ich am liebsten. Hier ist alles so gut erhalten.« Ein Rätsel. Nichts ist so kaputt, daß es von einer patenten

Hausfrau mit ein bißchen Klebstoff, einem Schraubenzieher, Nadel, Stoff und einer Stehleiter nicht wieder in Ordnung zu bringen wäre. An einem Abend lief stundenlang Wasser aus einem defekten Schlauch neben einem Weg, auf dem ständig Personal hin und her ging, und das in einem wasserarmen Distrikt.

»Sie sollten ein paar Frauen ausbilden, die mit kleineren Verschleißerscheinungen fertig werden, und sie von einem Zentrum zum anderen schicken.«

»Warum kommt nicht eine dieser Hilfsorganisationen auf die Idee . . .?«

»Warum denkt Genosse Mugabe . . .?«

Auf dem Rückweg fahren wir durch eine der größten schwarzen Townships.

## DIE NEUEN TOWNSHIPS

Früher waren die schwarzen Townships an der Peripherie der Städte Ansammlungen billigster Behausungen, manchmal sogenannte »Ziegelreihen« – einzelne aneinandergereihte Zimmer ohne Bad – oder Wellblechhütten. Manchmal wurden ganze Vororte aus Hunderten oder Tausenden identischer kleiner Ziegelhäuser errichtet, ein Zimmer plus Küche und Gemeinschaftsbad im Hinterhof oder, wenn es luxuriös zuging, zwei Zimmer. Heute sind die Vororte im Grunde eigenständige Städte. Wieder werden Tausende identischer Häuser gebaut, zwei Zimmer mit Veranda, Küche und Bad. Um eine Township aus dem Boden zu stampfen, werden als erstes die Bäume gefällt, anschließend – meist im Gittermuster – Straßen angelegt, und dann werden die Häuser auf dem staubigen, oft schlammigen Boden hochgezogen. Sie werden so nah aneinandergebaut wie unter den Weißen. Die neuen Vororte zeugen heute wie damals von dem verzweifelten Versuch, möglichst billig zu bauen. Dabei gibt es in Simbabwe Platz genug, es ist nicht so wie in Europa, wo um jeden Meter gekämpft wird. Warum also werden die Häuser trotzdem so dicht nebeneinandergepfercht wie in einer Spielzeugstadt? Weil die Kosten für die Infrastruktur auf diese Weise niedrig gehalten werden können. Wasserrohre, Stromleitungen, Telefonleitungen, Abwässerkanäle. Die Menschen leben auf engstem Raum zusammen. Ist das vielleicht nicht doch kurzsichtig? Wäre es nicht besser gewesen, wenn Genosse Mugabe von Anfang an darauf bestanden hätte, mehr Geld auszugeben und die Städte so anzulegen, daß genügend Platz für etwas Privatsphäre geblieben wäre? Es gibt kaum Platz zum Spannen einer Wäscheleine, vor allem, weil die Leute sofort, nachdem sie einziehen, Obstbäume pflanzen. Um in den Busch und zu den Bäumen ihrer Väter zu gelangen, müssen sie aus den Townships heraus und lange Ausflüge »aufs Land« machen. Warum hat Genosse Mugabe nicht...? *Er* hat dieser kurzsichtigen Politik doch bestimmt nicht zugestimmt?

Wie früher sind die Ausfallstraßen der Städte zu den Stoßzeiten verstopft, es stauen sich Fahrräder, Busse und (wenn auch erst wenige) Autos. Die Menschen, die in den Townships leben, können sich in der Regel keine Autos leisten. Es wird davon gesprochen, die schwarzen Wohngebiete mit der Eisenbahn an die Innenstadt anzubinden, die nicht länger weiß, sondern gemischtrassig ist. In den billigen Vororten leben die Schwarzen und die Armen.

Wenn man durch eine Township fährt oder darüberfliegt und das ordentliche, um nicht zu sagen zwanghafte Arrangement identischer Häuser sieht, nimmt man erst einmal an, in jeder Wohneinheit lebe eine Familie. Dabei beherbergt jedes tatsächlich für eine einzelne Familie konzipierte Haus meist ungefähr zwanzig Personen. Jeder, der dazu verurteilt ist, auf dem Land leben zu müssen, und einen Verwandten in der Stadt hat, pocht irgendwann auf sein Verwandtschaftsrecht und versucht, sich in ein Haus zu zwängen, das von Menschen längst überquillt und höchstens für eine Kleinfamilie – Vater, Mutter und zwei oder drei Kinder – angemessen wäre. Kein Haus könnte ungeeigneter sein für einen Klan oder eine Großfamilie, die in den Ansammlungen selbstgebauter Hütten der alten Tage weit besser untergebracht waren. Damals war es leicht, einfach eine zusätzliche Hütte zu bauen, wenn Verwandte zu Besuch kamen oder obdachlos geworden waren. Heute jedoch gibt es nicht mehr genügend Bäume und Stroh, um die Dächer zu decken.

Nein, das Leben als Klan oder Großfamilie wird durch die modernen Städte und ihre Notwendigkeiten unmöglich gemacht. Und die neuen Townships sind nicht billig. Früher, als der Hausbau noch subventioniert wurde, war es billiger, ein Haus zu mieten.

»Du weißt, ich habe ein großes Herz«, lautet das Antwortschreiben einer Frau auf die Anfrage eines Cousins vom Lande, der sie um eine Schlafstelle gebeten hat, »aber nur ein kleines Haus. Es gibt keinen Platz mehr für dich zum Schlafen, außer unter dem Küchentisch.«

Das Buchteam grämt sich, weil es soviel Zeit auf dem Land verbringt statt in diesen überbevölkerten Konglomerationen, wo die Menschen die Hilfe genauso brauchen würden.

»Aber sie haben nicht die gleichen Probleme. Ihnen muß man nicht sagen, wie man eine Kooperative ins Leben ruft oder ein Bankkonto eröffnet: Wie man mit den Behörden umgeht, das trifft die Sache schon eher.«

»Aber das müssen wir doch alle wissen!«

## DER GARTEN IN HARARE

Seine Mannigfaltigkeit ist unendlich. Ich bitte Ayrton R., mit mir einen Rundgang zu machen und mir die verschiedenen Namen zu nennen. Clerodendrum: Losbaum. Er blüht dunkelrot. Clerodendrum: blutendes Herz. Der gelbe Quittenbaum. Mackaya: blaßrosa Wolken von Karminrot durchzogen. Eine Schusterpalme. Verschiedene Hortensiensorten. Citharexylum. Magnolien. Günsel am Boden. Baumfarne. Die Kapkastanie. Miniaturbambus. Der Kartoffelbaum, sechs Meter hoch und höher, voller roter Blüten. Elefantenohr. Fleißiges Lieschen. Aronstab. Sporenpflanzen mit roten Blütenähren. Plectranthus-Büsche.

Blühender Prunus. Blauer Agapanthus. Hauswurz. Kastanienbraune, orange, weiße, rosa Bougainvillea. Ingwerstauden: gelb mit Rot. Verschiedene Kannasorten. Rosa Malven. Ziermaniok. Die Bandwurmpflanze: feingliedrige, schmale Blätter. Albizia: ein einheimischer Baum. Geranien. Sukkulenten. Kleine Heliotrope. Der kenianische Krotonbaum. Ein Baum mit eichenähnlichen Blättern und rostfarbenen Rispen. Hymenosporum. Der rote Taschentuchstrauch. Aus Australien: ein Kirschbaum mit hellrosa Früchten. Thunbergie: eine blaue Kletterpflanze. Der Stolz Indiens: die Kreppmyrte. Ein Kaktus aus Arizona mit Blüten wie Wasserlilien, eine einheimische Kresseart wächst daran hinauf. Kakteen mit Blüten wie rote Fontänen. Beaumontia mit riesigen weißen Blüten. Strelitzien aus der südafrikanischen Provinz Natal, die Nationalblume Kaliforniens. Eine rote Robinie, ein ausladender Busch. Die chinesische Hutpflanze: rostfarbene, rote, gelbe Blüten. Berberis. Gummibäume. Psidium guajava: christbaumkugelgleich. Gelbe Beeren. Maulbeerbäume. Pfirsichbäume. Weißer Agapanthus. Einheimische Maßliebchen aus den östlichen Distrikten. Der Pompombaum. Escallonia. Hamelia, ähnlich einem Geißblatt, blüht das ganze Jahr über. Pampasgras. Küchenkräuter. Einheimische Wasserlilien. Andere Lilien. Der einheimische, rot geäderte Bananenbaum, von den Bridal Veil Falls in Chimanimani. Der gelbe Gänseblümchenstrauch. Bartfaden. Das Kapgeißblatt: orange. Eine magentarote Zistrose. Hebes. Zwei Meter hohe Kannapflanzen mit orangerosa Blüten. »Du könntest einen ganzen Garten nur mit deinen Kannapflanzen anlegen.« Gänseblümchen. Neuseeländischer Flachs: Mädchen für alles mit Blüten wie rote Johannisbeeren. Gelbe Lantana. Kapweißdorn: unzählige weiße Blüten an einem Busch. Winzige weiße Weihnachtssterne. Ein Guavenbaum. Roter Acanthus. Ein einheimischer wilder Feigenbaum. Ein gigantischer Ageratum/Leberbalsam, eingehüllt in flaumiges Mauve. Zitronen- und Orangenbäume. Rote und weiße Bauhiniabäume. Ein großer gelber Strauch, namenlos. Der Gestern-Heute-und-Morgenbusch. Granatäpfelbäume. Riesige Salbeisträucher. Rosa Maßliebchen. Fuchsien. Chinesische Laternen: orange. Eine unbekannte rosa Kletterpflanze. Ein weißer Taschentuchstrauch. Weiße und gelbe Margeriten. Steinmispel. Aus Südafrika eine Sukkulente mit winzigen magentaroten Blüten. Brunnenkresse. Eine japanische Konifere. Der Puderquastenstrauch, blaßrosa Blüten, zierlich wie eine Distel. Hypericums. Schwertlilien. Aloen mit herabhängenden roten Blütenähren. Der Eisenholzbaum, den die Vögel so lieben. Heiliger Bambus aus China. Geißblatt. Azaleen. Eine Pflanze aus Neuseeland. Ein Frauenschuh, eine Thunbergie aus Mysore, ähnlich einer Orchidee, dunkle rostfarbene und gelbe hängende Rispen. Monstera, eine baumgroße Kletterpflanze. »Wenn ich sie in englischen Büros sehe, tut mir die Monstera immer leid.« Rothmania, ein Baum mit glockenförmigen rosa Blüten. Oleander. Bleiwurz. Rosa Petunien, Kornblumen. Eine Kiefer aus Neusüdwales. Ringelblumen.

Wir stehen am Ende des Gartens, ich halte die Liste in der Hand und horche auf die lärmenden Louries. Werden die Vögel, da der Busch sich lichtet und vielleicht ganz verschwindet, in den Stadtgärten Zuflucht suchen wie in England?

Eine Gruppe schwarzer Männer repariert Ayrton R.s Swimmingpool, der einen langen Riß aufweist. Ich höre dem Gespräch und dem immer wieder aufklingenden Gelächter zu, wie ich es mein halbes Leben lang getan habe: als Außenstehende, nicht als Beteiligte. Im Ausbildungszentrum hatte ich daran teil und habe auch nicht ein einziges Mal an die Hautfarbe der versammelten Menschen gedacht.

»Eine ziemlich schwindelerregende Angelegenheit ist das«, sage ich, »von den Veranden in der Stadt aufs notleidende Land und wieder zurück.«

»Die weiße Herrschaft sieht den Schwarzen bei der Arbeit zu«, sagt Ayrton R. »So ist es, ob es dir nun gefällt oder nicht.«

»Was meinst du, ist das kleine Rapsfeld dort unten größer als letztes Jahr?«

»Hm, ja, ich glaube, es ist größer. Ja, du hast recht.«

Ich stelle mir vor, wie dieser paradiesische Garten langsam von grünem Mais und Raps verschlungen wird. Ja, so ist es nun einmal. Erst vor einer Woche habe ich gelesen, wie zwei weibliche Forscherinnen durch die Wüste Gobi reisten – bevor sie kreuz und quer von Straßen für das Militär durchzogen wurde – und auf einen prachtvollen, von einer Mauer umgebenen Garten stießen: blühende Bäume, Pflanzen, Springbrunnen, ein Paradies mitten in der steinigen, staubigen Ödnis. Monate später fuhren sie wieder hin. Der Garten war aufgrund eines kleineren Kriegs zerstört worden, alles, was geblieben war, waren zerschossene Bäume und Kanäle mit fauligem Wasser. Allerdings: In einem der schönsten Gärten Londons wurde während des ganzen Zweiten Weltkriegs Gemüse gezogen, und am Tag, als der Krieg endete, begann man die Rasenflächen, die Teiche und Rosenbeete sofort wiederherzustellen.

»Wer, glaubst du, wird in dreißig Jahren in diesem Haus leben?« frage ich unbedacht.

Ayrton R. regt sich entsetzlich auf. »Hoffentlich ich.«

Wir blicken an seinem Haus vorbei den Hügel hinauf zu den Villen der neureichen Schwarzen und denken beide, daß es weder Dorothy oder George noch ihre Kinder sind, die das Haus werden kaufen können, und auch nicht die Männer, die gerade den Pool reparieren.

Folgendes Gedicht kritisiert die neureichen Schwarzen:

*Die Rache des armen Mannes*

Du behandelst mich wie Dreck,
du schlägst, stößt und trittst mich
mit schmutzverkrusteten Stiefeln.
Du schimpfst mich einen dreckigen Schuft.
Aber wenn ich tot und unter der Erde bin,
wird es dir das Herz zerreißen.

Deine wild wuchernde Farm
habe ich gezähmt, eingezäunt und beackert.
Den Ertrag, den ich ernte, verkaufst du,
um das Geld ganz allein auszugeben.
Aber wenn ich tot und unter der Erde bin,
wird es dir das Herz zerreißen.

Deine Kühe pflege und melke ich,
striegle und beschlage deine Pferde,
deine Schafe füttere und hüte ich,
und doch lebe ich von Almosen.
Aber wenn ich tot und unter der Erde bin,
wird es dir das Herz zerreißen.

In deinem kostspieligen Haus
placke ich mich ab für dich und schwitze,
doch begegnest du mir im Herz von Harare,
siehst du in mir einen Fremden.
Aber wenn ich tot und unter der Erde bin,
wird es dir das Herz zerreißen.

In hellerleuchteten Hotels
ißt du riesige Steaks,
schlemmst du habhafte Puddings,
und läßt deinen Körper auf weiche Betten sinken.
Aber wenn ich tot und unter der Erde bin,
wird es dir das Herz zerreißen.

Meine Kufa ist knochig und gefurcht,
deine Gutsa ist rund und voll,
schläfrig und schwach ist meine Kufa,
voller Kraft und Energie deine Gutsa.
Aber wenn ich tot und unter der Erde bin,
wird es dir das Herz zerreißen.

S. J. Nondo (aus *Tso Tso*)

Gutsa ist das, wonach es klingt, der Bauch. Kufa erweckt Assoziationen von Tod und Entbehrung. Ayrton R. sagt: »Vermutlich sollte man sich darüber freuen, daß nicht nur die Weißen die Bösewichte sind. Aber mir will es einfach nicht gelingen.«

## VERANDAGEPLAUDER

Als Ian Smith in den USA war, fragte ihn jemand, was er von der schwarzen Regierung halte, und er antwortete, daß die Weißen die Intelligenz der Afrikaner wohl unterschätzt hätten. Alle Welt ist entzückt über diese kleine Geschichte.

Straßenkinder in Harare – Banden jugendlicher Delinquenten und ganz normale Kinder – spielen Spiele, die auf traditionellen Geschichten um Hasen, Schildkröten und andere Tiere basieren. Struktur und Inhalt der Geschichten bleiben erhalten, aber die Figuren heißen heute J. R., Sue Ellen, Bobby und so weiter.

Ein Mann, der den Feierlichkeiten anläßlich der Installation der soundsovielten Blair-Toilette beigewohnt hat, berichtet, daß ihr Siegeszug nicht zu bremsen sei, auch nicht in den entlegensten Gegenden, weil sie zum Statussymbol geworden ist. »Es ist heilsam, darüber nachzudenken, wie sehr der menschliche Fortschritt schon immer von derartigen Sätzen abhing: ›Ich habe eine Blair-Toilette, aber du hast keine.‹«

Der Justizminister war unter Smith zehn Jahre im Gefängnis, wurde gefoltert und geschlagen. Er tritt dafür ein, die Todesstrafe abzuschaffen. »Man« behauptet, er sei ein guter Mann und besorgt um das Schicksal der Häftlinge. »Ich weiß, wie es ist«, hat er angeblich gesagt. Die Dissidenten, die nicht unter die Amnestie zur Zeit des Unity Accord fielen, weil sie Gewalttaten verübt haben, sollen angeblich in Kürze ebenfalls freigelassen werden. In simbabwischen Gefängnissen sitzen keine politischen Gefangenen ein. Jeder, den ich danach frage, sagt: »Nein, die Zustände sind in Ordnung. Wir müssen uns nicht schämen wie die Südafrikaner oder die Sambier.« »Und wie ist das Essen?« »Ich habe noch nie einen übergewichtigen Häftling gesehen«, lautet eine Antwort.

Welches ist der gefährlichste Job in Simbabwe? Innenminister: Dein schlechtes Gewissen bringt dich um.

Wir sprechen über den Mann, der während des Unabhängigkeitskriegs das Gefängnis außerhalb Salisburys leitete, in dem so viele Menschen gehängt, geschlagen und gefoltert wurden. »Nein, den Gefängnisdirektor kann man nicht dafür verantwortlich machen, er hat nur seine Arbeit getan, der Minister ist verantwortlich.«

Aber womöglich täuscht man sich auch, wenn man glaubt, daß das Gewissen verantwortlicher Politiker von Reue geplagt wird.

In den fünfziger Jahren lebten in London die führenden Köpfe der Befreiungsbewegungen in den britischen Kolonien in Afrika. Alle waren arm, und viele konnten nicht nach Hause zurückkehren, weil sie dort sofort verhaftet worden wären, wenn sie nicht schon aus Gefängnissen nach England geflüchtet waren. Manche ernährten sich durch Jobs bei der Post, stets ein Rettungsanker für Leute, für die es keine Stellung gemäß ihrer Ausbildung gibt. Andere lebten von dem, was ihnen Wohltäter zukommen ließen. Es gab Haushalte, in denen diese Männer immer eine Mahlzeit erwartete und wo sie andere Revolutionäre aus Afrika treffen konnten.

Zu mir kamen unter anderem ein Lehrer, Orton Chirwa, der alsbald ins befreite Malawi zurückkehrte, wo ihn der grausame Präsident Banda verhaften ließ – seit Jahren sitzt er nun im Gefängnis –, ein zukünftiger Staatspräsident, ein paar spätere Minister, ein Gewerkschaftsführer, der mittlerweile an Malaria gestorben ist, sowie ein Mann, der in seine Heimat zurückkehrte, um am Befreiungskampf teilzunehmen, von den Briten verhaftet wurde, nach der Unabhängigkeit Wirtschaftsminister war, schließlich jedoch erneut verhaftet wurde, weil er angeblich eine Gefahr für sein Land darstellte. Insgesamt verbrachte er sieben Jahre im Gefängnis, meist in Einzelhaft. Und auch ein Jugendlicher, rundlicher, süßer Held kam zu mir, der unglaublichen

Idealismus ausstrahlte, Liebling der älteren Männer, weil er ein Dichter war und oft spontan Oden an die Freiheit und Gerechtigkeit verfaßte.

Jahre, um nicht zu sagen Jahrzehnte später, sitze ich zusammen mit diesem früheren Idealisten und Poeten in der Küche eines Bauernhauses in Devon. Eine unwahrscheinliche Begegnung, aber das ist eine andere Geschichte.

Der Mann ist mittlerweile ein dicker, sich in seinem Erfolg sonnender Innenminister in einer außergewöhnlich erfolglosen früheren Kolonie.

Ich freue mich, ihn zu treffen, denn erst in der Woche zuvor bin ich dem Mann begegnet, der sieben Jahre im Gefängnis saß, jetzt wieder frei ist und an amerikanischen Universitäten Vorträge über Afrika hält. Zufällig verbrachte er auch ein Jahr im Gefängnis dieses Ministers, eine weitere ziemlich unwahrscheinliche Geschichte, aber Afrika steckt voller Überraschungen.

»Erinnerst du dich an M.?« frage ich.

»Wie könnte ich diesen überaus liebenswerten Genossen je vergessen?«

»Wußtest du, daß er sieben Jahre im Gefängnis gesessen hat?«

»Ich habe so etwas gehört.«

»Wußtest du, daß er ein Jahr davon in einem deiner Gefängnisse steckte?«

»Wirklich? Oh, das überrascht mich aber.«

»Zufällig saß er einen Monat gemeinsam mit« – ich nenne den Namen des Präsidenten eines dritten afrikanischen Landes – »in einer Zelle.«

»Präsident L.? Ja, ich habe gehört, daß auch er im Gefängnis war. In derselben Zelle? Das muß angenehm für die beiden gewesen sein.«

»M. hat mir erzählt, daß das britische Gefängnis, in dem er vor der Unabhängigkeit saß, verglichen mit deinem, die reinste Ferienanlage war. Er und Präsident L. wären beinahe umgekommen.«

Wir stehen einander gegenüber, während der Devonsche Frühlingsregen an den Fenstern hinunterströmt. Wir sind wirklich weit entfernt vom heißen afrikanischen Himmel.

Sein Blick weicht mir aus. Er seufzt, schaut auf seine Uhr, beschließt, daß unsere alte Freundschaft noch eine Minute verdient.

»Ach, wenn wir, als wir jung waren, nur gewußt hätten, wie grausam das Leben sein kann . . .« Und voller Trauer wirft er einen Blick durch die Nebel der Zeit zurück auf unseren jugendlichen Enthusiasmus.

»Aber«, insistiere ich, »was ist nun mit deinen Gefängnissen? Du weißt doch sicher, wie grauenhaft sie sind.«

Sein Blick wird hart, und vermutlich denkt er: Einmal ein Störenfried, immer ein Störenfried. Dann gestattet er sich, von Tränen übermannt zu werden. »Wie oft sage ich nicht zu meiner Frau, meine Liebe, sage ich zu ihr, wenn wir in der Dämmerung unseres Kampfes gewußt hätten, was wir jetzt wissen – ach, das Leben ist grausam, das Leben ist wirklich grausam.«

»Nicht so grausam wie das Gefängnis, in dem dein alter Freund M. und Präsident L. fast ums Leben gekommen wären.«

»Manchmal denke ich, es gibt einen Fluch, der unsere Wünsche in ihr Gegenteil verkehrt.«

»Einen Augenblick. Du bist doch Innenminister, oder? Na also! Damit bist *du* verantwortlich für die Zustände in den Gefängnissen.«

». . . und plötzlich wird einem gesagt, daß man verantwortlich ist für die Leiden alter Freunde.«

»Warum verbesserst du die Zustände nicht? An manchen Tagen haben sie nichts zu essen bekommen. Sie hatten keine Decken. Sie . . .«

»Grausam . . . grausam . . .« Und sein Blick gleitet über die weiße Wand, als suche er einen Ort des Trostes und des Zuspruchs.

»*Du* bist der Innenminister.«

»Ich bin froh, daß wir über diese Dinge gesprochen haben. Manchmal glaube ich, daß mir meine Untergebenen nicht alles sagen. Ich bin dir wirklich dankbar.« Und er lächelt betrübt wegen der Traurigkeit, von der wir beide wissen, daß sie das Leben regiert. Er schüttelt den Kopf, lacht halb stöhnend auf, blickt wieder auf seine Uhr. Dann eilt er aus der Küche zu seinem Wagen, der fast so breit ist wie die Landstraße.

Frage an Dschingis-Khan: »Was empfindest du bei dem Gedanken, zwanzig Millionen Menschen umgebracht zu haben?«

»Aber das war nicht meine Schuld«, lautet die empörte Antwort. »Ich war nur ein Strohhalm, den der Wind der Geschichte vor sich herblies.«

## POLITIK

Als ich 1956 nach Südrhodesien und Nordrhodesien reiste, wurden die ungefähr 40 000 Tonga, die am Sambesi lebten, aus ihren Dörfern zwangsumgesiedelt. Weil sie ihr Zuhause nicht verlassen wollten, wurden sie gewaltsam – manchmal mit vorgehaltenen Waffen – in Lastwagen gepfercht und auf meilenweit entferntes trockenes Hochland verfrachtet, wo man sie sich selbst überließ. Viele starben. Diese Operation war nichts, worauf die fraglichen Regierungen hätten stolz sein können. Die zwangsweise Umsiedlung der Fluß-Tonga erfolgte wegen des nahezu fertiggestellten Kariba-Stausees und war ein wichtiges Thema für die damals sich formierenden Unabhängigkeitsbewegungen Süd- und Nordrhodesiens sowie Njassalands. Unzählige politische Reden wurden gehalten vor einer Zuhörerschaft, die »Was für eine Schande, was für eine Schmach!« rief, stöhnte und bisweilen in Tränen ausbrach. Es gab Unruhen. Petitionen wurden eingereicht. Weiße Liberale (damals: »die Kaffern-Freunde«) redeten sich den Mund wund. Die unglaubliche Behandlung der Fluß-Tonga wurde zum Symbol für alles Schlechte an den weißen Regierungen.

Als ich 1989 den Leuten im Ausbildungszentrum erzähle, daß ich zu den Tonga fahren will, sagen sie: »Aber Sie wollen doch nicht wirklich *dorthin*?« »Das sind doch Primitive.« »Die tragen noch Tierhäute und schlafen in der Asche.« Ich entgegne, daß ich Freunde habe, die die Tonga gut kennen und mir berichtet hätten, daß sie in Hütten lebten und normale Kleidung trügen, worauf ich jedoch zu hören bekomme: »Das sind bestimmt die Sachen, die wir zur Kleidersammlung gegeben haben.«

Und es stimmt, die Tonga sind die ärmsten Menschen, denen ich in Simbabwe begegnet bin. Sie sind mager, und viele sind aufgrund von Unterernährung kleinwüchsig. Ihre Dörfer sind heruntergekommen. (Nicht jedoch die Dörfer der Häuptlinge, wo große, solide gebaute Hütten stehen.) Seitdem die Tonga von ihrem Land, von ihren Schreinen und den Gräbern ihrer Vorfahren vertrieben wurden, ist ihr Leben hart, qualvoll, jahrein, jahraus ein fortwährender Kampf. Nicht mehr in der Lage, zu fischen, den fruchtbaren Schwemmboden, der zwei bis drei Ernten im Jahr abwarf, zu beackern, versuchten sie es mit dürreresistenten Pflanzen wie Hirse, Rapoka und anderen kleinkörnigen Getreidesorten, aber Scharen von Webervögeln warteten nur darauf, daß die Ernte reif wurde, und auch wenn Frauen und Kinder tage- oder wochenlang dastanden und auf eiserne Töpfe und Pfannen einschlugen, stürzten die Vögel in Scharen so dicht herab, daß sich der Himmel verdunkelte, und fraßen alles auf wie ein Schwarm Heuschrecken. Seitdem versuchen es die Tonga mit Mais, den ihnen die Elefanten streitig machen, die ihn lieben. Auch kurz bevor wir kommen, sind wieder Elefanten dagewesen und haben die Felder hinter Binga verwüstet, welches wiederum am unteren Ende des Kariba-Sees liegt, weit entfernt vom Ort Kariba mit seinen Touristenhotels, Tourangeboten und Fremdenführern – einer der schönsten Gegenden Simbabwes, wo man glaubt, an den Gestaden Griechenlands oder Siziliens zu verweilen: wilde, helle, felsige Hügel und Inseln, blaues Wasser, blauer Himmel. Dazu dann aber Elefanten – eine der Hauptattraktionen –, die sogar bis in die Stadt kommen. Büffelherden, Vögel und Böckchen ... Diese Ufer und ihre Annehmlichkeiten gehören allein den Touristen, die die dringend benötigten Devisen ins Land bringen, die das Wild fotografieren, die Krokodile und Flußpferde im See.

Aber die Krokodile zerreißen die Netze der Fischer aus Binga, und die massigen Flußpferde stellen eine Gefahr für ihre Boote dar.

Binga wächst rasch. Auf ein paar Hektar stehen kleine Häuser mit zwei oder drei Zimmern, die so auf dem dicken rosaweißen Boden angeordnet sind, daß kleine Gärten dazwischen gedeihen können. Es riecht nach Eseln, Ziegen und Kühen, und nachts wecken einen immer wieder die Hähne. Es ist Vollmond. Vor vielen der kleinen Häuser flackert das Feuer zum Kochen, das bei den Einheimischen beliebter ist als die Küchen und Herde der Weißen. In Binga wimmelt es von Entwicklungshelfern. Sie bilden eine hingebungsvolle Schar. Und das müssen sie auch sein. Zum einen sinkt hier die Temperatur oft tagelang nicht unter vierzig Grad, und zum anderen muß man meilenweit über staubige Straßen fahren, die nur mit wirklich robusten Autos zu bewältigen sind, zum Beispiel Landrovern.

Bald wird es in Binga Elektrizität geben. Die Strommasten stehen bereits. Dann werden die Menschen nicht mehr notgedrungen um halb neun ins Bett gehen müssen, weil das Kerzenlicht ihre Augen anstrengt. Ein neues Krankenhaus, ein Geschenk der USA, wurde eben fertiggestellt. Es ist hochtechnisiert und braucht die Elektrizität, um voll in Betrieb genommen werden zu können. Der Strom wird allerdings nicht den Dörfern zugute kommen. Der Damm, der die Tonga ihr Zuhause gekostet hat, hat ihnen auch sonst nichts Gutes gebracht. Der Kariba-See bewässert das Land entlang seiner Ufer nicht, obwohl er groß ist wie ein Meer. Ich kann allen Reisenden nur empfehlen, Kariba zu besuchen, die Landschaft ist einmalig auf der Welt. Aber die Fluß-Tonga sollte man meiden, sie brechen einem das Herz.

Zusammen mit Tonga-Fischern sitzen wir im Schatten turmhoch aufragender grüner Bäume, sitzen auf Tonga-Stühlen, für die in Touristenläden hohe Preise gezahlt werden. Die Fischer erzählen uns ihre Geschichte: Weit vom See angesiedelt und gezwungen, Farmer zu werden, erging es ihnen schlecht, und ein paar schlichen zurück, um zu fischen, denn ihre Familien waren am Verhungern. Irgendwann hörten die Behörden dann auf, sie deswegen festzunehmen, und ihnen wurde gestattet, ein Fischer-Kollektiv zu bilden. Es sind jetzt vierzig Männer und vier Boote. Das Kollektiv darf nicht mehr vergrößert werden. Keine weiteren Fischer, keine weiteren Boote. Ein paar Kinder spielen bei den Hütten. Weil diese Kinder Fisch essen, sind sie gesund und nicht apathisch wie die, die wir in den Dörfern weit abseits des

Ufers gesehen haben. Eigentlich dürften sie gar nicht hier sein. Ihre Väter nehmen sie aber während der Schulferien mit in ihr Männerdorf, um sie aufzupäppeln. Die Fischer selbst essen wenig Fisch, sie verkaufen ihn, um die Schulgebühren für ihre Kinder bezahlen zu können, denn wie alle anderen Eltern im Land sind sie entschlossen, ihnen die Ausbildung zu ermöglichen, die das Tor zur modernen Welt öffnet, weit weg von der Armut hier.

Weil ihre Familien nicht ins Dorf dürfen, flicken die Männer die Netze selbst, die überall auf Leinen hängen. Die Netze sind teuer, und ein zerrissenes Netz ist eine Katastrophe. Die Fischer führen einen ständigen Krieg gegen Krokodile und Flußpferde, so wie sich ihre Frauen in den Dörfern gegen die Elefanten zur Wehr zu setzen suchen. Die Geisterbäume, die noch immer überall im Wasser stehen, die Überreste des überfluteten Waldes, sind ein Segen: Die Fische mögen die alten Stämme, und die Fischer rudern möglichst unbemerkt von einem toten Baum zum nächsten. Aber auch die Krokodile wissen, daß die Fische die toten Bäume mögen, und also liegen sie dort auf der Lauer.

Die Fischer sind gutgelaunte Philosophen. Sie lachen, wenn sie über ihre Armut und die Gleichgültigkeit der Behörden sprechen. Als sie erfahren, daß ich Schriftstellerin bin, schlagen sie vor, ich solle ihr Leben beschreiben, weil die Verantwortlichen, würden sie sie *wirklich* kennen, ihnen nicht länger ihr Herz verschließen könnten. Das scheinen sie jedenfalls zu glauben. Sie lachen, als sie erzählen, daß sie mit den Booten nicht über den See rudern dürfen, um ihre Verwandten in Sambia zu besuchen. »Die Polizei schießt auf uns.« »Arme Leute haben keinen Paß.« »Wozu brauche ich einen Paß, um zu einem Dorf zu rudern – eine halbe Meile –, in dem meine Familie lebt?« Einer der Fischer sagt, daß er in der Zeitung gern Bilder sieht, auf denen sich Mugabe und Kaunda brüderlich umarmen. Er fühlt sich dann nicht mehr so elend, weil er seine Familie in Sambia nicht besuchen kann.

Diese Männer sind zwei, drei Generationen jünger als ihre Vorfahren, die vom Fluß vertrieben wurden. Gefragt, ob die Tonga über ihre Vergangenheit reden, lautet die Antwort: Nur die alten Leute, aber die Kinder glauben ihre Geschichten nicht.

»Einst lebten wir am Ufer des Wassers. Es war ein großer Fluß, der Sambesi. Wir fischten und gingen auf die Jagd, und auf dem fruchtbaren Boden ernteten wir dreimal im Jahr. Jetzt ernten wir einmal, und wir dürfen nicht mehr jagen – müssen ins Gefängnis, wenn wir es dennoch tun. Nur ein paar von uns dürfen fischen.«

*Einst lebten wir im Garten Eden, und die Natur war gut zu uns, wir mußten uns kaum bekleiden, und Früchte fielen von den Bäumen. Aber dann kam ein Engel mit flammendem Schwert ...*

Im herrlichen, spanisch anmutenden Krankenhaus mit seinen geschwungenen Wänden und den vielen Durchbrüchen im roten Ziegelwerk – ein dem Klima optimal angepaßtes Bauwerk, ausnahmsweise von einem simbabwischen Architekten entworfen – sitzen wir zusammen mit einer jungen Frau, einer Shona, die für die Gesundheit im Distrikt verantwortlich ist. Sie hat eine erstklassige Ausbildung und sprüht vor Energie. Mit ihren Qualifikationen würde sie überall Arbeit finden, aber sie ist hier, bei den Tonga. Sie muß eine ungewöhnliche Person sein, denn es ist nahezu unmöglich, Krankenschwestern und Lehrer zu überreden, in entlegene Gegenden zu gehen. Im Krankenhaus, das eigentlich sechsunddreißig Schwestern bräuchte, arbeiten erst achtzehn. Der sehr beliebte Arzt ist in Schwierigkeiten geraten, weil er zuviel trinkt, und wird schwer zu ersetzen sein. »Mit ziemlich großer Sicherheit wird es ein Ausländer werden«, sagt die junge Schwarze. »Denen ist es egal, wie hart die Arbeit ist, sie übernehmen auch die schlimmsten Stellen. Ohne sie wären die abgelegenen Krankenhäuser und Schulen verloren.«

»Aber man darf nicht vergessen, daß die Ausländer diese Härten nur für drei oder vier Jahre auf sich nehmen. Es ist doch nur verständlich, daß Menschen, die zum erstenmal gut leben können, es nur ungern wieder aufgeben.«

»Warum sollten sie nicht ein oder zwei harte Jahre auf sich nehmen und danach gut leben?«

»Ja, aber, wenn man von der Karriereleiter heruntersteigt, ist es schwer, sie wieder hinaufzuklettern.«

Die junge schwarze Krankenschwester ist ganz offensichtlich der Meinung, daß sie Besseres zu tun hat, als hier herumzusitzen und mit uns zu reden, aber sie ist höflich und lächelt. »Ich kümmere mich um Frauen, die ihr Leben lang unterernährt wurden. In anderen Gegenden Simbabwes gibt es solche Frauen nicht. Man sieht eine Heranwachsende, und dann erst merkt man, daß man eine Mutter von fünf oder sechs Kindern vor sich hat. Weil sie unterernährt ist, ist sie kleinwüchsig. Geburten sind hier schreckliche Probleme. Neunzig Prozent der Bevölkerung leiden an Bilharziose. Es gibt auch noch Leprafälle. Während der letzten Regenzeit sind ungefähr fünfzig Babys und Kleinkinder an Malaria gestorben, die sich mittlerweile wieder ausbreitet. Ach ja, Aids – ich wußte, daß Sie danach fragen würden.« Sie zwingt sich zu einem Lächeln. »Wir wissen über Aids Bescheid. Aber Aids ist nicht das schlimmste hier. Sind Sie überrascht, daß ich das sage? Sehen Sie, man kann Analphabeten erklären, daß Malaria von Moskitos übertragen wird, aber versuchen Sie mal, eine Krankheit wie Aids zu erklären: ›Es gibt da etwas ganz Kleines, man kann es nicht sehen, es wird Virus genannt. Und das kann seine Form verändern, so daß es aussieht wie etwas anderes Kleines, das ein bißchen größer ist, und genau davon lebt es und tötet es . . . Und vergeßt nicht, daß die Krankheit oft erst nach acht Jahren ausbricht.‹ Die Leute glauben uns nicht, wenn wir über Aids reden. Wir haben hier kistenweise Kondome, aber niemand benutzt sie. Sicher, die ganze Zeit sterben Menschen an Aids, aber wir nennen es nicht so. Nein, wir führen keine routinemäßigen Aidstests durch. Das wird als Eingriff in die persönliche Freiheit betrachtet.« Sie lacht, aber sie ist wütend. Vermutlich ist es eine generalisierte Wut, eine Wut, die wir alle kennen: Wie kann man nur so dumm sein? »Wie ich höre, zeitigt die Kampagne gegen Aids in anderen Landesteilen bereits erste Erfolge, aber hier . . .«

Bald sagt sie, daß sie gehen muß, wirklich, sonst wird sie mit ihrer Arbeit nie fertig.

Diese junge Frau und ein männlicher Kollege reisen ständig durch ein sehr großes Gebiet und ermahnen, halten Kurse ab und behandeln Kranke. Wenn sie nicht gerade hier im Krankenhaus genau das gleiche tun. »Sie arbeiten unablässig. Wenn ich sie sehe, denke ich, daß alles in Ordnung kommen wird, daß Simbabwe es schaffen wird.«

Die ambulanten Patienten des Krankenhauses werden überwiegend im Freien unter den Bäumen behandelt. Es gibt eine Art Hütte, wenn die Leute schlafen wollen, aber die meisten sind lieber unter freiem Himmel. Frauen aus den Dörfern kommen und warten darauf, daß die Wehen einsetzen oder sie wegen einer Krankheit behandelt werden. Alle, wirklich alle, sind kleinwüchsig und apathisch. Der Vergleich mit den überschwenglichen, lärmenden Menschen im Ausbildungszentrum schmerzt. Ich frage mich, ob sie je in ihrem Leben einen Teller voller *sadza*, Fleisch, Soße und Gemüse gegessen haben.

Eine junge Frau hockt unter einem Baum im Staub. Ein kleines Kind sitzt still neben ihr. Die Frau flicht einen Korb. Tonga-Körbe sind mit die schönsten auf der Welt. Zwischen ihren mageren, staubigen Händen entsteht dieses wunderbare Gebilde, und in ihrem staubbedeckten Kopf, der mehr wie ein Kinderkopf ist, finden sich all die raffinierten Muster, die ihre Finger flechten. Die Körbe sind berühmt, und Liebhaber, die dafür die Reise auf sich nehmen, können sie für zwei bis vier Simbabwe-Dollar direkt vor Ort erstehen. An die Läden im Lande werden sie für ein, zwei Dollar mehr verkauft. Bis sie allerdings die schicken Geschäfte in den Städten erreichen, kosten sie ein Vielfaches. Auch die Tonga-Stühle sind berühmt. Wir besuchen einen Stuhlmacher, der neben einer Feuerstelle sitzt. Seine Werkzeuge liegen im Feuer, bis sie rotglühend sind. Holzklötze stehen unter Bäumen bereit. Ein neuer Stuhl wird manchmal vergraben, damit er älter aussieht, was Touristen besser gefällt. Der Stuhlmacher verlangt fünf, sechs oder sieben Dollar für einen Stuhl, an dem er rund zwei Tage gearbeitet hat, womit er weniger als den Mindestlohn verdient. In der Nationalgalerie von Harare werden die Stühle für hundert oder hundertzwanzig Dollar verkauft.

Alle sind sich einig, daß die Tonga begnadete Kunsthandwerker sind. Überall auf der Welt findet man ihre Produkte, und wer immer es bis zu den Tongas schafft, ist begeistert.

Die jungen Lehrer, bei denen ich wohne, haben ein paar Sachen gekauft, um sie als Geschenke mit zurück in den Mittleren Westen der USA zu nehmen. Sie sind religiös und arbeiten hart, worin ihnen ihre »weltlichen« Kollegen in der Regel nicht nachstehen.

Eine Lehrerin aus Chicago ist bestürzt, weil der Großteil ihrer Schüler in Mathematik nicht begreift, was sie ihnen beigebracht zu haben glaubt. »Sie sitzen da, und es scheint, sie begreifen, was man sagt, aber dann muß man feststellen, daß sie überhaupt nichts verstanden haben.« Acht ihrer vierzig Schüler traut sie zu, einen Abschluß, zu schaffen, wenn man sie richtig darauf hintrimmt. Es ist Ferienzeit, dennoch fährt sie jeden Tag auf der miserablen Straße zur Schule, um die acht zu unterrichten, die zum Teil aus kilometerweit entfernten Dörfern kommen. Sie arbeitet stundenlang mit ihnen und geht immer wieder die gleichen Probleme durch.

Dieselbe Lehrerin erzählt mir folgende Geschichte: Vor nicht allzulanger Zeit stand sie in Harare die üblichen drei, vier Stunden an, um etwas auf einer Behörde zu erledigen. Sie war die einzige Weiße unter ungefähr hundert Schwarzen. Die junge schwarze Angestellte blickte nicht auf, wenn sie den Leuten die erforderlichen Fingerabdrücke abnahm. Als sie jedoch die weiße Hand sah, hob sie den Blick und fragte unfreundlich: »Haben Sie sich die Hände gewaschen?« »Nein.« Die Angestellte hatte das bislang niemanden gefragt. »Dann gehen Sie und tun Sie es.«

Dieser Vorfall ist das genaue Spiegelbild der früheren willkürlichen Behandlung der Schwarzen durch die Weißen.

Man darf nicht glauben, daß alle ausländischen Lehrer oder Entwicklungshelfer wirklich nützlich sind. In einem Dorf lernte ich einen jungen Engländer kennen, der am nächsten Tag wieder abreisen sollte, und er fühlte sich elend. »Hierherzukommen war das Beste, was ich je gemacht habe. Ich habe unglaublich viel gelernt. Es ist ein wunderbares Volk.«

Als ich den Sachverständigen, der mich begleitete, über den jungen Mann ausfragte, sagte er: »Sie schicken uns diese jungen Leute, die uns etwas beibringen sollen. Sie wollen auch helfen, aber zunächst müssen *wir* ihnen erst einmal zeigen, was eigentlich *sie* uns vermitteln sollten. Wenn sie hier eintreffen, wissen sie sich nicht mal zu benehmen, sie haben keine Manieren. Was lernen sie nur zu Hause in ihren Schulen? Dieser hier hatte einen Nervenzusammenbruch. Manchmal trinken sie, weil sie so einsam sind, und es fällt ihnen schwer, mit uns Freundschaft zu schließen.«

Die Frau, in deren Hütte der junge Engländer lebte, sagt: »Er ist kein schlechter Mensch. Er will freundlich sein.«

Der Sachverständige: »Diese jungen Leute werden dafür bezahlt, uns etwas beizubringen, und nicht umgekehrt.«

Die Frau, bei der der junge Mann wohnte, die groß ist und vor Gesundheit nur so strotzt. wird plötzlich zu dem jungen Mann Ihr Körper nimmt eine flehentliche Haltung ein, sie beugt sich nach vorn, reckt das Kinn, blickt mit einem halb aggressiven. halb um Entschuldigung bittenden Ausdruck von einem zum anderen. Sie ist der arme junge Mann, eine hoffnungslose Gestalt, die in diesem Augenblick einem kleinen Kind einen Keks hinhält, den es schüchtern nimmt. Die Frau wird wieder sie selbst und lacht schallend. Alle lachen mit ihr.

## LIEBE ODER SO ETWAS ÄHNLICHES I

In einer entlegenen Gegend Simbabwes leben zwei amerikanische Lehrerinnen gemeinsam in einem winzigen Haus am Rand eines staubigen Dorfes. In der Nähe befindet sich eine Schule, die mitten auf einer staubigen Fläche errichtet wurde. Beide stammen aus wohlhabenden Familien, aus einer Großstadt im Mittleren Westen, und sind ein angenehmes Leben gewohnt. Eines Abends, nach dem Essen, sitzen sie an ihrem kleinen Eßtisch und korrigieren bei Kerzenlicht die Hausaufgaben der Schüler. Jemand klopft an der Tür. Sie öffnen, und herein kommen ein alter Mann und zwei junge Männer: ein Unterhäuptling aus dem Ort und seine beiden Gehilfen. Verdammt, denken die Mädchen, es ist schon halb neun, Zeit, ins

Bett zu gehen, wenn wir morgen um fünf aufstehen wollen. Die Flamme erstickt in einer schmierigen Pfütze, schnell zünden sie eine neue Kerze an.

»Kommt rein, kommt rein, setzt euch«, fordern sie die Ankömmlinge auf. »Wollt ihr etwas zu trinken? Bier, Tee, Kaffee, Mineralwasser?«

Der alte Mann setzt sich, die jungen Männer bleiben hinter ihm stehen.

Die Mädchen kennen den alten Mann. Er ist der Vater zweier Schüler.

»Ich komme in einer ernsten Angelegenheit.«

Die Mädchen sehen einander an: Das muß bedeuten, daß er mit Gwenda sprechen will. Seine Tochter, Gwendas Schülerin, gerät oft in Streit mit ihr.

Das andere Mädchen zieht sich diskret in die Küche zurück, wo sie im Stehen und bei Kerzenlicht weiterkorrigiert.

Gwenda lächelt, um den alten Mann zum Sprechen zu ermuntern.

»Ich bin gekommen, um dich zu bitten, meine zweite Frau zu werden«, sagt er.

»Wie bitte?«

»Ich liebe dich. Du mußt meine Frau werden«, beharrt er.

Es dauert eine Weile, bis ihr eine Antwort gelingt. »Glaubst du, daß wir eine Beziehung zueinander aufbauen können?«

»Ja, ich liebe dich.«

»Aber deine erste Frau wird unglücklich sein. Und eifersüchtig.«

»Eifersucht ist bei uns unbekannt.«

Tatsächlich? hört Gwenda die Kollegin in der Küche denken, die alles mitanhören muß, weil das Haus so klein ist. Sie wird noch nervöser.

»Aber du bist älter als mein Vater.«

»Das macht nichts. In unserer Kultur spielt das keine Rolle.«

Gwenda steht da, eine ungeöffnete Bierflasche in der Hand, und starrt ihn an. Dann: eine Inspiration. Und noch während sie spricht, weiß sie, daß sie gerettet ist. »Aber meine Eltern werden davon nichts wissen wollen, sie würden nie zustimmen, daß ich auf Dauer so weit von zu Hause entfernt lebe. Sie würden nie ihre Erlaubnis dazu geben.«

»Wenn das so ist«, sagt der alte Mann, »habe ich nichts mehr dazu zu sagen.«

Die Bierflaschen werden geöffnet und die zwei jungen Männer überredet, sich zu setzen. Die beiden Lehrerinnen unterhalten sich ungefähr eine Stunde lang mit ihren Gästen, und schließlich sind alle einhellig der Meinung: Ja, wir werden alle gute Freunde sein.

## LIEBE ODER SO ETWAS ÄHNLICHES II

Dasselbe kleine Haus, dieselben zwei Mädchen, ungefähr zur gleichen Zeit abends. Lärm dringt herein. Sie ziehen den Vorhang zur Seite. Ein junger Mann, den sie von der Arbeit her kennen, ein Gemeindearbeiter, schwankt draußen herum. Er ist betrunken. »Gwenda«, heult er, »Gwenda.«

»Aber ich habe nichts getan, um ihn zu ermuntern«, rechtfertigt sich Gwenda angesichts des ironischen Blicks ihrer Kollegin.

»Geh ja nicht hinaus«, empfiehlt diese.

Gwenda ist keine ausgesprochene Schönheit, wie man vielleicht denken könnte. Sie ist hübsch. Genau wie ihre Freundin, die auch ihre Chancen hatte.

Aber Gwenda hat ein großes Herz, und wenn man ihm nicht beisteht, wird der junge Mann wahrscheinlich zu Boden stürzen.

»Es ist Zeit«, sagt sie zu ihm, »daß du ins Bett kommst.«

»Gwenda«, grölt er und umarmt sie, »ich habe einen schrecklichen Tag hinter mir. Wir haben sechs Freiheitskämpfer, die hier getötet wurden, in ein neues Grab umgebettet. Ich liebe dich. Ich möchte eine weiße Freundin.«

Sie stößt ihn zurück. »Aber ich möchte keinen schwarzen Freund. Interkulturelle Ehen sind sehr schwierig. Außerdem habe ich zu Hause schon einen Freund.«

»Ja, ja. Du mußt es dir überlegen. Ich liebe dich.«

Sie erwidert streng: »Du bist sehr egoistisch. Du mußt lernen, die Dinge auch vom Standpunkt anderer zu sehen.« Und sie geht zurück ins Haus.

Am nächsten Tag begegnen sie sich im Supermarkt. Es ist nur ein kleiner Laden. Unerwünschte Begegnungen sind nicht zu vermeiden.

Er sagt: »Man hat mir erzählt, daß ich mich letzte Nacht dir gegenüber ungehörig benommen habe.«

»Ja, so war es.«

»Es tut mir sehr leid. Ich bin heute morgen wirklich betrübt deswegen.«

»Deine Entschuldigung ist angenommen.«

Ein Jesuitenpriester sagt: »Allerseelen hat hier eine besondere Bedeutung. Die Seelen sind die Seelen der Freiheitskämpfer, die während des Kriegs umkamen und nicht begraben wurden.«

Teams ehemaliger Freiheitskämpfer werden in die Gegenden geschickt, in denen sie früher gekämpft haben, um sich daran zu erinnern, wo Genossen getötet, verscharrt oder auch unbegraben zurückgelassen wurden. Die Leichen oder Knochen werden dann ordnungsgemäß beigesetzt. Viele glauben, daß es im Land nur so von unzufriedenen, rachsüchtigen Geistern wimmelt und daß sie es sind, die für die vielen Probleme Simbabwes verantwortlich sind.

## ZWEI WEISSE FARMER UND DAS BUCHTEAM

Wir sind wieder bei dem Farmer, der uns im letzten Jahr Vorträge über die Bodenbeschaffenheit gehalten hat, und beobachten Scharen von Saisonarbeitern beim Pflanzen von Tabak. Das ist heute keine unsichere Angelegenheit mehr wie früher, als alles vor allem vom pünktlichen Eintreffen der Regenfälle abhing. Bewässerungssysteme ermöglichen heute ein um Wochen vorverlegtes Pflanzen. »Wasser, wir haben jetzt soviel Wasser«, sagt der Farmer und meint damit den neuen Stausee, der nach den guten Regenfällen voll ist und die Farmen in der Gegend ausreichend versorgt. Es wird jetzt dreimal im Jahr geerntet. »Bodengewinn«, sagt der Farmer gereizt, weil er, der richtige Erde liebt, einen Boden bewirtschaftet, der wie Ziegelstaub aussieht und mit Chemikalien vollgesogen ist. Es ist kein Vergnügen, diese Erde zu betrachten oder zu berühren. Hier wird sich der Farmer nicht hinunterbeugen, eine Handvoll davon aufheben und sie ehrfürchtig bewundern. Er deutet auf die Farm gegenüber vom Fluß. »Das ist vielleicht ein Farmer! Der verschwendet keine Zeit, indem er nachts wachliegt und darüber sinniert, wie uns die Natur wieder einen Strich durch die Rechnung machen wird. Seine Farm ist hochtechnisiert, er hat einfach alles. In diesem Distrikt sind wir besser ausgerüstet als ganz Israel ... Ja, natürlich ist er ein Weißer. Die Affs können mit dieser Art zu farmen nichts anfangen, und recht haben sie. Hoffentlich bleibt das in alle Zukunft so.«

Er geht davon, gereizt und auf eine Weise entmutigt, die mich an *damals* erinnert. Er hat Probleme mit seinen Arbeitern.

Es sei alles seine Schuld, sagt er, das alles habe er nur sich selbst zu verdanken. Während der letzten Saison konnte er es plötzlich nicht mehr mitansehen, wie die Saisonarbeiterinnen Stunden über Stunden auf dem Boden hockten und Tabakblätter bündelten – mit ihren Babys auf dem Rücken. Acht Stunden täglich. Es war verrückt. Er bot ihnen an, einen Kinderhort mit zwei ausgebildeten Kinderschwestern einzurichten. Die Frauen weigerten sich jedoch, das Angebot anzunehmen, sagten, fremden Frauen würden sie ihre Kinder nicht anvertrauen – sie hatten Angst vor Hexerei.

»Hexerei! Das ist doch ohne jede Vernunft! Das ergibt keinen Sinn! Ist irrational! Dieses Jahr hab ich's wieder versucht, aber sie wollen nichts davon wissen, und irgendwas Unangenehmes liegt in der Luft, aber sie sagen mir nicht, was. Ich weiß nur, daß ich plötzlich als Bösewicht gelte.«

Ich schildere den Fall dem Buchteam. Da sitzen wir zu fünft unter einem Baum und plaudern über den Gang der Welt. Sylvia und Talent sind beide davon überzeugt, daß der Farmer, ein Weißer, den Hort nur will, damit die Frauen noch mehr arbeiten können. Ich erkläre, daß dem nicht so ist, der Farmer vielmehr auf seiten der überlasteten Frauen stehe. Sie wollen davon nichts wissen. »Merkt ihr eigentlich, daß ihr gleich das Schlimmste annehmt, nur weil er weiß ist? Traut ihr den Weißen denn überhaupt keine menschlichen Regungen zu?« Es nützt nichts. Als ich auf meinem Standpunkt beharre, meinen sie: »Und überhaupt, er setzt auf einer zu hohen Ebene an. Er hätte sich im Farmdorf erkundigen und Frauen suchen sollen, denen seine Saisonarbeiterinnen Vertrauen entgegenbringen. Das ist nicht einfach, wenn sie zu unterschiedlichen Stämmen gehören.« Als sei das ein Beweis für den bösen Willen des Mannes und nicht für seine Ahnungslosigkeit.

»Aber wenn er die Sache anders anginge, würden sie dann einen Hort akzeptieren?« frage ich. Es folgt eine lange Diskussion, die zu dem Schluß gelangt: Wahrscheinlich nicht. Cathie ist unglücklich wegen des Vorwurfs der Hexerei und will, daß die anderen ihr zugestehen, er sei übertrieben. Aber Talent, Sylvia und Chris bleiben dabei: Hexerei ist ein ernst zu nehmendes Problem und wird nicht dadurch gelöst, daß man es ignoriert.

Ich erzähle dem Kaffeefarmer von der Sache.

»Ich frage mich, wie oft gutgemeinte Vorschläge seitens der Weißen aus purer Unwissenheit fehlschlagen. Ich wäre nicht im Traum auf die Idee gekommen, ins Dorf zu gehen, eine Frau zu suchen und mit ihr über so etwas wie einen Hort zu sprechen. Nie hätte ich auch nur am entferntesten an Hexerei gedacht. Warum auch? Weshalb sagen sie uns nie, warum wir mit irgendeiner Sache falsch liegen?«

Weiße Farmer sind böse – und damit hat es sich. Es stimmt, daß einige nicht unbedingt reizende Menschen sind. Aber was ist mit den anderen, die sich wirklich bemühen? Es ist ein Jammer. Ich muß an Alan Patons Satz denken: »Ich fürchte, wenn sie uns lieben, werden wir sie hassen«, auch wenn ich das Wort »lieben« in diesem Zusammenhang nicht gebrauchen würde. Ich erinnere mich an einen Streit mit einem schwarzen Freund, der sich sein Bild von den weißen Farmern, die er als grausame Wilde sah, bewahren wollte. Er mußte mehr und mehr nachgeben, bis er zum Schluß ausrief: »Aber sie lieben ihr Zuhause nicht so wie wir.« Wenn es jedoch etwas gibt, was die Weißen von Anfang an ausgezeichnet hat, dann die Liebe für ihr Land. Als ich das sagte, konnte er es nicht ertragen, und Prousts Gräfin kam mir in den Sinn, die angesichts einer ihr unangenehmen Wahrheit (ich glaube, daß sie es war) ausrief: »Aber so sagen Sie es mir zumindest nicht!« Was politische Empfindungen anbelangt, gibt es einen Punkt, an dem ein unsichtbares Gleichgewicht kippt, und anschließend wollen die Menschen nichts mehr davon wissen. *Basta.* Es reicht.

Die Schwarzen sprechen über die Weißen, als gehörten sie zu einem Bodensatz von Menschen, die sich einfach nicht verändern, sondern sich auf ewig an ihren Privilegien festklammern, gleichgültig, was geschieht. Ja, einige sind durch die Lücke geschlüpft, aber die, die geblieben sind, das sind meist auch die, die schon sehr lange hier sind ... Es hat nie eine homogene, stabile weiße Minderheit gegeben. Seit der Besetzung 1890 sind 600 000 Weiße durchs Land gezogen. Auf dem Höhepunkt der weißen Vorherrschaft unter Smith lebten 250 000 Weiße im heutigen Simbabwe. Zu meiner Zeit, *damals*, waren es zwischen 100 000 und 150 000. Nur einige Farmer, Beamte, Politiker oder Geschäftsleute hatten hier tatsächlich ihren ständigen Wohnsitz. Der Rest kam und ging. Sie verließen das Land, weil sie die weiße Vorherrschaft haßten oder weil sie bankrott waren. Nur wenige Schwarze sind in der Lage, sich vorzustellen, daß es auch arme Weiße gibt. Die Kluft war immer zu groß: Alle Weißen waren unermeßlich reich. Während der dreißiger Jahre kamen viele junge Briten nach Afrika, weil in England Depression und Arbeitslosigkeit herrschten, und sie nahmen in Rhodesien jeden Job an, der sich ihnen bot, aber oftmals scheiterten sie und kehrten zurück – wenn ihnen Verwandte das Geld für die Reise schickten –, kehrten zurück zu Arbeitslosigkeit, Trunksucht und jeder Art von Demoralisierung. Dennoch betrachteten die Schwarzen sie als reich.

Auf dieser Reise lerne ich eine katholische Laienarbeiterin kennen, die mir erzählt, daß sie nach Irland hat fahren dürfen und sehr erstaunt war, dort auf arme Menschen zu treffen. »Leute, die so arm sind wie wir« und Geld für Missionen und Kirchenarbeit spendeten. »Woher glaubten Sie, daß das Missionsgeld kommt?« »Ach«, sagt sie fröhlich, »ich hatte angenommen, alle Weißen seien reich. Ich habe mich wirklich geschämt, als ich sah, wie diese armen Menschen ein paar Münzen abzählten, die sie uns dann gaben.«

## EINE TRAURIGE, ABER WAHRE GESCHICHTE

Ein kluges, ehrgeiziges schwarzes Mädchen, der Stolz seiner Eltern, besteht Prüfung um Prüfung und erhält ein Stipendium für ein Universitätsstudium in den USA. Kaum ist sie dort angekommen, wird sie überhäuft mit Briefen, nicht nur von ihrer Familie und ihrem Klan, sondern auch aus ihrem Dorf und benachbarten Dörfern. Die Absender verlangen Geld, Kleidung, alles mögliche. Auch Bücher. Sie hat in ihrem Dorf eine kleine Bibliothek eingerichtet und bereits etliche Bücher gestiftet, schickt auch welche aus Amerika. Das ist eine teure Angelegenheit. Die amerikanischen Postgebühren sind hoch, und der simbabwische Zoll verlangt für jedes Paket, was ihm gerade gefällt. Sie bittet diverse Stiftungen um Unterstützung, weil ihr Stipendium nicht viele Extras gestattet. Noch immer kommen Bittbriefe. Sie tut, was ihr möglich ist. Sie lebt kärglicher als die meisten Studenten, ißt wenig und kleidet sich bescheiden, weil sie nach Hause schickt, was sie kann. Der Verzweiflung nahe, setzt sie eine Anzeige in die örtliche Zeitung und bittet um Kleider- und Geldspenden für ihr Dorf. Ein Vertreter Simbabwes in Washington warnt sie, sollte sie das noch einmal tun, werde ihr das Stipendium entzogen, sie bringe den Namen Simbabwes in Verruf.

Ihr eingeschränkter Lebensstil erschwert ihr das übliche studentische Sozialleben. Sie ist einsam. Zu Hause hatte sie ein sehr enges Verhältnis zu einer ihrer Schwestern. Unter größten Schwierigkeiten spart sie das Geld, um ihr den Flug zu bezahlen. Das Mädchen kommt, wirft einen Blick auf das kleine Zimmer, das karge Essen und die schlichte Kleidung ihrer Schwester und beginnt, sie zu beschimpfen. »Du hast uns alle belogen.« Was hatte sie erwartet? Offensichtlich das, was sie aus »Dallas« und dem »Denver-Clan« kennt, so leben nämlich die Menschen in Amerika. Sie bleibt drei Tage und besteht dann darauf, in ihr Dorf zurückzukehren. Die arme Studentin ist deprimiert und braucht ein Jahr, um den Schock dieser Zurückweisung zu verarbeiten. Sie ist überzeugt, nie wieder nach Simbabwe zurückkehren zu können, da sie keine Möglichkeit hat, die an sie gerichteten Forderungen zu erfüllen. Soll sie ins Kloster gehen?

Dasselbe Mädchen, zu Thanksgiving von einem Dozent zum Essen eingeladen und dazu aufgefordert, das Dankgebet zu sprechen, sagt: »Bitte, Herr, vergib uns, daß wir so viel Essen auf dem Tisch haben, daß sich mein Dorf eine ganze Woche davon ernähren könnte.« Ein paar der Gäste fühlen sich angegriffen und zitieren den Vorfall als Beispiel für schlechte Manieren und Undankbarkeit.

Ich erzähle die Geschichte einem Jesuitenpater, der eine Weile darüber nachdenkt und dann sagt: »Die Dorfbewohner werden bald schon – wie sie es manchmal auch mir gegenüber tun – sagen: ›Vergib uns, es lag nur an unserer Unwissenheit.‹«

Aber die Frage lautet doch: Wie ist es nach so langer Zeit immer noch möglich, daß es diese Unwissenheit gibt?

Die Antwort lautet: Die Schwarzen haben ihre Gedanken und Vermutungen über die Weißen in den Bereich von Legenden und Mythen verbannt, wo niemand ans Geldverdienen denkt.

Ich sitze allein auf der Veranda in den Bergen und sehe hinunter auf Hügel, Flüsse und Seen, als ein junger Mann aus dem Wald tritt und sich mir schüchtern nähert. Lächelnd setzt er sich neben mich. Ich bitte um Tee. Er heißt Never Harare – Niemals Harare. Warum Niemals? Er meint, weil es so lange gedauert hat, bis er geboren wurde. Aber wie lautet sein richtiger Name? Ugana. Er ist überrascht, daß ich danach frage. Obwohl er mehrere Jahre auf eine weiterführende Schule gegangen ist und auch einen Abschluß gemacht hat, verdingt er sich heute als Saisonarbeiter. Er spricht gut englisch und ist intelligent. Er will sich bei der Polizei bewerben, obwohl er nicht die nötigen Qualifikationen aufweisen kann. Warum bewirbt er sich dann? Ich kann die Antwort von seinem Gesicht ablesen: *Es könnte doch trotzdem klappen, oder?* Ich frage, was er gern wäre, wenn es nach ihm ginge. Diese Frage kann man in England nicht stellen, ohne daß man ein verlegenes Grinsen zur Antwort bekommt. Bei Afrikanern, die nicht mit solchen Hemmungen belastet sind, öffnet sie die Tür zur – in diesem Fall und das augenblicklich – Fantasiewelt des jungen Mannes. Seine Miene erhellt sich: Er glaubt, ich hätte einen Zauberstab und könnte ihm seinen Herzenswunsch erfüllen. Er wäre gern Farmer. Warum bewirbt er sich dann nicht um Land im Rahmen der Siedlungsprogramme? Vor Enttäuschung sackt er in sich zusammen. Er meint natürlich, er wäre gern ein Farmer wie die Weißen, mit einem genüßlichen Verandaleben. Schließlich erholt er sich wieder etwas und fragt, wieviel eine Farm wie diese kosten würde. Tausende, viele Tausende. Wir beäugen und taxieren einander vorsichtig. Ich will herausfinden, ob er glaubt, ohne Erfahrung und Kapital eine Farm betreiben und mit Darlehen und Krediten zurechtkommen zu können. Ich denke an die Farmer in dieser Gegend, mit ihren Kenntnissen und oftmals generationenalten Erfahrungen – einem Vater, Bruder oder anderen Verwandten mit einem Bauernhof in einer englischen Grafschaft – und mit einem häufig nicht unerheblichen Vermögen. Wie sieht sie dieser hoffnungsvolle junge Mann mit dem strahlenden Lächeln? Er sieht sie überhaupt nicht. Er will nur so leben wie sie, genau wie alle die anderen, denen man das versprochen hat, als sie noch im Busch kämpften. Wie sieht er sich selbst? Als jemand, dem etwas versprochen wurde. Wenn er jetzt hier auf der Veranda als Besitzer dieser Farm säße, wie würde er sich sein Leben dann vorstellen? Genau wie das des weißen Farmers – dabei weiß er sehr wohl, daß sofort seine Verwandten bis zum zehnten Grad über die Farm hereinbrechen würden und er sein Verandaleben vergessen könnte. Aber das macht nichts. Es ist ein Traum ... Als er aus dem Busch trat und sich neben mich setzte, spazierte er geradewegs in einen Traum, und jetzt lebt er ihn, trinkt Tee mit einer alten Frau, die ihn nach seinen Herzenswünschen fragt, auch wenn sie nicht erfüllen wird, was er als ein Versprechen heraushört.

Wenn ich sagen würde: »Never Harare, ich habe die Besitzurkunde einer Farm bei mir, die noch viel besser ist als diese, hier ist sie, die Farm gehört dir«, würde er nichts mehr für unmöglich halten. Die Weißen sind alle reich, und manchmal sind sie auch großzügig. Spontan schenken sie einem jungen Freund eine Farm – wenn sie in guter Stimmung sind.

Bei meinem Besuch 1956 las ich Romane von schwarzen Schriftstellern – damals ausschließlich Männer –, und in jedem Buch gab es eine Szene, in der der Held von seinem weißen Arbeitgeber in dessen Haus eingeladen wird. »Schlaf in diesem bequemen Bett, iß dieses gute Essen, und hier hast du ein paar schöne Kleider.« Danach lebte der Held wie Oliver Twist, der favorisierte Protegé, um schließlich – aber dieser Prozeß wird nie beschrieben – reich und mächtig zu werden. Im einen Augenblick ein armer Junge mit einem beschwerlichen Leben, im nächsten der Lieblingssohn oder Patensohn eines reichen weißen Wohltäters.

Bevor Never Harare wieder im Busch verschwindet, frage ich ihn, ob er je an die im Buschkrieg gefallenen Freiheitskämpfer denke. Ich sage nicht, sie sind gestorben, damit du frei bist, aber ich denke es. Er lächelt – höflich, nervös. Er weiß nicht, warum ich die Frage stelle, aber um mir zu Gefallen zu sein, antwortet er, daß er gern an sie denke. Dann sagt er: »Ich kenne keine Genossen. Damals bin ich noch zur Schule gegangen.«

## DIE FREIHEITSKÄMPFER

Zwei Veteranen des Buschkriegs unterhalten sich auf ihre typische, sarkastische und zugleich geistreiche Art.

»General Soundso hat neulich gesagt . . .«

»General? General? Es gibt Generäle und Generäle.«

»Ich meine einen richtigen General, aus *unserem* Krieg.«

»Ich verstehe, du meinst einen General.«

»Der General sagte: ›Warum respektiert die Jugend uns nicht mehr?‹ Woraufhin ich antwortete: ›Das liegt daran, daß sie euch nicht kennen. Sie gehören einer Generation an, die sich nicht mehr an unseren Krieg erinnert.‹ Da sagte er zu mir: ›Aber wir haben Simbabwe für sie befreit.‹ Und ich sagte: ›Aber wir Boys aus dem Busch sind jetzt Geschichte.‹ Darauf er: ›Wofür haben wir denn dann nur gekämpft?‹ Ich: ›Ja, das frage ich mich auch oft.‹«

»Die Tugend ist ihr eigener Lohn.«

»Ah ja. Daran habe ich noch gar nicht gedacht. Wenn ich den General das nächste Mal sehe, werde ich sagen: ›General, die Tugend ist ihr eigener Lohn.‹ Und er wird mir antworten: ›Darauf sei geschissen. Ich will mit allen Ehren in die Geschichtsbücher eingehen.‹ Und ich werde sagen: ›Selbst wenn wir in den Geschichtsbüchern stehen – werden die Kinder sie lesen?‹«

Ein Priester, der während des Buschkriegs eine Mission weit entfernt von Salisbury leitete, erzählt: »Die Boys schauten vorbei, wenn die Sicherheitskräfte andernorts beschäftigt waren. Sie wollten einen Abend lang ganz normale Menschen sein. Wir aßen, sie tranken und tanzten, es war eine Art Party. Sie haben mir den Jive beigebracht – wollen Sie es sehen? Es waren sehr junge Männer, manche noch richtige Kinder, sechzehn, siebzehn Jahre alt.«

Ein anderer Mann, der die Freiheitskämpfer oft dabei beobachtete, wie sie mit den Regierungstruppen Katz und Maus spielten, erzählt: »Der Krieg wurde nicht wegen der Tapferkeit der Boys im Busch beendet. Sie waren völlig demoralisiert und betranken sich jeden Abend, weil ihr Leben so hart war. Der Krieg mußte aus wirtschaftlichen Gründen beendet werden – die Sanktionen – und weil alle genug davon hatten.«

Ein ehemaliger Freiheitskämpfer sagt: »Sie haben uns benutzt. Wir haben für sie gekämpft. Wir haben uns angehört, was sie sagten, und es geglaubt. Plötzlich glaubt es keiner mehr.«

Gerade ist das Buch eines weißen Soldaten erschienen: *White Man, Black War*. Es ähnelt den Büchern, die amerikanische Soldaten über Vietnam geschrieben haben. Der Autor ist voller Entsetzen angesichts dessen, woran er beteiligt war. Er ist früher mit ganzem Herzen für die Sache der Weißen eingetreten, hat dann seine Einstellung jedoch geändert. Was er einmal bewundert hat, haßt er jetzt, alles Schlechte kommt von den Weißen, die Schwarzen sind völlig schuldlos. Das ist keine ungewöhnliche psychische Kehrtwendung, was jedoch interessant ist, ist die scharfe Kritik an den Weißen: Sie sind alle – ausnahmslos alle – arrogant, rassistisch und wollen den Schwarzen übel. Ich weiß, daß es viele solcher Menschen gibt, aber auf dieser Reise bin ich keinem einzigen von ihnen begegnet. Die Weißen sind zu guten Bürgern geworden. Wenn nur sechs Jahre dafür nötig waren, was werden dann weitere sechs oder zehn Jahre bewirken?

Die Freiheitskämpfer wurden im Unabhängigkeitskrieg von den *ngangas* beraten. Steht das in den Geschichtsbüchern? In den von ernstzunehmenden Historikern verfaßten Beiträgen wird es zumindest erwähnt. Aber was wird den Jungen und Mädchen in den modernen weiterführenden Schulen im Unterricht erzählt? Wenn sie gerade nicht besonderes Glück mit ihren Lehrern haben, nichts außer politischen Slogans und politischen Mythen. Nur wenn man mit einem Soldaten aus dem Buschkrieg redet, wird die Rolle der *ngangas* dankbar anerkannt.

Ich erzähle das einem ehemaligen Soldaten aus Smiths Armee, und er entgegnet: »Die *ngangas* haben auch uns beraten. Deswegen haben wir wahrscheinlich den Krieg verloren.«

Eine Party. Ehrengast ist ein weiblicher Chef. Obwohl viele Frauen zusammen mit den Boys im Busch gekämpft haben, wurden nur wenige Chefinnen. Manche von ihnen sind gut, manche schlecht – genau wie die Männer. Die Gäste kennen einander gut, und die Frau war eine Freundin des Hauses, lange bevor sie Freiheitskämpferin und anschließend Chefin wurde.

»Man« behauptet, daß sie keine Chefin werden wollte, aber Genosse Mugabe habe gesagt: »Das ist ein Befehl.« Er mag sie, weil sie kein Blatt vor den Mund nimmt und er ansonsten nur von Speichelleckern umgeben ist.

Sie redet während des gesamten Essens und auch noch danach, als wir dasitzen und einheimischen Kaffee und Wein trinken. Mir ist gesagt worden, »daß sie aufpassen muß, was sie sagt ...«, aber sie redet wie alle Leute, die normalerweise aufpassen, was sie sagen, nur dann nicht, wenn sie in Gesellschaft von Freunden sind.

Sie erzählt von den Lagern im Busch, wo sie zuerst als Mädchen und dann, als der Krieg kein Ende nahm, als junge Frau lebte. Die entscheidenden Jahre ihres Lebens verbrachte sie bei den Guerillakämpfern. Ihre Aufgabe war es, Jungen und Mädchen zu unterrichten, die wegen des Kriegs nicht zur Schule gehen konnten, und auch junge Männer und Frauen, die vor dem elenden Leben in den Dörfern geflohen waren und nach dem Krieg das Leben in der modernen Welt würden meistern müssen – ohne wirkliche Ausbildung. Wie weit weg muß ihr das normale Leben erschienen sein, als sie unter den Bäumen unterrichtete, stets auf der Hut vor Feinden.

Sie klingt oft minutenlang, als rezitiere sie eine offizielle Version des Kriegs, lauter abgedroschene Phrasen wie: Der Krieg gegen den Imperialismus, die Schlagkraft des Volkes, aber dann fallen andere Sätze und Worte, und bald schon hält sie sich nicht mehr an die autorisierte Version, sondern bringt ihre eigenen Gedanken zum Ausdruck. Sie erinnert sich ...

Gewisse staatstragende Figuren, die mittlerweile als unfehlbar hingestellt werden wie für die Ewigkeit geschaffene Statuen ... Der berühmte Soldat Soundso, der beste von allen, heute ein Vater der Revolution, verstand nichts von Politik, er verachtete sie. Ein anderer war immer betrunken ... Wieder ein anderer verhielt sich weiblichen Soldaten gegenüber so unverschämt, daß sie sich bei seinen Besuchen versteckten, bis er wieder fort war. Eine Befehlshaberin, nach der er bei einer Gelegenheit geschickt hatte, um von ihr ein Mädchen für die Nacht zu fordern, sagte zu ihm: »Ich bin verantwortlich für diese Mädchen. Sie sind hier, um für die Freiheit zu kämpfen, nicht um für dich die Hure zu spielen.«

Dann erzählte unsere Chefin von den »Prozessen« in den Lagern, die nach dem Vorbild von »Hochverratsprozessen« in den kommunistischen Ländern abgehalten wurden. Sie fanden im Busch, in der Wildnis statt, Menschen wurden erschossen oder aufgehängt, wenn man sie für schuldig befand – wessen? Des Verrats natürlich, aber letztlich handelte es sich um reine Machtkämpfe. »Es ging um nichts anderes«, sagt sie wieder und wieder, muß es ein ums andere Mal wiederholen, kummervoll, unfähig, davon abzulassen. All die Genossen mußten wegen ihrer mutmaßlichen Ambitionen sterben.

Die Geister dieser jungen Männer – die tatsächlich oft noch Kinder waren – scheinen sich bei uns im Zimmer zu versammeln, umgebracht von Genossen, die juristische Phrasen von sich gaben und im Namen des Volkes Urteile fällten. Wie viele? Keiner weiß es. Die Morde geschahen in den Lagern, vielleicht Hunderte. Das war zu einer Zeit, »als wir alle wahnsinnig waren, wie ich jetzt glaube«.

Die Ermordeten bildeten einen der Steine, mit denen der kommunistische Staat aufgebaut wurde, so wie vor langer Zeit die Leichen geopferter Menschen oder – später – Tiere in das Fundament eines Tempels oder heiligen Hauses eingemauert wurden, als Grundstein.

Während wir dieser Frau zuhören, die vermutlich auf der Seite der Mörder stand, müssen wir alle daran denken, wie sehr wir uns alle an die Barbarei gewöhnt haben. Wie Millionen anderer auf der ganzen Welt wurde diese Frau in einen Wahnsinn gezogen, wie man in einen Wasserfall stürzt, und was übrigbleibt, ist: »Heute glaube ich, daß wir alle wahnsinnig waren.«

Am nächsten Tag wird über den vergangenen Abend diskutiert – wie seltsam er doch war. Warum muß die Frau jetzt, so viele Jahre später, darüber reden und reden, wie ein Tier wieder und wieder eine wunde Stelle leckt?

Aber langsam werden uns bislang nicht beachtete Details gewärtig . . . Zum Beispiel hat sie gesagt, daß sie ein Paar Hosen trage, die noch aus dem gemeinschaftlichen Fundus von »damals« stammten. Sie hatte sie bekommen, nachdem eine Bombe ihr die eigenen Kleider vom Leib gerissen hatte. Bis heute kann sie die alte grüne Hose, die schon bessere Zeiten gesehen hat, nicht wegwerfen.

Den ganzen Abend über haben wir dem Monolog einer ehemaligen Soldatin zugehört, einer Frau, die von einer Zeit erzählt, einer Zeit, die einen so lebhaften Eindruck hinterließ, daß nichts je wieder so real sein wird. Warum ist mir das nicht sofort aufgefallen? Schließlich bin ich damit aufgewachsen. Mein Vater redete und redete über *seinen* Krieg. Und mit einemmal wird mir bewußt, warum erst jetzt?, daß alle Männer und Frauen in der Regierung, große Chefs und kleine Chefs, aus den Lagern kommen, aus dem Buschkrieg, und daß sie zumindest ihr ganzes Erwachsenenleben miteinander verbracht haben. Einst hat der Krieg sie verbunden, heute tun es die Erinnerungen an ihn. Sie sitzen da und sagen: »Erinnerst du dich . . .?« Aber für die Frage besteht eigentlich keine Notwendigkeit, denn sie wissen, daß die anderen sich erinnern und ebenfalls nicht vergessen können. Sie reden über den Krieg, auch wenn sie sich über ganz andere Dinge zu unterhalten scheinen. Nie wieder wird diesen Menschen etwas so Machtvolles geschehen, wie sie es bereits erlebt haben, als viele von ihnen noch nicht einmal zwanzig waren.

An diesem Abend hat sich für kurze Zeit der Vorhang vor der Einsamkeit der Soldaten gelüftet, deren Krieg der Vergangenheit angehört. Und die Gegenwart wird immer mehr von Menschen bevölkert, die ihnen nicht zuhören wollen.

Am interessantesten ist die Zukunft. Die offizielle Geschichtsschreibung, die autorisierte Version des Geschehenen wird als Tatsache ausgegeben, ist Teil feierlicher Zeremonien, wird in den Schulen gelehrt. Bereits eine ganze Generation junger Menschen ist damit aufgewachsen, als dem heiligen Fundament Simbabwes. Aber die Menschen, die in diesem Krieg gekämpft haben, die wissen, wie es wahre war, gehen erst auf die dreißig und die vierzig zu. Bald werden zumindest ein paar von ihnen ihre Lebenserinnerungen schreiben, und dann wird die Wahrheit über diesen Krieg ans Tageslicht kommen, und es wird zwei Versionen geben, die offizielle und die wahre. Jedem muß klar sein, daß das nicht zu verhindern ist. Dennoch wird auch weiterhin auf der autorisierten Version beharrt, bis zu einem Punkt, an dem ein Schriftsteller, der gelinde kritisch über den Krieg berichtet und andeutet, daß die Genossen nicht immer unfehlbar waren, von sämtlichen Rezensenten geschmäht wird. Tatsächlich gibt es schon heute neben der offiziellen eine verbal weitergegebene Version und unvermeidlicherweise werden die Chefs irgendwann reichlich albern dastehen.

Wenn je die Frage gestellt werden mußte: *Wie arbeitet nur der Verstand dieser Politiker?*, dann hier in Simbabwe.

## ERZIEHUNG

Ich werde von einer schlauen jungen Frau interviewt, einem Produkt der Universität von Simbabwe. Sie war eine der besten Studentinnen ihres Jahrgangs. Ich bin so beeindruckt, daß ich sie gegenüber verschiedenen anderen Leuten erwähne, und was die dazu zu sagen haben, läuft etwa auf folgendes hinaus: Nein, heute würde sie sicher nicht mehr so erfolgreich sein. Erstens sei sie weiß, zweitens unpolitisch und drittens eine Frau. Jeder Punkt für sich allein würde nichts ausmachen, aber alle drei zusammen seien nun mal eine üble Hürde. Nein, deswegen solle ich nicht glauben, daß Simbabwe durch und durch so ist. Im großen und ganzen sei man gutmütig, freundlich und unbeschwert. Aber wenn die Stalinisten ins Spiel kämen ... Und abgesehen davon, hätte ich schon darüber nachgedacht, wie außergewöhnlich es sei, daß sich die weißen Ideologen der Uni mit dem schwarzen Rassismus identifizierten? Sie hassen und verfolgen die eigene Art, während sie sich selbstverständlich über jedweden »Rassismus« der anderen beklagen.

Bestimmte Ideen, die eindeutig der Vergangenheit entstammen, sind nicht leicht zu verändern. Bereits eine Generation, die Literatur und Geschichte studiert hat, ist durchdrungen von stalinistischem und realsozialistischem Gedankengut. Ein Historiker, der Vater der rhodesisch-simbabwischen Geschichtsschreibung, hat vor Studenten bereits zugegeben, daß er sich bei gewissen Deutungen getäuscht hat, die aber wollten davon nichts hören: »Wir haben etwas anderes gelernt.« »Aber ich sage euch, was ihr gelernt habt, ist falsch. Ich selbst habe diese ›Geschichte‹ geschrieben, und jetzt weiß ich, daß Teile davon falsch sind.« Es hatte keinen Sinn: Was sie gelernt hatten, war die wahre Geschichte. Während Marxismus und Kommunismus überall auf der Welt zurückgedrängt werden, bleiben die *Menschen*, die Marxisten und Kommunisten waren, doch die gleichen, auch wenn sie sich anders nennen, sogar anders von sich denken: Ein großer Teil starrer marxistischer und kommunistischer Überzeugungen wird unüberprüft und unbeschädigt in ihren Köpfen überdauern.

Ein Freund, der eine amerikanische Universität besuchte, an der Geschichte noch wie vor zwanzig, dreißig Jahren gelehrt wird, erzählte, daß er sich an *Väter und Söhne* erinnert gefühlt habe, an das Kapitel, in dem Basarow seinen Freund in die Vergangenheit führt. Er bringt ihn zu einem alten Paar, das die Aufklärung verkörpert: Unberührt von allem, was in der Zwischenzeit geschehen ist, leben sie in einem Traum vergangener Aufrichtigkeit und unüberwindlicher Rechtschaffenheit.

*Strohhalme in einem unangenehmen Wind aus unterschiedlichen Richtungen:* Auf dieser Reise – nicht auf der 1988 – habe ich alle möglichen Leute abschätzig von den »Intellektuellen« reden hören.

»Wer sind die Intellektuellen?«

»Die Studenten, sie bringen den Staat ins Wanken.«

»Die Dissidenten.«

»Welche Dissidenten?«

»Ach, Sie wissen schon, Leute, die immer alles kritisieren.«

Ähnlich sprechen die Leute von »Verrätern«, ein Wort, das so geistlos gebraucht wird wie etwa in folgendem Beispiel: »*Was* wird denn verraten?« »Wenn Sie das noch fragen müssen, dann kann ich Ihnen leider auch nicht helfen.« Die sechziger Jahre werfen lange Schatten.

Das Wort stammt noch aus Kriegszeiten, als Dutzende umgebracht wurden – »man wurde sie los«. Es besitzt die Macht, den Denkprozeß zu destabilisieren. Heute bezeichnet es alle, die man mißbilligt, es wird – nicht unähnlich unserem Gebrauch des Wortes »Faschist« – als Schimpfwort benutzt, das immer paßt.

»Verräter« ist oft gleichbedeutend mit »Spion für Südafrika«. In Sambia, wo es drunter und drüber geht und entsprechender

Bedarf an Sündenböcken besteht, sieht man an allen Ecken und Enden Spione für Südafrika. Vor acht Monaten hörte man in Simbabwe noch nichts über sie, aber plötzlich sind selbst die offensichtlich harmlosesten Menschen Spione. Natürlich gibt es Leute, die für Südafrika spionieren, dabei bräuchte sich Südafrika überhaupt nicht die Mühe machen. Wenn sein Ziel darin besteht, seine Nachbarstaaten zu destabilisieren, reicht allein schon deren Paranoia, es zu verwirklichen.

An einer Straßensperre zwischen Bulawayo und Harare wird ein Polizist mißtrauisch, weil eine ausgebreitete Landkarte auf meinem Schoß liegt. Wozu brauchen wir eine Landkarte? Wir erwidern, da wir nicht über die Hauptstraße fahren wollten, bräuchten wir eben eine Karte. Gedanken, die einem bei solchen Gelegenheiten durch den Kopf gehen – zum Beispiel, daß echte Spione wohl kaum eine Landkarte offen auf dem Schoß liegen haben würden –, scheinen angesichts der wütenden Feindseligkeit des Mannes jegliche Schlagkraft verloren zu haben. Der Eindruck einer irrwitzigen Farce – im Theater höchst angemessen – entsteht aufgrund des Kontrastes zwischen dem von uns zu vermutenden Ernst tatsächlicher Spionagefälle und den lächerlichen Auswüchsen auf den unteren Ebenen. So mahnte uns ein kleinlicher Funktionär, stets die Augen offenzuhalten nach Spionen aus der Republik. Südafrikaner gibt es zuhauf in Simbabwe, meist Touristen. An jedem besonders schönen oder interessanten Ort, das heißt fast überall, sieht man Gruppen von Südafrikanern. Alle würden sie auf wenig befahrenen Straßen eine Karte auf ihrem Schoß ausbreiten ... und damit befinden wir uns bereits im Reich der Farce, die so charakteristisch ist für das Thema Spione und Spionage.

Tekere steht selbstverständlich im Sold des südafrikanischen Geheimdienstes. Und zudem zieht er auch noch Vorteil daraus, indem er Witze darüber macht – besagen gezielt von Propagandisten und simbabwischem Geheimdienst (C.I.O.) in die Welt gesetzte Gerüchte. Als Joshua Nkomo in Ungnade war, galt er ebenfalls als mutmaßlicher Spion. Kein Mensch glaubte es. Jeder bekannte Systemkritiker, jeder Studentenführer, jeder Mensch, der im Verdacht steht, talentiert oder originell zu sein, kann von heute auf morgen in den Ruf kommen, ein Spion für Südafrika zu sein. Was nicht ungewöhnlich ist für totalitäre Staaten. Neid hat schon viele Spione hervorgebracht.

Es gibt allerdings auch vernünftige Leute an maßgeblichen Stellen, die gegen diesen Irrsinn ankämpfen. Einer von ihnen ist Canaan Banana an der Universität. Vor kurzem erst hat er öffentlich betont, Simbabwe sei eine Demokratie, und jeder dürfe jederzeit kundtun, was er denke.

Seit der Unabhängigkeit macht die Universität Schwierigkeiten. Erstens gibt es dort Studenten. Zweitens auch noch andere Menschen, die denken. Drittens kommen viele Akademiker aus dem Ausland und bringen Ideen und Informationen mit. Jede erdenkliche Anstrengung wurde unternommen, um die Universität unter Parteikontrolle zu halten, aber sie gebärdet sich wie ein wilder Ochse, der nicht ins Joch will. Die letzte restriktive Maßnahme, die sofort Scham und Wut heraufbeschwor, verlangt, daß Wissenschaftler, die zu Untersuchungen ins Land kommen, eine Erlaubnis des Innenministeriums vorweisen können. Oft werden derlei Auflagen jedoch einfach ignoriert. Überall trifft man Menschen, die sich verzweifelt um die Ehre Simbabwes bemühen und versuchen, das Land vor seiner eigenen Dummheit zu retten. »Eines Tages wird Mugabe . . .«

Jedermann ist beunruhigt wegen des neuen Ministeriums für Politische Angelegenheiten. An der Spitze arbeiten bemerkenswerte Männer und Frauen, alle jung oder kaum in mittleren Jahren. Sie sind kompetent und mit Leidenschaft bei der Sache. Aber in einem Land wie Simbabwe, in dem es nicht genügend ausgebildete Fachkräfte gibt, reflektiert das, was auf den unteren Ebenen geschieht, nicht notwendigerweise die Kompetenz der Chefs. Manchmal glaube ich, daß die politisch Verantwortlichen – und zwar überall auf der Welt –, die im Kreis von klugen Kollegen gut klingende Maßnahmen formulieren, noch ein Stück weiterdenken und sich überlegen sollten, wie sich nämliche Direktiven anhören werden, wenn irgendwelche ausführenden Organe sie verkünden: »Warum haben Sie diese Landkarte auf dem Schoß?«

Ein Zeitungsredakteur: »Mugabe sollte uns die Geheimdienstleute vom Hals schaffen. Sie merken es nicht, weil Sie nicht von hier sind. Aber ständig schnüffeln sie herum. Ein Schriftsteller wollte einen Thriller über ein Land schreiben, in dem ein Coup drohte. Er sprach mit einem Freund über die Idee. Ein paar Tage später stand der Geheimdienst vor der Tür und riet ihm, das Buch zu vergessen, die Leute würden glauben, er meine Simbabwe. Er schrieb das Buch nicht. Leicht zu sagen, er hätte sich nicht darum kümmern sollen. Wenn ich in England lebte, würde ich mich auch nicht darum scheren. Aber es ist kein Honigschlekken, wenn der Geheimdienst auf ein kleines Schwätzchen vorbeischaut. Sie wissen, wie sie einen in Angst und Schrecken versetzen können. Und vergessen Sie nicht, der beste Redakteur, den das Land jemals hatte – der vom *Chronicle* in Bulawayo –, selbst der ist gefeuert worden. Wenn es um eine heikle Sache geht, genau dann, wenn man anfängt zu denken, ich habe Frau und Kinder, kommen zufällig die Leute vom Geheimdienst vorbei und sagen: ›Laß uns ein Glas trinken gehen und über die Sache reden.‹«

In London spricht eine internationale Expertin über das sambische Desaster und die Demoralisierung der Bevölkerung: »Die Menschen blicken ständig über ihre Schulter, um sich zu vergewissern, daß sie nicht von der Geheimpolizei bespitzelt werden.« Ich sage, daß ich nichts dergleichen in Simbabwe beobachtet habe. Im Gegenteil, alle, denen ich begegnet bin, haben ihre Meinung mit lauter Stimme kundgetan. Schwer vorzustellen, daß sich dieses überschwengliche, respektlose, humorvolle Volk mit einer Gedankenpolizei abfinden würde. »Das widerspricht dem, was mir meine Leute berichten«, sagt sie. »Ich schätze, die Simbabwer haben nur noch wenig Zeit, um sich zu entscheiden, ob es ihrem Land wie Sambia ergehen soll oder nicht. Ihre Kultur ist autoritär und hierarchisch, es ist nicht einfach für sie, die Herrschenden herauszufordern. Große politische Bewegungen sind eine Sache, aber etwas anderes ist es, einem kleinen politischen Boss irgendwo auf dem Land die Meinung zu sagen. Da ist etwas in ihrer Kultur, ihrer Tradition und Geschichte, das sie hilflos macht, wenn sie es mit Erscheinungen westlicher Zivilisation zu tun bekommen. Unsere Organisation finanziert etliche Projekte, aber ein Teil des Geldes wird wohl immer gestohlen werden, außer es bleibt bis zum Schluß bei Schecks. Was für ein Beispiel geben die Führer ab? In Harare sehen die Menschen nur, wie die Chefs durch Betrügereien reich werden. Und was passiert, wenn sie sich beschweren? Und zu allem besteht Mugabe jetzt auch noch auf einem Einparteienstaat, dann wird es überhaupt keine Opposition mehr geben.«

Ich frage sie, ob sie nur in Harare oder auch auf dem Land gewesen ist. Ihr wird unbehaglich. »Nein, ich war nur in Harare, leider.«

Ein Gedicht aus *Tso Tso*:

Starke Fesseln binden meine . . . meine
Starke Fesseln binden meine Zunge.
Starke Fesseln binden meine höhnende
  Zunge, bringen sie zum Schweigen,
Ohne Macht oder Recht oder Eisen,
  und lecken am Tor dieses Höhlenreichs.

Zungen! Wer hätte gedacht, daß sogar Zungen
  unter Spinnennetzen verstummen?
Während der Tage zerstörerischer Kugeln,
  während die Parolen gesungen wurden,
Während dieser Jahre blutiger Bajonette,
  beim Klang beruhigender ›aufrichtiger‹ Versprechen,
Wer wäre da jemals auf den Gedanken gekommen –
  – enge Fesseln für die Massen?
Zungen-GEN-GEN-GEN –

S. Kumbirai Rukuni

## MUSTER

Man zeigt mir einen Stein, in dem die Umrisse eines Blatts zu erkennen sind. Das Blatt ist wie der kleine Fisch auf meinem Kaminsims, die Struktur hat sich hartnäckig über die Jahrtausende der Zerstörung widersetzt. Der Fisch und das Blatt erinnern mich an einen Vorfall im London der sechziger Jahre. Aus einem Grund, den ich vergessen habe, versammelte sich fast jeden Abend eine buntgemischte Gruppe – junge Leute, alte Leute, Leute aus unterschiedlichen Erdteilen – um meinen großen Küchentisch, redete und trank Wein. Wir spielten ein Spiel: Jeder bekam einen Zeichenblock und Buntstifte, und wir malten gedankenlos vor uns hin. Ich weiß nicht mehr, wie dieses Spiel begann. Vor kurzem fand ich einen Stapel dieser alten Zeichnungen wieder und erinnerte mich sofort, wer was gezeichnet hatte. Jeder hatte einen unverwechselbaren Stil und Themen, die sich Abend für Abend, Woche für Woche wiederholten. Ein paar von uns waren geradezu verzweifelt, versuchten dem Muster zu entfliehen, dem Zwang, immer wieder das gleiche zu reproduzieren, sosehr wir uns auch dagegen sträubten. Ein Mann, der als Katholik aufgewachsen war und später Atheist wurde, zeichnete enge kleine Muster, und in jedem war irgendwo ein Kreuz. Es gab keine Möglichkeit, wie er diese Kreuze hätte vermeiden können. Wenn er sich zwang, auf eins zu verzichten, stellte sich heraus, daß nun das Muster selbst in Kreuzform angelegt war. Ein junges Mädchen, das sich in einem dieser psychischen Labyrinthe befand, aus denen es keinen Ausweg zu geben scheint, zeichnete verwickelte, knotenartige Muster, die wie kompliziert geflochtene Zöpfe aussahen. Sie konnte nichts anderes aufs Papier bringen. Wenn ihr Stift das Papier berührte, schien er aus eigenem Antrieb diese verschlungen schwarzen Knoten zu malen. Eine Frau, damals auf dem Höhepunkt ihres Lebens, zufrieden und optimistisch, zeichnete Muster aus Blättern und Blüten. Sie versuchte, etwas anderes zu malen, aber jedes Tier, jede Person war zur Hälfte eine Pflanze, trieb Blätter und Blüten. Eine andere Frau, die unentschlossen war, ob sie ihren Mann verlassen sollte oder nicht, zeichnete eine Linie oder eine geometrische Figur und strich sie wieder durch, begann von neuem und strich wieder alles durch. Am Ende eines Abends war ihr Block voller zackiger Striche. Und so erging es allen. Wir wurden gesteuert von organisierenden, kontrollierenden Instanzen, die unserem Bewußtsein offensichtlich nicht zugänglich waren.

## BÜCHER

Präsident Mugabe hat gesagt, in jedem Dorf solle es eine gute Bibliothek geben. Ich habe etliche Schulen besucht, manche in so schlechtem Zustand wie die, die vom »Mann ohne Charakter« geleitet worden war, manche in gutem Zustand. Aber auch in den sehr guten Schulen stehen die Regale leer in den Zimmern, die sich Bibliothek nennen. Bücher von afrikanischen Autoren werden so häufig gelesen, daß sie ganz zerfleddert sind. Ausgesonderte Bücher von den größeren Bibliotheken bleiben ungenutzt, obwohl sich Titel darunter befinden mögen, die beispielsweise Kindern gefallen könnten. Niemand sortiert sie. Es gibt in diesem Land, in dem die elektronische Revolution noch nicht stattgefunden hat, einen großen Hunger nach Büchern und Buchempfehlungen. Mit manchen Radios kann man die BBC empfangen oder südafrikanische Sender. Es gibt Video und ein paar Programme von der Offenen Universität, aber nur eine Minderheit profitiert davon, weil die meisten Schulen über kein Fernsehgerät verfügen. Bücher sind in Ländern wie Simbabwe so einflußreich wie eh und je. Man kann ihren Einfluß gar nicht überschätzen. Dambudzo Marechera, der Autor von *House of Hunger*, beschreibt, wie er als kleiner Junge in den Mülltonnen der Weißen nach Essen und Kleidung suchte und eine weggeworfene Enzyklopädie für Kinder fand. Sie veränderte sein Leben. Aber auch die großen Bibliotheken in Harare und Bulawayo haben wenig Geld. Sogar die Bibliothek der Universität von Simbabwe hat kein Geld, um die neuesten Bücher zu kaufen.

## MUSIK

Eine *mbira*-Party am Sonntagmorgen. Die *mbira* besteht aus einem Stück Holz, auf das lagenweise Metallbänder unterschiedlicher Länge und Breite gespannt sind. Man kann sie zwischen den Händen halten und, während man geht, darauf spielen. Wenn ich als Mädchen durch den Busch striff, hörte ich oft das leise, muntere Klimpern einer *mbira*, und plötzlich kam auch der Spieler in Sicht, meist ein junger Mann mit einer Hacke über der Schulter, seine Finger mit dem Handklavier (so nannten wir sie) beschäftigt, während seine Augen den Busch nach Wild absuchten.

Wenn man sie im Sitzen spielt, wird die *mbira* aus Gründen der besseren Resonanz in einer Kalabasse gehalten, und Kronenkorken tragen zur Tiefe und Fülle der Töne bei.

Ungefähr vierzig Personen haben sich auf der Veranda eingefunden, die auf drei Seiten von Zimmern umgeben ist. Der Swimmingpool wird ständig beobachtet, für den Fall, daß ihm Kleinkinder zu nahe kommen.

Schüler aus einer Schule etwas außerhalb von Harare sitzen in ordentlichen Reihen. Sie tragen ihre Tanzkleidung, trinken Limonade und naschen Erdnüsse. Sie sind eine bekannte Truppe und treten bei Banketten und Partys der Chefs auf. An diesem Tag tanzen sie zu ihrem eigenen Vergnügen. Zu essen gibt es *sadza* mit Erdnußsoße und grünem Gemüse, Reis und Curry, geschmortes Huhn, Brot und die berühmten Mangos aus Mutare. Eis. Coca-Cola fließt in Strömen.

Das *mbira*-Orchester besteht aus drei schwarzen Spielern, einer davon ist angeblich der beste in ganz Simbabwe, und ein paar weißen Amateuren. Die Kinder tanzen, und ihr Tanz ist trügerisch. Er beginnt mit einfachen Schrittfolgen, die Körper sehr ruhig, und steigert sich dann langsam zu einer wilden Abfolge von Bewegungen, bis man den verschiedenen, rasenden Rhythmen nicht mehr folgen kann. Auf dem Höhepunkt des Tanzes scheint es, als befänden sich die Füße der Tänzer ständig in der Luft, flögen Armen und Schultern hinterher, als antworte jeder Körperteil auf einen anderen Rhythmus. Eine vielleicht Achtjährige beobachtet die Bewegungen der älteren Mädchen und macht sie ihnen gewissenhaft nach. Sie ist bis zum äußersten konzentriert, als sie mit Armen und Beinen, mit dem ganzen Körper tanzt. Zu einer Zeit, als der Flamenco noch nicht zu einer rein touristischen Angelegenheit verkommen war, sah ich in Granada einmal vier oder fünf Frauen unterschiedlichen Alters zu – die älteste vielleicht sechzig –, die zusammen tanzten. Sie initiierten eine neue Tänzerin, ein zwölf-, dreizehnjähriges Mädchen. Die älteren Frauen sahen ihr zu, machten kaum merkliche Gesten, um sie zu korrigieren und zu ermuntern. Die Zuschauer, die alle wußten, worum es für das junge Mädchen ging, klatschten mit und ermutigten sie mit Zurufen. Eines Tages würde auch sie so eine berühmte Flamenco-Tänzerin sein wie ihre Großmutter, ihre Mutter, ihre Tante, ihre ältere Schwester ...

Sie tanzte für Stunden, völlig absorbiert von dem Ritual. Ebenso ergeht es dem kleinen Mädchen an diesem Sonntagmorgen auf der Veranda.

Die Anwesenden verlangen nach diesem oder jenem *mbira*-Stück. Immer ist es leise, zarte, subtile Musik, die Rhythmen außerhalb meiner Fähigkeiten, so wie ich die kraftvollen Bewegungen der Tänzer nicht verfolgen kann.

»Diese Musik ist für uns, was für euch das Neue Testament ist«, sagt der berühmte *mbira*-Spieler später im Gespräch. »Sie ist uns heilig.«

Nach dieser Reise hörte ich in London im Radio die verführerischste der Melodien dieses Vormittags noch einmal, begleitet von einem westlichen Orchester. Simbabwische *mbira*-Spieler werden außerhalb des eigenen Landes mit Ehren überhäuft, sind aber angeblich zu Hause kaum bekannt. In New York gibt es ein Zentrum für *mbira*-Musik. Oft haben junge Menschen keine Zeit für ihre eigenen Lieder und ihre Musik, bis sie sie von ausländischen Gruppen gespielt hören, die sich mit ihnen beschäftigt haben und sie auf ihre Weise interpretieren.

Als ich ein Kind war, zog ein Mann namens Hugh Tracey (»Dieser Hugh Tracey!«) von einem Dorf zum anderen und nahm Musik auf. Die Weißen betrachteten ihn als eine Art Freak oder sogar als Verräter. Ohne ihn hätte ein gut Teil dieser Musik nicht überlebt.

# EIN ENTWURF FÜR EIN THEATERSTÜCK. EINEN FILM?

## *EINE FRAU UNSERER ZEIT*

Der junge Mann, der eines Tages der Führer einer Befreiungsbewegung/einer Guerillaarmee/eines Landes sein wird und sein Volk im Exil oder Gefängnis vertritt, weist keinerlei Qualitäten einer beliebten Führerpersönlichkeit auf. Er ist eher schüchtern, gebildet, ein Beobachter. Der in der Partei und im Volk bekannteste Mann dagegen verfügt über alle diese Qualitäten. Wenn er spricht, dreht die Menge durch. Er steht mit ausgebreiteten Armen da, als wollte er alle umarmen, während die Menschen »Viva!« oder »Was für eine Schande!« schreien. Von ihm wird erwartet, einst das Land zu regieren, aber die Eigenschaften, die für seine Beliebtheit verantwortlich sind, richten ihn auch zugrunde: Es gefällt ihm, wenn man ihn mag, Unbeliebtheit kann er nicht ertragen, und insgeheim, schätzt er sein Verhältnis zu den Weißen, die ihn zu einem Spitzel und Landesverräter machen, als »vernünftig« ein, bis seine Verbindungen zu ihnen ruchbar werden. Der gebildete, schüchterne junge Mann tritt nun an seine Stelle und erweist sich, nach all den Jahren im Gefängnis, als geschickter, verläßlicher Verhandlungsführer/Heerführer/Parteivorsitzender, als machtvolle Persönlichkeit. (Etliche führende Politiker Afrikas hatten eine oder mehrere dieser Rollen inne. Und mehr als einmal mußte der unscheinbare zweite Mann die Macht übernehmen.)

Als seine Partei die Wahlen/den Buschkrieg/die Unabhängigkeit von einer europäischen Macht gewinnt, ist er der einzige, der als Verantwortlicher für das Land in Frage kommt, und erweist sich auch als fähig, mit der ehemaligen Kolonialmacht, den Führern der übrigen afrikanischen Staaten und den Mächtigen dieser Welt zurechtzukommen, aber es gelingt ihm nicht, das eigene Volk für sich zu gewinnen. Er war nie ein großer Redner, hat die Massen nie mitgerissen. Er beobachtet Freunde, manche von ihnen tapfere Gestalten aus dem Unabhängigkeitskrieg, die mit Leichtigkeit die Zustimmung und die Herzen der Menschen gewinnen. Wenn sie am Rednerpult stehen, scheinen sie von einer Aura des Vertrauens umgeben: Ich liebe euch, und ihr liebt mich. Insgeheim sehnt er sich nach der Liebe seines Volkes wie ein schüchterner Liebhaber. Es ist nicht ungewöhnlich, daß er während des Sprechens in Tränen ausbricht/stottert/pedantisch wirkt, weil er sich zu sehr beherrscht.

Bald jedoch schon erweckt er, der in seiner Schüchternheit befangen ist, den Eindruck, stolz, streng und sogar kalt zu sein. Manche nennen ihn einen Heiligen. Er ist für seine Integrität berühmt, lebt sehr bedürfnislos und sorgt dafür, daß alle Welt davon erfährt. Er versucht, die Exzesse seiner Getreuen zu bremsen, die vor allem anderen danach trachten, selbst reich zu werden.

Seine erste Liebe/Frau stirbt, deren schlichte dörfliche Art (die seiner entspricht) er immer als Handikap empfunden hat. Er lernt eine andere Frau kennen, die ihn sofort für sich einnimmt. Sie hat alles, was ihm fehlt. Sie ist groß, überschwenglich, schön, spricht laut, lacht, ist extravertiert, nimmt sofort alle mit ihrem Charme ein. (Vielleicht wäre es interessant, wenn sie aus einem anderen Teil Afrikas stammen würde, was sie in seinen Augen noch attraktiver, in den Augen der Bevölkerung jedoch verdächtig machte.) Unser Mann fühlt sich, als hätte er sein Leben lang in einem Gefängnis gesessen, aus dem diese Frau ihn endlich befreit. Plötzlich scheint alles einfach, was vorher schwierig war. Wenn sie sich am Abend mit Freunden treffen (jeden Abend scheint es jetzt Partys zu geben), redet sie mit allen, setzt dabei ihren ganzen Körper ein, und niemand kann den Blick von ihr wenden. Wenn sie hinter dem Rednerpult steht (was immer häufiger der Fall ist, da sie sich auf ihr Recht als Mutter der Nation beruft), schlägt sie die Massen mit ihrem mächtigen Busen und imposanten Oberschenkeln, mit ihrem wunderschönen Gesicht und mit ihrer volltönenden Stimme in ihren Bann. Er beobachtet sie voller Bewunderung und Liebe, aber ihm ist auch unbehaglich zumute. Wie macht sie das nur? Worin besteht dieses Talent, das ihm so völlig fehlt? Scherzhaft sagt er zu ihr – auf seine kontrollierte Art, so daß es nicht wirklich gefährlich werden kann –, daß nicht sie gewählt worden sei, aber es sei schon in Ordnung, als seine Frau die Mutter der Nation zu spielen. Sie dürfe diese Grenze nur nicht überschreiten.

»Unsinn!« ruft sie, und als sie merkt, daß sie ihn damit verletzt hat, nimmt sie ihn in die Arme, und er fühlt das Leben durch seine Adern pulsen.

Sie ruft oft: »Unsinn!« Wenn er sagt, daß sie bescheiden leben sollten. Wenn sie zusammen mit ihm von einer Konferenz zurückkehrt und ihm erklärt, daß sie aufgrund der Gespräche mit den anderen Frauen ein Konto in der Schweiz eröffnet hat, und er es ihr verbietet. Wenn sich die Gelegenheit bietet (was immer häufiger der Fall ist, da es mit dem Land aufwärts geht), daß sie sich an zunehmend dunklen Geschäften beteiligt und er dagegen Einwände erhebt. Er braucht lange, bis er versteht, daß sie keinen Funken von der Ehrenhaftigkeit besitzt, für die er in ganz Afrika und der Welt berühmt ist. Sie begreift wirklich nicht, was er meint, wenn er sagt: »Wir müssen beispielhaft leben.« Oder: »Wir dürfen nicht zulassen, daß unser Land so korrupt wie die anderen wird.« »Warum nicht? Korrupt? Aber das ist doch jeder«, entgegnet sie leichthin und lacht. Und sie zieht ihn auf, so wie sie ihn manchmal wegen seiner Hemmungen in intimeren Situationen aufzieht. Sie gebraucht sogar die gleichen Worte: »Woher hast du nur diese Ideen? Wer sagt nein? Gibt es ein Gesetz, das uns verbietet . . .«

Ja, es gibt ein Gesetz, denn er unterschreibt es, das Ministern und Staatsbeamten verbietet, über bestimmte Grenzen hinaus Besitz zu erwerben.

Das Gesetz wird nicht beachtet. Dennoch warten die Bürger darauf, daß er ihm Geltung verschafft und seinem Volk, das ihm zur Macht verholfen hat, das darauf vertraut, daß er auf seiner Seite und der Sache der Revolution/der Partei/des Unabhängigkeitskriegs ist, den Rücken stärkt. Er unternimmt nichts. Man versteht nicht, warum. Man ahnt noch nicht, daß die Mutter der Nation in viele Kassen greift, obwohl man die Minister und Parteibonzen nicht aus den Augen läßt und deshalb genau weiß, worauf sie aus sind.

Der Führer sieht zu, wie seine Frau, die er liebt und die er braucht, um Kontakt zu seinem Volk zu halten, fröhlich, sogar stolz und auf jeden Fall ohne Schamgefühle eine reiche Frau wird. Ein Skandal wird aufgedeckt, und es läßt sich nicht vermeiden, daß ein paar weithin bekannten Personen der Prozeß gemacht wird. Sie werden schuldig gesprochen. Die Nation wartet auf die Verkündigung des Strafmaßes. Und man beginnt zu flüstern: Er kann nicht zulassen, daß die Gerechtigkeit ihren Lauf nimmt, weil die Schuldigen gedroht haben, in diesem Fall seine Frau an den Pranger zu stellen.

Was unseren Mann am meisten verletzt, ist, daß seine Frau nicht begreift, wie sehr sie ihm schadet, sondern immer nur behauptet, es sei seine Schüchternheit, die ihn so kleinlich sein lasse. Erst als die korrupten Regime in Osteuropa und der Sowjetunion zusammenbrechen, weil die Bürger sie nicht mehr ertragen, fragt sie sich zum erstenmal, ob die schlafmützige Art ihres Mannes nicht doch von Vorteil sein könnte. Insgeheim ärgert sie sich jedoch über die Kritik an den kommunistischen Führern, die sie wegen eben jener Eigenschaften bewundert hat, an denen ihr Mann bisweilen Zweifel verlautbart. Ruchlosigkeit gefällt ihr. Folter, die »wirksame Methode« der Diktatoren, schokkiert sie nicht. Sie ist der Meinung, auch ihr Land würde einen besseren Eindruck hinterlassen, wenn die Bürger die Regierung fürchten lernten. Und so ermuntert sie die Schlägertruppen der Partei, die politischen Gegner einzuschüchtern, Wahlen zu manipulieren, Kritikern zu Leibe zu rücken.

Jetzt plötzlich schlägt auch ihr Mann mit der Faust auf den Tisch und sagt: »Genug!« Und er schreit sie an in seiner Verzweiflung, weil ihm alles zu entgleiten droht. Die Regime, die er sich als Verbündete gesucht hat, brechen nacheinander unter Rufen der Verachtung und des Hasses zusammen, und diese Frau, dieses Naturereignis, die ihm alles bedeutet, muß unter Kontrolle gehalten werden ... Während sie sich verschließt, ihre Feuer eindämmt, schmollt, ihn ihr Beleidigtsein auf tausend Arten spüren läßt, zieht auch er sich mehr und mehr zurück. Wenn er sie anschreit, sie aufgrund seiner Autorität zum Gehorsam zwingt, hat er das Gefühl, sich von allen geheimen Kräften der Natur abzuschneiden. Und sie, die gehorcht, glaubt, daß der Sog nach vorn in ihrem Leben, der auf dem verläßlichen Instinkt beruhte, sich alles anzueignen, womit sie in Berührung kam, jetzt *ungerechterweise* unterdrückt wird, daß sie die Gefangene seiner Vorsichtsmaßnahmen ist.

Die letzte Szene könnte sich auf dem Flughafen abspielen. Er und sie sind samt Entourage unterwegs zu einer internationalen Konferenz. Aufgrund eines terroristischen Bombenanschlags ist die VIP-Lounge zerstört, und sie müssen in einem hastig abgetrennten Bereich der normalen Abflughalle warten. Gerade an diesem Tag haben sie vom Zusammenbruch eines weiteren Landes gehört. Um sich sieht die Frau die Gesichter von Ministern, die noch zu den wichtigen Personen in diesem Land gehören, wenn auch vielleicht nicht mehr lange. Das Staatsoberhaupt der gerade erst zusammengebrochenen befreundeten Regierung kommt mit seiner Familie herein und steuert zielstrebig auf ihren Mann zu und bittet ihn um Asyl. Er blufft und prahlt, es handle sich nur um eine vorübergehende Zurückweisung durch sein Volk, und bald werde er die Macht zurückerlangen. Sie flüstert ihrem Mann zu, daß er dem Gestürzten auf keinen Fall Asyl gewähren dürfe, denn dann würde man sie in der Öffentlichkeit mit ihm in Verbindung bringen. Aus ihr spricht der uralte Instinkt, daß es Unglück bringt, wenn man sich mit Geschlagenen einläßt, aber sie benutzt die Sprache der Vernunft. Ihr wie immer prinzipiengeleiteter Mann bietet dem in Ungnade gefallenen Staatsoberhaupt jedoch die Gastfreundschaft seines Landes an: »Freunden in Not muß man helfen.«

Sie weiß, daß er diesen »Freund« nicht besonders mag: Sie war es, die ihn mochte, ihn bewunderte und es immer noch tut, obwohl er laut Zeitungsberichten ein Tyrann, Gauner, Mörder und Scharfrichter ist.

Sie steht etwas abseits, beobachtet ihren Mann, der sich mit dem geflüchteten Präsidenten und seiner Familie unterhält. Er wirkt unbeholfen, unbeugsam, starr – »arrogant« nennen sie ihn, obwohl es nicht zutrifft . . . Wie lautet noch das Wort, das seine Eigenschaften charakterisiert, die sich immer als richtig erwiesen haben? Wie sie so dasteht, eine erbärmliche, trotzige Gestalt, obwohl sie sich dessen nicht bewußt ist, nähert sich von der anderen Seite der hastig errichteten Absperrung eine Gruppe

Frauen. Sie gehören zu einer Delegation, die zu einer Frauenkonferenz über alternative Technologien in Indonesien unterwegs ist. Sie bemerken sie, die Mutter ihres Landes, bleiben stehen und flüstern miteinander. Mit den beiden Leiterinnen der Delegation ist sie in die Schule gegangen. Jetzt nähern sie sich der Absperrung, klatschen zur Begrüßung leise in die Hände.

Auch sie klatscht und wartet ab.

»Erinnerst du dich an uns, Mutter?« fragt eine Ex-Mitschülerin.

»Ja, ich erinnere mich an euch. Selbstverständlich.«

Sie sehen einander an, die First Lady und die demütigen Mitschülerinnen.

Dann sagt eine leise: »Vergiß uns nicht, Mutter«, und wendet sich ab. Und eine weitere sagt: »Vergiß uns nicht, Mutter«, und wendet sich ebenfalls ab.

Eine nach der anderen kommen die Frauen auf sie zu, bleiben einen kurzen Augenblick hinter der Absperrung stehen und sagen dann: »Vergiß uns nicht, Mutter.« Anschließend gehen sie zu ihrer Gruppe zurück, wo sie ihr den Rücken kehren.

(Es gibt einige Frauen dieses Typs in hochrangigen Positionen in verschiedenen Teilen Afrikas.)

## DIE ZUKUNFT DES SÜDLICHEN AFRIKA

Ein prominenter südafrikanischer Rechtsanwalt, ein Liberaler, sagt: »Die politischen Stereotype hypnotisieren alle. Die ganze Welt sieht nur die Ungerechtigkeiten der Apartheid. Aber das Land stürmt vorwärts, die Schwarzen stürmen vorwärts, trotz allem, und sie sind so talentiert, haben so unglaublich viel Energie. Ja, vermutlich wird Blut vergossen werden« – er gestikuliert ungeduldig – »aber nicht so viel, wie heute jeder glaubt. Sie werden sehen, wir werden ein Übereinkommen erzielen. Und dann gibt es kein Halten mehr. In fünfzehn oder zwanzig Jahren wird Südafrika eins der aufregendsten Länder der Welt sein. Die Bremsen lockern und dann Volldampf voraus!«

In Simbabwe zu Besuch weilende europäische Politiker: »Es ist aussichtslos. Nicht wegen Simbabwe, sondern wegen Südafrika. Südafrika wird in Flammen aufgehen, und Simbabwe wird mit hineingezogen werden. Man muß nur auf die Vergangenheit blicken, will man die Zukunft voraussagen: Sambia wurde geschwächt, weil es Simbabwe half, und jetzt haben wir dort die Katastrophe. Simbabwe wird schwächer, weil es Mosambik unter die Arme greift. Was nützt es, wenn man ein guter Schwimmer, aber nur von Ertrinkenden umgeben ist?«

Ein Liberaler aus Südafrika: »Warum sollte Südafrika seine Probleme lösen? Das hat das Land nie zuvor getan. Soweit ich zurückdenken kann – und das sind fünfzig Jahre –, ist es eine brutale, widerliche und erfolgreiche Tyrannei. Schauen Sie nach Norden: Botswana ist dünn besiedelt, und dort herrscht eine Mentalität, die nur daran interessiert ist, möglichst schnell möglichst reich zu werden. Sambia ist nicht in der Lage, sich selbst zu versorgen. Simbabwe kann sich zwar selbst versorgen, aber nur auf Kosten riesiger Umweltschäden. Namibia, Angola und Mosambik sind von Kriegen ruiniert. Das ganze südliche Afrika wird zu einem weiteren Katastrophengebiet werden, in dem repressive, korrupte Regierungen an der Macht sind.«

Ein simbabwischer Akademiker war in Zaire und berichtet: »Städte, die vor zehn Jahren noch wie richtige Städte funktionierten, sind völlig heruntergekommen. Es gibt keine Elektrizität mehr, kein Transportwesen, keine Post, kein Benzin, die Hotels sind geschlossen. Ich war in der größten Bibliothek. Früher war sie sehr gut ausgestattet, aber die Bibliothekare sind seit Jahren nicht mehr bezahlt worden, und um ihre Familien zu ernähren, haben sie die Bücher verkauft. Die Regale sind leer, nichts ist mehr da. Die Schulen sind in katastrophalem Zustand, natürlich gibt es auch keine Lehrbücher. Und man kann sicher nicht sagen, jetzt herrschten eben wieder afrikanische Zustände, weil die Infrastruktur nicht afrikanisch ist. Es ist gespenstisch, unheimlich, wie ein Fantasy-Film ... Man kommt in einen Vorort, den man als wohlhabende Gegend in Erinnerung hat, und alles, was man sieht, ist Rauch, der von Hunderten von Kochfeuern vor den Häusern aufsteigt. Bäume und Büsche werden verfeuert, und wenn nichts mehr übrig ist, was dann? Wie hat es angefangen? Die Elektrizität wurde abgeschaltet. Nacheinander brachen alle Einrichtungen des öffentlichen Dienstleistungssystems zusammen. Nichts geht mehr.

Und was geschieht in Simbabwe? Seit Wochen wird immer wieder der Strom abgeschaltet. Das Eisenbahnnetz funktioniert nicht. Das Telefonnetz funktioniert oder auch nicht. [Im Augenblick installieren die Japaner ein neues Telefonsystem im Land.] Es ist nicht mal mehr möglich, Kohle von den Minen in die Krankenhäuser zu transportieren – diese Woche wird im größten Krankenhaus Harares nicht operiert. Es gibt keine Kohle mehr, um die Tabakscheunen zu heizen, und Tabak ist der Hauptdevisenbringer des Landes. Wir leihen uns sechs Lokomotiven von Südafrika, in der ersten Woche brechen zwei völlig zusammen, zwei weitere müssen repariert werden. Und zu einem Zeitpunkt, da Simbabwe sich abschindet und nichts mehr geht, nutzt Mugabe gut die Hälfte der Eisenbahnkapazität, um Sambias Produkte in die Häfen zu transportieren. Die Straßen – es gibt keine Möglichkeit, wie dieses Land sein Straßensystem aufrechterhalten könnte, nicht ohne Almosen. Ich fahre in die Provinz X, die Straßen werden ausgebessert. Auf Kosten der Schweden. Am nächsten Tag fahre ich auf einer anderen Straße, die die Franzosen bezahlt haben. Wollen wir immer so weitermachen, uns von milden Gaben ernähren? Gebt uns, gebt uns, gebt uns. Gebt uns Bibliotheken, gebt uns Lokomotiven, gebt uns alles, was wir brauchen.«

## WAS SOLLTE GETAN WERDEN?

Marxistische Studenten: »Die bürgerliche Revolution ist gescheitert. Jetzt brauchen wir die Revolution des Proletariats.«

Ein schwarzer Farmer: »Transport, alles ist transportabhängig. Wenn Genosse Mugabe nur endlich das Transportproblem lösen würde.«

Ein Weißer (im Land geboren und nicht gewillt auszuwandern, Mitglied unzähliger Ausschüsse, Komitees und wohltätiger Organisationen): »Als erstes muß man die Investitionsbremsen lockern. Aber selbst das wird nichts nützen, solange nicht auch anderes passiert. In dieses Land ist Geld geflossen – Millionen. Das meiste davon wurde verschwendet. Die Hilfsorganisationen begreifen nicht, was wirklich wichtig ist, sie begreifen nicht, daß sie auf einer ganz anderen Ebene hätten ansetzen sollen. Die Züge werden fahren, wenn die Verantwortlichen richtig ausgebildet sind und die Technik verstehen. Die Industrie wird funktionieren, wenn es ausgebildete Arbeiter gibt. Sieh dir Air Simbabwe an – sie fliegen. Dafür ist etwas getan worden. Man wollte eine Fluggesellschaft, jedes Land will eine, weil das Prestige bringt. Man hat Geld in die Ausbildung gesteckt. Weil es nicht anders ging. Wenn ich über Hilfsgelder verfügen könnte, würde ich es in die Lehrerausbildung stecken. Wenn es einen wirklichen Mangel gibt, dann dort. Und ich würde den Lehrerberuf aufwerten. Mugabe sollte in seinen Reden darüber sprechen und Preise verleihen. Weißt du, was passiert ist? Diese jungen Schwarzen, sie wollen Literatur studieren. Gott steh uns bei, sie haben den englischen Snobismus übernommen und betrachten Ingenieure als den letzten Dreck. Als ich letztes Jahr in den USA war, traf ich mich mit Flugzeugingenieuren, Engländern, Schotten, sie arbeiten in den USA oder Europa, weil sie dort geschätzt werden. Und hier, hier bei uns ist es eine Frage auf Leben und Tod, daß Ingenieure ausgebildet und geschätzt werden. Solange wir diese Schicht ordentlich ausgebildeter Schwarzer nicht haben, geht alles Geld den Bach runter.

Wußtest du, daß die Japaner jährlich vierhundertmal mehr Ingenieure und Techniker ausbilden als wir [womit er die Engländer meint]?

Ausbildung, Ausbildung, Ausbildung, AUSBILDUNG! Wir brauchen gut ausgebildete Fachkräfte!! AUSBILDUNG!!!«

## POLITIK

Ein kommerzieller weißer Farmer mit einer hochtechnisierten Farm in einer Gegend, in der vor nicht allzulanger Zeit Selous mit Lo Magondi Tauschhandel trieb, will Mitglied in der ZANU PF werden. Er wird von zwei wichtigen Parteimitgliedern befragt.

»Zuallererst«, sagt er streitlustig, »muß ich euch drei Dinge mitteilen: Erstens, ich habe eine große Klappe, und daran wird sich auch nichts ändern.« (Er ist berühmt für seine Angriffe auf die Regierungspolitik.)

»Und weiter, Genosse?«

»Seit dreißig Jahren betreibe ich in diesem Land eine Farm, und ich werde weiterfarmen, wie ich es für richtig halte.«

»Und was noch?«

»Ich werde dieses Land nicht verlassen. Und wenn ihr mir das Dach über dem Kopf anzündet und ich in einer Lehmhütte leben muß, ich bleibe.«

»Willkommen in der ZANU PF, Genosse.«

## AUFGABE

Die Menschen verlassen Simbabwe aus scheinbar geringfügigen Gründen: der Tropfen, der das Faß zum Überlaufen bringt . . .

»*Deswegen* gehst du? Bist du verrückt?«

»Von mir aus. Ich bin umgezogen. Ich habe meinen Garten mit einer Duramauer« – eine Art Zementzaun – »umgeben. Jeden Tag höre ich nun im Büro: ›Du hast also eine Duramauer hochgezogen wie alle Weißen. Ohne Zäune könnt ihr nicht leben.‹ Dabei weiß alle Welt, daß jeder Chef, nachdem er sich ein Haus gekauft hat, als erstes, noch bevor er einzieht, ebenfalls eine Duramauer errichtet. Ich höre immer nur: ›Die Weißen tun dies, die Weißen tun das.‹ Ich hab genug von diesem Rassismus. Es wird immer schlimmer. Ich verschwinde.«

Ein Wissenschaftler geht, weil er wieder und wieder Laborausrüstung beantragt hat, die ihm jedoch wegen angeblichen Devisenmangels verweigert wird. »Und am Flughafen stehen diese verdammten Chefs und fliegen wieder mal zu irgendeiner Konferenz. Dafür gibt's immer genug Geld.«

Für einen Historiker war ein neues Geschichtslehrbuch der Tropfen, der das Faß zum Überlaufen brachte. Es wurde entwikkelt, um die Irrtümer in der weißen Version der afrikanischen Geschichte zu korrigieren. »Zum einen gibt es nur ein einziges kurzes Kapitel über die hundert Jahre weißer Vorherrschaft, die die schwarze Kultur verändert haben. Es heißt: ›Positive Diskriminierung‹. Darin werden Sammler und Jäger als eine Kultur beschrieben, die bis eintausend vor Christus den Mittleren Osten bevölkerte. Schwarzen Kindern ist offenbar nicht zuzumuten zu erfahren, daß es im Mittelmeerraum Hochkulturen gab, lange bevor man von ihrer eigenen Existenz überhaupt erfuhr. Die polyglotten, verzweifelten, mittellosen, trunksüchtigen Abenteurer, die ihr Glück in der Kimberley-Diamantenmine versuchten, werden als ›Kapitalisten‹ beschrieben. Die Schüler werden aufgefordert, sich vorzustellen, sie wären mittelalterliche afrikanische Könige, die mit Edelsteinen beladen sind und von ihren Frauen bedient werden. Kein Wort über die wichtigen Rollen, die die Frauen innehatten, sie waren nun mal nicht nur die Mätressen der Könige, das ist Blödsinn. Nein, ich bin Historiker. Ich habe mich an *Fakten* zu halten. Wenn sie diesen Blödsinn hören wollen, dann ohne mich.«

Der Mann, der wegen der Duramauer das Land verlassen hat, wird bald schon zurücksein: »Am liebsten würde ich die ganze verdammte Bande an den Schultern packen und so lange schütteln, bis sie Vernunft annimmt. Aber ich will nirgendwo anders leben.«

Es gibt auch schwarze Simbabwer, sogar ein paar Chefs, die ins Ausland gegangen sind. Nachdem man einen Abend lang um den heißen Brei herumgeredet hat, hört man oft: »Ja, so ist es nun mal ... Komisch, wie sich die Dinge manchmal entwickeln.«

# DIE VERANDA IN DEN BERGEN

Wieder einmal blicke ich auf Hügel, Seen, Flüsse und Wälder hinab, und über mir kreist ein kleines Flugzeug, das einem Farmer aus der Gegend gehört. Mit ihm fliegt der Kaffeefarmer. Sie kontrollieren die Berge, Täler und die Communal Areas und halten Ausschau nach Anzeichen von Bodenerosion, die sie anschließend dem Bodenerhaltungskomitee melden.

Tag und Nacht werden neue Ideen diskutiert.

Überall in den Communal Areas laufen fette Ziegen herum. Warum machen die Schwarzen keinen Ziegenkäse? Sie mögen starken Geschmack. Er würde ihnen bestimmt schmecken.

Eine Frau ist gerade aus Argentinien zurückgekehrt. »Sie bauen dort die gleichen Früchte wie wir an: Mais, Kürbisse, Tomaten, Hülsenfrüchte und Kartoffeln. Aber die armen Leute machen Dutzende von verschiedenen Gerichten daraus. Warum wird hier nicht ein bißchen argentinische Vielfalt eingeführt?«

Ein alter Farmer ist auf die Idee gekommen, die Provisorien und Vorrichtungen aus frühen Siedlertagen, als es noch keine Elektrizität, keine Kühlschränke und kein fließendes Wasser gab, für die armen Communal Areas zu nutzen. Zum Beispiel die Kühlvorrichtung: Ein Regal wird mit zwei Lagen feinmaschigem Draht umgeben, der ein paar Zentimeter breite Raum zwischen den beiden Lagen mit Holzkohle aufgefüllt. Der so entstandene Kasten wird oben mit einem Metallbehältnis abgeschlossen, in dem sich winzige Löcher befinden, durch die ständig Wasser auf die Holzkohle tröpfelt, so daß diese immer naß bleibt, das verdampfende Wasser den Innenraum kühlt und einige Grad unter der Außentemperatur hält. Butter, Milch und in Papayablätter gewickeltes Fleisch können so gelagert werden.

Wasser, Limonade oder Tee kühlende Behältnisse aus Leinen wurden an Dachsparren und Ästen aufgehängt.

Ich erzähle: »Vor unserem Haus stand ein riesiger Wassertank. An heißen Tagen wurde das Wasser so stark aufgeheizt, daß man nicht mehr hineinlangen konnte. Kaum zu glauben, daß wir nie auf den Gedanken gekommen sind, das Wasser zum Baden oder Wäschewaschen zu benutzen.«

»Warum machen sie nicht . . .?«

»Was wäre, wenn . . .?«

Im Tal des Kaffeefarmers zeitigt die Regierungskampagne gegen Aids Erfolge. »Nicht nur die Regierung klärt auf, auch wir reden ständig darüber. Schade ist nur, daß sie sich jetzt bei geselligen Zusammenkünften und Tanzveranstaltungen nicht mehr so gut amüsieren. Sie haben Angst, sich zu betrinken. Statt dessen werden sie religiös. Du weißt schon, im Sinne von Singen und Tanzen. So haben sie wenigstens am Wochenende ein bißchen Spaß, ihr Leben ist hart genug.«

Der Kaffeefarmer ist am hellichten Tag in Mutare überfallen worden. Er kam gerade aus der Bank, wo er Schecks eingereicht hatte. Die Räuber dagegen glaubten, er habe die Monatslöhne für seine Arbeiter abgeholt. »Sie wußten genau, was sie taten«, erzählt der Kaffeefarmer mit einer Spur Bewunderung in der Stimme. »Einer hielt mich fest, der andere durchsuchte mich. Sie waren verschwunden, bevor ich wieder aufstehen konnte. Ich lief zur Ecke, aber ihr Wagen war schon zu weit entfernt, als daß ich ihr Nummernschild noch hätte lesen können. Sie müssen auf den Augenblick gewartet haben, als ich ganz allein auf der Straße war. Pech für sie, daß ich nur ein paar Dollar bei mir hatte.«

## EINE LEIDENSCHAFTLICHE PARTEIGÄNGERIN

Im wunderschönen Park von Harare werde ich zum Opfer schlauer Taschendiebe. Zwei Jugendliche nähern sich mir und einer Freundin und fragen, ob wir einen Aufruf gegen irgend etwas unterschreiben wollen. Der eine dreht sich um, damit ich die Liste auf seinem Rücken unterschreiben kann. Während ich das tue, sind meine Hände beschäftigt, und er greift hinten in meine Tasche, aus der er über hundert Pfund zieht. Sein Kumpan unterhält sich derweil mit meiner Freundin.

Als ich diese Geschichte einer Frau erzähle, die nicht die leiseste Kritik an Simbabwe erträgt, blickt sie zuerst zwar gequält drein, aber dann fängt sie sich wieder. »Sie sagten, daß sie höchst clever vorgingen?« »O ja, es war eine brillante Aktion, in London gibt es nicht so charmante, überzeugende Taschendiebe.« Sie lehnt sich zurück und seufzt zufrieden wie eine stolze Mutter.

## HEISSE QUELLEN

Unter den Weißen war es ein beliebter Erholungsort, aber jetzt ist er heruntergekommen, das Schwimmbad und die Umkleidekabinen werden nicht mehr benutzt. Von den alten Einrichtungen ist einzig noch ein Kiosk geöffnet, der kalte Getränke verkauft. Eine Menge junger Männer sitzt auf Bänken um Holztische, trinkt Bier und spielt Kalaha mit Pappdeckeln und Kronkorken. An einem Tisch, um den sich junge Männer und Jungen scharen, hält ein alter Mann hof und schwelgt in Erinnerungen. Seine Zuhörer sitzen wie hypnotisiert da, aufmerksam, reglos, sie lachen häufig, und dann sind sie wieder mucksmäuschenstill, um nur ja nichts zu versäumen. Die Szene in dieser wildromantischen Landschaft erinnert mich in ihrer Genüßlichkeit und Lebensfreude wieder einmal an Italien. Sitzt man in der Nähe der Kalaha-Spieler, wird man sofort von ihrer vergnügten Stimmung angesteckt.

Ich muß an Guy Clutton-Brocks denken, der einmal gesagt hat: »Sie sind die glücklichsten Menschen der Welt. An allem haben sie Freude, überall und zu jeder Zeit. Wir dagegen sind ein vollkommen freudloses Volk.«

Seit ich mich erinnern kann, haben die Weißen darüber spekuliert, warum das so ist. Angefangen von: »Was stimmt nur nicht mit uns?«, bis zu: »Was hat unsere Kultur nur an sich, wo hat es angefangen, was ist bloß passiert, daß es uns so schwerfällt, das Leben zu genießen? Das Klima? Der Protestantismus? Die industrielle Revolution?« (Im Zweifelsfall ist die industrielle Revolution an allem schuld.)

Schwer zu sagen, ob die Afrikaner etwas haben, was uns fehlt oder umgekehrt, fest steht jedoch, daß sie das Leben genießen. Jeder Afrikareisende wird das bestätigen.

Missionar Moffat (der ältere) schrieb in sein Tagebuch, daß er in einer mondhellen Nacht auf seinem Feldbett lag und nicht einschlafen konnte, weil auf der anderen Seite des Flusses die armen schwarzen Wilden die Trommel schlugen, dazu sangen und tanzten und sich mordsmäßig vergnügten. Er betrachtete es als eine ihm von Gott gesandte Aufgabe, dieser sündigen Freude ein Ende zu setzen. Nun ja, sie haben es hartnäckig versucht.

Den ganzen Nachmittag über kommen junge Männer, um Bier zu trinken und zu spielen. Einige gesellen sich zu dem alten Mann.

Wo gibt es das noch in Europa, daß sich junge Männer und Heranwachsende um einen alten Mann scharen, der Geschichten erzählt?

Und wo sind die Frauen? Sie machen das Feuer, kochen das Abendessen für die Männer, waschen die Kinder und bringen sie ins Bett, nachdem sie die Felder gehackt, Unkraut gejätet, geerntet und die Dächer ausgebessert oder gar völlig neu gedeckt haben.

## GESCHICHTENERZÄHLER, SCHRIFTSTELLER

Geschichten, Erzählungen, Witze und Anekdoten wirbeln durch die Luft wie Seifenblasen. Man könnte auch sagen, daß es sich um Klatsch handelt, und doch haben sie immer eine epische Qualität, man spürt die Wichtigkeit Simbabwes, was besonders daran liegt, daß die Erinnerungen an die alten Königreiche wie zum Beispiel Monomatapa (oder Munhumotapa) noch lebendig sind. Als später die weißen Kolonialisten von Gottes eigenem Land sprachen, wußten sie nicht, daß der Stolz der Einheimischen weit in die Vergangenheit zurückreichte und auch sie überdauern sollte.

Simbabwe hat erstaunlich viele gute Schriftsteller hervorgebracht, und sie haben gute Bücher geschrieben, aber es ist die Kurzgeschichte, die ihnen am meisten liegt, denn wenn Menschen zusammensitzen und »klatschen«, nehmen ihre Schilderungen von Erlebnissen mit Nachbarn und Chefs ganz von allein die Form von Kurzgeschichten an. Es gibt sowohl Schriftsteller, die auf englisch, als auch welche, die auf shona, ndebele und in anderen Sprachen schreiben, aber sie werden selten übersetzt. Wovon handeln sie? Von Gewalt und Mord, wie es heißt, von allen möglichen Verbrechen, von Leidenschaft und Inzest. Sie werden viel gekauft und gelesen.

Die Frauen, die zu den Versammlungen des Buchteams kamen und aufgefordert wurden, Geschichten, Gedichte und ähnliches zu schreiben, sträubten sich zunächst, begannen dann aber doch sehr schnell, Vorschläge zu machen. Vielleicht ist eine Frau darunter gewesen, von der wir früher oder später noch hören werden. Zumindest herrschte eine Atmosphäre, die schriftstellerische Neigungen begünstigte.

Es gibt bereits einen guten, von einer Frau, Tsitsi Dangarembga, verfaßten Roman, der es jedoch schwer hatte, verlegt zu werden. *Nervous Conditions/Der Preis der Freiheit* wurde von vier simbabwischen Verlegern abgelehnt. *The Woman's Press* in London veröffentlichte ihn, und erst danach hatte auch das *Zimbabwe Publishing House* den Mut dazu. Die Kritik sprach von einem negativen Buch, das ein unfaires Bild des Lebens schwarzer Frauen male, die ihrerseits jedoch ganz anderer Meinung sind und Dinge sagen wie: »Zum erstenmal habe ich mein Leben als Shona-Frau klar und deutlich vor mir gesehen.« Mit anderen Worten: Es ist ein revolutionäres Buch. Die Rezensenten waren ausschließlich feindselig gesonnene Männer und werden es wohl auch in Zukunft bleiben.

Die simbabwischen Kritiker sind fast alle schlecht, aber ihre Ignoranz verleiht ihnen Kraft und der ideologische Überbau stärkt ihnen den Rücken. Nicht nur, daß die Akademiker im Land keinen Zugang zu Informationen über die Sowjetunion und andere kommunistische Staaten hatten, sie erfuhren auch nichts von all den Büchern, die sich über Jargon und Ansprüche des Marxismus lustig machten, denn die waren verboten.

Es gibt junge Schriftsteller, die den »Vätern der simbabwischen Literatur«, zum Beispiel Charles Mungoshi, jegliches Talent absprechen. Man wäre versucht, »unmöglich!« zu rufen, wenn dieses Phänomen nicht auch in anderen Ländern schon so oft aufgetreten wäre.

Während der siebziger Jahre taten junge Schriftsteller in Norwegen und Schweden ihre älteren Kollegen als völlig talentlos ab. Ihren Neid verbargen sie hinter marxistischen Parolen. Der Marxismus war schon immer der verläßlichste Komplize des Neids. Zwar waren ihnen ausreichend Informationen über den Zustand der Literatur in den kommunistischen Ländern zugänglich, wo über Jahrzehnte sozialistischer Realismus und marxistische Kritik geherrscht hatten, aber der Drang, die eigenen Vorgänger zu degradieren, war stärker. Die siebziger Jahre gelten heute in Norwegen und Schweden als »dunkle Zeit«, auch bei den Schriftstellern, die für diesen Zustand verantwortlich waren.

In England geschah während der achtziger Jahre etwas Ähnliches, in diesem Fall gefördert von einem konkurrenzorientierten, alles niederwalzenden Thatcherismus. *Sie* sagte: »Einer von uns«, »wir und die anderen«, »keiner von uns«, und so redeten dann auch die jungen Leute, die nur sich selbst und ihren Kumpanen Talent zugestanden und einen so rachsüchtigen Kritikstil durchsetzten, daß Kollegen aus anderen europäischen Ländern fragten: »Was ist denn bloß in euch gefahren?« Thatcher, lautete oft genug die Antwort, aber tatsächlich war es das altbekannte Phänomen in neuer Aufmachung. Eine ganze Generation glaubt mittlerweile, daß Boshaftigkeit und Ranküne unverzichtbare Merkmale von Literaturkritik und Buchbesprechungen sind, so wie in Simbabwe eine ganze Generation glaubt, daß Kritik nur im Jargon des Marxismus möglich ist.

In England ist es leicht, eine Rezension, wenn sie den unverkennbaren Geruch von Haß und Neid verströmt, fortzuwerfen und nach Intelligenterem zu greifen. In Simbabwe geht das nicht, denn es gibt keine Alternative.

Ich bin zu einem Treffen simbabwischer Schriftsteller eingeladen. Mehr Parteifunktionäre und Aufpasser als Schriftsteller sind anwesend. Die im wahrsten Sinne des Wortes schwergewichtigen Bonzen in ihren dreiteiligen Anzügen sind ein anderer Menschenschlag als die Schriftsteller. Es ist schmerzlich, mit ansehen zu müssen, wie bedeutende Schriftsteller geduldig und würdevoll Anwürfe über sich ergehen lassen wie: »Ich sehe, daß Sie an der Elfenbeinturm-Konzeption von Literatur festhalten, Genosse.« In diesem Fall ausgesprochen von einer jungen Aktivistin, die angesichts ihrer vermeintlichen politischen Gewieftheit vor Vergnügen erbebt und uns alle Bewunderung heischend anblickt. Das alles zeugt von gnadenloser Dummheit, denkt man, es darf einfach nicht wahr sein. Und doch ist es so, und gute, wichtige Schriftsteller werden verletzt ... von dieser Rache der Zweitklassigen, die immer neue Wege finden – vor allem in politischer Hinsicht –, um dem Neid Geltung zu verschaffen. 1989 lautet die Parole: »Jeder Schriftsteller und jedes Werk, auf den oder das man im Ausland aufmerksam wird, ist per definitionem kleinbürgerlich und bedeutet Verrat an der Sache der Schwarzen – der Schriftsteller ist ein Verräter.« (Diese Formel wird auch in Nigeria angewandt.) Selten ist man in der Lage, Neid in derart reiner Form vorgeführt zu bekommen, ein schillernder, giftiger Kreis aus Haß, der alles ausschließt und nur sich selbst für verdienstvoll hält.

In Simbabwe trinken viele Schriftsteller, sterben früh, oder sie hören ganz und gar auf zu schreiben. Mir würde es ebenso ergehen. Hier sind einige der simbabwischen Schriftsteller und einige der Bücher, die ich bewundere: Charles Mungoshi: *Waiting for the Rain, The Setting Sun and the Rolling World, Coming of the Dry Season.* Tsitsi Dangarembga: *Nervous Conditions/Der Preis der Freiheit.* Shimmer Chinodya: *Dew in the Morning, Harvest of Thorns/Dornenernte* (der von offizieller Seite mißbilligte Roman über den Buschkrieg). S. Nyamfukudza: *The Non-Believer's Journey.* Musaemura Zimunya: *Country Dawns and City Lights.* William Saidi: *The Old Bricks.* Tim McLoughlan: *Karima.* Chenjerai Hove: *Up in Arms, Bones/Knochen.*

## ZEIT, VON ZU HAUSE NACH HAUSE ZURÜCKZUKEHREN

Ich beschloß, meinem mythischen Land einen Besuch abzustatten, vielleicht um mich zu vergewissern, daß es noch existierte, und mir auch den dunklen, muffigen Bungalow auf dem Hügel noch einmal anzusehen, dem Hügel, der immer in Sonnenlicht, Mond- oder Sternenlicht getaucht ist und ohne Unterlaß vom Wind umweht wird. »Hallo«, wollte ich zu den kleinen Kindern sagen, die durch das schmutzige Fenster spähten. »Hallo, wie geht's euch? Sagt mir, was sind eure Herzenswünsche?«

Aber an der Stelle, wo die Straße den Hügel hinaufführt und früher auf der einen Seite der Akazienhain war und auf der anderen der Kral für die *mombies*, steht jetzt ein großes Schild: »Betreten verboten. Zuwiderhandlungen werden strafrechtlich verfolgt.«

Richtig so. Die Drehbuchschreiber verstehen ihren Job.

Bevor ich Simbabwe verließ, durfte ich in der Nähe von Harare im Licht des Sonnenuntergangs einen Blick auf die Vergangenheit – unser aller Vergangenheit – werfen: Ich sah, wie ein leichtfüßiger junger Mann aus den Hügeln zurückkehrte, sein Blick hielt wachsam Ausschau nach den Geistern nicht mehr existierenden Wilds. Auf dem Rücken trug er einen Speer, in der Hand eine Steinschleuder, drei schlanke Jagdhunde begleiteten ihn.

## DAS JAHR DER WUNDER – 1990

Eine junge Frau sitzt in einem Flugzeug über dem östlichen Mittelmeerraum. Neben ihr ein Mann, der sie fragt: »Erzählen Sie mir, was in der Welt geschehen ist. Ich war im Himalaja und habe monatelang keine Zeitung gelesen oder Nachrichten gehört. Gott sei Dank.«

»Warten Sie«, sagt die junge Frau. »In der Sowjetunion wurde der Kommunismus abgeschafft, die sowjetischen Kolonien haben die Sowjetunion abgeschafft. Die Mauer in Berlin steht nicht mehr, Deutschland ist wiedervereinigt, und in Südafrika wurde die Apartheid beendet.«

»Sehr witzig«, sagt der Mann, »und jetzt erzählen Sie mir, was wirklich passiert ist.«

In Simbabwe haben Genosse Mugabe und die ZANU PF die Wahlen gewonnen. Niemand spricht mehr von Tekere. *»Wer?«* wird man bald fragen. Mugabe besteht noch immer auf dem Einparteienstaat, aber niemand will davon etwas wissen.

## 1991

Genosse Mugabe schwört öffentlich dem Kommunismus ab.

Wer behauptet, man könne aus den Fehlern anderer nicht lernen?

Aber die Universität von Simbabwe wird noch immer von der Partei kontrolliert.

Warum? fragt sich alle Welt.

Ich versuche, mich an Mugabes Stelle zu versetzen, und stelle fest, daß ich mich fühle wie ein älterer Mensch, dem bewußt wird, daß ihm alles entgleitet, was er einst geschätzt hat. Mugabe ist ein stolzer Mann, ein strenger Mann, ein Mann mit Prinzipien. Das Hotel des Volkes, das Hauptquartier der Partei, das Sportstadium, Kopien kommunistischer Protzbauten, sind ein lästiger und kostspieliger Besitz. Mugabes Kollegen und Genossen, so heißt es, ganz zu schweigen von seinen Nächsten und Liebsten, stehlen so unverhohlen, als ob sie die geborenen Diebe wären. Der Kommunismus ist verschwunden, der Einparteienstaat hat keine Chance, Simbabwes Wirtschaft liegt im Chaos wie die Wirtschaft aller kommunistisch geprägten Staaten. Aber es gibt ja noch die Universität von Simbabwe, und die ist nach wie vor unter Kontrolle.

# UND NOCH EINMAL, AUF DER DURCHREISE – 1992

Kenneth Kaunda ist nicht mehr Präsident von Sambia. Er ist zurückgetreten. Sein Nachfolger in diesem heruntergewirtschafteten Land ist nicht zu beneiden.

In Simbabwe sagt man nicht mehr: »Warum tut Mugabe nicht dieses oder jenes?« »Mugabe sollte . . .« Die Menschen haben keine hoffnungsvollen Erwartungen mehr.

Der Simbabwe-Dollar wurde um 75 Prozent abgewertet. Die Ärmsten der Armen sind jetzt noch schlimmer dran. Ein neues Akronym, ESAP, steht für eine neue Wirtschaftspolitik. Ökonomisch-Strukturelle Anpassungspolitik. Oder: Wie komme ich in den Genuß aller Vorteile des Kapitalismus, ohne den Sozialismus aufgeben zu müssen? Die *povos*, denen man gesagt hat, sie müßten den Gürtel enger schnallen, verstehen etwas anderes darunter. Ihrer Meinung nach heißt das Kürzel: »Extra-Leiden für die Armen«, oder: »Der Zucker ist aus.« (Eine Shona-Redewendung.) Die letzte Zuckerernte fiel der Trockenheit zum Opfer. Die politisch Verantwortlichen flehen um internationale Investitionen, während sie die multinationalen Konzerne nach wie vor aufs übelste beschimpfen. Vielleicht warten die wiederum darauf, daß die Telefone funktionieren und die bürokratischen Stolpersteine reduziert werden. Auf dem Land haben es die Farmer teilweise aufgegeben, aufs Telefon zu setzen, und sind zu den Radioempfangsstationen zurückgekehrt, die während des Buschkrieges installiert wurden. Ein paar Witzbolde sagen: »Warum sollten wir nicht Buschtrommeln benutzen? Die Afrikaner waren damit vollauf zufrieden.«

Auf einer Kundgebung rief ein Mann Mugabe zu: »Unter Smith ging es uns besser.« Er wurde augenblicklich ins Gefängnis verfrachtet. Aber überall im Land hört man das gleiche. Und auch: »Smith war wenigstens ehrlich.« Oder sogar: »Wir brauchen einen neuen Staatschef.« Denn auch in Simbabwe glaubt man, daß ein Auswechseln der Staatsspitze zwangsläufig zu einer besseren Situation führt. Gerüchte besagen, daß es wahrscheinlich bald schon einen neuen Mann an der Spitze geben wird. Mugabe will angeblich zurücktreten. »Die schlechten Chefs haben Robert Mugabes Herz gebrochen.«

Das Wort Chef hört man seltener. Sollte es letztendlich doch ein Ausdruck der Zuneigung gewesen sein?

Sally Mugabe, Robert Mugabes Frau, ist gestorben. Das Mitgefühl für ihn hat, so wird behauptet, das Land zumindest zeitweise noch einmal geeint.

Eine Hungersnot droht. In der Vergangenheit wurde immer ein Getreidevorrat für ein Jahr in den Silos gelagert. Die Reserven für dieses Jahr wurden jedoch in äthiopische Hungergebiete geliefert und an Mosambik verkauft. Zudem setzte sich die Regierung dafür ein, daß weniger Mais angebaut wurde, das landwirtschaftliche Haupterzeugnis Simbabwes, und statt dessen mehr Feldfrüchte, die Devisen ins Land bringen sollen. Zumindest zum Teil scheinen für diese Dummheit die Experten vom Internationalen Währungsfonds und der Weltbank verantwortlich. Dann blieb der Regen aus. Jetzt muß Simbabwe für teure Devisen Getreide von Südafrika kaufen, wo die Maisernte aufgrund der Trockenheit ebenfalls weit unter dem üblichen Niveau blieb. Diese begnadeten Maßnahmen werden dafür sorgen, daß Simbabwe dieses Jahr als Bettler wird auftreten müssen. Und wenn es nächstes Jahr wieder nicht regnet?

Das Buchteam hat ein schwieriges Jahr hinter sich. Zwei Ministerien paßte das Frauenbuch nicht. Nur eine Intervention von hoher Stelle vermochte das Buch noch zu retten. Sein Titel: *Wie man eine wirkliche Gemeinschaft aufbaut*, spiegelt den Glauben der Frauen wider, daß sie sozial nicht geschätzt werden. Acht lokale Buchteams sind eingerichtet worden, in manchen Gegenden ergreifen die Frauen selbst die Initiative.

Der junge Lehrer in der Buschschule hat sich mit seiner Frau versöhnt.

Der Farmassistent und ehemalige Meister im Fallschirmspringen ist jetzt Prediger in einer christlichen Sekte.

Ayrton R. schickt Dorothys zwei jüngere Kinder auf die Schule. Dank ESAP müssen viele Kinder jetzt Schulgebühren zahlen. Ayrton R. kauft ihnen Kleidung und Bücher. Sie sind wütend: Zum einen mögen sie die Schule nicht, vor allem weil ihre Mitschüler sie drangsalieren: »Warum dürfen auch die Kinder von Hausangestellten auf unsere Schule?« (aber so erhalten sie wenigstens eine Schulbildung, die ihre Eltern nicht haben), zum anderen sind sie ärgerlich, weil Ayrton R. ein so schönes Haus hat und sie nicht.

Der *Herald*, die wichtigste Zeitung im Land, ist aufmüpfiger und kritischer geworden und liest sich nicht länger wie die *Prawda*. Es gibt mittlerweile gute Zeitschriften, und weitere unabhängige Zeitungen und Zeitschriften sind geplant.

In einer Behörde verhielt sich ein Beamter einer alten weißen Frau gegenüber unverschämt, die sich beschwerte, weil sie fünf Stunden hatte warten müssen. Daraufhin sagte ein Schwarzer zu dem Beamten: »Sprich nicht so mit alten Frauen, das mögen wir nicht.« Andere stimmten ihm zu. »Ja, dein Benehmen gefällt uns nicht.« Der Beamte verhielt sich daraufhin höflich.

Der Ire Declan Gould, der sieben Jahre lang Obdachlosen und Armen geholfen hatte, wurde des Landes verwiesen und mittels der alten südrhodesischen Gesetze, die unverändert weiter gelten, zur unerwünschten Person erklärt.

Wenn etwas schiefgeht, wird immer noch südafrikanische Sabotage dafür verantwortlich gemacht. Vielen Simbabwern ist offensichtlich nicht klar, daß sich auch in Südafrika die Situation gewandelt hat

Die Lage an der Universität von Simbabwe ist ungut. Ein neues Gesetz unterstellt sie direkt der Kontrolle der Regierung, das heißt der ZANU PF. Der Rektor hat das Recht, jeden Mitarbeiter, der ihm nicht paßt, von der Universität zu entfernen, ohne daß dieser Rechtsmittel dagegen einlegen könnte. Auf die Studenten kommen schlechte Zeiten zu. Mitarbeiter, die die Möglichkeit haben, gehen oder haben vor zu gehen. Man hofft, daß dieses rückschrittliche Gesetz bald wieder abgeschafft wird.

Die simbabwischen Schriftsteller haben in diesem Monat, es ist Januar, eine Versammlung abgehalten, um gegen die Schikanen durch Mitglieder des Geheimdienstes zu protestieren, deren Dummheit und Brutalität möglicherweise auf die Tatsache zurückzuführen ist, daß sie von der berühmt-berüchtigten Geheimpolizei Ceaucescus ausgebildet wurden. Die Menschen möchten wissen, warum eine Demokratie eine Geheimpolizei braucht.

Auf einer weißen kommerziellen Farm höre ich widerliche, rassistische Witze über die Inkompetenz der Regierung. Auf dieser Farm sollten eigentlich nur 200 Menschen leben, die Farmarbeiter und ihre Familien, tatsächlich jedoch sind es 700. Der Farmer sagt: »Es wären mittlerweile schon 4000, aber ich muß sie einfach fortschicken, obwohl ich es nicht gern tue. Sie wollen bleiben, weil es ihnen hier besser geht als in den Communal Areas. Auf den weißen Farmen insgesamt leben mehr Menschen als auf der gleichen Fläche in den Communal Areas.« Er bewässert große Felder für den Eigenbedarf, verbraucht wertvolles Wasser, das er nutzen könnte, um die profitablen, von der Regierung geforderten Erträge zu erwirtschaften. Er will die 700 Menschen über die Trockenheit bringen. »Ich muß zusehen, daß wenigstens meine eigenen Leute etwas zu essen haben, wenn diese Idioten schon nicht dafür sorgen können. Und was ist mit all den anderen, die kommen und um Nahrung betteln? Ich muß sie wegschicken, oder es bleibt für meine Leute nicht genug. Was meinst du, wie ich mich dabei fühle?«

Ein neues Gesetz verfügt, daß weißen Farmern in bestimmten Gegenden einfach Land weggenommen werden kann, ohne daß sie dagegen Einspruch erheben können. Diese ständige Bedrohung führt dazu, daß gerade die produktiven Farmer in permanenter Unsicherheit gewogen werden und weitere Investitionen in ihre Farmen verweigern. Sie beginnen, ihr Geld in beweglichen Gütern anzulegen. Währenddessen gibt es noch große Landstriche in Regierungsbesitz, die nicht zur Bewirtschaftung zugeteilt sind. Angeblich dient das Gesetz dazu, die Aufmerksamkeit der *povos* von den Fehlern der Regierung abzulenken.

Es wird geplant, dieses Jahr 30 000 statt der üblichen 3000 oder 3500 Elefanten abzuschießen. Andernfalls würden die Herden Hungers sterben. Ein unternehmungslustiger junger Mann behauptet, die Annahme, afrikanischen Elefanten lasse sich nichts beibringen, stimme nicht. Er selbst trainiert sie. Vielleicht kann man ja aus ein paar Elefanten Arbeitstiere machen.

Die frei herumlaufenden Schweine, die so glücklich lebten wie Hunde und vor Augen führten, wie ein Schweineleben im Paradies aussehen könnte, mußten eingepfercht werden, weil sie zuviel Schaden anrichteten.

Der noble und weise Hund Seamus, der Freund seines Herrn, ist gestorben.

Eine Gruppe von sieben Zebras macht Toilette im Busch. Zuerst reibt eine Stute den Kopf und beide Seiten des Halses an einem Baum. Dann methodisch die Flanken. Anschließend stellt sie sich unter einen niedrigen Ast und kratzt sich den Rücken. Schließlich sucht sie sich einen jungen Baum und steigt darüber, so daß die Zweige an ihrem Bauch entlangstreichen. Eine andere Stute tut es ihr nach, und noch eine, bis alle diese Prozedur hinter sich gebracht haben. Dabei werden sie von einem männlichen Zebra beobachtet, das dieser Anblick erregt, so daß es eine riesige Erektion bekommt, die aussieht wie ein Gummischlauch. Das männliche Tier beobachtet die Stuten aber nur, und als sie fertig sind, beginnt es sich ebenfalls an den Bäumen zu reiben und zu kratzen. Die Zebras stört es nicht, daß wir ihnen aus nur zehn Schritt Entfernung zusehen.

Die Trockenheit ist in manchen Gegenden so schlimm, daß nicht nur die Rinder sterben, sondern auch die eigentlich so robusten Ziegen und die wilden Tiere. Kälber werden erschossen, kaum daß sie geboren sind.

Im Victoria Falls Hotel, einem der schönsten Hotels der Welt im alten Kolonialstil, geräumig, verträumt, kühl in der großen Hitze, geeignet als Schauplatz für einen Ivory-Marchant-Film, stolziert ein junger Schwarzer in neuen, an den Knien zerrissenen und mit bunten Sicherheitsnadeln zusammengehaltenen Jeans wie ein Pfau herum. Er gibt an, nimmt sich selbst auf den Arm, akzeptiert den Beifall voller guter Laune.

Niemand weiß, wie man die langfristigen Folgen von Aids einschätzen soll. Laut Regierungsangaben wird bis zum Jahr 2000 eine Million Menschen daran sterben, und das bei einer Bevölkerung von neun Millionen. Afrikanerinnen südlich der Sahara weisen die höchste Infektionsrate der Welt auf – eine von vierzig Frauen ist infiziert. In den ländlichen Gebieten Simbabwes verkaufen sich viele Frauen an Männer, um mit dem Geld ihre Kinder und andere Verwandte zu ernähren und die Schulgebühren zu bezahlen. Sie gelten als Prostituierte. In städtischen Kliniken ergaben Untersuchungen, daß eins von vier Babys HIV-positiv ist. Die meisten Männer weigern sich, Kondome zu benutzen. Promiskuität steht hoch im Kurs, zumindest bei den Männern. »Ein Shona-Bulle schwängert viele Frauen.«

Ein Journalist: »Nur eine Sache könnte das Land wirklich noch retten. Die Regierung sollte endlich damit aufhören, ständig

Beschwörungsformeln wie zum Beispiel die Rede von der ESAP zu wiederholen. Kalten Blicks sollte sie die Lage analysieren und dabei auf alle ideologischen Verzerrungen verzichten. Sie sollte Kritik ernst nehmen und sie nicht sofort als feindseligen Akt verstehen. Und dann sollte sie auch handeln. Aber ist unsere Regierung dazu in der Lage?«

Ein Brief: »Wenn ich an unsere Träume zur Zeit der Unabhängigkeit denke, möchte ich um Simbabwe weinen. Es ist so ungeheuer traurig, findest du nicht auch? Manchmal weine ich tatsächlich.«

Aber jemand, der Zaire, Kenia, Tansania und Mosambik bereist hat, sagt: »Glaube mir, im Vergleich mit diesen Ländern ist Simbabwe noch gut dran. In Nairobi erstrecken sich die Slums über endlose Kilometer, und keiner kümmert sich darum. In Simbabwe schämen sie sich und versuchen die Obdachlosen unterzubringen.«

Wir kommen überein, daß es nur eine mögliche Grabinschrift für Robert Mugabe gibt: »Ein guter Mann, der unter die Räuber fiel.« Verworfene Grabinschriften: »Gott wird ihn dafür belohnen, daß er es versucht hat.« »Hier liegt ein tragischer Held: Er zerstörte sich selbst durch seine Paranoia, weil er absolut nicht begreifen wollte, wieviel Wohlwollen ihm sein Volk entgegenbrachte.«

Ein Meteorologe: »Korruption? Daß ich nicht lache! Verglichen mit jemandem wie Robert Maxwell sind das hier doch Waisenknaben. Schlechte Planung? Na und, sie werden's schon noch lernen. Nein, die Trockenheit im südlichen Afrika, das ist die einzig wichtige Neuigkeit.« Eine Frau aus dem Dorf Masvingo, wo es während der letzten zehn Jahre kaum geregnet hat: »Wir haben den Krieg überlebt, wir werden auch die Trockenheit überleben.«

»Die Regenzeit ist vorüber. Jetzt dauert es sieben Monate bis zu den nächsten Regenfällen. Aber selbst wenn sie dieses Jahr gut ausfallen, wird es drei, vier Jahre dauern, bis alle Schäden behoben sind. Auf den Hühnerfarmen werden die Hühner getötet – es gibt kein Futter mehr. Die Schweine werden geschlachtet – nichts zu fressen. Die *mombies* sterben zu Hunderttausenden. Ich war in den östlichen Distrikten, man hört sie schreien und stöhnen, während sie sterben. Was sollen wir nur tun? Niemand weiß eine Antwort.«

»Die *povos* sind aufgebracht. Du kannst mir glauben, sie sind wirklich aufgebracht. Wenn es jetzt Wahlen gäbe, würde Mugabe nicht eine einzige Stimme bekommen. Im ganzen Land hört man: ›Wozu haben wir diesen Krieg geführt? Wozu? Da hätten wir genausogut Smith behalten können . . .‹ Ja, da braut sich ein ungeheurer Sturm zusammen, daß Problem ist nur, daß er kein Wasser bringen wird.«

»Mugabe versucht, die Aufmerksamkeit der *povos* abzulenken, indem er kaltschäuzig behauptet, die weißen Farmer würden Getreide horten, aber das stimmt nun wirklich nicht. Den *povos* auf den weißen Farmen geht es besser als denen in den Communal Areas. Immer mehr versuchen auf den weißen Farmen unterzukommen.«

»Wenn Mugabe tatsächlich zurücktritt, wer wird sein Nachfolger werden?«

»Wen interessiert denn schon, ob es sich derzeit um eine kurzfristige klimatische Störung oder um eine dauerhafte, gravierende Klimaveränderung handelt? Die Farmer interessiert es nicht und die Menschen, die hungern, ebensowenig. Alles, wofür sich die Leute im Moment interessieren, ist: Wird es im November regnen?«

## WAS WIRD?

Was wird jetzt, da sich in Südafrika offensichtlich ein Geisteswandel vollzieht? Was werden die Hunderte, vielleicht Tausende Männer und Frauen tun, die ihren Job verloren haben, die ausgebildet wurden, ihre schwarzen Nachbarstaaten zu sabotieren, zu zerstören, zu unterminieren, zu destabilisieren? Lehnen sich diese schlauen, gerissenen, brutalen Menschen jetzt wohlwollend lächelnd zurück, während Mosambik, das sie in den Abgrund getrieben haben, versucht, wieder auf die Beine zu kommen? Während Botswana, wo sie gemordet und sabotiert haben, wohlhabend wird? Während Simbabwe, wo sie, wann immer möglich, Zwietracht säten, nach Frieden und Einigkeit sucht?

Was wird?

# GLOSSAR

## Aus dem Afrikaans

| | |
|---|---|
| *vlei* | ein Tal |
| *kopie* | ein Hügel/kleiner Berg |
| *skellum* | ein schlechter, durchtriebener Mensch, ein hinterhältiges Tier |
| *lager* | ein Camp, Lager |
| *donga* | ein Graben, eine Rinne |
| *biltong* | getrocknetes Fleisch |

## Aus dem Suaheli

| | |
|---|---|
| *boma* | ein gesicherter Platz, ein Quartier |

## Aus dem Portugiesischen

| | |
|---|---|
| *povos* | die Armen |

## Einheimische Begriffe

| | |
|---|---|
| *mombies* | Hausrinder |
| *sadza* | ein fester Maisbrei |
| *nganga* | ein Schamane, männl. oder weibl., ein »Hexendoktor« |
| *mudzimo* | ein Geist, eine Seele |
| *guti* | Nebel |

Und weiter ...

| | |
|---|---|
| die *Matabele* | die Bewohner Matabelelands. Mehr und mehr werden sie allerdings Ndebele genannt. Wie ursprünglich nur ihre Sprache hieß. |
| die *Mashona* | hier verhält es sich ähnlich: Ursprünglich lebten die Mashona in Mashonaland und sprachen shona. Mehr und mehr jedoch spricht man von den Shona, die in Mashonaland leben und shona sprechen. |
| der *Krieg* | hieß ursprünglich der Befreiungskrieg oder auch der Buschkrieg, und die Kämpfenden auf schwarzer Seite wurden Freiheitskämpfer, die Boys im Busch oder Genossen genannt. Oder, von der anderen Seite betrachtet, Terroristen oder »Terrs«. |

# DANK UND QUELLEN

Mein besonderer Dank gilt Dr. Antony Chennells von der Universität von Simbabwe für seine Hilfe, seine Geduld, seine Großzügigkeit, sein leidenschaftliches Engagement für Simbabwe und seine historischen Kenntnisse des südlichen Afrika. Dank auch dafür, daß ich seine Bibliothek und das von ihm gesammelte Material über die Anfänge des Landes benutzen durfte.

Zu größtem Dank verpflichtet bin ich darüber hinaus den Mitgliedern des Buchteams des Community Publishing Programme. Das Projekt wurde initiiert vom Ministry of Community and Co-operative Development. Das Frauenbuch wurde in Zusammenarbeit mit dem Ministry of Political Affairs produziert.

Zitiert habe ich aus: Anton Čechov, *Die Insel Sachalin*. Loren Eiseley, *The Unexpected Universe*. F. C. Selous, *Travel and Adventure in South-East Africa*. Lloyd Timberlake, *Krisenkontinent Afrika*. D. C. De Waal, *With Rhodes in Mashonaland*. Verwendung fanden zudem Artikel des *Independant*, des *Observer* sowie der *Times*.

# SÜDRHODESIEN

# SIMBABWE

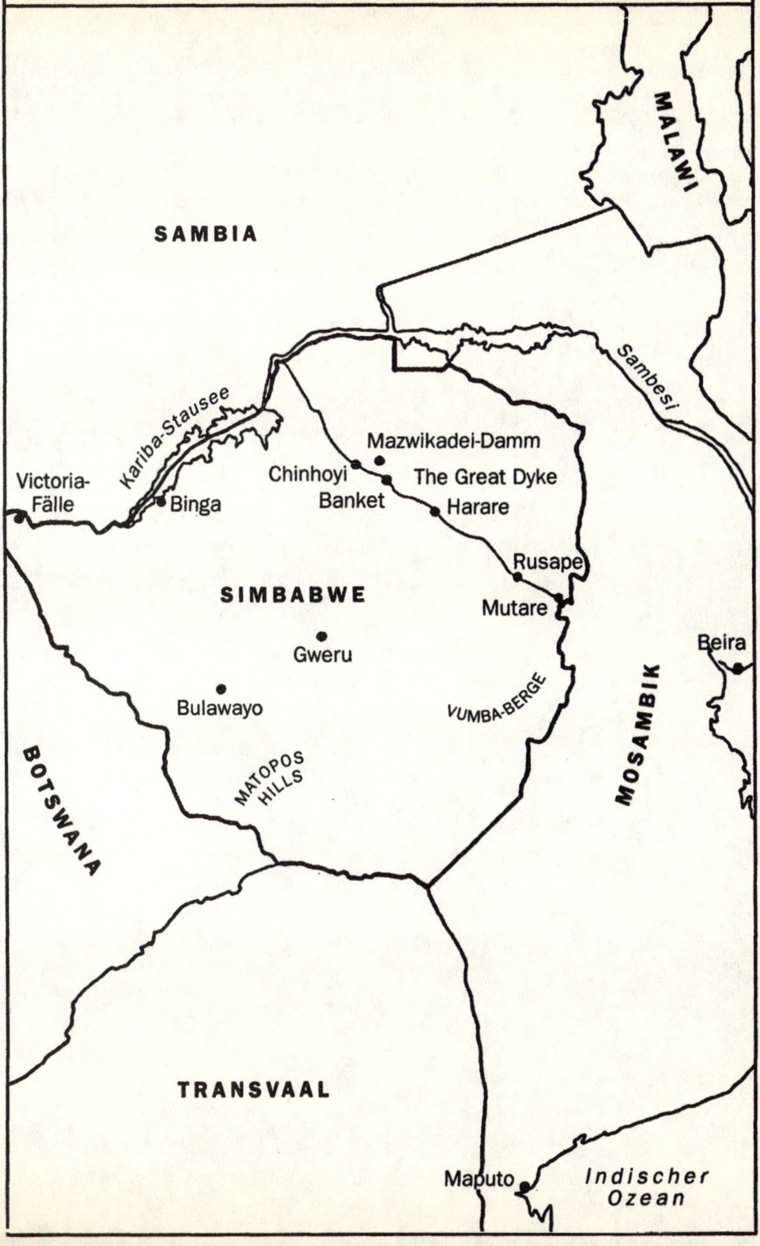
MALAWI
SAMBIA
Sambesi
Kariba-Stausee
Mazwikadei-Damm
Victoria-
Fälle
Chinhoyi
The Great Dyke
Banket
Binga
Harare
Rusape
SIMBABWE
Mutare
Beira
Gweru
MOSAMBIK
Bulawayo
VUMBA-BERGE
BOTSWANA
MATOPOS
HILLS
TRANSVAAL
Maputo
Indischer
Ozean

Knaur

# Fernweh bis zur letzten Seite

Spannende und unterhaltende Bücher zu den großen Reisezielen dieser Welt. Bücher, die keine Reiseführer sind, sondern als Romane und Sachbücher ferne Länder näherbringen.

(60407)

(60409)

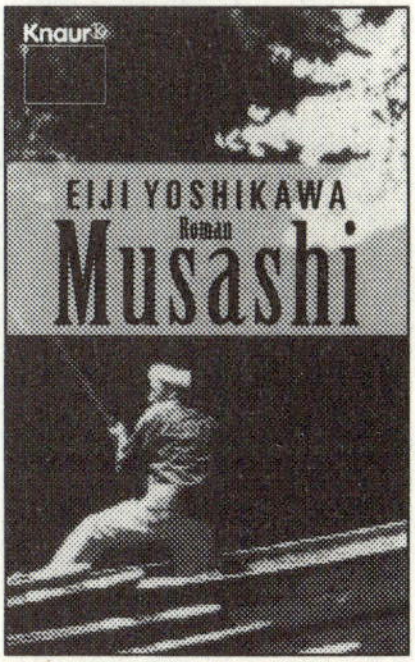


(60401)

(60396)

(60397)